民法典怎样看？

孙宪忠 ◎ 著

中国社会科学出版社

图书在版编目（CIP）数据

民法典怎样看？/ 孙宪忠著 . —北京：中国社会科学出版社，2021.8
ISBN 978 - 7 - 5203 - 7545 - 0

Ⅰ.①民…　Ⅱ.①孙…　Ⅲ.①民法—法典—研究—中国
Ⅳ.①D923.04

中国版本图书馆 CIP 数据核字（2020）第 237952 号

出 版 人　赵剑英
策划编辑　王　茵
责任编辑　刘凯琳
责任校对　郝阳洋
责任印制　王　超

出　　版　中国社会科学出版社
社　　址　北京鼓楼西大街甲 158 号
邮　　编　100720
网　　址　http://www.csspw.cn
发 行 部　010 - 84083685
门 市 部　010 - 84029450
经　　销　新华书店及其他书店

印　　刷　北京君升印刷有限公司
装　　订　廊坊市广阳区广增装订厂
版　　次　2021 年 8 月第 1 版
印　　次　2021 年 8 月第 1 次印刷

开　　本　710 × 1000　1/16
印　　张　34.25
字　　数　528 千字
定　　价　139.00 元

凡购买中国社会科学出版社图书，如有质量问题请与本社营销中心联系调换
电话：010 - 84083683

前　　言

　　我国《民法典》编纂完成并予以实施，无疑将对我国社会发挥全面而且强大的规范和引导作用。所以社会各界对法典内容都有学习了解的渴望。自法典通过之日，立法机关以及法学界多位同仁也开始积极解读，更有多位勤奋者编撰非常厚重的解读或者注释系列著作，且已经交付出版以飨读者。《民法典》包含庞大法律规范与制度，七编八十余章1260条近十一万字，以法典编纂的科学逻辑形成整体，虽然很多内容十分贴近现实生活，其专业性仍然很强，所以相关的解读确实很有必要。但是，渴望了解《民法典》的其实绝大多数是非专业人士，所以那些卷帙浩繁又大又厚的法典解读或者注释，恐怕只能给他们带来更多的迷惑。

　　在《民法典》编纂过程中，立法机关一些领导和同事们曾向本人提出，希望能够总结出一些简明扼要而且能够抓住特征的知识要领，以方便他们在审议民法典草案时提出意见。其他很多人士也向本人提出过这样的要求。因此契机，本人以自己学习研讨的经验，把理解民法典的基本进路总结为法思想、法感情、法技术三个因素。其中的法思想主要是立法者编纂民法典的指导思想，法感情指普通民众对民法上设置的权利和义务的认识和接受程度，法技术指的是法典编纂的科学性逻辑的要求。从这三个因素来看我国《民法典》，基本上可以抓住民法典内容的基本要领。从我讲课或讲座、座谈的效果看，这个解读方法的社会反响还是挺好的。

　　法典化的民法进入我国是在清朝末期，至今也有一百多年的历史。百年的历史并不算短暂。但是因为较长一段时期的非市场经济体制和矮化民事权利和民法的法律理论占据主位，而且因为意识形态发展的滞后性特征，我国社会甚至包括法学界在内，对于民法尤其是法典化的民法的认识还是相当不足的。《民法典》编纂工程发轫，很多人质疑这一工作的必要性。法典编纂中，出现了很多以创新为名义但是基本上脱离民法特征的非体系化、非科学化立法创意。法典编纂完成后，又出现依据国外情况把民法限定于私法、把民事权利限定为私权的观点，这种观点看似有理，其实否定民法在支持、规范和保障国家经济基础和经济秩序方面发挥的重大作用，而这个作用才是《民法典》的核心功用。至于一些部门所热衷的把《民法典》定义为权利宣言、强调其精神感召作用的看法，其实也存在着否定民法作为实践性法律、对社会发生实实在在的引导和裁判作用的本质这个严重的问题。

由此可见，虽然《民法典》的编纂对我国社会的法制文明具有标志性价值，我国社会包括法学界在内，对于法典认识都需要深化和改进。正因为此，自《民法典》编纂工程启动以来，本人一直在依据我国社会主导价值观和民法科学原理，一方面对法典的发展进行着科学性以及体系性的努力，一方面也对这个庞大的规范体系进行着面对社会的可读性理解方面的工作。这些工作的成绩，形成本文集中部分论文或者文章。为体现引导法典解读这一初衷，将其定名为"民法典怎样看"，来揭示编辑出版的主旨。也就是因为这样，本文集不是按照《民法典》的编章节目展开的教科书式解读，而是立法宗旨、立法体系和主要制度的要义阐释。

本次民法典编纂，不仅仅是现行法的简单编纂甚至汇编，民法相当多的重要制度都进行了改造更新。仅以总则部分而言，民法典总则编的二百多个条文，就完全是新的制定，原来民法总则的内容，不论是其内在指导思想还是其各项重要制度都已经改写。法典总则编之外，合同编、人格权编、婚姻家庭编和侵权责任编都有非常重大的、涉及现行民法本质改造或者新创的条文。以本人的经验，总则编之外变动比较大的条文有二百多个，至于个别词字的修改尚且不论。所以民法典整体的创新、更新的意义非常显著，值得认真解读。

在此想特别指出的首先就是法典本身构成的体系化思考的问题。民法总则先一步制定后，立法机关以及相关部门全力以赴编纂法典分则，因此民法典总则的一些重要的制度改造并未得到充分阐释。比如主体部分的监护制度、特别法人制度、民事权利部分的一般人格权制度、数据财产权利规则等，都没有来得及充分消化理解。尤其是民事法律行为部分所进行的依据意思表示理论的改造，对于民法典整体都具有指导价值。在后续分则各编的工作中，总则编的基础作用和统率作用事实上被一些人忽略了。还有先于《民法典》诞生的《物权法》，它按照我国市场经济体制和人民权利保障的要求，结合物权法科学原理所进行的一系列涉及经济基础和人民基本权利的制度改造，事实上也都没有得到正确的理解和认识。分则各编的编纂中，随意性的观点确实比较多，而立法科学性、体系性以及严谨性不足。为解决这一问题，本人在这一期间以全国人大代表的身份，以及担任全国人大宪法和法律委员会委员的身份，在不同的履行职务的场合，提出议案、建议、立法报告等七十余篇，此外有些立法建议，在本人参加立法审议时一再提起、多次提起。这一努力多数情况下发挥了作用，立法随意性问题可以说得到了极大的遏制，科学法理基本上得到了基本保障。所以本人有信心地认为，法典在坚持我国主导价值观、既满足我国特有国情需求、又能够满足实践严谨性要求的原则下，保持住了体系性科学性的底线。这一文集收录了部分本人提出的立法议案、建议和立法报告，以及部分有关《民法典》讲座的演讲稿，时间跨越《民法典》编纂过程，希望这些资料能够为解读我国民法典发挥裨益。其中观点，也请读者参考并指正为盼。

　　本书内容编纂过程中，本人的同事和学生谢鸿飞、朱广新、王茵、窦海阳、萧鑫、杨丽美、储洁强、胡继先、李敏（中南林业科技大学）等给予了很大帮助，在此表示衷心感谢。

　　　　中国社会科学院学部委员　全国人大宪法和法律委员会委员
　　　　中国社会科学院法学所研究员　中国社会科学院大学特聘教授

　　　　　　　　　　　　　　　　　　　　　　　　　　　孙宪忠
　　　　　　　　　　　　　　　　　　　　　　　　2020 年 11 月

目　录

第一篇
怎样看《民法典》的编纂？

第二篇
怎样看《民法典》的体系？

第三篇

怎样看《民法典·物权编》?

第四篇

怎样看《民法典》一些重要制度改造?

05

第五篇
怎样看《民法典》的实施及其理论发展？

第一篇

怎样看《民法典》的编纂？

世界"民法法典化运动"及中国《民法典》的前世今生

一　起源于欧洲、影响全世界的"民法法典化运动"

民法的范围广大，内容非常丰富，相应的法律规范数量自古以来就十分庞大，当今世界几部著名的《民法典》都有 2000 多个条文。如此之多的法律条文如何编纂成为和谐统一的整体，而不是像"一麻袋土豆"那样散乱无章地堆放在一起，这就需要解决民法规范的体系化与科学化问题。

17、18 世纪时期，欧洲出现了"民法法典化运动"，最后形成的《法国民法典》《德国民法典》《瑞士民法典》是世界最为著名的三部民法典。这次《民法典》编纂的热潮也波及亚洲，出现了《日本民法典》等。第一次世界大战之后出现了《苏维埃俄国民法典》（以下简称《苏俄民法典》）。第二次世界大战之后，新独立的拉丁美洲国家、非洲国家都编纂了自己的《民法典》。中国于清末开始编纂《民法典》，到 20 世纪 30 年代编纂完成《中华民国民法典》。此外，即使是英美法系国家里，也有很多地区编纂了民法典，比如，《苏格兰民法典》《美国路易斯安那州民法典》和《加州民法典》、加拿大《魁北克省民法典》等。可以说，除英国及其前殖民地国家之外，世界上其他国家绝大多数都编纂了自己的《民法典》。据统计，现在世界上共有 150 多部民法典。

二 "民法法典化运动"的浪潮为何能够席卷世界?

虽然各国兴起"民法法典化运动"的具体原因不一致,但是有些原因是共同的。

第一,集中立法充分确认和保障民事权利。"民法法典化运动"之前的相当一段时间,在历史上被称为"黑暗时期"(Dark Time),其基本特点是神权至上、君权绝对、自然人格的等级身份制。后来出现的人文主义革命和启蒙思想运动,提出了实现民事主体平等、意思自治、自己责任等原则,作为反对封建统治的工具。因此,《民法典》的编纂在世界各国有极大的政治动力,获得人民的普遍支持。

第二,通过《民法典》的编纂,展现国家主权独立,并以此实现立法者推动社会进步的雄心壮志。民法法典化,出现在欧洲各个民族国家从罗马教皇手中获得世俗国家主权时期。大家都知道拿破仑在成为法兰西皇帝的加冕典礼上从教皇手中夺过皇冠自己给自己加冕的情节。众多书籍却记载了拿破仑在《法国民法典》制定过程中,在法国参议院审议《法国民法典》的 102 次会议中,至少亲自在 57 次会议上作为主席,力推该法的制定。拿破仑正是要以此来体现自己所代表的新兴力量治理国家、推动国家转型的雄心壮志。事实上,法国就是通过《民法典》的实施,完成了从封建国家到现代工商业国家的转变。

第三,统一民法,给现代工商业发展铺平道路。"民法法典化运动"之前,欧洲社会的法律渊源严重不统一。著名学者梅汝璈先生指出,自罗马帝国瓦解和罗马法失效之后,日耳曼各民族各部落均按其地方的习惯法以为法,而全欧洲法律种类之多,以千百计。那时,仅法国一国的民法便有数百种之多。伏尔泰(Voltaire)曾讥笑道,旅行法国者改换法律次数之多,犹如更换马匹。法律上的支离破碎,不但与统一的国家意识形成矛盾,而且更为糟糕的是它妨害了现代工商业和交通的发展。编纂《民法典》统一民法,正是为了解决这个问题。

第四,依据成文法,限制立法者任意立法,限制法官任意司法。在民法法典化之前,人们普遍适用的法律是习惯法。习惯法存在因时而异、因地而异、法律效果无法统一的弊端。受罗马法中成文法规则的启发，理性法学家们提出了“法律必须是写下来的理性”的名言，指出必须把法律用成文法的方式写下来，把立法者、司法者对于法律的认识固定在书面形式里，以限制他们任意操作，人们把这一点称为《民法典》的“形式理性”思想。这一思想直接推动了“民法法典化运动”的诞生和扩展。

三　中国《民法典》的前世今生

（一）1954 年第一次起草

背景：中国共产党成立了中华人民共和国，当时的中央政府明确宣布，包括《中华民国民法》在内的国民政府“六法”均被废除。

时间：1954 年至 1956 年 12 月。

编制体例：包括总则、所有权、债、继承四编，共 525 条。特点：这一“民法草案”以 1922 年的《苏俄民法典》为蓝本，其特点是采用“四编制”的模式，亲属法被排除在《民法典》之外；未采用“物权”概念而仅规定“所有权”；不适用于“自然人”概念而用“公民”概念代替；仅规定诉讼时效而不规定取得时效；强调对社会主义公共财产的特殊保护等。但是该草案大体上还是德国民法的模式。

（二）1962 年第二次起草

背景：中国在经历重大政治自然灾难之后，调整经济政策，中央决定强调发展商品生产和商品交换，民事立法又受到重视。

时间：1962 年至 1964 年 7 月。

编制体例：这一次的“草案”采取了既不同于德国民法也不同于《苏俄民法》的“三编制”体例：第一编“总则”，第二编“财产所有”、第三编“财产的流转”。

特点：这种模式有些类似罗马法的《法学阶梯》体例。该草案将“‘亲属’继承”“侵权行为”等排除在外，却将“预算关系”“税收关系”等纳入其中；该草案且完全放弃了“权利”“义务”“物权”“债权""所有权""自然人""法人"等法律概念,而采取人民化的财产权等概念。显而易见,此次《民法典》起草,显示了立法者一方面企图摆脱《苏联民法》的影响,另一方面与西方民法划清界限的立场。

(三) 1979 年第三次起草

背景:中国实行改革开放,从单一公有制的计划经济体制向市场经济体制转轨,民法的地位和作用重新受到重视。

时间:1979 年至 1982 年 5 月。

编制体例:共八编,43 章,465 条。

特点:该草案的编制体例和主要内容,参考了 1962 年的《苏联民事立法纲要》、1964 年的《苏俄民法典》和 1978 年修订的《匈牙利民法典》等。但是这一草案仍然没有予以颁行,因为,立法者考虑到经济体制改革刚刚开始,社会生活处在变动之中,体系完整的《民法典》无法制定。于是立法者改变立法方式,暂停整体的《民法典》起草,而采取先分别制定民事单行法,待条件成熟时再制定《民法典》的方案。1986 年全国人民代表大会常务委员会副委员长王汉斌在《关于〈中华人民共和国民法通则 (草案)〉修改情况的说明》中指出:"由于民法牵涉范围很广泛,很复杂,经济体制改革刚开始,我们还缺乏经验,制定完整的民法典的条件还不成熟,只好先将那些急需的、比较成熟的部分,制定单行法。……考虑到民法通则还不是民法典,草案可以对比较成熟或者比较有把握的问题做出规定,一些不成熟、把握不大的问题,可以暂不规定。"这一时期民法立法活动的主要成果是 1986 年颁布的《中华人民共和国民法通则》。

(四) 2002 年第四次起草

背景:自 1992 年《宪法》确立市场经济体制之后,中国各界即酝酿制定编纂《民法典》。1998 年全国人民代表大会常务委员会编制的立法纲要提出了在 2010 年制定完成《民法典》的规划。该规划明确指出,《民法典》的制定完成标志着中国市场经济的法律体系建设的完成。这一纲要对于民法在中国法律体系中地位的高度肯定以及对于编制《民法典》的重要性的肯定,不但对于民法学家,而且对于整个中国法学界鼓舞极大。

时间：2001 年至 2002 年 12 月。

编制体例：共划分为九编：第一编总则、第二编物权法、第三编合同法、第四编人格权法、第五编婚姻法、第六编收养法、第七编继承法、第八编侵权责任法、第九编涉外民事法律关系的法律适用法。

特点：这个立法方案有许多显明的特点——并不一定是优点的特点。

首先，从体系上看，该方案基本上遵守了"潘德克顿法学"的体系模式。

其次，从立法的内容上看，除增加的物权法、人格权法和侵权责任法部分外，该立法方案基本上是现行民法体系中生效法律的简单聚合或者归并，不但在立法的内容方面没有任何积极的创新，而且也没有对这些有效的法律进行漏洞的弥补或者重复的整合。

再次，该法对于当时已经明显不适应市场经济体制要求的许多规则也都予以了保留，很多内容显得非常不合时宜。

复次，从本人当时参加立法谈论的笔记看，在最高立法机关组织的立法讨论会上，多数人对于人格权独立成编的问题都表示不赞同，而立法起草机构对此也不做出说明，以至于对这个问题的争论保留到现在，理论准备显得十分仓促。

最后，第九编国际私法的内容部分相当丰富，与其他部分的简易化立法相比显得不大协调。

总体而言，2002 年的"民法草案"实在不是法理上深思熟虑、实践上符合市场经济体制要求的立法方案。在当时，对于上述立法草案，民法学界一致认为毫无创新和发展，因此这个立法方案在提出之后就戛然而止了。

（五）第五次起草

背景：2014 年 10 月，党的十八届四中全会通过《中共中央关于全面推进依法治国若干重大问题的决定》，明确提出"加强市场法律制度建设，编纂民法典"。

时间：2015 年 3 月启动编纂工作。

第一篇　怎样看《民法典》的编纂?

2017 年 3 月，第十二届全国人民代表大会第五次会议审议通过《民法总则》。

2018 年 12 月，2019 年 4 月、6 月、8 月、10 月，第十三届全国人大常委会第七次、第十次、第十一次、第十二次、第十四次会议对《民法典》各分编草案进行了拆分审议，对全部 6 个分编草案进行了二审，对各方面比较关注的人格权、婚姻家庭、侵权责任 3 个分编草案进行了三审。在此基础上，将《民法总则》与经过全国人大常委会审议和修订完善的《民法典》各分编草案合并，形成《中华人民共和国民法典》（草案），提请 2019 年 12 月召开的第十三届全国人大常委会第十一次会议审议。经审议，全国人大常委会做出决定，将该草案提请第十三届全国人民代表大会第三次会议审议。

编制体例：共 7 编，1260 条，各编依次为总则、物权、合同、人格权、婚姻家庭、继承、侵权责任，以及附则。

特点：以《民法通则》《民法总则》《人权法》《担保法》《合同法》《侵权责任法》《婚姻法》《收养法》《继承法》9 部民事单行法为基础，整合最高人民法院在民事领域的司法解释，形成七编共计 1260 条的整体，是中华人民共和国第一部以"法典"命名的法律，开创了我国法典编纂立法的先河，具有里程碑意义。

《民法典》何以为"典"?*

　　自我国《民法典》编纂完成并实施时起，我们就进入了《民法典》的时代。在依法治国原则下，《民法典》是毫无争议的国家和社会治理的基本遵循，因此它的编纂完成和实施，是涉及国计民生极为重大的事件。在学习研究和贯彻实施《民法典》时，我们首先会注意到，这部法律没有被定名为"中华人民共和国民法"，而是定名为"中华人民共和国民法典"，它是以"法典"命名的我国的第一部法律。在我国法律体系中，以"法典"命名法律，这还是第一次，甚至从它严密的立法逻辑和体系的角度看，有可能也是唯一的一次。其他法律比如《中华人民共和国宪法》《中华人民共和国刑法》，都没有这样的命名。"法典"和"法"的命名，虽然仅仅是一字之差，但是其区别显著，值得探讨。

　　通观历史上的立法我们会发现，能够被命名为"法典"的法律，大体上有三个明显的特征：一是该立法在国家法律体系中的地位十分重要；二是该立法体系庞大，法律制度规模大，法律条文在当时的社会肯定是最多的；三是立法者要突出该法的体系性，强调立法的逻辑和规律。我国《民法典》就是因为符合这三个方面的特征，才被定名为"法典"。

　　第一，从立法重要性的角度看，《民法典》的定名是对民法作为国家治理基本遵循和依靠的充分肯定。民法规范社会人身关系和财产关系，而且由于社会上每一个自然人、每一个法人和非法人组织都是民事主体，所以民法的内容涉及社会成员的全部，而且涉及他们从事社会活

---

　　* 原文刊于《光明日报》2020 年 5 月 30 日，收入本书时有所修订。

动的时时刻刻。所以，《民法典》在我国法律体系中的地位仅次于《宪法》，因为从国家治理的角度看，民法是时时刻刻不可以缺少、人人不可以缺少的法律遵循。我国《宪法》规定，我国经济体制的基础是社会主义公有制市场经济，而现代民法的全部制度，从民事主体、民事权利、权利变动到法律责任，就是为适应市场经济的发展，或者说，是为了满足市场经济体制下人们从事民事活动的各种需要而建立的。另外，我国《宪法》还规定，人民群众的基本权利，是我国《宪法》承认和保护的核心。而人民群众的人身权利和财产权利，也主要表现为民事权利。在一个法治社会里，对于民事社会的治理，属于社会常规性、普遍性、基础性、全局性的活动，而民法就是开展这些活动的法律遵循和依靠。从这个角度看，民法在我国法律体系中的地位，称得上是"国家重典"。

第二，民法的法律规范和制度群体十分庞大，远远超过其他任何法律，使用"法典"来定名，说明了其立法体量的显著差异。世界上著名的民法典，比如《法国民法典》《德国民法典》《瑞士民法典》（包括瑞士债法），其条文都超过了2200多个。我国《民法典》法律条文包括7编，1260条，近80章，仅仅汉语字数就超过了十万字，像一本书一样。这个体量，在近年来也是非同小可。值得注意的是，我国《民法典》并不是全部民法规范和制度的立法，而仅仅是民法一般法或者基本法的立法，除此之外，还有商事立法、知识产权立法和社会权利立法等民法特别法。无论如何，这一次编纂完成的《民法典》，其体量远远超过我国其他法律，将其称为法典，也是凸显了它在规范和制度体量上的重要性和复杂性。

第三，"民法典"命名的使用，强调了庞大的民法规范和制度群体整合为一体之时的体系科学性和逻辑性。因为民法调整的社会关系具有基础性、全局性和普遍性，它自古以来就包括在数量上远远超过其他法律的规范和制度。所以，国家的治理者、立法者和法学家为了适用法律的准确、方便，更为了法律适用的统一和公正，很早就开始了民法规范和制度群体的编纂和整理工作。这一工作的核心任务，就是要找到庞大的民法规范和制度之间的内在逻辑，以及观察这一逻辑的基本方法。经过历史上一代又一代人的探索，终于总结出法律关系的逻辑，作为庞大的民法规范和制度之间相互连接的主线，这样，庞大的民法规范和制度之间，就建立起从主体、客体、权利义务和法律责任这样一个清晰明确的联系；又总结出关于支配权和请求权相互区分、处分行为和负担行为相互区分，以及违约责任和侵权责任相互区分的概念整理方法，使得大量的民法概念能够区分和归并为制度，并使得各种法律制度能够既有分工又有配合地、融洽地在各自的领域里发挥其功能作用。我国《民法典》就是在这些基本逻辑基础上编纂起来的。如果不依靠这些基本逻辑，《民法典》根本无从编纂，因为大量的民法规范和制度就像一盘散沙，或者是被随意堆放的"一麻袋土豆"。民法上的这些科学性、体系性，是人类社会数千年来依据民法治理国家的经验总结，既是《民法典》编纂的基本法技术手段，也是我们从事民法学习研究和民事司法活动的基本技能。

同时，我国《民法典》的编纂，依据体系性科学，还采取了总则和分则相互区分的模式。这种法典编纂方式，不但是体现法律关系逻辑和民事权利区分科学理论的最佳方式，而且是学习研究民法、贯彻实施民法的最佳方式。在所有的民事活动中都会有主体，都会有民事权利，都会涉及民事责任。显然，如果民法立法按照具体的民事活动的具体情况来编写的话，那么，每一个民事活动的法律制度中都要详细地规定主体应该怎样，民事权利应该怎样，民事责任应该怎样，这样，立法就必然大量重复。所以《民法典》编纂的体系性科学借鉴了数学上"提取公因式"的做法，把民事活动中具有共同性的规则"提取"出来，作为一般规则，规定在《民法典》之中。然后，《民法典》又把具体民事权利按照人身权利和财产权利的区分来划分为多个分则，在这些分则之中展现各种权利及其相对具体的要求。这样的法典编纂方法，不仅极大地节约了立法的成本，而且也为我们学习研究和贯彻实施民法，提供了方法论上的指引。

习近平总书记近年来多次强调科学立法原则，党中央提出的立法三大原则之中，科学立法原则居于首位。《民法典》的编纂，将庞大的民法规范和制度按照体系化科学编纂为一个有机和谐的整体，这正是贯彻科学立法原则的结果。而且本次编纂按照体系化科学，消除了原有民事立法散乱而且内在混乱的弊端，遏制了长期以来存在的立法盲目和冲动，实现了民事立法体系的强烈改进，充分彰显了民法发展史上曾经倡导的"体系化效应"的积极作用。我们学习研究和贯彻实施《民法典》，也应该对《民法典》的体系性、科学性予以充分的尊重，只有这样，才能保障《民法典》立法目的的实现，以此更新或者完善我们的民法学术理论知识，并更新或者提升我们的民法分析和裁判的专业知识水平。

当前中国《民法典》编纂中的
坚持与创新*

    《民法典》编纂的整体工作已经有五年多了。按照立法规划，《民法典》的全部条文将于 2020 年 3 月提交全国人大进行审议。此前，《民法典总则》已经制定完成，分则各编也都进行了两次到三次审议。按照《立法法》，全国人大常委会阶段对于该法的审议大体上已经足够。在全国人大通过之前，对其进行修改的机会已经不多了。事实上，现在时间紧迫，我们只剩下三个多月的时间来对它继续讨论和完善。当然，也有不少人提出"差不多了"这个呼声，认为《民法典》整体的讨论和修改已经足够，希望不要再提意见了。这样一种"审美疲劳"我经常遇到。所以我要提出"坚持和创新"，要提出《民法典》编纂需要解决的问题，其中一些具有明显的制度设计缺陷，是特别应该修正的。

    自《民法典》编纂工程启动以来，我国立法机关和社会各界都对它无比重视，也投注了极大的精力和心血。立法机关不断地提出方案，征求意见，而五家立法参与单位和法学界也在不断地提出意见与建议。五年过去了，现在民法典方案应该说越来越好。一些关键的缺陷已被弥补，立法机关、五家立法参与单位、法学界和社会的共识越来越多。这些我当然是看到了，而且对此也由衷地感到高兴。但是，现在还不是我们表达"审美疲劳"的时候。因为现在这个法典方案虽然有很多的优点，但是有一些明显的问题还没有得到解决。所以我认为，即便有些人认为《民法典》编纂的很多工作已经进入尾声，我们仍然应该有所坚

---

    * 本文内容为作者 2019 年 11 月 16 日在北京航空航天大学举办的"海峡两岸《民法典》编纂研讨会"上的发言，收入本书时有所修订。

·13·

持。因为《民法典》编纂的意义实在是太大了，而且民法这样体系庞大，科学性、实用性极强的法律，如果出现疏漏、偏颇，有缺陷，甚至有错误的规定，那么这不仅仅是一种遗憾，损害的并不是法典本身，而是国家和人民的利益。在一些立法讨论的场所我曾经提出一个观点，即《民法典》创设的制度和规范，最终将成为民众享有的权利和负担的义务。想到这一点时，我经常内心充满使命感，不论是《民法典》的总则编、物权编、合同编、婚姻家庭编、侵权责任编和人格权编，我都要履行自己的职责，提出自己的立法报告、议案或者建议。有一些部分，比如仅仅人格权编，我提出的立法报告至少有五份。我积极履行职责提出不同意见，并不是为民法典编纂设置障碍，而是只想使它更加完善。从这些思考出发，我一直对中国民法典编纂的草案秉承审慎、乐观、积极、严格的态度，坚持着科学性、体系性的追求。

在参加《民法典》（草案）审议的过程中，我们也遇到了一些批评，认为《民法典》（草案）没有足够地反映出复杂的现实生活的问题。我认为这些批评很中肯。但是现在看来，很多现实问题已经无法纳入民法典的立法方案之中了，这真是一种遗憾。我认为，这方面最大缺憾是，互联网问题在《民法典》中还没有得到足够的反映。对此，以后我们也还是要认真研究。资料显示，我国国民经济总产值已经超过90万亿元人民币，其中70多万亿元直接或者间接地受到互联网影响，不论是物的生产过程还是流通过程，不论是价值的分配过程还是消费过程，尤其是货币的支付，现在基本上都要依靠网络。有一个数字说，超过30万亿元人民币的国民经济总产值，直接产生于互联网领域。这个数字太令人惊讶了。如此庞大的互联网经济，在世界范围内也是空前的，没有一个国家能够像中国这样，它的国计民生和互联网紧密地联系在一起。但是现在《民法典》（草案）反映互联网的内容确实非常少，所以以后在这方面需要认真研究。目前《民法典》对于互联网的反映，一个是《民法总则》第111条有关个人信息的规定，另一个是第127条有关网络虚拟财产、数据资产的规定，只有这两个条文。合同编对互联网交易基本上没有反映。《民法总则》第127条使用"虚拟财产"的概念来表述网络上的财产，我认为这是一个不准确的法律概念。因为网络上的财产都是真金白银，是客观真实存在的，只是其表现方式是数字化的，但是并不是虚拟的。令人遗憾的是，互联网涉及的民法问题，在这一次《民法典》编纂中是无法解决的了。

即使已经写进《民法典》（草案）的内容，是不是就没有缺陷呢？不是的。我想在这里指出几点供参考，这些问题是我们现在进行的民法典编纂中应该能够解决的。

第一，是物权编的一些重要的制度设计。物权编来源于十多年前制定的《物权法》，其制定的历史不长，因此很多人认为它应该没有什么问题，对这一部分的修订关注不多。一些立法工作者就是这样想的，一些学者也是这样想的。大家可以看看这一部分的立法草案，几次审议、几次公布的征求意见稿，相比《物权法》内容是否有改动或者修正。但即便如此，物权编真的没有缺陷吗？不是的。应该看到，《物权法》制定的时候还是受到了旧体制的强烈影响，受到了"《物权法》风波"的影响，再加上参加立法的学者和部分立法工作者对《物权法》科学原理掌握不足，认识不到在《物权法》领域里贯彻民事主体意思自治原则的意义，还有一些民法学家搞不清楚物权和债权的区别到底在何处。因此，该法的制定留下了很多遗憾。至于裁判意义最大的担保物权部分，因受《担保法》的影响，其缺憾就更多了。后来最高法院的"《物权法》司法解释"想改变一下，但是限于其权限，提出了问题，却不能彻底解决这些问题。这几年，我提议案、建议和立法报告，重点还是在物权编，小到概念、用词，大到篇章、制度，提出的修改建议达上百条。有一些建议，比如我提出的在物权编一般规定部分建立"物尽其用原则"的议案，在社会上曾经引发热议。但是，《民法典》物权编的修订或者改进远远达不到预期，一些明显的问题得不到改正。

《物权法》中最为重要的所有权制度，现有制度距离现实生活比较远，甚至一些令人哭笑不得的规则都出现在这里。实践中出现了比如苍蝇和蚊子的所有权问题，太阳能所有权问题，洪水所有权的问题，乌木所有权的问题，草原上拾到金块的所有权问题，等等，引发长期争议，《物权法》关于自然资源所有权的规定一直为人所诟病。这些问题无法解决，实属不应该。

物权编中最为重要的裁判规则在它的担保物权分编。一般的法官和律师都知道，这几年担保物权出现的案件非常多，从《物权法》到《民法典》（物权编）的担保物权分编，立法机关、最高法院确实一直在积极地想办法建立制度满足市场经济的需要。实际上很多问题也解决了。这一次《民法典》（草案）审议，物权编的担保物权分编，除了本人之外，基本上没有谁提出修改建议。没有多少人提出修订意见，是不是就没有问题？非也。

比如物权编（草案）第179条规定，其整体的设计就是不对的。这个条文规定，担保合同是主债权债务合同的从合同。主债权债务合同无效，担保合同无效。这个条文来源于《担保法》。我认为这个规定设计方案文不对题，不符合民法科学原理，因此已经数次提出修改意见。我的论证是：担保物权是主债权的从属性权利，在主债权无效的情况下，从属的担保物权怎么办？尤其是根据抵押权所纳入的不动产登记会怎样？依据质权交付给质权人的标的物会怎样？这就是主债权消灭之后，担保物权要解决的问题。但是这个法律条文解决了吗？它没有解决这个问题，而只是规定原来的抵押合同无效，或者质押合同无效。这能解决什么问题？

简单地说，《物权法》原理上，设定抵押权和质押权等担保物权，所担保的是主债权；担保物权是主债权的从权利。但是，这并不意味着担保合同是主债权债务关系的从合同。为什么呢？因为抵押合同和质押合同与主债权并无法律关系上的连接点。而且，在设定抵押权和质押权之后，也就是担保物权设定后，合同本身已经履行完毕，它已经没有法律上的约束力了，因此，在主债权债务关系无效的时候，要撤销这个没有约束力的抵押合同和质押合同，也没有什么必要，撤销与否，它都没有法律意义了。但是，这个时候在立法上最需要解决的问题，就是根据抵押权、质押权所发生的不动产登记和动产交付怎么办？抵押权还登记在不动产登记簿上，依据不动产登记簿和《物权法》第16条的规定，主债权人还享有抵押权。因为质押，交付给主债权人的质押物，也还保留在主债权人手里。这些问题怎么处理？这才是我们需要解决的问题。

所以这个法律条文应该的规定是，当主债权不存在的时候，担保物权是不是还能够被主张？立法设计上，应该建立制度消除主债权人行使担保物权。这才是重点和出发点。我多次指出，真正发生担保作用的是抵押权和质押权，而质押合同和抵押合同是发挥设置担保物权的合同，它们自己并不发挥担保作用。这就是它们和保证合同的差别。问题在于，在全国人大常委会审议物权编（草案）的时候，我作为全国人大宪法与法律委员会委员已经多次就上述问题提出修改意见，但是截至目前，法律方案仍然没有得到修改。据说，我们民法学界一些学者认为这个条文没有问题，支持这个条文不作修改。我想在这里把这个问题提出来，希望大家研究。对这个制度设计缺陷，我还是会坚持提出修订建议的。

另外，在担保物权部分，我们引进了美国法中的动产统一抵押制度，对此我也提出了疑问，希望大家讨论一下。大陆法系实行不动产抵押和动产质押两种制度。对于大型动产，我国也建立了抵押制度。现在，有一些学者提倡建立统一的动产抵押制度，也就是把全部动产都能够用来作抵押的法律制度，这个制度的要点是，把全部动产抵押的设立权利登记，都交给一个部门去做。我认为，在抵押权的制度设计中，我们必须认真地研究自己的国情和相关的法理，不能简单地移植。美国法中的抵押，和我们的抵押是不一样的。美国法中的抵押权，就是约定优先权，只要当事人约定了，在当事人之间就可以有效，但是能不能排斥第三人，那还不一定。而我国的抵押权，是登记有效，确定地排斥第三人。而且，在实践中，动产的质押没有什么缺陷，用不着被淘汰。抵押权制度建立的法理根据是，债权人需要担保，但是不需要占有抵押人的标的物，或者不可能占有抵押人的标的物，这时候就需要利用登记而不是交付，作为债权人真正的保障。登记制度必须具有公信力，这样才能够真正发挥担保物权的作用。反观现在物权编（草案）设计的动产统一抵押制度，其缺陷就很明显了：一是全部的动产无法建立统一登记；二是大部分动产，所有权人实际上并没有自己占有使用的必要，将其设置质押，不会妨害其生活。通过质押制度就可以解决的物权担保，为什么现在要废弃质押，建立统一的动产抵押制度？

现在将全部动产归结到一个单位去建立统一的动产抵押登记，这到底有没有可能？动产的类型这么复杂，如果包括债权，无论如何建立不了统一的动产抵押登记。如果没有统一的登记，那么，登记也没有公信力，设置的动产抵押权，并不能取得担保物权的法律效果。这些问题希望立法机关和大家都能够认真想一想。总之，不要把美国好看的制度简单地拿进来，还要看我国自己的国情，和我们已经建立的《物权法》基础。

第二，我说一下合同编。有学者认为，《民法典》（草案）中的合同编规定的有名合同数量严重落后于社会生活。有学者做出了统计，实践中常见的有名合同至少有几百种。我看到一个学者建议，他提出《民法典》合同编应该规定的有名合同有 60 多种。但是合同编（草案）只承认了接近 20 种，相较于实践的需求显然是不够的。此外，合同编部分做出的制度创新，也还有些争论。比如违约方的解除权问题，或者过错方的解除权问题，学界对此展开了激烈的讨论，这是很有意义的事情。虽然上述内容在草案中已经有规定，但还是值得我们深入考虑的。

第三，我们应该看到，侵权责任编部分已经有很大的改进。这一部分争议最大的第 1030 条有关高空掷物的规定，通过大家的共同努力已经基本解决了。这个条文的修订过程中，曾经发生很多有意义的讨论，无论如何最后是法理取得了胜利。就凭这一条的修改，我相信以理服人的道理。按照原来的规定，楼上抛弃物品造成损害的，首先是要对全体住户追究连带责任。而现在的立法方案，是要采取各种办法追究侵害人。这个问题自引发讨论以来出了几个司法案例，法理上要求先寻找加害人，也都找到了。最近的几个类似案件，没有按照《侵权责任法》第 87 条处理，总的效果是不错的。最高法院在《民法典》之前出台了司法解释，改变了《侵权责任法》第 87 条的规定。所以，这个条文的改变所表达的信息，希望大家能够注意到。

第四，我想谈谈《民法典》婚姻家庭编。这是各编中争议最大的焦点，目前这一编已经在全国人大常委会进行了 3 次审议。虽然经过多次审议，现在的草案还是存在很大的争议。特别是第 840 条之一这个条文确立的共债共签的问题，现在还是没有解决。草案第 840 条之一建立的规则是，所有夫妻共同债务都要双方共同签署，包括事先签署和事后追认。对于这一规则，据说法院还有妇联等机构都明确表示支持。但是我对此仍然持不同意见，因为这样做是不合法理也不符合婚姻实际情况的。这样的规定是不是意味着，夫妻共同债务都需要双方共同签字后才能得到确认？不签字的，是不是就不是共同债务了？如果细看法律条文，那只能得出这个结论。这就明显不合理了。

虽然第840条之一的第2款规定了例外情形，但是这个例外的规定并不能说明问题。第2款规定，夫妻一方在婚姻关系存续期间以个人名义超出家庭日常生活需要所负的债务，不属于夫妻共同债务。但是，夫妻共同生活又如何判断？比如，炒股票、炒房，和他人合伙做生意，按常理显然不是共同生活的需要。这时候如果一对夫妻中的一方做这些事情，而另一方只享受共同挣钱的快乐，出于疏忽甚至为了恶意逃避共同债务，事前不签署、事后也不追认，这种超出家庭日常生活需要的债务，是否属于共同债务？另一方不签字，这就不是共同债务了？我们的法院真的要这样裁判吗？

关于这一问题，在讨论过程中，有些观点认为，我们以后建立起共债共签制度，如果夫妻双方没有共同签字，就不能认定为共同债务。在这样的制度安排下，从保障债权实现的角度来讲，我们未来和成年人建立法律关系的时候，始终要想到对方是个成年人，应该是个已婚人士，那么我们一定要把他们的丈夫或妻子叫过来共同签署合同。否则，你不叫他的配偶来一起签合同，将来债务不能承担的时候，你自己自认倒霉吧！大家想一想，这个做法行吗？符合婚姻家庭的实际吗？

这样一来，民法上独立的自然人作为民事主体还存在吗？是不是以后民法上形成了"夫妻"这样的民事主体制度？尤其重要的是，夫妻之外，还有家庭成员，共债共签的范围要不要扩大到全部家庭成员？关于这个问题，我已经写了多份立法报告，也提出了具体的修改建议，但是相关条文目前仍然没有被修改。

第五，我想谈一谈关于人格权编。目前立法机关征求意见稿中说，把人格权写进《民法典》具有政治意义。这点我承认。但是，从法律本身的裁判规范和行为规范角度思考的时候，我们就会发现，这一编的制度设计还是存在可供商榷的余地。我们知道，民法规范包括了行为规范和裁判规范。行为规范主要是引导人们从事交易的法律规范。目前，人格权编（草案）第775条明确规定人格权不得放弃、转让、继承。所以人格权没有什么交易上的问题，也没有行为规范。在民法上能够交易的只有财产权，没有人格权。原本在第二次审议稿中，这个条文中规定了一个但书，认为人格权转让还存在例外情形。大家可以看到，现在经过我们的努力这个但书已经删除。关于建立人格权不得转让，而且删除这个条文中但书这一点，我想特别提出来，希望我国法学界尤其是民法学界予以充分注意。这项规则有十分重大的意义，它坚持了人格权方面的法律伦理，而且澄清了我国民法学理论一度出现的极大混乱。毋庸讳言，我国民法学界提出了人格权能够转让、进入市场交易的观点，这些观点也影响了立法草案。对人格权到底能不能转让这个问题，我进行了很多研究，从人格、人格权的来由，到现代民法对于人格权的认识，展开了论证。就这个问题，我提出了几份立法报告。我的核心观点是，人格、人格权是自然人专有权利，而且是自然人与生俱来、终生享有的自然权利，这项权利涉及法律基本伦理，当然是无法转让的，也是依法不能转让。大家想想，如果你有一座房子，你转让给别人了你就没有了。那么，如果你的人格权转让给别人了，那么你自己还有人格吗？你自己还是个"人"吗？这样的道理，谁能不懂得？有些人提出，肖像和姓名的商业使用许可属于人格权转让，这就讲不通了。因为，许可使用，怎么能够是"转让"？比如，商标权，权利人可以许可他人使用，但是权利人的商标权还存在。所以，许可使用不是转让。这些民法的基本概念，我想我们做学问的、以从事科学自命的人，是不可以含混的。所以，在看到人格权也可以转让，而且依据转让来建立人格权编的法律制度的立法方案的时候，在全国人大审议这个方案的时候，不论是在全国人大宪法和法律委员会，还是在全国人大常委会，我都坚决地提出了反对。当然，我有仔细的论证。在人格权可以转让的规则被彻底清除之后，我才表示同意人格权这一编。这是我的坚持，我不讳言。

现在人格权编的立法方案，还有很大改进的余地。我提出中央加强人格权保护的要求，这才是《民法典》人格权编的立法指导思想。现有立法方案所构建的人格权体系是否能够实现人格权保护？脱离侵权责任编部分，人格权编能否实现人格权保护的目标，这些问题都值得我们深思。

我还要针对有些学者提出的"解法典化"或者"去法典化"的观点谈一点感想。当前，无论是我国社会整体的法律素养，还是法官的法律素质，都有待进一步提高。如果不建立大法典化体系，不把原有零散的、断断续续的法律编纂在一起，对我国的依法治国、对我们社会发展是没有好处的。所以，这种解法典化，是不符合我国法治发展需要的。《民法典》的编纂符合我国社会当下的现实需要。

最后，还是要呼吁大家在这个时候要有一份坚持，不能认为时间仓促就敷衍了事。希望做民法立法、民法实践、民法教学和研究，首先要尊重民法的科学性和体系性。《民法典》编纂虽然时间紧迫，但其中还是有需要解决的问题，不能在这个时候轻言一切都好。虽然有关法典体系和框架问题恐怕鲜有修改空间，但在具体制度方面，我们还是可以有所作为的。我们既要坚持，也要就社会发展中呈现的新问题发挥自己的聪明才智，建立起更好的民事规范体系。

从基本法视角看《民法典》编纂[*]

在中共中央第十八届四中全会通过的《关于全面推进依法治国若干重大问题的决定》中，提出要"编纂民法典"。2016 年 6 月 28 日，《民法典》的第一编《民法总则》的草案，已经提交到全国人大常委会，并进行了第一次审议。《民法总则》的制定是《民法典》编纂工作的第一步。按照全国人大确定的立法规划，《民法总则》通过之后，现在已经颁布的《合同法》《物权法》《侵权责任法》《婚姻法》《继承法》等将进行体系整合，消除其矛盾，弥补其漏洞，这样《民法典》的编纂工作才能算是大功告成。总体而言，不论是全国人大常委会法工委，还是参加编纂工作的五个小组以及相关学者，目前都在非常努力地完成相关工作。

中国社会不论是对现在《民法典》编纂的社会价值，还是对其基本内容都不是很了解。实际上，人们对于《民法典》编纂工作的不了解，主要理论障碍还是在法学界本身。比如，多年以来，中国社会研究讨论的"依法治国"这个重大话题，参与的主要是宪法学者、法理学者等，中国社会，尤其是中国法学界很多人都认为，依法治国这个问题与民法无关，尤其是与《民法典》立法无关。2016 年 6 月 28 日，全国人大常委会法工委主任李适时在《民法总则》起草的说明报告中提到，《民法典》的立法是贯彻法治国家原则、完成国家治理的法制建设的基础。这一论述对于《民法典》社会功能的解释非常到位，但是，中国法学界很多人并不完全赞同这个看法。我认为，我们必须从国家治理的基本法的角度来理解《民法典》的编纂工作，因为依法治国需要解决

* 本文刊于《中国经济报告》2016 年第 8 期。

的最基本问题，是经济发展和民众权利保护的问题，而这些问题主要是由民法来解决的。改革开放以来，中国社会在法治国家建设这一领域取得的最切实的进步，也是在民事立法领域实现的。在中国法治国家原则下国家治理的实践证明，民法在完善国家治理方面发挥着基础性的作用。

第一，《民法通则》确定的民法作用范围的规定，以及随后改革开放所取得的成就证明，《民法典》不仅是民商法的基本法，而且是改革开放的基本法。1986 年，中国制定的《民法通则》第 2 条规定，民法调整平等主体之间的财产关系和人身关系。这一规定，从表面上看似乎只是关于民法调整社会关系范围的规定。实际上，这一规定划分了公共权力和民事权利发挥作用的两个不同的社会关系空间，从而确定了中国法律体系发展的基本出发点。因此，这个规定也限定了行政权运作的范围，为民众权利保护提供基本的伦理和法理基础。改革开放至今的实践证明，这个基本范畴的划分，不仅对中国民事权利法制发展发挥了决定性作用，而且对中国整体法制发展发挥了核心作用。从这个基础性理论出发可以看出，中国《民法典》制定的伟大意义。

第二，民法中建立的一些法律制度对于民商法具有重大价值，对于公共权力的界定和运用也具有非常重大的价值。比如，民法规定的主体制度，尤其是法人制度的规定，在公有制企业改革、民营经济的发展过程中发挥了重大作用，这些制度对于如何限定公共权力的内容及其行事方式，也具有决定性作用。民法是关于民事权利的规则，为中国社会政治文明、物质文明、精神文明的发展奠定了基础，民法在这些领域内的作用，不仅限于民商法本身，而且规范了公共权力。

第三，民法所建立的社会秩序是国家基础秩序，民法通过对于民事社会的调整，至少是在民事领域完成法治国家的目标，而且为社会公共的法律调整提供了基本条件。民法建立社会秩序的基本特点是可继承可复制的，民法规范社会关系，不仅可以从社会的基本方面，而且可以从社会的每一个细小的环节做起。这种规范的特有功能有利于实现社会秩序的稳定和延续。这种建设性的社会，是中国社会迫切需要的。比如，建设性社会核心特征就是人们可以开展正常的生产劳动来创造财富，但是，人们愿意创造财富的一个必要的条件，就是他们依据合法手段取得的财富可以得到法律的承认和保护，可以继承，可以延续。中国民法，尤其是物权法解决了这种重大的问题，建立了文明社会所必须建立的所有权制度，这就扎扎实实地推进了中国社会的进步。民法在建立这一秩序中所发挥的重要作用，是其他任何法律包括宪法都无法替代的。

第四，中国当前进行的《民法典》编纂工作，是改革开放以来民法推进中国社会进步的经验总结，也是人类社会千百年来所积聚的基本认知的总结。民法能够在推进中国社会进步方面担当基本法的责任，还因为它具有特有的法律逻辑和规则，而这些逻辑和规则才真正体现了法律的科学性和法治国家的基本道理。比如，民法"具体人—具体物—具体权利义务—具体责任"的逻辑，将社会治理者改造社会的基本思想、建设社会的目标，以及法律追求的现代法制文明的精神贯彻到社会的每一个具体环节之中，并以此实现社会制度的更新和进步。这是改造社会最实际的手段。民法的这一功能，也是宪法无法比拟的。

第五，多年以来，很多人都认为民法学说体系封闭而保守，难以容纳新知识新规则。这完全是一种误解。实际上，民法的知识体系和制度，一直都随着社会的发展而进步。但是，《民法典》的固有体系只是解决民法的一般问题。除《民法典》之外，还有很多民商法的特别法，它们是民法这棵大树上生长出来的枝芽，与《民法典》一起发挥作用。比如，关于保护劳动的制度就是在劳动法中加以规定的，保护消费者的制度就是在消费者权益保障法中规定的。

中国《民法典》的编纂基本任务，就是通过具体的制度和法律关系的逻辑，完成国家治理的宏伟目标，实现社会主义法治思想所追求的从形式正义到实质正义的制度目标。在分析中国现实的民法研究，尤其是在开展《民法典》立法研究时，还应该做扎扎实实的工作。第一，应该加强对于民法固有体系内的制度研究，解决《民法总则》《合同法》《物权法》《侵权责任法》《婚姻家庭法》《继承法》这些法律之间体系整合的问题。第二，应该通过现实调查，解决民法现行制度体系脱离社会现实的问题。第三，应该下大力气解决现行民法立法在改革开放的不同阶段出台，制度规则前后不一、相互重合、矛盾的问题。第四，研究和解决民法和特别法之间的关系问题。主要是民法和商法、知识产权法、最高法院的司法解释的规则体系之间的关系问题。第五，要下力气提高民法立法的科学性，提高民法的可操作性，解决《民法典》立法技术方面的行为规范、裁判规范问题。

从国家治理的角度认识《民法典》

  我国《民法典》编纂，是 2014 年中共中央提出的《全面推进依法治国若干重大问题的决定》中的一个重要决定之一。所以，《民法典》编纂的意义，应该从国家治理的角度来理解。我国《民法典》编纂是在 2020 年 5 月 28 日完成的，紧接着 29 日，中央政治局就举办了《民法典》学习的讲座。在学习讲座上习近平总书记发表了长篇讲话。总书记在讲话中对《民法典》编纂工作给予了高度赞扬。但是要注意到，这一次讲座的题目是"《民法典》实施"，而且习近平总书记特别强调，《民法典》的重要功能还在于实施。作为学习研究民法数十年的学者，也是参与《民法典》编纂的立法工作者之一，本人对习近平总书记强调的关于《民法典》实施的讲话深表赞同。《民法典》编纂的意义重大，但是实施的意义更为重大。《民法典》编纂完成，只是完成了把中央关于国家治理、关于保障人民福利以及推进市场经济建设的指导思想写进了《民法典》之中，细化在民法的制度之中；但是这些法律制度写出来并不是为了好看，而是为了推进我国社会的进步，提升国家治理的水平，所以，如果要把这些指导思想落到实处的话，那就要把《民法典》实施好。我们可以看到，《民法典》之中包括庞大的法律规范和制度，总计 1260 条。法典的内容十分丰富，所以无论是在《民法典》编纂过程中还是在编纂完成后，一些学者和宣传部门对它有各种各样的解读。但是无论怎样解读，我们都不能偏离《民法典》编纂的基本功能，那就是它作为依法治国原则的基本遵循的作用，否则就会妨害《民法典》的实施。

  因此，本文提出三个涉及《民法典》和国家治理之间关系的讨论供各位参考：其一，从民法的一般意义讨论《民法典》如何承担国家治理的职责；其二，讨论我国《民法典》在承担国家治理职责时在一些重大制度方面所做出的改造和更新；其三，讨论本次《民法典》编纂如何弥补了现行民法重大缺陷，以及完成了对大民法体系的协同改造，从而在本质上解决了民法作为国家治理的基本遵循的可靠性这个大问题。

一　《民法典》编纂是为了国家治理

（一）《民法典》是国家治理的举措而不是宣言

《民法典》篇幅很大，有七编、八十多章，总字数十万八千六百多字。这么多文字印成一本书的话，也不是一个小薄本。《民法典》包括的规范和制度内容，确实超过了我国现行法律体系中的其他法律。所以在解读《民法典》时，谁也没有时间把它的细节内容一一展开。在比较有限的时间里解读《民法典》，我希望我们能够抓住民法对社会发挥作用的基本功能和基本做法，以及《民法典》为了承担这些功能而建立起来的制度体系的大概情况。中央把《民法典》的编纂作为国家治理基本举措，这个定位非常准确，非常到位，这一点恰恰就是本人从事民法学习和研究数十年的切身体会，也是我提出《民法典》议案、建议和立法报告，再一次推动《民法典》编纂这项工程的初衷。所以，我希望围绕国家治理和《民法典》编纂之间的基本联系来和读者们进行交流，基本出发点就是从国家治理的角度，来讨论《民法典》实施方面的几个要点问题。

在我国《民法典》编纂完成以后，一些宣传部门，还有一些学者，他们提到《民法典》的时候经常这样讲，《民法典》是一个权利宣言，说到这里他们就没有下一步的讨论了。在我看来，把《民法典》定义为一种权利宣言，是相当不准确的。因为《民法典》不论是立法的动机，还是实际发挥的作用都不是宣言性的。首先，世界上著名的权利宣言，像法国的《人权宣言》、美国的《独立宣言》、联合国的《世界人权公约》这些权利宣言性质的文献，都是二十个左右条文；而且这些宣言的内容，都是用它的精神或者思想来感召人们的。这些宣言规定常常揭示出很有价值的思想，让人们看到以后很激动，精神上受到感召，仅此而已，这是《权利宣言》的作用。但是《民法典》不是这样。因为，虽然《民法典》中规定了很多民事权利，这些权利也常常是很有思想性的，但是民法对这些权利的规定并没有停留在思想这个阶段上。民法上这些权利是很具体的，它们是和义务、责任联系在一起的。《民法典》中法律规范揭示民事主体应该享有哪些权利，但是同时要求民事主体还得要承担什么样法律上的义务。如果义务不履行或者是不遵守的话，还要承担法律上的责任。《民法典》规定了很多民事权利，至少从其写法上就可以看到，它的用语不像权利宣言那样抽象，那样富有精神感染力，而是非常具体的。权利宣言中权利能够感召人们，但是人们不能从中获得实际的利益。民法上的权利是实际的，人们可以从中获得实际的法律上的利益。总体而言，民事权利不能停留在思想性状态，而应该从付诸实践的角度制作成为法律规范。这就是说，民法在规定这些权利的时候，它会以国家强制力为后盾对其进行承认、保护。但是，同时民法也会附加相关的义务。如果不尊重别人的权利，或者不履行义务的话，那也就要承担法律上的责任。大家知道，法律责任是以国家强制力作为保障的。如果不能承担义务和责任的话，那就有可能要导致法律上的强制，甚至可能导致司法制裁。

民法作用于社会的这种方式，充分显示出它的实践性特征，即以其科学手段来具体地落实立法者治理国家、改造社会、推进社会进步的各种构想的特征。总而言之，不能以精神或者思想来感召社会的权利宣言来看待《民法典》，而应该将其当成国家治理的基本遵循和基本依靠。

（二）民法承担国家治理职责依靠其特有的法律规范

民法怎样承担国家治理的职责？主要是靠它的法律规范。

《民法典》中的法律规范，大体上来说分为两种类型，一种法律规范叫作行为规范；另一种叫作裁判规范。所谓行为规范，指的是引导社会大众，或者说引导民事权利主体如何开展民事活动这样一些法律规范。比如说你怎么去处分财产，怎么订立合同，怎么履行合同，怎么缔结婚姻，怎么结束婚姻，怎么收养，怎么立遗嘱，等等。这样的法律规范叫作行为规范。从法律实施的角度看，民法跟我国法律体系中的其他法律相比，有一个显著的特点，就是民法的贯彻实施，基本上依靠的是民事主体自己的主动性，而不是依靠国家专门的机关。民事主体，不管是自然人还是法人，每天甚至时时刻刻都要进行民事活动，这时候他们就要贯彻实施民法；他们这时候实施民法，是自己积极主动的行为，没有人去督促他们，更没有国家强制机关去强制他们一定要这样做。比如，不管是行使所有权还是订立合同，或者从事家庭活动，即使是一般日常生活，也都是民事活动。在这些活动中，民事主体会积极主动地实施民法。哪怕坐公共汽车，在饭馆里吃饭，这些都是合同行为。如果发起成立公司，从事贸易，那是更重大的合同行为。无论如何，这些行为都是民事主体基于自己的意愿，基于自己利益的需求，自己积极主动的行为，并没有国家说你非得要这样做不可。民事主体在从事这些行为的时候，会主动贯彻实施民法。但是我国法律体系中其他的法律，跟民法贯彻实施的这种情形就有很大差别。比如《刑法》《反垄断法》，从实施的角度看，都是国家专门机关的行为，民事主体不会积极主动地实施。《刑法》的贯彻实施主要依靠公检法机关。像《反垄断法》这样的法律，贯彻实施的机关是国家工商、市场管理、商务部门等管理机关。

因为民法主要是靠民事主体自己主动贯彻实施的，所以民法中的规定行为规范的意义就很重要。行为规范，从很多条文的规定来看，它显得好像不是那么"狠"，不具有强制性，但是这就是民法的特点。行为规范的立法目的就是要发挥引导作用，它告诉民事主体从事民事行为的时候去贯彻这些法律，就会得到法律的承认和保护。比如大家看一下我国《民法典》的第1条，就是核心价值观的条文，把核心价值观写在这里的目的就是引导。《民法典》编纂初期，有些学者对这个条文写入核心价值观有不同看法，他们认为这个是道德性的，不具有强制性，因此没有立法意义。后来在立法讨论中，我也写出立法报告发表意见，认为这个条文是应该写上的，核心价值观对于民事主体的行为可以发挥很好的引导作用。核心价值观中很多的内容，像平等、自愿、诚实、信用等，这些对民事主体开展民事活动是很有指导作用的。民法的很多条文都是这样发挥着引导作用，从总则编到各个分编，从财产行为到人身行为，包括结婚、立遗嘱，等等，很多法律规范都是行为规范。

行为规范之外的另一类法律规范就是裁判规范。裁判规范顾名思义，就是给以法院为代表的司法机关、仲裁机构，也包括一些行政执法部门提供的，用来裁判是非曲直的法律规范。司法机关裁判是非曲直，就是它们所担负的治理国家的具体职责。如果民事主体之间发生纠纷，产生是非争议，人民法院等机构根据事实和法律规定，裁判谁有权利，谁的行为应该得到承认和保护，谁应该承担法律上的义务和责任。这个时候，法院等机构所依据的民法规范就是民法上的裁判规范。这些裁判规范不像行为规范那样柔软，它们是具有强制性的，是说一不二的，是界限清晰的。只有这样，这些裁判规范才能够用来作为裁判。是非曲直得以裁明以后，还要借助国家的强制力把判决贯彻下去，这就是法院主导的执行。从裁判到执行，依靠的是国家的强制力，这是裁判规范的特点。

民法中的行为规范和裁判规范，大体上有这么两个类型，但是有时候它们之间也没有截然划分。有些规范既是行为规范，同时也是裁判规范，也就是兼备两种法律规范的职能。但是大体来看，这两种规范还是有区分的。

民法作用于社会的科学方式就是它法律关系的逻辑。法律关系也就是民事主体之间的权利义务关系，而法律关系的逻辑，包括主体、客体、权利、义务和责任等方面的要素，这些要素之间存在着不可分割的内在联系。而且，民法上关于这些要素所形成的法律制度，比如主体制度、权利制度、责任制度等，也根据它们之间的内在联系而形成统一不可分割的整体。所以，一个民事主体享有权利的时候，也就意味着他自己或者别的人必须承担某种法律上的义务；义务不能履行的时候，就要承担法律责任。民法上的主体、客体、权利、义务和责任都是具体的，是明确肯定的，这就意味着，权利、义务和责任都要落实在具体的、明确肯定的主体身上。所以民法上的权利也罢，义务也罢，责任也罢，都会明确肯定地落实在一个个自然人或者法人的身上，使他们的行为能够受到法律的规范，他们的权利会得到民法的承认，同时其义务和责任也必须得到履行。这就是民法作用于社会的奥秘之所在，也是民法实践性、科学性之所在。

（三）《民法典》的法律规范是社会基础性规范

民法具有依据自己法律规范这样的特点，贯彻立法者推进社会进步、改造社会、治理社会的基本的指导思想。我们同时要注意的是，民法调整的人身关系和财产关系涉及每个自然人，也涉及每个法人。人身关系和财产关系，是他们安身立命的基础，和他们的生存与发展须臾不可分离。也就是因为这样，不论是自然人、法人还是其他的民事主体，他们的民事活动时时刻刻要受到民法的规范。甚至我们可以发现这样一种现象，自然人、法人或者其他民事主体，一直不从事政治活动完全是有可能的，但是他们不从事民事活动绝对不可能。比如一个自然人不参加选举或者是被选举，不当公务员，也不参加政治投票，这完全是有可能的。但是他不能没有衣食住行，不能没有民事权利，不能没有父母，所以他终身不能离开民法对他的保护和规范。民法对社会的反映以及干预的程度，超过任何其他的法律。

所以，国家制定民法，尤其是编纂《民法典》本身就是国家治理行为，是依法治国工程中最为重大的基础性工程。而且《民法典》对国家治理而言，涉及全局性，对整个社会有贯穿性。民法不是苏联法学定义的部门法，而是基本法、全局法。这是民法在整个法律体系中的基本地位。

二 《民法典》承担国家治理六大职责 以及相关制度更新

《民法典》担负的国家治理的职责是全方位的。这一点我想大家都没有争议。以本人参加本次《民法典》编纂立法的经历，结合学习和研究的经历看，无论是从国计民生、社会发展的整体角度还是从细节上看，我认为这六点基本上可以概括出来《民法典》发挥国家治理作用的要点。另外我想指出的是，在《民法典》编纂过程中以及编纂完成后，社会上出现一些舆论，包括我国的一些法学家们，他们认为《民法典》的编纂无非是将现行法律简单地汇编起来，并没有什么制度或者理论的创新或者改造。但是从我在这六个大的方面的讨论中，大家可以看到，本次《民法典》编纂确实在这六个方面实现了制度的改造和理论的更新。我认为这一点特别需要指出来，供大家来分析讨论。如果看不到我国《民法典》在制度改造和理论更新方面的重大贡献，那就当然也看不到立法者对此所付出的努力，更看不到法典编纂的意义，看不到《民法典》和现行法律之间的区别，这样，不但无法建立我们对于《民法典》的制度自信，而且归根结底对于《民法典》的实施是很不利的。从未来《民法典》实施的角度看，从《民法典》将来促进和保障我国人民基本权利和市场经济体制发展的角度看，充分理解这些制度改造和理论更新是非常必要的。

（一）在建立、改造经济基础运行法制方面承担基本法责任

《民法典》担负国家治理职责的首要之点，就是保障和维护国家经济基础的运行，建立和稳定国家基本的经济秩序，并且在这一点上发挥着决定性作用。按照马克思主义的观点，经济基础决定上层建筑，所以全部法律制度都担负着反映经济基础需要、保障和支持经济基础运行的重大职责。在我国，保护经济基础、反映经济基础需求的法律很多，比如《宪法》就有关于经济基础规定的条文。但是《宪法》对我国经济基础的规定也只有一两个原则性的规定，而没有具体的规则。另外有一些法律也会有直接或者间接的规定，但是系统反映经济基础需求，建立国家基本经济秩序方面的法律，只有民法。民法是调整社会财产关系的基本法律，在直接、具体落实经济基础需求、支持和保障国家基本经济秩序方面发挥着核心作用和基础性作用，这一点意义是非常重大的。

最近一段时间，宣传《民法典》的很多人都强调指出，《民法典》的意义就是规定和保护自然人的权利，比如胎儿权利、老年人权利、婚姻家庭权利等。从这个角度强调《民法典》的意义，这个做法我一点儿都不反对。但是这些宣传部门和学者的讲授，却始终没有提到《民法典》对经济基础的反映、支持和保障的作用，更没有提到《民法典》在这个重大的问题上对现行民法的制度改造和理论更新，这就是一个很大的遗憾。这一点反映出了我国社会对于民法的知识欠缺。《民法典》保障民生，规定反映一般老百姓的生活性的权利，这当然很重要，但是

《民法典》在参与国家治理和对整个国家发挥的作用，首先还是在经济基础的保障和支持这个要点上，而且在这个要点上，《民法典》发挥着核心的作用。有关经济基础和上层建筑的关系方面的知识，虽然不是本文的必要内容，但是因为涉及我国《民法典》的重要作用，为方便大家思考，我略作说明。

什么是国家的经济基础？按照马克思主义的观点，经济基础其实就是在社会生产力和生产关系中发挥控制或者支配作用的经济力量。因为这种力量控制或者支配着社会的生产力，所以就决定整个社会的生产关系，决定整个社会的运作和发展。按照马克思主义的观点，控制社会的生产资料就是控制生产力的要点或者全部的支点。所以，控制生产资料的法律权利，就成为马克思主义学说中分析和判断经济基础支配和控制的基本切入点。对经济基础和法律权利方面之间的关系的讨论，限于今天的主题和时间，我只能这样很简洁地做一个介绍或者讨论。不过，无论如何，大家一下子就会明白，从对生产资料的法律权利分析的角度，来研究理解经济基础的控制或者支配关系，这是马克思主义的一种分析方法。我们认为，马克思主义的这个分析是很精辟的。对整个社会关系发挥决定性的作用，就是对经济基础的控制，而这种控制和支配在法治社会里，就是一种法权性的控制。

在早先人类社会中，这种法权就是生产资料所有权。在工业化社会出现之前，也就是说，在现代化产业和现代企业组织方式出现之前，谁拥有对土地等生产资料的所有权，谁就支配和控制社会的生产、分配、消费等社会活动。这一点可以说毫无疑问。比如，在农业社会里，谁有土地，谁就说了算，地主依据其土地所有权，可以决定生产关系的全部。但是在有土地之外的大型生产资料之后，对社会经济发展有决定性的生产资料类型发生本质变化，而且社会生产方式发生本质变化，尤其是大工业、现代化的公司出现后，对生产资料予以控制的法权形式也发生重大变化。当然，在企业里面出现大规模的雇佣劳动，或者说产生供业者和就业者，产生资产阶级和无产阶级。这是对企业的政治分析。依据这一分析我们可以提出对资本主义国家的批判。

但是就我国建设的社会主义市场经济体制而言，有一个要点值得注意。这就是，在现代化企业体制中，从生产资料控制角度来看，这个时候出现大规模的投资人现象，意味着对生产资料予以支配和控制的法权关系发生了极为重大的变化。这就是，投资人用自己的名义来投资，但是投资以后，投资人对于投资演化而成的生产资料法权，已经不再是法律上的所有权，而是享有股权。所以在人类社会早期的生产关系分析时，我们经常使用生产资料的所有权来作为分析切入点，确定这种社会生产的性质。但是在现代化公司出现后，尤其是共同投资出现后，所有权在法律上由企业法人直接享有，而股东只享有股权。企业法人不仅仅在财会关系中独立核算，而且在民法上以其全部资产承担法律责任，也就是无限责任。而股东仅仅担有限责任。这种情况下，以生产资料所有权来分析社会生产关系就已经成为不可能的事情。我们可以看到，涉及国计民生的大项目，像修铁路、组建航空公司等，都需要建立大型公司。而大型公司都需要依靠股份制企业来运作。这种公司就是依靠股权来运作的，而不是依靠所有权来运作的。投资人只考虑控股的问题，而具体的财产所有权则交给公司法人。投资人不再直接地从事生产经营，也就不再对于具体的物享有所有权。

在这个分析要点上，我们必须掌握的法律制度上的一个要点是，直接享有依据其所有权来进行生产经营的人，必须以自己的全部资产对自己的生产经营负完全的民事责任。这种责任叫作无限责任。而现代化企业中的投资人仅仅只是承担有限责任。所谓有限责任指的是，他投入多少资产，就以这些资产承担责任。他家里的财产和他的其他资产，不再为其投资设立的企业的行为承担责任。在企业制度中，所有权人跟股权人的最大差别就在于他们承担的无限责任和有限责任的区分。这些法律知识要点在民商法学中属于基础性的知识，也许各位都觉得多余，可能有不少人觉得这些常识没有必要在这里宣讲。但是如果我们看看以前我国法律关于公有制财产秩序的规定，大家就会明白为什么我在这里把这些常识分析这么多。

简要地说，在中国《民法典》编纂之前，我国各种法律包括民法中关于公有制财产秩序的规定，恰恰处于立法和现实不相符合、立法上主导理论与现代市场经济体制下民法原理不相符合的巨大矛盾和混乱之中。大家都知道，中国公有制以全民所有制作为主导和基础、其他所有制作为补充。《宪法》规定中国的经济体制是社会主义市场经济。那么关于公有制的财产秩序，法律是怎么规定的？在此之前，一直到这次《民法典》编纂之前，我国立法都坚持的一个基本理论，就是"国家所有权的统一性和唯一性"的学说。这个理论强调，全部的国家资产都是国家统一享有所有权，这一点被称为国家的统一性；另外，这个理论强调全部公共资产上只有一个所有权主体，就是国家，这一点被称为国家所有权的唯一性。总的来说，这个理论强调的，是全部的公共资产、国有资产都是由国家来享有统一直接的所有权，其他法人机关或者机构都没有所有权。比如，1986 年的《民法通则》第 82 条规定，公有制企业中的资产国家享有所有权，国家授权给企业经营，企业享有经营权。在《民法典》编纂之前一直到现在，还有人坚持这种所谓正宗的社会主义理论，即使后来制定和修订《公司法》，在这个问题上都没有直接明确地采纳现代市场经济体制下的政府投资理论。其实这个理论是1934 年苏联法学界维涅吉科托夫提出来的，是为给中央政府贯彻国家计划提供民法上的法权支持。自 20 世纪 50 年代引入我国之后，几代人都把它当作正宗社会主义理论的圭臬。在《物权法》制定过程中，曾有课题组坚持说这个理论不能变。在《民法典》编纂中他们还是这样坚持。最近在宣传《民法典》的过程中，还有一些学者这样讲。

但是，自我国 1993 年开始建立市场经济体制之后，这种建立在计划经济体制基础上的理论，就已经完全不符合我国的现实。尤其是从1995 年国家实行分税制以后，在全民所有制企业进行现代化改造以后，实际上公共财产领域里的实际的法律权利控制关系，已经不再是国家统一享有所有权。在企业现代化改制之后，现实生活中国家采取投资人控股的法权关系，国家新建国资委作为中央政府投资人的代表者，同时地方也建立地方国资委作为地方政府投资的代表者，中央和地方的投资关系已经清晰区分开来。这个重大的改变，把原来国家对生产资料的直接所有权的控制方式，改造成为国家投资的方式。而且，政府投资既有中央投资，也有地方投资，还有中央和地方的混合投资。即使在中央层面的投资，也不只是国务院的国资委一家作为投资主体。我们知道，国资委投资的央企有 100 家左右。国资委之外，还有财政部作为投资人的三大核心企业——中国铁道、中国邮政、中国烟草以及下属的数百家中央企业。除国资委和财政部作为投资人的企业之外，还有金融系统，在国有银行这个系统，国资委、财政部并不作为投资人。事实上中国的银行在世界上的分量是很重的。现在全世界最大的超级银行是中国工商银行，现在世界上十大银行里头，中国的银行有五六家。但是中国这些大银行实际上的投资人或者控股人，其实不是国资委，而是国务院财政部、中国人民银行等复合型投资机制掌握，由他们代表国家来行使投资人职责。关于公有制企业投资人的情形，在地方的情况可能更复杂。地方国有企业，总数几十万家，占有的财富总量并不比央企少。我担任全国人大代表期间，在上海、浙江等地调研，发现过去被称为地方国有企业的投资人，情况非常多样。这些地方投资人控制的企业资产数量非常大，投资人控制之外，企业也可以投资，形成多层投资，企业对企业享有股权。尤其是近年来国家推进混合所有制企业改制，企业之间的控制关系完全是用股权来表示的，而不是用所有权来表示的。在我国还有一种国企，那就是大学和科研机构建立的公司，其中上市公司也不少，这些公司的出资人就不是政府的任何一个部门。现在我国制定外商投资法，中国政府、国有企业甚至可以和外企以及民营企业来共同投资成立公司，完成大的建设项目。在这些公司中，投资人完全根据自己不同的股份来享受法律上的权益。但是企业法人作为民事主体，以自己名义下的财产来承担法律责任，投资人不为企业的经营承担法律责任。所以在我国现实中，公共投资方面的"股权—所有权"关系十分清晰明确，而且责任关系也早已不再是无限责任。

这些现实中的公共资产控制方式，在我国现行民法立法和一些法学家著作中是看不到的。我国立法一直坚持"国家所有权的统一性和唯一性"理论，一些学者对此完全坚持。改革开放发展到现在，公有制企业现实中生产资料的控制法权是股权，体现的是投资关系，而且投资人是多部门、多级别的。但立法上这种法权关系还是统一唯一国家所有权。这个问题很严重，我发现得比较早，并对此进行多次探讨，1990年我就通过《公有制的法律实现方式》这篇论文，比较早地提出依据政府投资理论、在民法上承认"股权—所有权"的现代法权规则。这些设想在1995年的企业改制中部分得到了体现。我曾经有几年在国外留学，回国以后比较系统地提出自己的看法。后来受命编写中国《物权法》学者建议稿，以及在制定《物权法》的过程中，我还是提出来要按照市场经济的要求、按照中国的国情和现代民法原理，来改造更新所谓的国家所有权理论。这些理论研究，集中地体现在我后来出版的《国家所有权的行使和保护研究》（中国社会科学出版社2015年版）这本书里面。

但是在几次重要的立法过程中，立法机关和民法学界很多人都认为国家所有权统一性唯一性理论是不可以动摇的。为此，我和一些学者发生过多次的争论。2001年在一次《物权法》立法会上，就这个问题我和一个课题组再次发生争议。因为他们仍然坚持按照国家所有权的统一性和唯一性的理论提出《物权法》的方案，我认为这种做法不顾现实而且法理不通。在争论的时候，有位法学界的老同志对我表示支持。这位老师以前是最高法院的领导，退休下来后在中国国际经济贸易仲裁委员会做仲裁员。我清楚地记得他举了一个他正在办理的案子公开表示对我的支持，他说所谓国家所有权统一唯一学说，只能自圆其说，但在国际上得不到认可，而且还会给国家造成很大的麻烦。

这个老师所举的案例是这样的：

案件大概发生在2000年年初，埃及一家企业从我国宁夏地区一家企业进口羊肉。宁夏出口的羊肉到埃及后因没有显示穆斯林的标记，被认为不符合要求，就被埃及人扔到海里去了，他们认为这些羊肉是不洁之物，是不能吃的。埃及人把羊肉扔掉以后，就向宁夏这家企业索赔要钱，要返还货款。而宁夏企业说羊肉的宰杀都是符合国际卫生标准的，没有什么不干净的问题，所以就不给他们返钱。这时候巧啦，中国有家大公司，叫COSCO，大家都知道中国远洋运输集团，有两艘大轮船，到埃及亚历山大港去装货，结果大船一到港口，埃及法院法官就拿着扣押令把这两艘大轮船给扣押了。COSCO公司都不知道发生了什么事，因为他们在这里没有法律上的交易。他们问埃及法官，为什么要扣他们的船。结果埃及法院的法官，拿当时中国有效的《民法通则》，拿着中国那些著名的民法教授写的教科书，就给中国人讲道理，说你看从你们中国法律上来说，你们宁夏这家企业，是你们法律规定的国家享有所有权的企业，你们中国远洋运输集团公司也是你们国家所有权的企业，这就说明，这两个企业，都是一个主体的资产；而且按照所有权人欠债实行无限责任原则，你这个主体欠的债，就用你这个主体的财产来给还账，这有什么错？这不是世界上通用的道理吗？埃及法官使用中国法律来给我们中国人讲道理，结果是我们中国企业反而哑口无言了。

这个案子最后如何处理的我并不知道，但是这位老师讲的争议，却牢牢记在我的心里。这个案件的争议说明，我国法律必须打破国家所有权统一性唯一性理论的束缚，这样才能建立起符合法理、符合市场经济体制要求的制度规则。所以在《物权法》制定过程中，我始终坚持了自己的观点。但是因为《物权法》立法中出现"政治风波"，我的这些主张部分实现了，部分没有实现。本次《民法典》的编纂，这些问题才基本解决了。

请大家回忆一下刚才的羊肉案，结合我现在讲的几个条文，各位就知道涉及国家基本经济秩序、涉及国家经济基础控制方面的法权制度是怎样发生改变的。我想请各位首先看一下《民法典》第 96 条。这个条文说，本节规定的国家机关法人等为特别法人。然后第 97 条说有独立经费的机关和承担行政职能的法定机构，具有机关法人资格，独立地从事民事活动。从这两个条文的规定可以看出来，在我国《民法典》的立法者看来，国家机关从事民事活动，不论是投资还是从事一般民事活动的时候，就不再是统一的唯一的国家主体了。《民法典》没有采取统一唯一国家概念，而是用机关法人的概念，也就是民法学上所说的公法法人的概念。在现实中，可以独立从事民事活动的机关法人是很多的，大家在民法上各自享有权利、各自承担义务和责任。这是我要说的对苏联民法中的国家所有权的统一性和唯一性制度和理论予以改造更新的第一个方面，就是对这个理论涉及的主体制度和理论的更新。

理解主体制度的更新之后，大家再看第 255 条的规定。第 255 条讲的是国家机关对其直接支配的不动产和动产，享有占有、使用等，以及处分方面的权利。这个规定是关于公法法人物权的规定。联系前面第 96 条和第 97 条关于主体资格的更新，再看第 255 条的规定，这时候我们就明白了，我国《民法典》，从物权的制度方面，也不再承认国家所有权的统一性和唯一性了。第 255 条讲的是机关法人的财产权利，也就是物权的规则。从条文可以看出来，这个条文承认了公法法人的物权甚至是公法法人所有权制度。这个条文规定公法法人可以行使处分权，在座的各位都应该知道，处分权是所有权的核心和典型，既能够行使占有使用权同时又能够行使处分权的，那就是能够行使所有权。所以，公法法人行使处分权的这个规定，就等于承认了公法法人所有权。

然后，请各位再看第257条的规定。第257条规定说国家出资的企业，由国务院以及地方人民政府依照法律、行政法规的规定，分别代表国家履行出资人职责，享有出资人权益。这个条文揭示了，从表面上都叫作国家的投资，但真正的出资人或者投资人是谁？是中央政府、地方政府和各个不同的政府法人。请大家再结合第255条，结合刚才羊肉案件的分析，一下子就可以看出第257条规定的意义。《民法典》第257条的规定，实际上就是按照国家1995年以来实行的中央地方分税制，以及实行现代化企业改造以后确立的公有制生产资料的控制秩序，重新确立的公有制法权关系或者涉及我国经济基础的财产权利的法律制度。而《民法通则》对这个问题的规定，第82条规定，公有制企业的资产是来源于国家的授权，然后按照国家的授权来开展生产经营活动。《民法通则》以及《民法典》之前的法律，基本上都坚持国家所有权统一唯一学说，这样企业跟国家的关系就只能是行政授权。企业的权利，国家给你多少权利你才有多少，企业很难成为独立主体。最重要的是，这些法律根本不承认政府投资学说。但是《民法典》第257条明确承认政府投资学说，而且还承认了政府分别投资的规则，这就不但否定了这个问题上的国家所有权学说，而且进一步地打破了唯一主体和统一主体的学说。按照政府分别投资理论规定了政府和企业之间的关系，这是我们建立中国特色的社会主义市场经济体制的关键。所以这个条文的意义重大。

请各位再看看如下这几个法律条文。《民法典》第268条，这个条文规定说，国家集体和私人依法可以设定有限公司、股份公司等，设立其他企业。这个条文的核心，是承认政府法人和民间投资都可以投资组建公司，甚至他们也可以成立混合所有制企业。结合第257条的规定，我们可以看到第268条的规定进一步地阐明了投资与企业之间的关系。这个条文的核心要点是政府甚至可以和社会力量共同投资，这就是当前大家讨论比较多的混合所有制企业。目前，这种混合所有制企业非常之多，很多企业就是按照这种方法组建起来的。大家现在出行经常乘坐飞机，现在我国航空公司很多，但是不论哪一家航空公司都不是单一级别的政府投资，而是混合投资，投资人有中央政府、地方政府、民营企业等。而且，不管是哪一家航空公司，都存在企业自己作为投资人的情形，企业作为股东，一级又一级，好多层级。这些企业投资，形成了"股权—所有权"的法权结构，投资人享有股权，公司享有法人所有权。如果这个企业法人又称为投资人，那么企业以法人的名义成为股东，他和其他投资人组建的新企业法人享有法人所有权。

　　和第268条密切相连的是《民法典》第269条的规定。这个条文讲的是企业自己本身作为独立民事主体的法律权利问题。该条文规定，企业作为独立民事主体，对其名义下的全部资产享有真正的所有权。这个条文的法律意义，就是承认企业法人所有权。这个条文的实践意义，就是揭示投资人的法律责任和企业自己法律责任的区别，就是我刚才说的有限责任跟无限责任的区别。所以这个条文也是很重要的。作为所有权人要承担无限责任，而投资人只承担有限责任。

　　结合上面所说的羊肉案件，结合《民法典》第96条、第97条、第255条、第257条、第268条、第269条等条文，大家整体看一下，现在《民法典》关于公有制财产秩序也就是关于国家经济基础方面的规定，相比国家所有权统一性和唯一性的学说和制度，变化是多么大啊！我国的立法在这个国家治理的最为重要的方面实现了转变，既符合了市场经济体制的实践要求，也符合了国情，更符合了民法科学原理。这个重大转变，是具有根本意义的。问题是，一些坚持国家所有权的统一性和唯一性的学者，到现在还认识不到这一点。

　　上面讲的这些，有这样四个法律问题请大家注意：第一，公有制经济基础中财产控制法权，在我国市场经济体制下不是国家所有权，更不是国家统一唯一的所有权，而是政府投资理论下的出资人权益，即股权。第二，政府作为出资人，不对企业的生产经营承担无限责任，而是有限责任。第三，政府投资不是以"国家"名义的统一出资，而是分别出资。第四，企业作为法人对其全部资产享有法人所有权并承担无限责任。

　　这一段时间里我曾经到多地讲述《民法典》的制度和理论更新问题，到一些省委中心组、政法委交流，很多政府领导和我说，《民法典》关于政府分别出资的规定，对地方政府而言意义更为重大。地方政府出资企业非常多，承认它们独立的出资人权利，此前的国家大法还没有明确过，一些学者的讲授对地方国企更加不利。过去的法律，把这些企业称为地方国营或者地方国有，它们在过去都戴着国家统一唯一所有权的帽子。所以，地方企业发展的法权关系总是不顺畅。改革开放初期之前，地方国营企业被平调是很常见的。现在这个问题偶尔还会出现。所以地方政府一直还是很担心的。现在国家大法解决了这个问题，给它们提供了制度的保障。

除了"国家所有权"的制度改造之外，本次《民法典》编纂对农村集体所有权的改造也是很有成效的。在《物权法》制定时，这项改造就完成了，但是还没有得到很好的宣传，因此我在这里简单分析一下。对农民集体所有权的重要改造主要体现在《民法典》的第261条。这个条文的核心就是，以前的法律强调农民集体所有权就是"集体"的所有权，而现在的改造，在里面增加了"成员"两个字。第261条说集体的财产，是属于本集体的成员集体所有。这个改造所强调的，就是集体所有权是成员集体的权利，而不是抽象的集体的权利。成员这两字的增加意义很重。从理论上来说，这两个字把集体所有权恢复到社会主义的集体所有制的基本理想状态。从法律实践的角度看，这两个字纠正了现实中轻视甚至忽视农民个人权利的严重问题。现实生活中确实存在这样的问题，农民集体所有权的经济实践和法律实践中，出现了没有成员的权利，只有集体的权利的情形。所以，成员这两个字的恢复，对现在清理农村经济秩序实在是关键的因素。实践中在城郊经济发达的地区，集体经济中集聚着巨大的财产，成员权的财产分量很重，如果不重视成员权，极易引发农民的不满。可以说，农村富裕之后，都存在农民成员权高涨的情形。广州有个村子叫猎德村，村子已经是城中村，没有地，只有企业还有房子，集体成员的成员权含金量很高。这种情况，不论是东西南北，哪个城市都有。如果不解决成员权的问题，村子里的女儿外嫁都不迁户口，而且女婿户口也要迁进来；娶媳妇当然也要把户口迁进来，这样的话，本村的集体成员就越来越多，原来的集体成员的权利就被极大地稀释了。所以解决农村集体成员权问题，必须贯彻《民法典》的规定，尽快建立法律上的对策。此外，农村的"三权分置"，也必须尽快解决与此相关的农民集体成员权利问题，否则，"三权分置"是很难推进的。

在农村集体经济组织所有权制度建设上，加入成员权，这是我在建议和议案中都提出来的，《物权法》《民法典》已经写进去了。现在国务院农村农业部、中央中农办也在研究，在下一步的农村体制改革中贯彻成员权保障的问题。2020年农业农村部的韩长赋部长在全国人大常委会作报告，就农村下一步改革贯彻成员权提出了很多设想，其核心是进一步明确集体之中的成员权。我认为成员权的问题在农村问题解决上十分关键，希望大家注意。

《民法典》在中国涉及经济基础的民法制度方面的制度改造和理论更新，其意义非同小可，不论是《民法典》学习研究还是贯彻实施，都应该予以充分的重视。

（二）在保障民生方面担负基本法职责

《民法典》叫作"民法"典，它的内容当然跟老百姓的利益都是密切相关的。在《民法典》编纂过程中，总书记和党中央多次做出明确的指示，要求《民法典》的编纂，要加强人民权利的保障，要积极地应对现实的民生问题，要解决国家特有的人民生存和发展中遇到的重大的现实问题。本次《民法典》编纂在这方面很下功夫，解决了很多制度建设和理论更新问题，从民生基本法的角度解决了幼有所育、老有所养、头顶安全等一系列大问题，而且其中也涉及很多法理上的澄清和贯彻的更新。

《民法典》涉及民生保障方面的制度建设内容，近一段时间以来宣传比较多的就是高空抛物问题的制度解决。所谓高空抛物，就是楼房以及其他建筑物上面的人，从上面扔下来个东西，比如扔个酒瓶子，把人砸伤甚至砸死的都有。之前有过报道，有人从房上扔下酒瓶，把人家的孩子砸死了。这些年这一类事件还真是不少。以前《侵权责任法》第87条，把这种侵害仅仅理解为民事侵权。而公安机关按照所谓不参与民间纠纷的原则，把这一类案件处理中关键的问题也就是寻找侵权人的问题，交给受害人来承担。在受害人根本无法解决这个问题的时候，这个法律条文做出了最令人震惊的规定，就是要整个楼宇的人来承担连带的赔偿责任。在这种狭隘的思路下，这个条文可以说一错再错，一个条文包括四个以上的法理错误（把涉及刑事的问题仅仅当作民事侵权；禁止公安机关处理；要求人们自证其无；推定多数没有侵权事实者承担赔偿责任等）。本来这一类案件的核心是要确定加害人，可是这个法律条文却导致直接确定一座楼的居民都承担责任。如果一个人从立交桥上面扔下来一个东西砸伤甚至砸死了人，那么又该如何处理？所以这个条文出现以后我们都是坚决反对的。这种案件出现了几次，法院处理这种案子也判不下去，判决了也执行不了。在我担任全国人大代表后，也写出了修改这个条文的立法建议。本次《民法典》编纂，把这个问题彻底解决了。请大家看看《民法典》第1254条，该条文规定，公安机关可以来查找侵害人。这就把最基本的问题解决了。现在我国正在修改《刑法》，把这一类案子中侵害人的行为确定为犯罪行为，其加害行为将来要按照先刑事后民事的规则处理，民法上的问题就好处理了。这个问题，事涉民生，关系到大家的出行安全，俗称"头顶上的安全"。这一次《民法典》编纂终于解决了这个问题。制度改进了，科学的法理也贯彻下去了。类似这些问题本次《民法典》编纂都解决得挺好。最近大家宣传比较多的方面，我就不再多说了，和大家交流一些立法过程中出现的、社会上一般不太了解的争议问题，从中可以看到《民法典》编纂在民生保障问题上所做的制度创新和理论更新。

在这方面，宣传部门和一般学者没有介绍的，有一个很重要的亮点，就是我国《民法典》关于监护制度的设置。监护制度大家都知道，它不是现行法律才有的，古罗马法2世纪时就有。在古代监护就是保护的意思，首先是保护未成年人，也涉及保护部分成年的行为能力不足的人。但是保护未成年人是制度出发点。小孩子一生下来，他的生命健康，甚至可能还有财产，都需要保护。由谁来保护他，怎样保护他，这就是民法监护制度要解决的问题。在罗马法的时代，确定的监护人，最妥善的是小孩的父母。所以古代法律建立的监护制度，基本出发点就是血亲监护，也叫血缘监护，或者是近亲属监护。也就是因为这样，传统民法中的监护制度都是写在婚姻家庭编里头，或者说写在亲属法里面。法律上确定的监护人是未成年人的父母等近亲属。传统民法都是这样规定的。但是现在大家看一下，我国《民法典》的监护制度就没有写在婚姻家庭编里面，而是写在自然人部分的第二节。我国《民法典》采取这种做法的原因是什么? 难道说我国立法者就不认为父母与子女的关系很密切吗? 不是这样的。父母与子女关系当然是最亲近的, 而且在我国《民法典》规定的监护人顺序里头, 第 26 条一开始就承认父母与子女之间的监护是首先的选择。但是为什么没有把它放在婚姻家庭那一编? 原因很简单, 就是父母与子女之间的监护虽然是最好的, 但是把监护写入婚姻家庭编却已经不能满足中国未成年人保护的现实。其中最重要的原因, 就是我国实行九年义务制教育, 另外孩子还要上幼儿园, 九年义务教育再加上幼儿园, 未成年人有 12 年是在幼儿园或者是学校里度过的。孩子在此期间会常常不在父母的跟前, 幼儿园、学校的监护责任就凸显出来了。《民法典》当然不能把学校、幼儿园的监护写入婚姻家庭编。这就是很现实的问题。近年来学校甚至幼儿园里的监护问题不少, 所以需要在立法上强化解决。此外, 还有我国特殊的问题, 就是留守儿童的监护。这一类未成年人的保护确实是个大问题。所以这一次《民法典》建立监护制度, 把地方政府民政部门、农村的村委会、城市中的居委会都规定为监护人了。当然, 有些监护人是临时的, 总的来说, 是要国家民政部门承担兜底责任。加强民政部门的责任, 这也是正在修订的《未成年人保护法》确定的基本精神。

本次《民法典》编纂过程中, 有几个课题组都提出应该按照传统民法的做法, 把监护制度写入婚姻家庭编之中, 他们认为这样立法上的条理顺畅一些。但是立法者最后采取的方案是监护制度写进《民法总则》, 这样更加符合中国的国情。当然, 将监护制度写进总则编这种体例, 《民法通则》制定时也是这样做的。但是现在《民法典》确定的监护制度要比《民法通则》时期的规定内容丰富很多, 原因就是国情因素的考虑。我国《民法典》中的监护制度相比国际上、相比我国台湾地区民法, 制度规模确实比较大, 这是为加强民生保障的一种努力。其中涉及制度改造和理论更新的地方, 也请大家注意。

另外这次在民生保障方面还有一个重要的制度建立, 就是居住权入法。原《物权法》中没有居住权的规定。《民法典》写上居住权制度, 最主要的目的就是要解决一些有特殊社会关系的人的居住问题。这种制度在古代罗马法中也是有的, 它被称为 "人役权", 就是为特殊的人设定的用益物权。从民法历史考察看, 古罗马建立这种制度, 主要解决那些来历不明的小孩子生存与养育的问题。因为罗马军团到处打仗，然后就会出生一些来历不明的孩子。这些将军、士兵也知道孩子是自己的，但毕竟不是婚生子。他不能把这些孩子带回自己的家庭，但是他必须把孩子养大成人，所以就产生了人役权的制度。人役权制度一直在欧洲得到使用，尤其是法院判决比较多。曾经有一个著名的政治家，因为结过四次婚，有四枚结婚戒指，所以被人叫作奥迪总理。这位总理有一位现任老婆，还有三位前妻。在欧洲，女人到四五十岁的时候都不在社会上工作了，在家里操持家务。这位总理的三位前妻一离婚，谁养活她们呢？法院判决是按照人役权的规则，这位总理负责这三位前妻的供养。这其中就涉及居住权的应用。以后我国法院也可以使用居住权的制度来解决相关的问题。

当然居住权解决的社会现实问题的范围比较宽，并不限于前妻或者非婚生子女的居住问题，凡是具有一定社会关系，房屋的所有权人需要供养的，都可以借助于居住权的规则来解决。比如，在我国现实生活中，姑姑、叔叔和侄子、侄女的关系是很亲近的，但是立法并不承认这种亲属关系是近亲属。现在，这种亲属之间也有很多人，实际上存在赡养或者抚养的关系，这些都可以借助于居住权来得到保障。因为实行严格的计划生育政策，现在我国出现了很多老人无人赡养的问题，而解决这个问题，就是居住权制度建立的现实依据。

立法讨论居住权制度设置，从《物权法》制定到现在，整个情况我很熟悉。制定《物权法》的时候，学者们部分支持，部分反对。支持的学者所提出的理由是，设立居住权可以给自己家里的保姆解决居住问题，而反对的学者认为给保姆一个居住权并没有必要。双方的讨论并没有充分展开，最后立法没有采纳写入居住权的主张。实际上，居住权的实际应用并不是要解决保姆居住这样的问题，以及妻子住在丈夫家里的问题，因为这种情况下的居住，已经有了充分的法律根据。居住权制度建立，如上所述，是要解决那些没有现行的法律根据但是又必须解决的居住问题，上面举的例子已经说明了。所以我一直支持写入居住权的主张，在这一次立法中我也写出了支持的立法建议。但是，在立法讨论中有些学者提出，要在居住权这一章里面写上社会保障住房方面的居住问题，福利住房问题，等等。这种观点混淆了民法和行政法的界限，因此在立法讨论的时候我明确表示反对，最后这些观点都没有出现在法律之中。

值得指出的是，我国《民法典》中的居住权制度，还是超越了罗马法以来传统民法所设立的人役权的范围，这就是以房养老制度的采纳。现在养老问题成了我国的老大难，由于计划生育政策实行时间太长，也很僵硬，结果现在有一些地方老人没人赡养。实践中出现了以房来养老，这一点在《民法典》居住权制度中得到了反映。这个做法就是，老人可以先把房子所有权让渡出去，但是同时依据合同的方式设定居住权，然后居住权在不动产登记的地方给登记下来。这样的居住权自登记时设立成功。之后老人在自己的房子里头照样可以颐养天年，同时他还可以把房屋所有权价款拿来给自己养老。我这样介绍以后，请大家看看法典中关于居住权的条文，也就是第366条，大家一下子就理解了这个条文的含义。这个条文说，居住权人有权按照合同规定，对他人的住宅享有占有、使用等权利，满足居住需要等。这个条文的出台，就是以刚才我介绍的这种情况为背景。这种情况，在传统民法中确实是没有的。这个制度就是为了解决我国的现实问题，它也是对于传统民法的突破和发展。

以上两个要点，可以概括为"国计民生"四个字。《民法典》编纂在这方面考虑很多，在这两个要点上承担国家治理职责，实现制度改造和理论更新。这方面值得讲的，还有不少，由于篇幅限制我就先不展开了。上面这两个要点比较宏观，下面还有四个关于《民法典》承担国家治理职责的要点，稍微具体一些，也请大家注意。

（三）突出人身权利保障，以人格尊严为基础全面提升我国法律的人文主义品位

加强人民的人身权利保障，是《民法典》基本的指导思想。在立法过程中中央也多次做出明确指示。关于人身权利保障，这次《民法典》有很多积极的制度创新。现在宣传比较多的就是人格权独立成编，其意义确实是很重大的，这一点我们一点也不否认。但是关于人格权方面的立法解释却出现了一个问题，那就是非常突出强调人格权独立成编，而忽视了《民法总则》第13条、第14条关于自然人人格自然享有的规定，以及自然人人格平等的规定，第 109 条关于一般人格权的规定。其实这几个条文不仅仅是要从《民法总则》对于分则的决定性作用的角度看，从民法原理看，最重要的是要从几个法律条文重大伦理价值和实践意义看，它们都是《民法典》（人格权编）的政治基础和法理基础。如果不从这几个基础性条文所确定的人格以及人格权的思想精神和法律定义来理解人格权编，那么人格权编的很多条文就成了空洞的政治口号，失去了司法适用价值或者造成司法难以化解的困惑。我们知道，在本次《民法典》编纂过程中关于人格权独立成编写不写以及如何写的问题，法学界出现了极大的争议，争议双方的观点都过于偏执己见，而欠缺充分法律制度史的支持，更欠缺严谨民法科学原理论证，这就导致立法的实践价值并没有升高，甚至有可能下降了。本次《民法典》编纂，从一开始就提出了加强人身权利保障的指导思想。《民法典》第 2 条，在规定民法定义的时候，改变了此前民法定义把财产关系放在人身关系之前的做法，把人身关系放在财产关系的前面，体现了我国《民法典》更为重视人民生存与发展，以及人身权利保障。这一点是我们首先应该注意的。

事实上，为了贯彻强化人身权利保障原则，《民法典》从总则编涉及人身权利的制度入手，都一直是在进行制度的强化和理念的提升。比如，关于自然人的人格问题，《民法典》关于自然人部分的规定，第 13 条、第 14 条就突出强调自然人从出生到死亡享有法律人格，而且人格平等。这些规定充满了人文思想。为什么这样说？因为，我们知道，在历史上有奴隶制度、等级身份制度，有些人虽然是自然人但是不是法律人；即使是在自由民中间，还存在贵族和平民的法律身份区别，上等人和下等人之间的人格是不平等的。只有到了人文主义革命之后，法律才解决了这个问题，每一个自然人都获得了主体的资格，而且每个责任人的法律主体资格都是平等的。因此联系这一段历史，我们就知道《民法典》的第 13 条、第 14 条充满了人文主义的思想精神。同时我们也要知道，自然人获得法律上的人格，而且每个人人格平等这个问题不是民法能够解决的问题。解决这个问题的法律，只能是宪法这样的法律。也就是因为这样，《民法典》人格权编第 989 条规定，由民法来调整人格权享有，这个提法并不是一个严谨的法律表达。

　　上文提到的监护制度，其实也是要解决未成年人健全的人格发展过程所遇到的特殊问题。设立监护制度其实就是保障每一个自然人人格健全发展。这些涉及人格的重要制度，都是我们在学习和研究《民法典》时不可以忽视的。

　　本次《民法典》编纂，贯彻了中央提出的加强人格权保护的要求。贯彻这个要求最得力的条文，就是《民法典》第 109 条的规定。这个条文只有短短一句话，自然人的人身自由和人格尊严受法律保护，任何人不得侵犯。这句话虽然短，但意义至关重大。第 109 条的规定，在法学上称为"一般人格权"的规定。在我国《民法典》规定这个条文之前，世界上一些名气很大的民法典比如《法国民法典》《德国民法典》等等，都还没有这样的规定。当然，有些国家的宪法对这个有规定，但是民法典规定一般人格权，只有中国才有规定。这个条文要揭示的立法精神，就是人格权绝对受保护，全面受保护。为什么以前的民法典没有规定，而我国《民法典》规定了，意义很重大？这个问题只有从历史角度才能说清楚。

　　在民法的历史发展过程中，法国民法跟德国民法时代在人格立法方面要解决的重大的问题，就是人和人之间合法的、赤裸裸的不平等，这就是我在上面说到的奴隶制和等级身份制的情形。大家学习世界历史，都知道法国大革命之前，法律承认有三个阶级，有贵族有平民，贵族和平民，法律上合法的不平等。贵族是不纳税的，国家还要拿税收去养活这些贵族。平民必须纳税，而且税负越来越重，于是爆发了大革命。革命成功之后，法国民法跟德国民法这些法律，在人格制度上要贯彻人文主义革命思想，才消灭了贵族跟平民之间的区别，实现了法律规定上的人人平等原则（从这些分析我们就知道，人格权享有的社会问题不是民法解决的）。在法学制度历史上，我们把这一时期的民法叫作资产阶级民法。这些民法实现了形式上自然人的人格平等。从这一点分析我们可以理解，为什么《法国民法典》《德国民法典》这些民法典，虽然规定了近现代的人格制度，但是却没有一般人格权理论的反映。因为一般人格权理论产生以及发挥影响在历史上要晚很多。

　　形式上的人格平等解决了，实质上的人格平等问题还没有解决。大概到 19 世纪末期的时候，工人阶级出现了，民族问题等社会矛盾加剧了，人与人之间因为出身、种族、民族、性别还有各个方面的因素，在现实生活中无法享有法律上的平等人格的问题加剧了。甚至后来发生世界大战，法西斯居然以人种民族为理由残酷杀害犹太人。今天美国还歧视黑人，警察把黑人用膝盖活活地压死。现实生活中人与人之间不平等问题越来越严重，这就触发了进步法学界来研究这些问题。一般人格权理论就是这个时候产生的。提出这个理论的人，是一位德国法学家，名叫奥托·冯·基尔克。他认为，现实生活中一些自然人的人格性质的权利受到的侵犯，说明每一个自然人都有一个自然拥有的人格权，这项权利的本质是每个人都享有的宪法上的人格尊严。所以，歧视自然人，就是侵犯人格尊严。关于基尔克的这些理论，大家可以看看我曾经翻译的《民法上的人》这篇论文。基尔克提出的这个理论在世界上影响很大，后来很多国家的宪法都采纳了这个理论，在宪法上写入了人格尊严条文，作为自然人的基本权利。但是因为历史原因，世界上其他国家或者地区的民法典还没有反映出来这个要点。在出现自然人的人格尊严受侵犯而需要民法救济时，司法实践中产生了可以引用宪法的人格尊严条款来处理案件的做法，比如德国就是这样做的。这种做法，在世界上也有很大影响。

我国《民法典》第109条规定一般人格权，之所以具有重大价值，就是这个条文解决了人格权的伦理基础问题，使得人格权在民法上得以确立，有了光明正大的人文主义思想基础。而且，这个理论把人格权纳入了绝对权这个体系之中，为人格权全面保护和绝对保护建立了民事权利的制度基础。另外，全面保护和绝对保护的思想，弥补了民法上长期以来的制度和理论缺陷。从我国《民法典》编纂过程中涉及人格权独立成编的争议观点看，主张独立成编的学者观点和反对独立成编的学者观点，对人格权立法的这种强烈的人文主义思想背景可以说都不了解，他们提出的论据都和人文主义思想无关。而且特别值得思考的是，主张人格权独立成编的学者，居然提出把人格权的市场开发、依据市场规则的转让当作人格权独立成编的重要原因和基本理由。任何人都可以看出来，把人格权理解为可以按照市场规则来转让的权利，这一说法和现代民法中的人格权至高无上、绝对保护、全面保护的法律精神背道而驰。让我感到难过的是，这种观点一度出现在立法机关编制的《民法典》

（草案）之中，这些草案曾经向社会公布过，也产生了很大影响。因为我担任全国人大宪法和法律委员会委员，在我的努力下，这些市场化转让的条文彻底删除了。对我在这个关键条文方面的努力，毫不讳言，我认为我坚持了人格权理论的伦理底线。

在人格权独立成编后，一些学者特别强调该编所采取的将人格权一一列举的政治含义，对此我也深为不解。因为这样解读，完全脱离了《民法典》第 109 条规定的立法本意，而且还给法院司法带来很多困惑。上文说到，第 109 条强调的是要给予自然人的人格尊严全面保护和绝对保护，而人格权编的一一列举，恰恰无法做到这一点。对我的这一分析，我给大家举个例子，大家一分析就明白了。

这个例子，恰好出现在《民法典》立法过程中，就在 2019 年，这个案件媒体上有很多报道。有个河南姑娘到浙江企业去求职，但这家企业很简单就把人家姑娘给拒绝了。在写明拒绝理由的括号里头只有三个字，河南人。因为人家姑娘是河南人，你就把人家给拒绝了，这家企业的素质简直是太差了。这种做法说起来既可气又可笑。但是问题在于从侵权法角度如何理解对这个姑娘的损害? 如果坚持《民法典》人格权编的列举，那么，这家企业损害了姑娘什么人格权? 这一编里面列举的生命、健康、隐私、名誉、姓名等权利，损害了哪一个? 其实，我们使用《民法典》第 109 条，就能立刻明白这种侵害就是对人格尊严的歧视。脱离第 109 条来解释人格权编，这种做法的缺陷，就是脱离了人格权必须全面保护、绝对保护的立法精神。

在《民法典》编纂过程中，有些课题组提出，将人格权一一列举，这是法院判案子的需要。他们认为，司法实践中遇到人格权受侵害，如果立法没有列举出来具体的权利类型，法官就没有办法区分，案子就无法裁判。这种说法，一些法院的领导过去讲，现在还讲。但是这种说法恰恰说明，一些法官包括一些大法官不懂得一般人格权理论的意义，对于侵权责任的归责原则也是似懂非懂。为什么这样批评? 我还是举个例子，这就是山东姑娘上学被冒名顶替的案子。

山东姑娘上学被冒名顶替的案子，最早被法院审理裁判的，发生在 20、21 世纪之交的时候。一个山东姑娘姓齐，她考上了银行学校。另外一个女孩姓陈，陈姑娘的爸爸跟学校的老师等几个人勾结起来，把齐姑娘的入学通知书给领走了，然后陈姑娘改名换姓去上学了。齐姑娘没有拿到入学通知，一个农村女孩，只能养猪种菜嫁人生孩子，人生的命运就此改变了。事情暴露以后要追究侵权人的责任的时候，法院非常纠结。因为那个时候法官不知道一般人格权理论，我国民法也没有这些制度，法院裁判侵权案件就必须要搞清楚到底损害的是什么权利。但是对于冒名顶替、农村女孩人生被改变这一类侵权，到底侵害的是什么权利，法院研究了很久也搞不清楚，最后确定以损害姓名权为理由给处理了。可是，各位想一想，这个案件的本质是侵害姓名权吗？中国人重名重姓的很多，你叫张军，他也叫张军，你叫王俊，他也叫王俊，使用一下这个姓名，是很正常的。这个案件如果只是使用了齐姑娘的姓名，那么给齐姑娘的损害有那么大吗？在当时中国城乡二元化分置情况下，在重男轻女的社会背景下，我们甚至都没有办法来描述一个农村姑娘人生轨迹被改变后所受到的损害有多大，可是法院说这里仅仅损害了姓名权，这能够以理服人吗？其实，以《民法典》第109条来处理这些案件才是正确的，把这一类完全无法区分，也没有必要区分的侵害权利类型的案件，以一般人格权理论强调的全面保护、绝对保护来处理，一点儿障碍都没有。在民法典编纂的讨论过程中，面对一些课题组负责人提出的，如果不将人格权一一列举，就没有办法准确司法的观点，我曾经在一份立法报告中提出了批评。我的观点是，民法上的物权需要一一列举，采取物权法定主义原则，是因为物权都是交易性权利，为了搞清楚交易对象，必须把各种物权分清楚。但是人格权在立法上只有侵犯和保护的问题，有时候就会发现，有些权利区分真的是没有必要的。比如说生命权和健康权，从侵权救济的角度看，如何区分得清楚？还有名誉权和隐私权，到底怎样区分？如果法院的领导告诉法官，你一定要区分清楚权利的区别才能够裁判案件，那就真是误导法官了。

总体而言，这种将人格权一一列举的方法，对宣扬人格权立法的政治意义很有用处，但是却没有认识到人格权并非交易性的权利，而是一种防御性的权利，即在受到侵害的情况下予以救济的被保护性的权利；而民法上的救济重点在于从货币的角度给予受害人以补偿。所以法院在人格权保护的案件中，分析和裁判的着眼点是确定受害人遭受损害的程度或者大小，而不是对损害标的仔细划分。关键是人格权所指的人格是至高无上的，仔细划分损害并将其列举出来，这样做虽然有宣传上的好处，但却不能穷尽而且有时候反而失去了重点，就像冒名顶替上学的这种案子的分析和裁判那样。强调这种列举，反而限制了人格权立法精神的弘扬。

　　近日来一些学者和宣传机构强调说，《民法典》人格权编的第990条第2款也是一般人格权的规定。他们试图用这个解释来掩盖因忽视《民法典》第109条所造成的混乱。但这种说法是难以成立的。因为第109条，是一般人格权的基本规定，它在立法上具有基本原则和基本纲领的作用，对整个人格权编都发挥着思想和操作上的统领作用。而第990条第2款，从内容看只对人格权编的其他条文发挥补充性作用。他们的立法指导思想、内容和实践作用大相径庭。所以，我希望大家不要忽视《民法典》第109条的重大作用，不要总是为了自圆其说而犯不必要的毛病。

　　人格权编的主要指导思想是人格权保护，如果要让这一编发挥实践作用，那就必须将其纳入侵权法的逻辑范畴，在人格权保护方面适用归责原则的基本法理。在讲到强化侵权归责原则的时候，我们教导学生必须牢记三个要素，就是加害行为、损害结果、加害行为和损害结果之间的因果关系。这三个要素缺一不可。而且，从民法追究民事责任的角度看，分析侵权规则，也是以这三个要素为出发点。要搞清楚是谁做出的加害行为，搞清楚损害的结果到底有多大，然后搞清楚加害行为跟损害结果之间因果关系是怎样的。因为，有时候是两个加害行为或者是多个加害行为共同造成一个损害结果甚至是多个结果，在多个行为造成损害结果的情况下，这就要搞清楚哪些是直接的原因，哪些是间接的原因；哪些是主要的原因，哪些是次要的原因。把这些因素搞清楚，这是训练有素的法官的基本功夫。而现在一些民法学者说到人格权编，已经不讲这些法学上的基本功了，这样做，对人格权编的法律实践反而造成很大障碍。

　　本次《民法典》编纂除人格权的规定外，也特别强调身份上的权利保护。身份上的权利，主要是基于婚姻家庭这种身份所产生的权利，而不是现实社会中社会身份的权利。社会身份很多，比如官员身份，教授身份，都不是民法上的身份，因为这些身份发生的法律关系，不是民事关系。民法上的身份关系仅仅指的是，基于家庭和血缘等方面所产生的关系，因此而产生的权利和义务，自古以来就是民法规定的重点。对此，现在宣传部门和一些学者已经讲了很多，这里就不再讨论了。

（四）在民众财产权利制度方面弥补短板

民法调整财产关系同样是其核心的任务，我国《民法典》也建立了比较完善的财产权利的法律制度。财产权利制度是传统民法的主要制度，在现代社会意义还是非常重大的。我国《民法典》中的财产权利制度，包括物权制度、债权制度、知识产权制度、商业投资产权制度、数据资产制度，等等。这些制度的立法意义和具体内容是非常丰富的，在这里显然无法一一展开。好在这些内容的学习资料大家比较容易获得，我在这里也不必多说了。但是，我要从财产权利制度如何设置对国家和社会发展的重要意义的角度做出一点儿讨论，这个问题涉及国家治理角度下，立法者如何看待以所有权为核心的民法上财产权利设置的大问题。这个问题涉及我国过去立法上的重大短板，这一次《民法典》编纂基本彻底解决了这个问题。

很多法学著述在讲到民法上的财产权利制度的时候，都强调这一制度是对已经创造完成的物质财富予以保护的法律制度。这种说法不能说错。民法上财产权利制度，基本上就是以民事主体如何取得、如何享有、如何处分财产权利这些现实问题为对象而展开了其丰富的制度内容。但是从国家立法者的角度看，建立财产权利制度，除了要考虑对现实物质财富的各种支配权利之外，还要考虑的一个重要问题，即设置法律制度让民事主体能够不断积极地创造财富，这样社会的物质财富才能够源源不断地产生出来，这样国家和社会才有了稳定发展的物质基础。这个问题，就是从国家治理所需要的发展动力出发，对《民法典》中财产权利制度的设置所提出的要求。

最早提出这个问题的是亚当·斯密。他在这个问题上做了长期的思考，并且指出了一个国家发展与法权制度设置的最一般的道理。他在《国富论》这本书里面说，财富是创造出来的，国家和社会的发展如果要保持财富不断地创造出来的话，国家的治理者就得保护创造者，而保护创造者的最好方法就是要让创造财富的人拥有所有权。让创造者看到他创造的成果。这是亚当·斯密的名言,其含义就是把所有权这样的权利交给创造者,而且给他足够的保护。

英国的工业革命就是这样成功的。我在这里还是举一个历史上的例子。这个例子的主人就是大家都知道的瓦特,就是发明蒸汽机的瓦特。瓦特的发明意义巨大,在他之前我们人类世界能够利用的动力都是动物的力量,包括人力在内,包括牛马的力量。瓦特发明蒸汽机动力以后,世界才有了火车、轮船、汽车,人类才进入了现代化社会。你看瓦特的贡献有多大。然而大家知道吗? 在《公司的力量》这本书里,介绍了瓦特作为发明家,一生有 3000 个发明专利的故事;同时,这本书还介绍了瓦特为保护他的专利,一生曾经发起过 5000 件诉讼,打过 5000 次官司! 5000 次官司,各位想一想这是什么概念。他从事发明只有三四十年的工夫,按 40 年来算,40 年里面发起 5000 次官司,一年就得打一百二十多次官司,一个月就得有十几次官司。我国传统观点认为,其民好讼,本就是道德缺陷。可是在英国,他们认为瓦特这种做法非常正当,在立法、司法和整个制度上,都认为应该给他足够的承认和保护,让创造发明的人,让从事积极劳动的人能够有效地享有自己的所有权,也能够有足够的法律资源保护自己的所有权,这样国家才能够得到足够的发展。大家想想,英国就那么一小点儿土地,而且纬度还很高,整天云雾腾腾的,地上只能长牧草,地下没有什么好矿藏,可是它居然一度成为世界的霸主,这其中的物质资源就是创造出来的,而创造财富的渊源,就是民众享有正当而且有效的所有权以及其他财产权利。过去的历史教科书说,英国人的工业革命成果是抢夺来的,这种说法实在不符合历史。大家看看,蒸汽机、火车、大轮船等,哪一个是抢来的? 我们必须承认历史。历史证明,国家发展的动力,就是民众享有足够的所有权和财产权利。我曾经有一篇很长的论文——《民众所有权的正当性和有效性的问题》——从历史的发展探讨了此中的道理。这个道理就是,国家治理者必须树立这样一种指导思想,即承认民众获得所有权的道德正当性,然后设置有效的法律制度,保护民众的所有权以及其他的财产权利。只有这样,国家才能够真正获得发展。

考虑到民法上的财产权利制度的设置,对于国计民生具有基础保障的意义,我国《民法典》如何规定财产权利,就不只是一些法概念和制度的字面逻辑的问题了。立法者不但要考虑到以所有权为核心的财产权利的概念体系制度如何设立的问题，要考虑到现有的物权、债权、知识产权、商事财产权、数据财产权之间的法律逻辑问题，也就是这些制度之间的自洽和协调的问题，而且更重要的是要考虑到这些权利背后的指导思想方面的问题，即如何看待民众拥有的财产权利的正当性和有效性的问题。对此，我们应该承认，我国曾经在这方面存在制度的短板。在很长的时间里，老百姓的财产权利并没有获得足够的承认和保障。改革开放以后这个问题逐步得到了解决。中国共产党对于民众财产权利的态度，现在已经和过去有本质的改变，法律上的制度短板也已经得到弥补。《物权法》制定的时候，中央曾经有批示，就是一定要确保《物权法》能够通过。2016 年的时候，中共中央办公厅和国务院办公厅联合发文，就是"平等保护产权的意见"，再一次提出要对民间财产权利给予平等承认和保护。平等保护是什么意思？在中国背景下，讲平等不是说要把公有制财产保护的程度往下压，而恰恰相反，是要把民间财产保护的程度往上提。这个道理，从《物权法》到《民法典》，都认真贯彻下来了，以前那种公共财产优先保护、民众财产自私自利不能平等保护的思想意识，已经完全被清理出去了。《民法典》第 113 条、第 206 条、第 207 条从不同的角度强调了民众财产权利的法理正当性，以及必须给予平等保护的原则。《民法典》全文，再也没有改革开放之前那种歧视、压抑甚至限制民众财产权利的规定了。因此，我们在学习研究《民法典》上的财产权利制度时，一定要看到这些制度背后的法思想的重大变化，从而理解我国立法者对于公有制财产权利和民众财产权利予以平等保护的法思想，在社会主义国家的立法历史上具有的极大创新意义、思想价值、实践价值。至于《民法典》中的具体的财产权利制度的学习，考虑到这些制度体系庞大，这些问题在这里就不再展开了。

（五）充分承认民事主体的自我决定权，贯彻意思自治原则

民事主体的自我决定权，指的是民事主体对于他们所享有的各种权利所享有的各种决定权，包括自主决定如何行使权利，以及行使什么样的权利比如设置负担的权利和予以处分的权利等。所谓设置负担的权利，比如订立合同为自己设置履行义务的权利，等等；而予以处分的权利，包括消费标的物的权利，以及将标的物转让给他人的权利，等等。

民事主体既然是权利的主体，那当然享有各种自我决定权。但是从民法的发展历史看，这个问题的答案并不简单。在神权社会和君主专制社会，民事主体所享有的各项权利，包括他们的主体资格在内，归根结底来源于神的授予或者君主的授予，因此，民事主体并没有彻底的自我决定权。即使是在计划经济体制下，民事主体所享有的各项权利也被认为是国家授予的，因此民事主体自我决定权也是受到极大限制的。在本次中国《民法典》编纂的过程中，相关制度的设置仍然引起很大争议。相关争议我们可以从《民法通则》和《民法典》关于民事法律行为定义的规定差别中清楚地看出来。

《民法通则》制定于计划经济时代，该法在改革开放初期确实发挥了极大的作用。作为学习《民法通则》而成长起来的民法学者，我们对这个法律有一份独特的感情。但是该法确实有很多问题，比如，它因为受苏联法学和当时体制的影响，对于民事主体的自我决定权就不是很重视。我们可以看看《民法通则》第54条关于民事法律行为的规定。该规定说，民事法律行为是公民或者法人设立、变更、终止民事权利义务的合法行为。这个规定所体现的指导思想是，民事主体参加民事活动，在民事活动中设立民事权利关系，必须合乎法律的规定，法律怎么规定你才能怎么做。这些规定可能大家觉得应该是挺好的。但是大家看一下现在《民法典》第133条的规定，你就会明白其中的问题了。《民法典》第133条说的是，民事法律行为是民事主体通过意思表示设立、变更、终止民事法律关系的行为。这个条文的核心是承认和保护民事主体依据自己的内心的意思表示来为自己设置权利和义务。《民法通则》第54条要求民事主体的行为要合法；而《民法典》第133条承认民事主体依据自己内心的意思表示来决定自己的权利和义务。这就是差别。《民法通则》是计划经济时代的产物，它的立法精神是，对普通人民群众参加民事活动的基本要求就是符合法律的行为才能够得到法律的承认和保护，不符合法律的无法得到承认和保护。所以该法对于民众的自我决定权是相当不尊重的。当然，当时计划经济时代背景下，主要的民事活动就是订立合同和履行合同，这些行为就得服从国家计划，政府要你怎么干你就必须怎么干，计划没有规定的，那就不能干。但是，现在我国已经进入市场经济时代，这个时候立法必须尊重民众的自我决定权，法律没有规定的时候，老百姓照样可以干。大家都听说过这句话，法无规定，皆为自由。在市场经济体制下，民事主体不论是哪行哪业，都必须具有创业精神，而且法律也必须承认和保护那些法律还没有规定的民事行为的正当性。《民法典》第133条的立法就体现了这个精神。

相比《民法通则》第54条，《民法典》关于民事法律行为的本质在于民事主体的意思表示的规定，具有强烈的制度改造和理论更新的意义。从法理上看，这个条文体现了要把人民当作真正的主体、让民事主体的自我决定权充分实现的指导思想。从制度改造的角度看，这个条文的再造意义更为强烈。因为，现行法律中很多制度都体现了民事权利来源于公共权力，因此必须盲目服从公共权力的观念，比如不动产物权变动中物权的法律效力来源于不动产登记的制度就非常典型。《民法典》关于民事主体的自我决定权的规定，对于这些制度和观念的改造很有价值。

《民法典》第133条的规定，体现了近现代民法意思自治的基本原则。这一原则一方面的意义就是要求公共权力必须对于民事主体的自我决定权予以充分承认；另一方面的意义是在民事案件的分析和裁判中必须按照当事人的内心真实意愿来确定他们之间的法权关系。这两个方面的含义是互相区分的，但是也是互相关联的。实事求是地说，这两个方面的含义，在苏联法学中都没有得到充分承认反而受到了很大的压抑或者限制。受苏联法学影响，我国法学界长期以来都对民事主体的意思表示理解不深，甚至一些民法学家都不能准确透彻地理解意思表示理论中的核心效果意思学说，因此不能接受人身权的法律行为理论，不能接受物权行为理论，不能接受负担行为和处分行为的区分。长期以来民法学界主导理论观点看不到人身权利与财产权利相区分、物权与债权相区分，其要点恰恰就是民事主体在这些权利变动的问题上的效果意思的区分。在这些不透彻、不准确观点的导引下，把婚姻登记当作合法婚姻的根本要件、把不动产登记当作不动产物权变动的根本要件、依据合同的法律效力来分析和裁判物权变动的效力或者依据物权变动的实际效果来分析和裁判合同的法律效力的观点，一直在中国民法学界笼罩了数十年，至今仍然没有得到很好的清理。这些不科学的理论观点，在我国司法实践中造成相当负面的影响。本次《民法典》编纂写入了人身权利的法律行为理论和制度，而且在财产权利部分完全贯彻了合同之债和物权变动区分原则，这些规定，不但对于民法理论的更新，而且对于我国司法实践的进步，都具有极大的意义。我们学习和研究《民法典》第133条的规定时，理解这些要点是非常必要的。

在理解了民法上的意思表示理论之后，我们就能够充分理解为什么民法把意思自治作为其基本原则，也就能够理解我国民法数十年来曲折的发展道路。当然，在《民法典》本次改造之后，我们就能够进一步清晰地理解本次《民法典》规定人身权法律行为的重大意义，能够理解上文提到的交易中的区分原则，理解合同自由原则及其制度，等等。

除此之外，在民事主体自我决定权方面，还有一个一直被我国民法学界所忽视的重要规定就是《民法典》第130条的规定。该条文说，民事主体按照其内心意愿行使权利，应该得到承认和保护。过去很多民法学著述一直认为，民事主体行使权利的行为，是一种事实行为，行为的效果不能和主体的内心意思相互关联。这种观点已经被《民法典》第130条否认。根据第130条规定，民事主体行使物权，那就是根据物权意思；民事主体行使债权请求权，那就是根据债权意思。根据债权意思只能发生请求权的结果，而不能发生处分标的物以及处分物权的结果。这一点并不只有理论价值，而且也有重要的司法分析和裁判的指导作用。

（六）进一步完善民事责任制度

《民法典》确定民事责任制度，在国家治理中当然具有核心意义。虽然《民法典》中的全部规范并非都是追究民事主体责任的规范，甚至引导民事主体从事各种民事活动的规范还占了大多数，但是，民事主体在民事活动中违反法律规定不履行自己的义务时，那就会损害他人的权利，此时依据法律就要追究其责任。这就是民法上的具体治理国家的方式。同时，通过追究其法律责任，在保护其他的民事主体的权利的同时，通过明断是非，给社会更多的人树立行为的标准，这也是一种民法治理。

上述六个方面，从国计民生的国策大计，到民法基本制度的设置，我们对《民法典》的这些基本内容进行了分析，由此我们可以看到《民法典》在国家治理过程中所发挥的重大作用。所以，我们知道民法并不是婆婆妈妈的法律，而是我国法律体系中居基本法律、全局性法律的国家大典。这是我在上面分析中所要强调的第一个要点。我要强调的第二个要点是，《民法典》在这些国家治理的大制度设置中，都有重要的制度改造，体现了民法上的理论更新。对这些重要的制度改造和理论更新，我国社会、法学界甚至民法学界都还没有清晰地认识到。

三 《民法典》编纂是要弥补现行法律缺陷、提升民法体系效应

最高立法机关在《民法典》的立法理由中明确指出，《民法典》是依法治国的基本遵循。关于民法作为国家治理基本遵循的意义，上面已经进行了讨论。在这里我们要讨论的是这样一个问题，那就是，现行民法建立的这种依法治国的遵循是可靠的吗？这个问题，其实就是要阐明本次《民法典》编纂的必要性的问题。因为我们知道，2014 年中央决定编纂《民法典》时，我国并不是没有民法，而是已经有很多的民事法律，比如《民法通则》《物权法》《合同法》《婚姻法》《继承法》《收养法》《侵权责任法》《专利法》《商标法》《著作权法》《公司法》《票据法》《保险法》《破产法》等等。这些法律的数量可以说已经不少，甚至从外表上看它们也能够形成一个体系。那么，我国为什么还要制定《民法典》呢？

在回答这个问题时，我们都还记得，在 2011 年的时候全国人大常委会委员长在全国人大会议上做出了郑重宣告，我国法律体系已经形成，有法可依的问题已经解决，我国的法制发展重点要转到执法必严和违法必究的方面上。这就是说，最高立法机关在那个时候已经做出了不再编纂《民法典》的决定。在最高立法机关做出这个决定之后，曾经热闹过一阵子的《民法典》编纂工作在立法机关层面已经冷却，法学界包括民法学界多数人也失去了热情。在这种情况下，我本人 2013 年担任第十二届全国人大代表，随即提出了修订我国《民法通则》为

《民法总则》、整合其他民商事立法为《民法典》的议案。2013 年的这个议案，后来没有得到最高立法机关的回复和响应。2014 年我又提出了这个议案，这个议案被列为当年全国人大代表议案第 9 号。2014 年的议案，比 2013 年的议案加强了论证和说明。在提出这个议案的同时，我还组织了几次国内大型学术研讨会。2014 年 8 月，全国人大常委会委员长张德江同志在一次常委会讲话时说，根据孙宪忠等代表所提的议案，将开始讨论研究《民法典》编纂的问题。2014 年 10 月，中共中央第十八届四中全会做出《关于全面推进依法治国若干重大问题的决定》，其中的决定之一，就是编纂民法典。2015 年 3 月 22 日，全国人大宣布，《民法典》编纂工作正式开始，该项工作由全国人大常委会法律工作委员会负总责，由最高法院、最高检察院、国务院法制办（后期为司法部）、中国社会科学院、中国法学会五家单位作为立法参与单位，同时聘任了包括我在内的十余人作为《民法典》编纂的专家顾问。《民法典》编纂采取了我在议案中提出的两步走的规划：第一步，在 2017 年完成《民法总则》的制定；第二步，于 2020 年 5 月完成《民法典》分则各编的编纂，并且结合《民法总则》形成整体的《民法典》，在 2020 年 5 月召开的第十三届全国人大第三次全体大会上获得了高票通过。

在《民法典》编纂以及后来的宣传过程中，我们可以看到，不论是最高立法机关还是一些宣传部门，在讨论到本次《民法典》编纂的必要性的时候，也就是在阐明为什么要以一部《民法典》的形式来替代现行民法中多个民事法律的时候，都是语焉不详的。一些解释，仅仅是说，现在编纂《民法典》的条件成熟了。其实这种说法并不确切，无法让我国社会看到《民法典》编纂的必要性和迫切性，因为这种说法没有点出《民法典》编纂的问题意识。作为提出本次《民法典》编纂议案的全国人大代表和第十三届全国人大宪法和法律委员会委员，作为本次《民法典》编纂全程参加者和不少制度改造的创意者（本人在本次《民法典》编纂过程中提出议案、人大代表建议和立法报告七十余份），我觉得这个问题完全有必要指出来，否则我们就看不到《民法典》所取得的成就。

（一）现行民法的重大缺陷以及《民法典》的弥补

我在多份议案、建议和立法报告中谈到，现行民法作为依法治国的依靠，确实存在很多的缺陷，亟须制定《民法典》来弥补。

对此我们首先来分析一下在现行民法体系中处于基础和龙头地位的《民法通则》。我国《民法通则》制定于1986年，是计划经济时代的产物。虽然在改革开放初期发挥着强大的作用，贯彻了改革开放的思想，但是，该法是在计划经济时代制定的，它贯彻了计划经济体制的要求，因此，在经济体制改革发展到市场经济体制确立的时候，《民法通则》就表现出了很多重大缺陷。比如，第一点，《民法通则》强调计划经济体制原则，它的第4条提出了要求民事主体遵从国家计划的原则。第二点，《民法通则》不承认现代企业制度。在公有制企业领域，《民法通则》坚持国家所有权统一唯一的学说，它的第82条规定企业的资产来自国家授权。该法不承认政府投资理论，更不承认现代企业运行和治理中的企业投资规则。第三点，《民法通则》只承认农村承包户和城市个体工商户，不承认民营经济和私营经济。《民法通则》制定于1986年，当时已经有深圳特区，经济特区已经有了私人投资企业。但是，因为法律不承认私人投资企业，所以就出现了这些私人投资企业给自己冠名为集体所有制企业的现象。这就是后来出现大量纠纷的"红帽子现象"。第四点，《民法通则》明确地建立了对公共财产和私有财产权利不平等承认、不平等保护的原则和制度，对普通公民权利的保护是很不充分的。

这些问题都是体制性的大问题，但是，即使到我国确立市场经济体制之后，该法的这些问题也都没有解决。一些明显的条文错误虽然得到了纠正，但是整体上来说于事无补。比如，该法规定的强调民事活动要遵从国家计划的原则，到2008年才被删除。值得注意的是，《民法通则》第80条第3款规定，"土地不得买卖、出租、抵押或者以其他形式非法转让"，这个显然早已脱离社会现实的条文，也是2008年才删除的。1988年我国就开始修改《宪法》，建立了房地产市场。这些明显的制度问题，甚至在2002年最高立法机关编纂《民法典》（草案）时也没有改动。立法机关2008年改变了《民法通则》的个别条文，也仅仅只是为了保留该法作为民法体系的基本法律、龙头法律的需要,也就是为不再编纂《民法典》而做的一种不得不做的事情。至于该法不承认现代企业制度、轻视民间投资和民间资产的大问题,到 2013 年本人担任全国人大代表之时,也一直没有得到清理。

2013 年我在担任全国人大代表时进行了调研,发现《民法通则》156 个条文中,仅有宣告失踪、宣告死亡等极少数条文还在被法院使用,绝大部分相关内容都被其他法律和最高人民法院的司法解释替代。本人所提议案明确指出《民法通则》已经处于几乎被"掏空"的境地。这一点成为事实上《民法通则》必须重新制定为《民法总则》的理由,也成为《民法典》编纂的基本理由。现在我们可以看到,《民法通则》的这些缺陷,已经完全被《民法典》弥补。《民法典》以市场经济体制为导向,全面更新了其基本原则和具体制度。《民法典》采纳了现代企业制度,在公有制企业中采纳了政府投资理论以及"股权—所有权"的法权结构,承认了民营经济的地位而且给予民营企业平等保护的地位。《民法典》全面承认了民事主体的自我决定权,完全消除了贬低人民财产权利法律地位的表示。这些具有重大制度改造和基本理论更新的内容,我们在上面已经充分地分析过了。

现行民法体系中,除《民法通则》具有显著缺陷之外,其他法律也都有一些显著缺陷,比如《婚姻法》否定人身法律行为的缺陷等,这一次也得到了弥补。

在涉及市场经济体制的法律建设中,《民法典》合同编的制度改造和理论更新分量很大。《民法典》合同编的条文相比《合同法》增加了近九十个条文。特别值得指出的,就是本次合同编,完全贯彻了上文提到的区分原则的要求,删除了妨害交易分析裁判的《合同法》第 51 条等条文,重新撰写了第 597 条等条文。这方面的改造和更新涉及一些民法基本理论问题,所以我在这里稍微多说几句。《合同法》第 51 条将当事人没有所有权或者处分权而订立合同行为,称为"无权处分",而且认为这种行为不能当然生效。只有在合同可以履行的时候,这样的合同才能生效。《合同法》第 132 条规定,订立买卖合同时必须要有标的物存在、出卖人必须有所有权。否则这样的合同也不能得到法律的承认和保护。这两个条文的明显错误,就是不能准确理解合同之债的含义,把合同成立生效、应该生效的条件，硬性规定为合同履行发生物权取得的条件。这些规定，只符合一手交钱一手交货这种农贸市场的交易情形，完全不符合远期合同这种典型合同的交易情形。在远期合同条件下，合同成立之后到履行期限届满之前，尚有较长的期限，这个时候合同必须生效，产生债权的约束力。但是《合同法》第51条、第132条却规定，这种合同却不能正常生效，不能获得法律的承认和保护。这不但违背了合同之债的民法原理，而且也严重损害了交易诚信。这种情形和20世纪90年代我国法学界以及立法、司法解释的一系列混乱是一致的。这种混乱，就是以合同生效来确定物权取得效果、以物权取得的效果来确定合同效果。1995年制定的《城市房地产管理法》、1994年制定的《担保法》、1995年最高法院的关于"不动产的合同不登记不生效"的司法解释规则，都是这种理论混乱的产物。

我们知道，在法律交易中，当事人之间首先要订立合同，然后再履行合同。但是，合同成立生效后有些是会得到很好履行的，有些却没有得到履行。基于合同应该履行但是不等于合同并非绝对会履行的客观事实，我们一定要在立法上建立合同成立生效的法律效果和合同履行的法律效果的区分原则，引入合同成立生效产生债权、合同履行产生物权变动的理论，建立清晰明确的交易分析和裁判的规则。所以在承受很大压力的情况下，我提出了区分原则，即把债权的法律效果和物权的法律效果区分开，对它们的法律根据加以区分的理论。这一理论的客观意义在于，一切法律上的交易都存在订立合同和履行合同的基本区别，存在债权（或者请求权）和物权（或者支配权）的变动，所以这一原则具有强大的普适性。区分原则的提出，针对的就是20世纪90年代初期和中期的民法制度建设和理论混乱。经过约20年的努力，我国2007年制定的《物权法》采纳了这一原则。2012年最高人民法院发布的《关于审理买卖合同纠纷案件适用法律问题的解释》采纳了这一原则，否定了我国《合同法》第51条的规定，而且最高法院在做出该项解释的论理中，明确地引用了本人著作的内容。本次《民法典》编纂删除了第51条，而且按照区分原则的要求重新撰写了第597条。这个条文规定："因出卖人未取得处分权致使标的物所有权不能转移的，买受人可以解除合同并请求出卖人承担违约责任。"这个条文，明确指出在合同生效后，买受人未发生所有权取得的情况下，可以依据追究违约责任的方式来寻求自己的利益救济。它规定订立合同产生合同之债的请求权，不受履行合同产生的处分权的约束。相比《合同法》第51条、第132条，我们可以清楚地看到，这个条文在合同效力这个问题上贯彻了区分原则。这样，《合同法》中一个最大的缺陷也得到了《民法典》的弥补。

需要指出的是，在《民法典》废除《合同法》第51条并在第597条根据合同之债的原理重新做出规定之后，还有一些学者把第597条称为"无权处分条款"，一些著名的出版社出版的《民法典》，把这个条文仍然标称为"无权处分"。这些说法不但于理不合而且于法无据，希望各位注意。

仅仅通过以上分析，我们就可以看出，《民法典》之前以《民法通则》为核心的现行民法体系确实问题很大，而这些问题通过《民法典》都得到了解决。如果不编纂《民法典》，不解决这些现行法律中存在的问题，那么，现行民法体系作为依法治国的基本遵循，确实是不可靠的。现在《民法典》已经彻底地弥补了这些缺陷，解决了民法成为依法治国原则下基本遵循的可靠性问题。

（二）通过规则体系产生"法典体系化效应"，对执法司法产生强大指导作用

我在《民法典》的议案、建议和立法报告中多次提到，《民法典》的编纂会有一种"法典体系化效应"。法典确立的立法体系，不但对于消除以前多个立法并存而出现的枝节化、碎片化的弊端很有作用，而且对于消除执法和司法的随意任意非常必要，对人民法院的精准司法非常必要。

编纂《民法典》并不是为了形式上的好看，而是为了解决立法本身的问题。18世纪在大革命的背景下，欧洲曾经编纂过很多《民法典》，消除了当时占统治地位的习惯法所固有的因人而异、因地而异、执法和司法效果不统一、不公正的弊端。这种"体系化效应"首先出现在法国。梅汝璈老师在一篇论文中曾经提到，《法国民法典》制定之前，法国50多个省里有400多个习惯法体系，法律体系不统一，造成

司法不统一，从而严重限制了法国的工业化发展。对此，伏尔泰发表的启蒙思想的著述对此也提出了强烈的批评。伏尔泰说骑马去外地的时候，骑着一匹马，就可以穿过好几个民法体系，"换法快于换马"。他说，如果法律不统一，我们的经济永远发展不起来，只能做英国的附庸。这句话刺激了拿破仑。因此，拿破仑执政后决心统一法国民法，制定统一的民法典，发展法国经济。历史记载制定《法国民法典》的国民议会召开了 102 次，拿破仑亲自主持了至少 57 次。《法国民法典》制定后，法国在短短几年一跃成为继英国之后的第二大世界强国。这就是法律统一带来的效果。

法律统一之后，还会带来明显的政治效果。在习惯法背景下，《法国民法典》颁布前，法官都是贵族，执法和司法存在严重的任意随意的情形。《法国民法典》确立了统一的裁判尺度，并且明确要求法官必须严格依法裁判，如果违法裁判要追求其政治责任，从而限制了法官的权力，实现了裁判的统一。所以统一的民法典也成为法律文明、政治进步的标志。《法国民法典》的颁布在欧洲发挥了示范性作用，产生了经济化效应和政治化效应的体系化效应。法律的体系化效应也因此成为"民法法典化运动"的经验总结。

民法法典化的体系化效应，无疑对我国《民法典》的编纂和实施都有重大借鉴意义。我多次呼吁，希望把体系性、科学性作为《民法典编》纂的基本指导方针。《民法典》编纂完成后，这一点仍然是我们理解《民法典》的方针。本次《民法典》编纂建立了一个比较好的民法体系，这个体系中有总则和分则的区分，有共同性规则、一般规则、特殊规则，还有但书规则。所以不论是法官还是其他法律工作者，不论是教授还是一般法律学习者，都应该注意到规范的体系问题，分析裁判适用法律，要具备体系化思维，要掌握体系化规则。不能在适用法律时只是寻找某一个适合案件的条文，在运用具体条文分析案件的时候，一定要注意一般性条款、共同性规则，以至于《民法总则》所规定的基本原则的运用。我经常遇到的一个现实问题是，一些法官、律师在分析案件的时候，就是单纯找到可以适用的那个法律条文，而不考虑这个条文之上还有限制它的上位条文、限制它的一般规则，还可能有排除它的但书规则。如果只看具体条文，而不考虑这个条文的上位规则、共同规则、一般规则，不看排除它的但书规则，那么这种适用就一定是错误的。《民法典》建立科学和谐的规则体系，不仅能够确保民事执法和司法有法可依，而且基本上可以满足精准司法的需要，实现司法分析和裁判的统一和公正。这一规则体系，包括总则与分则的区分、共同性规则、一般条款、但书规则等系统内容，它们极大地体现了民法的包容性和准确性，为人民法院司法和行政执法提供了充分的法律依据。

《民法典》的规范体系化，这一点在立法和司法上的效应是很重的。如果不掌握体系化思维，那就会产生枝节化、碎片化的结果，甚至是错误的结果。在《民法典》编纂中，一些观点就没有掌握体系化思维，结果出现了一些理论乌龙，让人忍俊不禁。比如在《民法典》决定删除原《合同法》的第 51 条时，一些观点批评道："出卖人没有所有权订立的出卖合同你们都能承认，那么是不是也要承认有人出卖天安门城楼的合同？"还有人提出，《合同法》第 51 条是保护钓鱼岛的唯一法律条文，这个条文没有了，钓鱼岛就被人家卖了我们还要承认。这些观点，引用的标的物，都是公法上强制保护的物品，私人出卖的合同当然都是无效的。对此，我国《民法典》第 8 条、第 143 条、第 153 条都有明确的规定，这些合同当然无效、自始无效、根本无效、整体无效、绝对无效。这些学者提出这些观点，既没有公法知识，又没有看到《民法典》关于民事活动、法律行为的一般规则。如上所述，在一般民事交易中，出卖人订立出卖合同，只是给自己设置了一个法律上的约束，就是在未来交付标的物和所有权。比如你在工厂里订货，工厂订立的出卖合同就是没有标的物也没有所有权，这些合同当然是有效的，是应该得到法律的承认和保护的。我们学法律做分析，一定要掌握体系化思维，要避免枝节化、碎片化思维。

在法律适用方面，除了掌握《民法典》的规定之外，还要掌握一些公法规则、特别法规则。这些规则具有限制甚至排除《民法典》一般规定的法律效力。法律工作者掌握的体系化思维，必须包括这些知识。

此外，我们还需要特别注意法条中的但书规定。但书是一般规则的例外情形，在法律上具有优先适用的效力。《物权法》上有很多但书规则，在法律实务上意义重大。比如我多次提到《民法典》第 209 条

（《物权法》第 9 条）规定，就包括一个意义非常重大的但书，目前还没有得到很好的应用。对这个问题希望各位注意。因为时间问题，我在此就不展开了。请大家尤其是法官和律师朋友，一定看看我在这个问题上的探讨。

（三）《民法典》编纂与大民法体系的内在和谐

本次《民法典》编纂，从民法的体系化建设角度，解决了"大民法体系"需要的内在规则和谐统一的问题。所谓大民法体系，指的是包括民法典、商事法律、知识产权法、社会权利立法以及包括特别的民事权利立法（比如农村土地承包法、消费者权益保护法等）、特别民事行为立法、特别民事责任立法等这些法律所构成的广义民法体系。这些法律都是关于民事主体的民事权利的立法，但是因为《民法典》立法的体系要求，以及其他法律的特殊性比较强烈，所以很多民商事立法的特殊规则都没有写入《民法典》之内。在《民法典》体系初创时期曾经出现了一种观点，主张把全部涉及民事权利的立法都写入《民法典》，这就是民商合一的学说。但是这种观点后来没有得到广泛的采认，因为在这个时候商事法律体系成熟而且庞大，无法写入《民法典》之内。现在随着时代的进步，涉及民事权利的立法越来越多，越来越庞大，最典型的就是知识产权立法、消费者立法、社会权利立法等，将这些权利立法都写入《民法典》显然是做不到的。我国《民法典》编纂，对此采取了一般法和特别法之间规范关系的立法逻辑，把《民法典》作为大民法体系的一般法，把其他民商事法律都作为特别法，在《民法典》中规定大民法体系的一般原则和一般联系，在特别法中规定具体民事权利的特殊规则和详细规则；在法律适用上采纳特别法优先原则，特别法没有规定或者规定不清晰的情况下适用一般法。《民法典》关于商事法人制度的规定，关于捐献法人的规定，关于商事权利的规定，关于知识产权一般规则的规定，关于特殊主体的民事权利的规定（比如第 128 条关于社会立法中民事权利的规定等），都属于特别法的一般规则。这些规则写入《民法典》，体现了一般法和特别法之间的逻辑关联。所以，《民法典》解决了以前大民法体系之中各个法律各自发展、逻辑关系不清晰的问题。《民法典》通过这些规定，完善了大民法体系，使这个大体系在完成国家治理责任方面的能力得到了显著的提升。

四　结语：实施《民法典》必须准确理解《民法典》

在《民法典》实施阶段，我们更需要准确理解《民法典》。在立法和学习中我发现，现在对于《民法典》的理解，不论是一些立法工作者、学者还是宣传部门，都比较重视《民法典》在提升国家治理能力方面的制度设置，强调民法对市场经济建设和人民权利保障的作用。这些都值得肯定。但一些对民法以及《民法典》知识有欠缺的解读，还是希望大家予以足够的警惕。比如上文提到的把《民法典》作为权利宣言而未能弘扬民法实践性特征的问题，还有一些学者强调《民法典》为私权保障法问题，都应该得到及时的纠正。请注意中国民法学中的"私权"和国际上的理解是不一致的。我国民法中的私权，并不包括公法法人作为民事主体享有的权利。如果把我国《民法典》理解为私权保障法，那么就无法理解上文讨论过的公法法人物权问题，这一点对于我国《民法典》的作用发挥相当不利。

在如何理解《民法典》这个问题上，我还想交流一下心得。《民法典》编纂过程中，在全国人大常委会审议阶段，有些领导和常委会委员、专委会委员多次跟我说，《民法典》体系太大不容易理解，他们希望我能够总结出一些简明扼要的学习方法。后来，我结合几十年的学习体会，把进入民法这个大体系的方法，或者说分析《民法典》的方法，总结为三个切入点。我曾经写过一篇文章，将它称为打开《民法典》知识宝库的三把金钥匙。第一把金钥匙是法思想，就是《民法典》编纂中立法者对《民法典》整体的认识，以及如何看待各种主体的法律地位以及他们对民事权利的认识，这是《民法典》编纂的指导思想。第二把金钥匙是法感情，也就是广大民事主体对于立法者所设计出来的民事立法的切身体认。第三把金钥匙是法技术，也就是庞大的民法规范如何编纂起来又如何加以适用的科学技术逻辑。这一种分析和学习的方法我曾经多次讲授讨论，社会反映是充分肯定的。在此我也推荐一下，供大家学习《民法典》时参考。因为这方面的文章已经发表，在此我就不再多说了。

　　总之，不论是学习研究还是贯彻实施《民法典》，都需要从其如何担负国家治理的职责、如何建立国家治理基本遵循、如何消除现行立法的缺陷完善国家治理的基本遵循的角度来认识。希望大家能够切实认识到这一点，把我国《民法典》实施好。

《民法典》是对国家治理体系和治理能力现代化的重要提升[*]

随着第十三届全国人大第三次会议的召开，举世瞩目的中国《民法典》通过了。从此之后中国进入了《民法典》的时代，这不仅是值得我们每一个民法理论和实践工作者欢呼雀跃的重大事件，也是全中国人民衷心期盼的重大事件。

在依法治国原则下，国家治理的各种行为都要依法进行，而民法所规范的社会关系涉及国家的经济基础和人民群众的日常生活，在国计民生之中具有全局性和贯穿性。因此，民法当然是国家治理所遵循的法律体系之中最重要的法律之一。

也正因如此，民法立法一直是我们国家法制建设的基础性工程，《民法典》编纂一直受到党中央和全社会的高度关注。现在《民法典》编纂完成，即将实施，它当然要在政治、经济、法律和各种生活中发挥核心性、基础性的作用；在《民法典》的保障下，我国国家治理、经济发展和人民权利保障的能力和水平必将获得本质提升。

以往一些机构和学者在宣传《民法典》的意义时，经常会说，它是权利的宣言。这种说法有一定的意义，但从根本上来说，没有揭示出《民法典》的本质作用。道理在于，《民法典》并不只是权利的宣言，它更是国家治理的基本遵循和依靠。

也就是说，《民法典》不是政治口号，它所建立的各种法律规范和制度，都要实实在在地作用于社会的现实领域，都要贯彻落实到我们每一个自然人、每一个团体的身上，要落实到我们从事民事活动的时时刻

---

* 本文为《中国法律评论》2020 年第 3 期卷首语。

刻。所以，我们一定要从国家治理的实际效用角度来理解《民法典》的编纂和实施，尤其是要从当前我国国家治理能力现代化的角度来理解这部伟大法典的重要意义。

《民法典》对于我国治理体系完善和治理能力的重要提升，首先表现在，它解决了我国民法立法长期以来一直存在的立法散乱而且隐含重大矛盾和缺陷的问题。我国《民法典》是一个体系化的立法，它有从总则到分则这一比较完善的系统，这种体系化从民法基本法的角度保障了民法立法资源的和谐统一。

在此之前，我国民法的立法，除了《民法通则》之外，其他都是单行法律的形式。而且，此前作为民法基本法的《民法通则》是1986年制定的，那个时候，《宪法》明确规定我国实行计划经济体制，因此《民法通则》也体现了计划经济体制的基本要求。1993年我国修改《宪法》建立市场经济体制，此后为了落实《宪法》的要求先后制定了《合同法》《物权法》《侵权责任法》《公司法》等多部民商法律，这些法律不但在指导思想上而且在具体制度上和《民法通则》相脱离。

这种立法上的问题，通过本次制定《民法典》得到了比较完满的解决。因为《民法典》不仅仅是在民商法的领域里处于基本法的地位，而且在全部涉及民事活动的立法中，它都是基本法律，它的效力领域并不限于民事司法和一般民事主体的民事活动，还要对大多数行政管理机构的管理行为发挥制约和引导的作用。

因此，《民法典》的体系整合、缺陷弥补和矛盾消除，解决了数十年来一直存在的一系列立法、执法和司法问题，从立法基础的角度完善了国家治理者的法律支持基础，也提升了治理者的能力优化和法律支持力度。

其次，《民法典》贯彻了习近平总书记和党中央提出的科学立法的要求，按照民法的科学原理解决了长期以来存在的民事活动分析和裁判规则的制度缺陷，不仅完善了民法立法，提升了立法的法理科学程度，而且也为人民法院和其他司法机构准确分析和裁判民事案件提供了更加妥善的立法依据，为民众学法用法提供了能够以理服人的系列规范和制度。

在这方面我们可以指出的亮点很多，在此试举两例。一个是《民法典》第 133 条关于民事法律行为的规定。这个规定相比以前《民法通则》第 54 条的规定以及此前民法学界多数人的观点有一个重大改变。《民法通则》第 54 条规定,民事法律行为是民事主体适用法律的合法行为。这个规定也是此前民法学界的通说。

而本次《民法典》第 133 条规定,民事法律行为是民事主体关于民事权利发生变动的意思表示的行为。比较两个条文就可以看出,《民法通则》以及此前的民法学通说,并不能彻底接受民法上的意思表示理论;而民法上的意思表示理论,不仅仅是民法上的权利义务是否受法律承认的分析和判断的工具,更是民事主体是否有权利意思自治、是否能够承受民法上各种权利和义务的主体理论的贯彻和表征。

所以,本次《民法典》的规定在这一点上实现了民法基本理论和制度的重大更新,贯彻了民事主体的意思自治原则,使民法整体制度的构造更加符合民事权利的伦理基础。

另一个例子是本次《民法典》编纂,彻底接受了债权和物权的法律效力及其法律根据相互区分的科学法理,这一点在全部涉及交易的民事活动分析和裁判中都有贯穿性作用,属于民法基本制度的更新改造。在民事交易中,当事人都会先订立合同然后履行合同,合同应该履行,但是现实中合同并不是绝对全部会履行,那些没有履行的合同有些是一开始有效的,当然也有可能有些是无法生效的或者后来无法履行的。

无论如何,我们不能在立法中把合同的成立等同于合同履行,而应该把合同订立发生的债权效果和合同履行发生的物权效果区分开来。但是这一科学原理在之前制定的一些法律中没有人认识到,甚至在《合同法》制定时,还把合同成立和合同履行混为一谈。典型表现就是原《合同法》第 51 条、第 132 条等的规定。在本次《民法典》的编纂中,这些条文都被废止或者改变,物权和债权相互区分的科学原理得到了彻底的贯彻。

这一做法的意义显著,因为民商法上全部的交易都存在订立合同和履行合同的区分,所以这个改变对于民商法涉及交易的全部案件的分析和裁判具有指导意义。这个科学原理,不论对于人民法院的法官,还是对于仲裁员以及涉及民事执法的行政官员业务能力的提升,都具有意义。

再次，《民法典》对于我国治理体系的完善和治理能力的提升，还表现在它更加符合民法社会的运行规律，更加符合民法贯彻实施的自身特点。在法治社会里，民法社会运行的基本规律是民事主体享有充分的自主权，其行为自理、责任自负。所以不论是在我国还是在其他国家，民法都要满足民事主体能够充分地行使民事活动的自主权。

但是，为了保障民事主体的行为合法有度，民法产生了不同于其他法律的显著特征，这就是要规定很多行为规范，来对民事主体从事民事活动予以指导或者指引。民法中除了一部分属于裁判规范之外，大量的法律规范属于行为规范。这些行为规范，一部分属于任意性规范，另一部分属于强制性规范或者禁止性规范。无论如何，民法上规定的这些行为规范，都是为了满足民事主体按照自己的真实意愿来建立、变更和消灭民事权利义务关系的需要。

这些法律规范，和其他那种给国家治理者赋予职权的法律规范是不一样的。我国《民法典》规定的大量法律规范正是这样的行为规范，《民法典》从第一条开始到最后一条，都是围绕着承认和保护民事权利、指引主体如何行使权利展开的。尤其是《民法典》民事法律行为制度中关于充分承认当事人意思自治学说的规定，在民事权利部分关于人格尊严和人身自由的规定、关于所有权处分的规定、关于合同自由的规定、关于婚姻自由的规定等。

可以说，不论是人身权利还是财产权利，不论是民事主体行使请求权的行为还是行使处分权的行为，《民法典》都从行为的角度给予了充分的指引、规范和保障。要完成民法社会的治理，提升其治理的能力，最佳的途径当然是提升民事主体的自决权，强化民事权利体系，充分尊重民事主体的意思自治和责任自负。所以我们说，《民法典》为民事主体在民法社会里从事自我管理提供了基本的遵循，从民事社会自身规律的角度完善了治理体系，提升了民事主体自我治理的能力。

最后，虽然《民法典》采用体系化、科学化的编纂模式，但是其概念和知识体系都来源于现实生活，即使是一些比较抽象的概念和规范，其语言也是平易近人的，这就为学习法律、贯彻实施法律提供了极大的方便，同时也为新时期提升我国的治理能力和治理水平树立了极好的立法范例。

第二篇

怎样看《民法典》的体系？

就《民法典》编纂中的体系问题答记者问

问题一：中国《民法典》编纂的规划步骤和最新进展如何？

孙宪忠：关于中国《民法典》编纂的工作，2017 年 3 月《民法总则》已经完成。《民法典》分则各编的编纂工作，事实上在总则尚未完成之时，全国人大常委会法工委以及参加编纂工作的五家单位，也已经开始做了不少的事情，比如中国法学会和中国社会科学院的课题组都提出了自己比较完整的分则编纂方案。自 2018 年 8 月全国人大常委会对《民法典》分则各编的草案进行了第一次审议之后，分则编纂的工作全面展开。到 2020 年 3 月之前，全国人大常委会已经就分则各编分别进行了多次审议。其中，物权编、合同编、继承编进行了两次审议，婚姻家庭编和侵权责任编进行了三次审议，最受关注的人格权编进行了四次审议。从立法程序的角度看，我国《立法法》规定的像《民法典》这样国家基本法律制定所需要的程序已经可以终结了。从立法内容的角度看，现在的立法草案虽然不能说非常好，但是从《民法典》所需要的内容看基本上是完备的，是符合国情和法理的，而且以前的法律漏洞得到了弥补，以前的法律错误得到了纠正，而且在一些重要的领域里还有创新。从立法的科学性、民主性保障的角度看，《民法典》（草案）多次审议多次修改，修改之前全国人大法工委召开了多次涉及不同领域的法学家、全国人大代表、司法实务部门、各业务部门的同志参加论证会、听证会和研讨会。每一次提交给全国人大常委会审议的草案，都要上网公布，征求社会意见。我想指出的是，本届全国人大宪法和法律委员会自成立以来共召开了八十六次会议，其中近一半的会议都涉及《民法典》分则各编的审议工作。此外，宪法和法律委员会召开了数次

《民法典》专项审议会议，有时会议要连续开三天。所以，我的看法是，现在的《民法典》（草案），可以说是符合总书记和党中央提出的科学立法、民主立法和依法立法要求。现在看来，虽然大家还有一些意见要提出，但是大体上该说的话，也都说过了。最近刚刚完成的稿子我也看了，总体觉得差不多了，可以提交大会审议了。

问题二：我国《民法典》编纂实行"两步走"工作思路，先制定出台《民法总则》、后制定《民法典》分则各编的立法思路。采取总分结构，按照提取公因式的方式，分为共通性规则与特殊规则，并将共通性规则集中规定在总则中，作为一般性规定，而将特殊规则规定在分则中，作为特别规则。但也有学者认为，总分结构存在不足，可能影响司法审判、法律适用和法学教育。您认为这会对司法审判实务和法律适用产生什么影响？请问有哪些克服的建议？

孙宪忠：实际上，把《民法典》编纂的工作分为两步走，这既符合国情，又符合《民法典》编纂的科学理论，更是符合法学学习、教学规律、方便司法适用的好方法。你提的问题，我可以分为四个小点和你谈谈。

第一，这种方法是符合我国民法发展的历史和现状国情的做法。改革开放以来我国民法发展的历史是，在改革开放初期也就是20世纪80年代初制定了包括民法基本法《民法通则》在内的一些重要法律，随着改革开放的深入又制定了一些法律。1986年制定的《民法通则》虽然是当时我国民法的基本法，但是它的内容从法典编纂体系的角度看，大体上还是民法总则性质，它出台于我国尚在计划经济体制的时期，它建立在计划经济体制的基础之上。1993年我国修改《宪法》开始建立市场经济体制，然后制定了《合同法》《物权法》等，这些法律从法典编纂体系的角度看属于民法分则。从《民法典》体系化规则的角度看，分则应该遵从总则，但是我国的《民法通则》很多内容陈旧，不但统率不了分则，而且还有可能妨害市场经济体制和人民的权利。因此，本次《民法典》编纂确定两步走的方案，第一步专门针对《民法总则》这个具有统率性的一般规则的编纂，其工作内容其实是在《民法通则》之外重新制定新总则。这一步的工作基本上是新作。《民法总则》之外，第二步的工作实际上是整合《民法通则》之外的其他民法立法，这些法律基本上来说不是重新制定而是编纂整理，其工作特点和总则不同。所以，本次《民法典》编纂分为两步走，这个规划是得当的，而且也是成功的。

第二，中国《民法典》区分为总则和分则的编纂体例，是确保立法体系完整、科学的必由之路，是保障立法质量的最佳选择。民法作为市场经济体制和人民日常生活一般的法律保障，也就是作为人们常常说的社会生活的百科全书，它要规范的事务非常庞杂，因此属于民法的法律规范制度群体非常庞大。这个庞大的群体，不能像一麻袋土豆那样杂乱无章，否则，民法就无法学习、无法司法适用，更无法在社会贯彻。不过好在传统民法数千年的历史发展已经给我们提供了一个很好的经验，那就是将庞大的民法规范予以体系化科学整理编纂，从而形成总则和分则相互区分、人身权利和财产权利相互区分、权利的非交易状态和交易状态相互区分、违约责任和侵权责任相互区分的体系。在《民法典》体系下，区分意味着分工和配合；但是更重要的是，它意味着统辖和遵从，也就是上位规范和制度对下位规范和制度的统辖效力。比如，《民法总则》所建立的一般原则、一般规则，对于分则各编都具有统辖的效力，分则中的制度适用必须遵从总则的规定。如果没有这样一个良好的逻辑体系，法律规范和制度乱成一团，不但根本无法适用，反而给国家和人民造成损害。我国《宪法》已经确立了依法治国的原则，民法在依法治国的原则下承担着超越其他法律的重任，被视为实现国家治理体系和治理能力现代化的重大举措，而良好的立法质量才是确保《民法典》完成其使命的保障。

第三，《民法典》编纂采用提取公因式等立法技术，既可以为立法提供解决资源的法技术手段，也为学习和贯彻实施法律提供了方便快捷的最佳途径。

民法总则规定的是一般性的规则，分则各编规定的是比较具体的事务。这种"提取公因式"的方法，在我国被一些法学家批评为抽象难懂，而且分割了生活的现实。在民法发展历史上，关于如何立法一直有关于列举式好还是抽象概括式好的争议。但是这个批评是很不中肯的，因为民法总则里面所采用的概念基本上都来源于现实生活，是对现实生活关系的归纳总结。比如自然人、法人、法律根据、法律责任等概念，大家都是很熟悉的。个别法律上特别的术语，稍加解释也可以明白。总则和分则的区分这种立法方法，它也不是分割了现实生活，而是科学立法的必然。因为民法要调整的社会事务太多了，立法上采取了一般原则的概括，使其分门别类，确定不同类型的基本制度，或者说这就是规定了一般原则，然后具体的事务由分则根据一般原则去具体处理。这种立法方法节约了立法资源，是立法上最便捷可行的方法。举一个常见的疑问作为例子。很多人认为《民法总则》第133条关于"民事法律行为"这个概念就是抽象难懂的典型。确实，这个概念日常生活中是不太使用的。其实这个概念要表达的，就是我们大家都熟悉的"我愿意"这个现实生活用语的意思，它就指的是我们对某个自己承受的义务予以接受的意愿，也就是每一个人在进行民事活动的时候内心真实意愿的客观表达。这个概念为什么要按照"提取公因式"的立法技术放在《民法总则》里面？我们知道民事活动都与民事权利有关，而民事权利发生变动要获得法律的承认和保护，关键是要有切实的法律根据；法律根据最普遍的就是"民事法律行为"。而民事法律行为符合法律规定的条件的时候才是有效的，《民法总则》第143条规定了三个条件：一是行为主体要合格；二是表达的意思要真实；三是意思的目的要合法。这三个条件，也是现实生活中常用的，不过立法上表达的概念要严谨一些。要知道民事法律行为的这些条件规则，从主体的角度看适用于自然人、法人还有非法人组织，从行为的角度看适用于处分财产、订立合同、结婚离婚、收养，以及订立遗嘱等事务。如果采取列举式立法，那么这些条件就要在每一种主体里面写一次，在每一种具体民事行为里面写一次，在各种法律事务里面写一次。这就非常烦冗复杂了。如果采取"提取公因式"的方法，在《民法总则》中一个条文就解决了。所以说，这种方法大大地节约了立法资源。如果不采取这种方法，立法根本无法进行。历史上曾经有过列举式立法的先例，比如德国尚未统一的普鲁士时代曾经制定的《普鲁士普通邦法》就是这样，这部法律按照各种民事活动的细致分类，一一列举其条件和结果，仅仅条文就有一万七千多个，其中的篇章结构也很混乱，后人都把这个立法作为失败的典型。

　　《民法典》编纂采用提取公因式等立法技术不仅为立法提供了方

便，而且也为学习研究法律、贯彻适用法律提供了极大的方便。制定法律就是为了贯彻实施，而贯彻实施就必须先掌握学习。从法律学习的角度看，虽然总则相比分则各编来说比较抽象一些，但是这种抽象不但不是缺点，反而是法律学习的最佳途径。人类学习知识恰恰都是从一般到具体，比如我们上学的时候，首先学习的知识是"1 + 1 = 2"，其实这里的 1 就是最抽象的。这些抽象出来的知识其实是最简单的，也是最容易学习的。我们还是举前面说到的"民事法律行为"这个概念的例子，通过《民法总则》第 143 条的规定，我们学习了这个规则之后，知道了民事法律行为的生效需要主体合格、意思表示真实、意思目的合法三个条件。这些规则的含义完全没有抽象难懂的地方。然后，我们在分析处分财产的行为、订立合同的行为、婚姻行为、收养行为、遗嘱行为的时候，把这三个条件应用进去就可以了。实际上，这些一般性的规定，除了《民法总则》中有比较集中的规定之外，分则各编中也有规定，比如分则各编的第一章基本上都是适用于该编的一般性规定。它们的法律学习和适用原则，和总则是一样的。

第四，在总则和分则结构区分的规制下，对法律的学习和法律适用的建议。总则和分则在立法结构上相互区分之后，不论是法律的学习还是贯彻实施，都面临着学习任何制度都要同时考虑总则和分则规定的情况。比如，学习和研究关于某种合同的法律规定，不但要学习《民法典》合同编的关于这种合同的规定，还要学习《民法总则》关于法律行为的规定，关于行为人法律资格的规定，而且经常需要学习关于物权变动的法律规则的规定。这种情况确实有不太直观的问题。事实上从事法律实践工作的，还应该学习掌握得更多，比如关于房地产交易事务的法律实践问题，还需要学习和掌握关于土地使用权方面的规则，这些规则经常规定在行政法规里面。从民法学习和实务的角度看，掌握《民法总则》的知识和分则各编的知识都是必要的，有时候《民法总则》的实践意义更大。在现实调研中我们经常可以看到，一些法官和律师分析民事案件的时候，常常只会使用分则里面的规定，而忽略总则里面的规定。比如以前，常见的分析合同效力的时候，他们经常只是引用《合同法》的具体规定，如果《合同法》没有细致具体的规定，他们就说立法不明确，就不会分析和裁判案件了。但是事实上，不论是《民法总则》还是以前的《民法通则》，里面都有很多一般性规定，都可以直接适用来分析和裁判案件。《民法总则》的法律实用价值被低估、被矮化，这是以后学习和贯彻《民法典》特别需要解决的问题。

问题三：您曾著文提到，我国《民法典》分则的编纂采取的是潘德克顿体系，侵权责任编的增加并不意味我国《民法典》的编纂脱离了该体系，也未否定债法的大体系格局。为什么强调坚持潘德克顿体系？这一体系有哪些优势？

孙宪忠：关于我国《民法典》编纂采取的是潘德克顿体系的模式，这一点既是我国民法学界绝大多数人的认识，也是清末变法以来形成的传统。即使20世纪50年代以后我国在苏联法学的模式下的发展，民法方面也还是这种模式，因为苏联立法也是这种模式。这种模式的特点是，它的制度以民事权利为核心，法典的编成遵循的是"主体、客体、权利义务"的逻辑，其显著的特征就是上文讨论过的民法总则编。这个体系的情况，上文已经有所介绍。可以说，我国民法引入潘德克顿立法模式已经多年，事实证明它的特点和我国固有"法唯精准"的传统文化是一致的，所以它能够被我国固有法律文化所吸收，并且能够在我国的立法和司法实践中一直发挥着很好的作用。

本次我国《民法典》编纂工程开始后，有学者认为，《侵权责任法》以及侵权责任编出现在我国民法立法以及《民法典》之中，说明我国民法的发展已经脱离了潘德克顿体系，因为侵权法独立是英美法的特征，大陆法系并无独立的侵权法编制。同时还有学者认为，中国《民法典》没有债权的体系。这些看法并不妥当。首先，侵权法并不只是英美法系才有的，大陆法系不论是拉丁法系还是潘德克顿体系的《民法典》中都有关于侵权法的系统规定。比如《法国民法典》第1382条、第1383条关于侵权法的规定，《德国民法典》第823条至第826条的规定。不过，潘德克顿法学认为，侵权行为产生的损害赔偿请求权，具有和一般债权请求权同样的性质，所以使用了"侵权之债"这个概念，揭示侵权产生的损害赔偿的请求权，就是对特定的主体履行请求权。遵从潘德克顿体系模式的《德国民法典》《瑞士民法典》《日本民法典》以及我国台湾地区"民法典"，都规定侵权之债是作为债权的发生原因之一。我国《民法总则》第118条、第120条规定，侵权仍然是债权发生的原因之一。从这个规定看，我国《民法典》并没有脱离潘德克顿体系的编纂体例。

要说明的是，我国《民法典》中没有债权编，这不等于没有债权立法体系。我国《民法典》编纂因为历史原因失去了写入完整债权编的机遇，但是一直遵守着债权知识体系的立法基本逻辑。改革开放以来因为现实需要紧迫，我国制定了独立的《合同法》，没有制定完整的债权法。本次《民法典》编纂面临1999年制定的《合同法》和2009年制定的《侵权责任法》，它们来之不易，而且不论是基本作用还是社会评价都是不错的。如果制定《民法典》债权编，那么这两部法律要全部废弃。这当然是不值得的。因此，本次《民法典》编纂采取了变通的办法，就是将这两部法律编纂为《民法典》的合同编和侵权责任编。但是《民法总则》中关于债权法的规范体系，总体规则由《民法总则》第118条至第122条规定，另外，合同编中也规定了债权法的一些基本原则。所以我国《民法典》中债权的立法体系还是稳固的。无论如何，通过这些条文的规定，我们可以看出在我国民法的立法体系中，侵权责任一编，在立法体系和法学知识体系上仍然属于债法。这些规定否定了我国民法脱离了潘德克顿体系的观点。因此，不能认为侵权责任编的存在，就否定我国《民法典》中的债权立法体系。在立法解释上坚持这个要点，并不只是为了学术上的理论清晰，更重要的是贯彻民事案件的分析和裁判的基本规则的需要。王泽鉴老师多次重申，民事案件分析和裁判的基本规则就是要建立请求权的基础。不论是法官、律师，还是其他的法律实务界人士，都应该知道，侵权责任的请求权逻辑基础，就是损害赔偿，就是要在损害、加害行为、因果关系这三个必备因素中找到并落实受损害人的请求权。所以，不论是学习研究民法，还是贯彻实施民法，掌握这一点是非常必要的。

问题四：《民法典》（草案）目前总共七编，包括一个总则编和六个独立的分则编，即物权编、合同编、人格权编、婚姻家庭编、继承编、侵权责任编，草案中人格权独立成编产生了很大争议。您也认为这不是最佳的人格权保护方案，人格权独立成编会带来哪些影响？

第二篇　怎样看《民法典》的体系？

孙宪忠：目前《民法典（草案）》的七编制方案，是我国最高立法机关上上下下多次审议的结果，我作为宪法和法律委员会委员必须服从工作原则。关于人格权独立成编的问题，关键之处在于立法理由。本次《民法典》编纂，一个参加单位的课题组提出了人格权独立成编的立法方案，除中国社会科学院的课题组之外，其他课题组均表示赞同。中国《民法典》是否采纳独立成编的方案所引发的争论，使得整个中国民法学界基本上都卷进来了，这中间不少人表达了很激烈的言辞，依我的知识看，中国《民法典》关于人格权的争论，就其规模和力度可以和世界上那些最著名的争论相并列。但是，我认为争论中发表的观点很多，有些话甚至很猛烈，但是似乎也没有形成什么交锋，所以一直没有达成共识。对这个问题我虽然公开发表的言辞不多，但是也做了很多历史性质的研究，仅仅这个问题就提交了近十份立法报告。只是因为我担任全国人大宪法和法律委员会委员的身份，这些报告没有公开发表过。

在一些课题组提交的关于人格权独立成编的立法报告以及最初的人格权编的立法方案，我确实表示了反对。从我的学习和研究民法发展历史的角度看，这些立法报告的主张及其理由不但在法学理论上无法成立，而且会造成相当有害的结果。关键就是这份立法报告把人格权转让作为主要的立法理由，在制度设计上突出人格权的转让。这个观点可以说让我十分惊讶，而且让我震惊和担忧。在民法上，可以转让的权利其实就是可以出卖的权利，可以出卖转让的权利，那只是财产权利。人格权不是财产，它怎么能够转让出卖？而且，这个问题还有一个非常深刻的人文主义背景的问题。可以说，不要说像我这样长期学习和研究民法发展历史的人，就只是稍微熟悉18、19世纪人文主义革命、启蒙运动时期宪法和民法发展历史的人，都难以接受人格权转让这样的观点。我们从人格概念的产生到人格权概念的产生这一段历史的简单分析就可以理解为什么有这样的结论。人格的法律概念其实是很古老的，它产生于奴隶制时代，因为那个时候自然人中有奴隶和自由民的区分，自由民有法律上的人格，而奴隶没有人格，所以法律上要建立人格制度，以区分自由民和奴隶。所以，罗马法的民法总论也就是著名的《法学阶梯》的第一编就是"人法"，它花费了很大工夫，来区别女奴隶生的孩子有没有人格。奴隶制的黑暗历史是在18、19世纪才被陆续终结的，受人文主义革命和启蒙思想的影响，这一时期的法律建立了人人平等的人格制度，消除了自然人因为出身血缘的不平等。而且为了保护这个人人平等的人格，不但在民法上建立权利能力制度，以消除自然人因为出身而产生的不平等；而且在宪法上建立人格权制度，要消除人与人之间因为出身、性别、民族、财富的占有、宗教信仰等各种社会性因素造成的人格歧视方面的问题。人格权就是这样在这一段历史中逐渐产生的，它的重大价值也逐渐得到了世界各国立法的认可。我们可以看到，这一时期的宪法中规定了人格尊严的条款，而人格尊严，被法学界公认为是一般人格权，即最基本的、人人享有的人格权。宪法规定它，是为了消除出身、性别、民族、财富占有、宗教信仰等各种社会歧视，尤其是它实际上是给国家的统治者施加了保障自然人普遍人格的义务。当然，民法上也承认人格权的存在，因为在民事生活中也会发生针对自然人的身体甚至生命的侵害，针对自然人声誉隐私的侵害，这些也会损害到自然人的人格，所以民法上要用人格权来保护自然人的人格。

从这一段历史发展看，我们就明白了，人格权作为一种法律制度，它只是为了维护和保障自然人的人格而产生的法律权利；而且人格权仅仅能为自然人自己所享有，以维护和保障自己的人格。从这个知识要点看，人格权仅仅是附着在自然人人格上的权利，怎么能转让给他人？如果你的人格权转让给他人，你的人格怎么办？德国有位著名的民法学家考察了人格以及人格权发展演变的历史，他在作品中明确地说到，人格和人格权是始终融合在一起的，是完全不能分离的，在法律实践中有时都没有区别的必要。因为日常生活中从来没有人主张自己有人格权，而司法实践中一说到人格权的时候，就是在某个人的人格受到了侵犯的时候。那么，这到底是人格的侵犯还是人格权的侵犯，真是不好区分。对此有兴趣的，可以看看我曾经翻译过的《民法上的人》。

现在《民法典》的一些课题组提出法人人格权转让的理论观点，缺点就是把民事主体资格这个概念和自然人人格这个概念混在了一起：法人的民事主体资格，有没有自然人的人格那样的人文主义色彩？有没有自然人的人格所遭遇的出身、性别、财富占有、民族、宗教信仰方面的问题？一想到这些问题，我们就知道中国法学界很多理论观点一错再错，就是因为不懂得人格以及人格权这个制度具有的人文主义道德伦理基础。

最近以来，我又看了一些国内外的相关著作，得到两个结论，一是人格权只有维护和保障自然人的法律人格的意思，它的理论和实践价值就是针对人格侵害而展现的，所以民法上的人格权制度从侵权以及救济的制度展开，这是一个重要的制度建立基点；二是人格权只能由特定的自然人享有，这个概念的产生，包括了人人平等享有人格、人人独立享有人格的思想在里面，因此这项权利绝对没有转让的可能。

我国法学界有学者提出，仅仅从侵权法的角度看人格权的理论已经古老过时。可是我想提出两个问题：第一，人格权所包括人文主义思想价值过时了吗？当我们看看周围的世界就能知道，人格权所体现的人文主义思想，在出身、性别、民族、宗教信仰等方面的社会歧视仍然存在的情况下，它永远也不会过时。遗憾的是，我们可以看到，关于人格权转让的立法报告在人格权这个问题上，似乎从来没有受到过人文主义熏陶一样。第二，提出人格权转让的立法报告，以自然人姓名注册为商标、公司法人商号许可使用等作为人格权转让的例子，来支持自己的观点。但是这里许可使用的，到底是财产权还是人格权？将一个人的名字注册为商标，这和他的人格有什么关系？难道我们要把商标也理解为人格权的载体？是不是应该遵守财产权和人格权区别的底线？

基于以上的考虑，在《民法典》人格权编的前几次审议中，我确实一直采取不赞同人格权独立成编的做法，尤其是不赞成这一编承认或者保留人格权转让制度的设计。对此，我提出了十几份立法报告，指出这一编的立法缺陷；而且在全国人大常委会的每一次审议中、在宪法和法律委员会的每一次审议中，我都有认真的准备和发言。我正式表态接受人格权编的立法方案，是全国人大常委会法工委向社会公布的人格权编（草案）的立法理由的公布，它提出，《民法典》设立独立的人格权编是为了贯彻中央提出的"加强人格权保护"的要求。同时，全国人大常委会法工委向社会公布的人格权编（草案），不但删除了人格权转让的条款，而且还删除了将该条款中保留人格权转让的"但书"。这样就彻底地消除了人格权转让观点造成的立法隐患。在这些缺陷已经基本上纠正后，我认为，强调人格权独立成编有利于提升人民基本权利的地位，有利于提升我国《民法典》的人文主义思想的品质，有利于人格权保护的法制实践，所以这样做也是很好的。

也许有人会问，现在《民法典》人格权编中还有许可以自然人的姓名注册商标、许可他人使用法人字号、许可自然人肖像使用等条款，这些难道不是人格权的转让吗？我的回答是，这些确实不是人格权的转让，而且这些行为和当事人的人格确实没有什么关系。比如，许可他人使用肖像做广告，那只是肖像或者形象被商业利用的问题，这些和人格以及人格权本来就没有关系。立法将这些制度规定在这里，只是因为这些规则写在这里方便一些罢了。这仅仅是立法技术上所说的"内容关联性"的做法，即将一些不方便写在其他地方的条文，因为和这些权利内容有关联，才将它们写在了这里。

问题五：在编纂草案期间，还有一些意见建议在此基础上增加知识产权编、涉外民事关系法律适用编等。《民法典》由哪些分编组成一直存在争议，确定将哪些内容纳入民法典分编，遵循了哪些原则？

孙宪忠：《民法典》分则部分设置哪些编，从"提取公因式"这种立法技术的角度看，总则规定了一般性规则之后，其他的规范和制度群体，按照"同一和差异"的区分，将同一类规范和制度规定在一起形成分则各编。在确定分则各编的编成体例方面，法学界最早的成果是16世纪德意志法学家完成的《实用法学汇纂》，它提出了总则、物权、债权、亲属、继承这种《民法典》五编制的立法方案。这是潘德克顿法学体系研究的一部力作，后来的德意志法系的民法典，包括德国、瑞士、希腊、日本、中国等，都是在这个体例上制定的。即使法国法系的民法典，在分则部分也有很多采用这种模式的。本次我国《民法典》编纂基本上是采取这种模式，然后根据我国国情作了一些必要的修改。

本次我国《民法典》编纂工作一开始，就有学者提出应该把知识产权作为一个独立的分则编。这个观点我表示同意，因为知识产权同样是典型的民事权利，而且在我国经济发展过程中这种权利发挥的作用已经非常大。据我了解，在最高立法机关征求意见的过程中，有关学会也提出了设立知识产权编的立法建议稿，但是在讨论的过程中出现的不同意见显示，知识产权的法律规范群体尚在发展之中，尤其是电子商务时代到来之后出现的知识产权问题争议比较大。所以，现在还没有能力将现有的大量知识产权法律规范整理为稳定而且清晰明确、能够发挥民法基本法作用的体系。所以遗憾的是，知识产权的大量规范将作为民法的特别法存留在《民法典》之外。好在《民法总则》的民事权利一章已经对知识产权作为典型民事权利做出了明确的规定，知识产权的保护等方面的实际需要按照《民法典》规则处理是没有问题的。

关于涉外民事法律关系适用法能否作为《民法典》分则独立编的问题，这个问题争议不大，立法机关和我们的看法是不做规定，因为国际私法在国际国内都被认为属于民法的特别法，这一部分法律规范主要是涉外法律关系中适用法律选择的基本规则，它和《民法典》规定的国内的实体权利义务法律规范的内容不一样。我国1986年制定的《民法通则》中有涉外民事法律关系适用一章，那个时候我国改革开放不久，涉外民事法律关系适用的问题不多，其特征表现不强烈。而当前在我国，涉外民事活动已经非常多非常复杂，适用法律的问题最好还是用特别法做出细致的规定为好。

问题六：《民法典》出台后，我国现行的《民法通则》《物权法》《合同法》《担保法》《婚姻法》《收养法》《继承法》《侵权责任法》将被替代，不再保留。上述法律作废后，原来《民法通则》第142条，关于涉外案件的法律适用的条款也将一并作废。从当前的仲裁、司法审判实践看，援引国际条约的案例有很多是依据第142条，如果没有了规定，将来在很长一段时间，涉外业务可能会丧失援引国际条约适用的法律依据。在当前这个时间，相关规定将何去何从？

孙宪忠：《民法通则》第142条关于涉外民事法律关系适用规则的条文，在2017年制定的《民法总则》中被删除，结果就有可能在《民法通则》被废止之后，涉外法律关系的法律适用失去了基本准据，这确实是一个明显的不足。但是现在最高立法机关已经认识到这个问题，已经在《民法总则》的相关条文中规定了涉外民事法律关系适用的一般规则，所以这个问题已经顺利解决。

事实上，《民法通则》在我国原来的法律体系中一直处于民法基本法的地位上，因此还有一些行政法规和最高法院的司法解释，都是根据它制定出来的。在《民法通则》废止之后，这些行政法规和司法解释的法律效力来源也成为必须思考解决的问题。我想，制定行政法规的国务院、制定司法解释的最高法院也会及时处理这些问题。

问题七：在《民法典》分则的编纂过程中，一直有争议问题。2019 年 12 月 16 日公布的《民法典（草案）》，直接删除了《合同法》第 51 条，引起了理论界和实务界的广泛关注。"无权处分"在未来《民法典》中将何去何从？

孙宪忠：原《合同法》第 51 条被《民法典》合同编删除，这是民法学理论清晰化的重要进步的标志，值得充分肯定。这个条文删除，消除了民事交易中一个很大的法律隐患，所以实践价值更为显著。这个条文的缺陷我们用买卖合同为例就能够充分看出来，它的基本要求是，出卖人在订立合同的时候就应该享有所有权或者处分权，如果出卖人不享有所有权，那么订立的合同就不会得到法律的承认和保护。我们知道，出卖人在订立合同的时候就享有所有权，是一种什么样的交易？那就是一手交钱一手交货的交易，标的物是现成的，而且出卖人还取得了对标的物的所有权。这就是典型的农贸市场买卖的情形。可是，如果你在工厂里订货，那就意味着订立合同的时候，还没有标的物，出卖人还没有所有权，这个时候订立的合同，如果按照《合同法》第 51 条的规定就不会得到法律的承认和保护。如果你购买的房子是还没有开始建造的商品房，也就是预售房，那么按照这个条文你的合同也不会得到法律的承认和保护。所以，这个条文隐藏着极大的理论缺陷和实践隐患。但是，我国在建立市场经济体制的初期，在合同订立所需要的法律条件这一点上，很多民法学家能够接受的合同法理论，都是这种一手交钱一手交货方式的理论，那个时候很多法律都采纳了这样的理论。所以《合同法》第 51 条的规定得到了许多学者的高度肯定。为了纠正这种理论问题，消除法律制度为市场实践造成的隐患，多年以前，我结合潘德克顿法学的基本要点，在这一点上提出了"区分原则"的理论，要点是订立合同只是产生债权，债权发生效力不需要标的物产生、不需要出卖人享有所有权、合同的生效不需要不动产登记和动产交付；而履行合同发生物权变动，在物权变动的时候才需要标的物，才需要出卖人享有所有权，出卖人向买受人移转所有权需要进行不动产登记或者动产交付。区分原则，简单地说，就是订立合同和履行合同的法律效果区分开，一个是债权生效，另一个是物权变动；法律根据从物权公示原则这个要点上区分开。区分原则纠正了《合同法》第51条的错误，提出二十年了，先是得到了一些地方人民法院典型案例的认可，然后其要点得到了《物权法》的采纳，得到了人民法院司法解释的采纳。我们可以想一想，在当事人发生民事交易的活动时，常常订立远期合同，也就是订立之后过了一段时间才履行的合同。如果按照《合同法》第51条，法律要求合同订立的时候，就以履行合同作为条件，那么，这些远期合同最后得不到履行会怎么办？如果法官裁判说，这些远期合同从订立的时候就不能得到法律的承认和保护，那么大家想一想，这样的法律是良法还是恶法？所以这一次《民法典》合同编删去《合同法》第51条，是我国法学理论的重要发展，而且也是一个实践性非常强的法律制度的重大改进。删除它之后，引发了一些争论，但是我们应该看到，从事案件分析和裁判的人民法院是普遍赞成的，律师实务界绝大多数是赞成的，法学界多数人是赞成的。

问题八：《民法典》的《民法总则》中明确"我国秉持民商合一的传统"，有学者认为合同编的内容几乎全是商事内容，物权编以交易为核心，且在市场经济如此发达的情况下，中国已经进入了一个"全民皆商"的社会，在《民法典》吸纳了大量商法规范的背景下，《民法典》出台后商法将如何发展？在实务当中，相关主体有哪些注意事项？

孙宪忠：本次我国《民法典》编纂从一开始就讨论研究了如何处理民法和商法关系的问题，立法机关和法学界在这一点上达成了基本的共识，那就是采纳民商合一的立法体例，把《民法典》和商事立法之间的关系用一般法和特别法的规则来处理。这个结论建立在商事关系属于平等主体之间的财产关系、商事权利仍然属于民事权利、商事关系发生的各种变动仍然要建立在主体意思自治原则基础之上、商事责任基本上还是包括在民事责任的范围内这些大家都认可的理论之上，而且我国自改革开放以来，一直采取民商合一的立法体例，这一点和国际上绝大多数国家的立法体例是一样的。但是在如何贯彻民商合一体例的时候，在国际上还有一些不同的做法。其中两种比较极端的做法，一种极端，比如像《荷兰民法典》，它的做法是尽可能地把商法全部写入其中；另一种极端，是把民商合一的原则交给司法和法学理论去解释，而《民法典》对商事法律不作任何反映。我国《民法典》采取的做法是，在《民法总则》的主体制度部分规定了商事主体，在民事权利部分写入商事权利，在分则部分写入了一些商事行为，比如保理合同。但是，这样，《民法典》就为商事法律建立了一般法基础，但是《民法典》并没有商事法律更为细致的规定，这样就为商事法律按照自身的特点去发展保留了极大的空间。在《民法典》之外，商事法律在主体制度、票据制度、破产制度等方面还有很大的发展空间。

从法律实务的角度看，正确理解民法和商法之间的一般法和特别法的关系规则是非常重要的。首先，特别法的发展具有自己的特殊性前提，但是不能脱离民法的基本原则。其次，在法律适用规则上，特别法的规定优先；特别法没有规定的或者规定不明确的，可以适用《民法典》的规定。这两句话不可以偏废。法律实务领域，既不能因为特别法和一般法的规定不一样就不予尊重；也不能因为特别法规定不细致或者没有规定就说无法可用，《民法典》可以提供的法律适用的渊源是非常广大的。最后，不论是在法律学习和研究方面，还是在法律的贯彻实施方面，都应该做到一般法和特别法并重，而不可偏废。

一般法和特别法之间，同样适用于作为民法特别法的《知识产权法》，以及属于民法的社会立法。社会立法其实也是围绕着特别民事主体、特别民事权利、特别民事行为和特别民事责任而展开的。所以，社会法在法理上也属于特别法。它的特殊性在于特殊主体的权利救济，常常需要公共权力机构的扶持。但是无论如何，它的核心是民事权利而不是公共权力。《民法总则》第128条对于这种特殊民事权利已经有所规定，关于社会立法的法律适用也要按照一般法和特别法的规则处理。

问题九：现在即将进入最后的审议阶段，目前还有哪些问题需要重点关注？

孙宪忠：本次《民法典》编纂的工程已经进行了七年，其间大家都非常尽力，现在到了草案最后审议的阶段，可能很多人有了疲劳的感觉。但是我个人认为，在现有的立法框架里面，还有一些问题没有解决，还有些地方可以再进一步改善。细小的问题我就不说了。但是明显的问题也还是有，比如人格权编怎样和总则编的人格规定协调一致的问题。《民法总则》第13条规定，自然人的法律人格从出生时开始到死亡时为止。所以，人格是有生命的自然人才享有的。可是在人格权编中，却规定了人体器官、细胞甚至基因作为人格载体的问题，这就完全超过了人格规则的常理。另外，夫妻共同债务的承担规则，也有明显不符合法理的地方。

到了最后审议的时候，全国人大代表中人才很多、专家很多，大家一定能集思广益，把《民法典》审议好。我相信我们一定能编纂出一部优秀的中国《民法典》。

"头等舱理论"：《民法典》之外的民法体系[*]

我国《民法典》已经编纂完成，作为国计民生的基本法律，作为我国法律体系的基本支柱和国家治理的基本遵循，它将在我们的法治生活中发挥核心的、基础的和全局性的作用。《民法典》编纂的伟大意义和现实作用，应该在以后的实践中充分显示出来。但是在《民法典》的编纂过程中以及编纂完成后，经常有学者和法律界、经济界的朋友向我提问：为什么公司制度没有写在《民法典》之中？为什么知识产权没有写在《民法典》之中？难道它们不是民事权利吗？实际上，在《民法典》编纂工作开始后，就有领导机关和社会人士提出这个问题，在全国人大开会期间，代表们在审议《民法典》（草案）时，这些问题仍然不断被提出来。由此可见，不论是从《民法典》的学习和研究角度看，还是从民法的法律实务角度看，如何理解《民法典》之外的民法体系以及它们和《民法典》的关系，是一个需要进一步阐明的问题。

对此，本人曾经在 2016 年 8 月全国人大常委会作了"关于我国民法典编纂几个问题"的讲座，其中说到，本次我国编纂的《民法典》，其实只是为庞大的民法规范和制度体系编纂一个基本法或者一般法。一般法之外还有特别法。《民法典》编纂意义重大，其目的是将民法规范和制度按照一定的逻辑编纂为一个整体，从而消除多个单行法律之间的矛盾、漏洞和重复，并为法律适用提供统一的根据，为学习研究法律提供最大的方便，以取得立法统一的"体系化效应"。但是，即便是编纂了《民法典》，《民法典》之外，还有很多民法规范和制度，它们将组

---

* 本文刊于《人民法治》2020 年 6 月号上。

成我国民法的特别法。所以我国民法，由民法一般法和特别法组成。在司法实践中，特别法优先适用；特别法没有规定或者规定不清晰的时候，适用《民法典》。在一次讨论会上，我就这一问题进行答疑，使用"头等舱"的说法，以说明庞大的民法规范和制度体系之中，一般法和特别法之间的关系。这一说法，被在场的法学界朋友称为"头等舱理论"。

实际上，民法一般法和特别法之间的体例问题，在"民法法典化运动"兴起的时候，《民法典》的编纂就已经遇到了。"民法法典化运动"是从欧洲大陆兴起，后来波及整个世界的民法编纂运动。当时《民法典》的编纂，是为了将破碎的习惯法统一起来，满足治理国家的需要。欧洲历史上适用的民法主要是习惯法。习惯法因人而异、因地而异，难以统一，给市场经济发展造成了巨大障碍。事实上自古以来国家治理者、立法者和法学家都在做出努力，寻求将庞大的民法规范群体予以整合的逻辑和体系。这一努力终于因为各种机遇的组合，18世纪之时先在欧洲，后在全世界兴起了"民法法典化运动"。不过在欧洲兴起编纂《民法典》的时候，遇到了一个很大的争议，就是编纂民法要不要把在此之前已经存在的商事法律一并写入法典的问题。民法是调整平等主体之间的财产关系和人身关系的法律，而商事法律也是调整平等主体之间的财产关系的法律，所以商事法律在本质上属于民法。但是商事法律自身体系早于民法而且形成已久，其自身特征更加明显。因此在那个时候多数国家都在《民法典》编纂的时候保留了商事法律体系的原样，或者在《民法典》之外另行制定商事法典。从此，就形成了民商分立这样一种立法体例。这个时期，人们就已经用特别法来称呼商法这样的法律，在立法上和法学理论上也就形成了大民法体系内一般法和特别法之间的法律适用规则。

近现代以来，《民法典》之外的民法体系不但没有减弱，反而越来越发达。因为现代市场经济体制已经十分发达，原来的商事法律体系的地位越来越牢固。在此之外，知识产权法也蓬勃兴起，已经发展成为一个很大的规范和制度群体。除此之外，能够纳入民事权利的社会保障权利，也形成了很大的制度体系。还有一些行政法律法规中也包含很多民事权利如何取得、转让、变更和消灭的规则。这些法律，事实上都可以说，是《民法典》之外的民法体系。我的研究认为，现代民法有三个大的典型的特别法领域，第一个是商法，第二个是知识产权法，第三个是社会权利立法。此外还有一些非典型的民法特别法领域，比如特殊主体的立法，如《医师法》《律师法》《公证人法》等；特殊权利的立法，如《农村土地承包法》等；特殊民事行为的立法，如《担保法》《消费者权益保护法》等；特殊法律责任的立法，如《产品责任法》等。另外，还有很多行政管理性质的法律中也规定了民事权利的享有、转让和消灭以及责任承担的特殊要求，比如《土地管理法》《矿产法》《森林法》和《道路交通管理法》等。

在这种情况下，我们在学习和研究以及贯彻实施我国《民法典》的时候，需要考虑《民法典》作为民法一般法和这些民法特别法之间的制度关系问题。

在特别法的体系中，首先要考虑的是商法。在我国建立市场经济体制后，这方面的法律发展很快，《公司法》《票据法》和《破产法》等，都已经是很成熟的法律。一些学者认为我国现有商事法律还缺乏一个总则性质的法律。但是我国《民法典》从一开始编纂就确立了民商合一的立法体例，商事法律的很多一般规定，都已经写入了《民法典》之中。比如，商事法律中的主体制度，在《民法总则》第三章就有规定，该章规定的法人制度，其中一个大的类型营利法人也就是商事法人。民事合伙中包括了商事合伙的一般情形。此外，第五章规定的民事权利，包括了投资性权利。第六章民事法律行为之中，也能够找到商事行为的规则。至于物权编、合同编对于商事权利和商事行为，还有很多规定。所以，商事立法的一般规则，现在在《民法典》中已经基本确立，它们和公司法等法律是衔接的。当然，将来是否还要制定商事法律的一般规则，还要看经济发展和学术研究的情况。

《民法典》编纂如何处理知识产权法的问题，曾经引起争议。最后的《民法典》文本中虽然没有知识产权独立成编，但是《民法总则》中对于知识产权法的一般规则做出了规定。知识产权当然是典型的民事权利，在立法过程中，我在全国人大宪法和法律委员会里，看到了一些主张知识产权独立成编的观点，但是没有看到比较成熟的立法方案。最后《民法总则》规定了知识产权法的一般规则，而将大量的知识产的法律规范和制定放置在《民法典》之外。这样，知识产权立法就成了《民法典》之外一个很大的独立的特别法系统。这种做法对于知识产权立法的发展是有利的，因为这一领域的新规则不断涌现，需要不断地考虑修改法律甚至制定新法的问题。

当代社会，民法特别法第三个大的类型就是社会性立法。社会性立法，涉及特殊社会群体的民事权利保障问题。社会保障的方式应该并不只是民法上的方式，但是可以说，所有的社会保障制度，都是以民法为根基的。比如，我国《民法总则》第128条规定了一些社会性权利，一些学者认为这些权利属于保护弱势群体的权利，但是无论如何这些权利的基础是民事权利，对他们的保护可以借助于民法上关于侵权责任的规则。所以《民法总则》第128条才要将其明确列出。事实上社会保障法还包括劳动者保护的立法，我认为随着社会的进步，这方面的立法还要进一步扩张。现在我国已经对城乡居民开始建立系统的社会保障，这种保障的基础，还是合同。当事人要和保障机构订立合同，而且合同的履行方式和民法一般的保险合同本质上是一样的。只是这种保险合同的法律关系中，加上了国家扶助的因素，有些也加上了就业单位资金投入的因素。所以这种合同关系有一定的特殊性，这也是这些法律作为民法特别法的原因。值得注意的是，国家扶助企业的目的是更好地保护这些民事主体的民事权利，而不是要体现主权运作下行政管理的需要，因此不可以认为这些法律纳入行政管理法。

民法特别法之外，还有很多行政管理法也规定了民事权利制度。本人在担任全国人大代表的第一年，为了撰写重启《民法典》编纂的议案，对现行法律法规进行了一番检索，发现我国立法，包括全国人大制定的法律、国务院制定的行政法规在内，涉及民事权利的立法总共有200多个。前面提到的《土地管理法》《矿产法》等，就是这样的法律。它们对于民事权利的规范意义和保护意义也很大。这些法律虽然属于行政法系统，但是其中的民事权利制度，也是以《民法典》为基础的。《民法典》对民事权利规定，对这些立法同样具有拘束的作用。

在法学上和司法实务中，对于《民法典》之外庞大的特别法体系，务必给予充分的重视。上文提到，2015年在北京航空航天大学法学院召开的《民法典》立法会议上，针对一些商法学者提出的编纂中国

《民法典》就会产生不重视商法体系后果的看法，我当时即提出，商事法律没有写入《民法典》并不是对它的轻视，而是对其特征的重视。此时我提出了"头等舱理论"作为回答。这个理论的含义是，商法规范同样属于民法体系，但是在法律适用上比民法规范优先，商法坐在飞机或者高铁的头等舱，民法坐在经济舱。在《民法典》体系中写入商法一般规则当然是必要的，但是《民法典》之外，还应该存在大量的商法规范，它们形成作为民法特别法的商事法律。无论如何商事法律同样属于私法而不是公法，商法不能脱离民法。这个理论当时在大会上被广泛引用。这一理论其实也同样适用于知识产权立法和社会立法。首先，它说明，不论是商事权利、知识产权还是社会性权利，它们都是民事权利，所以它们的本质和民法一样。在我国法律体系中，这些法律都属于"大民法"体系，就好比它们是坐在一架飞机上一样。涉及这些权利的活动，是民事活动；当事人的行为，主要是民事行为。其次，这个理论说明，在法律实践中尤其要重视特别法的优先适用。最后，还要注意到，在特别法没有规定的时候或者特别法规定不清楚的时候，就应该适用《民法典》的规定。从这个逻辑看，《民法典》拥有的丰富的法律资源，可以为特别法提供强大的制度支持和理论支持，从而满足市场经济发展和人民权利保障的需要。

　　《民法典》实施之后，不论是对其学习研究还是实践贯彻，都必须注意到《民法典》之外，还有大量的民法规范和制度没有被写进来。《民法典》是我们学习和研究的重点，但是《民法典》之外这个庞大的民法体系，也是我们不可以忽视的。"头等舱理论"的提出，是要说明两个大问题：一是现有的民法规范体系是怎样形成和谐统一的整体的；二是民法还要发展，民法体系在未来如何协调统一。"头等舱理论"比较形象地说明了《民法典》内部的规范体系和《民法典》之外的规范体系之间的关系，说明了它们本质上属于一个整体不能分离，但是在司法适用中必须遵守特别法优先的原则，以及在特别法没有规定时或者规定不清时还必须适用《民法典》的原理；同样，这个理论也揭示出这样一个道理：《民法典》所确立的民法体系不是封闭的，在《民法典》基础上，我国"大民法"将还要持续地向前发展。"头等舱理论"之中的这些道理，值得我国法学界和实践家们思考和应用。

打开《民法典》宝藏的三把钥匙[*]

我国《民法典》编纂完成之后，中央政治局书记处举办了关于《民法典》学习的讲座，习近平总书记在讲座上指示，必须重视《民法典》实施的问题。《民法典》在我国社会一般被宣传为人民权利的宣言书，但是在笔者看来，权利宣言的这种说法并不十分妥当。因为《民法典》是具有强烈的实践功能的法律，它在我国并不只是发挥精神宣召的作用，而是要发挥指导现实的作用。具体地说，民法中包含着大量的行为规范和裁判规范，它们要对每一个民事主体的行为发挥引导和裁判的作用，如果民事主体行为不当，那么执法机关和司法机关就要适用《民法典》来追究其责任。可以说，《民法典》的每一个条文，都是有实践性功用的，而不只是拿来宣教的。所以，《民法典》编纂的任务完成后，更为重要的任务是实施。只有通过《民法典》的实施，才能将该法承载的国家治理的基本理念落到实处，使法典的条文成为"活法"，也就是有生命的法律。

但是在学习研究和贯彻实施《民法典》的时候，我们可以看到，《民法典》总共七编，80多章，共1260条，大约11万字，这些章节条文构成了难以计数的具体的法律规范和法律制度。在此还要指出的是，事实上在《民法典》之外，还有很多民法特别法的规范和制度，比如商事法律和知识产权的制度，这一次还没有被写入《民法典》之内。民法庞大的规范和制度的体系，远远超过了我国法律体系中的任何一部法律，这就造成了学习理解的相当大的困难。

当然，对这个庞大的民法规范和制度体系，我们首先要有一个正面

---

* 本文刊于《旗帜》2020年第6期，收入本书时有所修订。

赞许的看法，不能因为它很庞大就拒绝走进它。因为民法形成这样庞大的规范和制度体系，说明了我国法律体系的良好发展，说明它能够因应市场经济发展和人民权利保护的需要，说明了我国对于《宪法》确立的依法治国原则的认真态度和实际的推行。在当代法治社会，各项事业都要充分体现民众的权利，而且市场经济的发展也越来越复杂，因此民法的规范和制度的群体还是在不断地扩展之中。比如，现在的网络经济就带来了民事法律制度中关于数据资产、网络合同和知识产权等民事权利的发展。所以民法体系蓬勃发展首先是应该得到充分肯定的。该法典所包含的庞大的规范和制度体系，其实是我们学法用法、执法司法等各项工作能够依靠的巨大的宝藏。

但是《民法典》已经建立的庞大体系和还在不断发展的制度规则，也给学习研究民法和贯彻实施民法带来了解读的困难。在本次《民法典》的编纂过程中，曾经有很多领导和社会人士向笔者提出，民法的体系太大，学习和掌握太困难了。

作为学习研究民法四十年的理论工作者，笔者愿意在此和各位分享一个学习和掌握民法庞大的知识体系（包括《民法典》以及法典之外的民法体系）的体会。那就是，我们可以从支持《民法典》编纂的三个基本因素的角度来切入，便能够大体掌握其大概要领。这三个支持《民法典》编纂的基本因素，首先是指导我国《民法典》编纂的法思想；其次是人民对于《民法典》的法感情；最后是将《民法典》构成为一个和谐统一体系的法技术。法思想、法感情、法技术这三个要点，就是我们打开《民法典》这个庞大的知识体系的三把金钥匙。

所谓法思想，主要是指立法者编纂民法的指导思想。在我国，指导《民法典》编纂的法思想，主要是中国共产党对于依法治国原则的坚持和推进的思想，对于民事主体的自决权利予以充分承认和保障的思想，对于民事活动予以积极规范引导的思想，以及对于《民法典》这种立法形式的认可和坚持的思想等。《民法典》作为成文法的典型形式，它和英美法这种判例法最大的不同，就是它是由专门的立法机关通过专门的立法程序制定出来的，而不是由法官制作的裁判文书整理而成的。正因为这样，《民法典》的编纂，从来都是立法者借助这一庞大的立法工程推行其法思想的过程。罗马皇帝查士丁尼制定的《民法大全》，就渗透了奴隶制、等级身份制和神权法的法思想。欧洲 18 世纪以来兴起的"民法法典化运动"时期产生的《民法典》，渗透了形式上的自由主义，但是相对来说忽视了法律的实质正义的法思想。

本次我国《民法典》编纂从一开始就确定了贯彻社会主义核心价值观、贯彻依法治国原则、加强人民权利保护、维护社会公平正义、维护以社会主义公有制为基础的经济秩序、因应反映新时代社会发展需求，比如绿色发展理念等的法思想。这些重要思想，体现在《民法典》的第 1 条立法根据和立法目的之中，也体现在《民法典》第 3 条至第 9 条规定的民法基本原则之中。此外，可以说，我国《民法典》的全部条文都体现了这样的法思想，尤其应该提到的是，在自然人的监护制度方面，《民法典》因应社会现实，加强了遗弃儿童以及养老问题下的被监护人权利的规定；以专章规定民事权利，第一次鲜明地规定人身自由和人格尊严作为民法上的一般人格权，建立起全面的人格权保护制度的民法基础（第 109 条）。这个规定，在世界民法上是第一次，这个条文的价值，完全可以用光辉灿烂来形容。另外，在民事权利一章中，还规定了公有制基础上各种民事主体的所有权等基本权利，创造性地规定了数据资产制度、信息保护制度，等等。此外，《民法典》第 185 条规定的英烈名誉权保护的制度也是意义非凡。当然，人格权独立成编，极大地提升了人格权的地位，凸显了我国民法对于人民的人格尊严权利承认和保护的力度。当然应该指出的是，从法学原理上来看，人格权编所列举的人格权的具体类型，都是《民法典》第 109 条的扩展和细化，其基础都是第 109 条的人身自由和人格尊严。因为人格尊严是自然人至高无上的权利，人格权编的具体列举，怎么说都是列举不全的。如果把人格权编脱离第 109 条来理解，就会造成一个严重的误解，即我国民法上的人格权只有人格权编所规定的那些形式，像最近出现的地域歧视的问题就无法解决。最近一个河南女大学生求职，被招聘单位以"河南人"为由拒绝。这种地域歧视，当然不属于《民法典》人格权编中列举的那些权利类型，但是属于《民法典》第 109 条所涵盖的权利侵害。事实上人格权编所列举的类型，如果不从人身自由和人格尊严绝对受保护这一点来理解，都会造成混乱。这种误解，不但是对《民法典》建立的人格权保护的规定的损害，而且也会造成严重的实践问题。总体而言，我国《民法典》编纂所体现的法思想，可以用社会主义核心价值观下的实质公平正义这一点来概括。这是打开我国《民法典》宝藏的第一把金钥匙。

打开我国《民法典》宝藏的第二把金钥匙，就是法感情，主要指民事主体，尤其是普通人民群众对于民法所设立的权利义务规则如何认识和接受到多大程度的心理状态。我国是社会主义国家，是人民群众当家做主的国家，《民法典》通过立法这种方式所设计的权利和义务，最终都要落实到民事主体的身上，所以，不仅是《民法典》的编纂，而且还包括民法的理解和实施，都要考虑民事主体尤其是普通人民群众的认知和接受的问题。《民法典》编纂当然要贯彻一些理想化的追求，但是这些也要调查实际，体现我国的国情。尤其要指出的是，民法和其他法律有一个显著的差别，就是其他各种法律的贯彻实施主要借助一个或者多个执法或者司法机关，但是《民法典》贯彻实施确实要依靠民事主体自己的行为。比如，不论是处分财产还是订立各种合同，不论是缔结婚姻还是收养子女，所有的民事活动都是只依靠民事主体自己的意思自治来进行的。所以，《民法典》规定立法目的主要还是借助当事人自己的行为来实现的。民事活动对于当事人而言，其基本原则是行为自理、责任自负，这就意味着《民法典》所规定的权利义务是依靠民事主体自己的行为来落实到自己身上的。如果民众不认可法律的规定，他们就可能会规避法律，结果就会造成违法但是会获得社会同情的现象。所以，在《民法典》的编纂过程中，我国立法机关就已经展开了全面的社会调研，而且也通过各个行业的各个部门以及人大代表进行了无法计算次数的研讨会、论证会，还有一些专题调研会。《民法典》中的很多条文，事实上也反映了国情民情的因素，比如公序良俗这一原则，不但被写入了民法基本原则的第8条，而且还被写入了合同编第153条。此外，我国《民法典》在总则编、婚姻家庭编部分，在继承编中，在涉及婚姻家庭关系方面的立法中，确实比较强调当事人的感情因素，这一点是非常必要的。在农村集体所有权制度设计中，本次立法更加强调农民成员的权利，强调成员在集体中的基础性作用，这些规定相比以前的立法是一个显著的进步。这些都是国情民情的反映。在法律的贯彻实施过程中，尊重人民、尊重民事主体的法感情，无疑是我们的底线。

打开《民法典》宝藏的第三把金钥匙，是法技术，也就是《民法典》编纂所贯彻的科学法理、科学逻辑。习近平总书记近年来一再强调科学立法的原则。党的十九大报告提出的我国立法的基本原则是科学立法、民主立法和依法立法，其首要的原则还是科学立法。所谓科学立法，落实在《民法典》编纂和《民法典》解读上，其实就是要讲法理、讲体系、讲逻辑。《民法典》的体系构成是一门科学。在《民法典》编纂过程中，面对大量的民法规范和制度，立法者不能像农民收获土豆一样，拿起来一个随意放进筐里就行，而必须按照法律制度的同一性和差异性，将其分门别类，然后在同一种类型的法律规范和制度之中，找出它们的共同点，建立起一般的规则（法学上参照数学上的概念，将这一方法称为"提取公因式"）；然后根据一般规则和具体规则的联系，形成民法的体系。这种体系化立法方法，就是寻找庞大的民法规范和制度之间的逻辑线索的方法，也是总结其基本规律的方法。按照这种方法编纂《民法典》，将其构成体系，看起来比较烦琐，但实际上才是最为简捷，甚至是编纂《民法典》唯一可行的方法，而且也是学习法律、贯彻适用法律最方便快捷的方法。因为我国适用法律、贯彻适用法律，都是按照从一般到具体的逻辑进行的。学习贯彻《民法典》，首先学习的，就是作为民法一般规则的《民法典》总则编，然后才是相对具体的物权制度、合同制度、婚姻家庭制度等。我国《民法典》的编纂，就是遵照这样一种立法逻辑的。

大体而言，《民法典》中贯彻的这种体系化逻辑的内容有：法律关系的逻辑，也就是全部民法制度从主体、客体、权利义务到法律责任的逻辑；民事权利区分为人身权和财产权的逻辑（其中人身权又区分为人格权和身份权的逻辑）；民事权利制度区分为交易性规则和非交易性规则的逻辑；民事法律行为区分为支配权行为和请求权行为的逻辑；以及法律责任区分为违约责任和侵权责任的逻辑等。正如任何科学都要划分其作用范围、都要有确定的发挥作用的方法一样，上述这些逻辑区分，就是民法确定其作用范围，而且实际发挥作用的具体方法的体现。

在我国《民法典》编纂过程中，有一些人批评说这种方法显得脱离现实，不亲近民众，他们主张按照普通民众的认知观念来编纂《民法典》。但是这种观点是完全不可行的。比如，如果按照这种观点，不按照提取公因式的方法建立一般规则，而是在各种交易的规则中具体详细地建立其规则，那么就要在各种各样的合同规则中都要写上这种合同成立生效的主体条件，以及权利的解释，等等，仅仅这一项，就要在《合同法》中增加几千个法律条文和几十万的字数。尽管如此，按照这样的立法思路，法律不但前后重复，而且矛盾、杂乱不堪，立法完全不可行。然而按照"提取公因式"的做法，将一般规则提取出来，做成一般规则，这样不但节约了立法成本，而且还使得立法者可以用法理逻辑把庞大的民法规范和制度编纂起来，形成和谐统一的体系。

民法的法技术，一些概念看起来比较抽象，但是它所使用的概念其实都是来源于现实生活的，是很容易理解的。

法思想、法感情和法技术共同作用，形成了我国《民法典》，它们既是编纂《民法典》的思想和逻辑支撑，也是我们打开《民法典》宝藏的金钥匙。《民法典》的制度体系和知识体系虽然庞大，但也是有一定之规的，借助于这三把钥匙，大体上可以解决基本的问题。

如何理解中国《民法典》采取的
总则与分则相区分的立法体例[*]

众所周知，《民法典》的编纂在依法治国的伟大实践中发挥着至关重要的作用。民法规范着我国社会最为基础和普遍的社会关系，从国家治理的角度看，民法担负的职责，除《宪法》之外，非其他任何法律可以比拟。在编纂工程结束后，不论是学习研究还是贯彻实施《民法典》都是一项艰巨的任务。因为民法规范的社会事务重大而庞杂，因此而建立的法律规范和制度群体数量巨大。我国《民法典》编纂工程采取了"两步走"工作思路，先制定《民法总则》，后制定《民法典》分则各编的立法思路。《民法总则》部分规定的是对于民法具有统率性、一般性的法律规则，而分则部分规定的是稍微具体一些类型的民法规则。采取这种总则与分则相区分的结构，在庞大的民法规范群体和制度之内建立起了一个清晰明确的逻辑，使得它们科学有序地结合在一起，形成了一个比较完善的体系，这不仅为学习研究和贯彻实施提供了极大的方便，也保障了这个庞大的体系能够和谐稳定地发挥立法者赋予民法的功能。这种编纂方式，是民法科学发展数千年经验的总结，是贯彻中央提出的科学立法原则的体现。但是在我国，不论是法学界还是在社会民众之中，对这种总则与分则相区分的批评声音一直不断，这些观点认为，这种编纂方式把一些具体社会事务的法律规范人为地割裂为两个部分，脱离了生活的实际需要，而且总则之中很多法律概念抽象难懂，民众难以理解和学习，从而妨害了法律的实施。对这些批评意见，有必要予以清晰回答，否则将对《民法典》的理解造成负面影响。

＊ 本文刊于《探索与争鸣》2020 年第 5 期。

实际上，我国《民法典》编纂采纳总则和分则相区分的立法体例，是具有充分理由的，它不仅是民法担负人类社会和国家治理数千年科学经验的总结，也是我国近现代以来民法变革经验的总结，还是我国改革开放以来法治建设实践的必然选择。依据《民法典》编纂中总则与分则相区分的立法模式，把《民法典》编纂的工作分为"两步走"，既符合国情，又符合民法科学，更有利于法学学习和研究，有利于法律贯彻实施。

第一，《民法典》编纂区分为总则和分则，确立"两步走"的立法规划，符合我国民法发展的历史和现状国情。综观改革开放以来我国民法发展的历史，在改革开放初期制定了包括民法基本法《民法通则》在内的一些重要法律，随着改革开放的深入又制定了《合同法》《物权法》《侵权责任法》等重要法律。1986年制定的《民法通则》虽然是当时我国民法的基本法，但是它的内容从法典编纂体系的角度看大体上还是民法总则性质的，民法分则性质的东西不多，因为早已经制定了《经济合同法》《婚姻法》《继承法》等法律。《民法通则》出台时我国尚处于计划经济体制时期，它制定实施后相当长一段时间里，在我国的改革开放过程中发挥了巨大的促进和保障的作用，而且它所体现的平等保护国家和人民权利的思想精神，到现在也还在指引着我们的立法、执法和司法。但是，毋庸置疑的是它建立在计划经济体制的基础之上，和后来我国建立的市场经济体制有不符合之处。1993年我国修改《宪法》，开始建立市场经济体制，这一段时间制定了《合同法》《物权法》等法律，这些法律从法典编纂体系的角度看都属于《民法典》分则。

从《民法典》体系化规则的角度看，分则应该遵从总则，但是我国的《民法通则》很多内容陈旧，不但统率不了分则，而且还有可能妨害市场经济体制和人民的权利，因此很多司法机构就干脆不适用该法。据我们的立法调查，在2013年，《民法通则》156个法律条文中，在司法实践中能够得到法院适用的，只有十余个条文。所以这部总则性质的法律，已经完全不能担负起民法总则统率性的作用。因此，本次《民法典》编纂确定两步走的方案，第一步专门针对《民法总则》这个具有统率性的一般规则的编纂，其工作内容其实就是重新制定《民法总则》。这一步的工作基本上是新作，其目标就是替代《民法通则》。

《民法总则》之外，第二步的工作实际上是整合《民法通则》之外的其他民法立法，这些法律基本上来说不是重新制定而是编纂整理，其工作特点和总则不同。所以，本次《民法典》编纂分为"两步走"，这个规划是得当的，而且也是成功的。

第二，中国《民法典》区分为总则和分则的编纂体例，是确保立法体系完整、科学的必由之路，是保障立法质量的最佳选择。民法作为市场经济体制和人民日常生活一般的法律保障，也就是作为人们常说的社会生活的百科全书，它要规范的事务非常庞杂，因此属于民法的法律规范制度群体非常庞大。这个庞大的群体，不能像一麻袋土豆那样杂乱无章，否则，民法就无法学习、无法司法适用，更无法在社会贯彻。不过好在传统民法数千年的历史发展已经给我们提供了一个很好的经验，那就是将庞大的民法规范予以体系化科学整理编纂，从而形成总则和分则相互区分、人身权利和财产权利相互区分、权利的非交易状态和交易状态相互区分、违约责任和侵权责任相互区分的体系。在《民法典》体系下，区分意味着分工和配合；但更为重要的是，它意味着统辖和遵从，也就是上位规范和制度对下位规范及制度的统辖效力。比如，《民法总则》所建立的一般原则、一般规则，对于分则各编都具有统辖的效力，分则中的制度适用必须遵从总则的规定。如果没有这样一个精确的体系整理方法，那就无法找到庞大的民法规范内部的逻辑主线，也无法将这个庞大的体系编纂为和谐统一、互不矛盾的整体。

所以，《民法典》的编纂是一门科学的学问，它是人类社会数千年民法历史发展经验的理性总结，而《民法典》编纂为总则和分则相区分的体例，也是我国法律界的先人们经过认真分析比较而引入中国的。清末变法之时，修法大臣吴廷芳上报的奏折中提出，法理者天下之公器也，意随规取，并非抄袭。在提到为什么要采纳这种总则和分则相区分的立法体例的时候，他说，科学者，原本后发者为优。从那个时候开始，这种立法体例就在我国得以确立。一百多年以来，这种立法体例在我国一直运作良好，它精确清晰的概念和和谐统一的制度系统理论，既保障了立法的质量，也保障了法律良好的贯彻实施，尤其是保障了人民法院的司法分析和裁判。可以想见，如果没有这样的科学理论指导，法律规范和制度乱成一团，不但根本无法适用，反而给国家和人民造成损害。我国《宪法》已经确立了依法治国的原则，民法在依法治国的原则下承担着超越其他法律的重任，被视为实现国家治理体系和治理能力现代化的重大举措，而良好的立法质量才是确保《民法典》完成其使命的保障。

第三，《民法典》编纂采用"提取公因式"等立法技术，既可以为立法提供解决资源的法技术手段，也为学习和贯彻实施法律提供了方便快捷的最佳途径。《民法总则》规定的是一般性的规则，分则各编规定比较具体的事务。这种"提取公因式"的方法，在我国被一些法学家批评为"抽象难懂而且分割了生活的现实"。但是这一批评并不中肯，不值得采纳。在民法发展历史上，关于如何制定像民法这样和社会生活联系密切的法律，一直有采取"列举式"好还是"抽象概括式"好的争议。所谓列举式，就是把社会生活中的规则像照相一样直接列举在立法之中。而抽象概括式，就是把现实生活的规则予以概括归纳，提炼出一般规则，这就是所谓的"提取公因式"的做法；然后把其他具体生活规则分门别类加以规定。抽象概括的方法，就是这种总则和分则相区分的立法方法。它并不是脱离现实生活的方法，因为《民法总则》里面所采用的概念基本上都来源于现实生活，是对现实生活关系的归纳总结。比如自然人、法人、法律根据、法律责任这些概念，大家都是很熟悉的。个别法律上特别的术语，稍加解释也可以明白。

总则和分则的区分这种立法方法，它也不是分割了现实生活，而是科学立法的必然。因为民法要调整的社会事务太多了，立法上采取了一般原则的概括，使其分门别类，确定不同类型的基本制度，或者说这就是规定了一般原则，然后具体的事务由分则根据一般原则去具体处理。这种立法方法解决了立法资源，是立法上最便捷可行的方法。举一个常见的疑问作为例子，很多人认为《民法典》总则关于"民事法律行为"这个概念就是抽象难懂的典型。确实，这个概念日常生活中是不太使用的。其实这个概念要表达的，就是我们大家都熟悉的"我愿意"这个现实生活用语的意思，它就指的是我们对某个自己承受的义务予以接受的意愿，也就是每一个人在进行民事活动的时候内心真实意愿的客观表达。这个概念为什么要按照"提取公因式"的立法技术放在《民法总则》里面呢？我们知道民事活动都与民事权利有关，而民事权利发生变动要获得法律的承认和保护，关键是要有切实的法律根据；法律根据最普遍的就是"民事法律行为"。而民事法律行为符合法律规定的条件的时候才是有效的，《民法总则》规定了三个条件：一是行为主体要合格；二是表达的意思要真实；三是意思的目的要合法。这三个条件，也是现实生活中常用的，不过立法上表达的概念要严谨一些。要知道民事法律行为的这些条件规则，从主体的角度看适用于自然人、法人还有非法人组织，从行为的角度看适用于处分财产、订立合同、结婚离婚、收养以及订立遗嘱等事务。如果采取列举式立法，那么这些条件就要在每一种主体里面写一次，在每一种具体民事行为里面写一次，在各种法律事务里面写一次。这就非常烦冗复杂了。如果采取"提取公因式"的方法，在《民法总则》中一个条文就解决了。所以说，这种方法大大地节约了立法资源。如果不采取这种方法，立法根本无法进行。历史上曾经有过列举式立法的先例，比如在德国尚未统一的时代，普鲁士曾经制定的《普鲁士普通邦法》就是这样，这部法律按照各种民事活动的细致分类一一列举其条件和结果，仅仅条文就有一万七千多个，其中的篇章结构也很混乱，后人都把这个立法作为失败的典型。

《民法典》编纂采用"提取公因式"等立法技术不仅为立法提供了方便，而且也为学习研究法律、贯彻适用法律提供了极大的方便。制定法律就是为了贯彻实施，而贯彻实施就必须先掌握学习。从法律学习的角度看，虽然总则编相比分则各编来说比较抽象一些，但是这种抽象不但不是缺点，反而是法律学习的最佳途径。人类学习知识恰恰都是从一般到具体，比如我们上学的时候，首先学习的知识是"1＋1＝2"，其实这里的"1"就是最抽象的。这些抽象出来的知识其实是最简单的，也是最容易学习的。我们还是举前面说到的"民事法律行为"这个概念的学习，通过《民法总则》第143条的规定，我们学习了这个规则之后，知道了民事法律行为的生效需要主体合格、意思表示真实、意思目的合法三个条件。这些规则的含义完全没有抽象难懂的地方。然后，我们在分析处分财产的行为、订立合同的行为、婚姻行为、收养行为、遗嘱行为的时候，把这三个条件应用进去就可以了。实际上，这些一般性的规定，除了在《民法总则》中有比较集中的规定之外，分则各编中也有规定，比如分则各编的第一章基本上都是适用于该编的一般性规定。它们的学习和适用原则，和总则是一样的。

第四，在总则和分则区分的结构规制下，对法律学习和法律适用的建议。《民法典》总则和分则在立法结构上相互区分之后，不论是法律的学习还是贯彻实施，都面临着学习任何制度都要同时考虑总则和分则规定的情况。比如，学习和研究关于某种合同的法律规定，就不但要学习《民法典》合同编关于这种合同的规定，还要学习总则编关于法律行为的规定，关于行为人法律资格的规定，而且还经常需要学习关于物权变动的法律规则的规定。这种情况确实有不太直观的问题。事实上从事法律实践工作的，还应该学习掌握更多，比如关于房地产交易事务的法律实践问题，还需要学习和掌握关于土地使用权方面的规则，这些规则经常规定在行政法规里面。从民法学习和实务的角度看，掌握总则编的知识和分则编的知识都是必要的，有时候总则编的实践意义更大。在现实调研中我们经常可以看到，一些法官和律师在分析民事案件的时候，常常只会使用分则里面的规定，而忽略总则里面的规定。比如以前，常见的分析合同效力的时候，他们经常只是引用《合同法》的具体规定，如果《合同法》没有细致具体的规定，他们就说立法不明确，就不会分析和裁判案件了。但事实上，不论是《民法总则》还是以前的《民法通则》，里面都有很多一般性规定，都可以直接适用来分析和裁判案件。《民法总则》的法律实用价值被低估、被矮化，这是以后学习和贯彻《民法典》特别需要解决的问题。

论《民法典》总则与分则之间的
统辖遵从关系*

本文结构

引言　问题的提出

在依法治国原则下，民法作为国家治理所依赖的法律基础体系，包含着庞大的规范和制度群体。要让这些庞大的规范和制度群体有效地发挥治理社会的作用，当然首先需要立法的指导思想必须先进，必须符合我国的政治制度、经济制度和文化、民族等各个方面的国情。同时还必须做到立法技术上的先进，必须使得庞大的民法规范和制度群体形成和

---

* 本文刊于《法学研究》2020 年第 3 期，收入本书时有所修订。

谐有机的统一体系，而且在这个体系之中建立清晰明确的逻辑，不但使得这个庞大的民法规范体系既有高度包容性，又有高度自洽性，而且还要保障这个庞大的体系能够容易为社会理解、学习研究和贯彻实施，这样《民法典》才能实现立法的目标，发挥国家治理的重大作用。本次我国《民法典》的编纂采取总则与分则相区分的立法模式，这种立法模式就是一种经过我国法律界的先人们大量考察与比较之后所采纳的一种立法技术，也是百年来中国民法立法和司法实践证明了的先进的《民法典》编纂技术。《民法典》的庞大体系被区分为总则和分则，不但容易学习研究，而且也容易法律适用。但是值得注意的是，本次我国《民法典》编纂采取的是"两步走"的规划，① 第一步在 2017 年 3 月编纂完成了《民法总则》，并将其作为整部《民法典》的总则编；第二步在 2020 年 5 月完成了《民法典》分则各编。在这种立法规划下，《民法典》总则和分则的编纂完成有了时间差异；而且在立法时间紧迫的压力下，《民法总则》刚一完成，无论是立法者还是社会各界，包括法学界尤其是民法学界，即将全部精力集中在《民法典》分则的编纂及其研讨之上，这样就造成了无法充分解读《民法典》总则的情况。而且多年以来，我国法律界尤其是民法学界一直存在的轻视法学基本原理、轻视民法体系性科学性的弊端并未革除，民法上的研究多以个别具体规则上的自圆其说或者以个体案例的解决为要，在这种背景下，最能体现民法体系性科学性的《民法总则》事实上被轻视甚至被忽视，因此在《民法典》分则各编的编纂中出现了不少立法创意和观点不符合《民法总则》的混乱。本来在总则与分则相区分的立法模式下，《民法总则》作为民法立法指导思想和基本原则的集中体现，作为民法一般原则的集中体现，它当然对于分则各编具有统辖的效力，分则各编应该遵从《民法总则》的规定。但是在我国《民法典》编纂过程中确实一度出现了分则各编脱离总则的现象。虽然在后来的立法过程中，这些问题逐渐得到了解决，但是因此出现的民法理论混乱仍然存在。随着

---

① 关于中国《民法典》编纂中采取"两步走"规划的情形，有兴趣者可以参阅《孙宪忠：民法典草案符合科学民主依法立法要求》，《法制日报》2020 年 3 月 17 日。关于这个规划的提出，笔者担任全国人大代表时于 2013 年和 2014 年领衔提出关于《民法典》编纂的议案，这两份议案收纳在《我动议——孙宪忠民法典和民法总则议案、建议文集》，北京大学出版社 2018 年版，第 1 页以下。

《民法典》分则各编编纂完成，对《民法典》解读的混乱似有加剧之势。这种情况不但会对民法的学习研究和贯彻实施造成妨碍，也会对民法担负的依法治国职责造成强烈负面效应。因此，从《民法典》总则和分则之间的法律效力的科学原理入手，澄清这些理论混乱，确保《民法典》的各种规范和制度能够得到准确的理解和应用，尤其是不因为曾经的理论混乱而妨害法律的贯彻实施，是我们一项不容忽视的重要任务。

一　《民法典》总则与分则区分体例的立法科学性

　　中国《民法典》编纂采取的是总则和分则相区分的立法结构，是立法科学性的体现，其优势已经被我国法治实践经验所证明。

　　民法被称为社会生活的百科全书，因为它的全部法律规范都是来源于社会生活的现实，所以它必须反映现实。但是，民法规范对于社会生活现实的反映，并不是照相一样的反映，而是必须利用一般都熟悉的归纳和抽象的方法，将生活现实关系"制作"为法律概念，然后在这些概念的基础上形成法律规范、制度和体系。法学界的先人们在这一点上已经积聚了丰富的经验，他们在将社会现实生活归纳和抽象为法律概念的时候，并不会刻意地创新，而是尽可能地利用人类社会生活现实中的一般知识，所以法律概念经常也是大家所熟知的。当然，为了概念的精确和严谨，立法中的一些概念术语和社会生活有了相当大的距离。这样，不但一般社会大众会觉得其不易理解，甚至非民法专业的其他法律界人士也会抱怨其陌生。但是，毕竟民法要规范的社会生活范围太广泛了，如果不采取归纳和抽象的方法，而是将生活的现实——列举，就像照相一样"真实"地反映出来，那么不但像民法作用范围极为广大的法律无法制定出来①，甚至一些调整范围很小的法律都无法制定出来。

---

　　①　在被称为世界三大民法典的《瑞士民法典》的制定过程中，立法者也遇到了一大堆法律概念抽象难懂的批评。主持立法工作的约瑟夫·翁格尔回答说，如果按照——列举的方式来编纂民法典，那么这部法律可能要编几十万卷，这是任何人一辈子都完成不了的任务。参见Vgl. Konrad Zweigert, Hein Koetz, Einfuehrung in die Rechtsvergleichung, 3. Auflage, J. C. B. Mohr（Paul Siebeck）Tuebingen, 1996, S. 166 usw。

17、18 世纪，欧洲出现了很多脱离神圣罗马帝国的主权国家，为适应这些主权国家制定《民法典》的需要，德意志的法学家们在罗马法《学说汇纂》体系的基础上，形成了专门研究《民法典》编纂科学的法典编纂学派，也称为潘德克顿学派。① 在现代民法发展史上，潘德克顿学派的贡献非常大。众所周知的民法甚至是全部法律分析的基本法律关系逻辑理论，是这个学派归纳并最终完成的；集聚近现代以来的人文主义思想而形成的法律行为理论和制度，是这个学派创立的；作为当代民法分析和裁判的基本理论物权和债权的区分，是这个学派提出并不断完善起来的。这些都是影响全世界的民法理论和制度。相比在它之前产生的《法学阶梯》学派，潘德克顿学派的理论体系更加完善透彻，而且最重要的是，它在司法实践中大大提升了法律实施的效果，尤其是能够极大提升法律工作者的分析能力，能够更加清晰明确地指导法官做出迅速而且准确的裁判。所以，它的理论和制度，在当代世界更受推崇，比如法律关系的分析方法，支配权和请求权的分析方法，也基本上为英美法系和法国法系所承受。因为这样它才被后续立法者普遍接受。清末变法时，修法大臣伍廷芳给皇帝的奏折中所说的"后发者为优"②，就是对建立在潘德克顿法学基础之上的《德国民法典》的立法模式而言的。当时清朝政府向很多国家派出考察团，在经过一番分析比较之后，得出潘德克顿学派超越英美法系和法国法系，更容易为我国继受的结论。近现代东亚地区的民法立法，包括日本民法、我国清末变法、1930 年的

---

① 法学上所说的潘德克顿法学，起源于"古罗马法"，但是在德意志法学继受之后，因历史发展包含意义多有变化。以笔者的研究，"潘德克顿"一词大体上有三种不同含义值得思考。其一，是罗马皇帝查士丁尼编纂《民法大全》时，被吸纳为其中的一部分即《学说汇纂》（degesitae），是当时著名法学家的言论集，可以作为有效的法律渊源，但是本身不是立法的产物。一般将其称为"潘德克顿"。其二，指 14 世纪后，德国法学界在继受罗马法后在改造《学说汇纂》的基础上形成的德国普通法，约形成于 16 世纪，以当时《当代法典汇编》（usus modernues pandectarum）为代表。它们被称为德意志的"普通法"（和英格兰的 common law 不同）。其三，指 19 世纪德国境内以《民法典》的编纂作为研究对象而形成的法学学派（Pandetistik），也称为法典编纂学派，以萨维尼为代表。法典编纂学派的主要贡献，是吸收了人文主义革命和启蒙思想的成果，建立起法律行为理论和制度，而且以支配权和请求权、物权和债权的区分等理论，清晰地建立起现代民法的知识体系。对此，可以参阅文献 Wieacker, Privatrechtsgeschichte der Neuzeit, 2. Auf. 1967, S 430 ff.

② 参见杨鸿烈《中国法律发达史》，香港版，第 904 页。

民法（也就是现在所说的我国台湾地区"民法"）、韩国民法，以及中华人民共和国成立之后历次《民法典》编纂都采取了潘德克顿法学的立法模式。[①] 我们现在编纂完成的中国《民法典》在立法技术上也是一样。

在中国《民法典》各编中，民法总则编处于龙头地位，是关于庞大的民法规范的一般规则的系统规定。事实上，民法总则编正是《学说汇纂》法学的典型特征，同为大陆法系的法国法系并没有作为一般规则的民法总则编。民法总则编的形成，最能体现民法立法归纳与抽象的立法技术。这就是，它首先把具有共同特征的法律规范群体归纳在一起，从其中抽象出一般规则，然后把这些一般规则按照一定的逻辑编成民法典的总则。其中，从共同性法律规范群体之中抽象出一般规则的立法技术，人们借用了数学的概念，称为"提取公因式"[②]。在"提取公因式"之后，我们会清晰地看到，社会生活中形成的民法规范，一部分成为一般性规范，或者相对抽象的法律规范；另一部分成为具体规范或者相对具体的规范。

一般性规范群体被编纂成民法典总则，所贯彻的体系性逻辑是"法律关系逻辑"，也就是主体、客体、权利义务、责任之间的制度联系。在民法上，不论是哪一种具体的法律制度，都存在主体、客体、权利义务和责任的制度建设问题，因此按照"提取公因式"的方法，立法者把它们提取出来编制为民法总则。民法立法的核心是民事权利，因此民法总则中的一般规则，事实上是以主体制度和权利制度作为核心和主线展开的。在民法上，首先需要明确的，当然是主体，也就是权利的享有者和义务以及责任的承担者。在民法历史上，首先要确定的主体是自然人中享有法律人格的自由民，因为奴隶没有法律人格，近代以来，

---

① 清末变法时，中国修订法律大臣的奏疏中说，"原本后出最精确之法理，学术之精进由于学说者半，由于经验者半，推之法律，亦何莫不然？以故各国法律愈后出者最为世人瞩目，意取规随，自殊剽袭，良以为学问乃世界所公，除非一国所独也"。参见杨鸿烈《中国法律发达史》，香港版，第 904 页；又见谢振民编著《中华民国立法史》（下册），中国政法大学出版社 2000 年版，第 745 页。

② Vor die Klammer gezogen, see Hans Koehle, Einfuehrung zum BGB, Beck – Texte im dtv, 2204, XV；汉语译本见［德］H. 库勒尔《〈德国民法典〉的过去与现在》，孙宪忠译，载孙宪忠编译《德语民法学精读译文集》，北京大学出版社 2019 年版，第 10 页以下。

民法接受人文主义思想和启蒙精神，废除奴隶和等级身份制，规定权利能力平等原则，认定一切自然人自出生时起都是法律人，规定他们取得权利的资格完全平等。但是即便如此，自然人又受到自身发育成长的限制，并不能一出生就享有权利并承担义务和责任，因此民法上从保护主体各项权利的角度，又建立行为能力制度以及监护等制度，以保护他们的权利。民法上另一种主体是法人，是在组织体上建立的、以自己名义享有权利并承担义务和责任的主体。民法另一个核心和主线是民事权利，可以说全部民法的制度，都是围绕着民事权利展开的。我国《民法总则》采取的编成主线，是人身权利和财产权利的区分，此外也遵从了潘德克顿法学中关于支配权和请求权相区分的逻辑。

在《民法总则》出现之后，编纂在《民法典》之中的法律规范，出现了一般性的法律规范和具体法律规范的划分。当然在"提取公因式"的立法模式下，一般规范和具体规范之间的关系是相对的，《民法典》分则各编中也有一些一般规范，但是《民法总则》中的法律规范是最一般的。

二 《民法典》总则和分则之间的逻辑关系

在《民法总则》所规定的一般规范和《民法典》分则各编规定的具体规范之间，存在"分工合作""统辖遵从"这两个方面的制度逻辑关系。《民法典》总则和分则各编之间的分工合作的关系非常容易理解。凡是在总则编中已经做出清晰规定的，分则编就不再规定，比如主体制度、民事法律行为制度、法律责任制度等；已经在总则编做出了细致的规定，那么分则各编就不再规定。至于总则和分则之间统辖遵从这一层关系，是我国法学界和实务部门过去经常忽略的要点。所谓统辖，就是《民法总则》的规定，对于分则各编的规定具有统辖或者统率的效力，分则各编的规定必须遵从总则编的规定。如果在法律上确有具体规则不能适用总则编规定的，法典一定会用"但书"的方式做出明确的规定。

关于《民法总则》对于分则各编的统辖效力，在我国尤其需要引起重视。因为，在本次中国《民法典》编纂过程中，在《民法总则》的一些重大的制度设计方面存在很大争议。实事求是地说，一些既不符合总则的规定也不符合民法基本原理的观点大张旗鼓地宣扬而出，产生了很大的社会影响，对于《民法典》的学习研究和贯彻实施是很不利的。虽然《民法典》对这些观点并无采纳，但是其社会影响还是存在的，因此，我们需要从《民法总则》的规定和法学原理的角度对这些问题予以澄清。比如，在本次《民法典》合同编的编纂过程中，一些学者批评《民法典》（草案）许可出卖人在标的物未成就、出卖人没有取得所有权时就可以订立买卖合同的规则，提出这样的规则，会导致出卖钓鱼岛的合同也会生效的激烈观点。[1] 但是，这些激烈的批评忽略了买卖合同是法律行为，关于法律行为的生效条件已经在总则部分详细规定了法律适用规则这个制度的逻辑。按照总则编关于法律行为的生效条件，出卖钓鱼岛的合同当然是无效的，而且是自始无效、绝对无效的。所以，如果只看合同编的具体规则，而忽略总则编的一般规定，就会出现这种分析错误。再如，在《民法典》人格权编的编纂过程中，有课题组提出了以人格权的转让作为立法基本理由的观点[2]，甚至提出把自然人的遗体、人体器官、胚胎、基因等的转让也纳入人格权转让的立法范畴的建议。这样似乎自然人的遗体、人体器官、胚胎、基因都具有人格。这些观点一时影响很大。但是，人格权设置在人格之上，而自然人的人格始于出生终于死亡，人格权专为保障人格而产生，在人格专有的情况下，人格权又如何转让？

　　考虑到仅仅以上观点已经造成了极大的影响，而此期间还有一些脱离了《民法总则》规定和民法的基本原理的观点出现，因此下文对此还要再做探讨。

　　另外，以往的实践说明，一些人甚至是学者和司法专业人员在应用

---

　　[1]　对此有兴趣者，请参阅梁慧星《关于民法典分则编纂中的四点建议》，《案例与法》2019年12月20日；梁慧星《关于民法典分则编纂中的重大分歧》，"学术之路"网，2019年12月17日等。

　　[2]　对此有兴趣者，可以参阅王利明《人格权的属性：从消极防御到积极利用》，《中外法学》2018年第4期；《王利明、杨立新、江平谈人格权》，《北京航空航天大学学报》（社会科学版）2018年第1期。

民法来解决现实问题的时候，比较注重《民法典》分则部分的具体规定，而忽视《民法总则》部分的规定。在民事案件的分析和裁判时，一旦《民法典》分则部分对一些问题没有细致明确的规定，很多人就抱怨说法律没有规定或者法律的规定不详备无法适用。实际上，在《民法典》分则部分规定不详细的时候，《民法总则》部分所提供的法律资源是非常丰厚的，是可以充分解决法律适用的需要的。其他不说，《民法总则》所规定的民法基本原则，就具有整体《民法典》立法的指导作用，民法具体条文、具体制度的解释作用，以及在具体条文规定不详备的情况下的直接适用作用。① 这三大作用，不仅可以满足对于民法具体条文具体制度的理论支持的需要，而且可以在法律实践中直接适用。在国际上，直接适用民法基本原则来裁判处理民事案件、规范民事活动的案例是非常多见的。

从这些讨论我们可以看出，在我国不论是理论界还是实务界，经常发生忽视《民法总则》对于分则各编的统辖作用的错误。所以我们应该在此强调，《民法总则》规定的法律规范，是民法上最一般的法律规则，它最能够体现立法的指导思想，从而形成民法上的基本原则和基本制度，它们具有最强大的法律适用能力。所以不论是从立法思想的角度看，还是从立法技术上看，《民法典》的分则编是受到总则编统辖的，分则编必须遵从总则编的规定。鉴于这一问题具有鲜明的理论和实践意义，以下，本文将围绕中国《民法典》总则和分则各编之间的逻辑关系，进一步阐明总则与分则之间的统辖遵从关系。

中国《民法典》的编纂不是一次完成的，而是"两步走"完成的。中国《民法典》的总则编，来源于 2017 年 3 月制定完成的《民法总则》。本次中国《民法典》的编纂，采取"两步走"的规划，第一步即编纂其总则编，这一步已经在 2017 年 3 月完成。2020 年 5 月中国最高立法机关将总则编纳入中国《民法典》，将其定名为《民法典·总则》。中国《民法典》总则编的内容和体例，既遵循了潘德克顿法学的基本原理，也有很多自己的创新，这些都是我们进行民法学习研究和贯彻实施时应该充分重视的。《民法典》总则编规定了民法立法依据、一般原

---

① 参见梁慧星《民法总论》，法律出版社 2017 年版，第 46 页。

则、主体制度权利与客体、权利发生变动的根据（法律行为等）、民事责任等制度，其逻辑就是法律关系的逻辑，核心就是民事权利。总则编的主线非常清晰明确，而且其内容清晰明确，涵盖性很强，辐射的范围非常广泛。

三　总则中基本原则和一般规则的统辖效力

在早期的潘德克顿法学中，《民法总则》并无关于基本原则的规定，《德国民法典》第 1 条规定的是民法上自然人的权利能力条款。但是现在的《民法典》普遍地规定了基本原则。① 原因就在于总则中的基本原则最能够体现立法者编纂民法的指导思想，体现依法治国原则下规范民事活动的基本目标和立法者关于民事问题的基本看法。所以，《民法总则》规定的基本原则不仅仅是重要的，而且是必要的。中国第一章"基本规定"，规定的民法基本原则有 7 项（从第 4 条到第 9 条），分别为平等原则、自愿原则、公平原则、诚信原则、合法原则、公序良俗原则、绿色原则。相比而言，绿色原则之外的其他原则在中国民法上已经有了非常多的探讨，这些原则对于民法立法和司法的价值非常大，这点毋庸赘述。因为法学界对于民法基本原则的探讨一直具有很高的热情，这一方面著述可以说是汗牛充栋，② 故本文对这些原则的内容、含义、立法价值不再赘述。就绿色原则而言，这无疑是中国《民法典》的重大创新点之一，它贯彻了中国在追求经济发展的同时也追求生态保护的基本理念。③《民法总则》规定的这些基本原则对于全部的民事活动当然同样具有统辖的作用。

值得注意的是，《民法总则》第一章关于法律适用的一般规则的规

① 对此可以参阅《瑞士民法典》第 3 条，《日本民法》第 1 条等。
② 参见徐国栋《民法基本原则解释》，北京大学出版社 2013 年版；董学力《民法基本原则研究：在民法理念与民法规范之间》，法律出版社 2011 年版；于飞《民法基本原则：理论反思与法典表达》，《法学研究》2016 年第 3 期等。
③ 2015 年中国共产党第十八届五中全会确立中国发展的五大理念，即创新、协调、绿色、开放、共享，2018 年中国《宪法》修改，五大发展理念被写入《宪法》序言之中。

定，其中关于"法律没有规定的，可以适用习惯，但是不得违背公序良俗"的规定，不论是在理论上还是在实践上意义都十分显著，值得长期探讨和通过法律实践来予以丰富。可以适用习惯，可以说在其他国家民法中已经有所规定，尤其是《瑞士民法典》创新性地做出规定后，① 很多国家的民法都效仿了。如上所述，民法要调整的社会关系本来就十分复杂，再加上我国地域辽阔，民族众多，即使《民法典》加上民法的特别法规定得再详细，那也不可能将全部社会规则都清清楚楚地写下来。所以适用习惯是非常必要的，而且该条文也明确地指出不得违背公序良俗。

民法基本原则对于民法的整体具有统辖意义，它们可以说也是民法上最一般的法律规范，也就是必须首先予以遵从的法律规范。它不仅对于《民法典》分则各编具有统辖意义，而且对于《民法典》总则编的一些制度具有统辖意义。总之，任何民法上的权利享有、行使，都必须符合这些基本原则。比如，在财产权利方面，虽然当事人之间对于如何订立合同、履行合同可以按照自己的意愿，但是不能违背法律的强制性规定，不能违背公序良俗。在人身权利方面，不论是婚姻的缔结还是离异，当事人当然享有自主权利；但是同样，其自主权利的行使不能违法，不能违背公序良俗。

四　总则编自然人人格规则对于人格权编、婚姻家庭编的统辖作用

《民法典》总则编规定自然人人格，从立法体系上来看就是要建立自然人作为民事主体的制度。我们知道，任何法律制度的建设都是要解决社会现实问题的，这是我们认识民法和其他法律制度的基点。现代民法自然人主体制度构建的问题意识，包括两个大的方面：第一个方面，要消除自然人享有人格的法律障碍，保障一切自然人都能够依法享有平等人格。这个问题意识的切入点在于，在民法形成初期，人类还处于奴

---

① 《瑞士民法典》第1条。

隶制社会。在奴隶制时代，奴隶虽然是自然人但是不是法律上的人，他们没有法律人格，不可以享有权利和承担义务。他们的一切包括其生命都是奴隶主的财产。为了区别于奴隶，罗马法早期就借用了戏曲舞台上使用的面具"Person"这个词，来表示具有法律人格的自由民。[①] 所以，"法律人"和自然人在法律上是两个不同的概念。但是，即使在享有法律人格的自然人也就是自由民之中，古代法又规定了等级身份制，有些人是贵族，有些人是平民；有些人是合法的上等人，有些人是法律规定的下等人。贵族与平民之间，上等人和下等人之间的法律人格也还是不平等的，还有一些下等人对上等人存在人身依附关系，比如中国的奴才、俄罗斯等国家的农奴制度等。[②] 在奴隶制的等级身份制这种制度下，自然人之间存在赤裸裸的合法的不平等。近现代人文主义革命否定了奴隶制和等级身份制，确立了每一个自然人都享有平等人格、每一个自然人的人格都享有至高无上的尊严、每一个自然人的法律人格都受法律绝对保护的现代文明思想，并且将这些思想陆续写入了世界各国的宪法，因此世界上主要国家的宪法都陆续出现了人格尊严原则。这项原则之所以写在宪法之中，是因为人们普遍认识到，古代社会人格制度的不公正，主要的原因还是国家政治问题，而不仅仅是民法问题，所以人格问题的解决，必须借助于宪法的最高法律效力，来制约国家权力，消除社会对于自然人的歧视。近现代民法遵从人文主义思想，和宪法的精神相一致，规定了"权利能力"制度，让每一个自然人都能够自出生开始享有平等人格。不过民法作为私法，其主体为单一自然人，所以民法上的人格，只能落实在具体的、单一的自然人的人格上。

现代民法自然人主体制度的构建的问题意识，要解决的第二个大问题，是自然人因为自身智力发育而不能妥当处分自己的利益而造成自己的损害方面的问题。自然人在未成年阶段会普遍地出现这方面的问题，某些自然人即使成年之后也会出现这方面的问题。为解决这个问题，民

---

① Creifelds：Rechtswoerterbuch, 12. Auflage, C. H. Beck, 1994, Seite 883.

② 请参阅［德］H. 哈腾豪尔《民法上的人》，孙宪忠译，载孙宪忠编译《德语民法学精读译文集》，北京大学出版社 2019 年版，第 98 页以下。

法从"保护主义"的原则出发，建立"行为能力"制度、"监护"制度等①，对未成年人等的处分行为予以限制，使这些不当处分不生效或者部分不生效。这样，即使未成年人等发生了对自己利益的不当处分，这些处分也不会受到法律的承认和保护，未成年人等还可以将自己财物追回。比如，一个儿童将家中一件古老器物当作废品卖出的行为就是这样的，这样的物品就可以根据未成年人行为能力受限制的规则而追回。

民法典总则编关于人格的规定，首先对于《民法典》的分则各编尤其是人格权编、婚姻家庭编具有强烈的统辖效果，是我们学习研究和贯彻实施这些分则编的立法基础。就人格权编的规定而言，因为在立法过程中某课题组提出了人格权转让的观点，并且依据人格权转让观点提出了一些条文设想，后来还把这些条文设想当作立法已经接受的法律规则写入了教育部统一编辑的教材②，所以一些人以为人格权编的立法指导思想就是人格权转让。但是从上文的分析我们知道，现代民法中的人格建立在生命伦理的基础之上，建立在人人平等的人文主义思想基础之上，包含着宪法人格尊严的精神，人格权以人格作为对象，是专门为保障人格而发展起来的，和人格是不可以分离的，这样的权利怎么能够转让呢？所以，在民法学习研究和贯彻实施时，我们必须注意到这些基础性问题。另外，在《民法典》人格权编中还出现了涉及自然人的遗体、自然人的器官移植、胚胎，甚至基因等方面的条款，一些学者把它们和人格相混同使用，似乎这些物品也是有人格的，然后得出了这些物品的转移，当作人格权转让的例子。这样的理解实在是讲不通的。我们在学习和研究人格权编中的这些条款时，首先应该遵从《民法典》总则编关于人格的基本规定，那就是，自然人的人格"从出生时起到死亡时止"（《民法典·总则》第 13 条），有生命的自然人才有人格，这就是法律人的"现世人"的规则。③ 自然人的遗体、自然人的器官移植、胚

① ［德］K. 茨威格特、H. 克茨：《行为能力比较研究》，孙宪忠译，载孙宪忠编译《德语民法学精读译文集》，北京大学出版社 2019 年版，第 127 页以下。

② 对此见王利明主编"马工程教材"《民法学》（马克思主义理论研究和建设工程重点教材），高等教育出版社 2019 年版，第 128 页以下。

③ 对此请参阅 ［德］H. 哈腾豪尔《民法上的人》，孙宪忠译，载孙宪忠编译《德语民法学精读译文集》，北京大学出版社 2019 年版，第 98 页以下。

胎，甚至基因等，不是自然人，当然连人格也不享有，又怎么能够享有人格权？在传统民法中，自然人的遗体、自然人的器官移植、胚胎，甚至基因等都是作为民法上"特殊的物"来加以规定的。[①] 这些基本的逻辑思维、基本的民法原理如果都不遵从，那么不但会造成理论上的笑谈，而且还会损害法律的贯彻实施。

《民法典》总则编的人格规定，对婚姻家庭编部分的统辖效果，主要体现在行为能力和监护制度对婚姻家庭关系中人身权变动的各个方面都具有制约的效力。不论是夫妻之间的权利义务，还是父母、子女之间的关系，以及兄弟姐妹中的权利与义务，不论发生什么变化，都首先要遵从《民法典》总则编关于行为能力、监护等规则的规定。如果不能遵从民法总则的这些规定，相关的行为就不能得到法律的承认和保护。

五　总则编法人规则的体系价值

自《民法通则》规定法人制度以来，我国法学界关于法人的研究成果已经汗牛充栋，对此不再赘述。不过，就中国《民法典》总则编关于组织体的民事主体制度的独特规定，还是值得阐述，因为这些规定同样作为一般规则，对法典之内甚至法典之外的商事法具有统辖性的法律效力。《民法典》关于组织体的规则，其特点首先就是把法人化分为营利法人和非营利法人两大类（第三章第二节和第三节），然后创新设置了特别法人制度（第三章第四节），还规定了非法人组织（第五章）。这种组织体制度，体现了立法者自己的思考。把法人划分为营利法人和非营利法人，可以说，从行为规范和裁判规范的角度抓住了法人分类的本质，这一点比其他《民法典》可以追求法人分类上的学术清晰，更有实践价值。《民法典·总则》规定的特别法人，确定了机关法人、农村集体经济组织法人、城镇农村的合作经济组织法人、基层群众性自治组织法人（第96条）为民事主体，其理论价值和实践价值都非常高。

[①] 对此，请参阅史尚宽《物权法论》，中国政法大学出版社2000年版，以及孙宪忠《德国当代物权法》，法律出版社1997年版。

改革开放以来，这些组织体不但要参加民事活动，而且还有一些已经取得有重大价值的资产（比如很多城镇郊区的农村集体经济组织），还有一些被政策和法律赋予了特殊职能，要在未来改革中发挥更大的作用（比如农村新型合作社），这些法人类型的承认对于它们的治理结构的完善是非常必要的。另外，《民法典·总则》关于"非法人组织"的规定，其意义也是十分重大的。此前立法在这些组织体的民事主体资格方面的规定要么语焉不详，要么就是没有规定。这一次《民法典》终于弥补了这个缺陷，现在中国《民法典》中民事主体体系已经臻于完善。

六　总则编中民事权利一章的体系价值

《民法典》总则编第五章规定了民事权利。从比较法的角度看，对我国民法理论和编纂体例有着很多影响的民法或者民法典，比如《德国民法典》《日本民法》《瑞士民法典》等，其总则编却没有关于民事权利的一般规定。在中国民法典的立法过程中，也曾经有学者提出建议，主张不在《民法典》总则编中规定民事权利一章。但是我们认为，《民法典》总则编中不仅要规定民事权利一章，而且要把它作为重点来规定。① 因为这不仅仅是 1986 年制定的《民法通则》所确定的中国立法传统，而且其理论和实践意义都非常重要。

首先，民事权利这一章在总则编中的规定，明确地建立了本章在整个《民法典》中的核心地位，而且进一步地说，它也确立了本章以及整个《民法典》在我国全部民商法的大体系中的核心地位。从其内容看，不仅本法典分则中的民事权利在本章得到了规定，而且本法典分则没有规定的商事权利、知识产权、社会性民事权利（参见《民法典·总则》第 128 条的规定等），都在这一章中得到了规定。通过这样的规定，整个大民事法律体系中的权利规则形成了统一和谐的整体。这种立

---

① 对此有兴趣者，请参阅拙文《关于民法总则草案"民事权利"一章的修改建议》，载孙宪忠《我动议——孙宪忠民法典和民法总则议案、建议文集》，北京大学出版社 2018 年版，第 237 页以下。

法体例,使得《民法典》总则编不但带动了《民法典》分则各编,而且也成为庞大的广义上的民商法体系的统率,对整个民事法律体系都可以发挥统辖的作用。可以说,正是这样的规定,我国民事法律的体系性科学逻辑才得到了充分的体现,《民法典》立法的指导思想,就可以通过此中的科学逻辑辐射到商法、知识产权法、社会立法等领域之中。所以,从《民法典》体系性科学逻辑的角度看,民事权利一章不仅是必不可少的,而且是最能体现法典体系性逻辑的核心支点。

其次,《民法典》民事权利这一章的规定,为统一理解、制定广义上的民事权利的法律发展提供了法律根据,《民法典》的民事权利一章,为整个广义的民事权利法律制度的发展奠定了基础。从改革开放的需要看,从市场经济体制和人民权利的需要看,广义上的民事权利制度,包括《民法典》中规定的民事权利,还包括商事权利、知识产权和社会性权利等,在未来肯定还会有很大的发展,而《民法典》总则编关于民事权利的一般规定,将为这些发展提供制度支持和保障,也将为它们的发展提供引导和规范。

再次,《民法典》民事权利一章,为广义的民商事案件的分析和裁判应该适用《民法典》、适用《民法典·总则》提供了法律根据。可以看到,本章的规定并不只是引导社会大众的行为规范,也包括了很多裁判规范,这些规范对于指引执法者、裁判者将发挥基础性的作用。这一点可以说是它最为显著的体系性科学逻辑的作用。在这一点上,我们不妨指出,《民法典·总则》可以给未来的民事立法、执法和司法提供制度支持的要点有:

(1)《民法典·总则》关于人身自由、人格尊严保护的规定(第109条),作为民事权利的第1条,集中体现了现代民法保护人民权利的文明精神,也就是人权思想。人身自由和人格尊严,起源于人文主义的自然权利思想,获得现代宪法的普遍承认,作为民法上的"一般人格权"制度①,将在普通民众的民事权利保护中发挥强烈的引领作用。

---

① 对此有兴趣者,请参阅尹田《论一般人格权》,《法律科学》2002年第4期;姚辉、周云涛《关于民事权利的宪法学思维——以一般人格权为对象的观察》,《浙江社会科学》2007年第1期。

这个条文无疑是本次中国民法典最大的亮点之一。相比而言，其他国家的民法还没有这样的规定。

（2）《民法典·总则》关于信息（第 110 条）、数据资产（第 127 条）的规定等，吸收了互联网时代民法规则的新发展，具有鲜明的时代价值。最为重要的是，这些规则为未来设计这些领域的民事权利立法和司法提供了依据。

（3）《民法典·总则》关于财产权利的规定（第 113 条至第 127 条），既包括对各种财产权利（物权、债权、投资等商事权利、知识产权、数据资产等）的细节表述，也包括财产权利保护、行使、征收等限制的一般规则的规定，这就为庞大的财产权利群体建立起来了一种内在的逻辑联系和统合性的规则，让人民能够比较清晰地看到各种财产权利的区分界限，为市场交易以及相关的司法裁判提供了基本遵循，同时也为国家的财产立法、执法和司法提供了比较明确的基本规则。

（4）《民法典·总则》第 128 条，为《民法典·总则》和社会立法建立了法律科学原理上的连接点，从而为社会性法律的制定和司法提供了强大的民法基础，这一点的重要价值怎么强调都是不过分的。该条文规定："法律对未成年人、老年人、残疾人、妇女、消费者等的民事权利保护有特别规定的，依照其规定。"这个条文的设置，在立法的过程中曾经有些争议，一些学者认为这些权利属于社会性立法中的权利，不能算作民事权利，因此规定在民法总则中并不妥当。但是我们认为，这些权利在涉及群体利益保护时具有社会性权利的特点，但是在作为个体利益保护时也有民事权利的特点，因此，在特定的民事权利主体的这些权利受到损害时，应该适用民法来予以保护。

以妇女权利受损害为例。法律事务中经常会发现一些轻视女性的案件，这些案件的处理，当然可以依据涉及女性权利保护的法律。但是，对于特定女性而言，这些损害女性利益的行为，也是损害了她的合法利益，这也就是民法侵权法上所说的"法益"，因此在适用女性保护的法律来保护该女性权利时，也可以适用民法侵权法的规则来保护权利或者利益。举个简单的例子，一些偏远地区还有重男轻女甚至欺压妇女的恶习，从宪法或者妇女法的角度看，这是数千年男尊女卑的余毒；但是从民法的角度看，这也是对具体的女性个人的权利的损害，因此对这里的权利救济，适用民法侵权法，是完全没有问题的。另外，类似于山东某地出现的"受教育权"侵害的案件，从法理上看，其实也可以从民法侵权法的角度予以处理。所以，第 128 条的立法意义和司法意义是非常大的。这一点常常被此前的民法总则解读忽略，对此应该引起重视。

第 128 条，在一些法学著述中被解释为保护弱势群体的规定，这个解释缩小了这个条文的立法本意。即使该条文被当作弱势群体保护的规则，我们也应该从《民法典·总则》确立的权利体系这个角度来理解条文的价值。这就是一般法和特别法之间，关于法律适用的逻辑：特别法优先适用，特别法没有规定的情况下适用一般法。所以通过这个条文我们应该看到适用民法、适用民法总则的体系逻辑。也就是说，虽然行为人侵犯的可能是宪法、行政法等法律规定的权利，但是只要损害的权利可以肯定为特定主体的权利的时候，司法上就可以认定为构成了对特定主体的法律利益的损害，就可以适用《民法典·总则》第 128 条的规定。根据这个条文，《民法典·总则》的多数条文都可以适用于特别民事权利的法律分析和裁判之中，所以其价值非常显著。

（5）民事权利一章对于民事法律根据的总括性规定（第 129 条），弥补了法律制度上的一个重大空白。该条文规定，民事法律关系变动的根据有民事法律行为、事实行为、法律规定的事件或者法律规定的其他方式。在立法上明确法律根据的意义是非常显著的，但是在此之前，不仅中国民法尚无系统规定，而且相关立法也无明确规则，只有民法学者的理论总结。① 所以中国民法典总则的这一规定，具有立法创新的重要价值。

（6）民事权利一章关于行使权利的规则的规定（第 130 条至第 132条），不仅对于《民法典》中民事权利的行使，而且对于广义上的民事权利的行使，都具有统率的规范效力，这几个条文的意义都十分重大。享有民事权利者，当然可以依据自己的意愿来行使权利，但是行使权利必须依据合法的方式。所以，这几个条文对于执法和司法的价值是很显著的。

---

① 对此有兴趣者，请参阅拙文《关于民法总则草案"民事权利"一章的修改建议》，载孙宪忠《我动议——孙宪忠民法典和民法总则议案、建议文集》，北京大学出版社 2018 年版，第 237页以下。

从法学理论上看，第 130 条规定的，民事主体行使权利依据自己的意愿这一点，其学理价值尤其显著。我国民法学界长期把权利行使作为事实行为，尤其是把合同履行中当事人所为的动产交付、不动产登记都理解为事实行为①，看不到权利人行使权利中的内心意愿，不能够按照权利人的意愿来理解和处理权利客体转移。这些错误观点，可以说依据该条文，得到了有力的纠正。

最后，《民法典》总则编关于民事权利的规定，为澄清民法学理论混乱、保障我国民法学知识体系的科学化坚定了基础。如上所述，在《民法典》编纂的过程中，民法学界出现了我国民法中没有债权总论因此也就没有债权立法体系、采纳人格权编和侵权责任编表示我国《民法典》立法脱离了潘德克顿法学体系等观点，这些观点对于民法学习和研究造成了相当大的负面影响，进而又对物权和债权相区分的民法分析和裁判方法造成了消极影响。而且这些观点的提出，从《民法典》总则编的规定看都是没有根据的。比如，《民法典》总则编民事权利一章，整体上就是按照人身权利和财产权利的区分编纂起来的，其他的一些财产权利，也都按照关联性原则，附从性地规定在人身权或者财产权利之中。其中值得指出的是，人格权的一般规则，规定在《民法典》第 109 条、第 110 条。关于自然人的信息保护问题，从立法关联性规则出发，规定在第 110 条。至于债权体系的基础，则规定在第 118 条至第 122 条，其中第 120 条，就是关于侵权之债的规定。从《民法典·总则》关于民事权利的全部规定看，我国民法仍然坚持了人身权利和财产权利的区分、物权和债权的区分这些基本逻辑，因此我国民法学长期以来的知识体系并无扰乱，民法理论对于立法和司法的支持以及引导作用并无脱节之忧。

七　民事法律行为一章对分则的统辖作用

《民法典·总则》第五章规定的民事法律行为制度，是民法总则、

---

① 参见董安生《民事法律行为》，中国人民大学出版社 2002 年版，第 129 页以下；崔建远《从解释论看物权行为与中国民法》，《比较法研究》2004 年第 2 期。

《民法典》甚至是广义上的民商法大体系的核心制度之一，其法理和实践意义非常强。《民法典》总则编关于民事法律行为的规则对于《民法典》分则各编甚至广义民商法的统辖作用，必须从民法体系化科学逻辑的角度予以充分揭示，才能彰显其制度意义。

从《民法典》编纂过程中出现的各种争论看，我国社会尤其是法学界，有必要进一步更新或者提升对于民事法律行为的法理和制度含义的认识。因为自《民法通则》采用苏联法学关于民事法律行为的概念及其定义之后，该法关于法律行为的制度含义已经与经典民法确立的法律行为的定义大相径庭。经典民法中的法律行为概念及其制度产生于理性法学时代，它的含义是，民事权利的各种变动必须由民事主体自己的内心真实意愿来决定。这个表面上看似简单的定义，却包含一场极为重大的政治和法律革命。因为在法律行为理论和制度产生之前，民事权利变动的法律效力归根结底来源于神的意志或者君主的意志，其实就是来源于统治者的意志。在人文主义革命和启蒙思想时代，法律上产生了意思自治原则，其含义就是要把各种权利变动的自决权交还给权利人自己，而不是交给神或者君主。法律行为理论就是在民法中贯彻意思自治原则而产生的，该制度的问题意识是要废除把神或者君主的意志作为民事权利义务的法效渊源的政治体制和法律体制，建立让民事主体自己决定自己的权利义务的政治体制和法律体制。法律行为理论提出并进入民法，其意义十分重大。在神权法和君权法的体制里，民法上的权利归根结底来源于国家的统治者，民事活动最终要听命于神或者君主，所以民事主体归根结底不能成为真正的"主体"。而法律行为理论从法律伦理的角度，把民事权利的渊源确定为民事主体自己的意思表示，归根结底确定为民事主体自己内心的真实意愿，这就从政治伦理和法律伦理的角度，解决了民事权利的根源问题，既确立了民事主体的法律地位，也从本源上废除了人与人之间不平等的等级身份制，为民事权利发生变动重新建立了正当性基础。①

---

① 关于法律行为理论产生的背景资料，有兴趣者可以参阅［德］汉斯·哈腾豪尔《法律行为的概念——产生以及发展》，孙宪忠译，载孙宪忠编译《德语民法学精读译文集》，北京大学出版社 2019 年版，第 141 页以下。

但是苏联法中建立的民事法律行为制度，恰恰删除了由权利人自主决定这个核心因素，他强调的是民事主体必须对制定的现行法律的服从。我国《民法通则》依据苏联法，规定民事法律行为只能是合法行为。① 这种民事法律制度强调的是，民事主体必须服从国家治理者确定的秩序，而不是民事主体自己的内心真实意愿。② 所以，这个理论的要点是排除了法律行为之中的意思自治因素，背离了经典民法中法律行为理论的政治和伦理基础。本次中国《民法总则》编纂中，坚持苏联民法观念的观点和坚持经典民法理论的观点在这个要点上发生了争论。③

从这些争论我们就可以看出，我国《民法典·总则》第 133 条规定的、将民事主体的意思表示作为民事权利变动的核心要件加以规定的重大理论和实践价值。相比《民法通则》的规定，《民法典》总则编第 133 条的规定，并不只是一个理论提法的不同，而是一个非常重要的更新。这个更新并不是一个法律条文复归经典民法基本知识体系这么简单，而是我国民事权利变动的整体制度复归意思自治原则的体现。如上所述，民事权利义务发生变动归根结底要从政治和法律的基本伦理的角度来认识，所以这个规定体现了民法核心的更新和改进，也是整个民法体系更新改进的体现。所以这一点完全可以作为我国《民法典》促成的理论和制度更新进步的典型标志来看待。

当然，《民法典》总则编关于法律行为制度的规定，更为显著的价值是它作为行为规范和裁判规范的实践意义，尤其是对《民法典》分则各编所确定的权利变动的法律根据所具有的统辖效力，值得民法学习研究和贯彻实施之时予以充分重视。本文对此试析一二。

第一，民事法律行为制度作为民事权利变动的一般法律根据，对全部民法上的依据民事主体的意思表示发生的权利设立、转让、变更和消灭均有基础性规范意义，全部以民事主体的意思推动的民法（包括民

---

① 对此见《民法通则》第 54 条的规定。

② 对此有兴趣者，可以参阅张文显主编《法理学》，高等教育出版社、北京大学出版社 1999 年版，第 101 页。

③ 对此有兴趣者，可以参阅孙宪忠《民法典总则编"法律行为"一章学者建议稿的编写说明》，《法学研究》2015 年第 6 期，以及笔者担任全国人大代表所提的立法建议《民法典总则编"法律行为"一章的建议稿》之"本章立法理由"部分。该报告载《我动议——孙宪忠民法典和民法总则议案、建议文稿》，北京大学出版社 2018 年版，第 22 页以下。

法的特别法、商事法、知识产权法等)上的权利变动,都应该从民事法律行为制度的法律规范中确立其法律根据,否则就不能获得法律的承认和保护。

因受苏联法学影响,我国的法学理论和制度建设在贯彻意思自治原则方面确实是不够的,对此必须依靠民事法律行为的理论和制度来予以更正。比如,在《物权法》中,法学界、实践部门甚至一些立法机关的工作人员,都不能准确理解不动产物权变动和不动产登记之间的关系,他们非常简单地认为,不动产物权变动的效力来源就是不动产登记,而且只是不动产登记。认为只有进行过行政登记的物权变动,才能够获得法律的承认和保护。一些学者包括民法学者在内,还有很多行政管理机构和法院把行政机构进行的不动产登记行为理解为国家管理行为,或者理解为行政机关给当事人授权或者确权的行为。如果当事人在法律交易中没有履行登记程序,行政机关和法院就认为当事人没有权利。有时候,当事人购买的商品房,已经居住了很多年,法院还判决其不享有所有权。其实这些做法都是违背意思自治原则的,既不符合民事权利归属于民事主体的权利学说,也不符合法律行为理论中当事人依据其意思表示来设立、转让、变更和消灭民事权利的重要规定,所以也不符合物权变动的科学法理。法律交易中的不动产的物权变动,本质仍然是依据法律行为发生的,其法律效果必须依据民事法律行为理论来理解和处理。在物权变动的制度设计以及解读时,我们都应该清晰地知道,权利是出让人转让给受让人的,而不是政府的登记部门授权给受让人的。物权的转让,来源于出让人转让的意思表示,不动产登记只是当事人物权变动的意思表示的公式方式而已。不动产登记不是国家管理更不是国家给当事人赋予权利或者确定权利。①

不仅在财产关系领域,在人身关系领域里,苏联法学关于民事法律行为理论的影响也是很大的。比如,在结婚与离婚这个非常重要的制度

---

① 依据法律行为理论来更新我国法学理论和制度建设方面的这一弊端,一直是笔者努力的方向。在这方面笔者提出对支持这种仅仅依据不动产登记来确定交易中的物权变动的"债权形式主义"理论的批评,以及为更正其错误而提出的"区分原则"理论等,有兴趣者,可以参阅拙作《中国物权法总论》(法律出版社 2018 年版)中关于物权变动一章、物权行为理论一章的阐述。关于我国《民法典》对于区分原则的贯彻情形,下文也要进行适当讨论。

建设上，法学理论和实务部门一直把婚姻的效力解释为婚姻登记的效果，不承认，或者不能彻底承认婚姻法律行为等。这种扭曲甚至压抑民事主体意思自治的立法和法学理论，可以说处处可见。

毋庸讳言，不论是学习研究和贯彻实施《民法典》，准确领会民事法律行为所体现的意思自治原则的重大价值和核心因素，准确应用该制度来更新我国法学及其相关制度，准确应用该理论和制度从事执法和司法，在我国确实还是不容忽视的艰巨任务。

第二，《民法典·总则》建立的法律行为规则，核心是民事主体意思自治，包括权利自决和责任自负，这是相辅相成的两个方面，应该同时得到贯彻和遵从。

《民法典》总则编第 133 条规定的民事法律行为的制度包括权利自决这一点，是非常清晰明确的，也是容易理解和掌握的。但是，这个制度所包括的责任自负这一点，条文虽未明确，但也是其当然之意。根据《民法典》第 133 条，当事人根据内心意愿为自己设置权利义务关系，这个权利义务关系生效后，他并不只是享有权利，还要承担义务；这就意味着他要承受因此而产生的法律义务。权利自决和责任自负是两个不可或缺、互相支持的法律后果。如果仅仅强调民事主体的权利自决这方面，而忽视其责任自负这方面，那不但违背了法律行为理论的本意，也会造成严重的诚信缺失的社会问题。

第三，从裁判规范的角度看，《民法典·总则》建立的法律行为制度，为人民法院以及各种裁判机构提供了足够强大的分析和裁判依据，需要法院和各种裁判机构予以充分尊重和适用。

民事案件的多数涉及交易，而交易的本质就是民事法律行为，故交易的法律分析和裁判，必须依靠民事法律行为制度。《民法典》规定的法律行为制度可以说是比较完善的，它不但继受了传统民法确立的法律行为的制度体系，而且也结合我国实际进行了很多创造，因此为人民法院和其他彩票机构提供了强有力的依据和可以普遍适用的法效资源。从表面上看，法律行为制度中的很多条文的规定都比较抽象，但是这些概念都是来源于生活现实的，而且恰恰就是这种抽象的规则，才更有辐射力，才更有普遍的适用性。虽然民法学界对意思表示理论还有意思主义和表达主义有争议，但是这一理论争议，在裁判制度建设方面并无太多价值，因为民事主体的内心意愿总是要通过客观的方式表达出来，才能为外界所认识，也才能发生民事权利变动的效果。① 无论如何在分析和裁判民事权利的变动时，能够确定主体的内心真实意愿、将其作为民事权利义务发生变动的核心要素，这一点才是至关重要的。

如上所述，民事法律行为的核心要素就是意思表示，而这个意思，指的是民事权利义务关系的设立、转让、变更和消灭，故这一点在民法上称为"法效意思"。更进一步说，民法上的权利义务关系，必须遵守明确肯定的原则，或者具体性原则，其中所说的民事权利义务，必须明确肯定地指向具体的主体，指向具体的客体，而且权利和义务本身也必须明确肯定，比如，到底是物权还是债权。法效意思的核心，其实是指向民事权利的；而民事权利，有人身权利和财产权利的区分，或者按照民法理论上的体系，有支配权和请求权的区分；在财产权利之中还有物权和债权之分。因此，法效意思，也应该区分为人身权利的意思和财产权利的意思、支配权的意思和请求权的意思、物权意思和债权意思。所以按照法律行为理论来分析和裁判交易民事案件，一般而论就是要按照当事人的意思表示来分析和裁判案件；再进一步说，或者从本质上说，其实就是按照其法效意思来分析和裁判案件。尊重当事人的法效意思，就是要尊重法律行为方面人身法律行为和财产法律行为的区分、支配权的法律行为和请求权的法律行为的区分、物权法律行为和债权法律行为的区分。这并不是一种理论的演绎或者推导，而是法律行为理论及其制度的本意。不论是从事民事学习研究还是从事法律实务，都应该对此有清晰的把握。比如，在对买卖合同这种典型的民事交易进行分析和裁判的时候，我们必须清楚地认识到，在订立合同阶段，当事人的内心意愿也就是法效意思仅仅是订立合同，因此我们应该确定此时当事人之间发生的法律关系只是债权关系，或者请求权的法律关系。在履行合同阶段，当事人的内心意愿也就是法效意思是为了所有权的转移，所以我们应该按照当事人的法效意思，确定这个阶段发生所有权转让的结果。这样，我们就能针对订立合同的法律效果和履行合同的法律效果做出清晰

---

① 对此有兴趣者，请参阅［德］汉斯·哈腾豪尔《法律行为的概念——产生以及发展》，孙宪忠译，载孙宪忠编译《德语民法学精读译文集》，北京大学出版社 2019 年版，第 141 页以下。

明确的分析和裁判。

实际上，中国民法典总则编规定的分析和判断主体的意思表示真实这个要点的规则，确实也是结合了意思主义和表达主义两个方面的要求（参见第135条，规定了意思表示的形式；第137条，规定了对话情况下意思表示的相对人知道方可生效等）。

此外，《民法典》总则编规定的虚假的意思表示制度、隐藏的意思表示、误解、欺诈、胁迫、乘人之危等瑕疵意思表示的规则（第146条至第151条等），同样具有显著的裁判规范的价值。这些规定也弥补了此前一些立法的漏洞。

第四，《民法典》总则编还规定了多种法律行为类型（第134条等），弥补了《民法通则》《合同法》等法律只承认双方法律行为，而不承认单方法律行为（如悬赏行为、抛弃行为）、多方法律行为（三方当事人以上的交易行为）、共同行为（比如公司发起行为，决议行为）等非常重要的法律行为类型的制度缺陷。①

总体来看，《民法典》总则编把当事人意思表示作为民事权利发生变动的基本根据，明确了效果意思的作用，这就为《民法典》分则贯彻意思自治原则确立了理论和制度基础，也为民事案件分析和裁判提供了强大的武器。

八 结语

总体来看，《民法典》确立总则与分则相区分的编纂体例，其科学性毋庸置疑；总则编所建立的一般规则，不但在法思想上坚定地继受和贯彻了改革开放的精神，坚持了保障社会主义市场经济体制和人民权利的指导思想，体现了依靠民法进行国家治理的总体要求；而且它从法技术的角度贯彻了法律关系的主线，坚持了权利核心主义和意思自治原

---

① 《民法通则》第57条要求，法律行为的行为人"非依法律规定或者取得对方的同意，不得擅自变更或者解除"。这个条文是作为民事法律行为的一般规则来规定的，此外，该法没有涉及单方法律行为、多方法律行为、共同行为的规定。

则，建立起来了总则和分则之间分工合作、统辖遵从的逻辑关系，也建立起来了《民法典》作为一般法对民法特别法的统合逻辑关系。《民法典》总则编的体系价值，值得充分肯定，也值得我们认真学习研究和贯彻实施。对《民法典》总则编的轻视或者忽视，不但会造成严重的理论混乱，而且会造成严重的实践错误，这是我国目前《民法典》学习研究和贯彻实施必须解决的大问题。本文提出以总则编作为《民法典》整体的思想基础、规则效力基础、法理解读科学性基础，明确总则编与分则各编的统辖遵从的逻辑关系，希望对《民法典》整体的学习研究有所裨益。

中国《民法典》贯彻体系性
科学逻辑的几个要点[*]

  《民法典》编纂这一伟大工程现已臻于完结。从立法程序的角度来看，虽然法典的制定程序还没有走完，但各项工作已就绪。从整体结构和制度安排来看，《民法典》制定基本已毕。就现有审议稿而言，《中华人民共和国民法典》（以下简称《民法典》）的条文达 1260 多个，涉及的具体法律规范和法律制度不胜枚举。如此之多的法律条文、法律规范和法律制度，是如何编纂成为一个整体的，更是需要我们研精覃思。

  《民法典》的条文和制度，不是一麻袋土豆，不能散乱无章，必须有一个逻辑。《民法典》本身规范的社会事务就如此之多，法典之外，还存有很多特别法律规范（商法、知识产权），法典之内外如此之大的规范群体，其内在逻辑到底如何，对律师实务而言甚为重要。正如机器制造和机器使用，若想正确地操作机器，就必须知道机器的制造原理，了解机器的各个部件及各主要部件之间是如何联动运作的。至于机器使用，同样需要掌握机器制造原理。否则，一旦机器故障，连如何修理都不知。《民法典》适用亦如此。1260 多个条文，仅字数就达十几万字。涉及具体案件分析和裁判时，如何寻求最佳的条文就成为一个难题，更遑论该条文规范的相关联问题，比如统辖具体规定的《民法总则》的一般规则。如果仅适用分则之中的具体规定，而忽视总则的一般规则，则可能出现分析和裁判错误。所以，掌握《民法典》体系化逻辑尤为重要。

---

 * 本文刊于《东方法学》2020 年第 4 期，收入本书时有所修订。

一 中国民法"法典"一词的法理和实践意义

（一）法典：强调法典的科学性和体系性逻辑

我们中国民法为什么要用"法典"一词？其理论价值和实践价值为何？这是需要厘清的第一个问题。与其他现有法律不同（如《宪法》《刑法》），唯有民法称作"民法典"——《中华人民共和国民法典》。区区一个"典"字，其意义是非常之大的，不容忽视。纵观古今，就我做的历史考察而言，"典"字大概有三层含义。第一层含义是，该法律的地位很重要，需上升到国家基本典章的高度；第二层含义是，该法律的作用范围很大，相较于其他法律，其涉及的事务内容更多、更广泛；第三层含义是，"典"字体现了立法体系性和科学性的逻辑问题。正因为法典辐射的范围广、涉及的内容多，在"法典"一词使用过程中，更需要强调立法的科学性和体系性。

规范式群体，该规范如何能够有其自身内在的逻辑，使制度与制度之间能够紧密地配合、科学地分工，至少不能因互相矛盾而丧失其应有的作用，这是一个很重大的问题。这些年，我就"法典"一词，做了一些立法考察。一直以来民法的意义都很重大，甚至在人类历史很早时期，就开始编纂民法的规范群体了。我们知道，最早的法律是《汉谟拉比法典》，产生于公元3000多年前的古代巴比伦国家。《汉谟拉比法典》是当时社会体系中最为完整的法律。而对我们民法而言，在探讨规范之间体系性逻辑方面，做得最好的应该是罗马法。古罗马法在公元2世纪的时候，就出现了一个非常重要的法律体系化整理产物，即《法学阶梯》。

（二）《法学阶梯》法系：三要素与四编制①

现认为《法学阶梯》的作者是盖尤斯，② 其编写的《法学阶梯》在

---

① 《法学阶梯》体系又称盖尤斯体系，也就是人物讼体系。它暗示所有的法律规范都包含三个方面：所涉及的人、有关的标的物、救济手段。详见徐国栋《优士丁尼〈法学阶梯〉评注》，北京大学出版社2011年版，第8页。

② 现对于盖尤斯的身份考证是存疑的。有人认为是法官，有认为是律师。甚至有人猜测其可能是一个群体，可能是一个老师及其学生形成的群体。

历史上的作用是十分巨大的。因为它把调整庞大社会事务的民法规范进行了归纳和整理，并从中提炼出民法上三个最重要也最为核心的因素，即三要素：人、物和权利。它认为民法要解决的问题，首先就是人的问题。既涉及人的人格，也涉及人身的权利，以及人的婚姻家庭等最基本的关系问题。之所以涉及人格的问题，是因为在古罗马的奴隶制社会中，作为奴隶的人，是没有法律上的人格的。所以，法律必须首先要规定什么样的人才有人格。其次是规定法律上的物。盖尤斯发现，客观世界的物很多。对人类作用最大的，其实是像太阳这样的物。可问题是太阳并不是民法上的物。罗马背靠大海，但也无法将浩瀚的海洋作为民法上的物。那么什么才能成为法律上的物呢？盖尤斯基于此对物进行了很细致的分析。[①] 他提出，物有公法意义上的物和民法意义上的物之分。设置民法上的物，即私法上的权利，这是一项伟大的成就。最后就是法律上的权利。这是一个比较抽象的概念。人和物我们可以用肉眼看到，但是权利是看不见的。但盖尤斯明确地不过定义，权利是人支配物的法权基础。权利存在取得和消灭的问题，也存在遭受损害的可能，损害就会涉及损害赔偿，这是一个救济的问题。通过这样一个逻辑，盖尤斯就将一个抽象的法律难题给解决了，并成为《法学阶梯》重要的一个组成部分，产生了很远的历史影响。

公元 5 世纪，罗马皇帝查士丁尼（也有人翻译为优士丁尼）在编纂罗马《国法大全》（也有人翻译为《民法大全》）时，将《法学阶梯》作为其民法总论。这样，《法学阶梯》成为罗马民法的基本理论构成。《国法大全》分为四编：人法、物法、权利取得、权利损害及其救济。这四编构成了当时主要的民法体系，民法体系化的逻辑就此建立起来了。

（三）《学说汇纂》潘德克顿体系：五编式逻辑结构

曾对罗马产生重大影响的《法学阶梯》，最终被潘德克顿（也称为

---

① 《法学阶梯》1.2, 1pr.。事实上，按自然法，有些物为一切人共有；有些是公共的；有些是团体的；有些不属于任何人；多数物属于个人，被个人根据如下将看到的形形色色的原因取得。感兴趣者详见［古罗马］优士丁尼《法学阶梯》，徐国栋译，阿尔多·贝特鲁奇、纪慰民校，中国政法大学出版社1999年版，第111页。

学说大全）所超越。该学说大全在罗马法时就存在，被称为潘德克顿。① 但是到了德意志时期，也就是 17、18 世纪时期，德意志民族罗马帝国建立以后，自认为是罗马帝国的继承人，并将罗马法当作祖宗法度来学习和研究，出现了盛极一时的罗马法继受活动。但在继受过程中，德意志人还是进行了很大的改造，并实现了本质的飞跃，即形成了《学说汇纂》体系。该体系产生的最大背景是受英国工业革命的影响，欧洲大陆也陆续开始工业革命，出现了企业化生产。这是一种与罗马早期的自然经济农业化生产完全不一样的生产方式。农业化生产之时，市场进行的主要是现货交易，一手交钱，一手交货。但到了工业化生产之后，合同订立之时，工厂是没有现货的。这就出现了先订立合同、后履行合同的清晰的交易过程区分。而合同订立与合同履行存在一个时间差的问题。合同成立之时，标的物并不存在，那此合同该不该生效呢？如果生效，又该生什么效力呢？按照早先的《法学阶梯》，这个问题是无法回答的。而潘德克顿法学家把该法律效果称作债权，也就是合同成立之后，先产生债权，到合同履行之时，再发生物权的变动。这样就解决了当代市场经济体制下的合同订立的法权基础问题。这也是潘德克顿超越《法学阶梯》体系的原因所在。

到了 1904 年，清朝末年实行法制变革。在进行变法之时，清政府派大臣到世界主要国家进行立法考察，经过权衡比对，认为潘德克顿体系是最好的。立法大臣伍廷芳在给光绪皇帝的奏折中就明确指出："法理者，天下之公器也。"法理，就是世界上的公共科学，即使采用也不

---

① 　法学上所说的潘德克顿法学，起源于古罗马法，但是在德意志法学继受之后，因历史发展包含意义多有变化。以笔者的研究，潘德克顿一词大体上有三种不同含义值得思考。其一，是罗马皇帝查士丁尼编纂《民法大全》时，被吸纳为其中的一部分即《学说汇纂》（degesitae），是当时著名法学家的言论集，可以作为有效的法律渊源，但其本身不是立法的产物。一般将其称为"潘德克顿"。其二，指 14 世纪后，德国法学界在继受罗马法后在改造《学说汇纂》的基础上形成的德国普通法，约形成于 16 世纪，以当时《当代法典汇编》（usus modernues pandectarum）为代表。它们被称为德意志的"普通法"（和英格兰的 common law 不同）。其三，指 19 世纪德国境内以《民法典》的编纂作为研究对象而形成的法学学派（Pandetistik），也成为法典编纂学派，以萨维尼为代表。法典编纂学派的主要贡献是吸收了人文主义革命和启蒙思想的成果，建立起法律行为理论和制度，而且以支配权和请求权、物权和债权的区分等理论，清晰地建立起来现代民法的知识体系。对此，可以参阅文献 Wieacker, Privatrechtsgeschichte der Neuzeit, 2. Aufl. 1967, S 430 ff.

算剽窃。而作为科学，往往是后发者为优。所以，作为后起之秀的潘德克顿相较于早先的《法学阶梯》，是更为进步和科学的。所以，我们就采用了潘德克顿体系，也就是，在将债权和物权区分开来的基础上编纂《民法典》，而不是如《法学阶梯》一样，物权、债权不分。物权与债权的区分，是非常重大的法律制度创造，它满足了现代市场经济体制发展的需要。后来的立法实践也表明，其他国家和地区的民法立法也是按照物权和债权区分发展起来的。到1930年，中国编纂第一部《民法典》之时，同样也按照这个体系来编制。中华人民共和国成立之后，进行了五次《民法典》编纂，虽没有成功，但仍是采用了潘德克顿体系的编纂模式。

理解"法典"这个词的关键在于，把握住只有大法、综合性较强的法律才能用"法典"一词。而且"法典"更加强调体系性和科学性，更强调编纂的逻辑性。

二 《民法总则》的体系统辖作用

（一）潘德克顿式：从具体抽象出一般的思维逻辑

采用潘德克顿编纂体系后，民法上出现了一种非常特殊的现象，就是民法全部法律规范区分为总则和分则。其中，总则编是潘德克顿法学区别于其他法学编纂模式的显著特征。一般在立法之时，总则编通常放在法律的第一章。这种编排体例，不仅在于总则地位的重要性，更体现在以下三个方面的重要性：一是它集中体现了立法者民法编纂的指导思想。民法在依法治国的原则下，担负着国家治理的重要职责。我们国家亦是如此（我国将依法治国写入了《宪法》）。民法所调整的财产关系和人身关系，涉及社会上的每一个人、每一个团体、每一个国家机关。而且它涉及社会生活的时时刻刻。所以说财产关系和人身关系时刻在反映着重要的社会关系。我们要进行国家治理的话，就必须把这部分社会关系治理好。

怎么样才能把这部分社会关系治理好呢？这就需要制定《民法典》。国家治理者或者立法者如何看待《民法典》，以及如何看待民事主体和民事权利，这涉及指导思想的问题，主要通过民法总则来反映。比如，《民法总则》比较重视民事权利，除规定了常规性的人身权利和财产权利之外，还规定了一些新型财产权利，比如《民法总则》第127条规定的数据资产，这说明立法者或者国家治理者对民事权利是非常重视的。另外，《民法总则》还规定了意思自治原则，比如我国《民法总则》第130条强调民事主体按照自己的意愿行使权利，相较于国外立法及我国先前立法，在这点上，我国民法的进步意义还是比较明显的。再如，民法基本原则部分规定了绿色原则，这也体现了国家的五大发展理念，其意义也是非常重大的。

1. 《民法总则》集中规定民法的基本原则与一般规则

《民法总则》集中规定了民法的一般原则。所谓一般原则，就是所有民事主体与民事活动都要遵守的原则。民事主体从事的民事活动，比如家庭方面的结婚与离婚、收养与赡养，社会生活中的各种组织成立、各种合同订立，包括买卖性质的合同、租赁性质的合同、运送性质的合同，等等。民事主体不断从事的这些民事活动，总要有一个一般的规则，这个一般规则就规定在《民法总则》中了。比如说，一般情况下，民事活动从行为的角度，我们将其称为法律行为，其是依当事人意思自治来发生。简单来说，就是"Yes，I will"，但这个"will"必须要服从法律的规定。该一般规则，就规定在《民法总则》之中。

另外，《民法总则》在一般原则部分，规定了绿色原则、诚实信用原则、合法原则，还新增加了公序良俗原则。何为公序良俗，在法学界还是存有较大争议的。大体上来说就是指公共秩序和善良风俗。[①] 但从具体细节来分析，当然还囊括了很多的内容。总之，我们国家承认了道德性的规范，把道德内容纳入了民法之中，用道德来规范现实生活中的民事活动。当然，从民法解释学的角度来讲，公序良俗原则是补充性的条款，或者更多地来讲，这是一个引导性的条款。在没有具体规则规定的情况下，公序良俗原则可以作为裁判依据。但如果法律规定了具体规

---

① "公共秩序、善良风俗……系支配私法全领域之大原则。"详见史尚宽《民法总论》，中国政法大学出版社2000年版，第334页。

则，一般来说就不可以适用原则。

2.《民法总则》是民法基本原理、科学原理的集中体现

《民法总则》实际上是民法基本原理、科学原理的体现。民法蕴含了很多科学原理，首先是民事法律关系理论和学说。民事法律关系理论是我们分析和裁判案件的基本手段，也是民法的基本原理。民事法律关系理论以主体为逻辑起点，接着规定客体与权利、权利变动的根据，最后规定法律责任。这几个部分构成了一个清晰的逻辑，从人到物、到权利、到权利变动，最后到法律责任。这就是一个最基本的立法主线，也是立法和法律学习的原理。在该原理适用过程中，我们应特别强调主体、行为、权利等问题。因为从民法的角度来讲，主体、权利与义务都必须是要明确肯定的，尤其是权利的变动问题。权利的变动按照意思表示的学说，必须强调当事人内心的真实意愿。这就是《民法总则》第133 条规定的民事法律行为。

民事法律行为规定的核心之一，按照大家熟悉的英文就是"Yes，I will"——我愿意。法律为何要设定这样一个权利？创造这样一个法律上的关系？民事主体为何要受义务的约束？就是要依据当事人真实的内心意愿来确定法律上的效果。首先这是个民法上的道德伦理问题。在古代，民法上的权利义务必须由上帝来决定，或者由国王或君主来决定，民事主体不能决定自己的权利义务。所以，我们现在强调法律行为理论，首先就是废除封建的君权法和神权法，强调权利人意思自治。[①] 民事法律行为的另一个核心，就是强调法律上的效果，即按照当事人的内心真意来确定法律上的效果。当事人自己内心的意愿必须是真实的，真实意愿的最终目的是建立一个权利上的后果——财产权利后果和人身权利后果。比如，婚姻上的"Yes，I will"，其目的就是建立一个人身权利后果。再如订立合同，订立合同意愿本身就是要产生债权法上的法律效果。比如一家企业到另一间工厂去订货，订货之时，产品并没有制造出来，这就是典型的债权发生情形。当事人内心清晰地认识到，订立合同的目的并不是取得所有权，而是产生一个债权法上的约束力。到履行

---

① ［德］汉斯·哈腾豪尔：《民法上的人》，孙宪忠译，《环球法律评论》2001 年冬季号。

合同之时，产品已生产出来，此时就要发生物权的变动。所以履行合同的意思表示，就是产生所有权取得、移转的法律后果。另外，买卖房屋也是同样的道理。房屋买卖合同订立之时，房屋有可能还不存在（比如预售房屋）。买受人清楚地知道房屋并不存在的事实，自己在合同订立之时并不能取得房屋的所有权，而只能产生一个债权。所有权取得必须在合同履行之时。所以，在市场经济体制下，我们所接受的法律行为理念，必须要和民事权利联系起来。也就是说，当事人内心的真实意愿必须要区分为债权的和物权的。农贸市场上一手交钱一手交货、订立合同的同时就有标的物存在、订立合同就能取得标的物的情形，在市场经济体制下就不具有典型意义了。具有典型意义的就是工厂订货、商品房买卖、购买波音飞机这样的情形。我们在运用《民法总则》规定的法律行为理论分析合同制度时，就必须知道合同成立只是产生债权后果。涉及物权的问题，就是依据物权法的规定产生物权取得的效果。这就意味着要从法律根据、意思表示、法律行为的角度，将物权、债权真正地区分开。①

对于这个理论，目前在中国贯彻得并不理想。无论律师、法官还是学者，对法律行为理论接受得并不彻底，对该理论的认识甚至是不准确的。他们理解的市场交易就是简单的农贸交易，是两毛钱买一根黄瓜或者一百元钱买一头小猪崽儿这样简单的一手交钱一手交货的行为。很多人，包括一些著名的法学家、法官和律师，并不习惯，或者说并没有认识到，订立合同之时并不存在标的物，这才是现代市场的常情。所以，他们不能准确理解债权，也不能准确理解法律行为理论。所以在1994年之后到《物权法》之前制定的法律，包括《合同法》在内，都是搞不清楚债权发生的根据。其中典型的就是《合同法》第51条的规定。这个条文当时被一些人称颂为中国《合同法》皇冠上的明珠，但是，这个条文的内容是错误的。所以这一次《民法典》立法，我们下大力气把它删除了。

无论律师实务界、司法实务界还是理论界，一定要重视《民法总

---

① 关于区分原则，感兴趣者可以参阅孙宪忠《中国物权法总论》（第四版），法律出版社2018年版，第297页以下。

则》一般规范对分则部分的统辖作用。尤其是第 133 条规定的法律行为理论，这是一个核心性的规定，理应对所有的法律行为都具有统辖作用。所以，有关合同的制度都规定在合同编，交付履行、不动产登记则规定在物权编。值得注意的是，登记也是不动产交付的手段，是拟制的交付，实际上是法律行为的一种方法，而不是不动产行政管理。

最后，要强调意思自治。只有在意思自治的前提下，我们才能够真正地把民事主体变成主体，"人"也才能真正地成为一个法律上的人。①在民法生活中要强调意思自治，但根据《民法总则》第 143 条的规定，意思自治要合法。但这并不是说强调意思自治就意味着会违法。所以还是应首先尊重当事人内心的真实意愿。同样，根据法律行为理论，当事人内心的真实意愿也有财产性质和人身性质之分，而财产性质又分为物权性质的和债权性质的，这些都是需要我们把握的。

3. 《民法总则》对于民法分则、商事特别法、知识产权法、社会权利性质的法等具有统辖作用

《民法总则》体系不仅在《民法典》内部有统辖作用，在《民法典》之外，对其他法律同样也有统辖作用。总体上而言，我们采用的是民商合一的立法体例。虽然有关商法的一些规则，像公司法、票据法、破产法等，我们并没有写入《民法典》之中。但是民法中关于经营性法人的规定，实际上就是涉及公司这种体制的规定（当然，经营性法人与公司还不是完全一样的概念）。同样，合同也包括了商事合同。所以总体上来讲，我们走的是民商合一的道路。

尽管如此，在《民法典》之外仍存在很多商法特别法。《民法典》作为商法的一般法或基本法，具体来说，指的就是《民法总则》。《民法总则》也是商法的总则性的规定。另外知识产权其实也是典型的民事权利。在这次《民法典》立法过程中，有很多朋友提出能不能将知识产权也纳入《民法典》之中。关于这个问题，当时我们也考虑研究了。由于知识产权发展变化太快，尤其涉及互联网的问题，至今还没有解决，也没有达成共识。所以，经过研究，我们认为纳入的做法比较勉

---

① ［德］汉斯·哈腾豪尔：《民法上的人》，孙宪忠译，《环球法律评论》2001 年冬季号。

强。将知识产权这个部分放置在《民法典》之外，作为民法特别法，对知识产权立法发展可能更加妥当一些，更有利于其不断发展。另外，还有一些民法性的社会权利性的立法，比如医疗、就业、三大保险等。也还有涉及特别民事权利主体的特别的问题，比如老人、妇女、儿童等，也在民法中予以反映。这就是《民法总则》第128条规定的特别主体的社会性的权利。这些社会权利本身实际上也是民事权利，但也涉及特别法的规定。所以《民法典》与《民法典》之外的特别法的关系，也是按照体系逻辑展开的，即《民法总则》发挥了总则性的作用。当然特别法优先适用的规则还是要遵循的，这是法律明确规定的适用原则。

（二）《民法总则》对体系的统辖作用

简单来说，《民法总则》是民法立法指导思想、民法一般原则和民法基本法理的体现，所以《民法总则》对整个民法体系发挥统辖的作用。分则各编还有特别法，都要遵从《民法总则》的规定。但比较遗憾的是，据我多年参加立法工作、从事法学研究来看，一个比较痛切的体会就是，法律实务界包括律师、法官对总则性的规定常常是很轻视的，经常认识不到《民法总则》的重大作用。涉及具体案件时，一旦在分则部分找不到规定（分则本身没有规定，或者找不到法律适用的渊源，或者找不到法律适用的法条），就认定此种情形属于法律规定不清晰而导致无法可依的情形，案件因此无法裁决。他们忽视的一点就是，《民法总则》提供了强大的法律适用的渊源，比如《民法总则》规定的权利制度、民事法律行为制度、主体制度等，这些规则和制度都是能够作为分则部分的裁判依据的。再退一步讲，即使上述情形都没有规定，还可以适用《民法总则》中规定的基本原则。最兜底的就是，《民法总则》第10条规定的习惯和公序良俗原则。所以《民法总则》能够解决的问题，可以说是包打天下。在法治社会中，我们要依法治国，但法律并不是在任何时候对任何情况都规定得清清楚楚、明明白白。有些地方，就不可能规定得很详细。在这样的情况下，就只能根据民法规定的一般性的规则来处理相关问题。所以要特别强调一下，《民法总则》不容忽视。令我比较痛心的一点是，在这次民法立法过程中，出现了一些对《民法总则》很不利的观点，甚至是一些偏激的观点，这些观点实际上都是站不住脚的。《民法总则》已经将问题解决的情况下，如果仍只看民法上的细节性的规定，而忽视总则性的规定，无论法理上还是司法实践上都是说不通的。

三 体系性逻辑下的共同性规则、一般性条款和但书规则

翻开我国《民法典》（草案）之后，从体系性的角度来看，我们就会发现，它的每一编都规定了一般规定或者叫通则性规定，甚至在有些章节之中也有一般规定。其实《民法总则》本身就是一般规定，《民法总则》中间也还有一般规定。这种规定体现了什么呢？这就是过去在立法技术上，大家经常讲的提取公因式的规则。社会上的法律事务很多，为了节约立法成本，节约立法资源，首先需要按照概念的同一性和差异性把相同的法律制度归结在一起，然后从这个共同的法律规范、法律概念中间提炼出来一些共同性的规则，再把这些共同性的规则按照一个逻辑把它编纂起来。这就像数学上的提取公因式。《民法总则》其实就是提取公因式的结果。《民法总则》中间的主体制度，各种民事权利其实都涉及主体。除了《民法总则》之外，在民法中间其他部分也还是大量适用了提取公因式的方法。比如，《物权法》中不但有一个通则，有个一般规定，而且在《物权法》的所有权、用益物权、担保物权部分都有一般规定。现在的《民法典》（草案物权编）分成各分编，各分编的第一章也是这个一般规定。《民法典》（合同编草案）也是这样，第一分编是合同法通则，合同法通则的第一章又叫一般规则；然后到了一些比较复杂的合同，如运输合同等也有一般规定。婚姻家庭编、继承编、人格权编第一章也有一般规定。这个一般规定在法律上就叫作共同性规则。另外，在章节里还有共同性规则。为什么叫共同性规则呢？就是指这个部分大家都要遵守的。比如在物权编部分，它有通则，还有一般规定，这些部分都是要共同适用的。这与总则性的规定是一样的。要适用、研究这部法律

时，首先要看看这个共同性的规则是怎么样的。

同时，在整部《民法典》（草案）中间，我们会发现还有一些具体的法条，它不是解决一般性问题的，而是解决一个类型或者一大批问题的。我们把这种法律规则称为一般条款，它要对所有相关的法律事务发挥统率作用。《民法典》（草案）中这样的一般条款，尤其在总则中很多，在其他部分也有很多。比如《民法总则》第143条，这个条款规定的是民事法律行为生效的一般条件。民事法律行为涉及的内容很多，有人身性的行为，有财产性的行为，也有订立合同的债权行为，发生物权处分的物权行为，甚至还有更多其他的行为；有单方的行为，双方的行为，多方的行为。比如，发起成立公司是多方行为，也叫共同行为、协议行为。这些行为作为法律行为的时候，如果说要强调意思自治，强调它的每一个条文里头都要遵从这个规定的话，就很麻烦，就必须在物权部分写一些，合同部分写一些，人身关系部分写一些，甚至在公司等其他部分都要写这个条文。但是我们在立法上用一个比较经济的方法，就是在总则部分，把它像提取公因式一样提炼出来，在总则部分做一个一般规定，用一个条文就够了。像第143条，它讲的就是民事法律行为生效的一般条件。第一个条件，是行为人要有民事行为能力，即主体适格；第二个条件，是意思表示要真实，不能讲它是上帝或者君主的意思，必须是当事人自己的意思，也就是他意欲发生法律效果的那个意思；第三个条件，是合法性规则，即不违反法律、行政法规的强制性规定，不违背公序良俗。这三个规则在现实生活中是普遍适用的。如果你想订立一个合同出卖一个标的物，这个标的物不能是违法的（如出卖枪支弹药），或者说不能违背公序良俗，否则行为是无效的。像这个条文，它不仅适用于合同、物权领域，还适用于婚姻家庭领域，甚至立遗嘱的时候也是适用的，这就叫一般性条款。在一些分编里边也有这样的一般性条款。比如，物权编的第209条第1款规定，"不动产物权的设立、变更、转让和消灭，经依法登记，发生效力；未经登记，不发生效力，但是法律另有规定的除外"。这个条文实际上是物权编中不动产物权变动的一般条款。又如，中国《民法典》的编纂没有债法的总论，但有一个规定实际上担负了债法的基本的规则，这个规定就是现在《民法典》（草案）的第468条。它是讲，非因合同产生的债权债务关系，适用有关该债权债务关系的法律规定，没有规定的，适用合同编通则的有关规定。通过这个条文，把侵权之债、无因管理、不当得利等非合同之债均囊括其中。

在体系性逻辑下，我们还要看到一个非常重要的问题，就是但书规则。所谓但书，就是排除性条款，即在某些特殊的情况下共同性规则、一般性规则是不适用的，是必须要适用法律上的另外规定的。在《物权法》中有很多但书规则，但在法律事务中很多人都忽略这个规则了，包括法院的法官、律师都不太会用这个但书规则。比如，《民法典》（草案）第 209 条（《物权法》第 9 条）规定，不动产的变动一般要登记，但是后边有一个但书条款，就是"法律另有规定的除外"。也就是说，在有些法律有明确规定的情况下，是不能够适用登记来决定不动产变动的效果的。除了《物权法》的第二章第三节的情形之外，还有一些特别的规定。实际上，这些规定是特别有价值的。

比如，《民法典》（草案）第 352 条（《物权法》第 142 条）规定，建设用地使用权人建造的建筑物、构筑物及其附属设施的所有权属于建设用地使用权人，但是有相反证据证明的除外。这个但书条款，跟我的一段立法工作经历和学术研究经历是密切相关的。因为在立法的时候，是我坚持把这个条文写下来。[①] 这个条文要解决什么问题呢？就是在日常的商品房买卖过程中，买房子的人都接受了房屋，也都装修了房屋，甚至住进去好多年了，但是因为一些客观原因登记手续没有办下来。这个登记手续办不下来有时候也不是当事人的问题，有时候是政府的问题或者开发商的问题。我们国家的房地产开发是有一个程序的，开发商先获得大产证，然后把房子建好并交付以后，才为老百姓办理房屋产权证。那么如果按照《民法典》（草案）第 209 条（《物权法》第 9 条）来裁判，即使这些老百姓都搬进去住了好多年的房屋，只要没有办理登记，就不能取得房屋的所有权。这个损失对老百姓来说是很大的。这个问题是个政策性的漏洞，涉及好多人。

2004 年，我在建设部做立法顾问，后来去调查研究就发现这个问

---

① 对此有兴趣者，请参阅孙宪忠《中国物权法总论》（第四版），法律出版社 2018 年版，第 331 页。

题，仅仅在武汉市居住三年还没有办理过户手续的老百姓有 20 多万户，涉及的人口大概一百万人，一年至两年没有过户的就更多了，涉及好几百万老百姓。一个城市涉及好几百万人，全国涉及的人数会更多。所以，这个条文中的但书就是给老百姓的权利一个法律支持，就是要解决这个问题。可是现在据我了解，这个法律实施生效十几年了，没有几个法院会用这个条款，也没有几个律师知道这个条款。这几年很多律师，包括最高法院的法官也来问我这种案子怎么办。我就提出，你怎么不用《物权法》第 142 条的但书规定呢？后来，我把道理给他们一讲，他们都明白了。这个但书条款是很重要的，大家一定要知道，在体系性逻辑下共同性规则、一般性规则和但书条款各自所具有的不同作用。

四　《民法典》体系逻辑下财产权利立法、区分原则的应用

财产权利的立法在《民法典》中主要涉及物权和债权。关于物权和债权的立法体例模式，我在第一个问题谈《法学阶梯》到潘德克顿的体系变化中间，已经涉及一些。这个问题实际上就是，我们在立法中如何贯彻潘德克顿体系科学性的原则。在这里，我重点谈一下对区分原则的理解与应用。

我们现在是市场经济，不是那个农贸市场的简单交易模式。在农贸市场里，一百元买一头小猪崽儿，两个人达成了协议，给了钱就把猪抱走了，合同就履行完毕了。但是，如果卖方变卦，不想把猪给买方了，或者说买方不想要这头猪了，虽然双方在市场上达成了协议，一方即使最后没有履行合同，也没有什么具体约束力。但是你如果在工厂订货，今年订的协议，明年人家可能把产品生产出来了，你若是不想要别人的产品了，人家就有损失了。在农贸市场上，一百元买一头猪，你不要他的猪，你没有损失，他也没有啥损失。可是，你在工厂里订货，你不履行合同，或者对方不向你履行合同，那就有损失了。所以我们必须从市场经济这个角度来认识合同的效力问题。在这种情况下，我们不能因为

合同没有履行，就说这个合同是无效的。同时我们还要认识到一个问题，合同生效以后即使具有了约束力，但是这个合同是不是最终会履行呢？欧洲中世纪的寺院法有一句名言，叫"契约必须履行"①。契约必须履行，是不是指契约肯定就能履行呢？那也不尽然。针对没有履行的问题，需要我们通过《合同法》，尤其是合同之债这个债权法，把这个问题好好地解决。而一个最基本的观念就是要把订立合同的法律后果和履行合同的法律效果区分开，不要把订立合同当作履行合同，不要把二者的法律效力混为一谈。

但是，这样一个法学原理在中国贯彻得不好。20世纪90年代中期的时候，我们国家基本的法律规定是这样的，就是合同不履行是无效的，履行了才有效。当时有一个规则，叫不动产的合同不登记则不生效。最高法院的司法解释是这样规定的，《担保法》也是这样规定的。比如房屋买卖的合同，开发商与买房人先订立合同，房子盖好后给买房人发一个入住通知，过了几年才能办登记手续。按照当时的法律规定，办理完登记手续即合同履行完毕之后，这个合同才生效，不登记就不生效，这简直是很荒唐的。到后来《合同法》起草的时候，虽然没有这样明确的规定，但基本观念一样，《合同法》第51条、第132条也是这个样子。也就是说，订立合同的时候就瞄准农贸市场那个交易规则了。比如买卖合同，在订立合同时出卖人首先就得要有这个标的物，要把标的物生产出来，出卖人还要有所有权，如果不具备这个条件的话，这个合同最后是无效的，或者说效力待定。按照《合同法》第51条，当然后来有不同的解释，至少这种合同是不受法律承认和保护的。我当时回国的时候，我的观点不容易被接受，最后大家才慢慢地认识到这个问题。先是最高法院认识到这个理论的科学性，认识到区分原则可以解决这个问题。所谓区分原则实际上就是简单的两句话：一是订立合同产生请求权，物权变动是履行合同的问题，所以订立合同和履行合同要区分开，这是法律效力区分。二是法律根据要区分开，就是订立合同的法律

---

① 即Pacta sunt servanda，在我国民法学著作中，多误传该原则起源于罗马法。但是罗马法中没有这一原则，因为罗马法坚持的原则是"不符合法律规定类型的契约，依法不享有诉权"的原则。这也就是说，当事人所订立的合同并不能一律产生强制履行的约束力。这一点和契约必须履行原则所表达的精神不同。

根据是当事人意思表示一致，只要符合法律规定的条件就行了；物权变动必须要有标的物，要有所有权，还要进行不动产登记或者动产交付。我的理论核心，就是把物权的变动放在不动产登记和动产的占有交付上，而不是放在合同的成立上。后来在 2007 年《物权法》立法的时候，就基本采纳了我的观点。最高法院 2012 年出台买卖合同司法解释，也明确采用了区分原则。①

在此次《民法典》编纂过程中，我们为区分原则的进一步确立做出很大努力，那就是删除《合同法》第 51 条的规定，排除反对区分原则的最大的一个理论障碍，或者说是制度障碍。按照《合同法》第 51 条的规定，订立合同时必须想着这个合同是能够履行的。但是我的看法是，订立合同只是产生债权请求权，不能把履行合同的条件放在订立合同上来。经过很大努力，《民法典》（草案）把这个条文给删除了。删除以后引起了很大的争议。但我还是坚持删除了这个条文。删除了以后，体系上的问题就解决了。订立合同只是产生请求权，物权变动的问题放在了《物权法》的部分，这就实现了物权和债权的法律效力的区分和法律根据的区分，这两个目标基本上就实现了。还有一些人提出，《合同法》第 51 条虽然删除了，还是没有解决处分行为的问题。关于处分行为的问题，实际上都是在《物权法》中来规定了。比如《物权法》第二章，关于依据法律行为发生的物权变动，把它区分为两种情形，一种是不动产的，另一种是动产的。另外第九章解决的是特殊的权利变动问题。排除和限制性的规则就是《物权法》第 106 条规定的善意取得制度。善意取得实际上既是处分行为的延伸，也是对处分行为理论的限制。总而言之，这些内容是在《物权法》中安排的，不是在《合同法》中安排的。

五　人身权利体系逻辑的一般规则

人身权利在民法中的地位很重要，本次《民法典》的《民法总则》

---

① 最高人民法院《关于审理买卖合同纠纷案件适用法律问题的解释》第 3 条第 1 款：当事人一方以出卖人在缔约时对标的物没有所有权或者处分权为由主张合同无效的，人民法院不予支持。

相比《民法通则》有一个大的变化，就是首先强调人身权利，然后再强调财产权利，从而突出了人身权利的价值。在民法上，人身权利分为人格权与身份权两个部分。简单来说，人格权是关于人格的权利，身份权是关于身份的权利。但实际上，二者的区分涉及法律逻辑的问题、道德伦理的问题，不是一两句话能说清楚的。在本次立法过程中，围绕这个问题还出现过比较大的争议。考虑到该问题的复杂性，我首先在这一部分讨论人身权利中身份权的问题，然后在第六部分再讨论人格权独立成编的问题。

身份权中的身份，特指自然人的身份，不包括法人；特指民法意义上的身份，不包括政治身份、学术职称，等等。并且，一些从事民事活动过程中所获得的身份也不是身份权中的身份。比如，过去的知识产权法理论认为著作权人的权利包括身份权与财产权，在《民法通则》立法时，我们已经对此问题进行了厘清，署名权只是一个附从性权利，知识产权就是纯粹的财产权利，不再将其作为民法上的身份权来考虑。现今，我们认为民法上的身份权是基于婚姻家庭中的身份而产生的权利，包括配偶、父母、子女、兄弟姐妹等亲属身份。我们将《婚姻法》改成了《婚姻家庭法》，虽然没有使用亲属法的概念，而是用婚姻家庭的概念。但是实际上，它是从婚姻家庭扩大到了亲属。它规定了近亲属，但是它并没有排斥远亲属，近亲属有法律上明确规定的权利义务，但是如果说具备特定法律事实的话，远亲属也会产生法律上的权利义务。

身份权也有一个取得、消灭和变更的问题。比如夫妻关系，就有怎样取得夫妻关系、怎样变更夫妻关系的问题。夫妻关系成立后，基于夫妻关系就会产生法定的权利义务。一般而言，权利和义务是相对应的，但是，如果确定的权利构成要件成熟的话，就只有权利而没有对应的义务。比如，夫妻之间有相互扶养的权利和义务，妻子因病丧失劳动能力时，丈夫就要扶养她，这个就成为妻子的权利、丈夫的义务了。一旦构成权利的法律事实成就，就形成一种确定的权利关系了。父母、子女的关系是基于出生，我国在父母、子女关系的问题上主要考虑血缘关系，同时也认可拟制血亲，即收养。在父母、子女关系中，父母对子女有教育、养护、监护等方面的权利义务，子女在成年以后对父母有赡养的义务。兄弟姐妹间，也有法定的权利义务。这些问题大家都比较熟悉，我就不展开论述了。

六　人身权利体系的特例：人格权编创设的体系化基础

　　这次我们的《民法典》编纂，在全世界《民法典》立法中开创了一个先例，就是《民法典》中的人格权独立成编。如果大家关注民法典编纂中的人格权立法问题，就会了解围绕人格权独立成编的立法争议是很大的。

　　立法机关公布的创设人格权编的理由，是要提升人格权的法律地位、要强化人民群众的人格权利、要提升我国法律制度文明的水平，强调要正面宣扬民事权利，要按照中央十八届四中全会关于编纂《民法典》的决定、关于法治体制发展的决定强化人格权的保护。有一些学者提出，人格权独立成编的理由是人格权的转让，他们认为，自然人拿自己的姓名去做商标，拿自己的相片去做广告，以及法人转让名称字号等，都属于人格权的转让。围绕人格权编的立法争议很大，因为我是全国人大宪法和法律委员会委员，所以有不少朋友以及立法机关工作人员来询问我的意见。我针对这个问题做了很多的历史考察，我支持中央关于用人格权独立成编来正面宣示人民群众人格权利、提升人格权保护水平的立法理由，但是坚决反对人格权转让的立法理由。

　　从历史上来讲，人格权根本不存在转让的可能。人格这个概念产生的历史很长，人格权概念产生的历史并不长。人格这个概念在古代就有，在古代有些人是奴隶，奴隶不是人，所以没有人格。那时候的法律之所以规定人格，主要是为了解决谁是法律上的人，谁不是法律上的人的问题。但是，是什么东西不让自然人平等呢？这是不是民法上的问题呢？我们简单想一想就知道，很显然不是民法问题。民法没有规定必须要有奴隶，民法更无法规定人与人之间要有贵族和平民的区分。这显然是个政治国家的问题，是古代的政治国家体制把一些人变成奴隶了，而且这种体制下，产生了贵族和平民的人格区别。所以自古以来，人格都是一个与民法相关的问题，但本质却不是一个完全的民法问题。直到人文主义革命和启蒙思想诞生，所有的自然人才享有法律人格了。但是，人与人之间因为出身、性别、财产、受教育程度、民族、宗教信仰甚至地域来源等差别，他们能够享受到的平等实际上是要打问号的。所以，德国法学家基耶尔克提出了这种背景下的人格权的概念，希望跨越民法，从宪法的角度解决人格权问题。通过这一段历史我们可以看到，人格的问题，主要是从政治国家这个角度来解决的，人格问题首先是个政治国家问题，是个宪法问题。在这个问题上，我们务必注意一下人格权理论产生的背景。在17、18世纪《法国民法典》和《德国民法典》产生的时候，还没有详细的人格权制度，那个时候用对人格的侵害，侵权法就解决了。直到第一次世界大战、第二次世界大战期间，人格权理论才开始兴盛起来。这段历史时期，人类社会矛盾加剧，工人、妇女、弱势群体、少数民族常常受到欺凌，民法对这种群体性质的侵害，常常发挥不了作用。那时候，就有国家的宪法提出来，要建立人格尊严条款和人的基本权利的条款。人格尊严条款，在民法上就叫作一般人格权，指的是作为人应该有的法律上的资格和权利。一般人格权首先是在宪法上建立起来的，而后慢慢地在民法上也开始大量使用人格权这个概念，来解决涉及自然人的生命、健康、隐私等诸多问题。所以，熟悉这一段历史的都知道，其实宪法提出人格权，比民法还早些。

　　人格权概念的产生具有强烈的人文主义色彩，蕴含着人人平等的人文主义思想。它就是为了保护人之为人所天然享有的权利，不论个体的年龄、性别、政治地位、财富占有等状况如何，大家都有平等的人格。① 人格权首先是从宪法角度提出的，人格首先是宪法上的人格平等，而人格权实际上是为了维护和保护平等人格才产生的权利。人格权如何能够转让呢？把人格权转让给别人，你自己的人格到哪里去了呢？所以，人格权转让的概念存在的问题，不仅是民法理论不通，而且还违背了宪法上人格尊严绝对受保护的原则。所以，这个观点是无法接受的。而且，从民法的角度看，人格和人格权也无法区分，比如，在一个人生命受到了侵害的时候，你从法理上能说清楚这是生命受侵害和生命

---

　　① 对此有兴趣者，请参阅孙宪忠编译《德语民法学精读译文集》，北京大学出版社2019年版，第98—126页。

权受侵害之间的区别吗？一个人的隐私被暴露，你说这是隐私受到了侵害还是隐私权受到了侵害？因此，我支持立法机关的立法理由，反对人格权转让的立法理由。在《民法典》编纂过程中，我也力排众议，坚持主张应当删除关于人格权转让的几个条文，最终这些条文也基本都被删除了。

七　结语

本文的内容主要有以下几个要点。第一，我们要认识到《民法典》必须是要有体系的，在《学说汇纂》和《法学阶梯》的两种模式之间，我们选择了潘德克顿体系，也就是《学说汇纂》体系。第二，《民法典》中《民法总则》要起到统辖作用，需要特别注意总则部分的共同条款和一般条款。第三，在财产法部分，我们采取了区分原则，从法律效力和法律根据上来区分物权和债权。第四，讨论了人身权中身份权部分的一些创新规定。第五，讨论了人格权相关问题，肯定了人格权独立成编的立法价值，同时否定了人格权转让这一说法。

体系化是理解中国《民法典》的
首要进路

引　言

随着《中华人民共和国民法典》（以下简称"《民法典》"）的颁布，我国进入了《民法典》的时代。这不仅对于从事法律学习和研究及法律实践工作者，而且对于我国社会整体而言都是值得隆重庆贺的重大事件。因为民法是调整社会人身关系和财产关系的法律，而这些关系是基本社会关系，也是涉及每一个自然人、法人和其他组织的基本关系，所以《民法典》是贯彻依法治国原则应该依据的基本法律。《民法典》通过体系化、科学化的整合，将庞大的民法规范体系化编纂成为和谐统一的整体，这就为我国的国家治理、为人民基本权利保障、为我国市场经济的发展提供了统一、透明、规范的依据，实现了民事活动以及司法裁判后果可预期、法律实施效果可复制可推广的立法目标。所以《民法典》编纂完成是我国法律体系建设的重大成就，是依法治国进程中的重大成就。在世界法制发展史上，人们都把《民法典》作为法律制度文明发展的典型标志，我国《民法典》同样将因此被载入史册。

《民法典》制定完成后，中央政治局书记处立即举行了《民法典》的学习活动，习近平总书记强调，必须重视《民法典》实施问题，积极推进《民法典》实施。事实上我国现在已经进入《民法典》学习研究和贯彻实施的高潮。但是，我们在学习研究和贯彻实施《民法典》的过程中，首先遇到的一个显著的问题是，我们怎样学习和掌握这个庞大的《民法典》体系？事实上，从专业的角度看，《民法典》虽然体量很大，但是它还不是"民法"的全部，因为在《民法典》之外，还有商事法律、知识产权立法，以及涉及一些特殊民事主体、特殊民事活动、特殊民事权利和特殊责任的立法，还都没有写入《民法典》之中。如果这样看，民法的体系实在是太大了。显然，如此庞大的《民法典》在我国以前是没有过的。但是我们要知道，这样一个庞大的民法体系出现在我国，首先说明了我国人民权利享有和保障水平的极大提升，这一点应该肯定。另外我们也要知道，庞大的民法规范和制度群体，并不是像农民收获土豆那样，捡起来一个随意地装进篮子里面，而是按照体系性科学性逻辑被编纂在一起的。所以我们只要抓住这个体系性逻辑，就能够掌握这个庞大的规范和制度体系，从而也就能够准确地实施《民法典》。

本次我国《民法典》编纂之始，我国立法机关就确立了"讲法理，讲体系"的指导思想。① 这个指导思想，其实就是要把《民法典》编纂作为一项科学的事业，尊重《民法典》编纂的体系性逻辑，确保立法质量。《民法典》编纂完成之后，我们解读《民法典》也要遵循这个指导思想，也要遵循《民法典》编纂为一个整体的体系化科学逻辑。但是从笔者参与本次《民法典》编纂工作的亲身经历以及《民法典》编纂完成后一些解读观点看，我国社会包括法学界，尤其是对《民法典》编纂提供主要理论支持的民法学界，对于《民法典》的体系化科学逻辑一直有认识不清晰、接受不彻底，甚至有时还予以否定的问题。编纂工作伊始就不断出现将《民法典》碎片化、枝节化的观点，而法典编纂完成后的一些解读，还是看不到《民法典》整体中所贯彻的基本逻辑，其解读有前后不一、一叶障目不见泰山之感。比如说合同，那就教导读者只看《民法典》合同编；说到人格权，也是说《民法典》人格权编如何。这些观点都看不到《民法总则》的统率作用，看不到《民法典》整体的法律意义。这些混乱如果不能得到及时清理，至少会对民法学习研究造成消极影响，进而会损害市场经济秩序和人民的权利。

---

① "讲法理、讲体系"是我国《民法典》编纂所确定的指导思想。参见李建国2017年3月8日在第十二届全国人民代表大会第五次会议上所作的"关于《中华人民共和国民法总则（草案）》的说明"，新华社北京2017年3月8日电。

本文想强调的是，坚持体系化科学立法原则，并不只是立法的原则，而且也是法律生效后学习研究和贯彻实施的原则。所以本文在此提出这个问题的研究，希望对于促进法典的良好理解和实施发挥积极的促进作用。

一 《民法典》编纂中的"体系化效应"问题

本次的民法立法定名为《中华人民共和国民法典》，而不是像日本和我国 1930 年时期制定的民法那样，仅仅将其命名为"民法"。在我国法律体系中，以"法典"命名法律，这还是第一次。而且从立法体系性逻辑要求的角度看，这样的命名有可能将来也是唯一的。我国其他法律比如《中华人民共和国宪法》《中华人民共和国刑法》以及其他各种法律，都没有以法典来命名。使用"法典"来命名民法，除了表明该法的政治意义非常重要之外，最重要的，就是要强调民法本身的体系性逻辑和以此贯彻科学立法原则的指导思想。通观历史上的立法我们会发现，能够被命名为法典的法律，大体上有三个明显的特征：[①] 一是该法在法律体系整体中的地位十分重要，命名为法典，就是要承认这一法律作为国家大典的意义。二是该立法调整的社会关系范围极为广大，因此这样的法律包含着比其他法律多得多的法律规范和制度，将其命名为法典，是要承认和彰显它在法律体系中独特的分量。三是立法者要突出该法的体系性，强调立法本身逻辑和法律技术方面的规律。民法就是这样的法律。众所周知，民法属于国家治理的基础性法律，它调整的社会关系范围具有全局性、普遍性，因此其法律规范和制度群体非常庞大，因此我国立法机关将本次民法定名为"民法典"可以说极具深意。

因民法对于社会生活极为重要，自古以来国家治理者都会制定民法规范和制度。人类社会最早的法律包括民法都是从习惯法发展而来的。习惯法虽然接近现实生活，容易被当时当地的人理解，但是它也有因时而异、因地而异、缺乏统一标准、容易被法官滥用从而失去公正的显著缺陷。因此，自古以来立法者和法学家们就开始了对于法律规范和制度

---

① 对此请参阅孙宪忠《民法典何以为"典"》，《浙江人大》（公报版）2020 年第 2 期。

群体的整理工作，这样的整理就产生了以成文法作为表征的民法。成文法最积极的社会效果，就是借助于它的体系性，限制立法和司法行为的任意或者随意。

世界上很多国家都有成文法的历史，成文法不是习惯法汇编，而是专门机构通过专门程序制定出来的。成文法的出现，说明人类社会开始立法体系化。但是在法律发展史上，一部法律能够被称为法典的情况并不是很多的。历史上公认最早发现的法典是三千五百多年前的《汉谟拉比法典》。① 该法典包括了关于国王统治权力等部分公法内容，但是基本内容属于民法，是关于社会人身关系和财产权利的法律规范和制度。我们在研究这个法典的文本时会发现，它规定的一个个条文是有其内在逻辑的，立法整体上形成体系。在民法发展历史上，最早对民法体系化整理做出重大贡献者，是公元 2 世纪罗马法中出现的《法学阶梯》。据文献记载它由盖尤斯所撰写②，其最大贡献在于，它从民法调整的庞大的民法规范中，归纳和抽象出三个基本的法律规范范畴：人、物、权利③，并按照这三个因素之间的关系，把民法规范划分为人法、物法、权利取得、权利救济四个基本制度。这样，《法学阶梯》就成功地建立了具有内在逻辑和外在形式的民法体系。《法学阶梯》已经完全脱离了民法习惯法影响而成为那个时代民法制度体系和理论体系的楷模。所以，后来 6 世纪罗马帝国皇帝优士丁尼在编纂《国法大全》时，就将《法学阶梯》全部纳入，作为其"民法总论"④。《法学阶梯》的体系化理论，得到了后世数千年的认可和推崇，《法国民法典》就是按照它的模式编纂而成的。

但是在民法的发展史上，《法学阶梯》的立法模式却在 17、18 世

---

① 《汉谟拉比法典》，产生于3500多年前的古巴比伦王国，国王汉谟拉比执政时制定，内容共270多条，除前言和部分条文阐述国王的统治权之外，其他都是关于如何裁判处理财产归属、合同和婚姻方面的法律规范，所以在讨论《民法典》时，一般也将其作为讨论对象。

② 但是史料无法考证盖尤斯是什么人，甚至也说不清楚他是一个人还是一些人。关于《法学阶梯》以及盖尤斯的情况，有兴趣者，请参阅［古罗马］查士丁尼《民法总论》，张企泰译，商务印书馆1997年版之"前言"部分的介绍。

③ 也有中文法律文献将这三个因素归纳为"人、物、诉讼"。笔者根据德语法律文献将其翻译为"人、物、权利"。

④ 同注①。

纪时期，被潘德克顿体系，也就是所谓的《学说汇纂》体系成功地超越了。潘德克顿体系在罗马法早期已经出现，但是罗马法早期它只是查士丁尼皇帝认可的几位法学家的理论观点汇集。它作为一个法学观点汇集，其内在逻辑不明显，体系性并不强烈，因此它在早期罗马法中地位较次。但是到17、18世纪之时，《学说汇纂》体系因其理论色彩深刻而被德意志法学家们继受，这些法学家在潘德克顿理论的基础上，结合当时高涨的人文主义思想、工业革命的精神和启蒙运动的主张，进行了很多具有决定性意义的创造，从而形成了法思想和法技术两个方面都更加完善的民法制度体系和理论体系。① 在本次中国《民法典》编纂工作中，笔者曾经对这一段历史进行了再次探讨，发现潘德克顿体系超越《法学阶梯》模式的原因，首先是政治上的原因，是这个体系的理论可以方便地采纳18、19世纪之时人文主义革命和启蒙思想的精神，以及自然权利和意思自治等重要学说，因此潘德克顿体系这个时期所创立的意思表示理论、法律行为理论等，成功地完成了对民法指导思想革命化的改造，使民法从神权主义和君权主义的政治牢笼中解脱出来，成为真正的民事权利主体的立法，为民事主体尤其是普通百姓的民事自决权建立了伦理基础。② 这些理论学说，铸造了经典民法，使得民法的价值超越了历史，至今仍然光彩照人。同时，潘德克顿体系超越《法学阶梯》另外一个十分重要的原因，是其立法技术上的先进性，它的概念清晰明确，法权结构和规范逻辑严谨而且和谐统一，尤其是它所创设，或者说它在罗马法的"法锁"理论基础上发展起来的债权理论和法律制度，以及与此相关的物权理论和制度，实现了民法法律技术层面的本质更新，使得民法关于交易案件的分析和裁判更加清晰合理，也更符合现代市场经济的需要，而且也为现代民法制度体系化科学性奠定了高度自洽而且包容的逻辑。③ 因为债权理论和法律制度的确立，才有了债权和物

---

① 对此有兴趣者可以参阅戴东雄《中世纪意大利法学和德国的继受罗马法》一书的第五章"德国实际继受罗马法的过程"，中国政法大学出版社2003年版。

② 对此有兴趣者，可以参阅［德］汉斯·哈腾豪尔《法律行为的概念——产生以及发展》，孙宪忠译，载孙宪忠编译《德语民法学精读译文集》，北京大学出版社2019年版，第141页以下。

③ 对潘德克顿体系在法技术上超越《法学阶梯》体系的原因感兴趣者，可以参阅拙作《物权法司法解释（一）若干问题的分析与适用》，《法律适用》2016年第10期；《中国民法继受潘德克顿法学——引进、衰落和复兴》，《中国社会科学》2008年第2期等论文的探讨。

权的相互区分，以及在此基础上形成的法律关系学说、法律行为理论等，都成为现代民法制度建设的核心，也成为民法科学化的标志（对此下文稍加仔细探讨）。这些法技术方面的重大更新，使得潘德克顿体系受到了人们更多的推崇。

值得说明的是，我国自清末变法以来一直采纳潘德克顿体系的民法立法模式，我国社会熟悉的法律关系理论、民法总则和分则的区分、物权和债权的区分、法律行为理论、侵权责任和违约责任的区分等，都来源于这个知识体系。该体系进入我国一百多年以来已经完全融入我国立法和司法的制度体系和法学理论体系，其清晰的概念和准确的规范，已经成为市场经济体制要求发展人民权利保障的基石。

在民法科学性体系性发展道路上，最值得讨论的是理性法学的贡献。理性法学是受到 17 世纪高涨的科学主义思潮的启迪而产生的法学流派①，它的基本主张就是要探索和总结法律发展的规律，从国家治理规律性的角度，而不是从创世说的角度来研究法律现象。这种主张所针对的，就是欧洲当时占据统治地位的神权法和习惯法，而神权法和习惯法，就是排斥理性和科学的典型。理性法学出现后，"法学"一词已经不再是传统意义那种只表达法律知识的"法学"，而是要体现法律规律性的"法学"。这种要像尊重自然科学的规律性那样，以科学的态度来研究、总结和归纳国家和法的现象的主张，尤其是它所提出的要求国家的治理者以科学的态度来制定法律、以科学的态度来执法和司法的理论，其社会进步意义是应该充分肯定的。② 理性法学对科学主义的民法思维发挥了强有力的指引作用，它不但促成了民法理论体系的科学

---

① 科学主义思潮，指受牛顿力学启发，力图探索和总结大自然和人类社会发展运行规律的思潮。兴起于 17、18 世纪，它打破了创世说的愚昧，开启了后来的各种科学研究、自然发现与发明创造。科学主义思潮进一步推动了人文主义革命，开启了启蒙运动和科技大革命，从而造成了世界大变革的时代。对此有兴趣者，请参阅 ［美］L. S. 斯塔夫里阿诺斯《全球通史》，董书慧、王昶、徐正源译（第 7 版下册，北京大学出版社 2005 年版）的 "1500 年以后的世界" 中的 "第三编" 中的第 10 章、第 11 章和第 12 章，关于科学主义对于科技革命、工业革命等世界重大事件的影响。

② Wieacker, Privatrechtsgeschichgte der Nerzeit, 2. Auf. 1967, Seite 1 usw. 对此有兴趣者，请参阅 ［德］K. 茨威格特、H. 克茨《比较法总论》，潘汉典等译，贵州人民出版社 1992 年版，第 253 页以下，关于理性法学的探讨。

化，促成了潘德克顿体系的高涨，而且也促成并指导了欧洲的民法法典编纂活动，进而使得民法法典化成为世界性运动。在 20 世纪 50 年代我国引入苏联法学后，法律工具主义占据上风，科学主义法学理论被拒之门外。但是，科学主义法学理论的历史进步价值是不应该被抹杀的。

科学主义法学在 18、19 世纪影响巨大，其最突出的成就是造就了欧洲的民法法典化浪潮和大陆法系。17 世纪，统治欧洲大陆约有千年的神圣罗马帝国影响力极大下降并最终消亡，同时罗马天主教被迫退出世俗政治，欧洲大陆的一些邦国获得了独立的主权和治权，受启蒙思想的影响，这些国家开始制定法律解决国家治理问题。这一时期，欧洲国家立法取得显著成就的表现，是它们都成功地制定了民法。这样，在欧洲大陆这块土地上形成了以法典化民法为特征的大陆法系，也称为民法法系。大陆法系的形成，是法律世俗化、国家化、科学化、体系化几种思想的共同成果。民法发展历史上，人们将这一时期欧洲大陆出现的、普遍制定民法法典的事件，称为"民法法典化运动"。"民法法典化运动"，是民法体系化科学化思想发展的高潮和标志。

欧洲大陆的民法法典化，将庞杂、散乱、矛盾和漏洞并立的民法规范和制度编纂为一个整体，不但实现了民法统一，实现了市场交易的法律基础的统一，提升了普通民众的基本权利的保护水准，进而产生了巨大的政治效应和经济效应。这方面的典型代表是《法国民法典》。拿破仑执政时期编纂的这部法典，贯彻了人人平等的原则、民事主体意思自治原则、民事主体财产所有权神圣不可侵犯原则、自己责任原则（也就是民事主体仅仅是为自己的行为过错承担责任，而不能因为自己卑贱的身份承担责任的原则），从而在法律的思想上使得民法彻底脱离了神权法、封建君权法的影响，废除了人类社会由来已久的等级身份制，使得民法的精神和体系都发生了革命性的转变。[①] 同时《法国民法典》的颁布也统一了该国的法律渊源，使得该国长期并存的四百多个习惯法区域得到清理，为该国市场经济的法制铺平了道路，使得该国迅速成为发

---

① 对此有兴趣者，请参阅孙宪忠《从立法体系化科学化的角度看中国民法典编纂中的几个问题》，载《权利体系与科学规范》，社会科学文献出版社 2018 年版，第 23 页以下。

达国家。① 这个优秀的《民法典》范例，为欧洲以及世界各国树立了榜样。之后兴起的《德国民法典》在立法技术方面更胜一筹，实现了《民法典》编纂的法律技术层面的超越。往后的《瑞士民法典》在立法语言、立法技术各方面也实现了重大的创新。

　　民法法典化的政治效应还体现在，它限制了立法的任意和司法随意，促进了法治文明精神的实现。法典化的立法思维，就是体系化思维，它要求人们进行的立法活动和司法活动，必须首先尊重现行法律体系，这样就对立法和司法均发挥了强有力的指导和保障作用。同时，体系化的立法极大地方便了法官适用法律，也方便了社会各界学习研究贯彻法律。这种积极的社会效应，后世称为"体系化效应"。进而，民法法典化以其公开透明、标准客观、容易理解的优势，展现了一种稳定的理性，它以法典的形式保障了法律面前人人平等原则的实现，故后来人将这一点总结为"形式理性原则"②。也就是因为这样，民法法典化展现出国际性的生命力。继欧洲大陆国家成功编纂《民法典》之后，亚洲、拉丁美洲和非洲的国家，都成功地编纂了民法。

　　民法法典化是民法立法体系化科学化的产物。《法国民法典》和《德国民法典》都有两千多个条文，瑞士民法共有两千个条文。③ 从众多的法律条文数量看，我们就知道民法典编纂是一项繁重复杂的劳动。如果强调《民法典》编纂贯彻科学立法原则，那么就必须明白，科学不是常识，而是来源于常识的归纳总结和抽象提炼，这样，《民法典》编纂就必须走向专业的道路。在这个问题上，历来争议最大的就是所谓立法如何"亲民化"的问题。我们说，在立法的指导思想上、制度设计上贯彻人民权利保障，这当然是十分正确的。但是如果把立法人民性理解为法律规范和制度必须让普通民众看得懂，那这显然并不正确。因为制定民法是为了用民法来规范社会行为，尤其是用民法来分析和裁判案件，

---

　　① 对此有兴趣者，请参阅梅汝璈《拿破仑法典及其影响》，《清华法学》2004 年第 5 期。

　　② 关于体系化效应和形式理性原则，请参阅［美］艾伦·沃森《民法法系的演变及形成》，李静冰、姚新华译，中国政法大学出版社 1992 年版，第 32 页以下。

　　③《法国民法典》《德国民法典》皆因后来多次修改，其具体条文数量已经无法仔细计算和列举。瑞士民法的编纂体例，是在《瑞士民法典》（共 977 条）内未写入债法，而是在此之外另行编纂《债法》（共 1186 条），此外还有 1962 年制定的《瑞士民法典补充法》（作为《瑞士民法典》的末编，共 61 条），以及《瑞士债法修正法》等。

所以立法必须准确严谨，法律适用效果上的公平才能得到保障。立法质量永远都是立法技术上的首要选择，在此之下，才可以考虑立法语言的通俗化问题。而且，一些涉及国计民生的重大投资和经济交易的法律规范，一般老百姓也不参与，也没有了解的必要。如果不分场合地要求立法都要普通民众看得懂，那就难免是一种政治噱头。在《瑞士民法典》的制定过程中，也曾出现过类似的争论。针对一些人对该法追求体系性科学性的批评，主持立法的约瑟夫·翁格尔回答，如果不使用民法专业概念和逻辑，而是使用一般民众的语言来编纂《民法典》，那么《民法典》就不可能只写一两千个条文，而是要写几万、几十万个条文；而且如果为了让普通民众读得懂，那么任何一个法律条文都还必须用民众的语言来解释。这样，一部《民法典》可能要写几百万字。这样的立法是谁也完成不了的任务。①

《民法典》的科学体系化，相比英美法的判例法系统在立法上和司法上都具有优势。英美法的判例法体系，既没有专门的立法机关，也没有特定的法律形成程序，而是依靠法官做出的一个个成熟判例的累积，所以其法律形成的历史非常漫长。而且，现代英美法形成的数十万个判例②，这些判例之间欠缺明显的逻辑和体系。在这种情况下，一个青年学生如果要成为一个法官或者律师，那就必须在一个系统内经过长期的训练，否则就无法掌握其要领。判例法的基本原则是"遵循先例原则"，法官和律师"找法"就是找到最先的案例，然后建立自己的分析和裁判理由，这对他们而言确实是一项非常困难的工作。在这种情形下，一般社会大众想自发学习和应用法律实在是难上加难。

在近年来的《民法典》讨论中，也有学者提出中国不应该再走大陆法系的道路，甚至提出"去法典化""解法典化"的观点，主张我国民法立法不应该保持基本法律的统一。③ 但是这种观点实在不符合我国法制发展的

---

① Konrad Zweigert, Hein Koetz, Einfuehrung in die Rechtsvergleichung, 3. Auflage, J. C. B. Mohr（Paul Siebeck）Tuebingen, 1996, Seite 166 usw.

② 2017 年笔者访问英格兰高等法院座谈时，主持人介绍说，英格兰现有的有效判例大约三十万个。

③ 参见易继明《民法法典化及其限制》，载《私法》，北京大学出版社 2002 年版，第 102 页以下；张礼洪、高富平《民法法典化、解法典化和反法典化》，中国政法大学出版社 2008 年版等。

国情，因此并未得到多数学者的响应，当然也没有得到立法的采纳。

从以上分析我们可以看出，在民法编纂中坚持科学立法的原则，走科学立法的道路，是成功的国际和历史经验，也是我国《民法典》编纂的必然选择。民法中的体系性科学性理论，是历史上依靠民法规制社会经济活动、保障人民权利的经验总结。这些科学理论，包括民法法典化、法典内部的体系结构、法律关系逻辑、主体理论、权利理论、法律责任理论等，都是非常珍贵的历史财富。科学主义民法不但在理论上保障了庞大的民法规范和制度的自洽和发展，而且在法律实务上也保障了立法、执法和司法的协调统一。所以，科学立法的原则对我们而言，不论在编纂《民法典》的时候，还是在学习研究和贯彻实施《民法典》的时候，不论是从事法学研究教育的学者，还是法律实务工作者，以及非法律执业者，都应该予以充分尊重，并认真坚持和遵循。

二　中国《民法典》编纂贯彻科学立法原则要解决的主要现实问题

科学立法是中共中央对立法工作提出的重点要求。近年来习近平总书记和中共中央多次就"科学立法、民主立法和依法立法"提出要求。[①]我们可以看到，科学立法的原则不但得到了多次的强调，而且在各种立法原则中，该原则是作为首要原则被提出来的。总书记、党中央这样强调科学立法原则，一方面体现了党中央和我国社会对于坚持科学立法原则、确保立法质量这个问题的高度关注；另一方面我们还要看到，这一要求确实指出了我国当前立法质量存在的问题，同时这也是我国法学理论研究存在的科学性不强、不彻底的缺陷。这一点在《民法典》编纂中确实是存在的。

---

① 关于习近平总书记和中共中央关于"科学立法"以及保障立法质量的要求，可参见习近平总书记2012年12月4日，《在首都各界纪念现行宪法公布施行30周年大会上的讲话》；2014年10月28日，关于《中共中央关于全面推进依法治国若干重大问题的决定》的说明；2015年10月20日，在英国议会的讲话；以及"完善法治建设规划提高立法工作质量效率 为推进改革发展稳定工作营造良好法治环境"，2019年2月26日以及中共中央2016年发布的《中共中央关于加强党领导立法工作的意见》等。

我国长期存在的立法质量不高的弊端，其形成确实也有历史的原因。改革开放初期，在法律制度基本上被破坏的情形下，国家为应付急用而仓促立法，立法者没有时间就法律的体系性科学性做仔细的考虑。同时，在计划经济体制下引入的苏联法学理论，也无法对我国的改革开放提供必要的支持。即使在 1993 年我国开始建立市场经济体制之后，这样的情况仍然存在。比如，我国已经开始建立市场经济体制，大量的合同都是远期合同和远程合同，合同的订立与履行之间有相当长的时间差，但是民法学界主导的观点还是自然经济体制下"一手交钱一手交货"的思维模式，此时制定的一些法律，包括最高法院出台的司法解释，都没有认识到把合同成立生效和合同履行在法律效力上、在法律根据上加以区分的必要性，对其中的法理以及现代市场经济体制下的民法分析和裁判规则不但丝毫没有反映，而且还采取主动排斥的态度。比如，1993 年我国开始建立市场经济体制后，一些法律中出现了"不动产的合同不登记不生效、动产合同不交付不生效"的规则，这就是明显的违背科学法理的例子。[①] 因为，不论是不动产登记还是动产交付，都是发生在合同履行的环节中，所以如果要求不动产的合同在登记时才生效、动产合同在交付时才生效，那么就是要求合同到履行的时候才生效，不履行就不生效。这种明显违背法理的现象，一直到 1999 年制定的《合同法》中还存在（对此下文还要讨论）。因为《合同法》影响巨大，而且恰恰就是这些现在看起来明显不合法理的规则，却得到民法学界多数人的支持，因此一直很难得到修正。所以，仅从这一点看，中央提出科学立法原则，确实指出了我国民法体系之内的制度弊端。

本次《民法典》编纂工程一开始，我国立法机构就确定了"讲体系、讲法理"的原则。[②] 其实，科学立法的要求就是讲体系、讲法理。所谓讲体系，是因为民法包括的规范和制度数量庞大，而这些规范和制度之间存在内在的分工和配合的关系以及统辖和遵从的关系，这个内在逻辑，使其构成和谐统一的体系。《民法典》中各种规范和制度都必须

---

① 对此见《担保法》第 41 条、第 65 条；《城市房地产管理法》原第 36 条第五项的规定（该条款在 2008 年因不符合《物权法》规定而被废止）。

② 参见李建国 2017 年 3 月 8 日在第十二届全国人民代表大会第五次会议上所作的"关于《中华人民共和国民法总则（草案）》的说明"，新华社北京 2017 年 3 月 8 日电。

依靠立法上的体系才能够发挥作用，比如，《民法典》总则和分则就有立法功能的区分，一般规则和具体规则也有立法位阶的区分。《民法典》中任何一个法律条文都不是单独发挥其作用的。《民法典》编纂必须要依靠其内在的逻辑，把庞大的民法规范和制度群体统一整合起来，使其成为内在和谐、外在统一的体系。

所谓讲法理，就是要认识到，不但支持《民法典》的整体结构需要科学的理论，而且它的每一个章节、每一个条文、每一个规范和制度，都是需要科学理论来支持的，因此，大到整个法典的体系结构、小到某一些具体的条文，我们都应该搞清楚其背后的法理。因此，我们必须就搞清楚立法所使用的概念的确切含义，分清规范与规范之间、制度与制度之间的差别。目前我国《民法典》中有 1260 个法律条文，涉及的法律概念岂止是成百上千。但是这些概念之间都是有确切含义的，而且这些概念按照立法的功能都是不可缺少的，所以，讲法理，最主要的就是要搞清楚这些概念的含义，包括概念的差异性和同一性、上位概念和下位概念之间的逻辑联系，从而理解和建构整个《民法典》的体系。本文第一部分在讨论民法科学的历史时，就已经提到，民法上的概念多数都是来源于生活现实的，他们的使用一般并不会造成疏远于民众的印象。但是《民法典》就像是一座精妙复杂的机器，而这些概念就像是机器的整体到具体部件，甚至小到螺丝帽，所以这些立法概念也必须得到确切的使用。

本文第一部分在讨论民法科学的历史时也提到，分清概念的差异性、找到概念的同一性，并且按照其中的逻辑来编纂法典，这其实是一项非常古老的立法和法学研究的工作。现代民法也是一样，它同样是在概念的差异性和同一性的基础上、在上位概念和下位概念之间的逻辑关系基础上编纂而成的。在民法发展史上，曾有学者把这种以《民法典》中概念与概念之间的逻辑理论称为"概念法学"[1]。20 世纪 50 年代以

---

[1] "概念法学"一词为德国法学家耶林创立使用，他本人开始时将其作为《德国民法典》引以为豪的闪光点。但是，这个概念也为耶林所批评。创立这个概念的原因在于它揭示了《德国民法典》在立法技术上的追求。而批评的原因在于，《德国民法典》编纂之时没有顾及当时已经比较紧张的劳工关系，它仅仅规定了雇佣合同，而这种合同无法反映劳工的利益。对此有兴趣者可以参阅［德］拉伦茨与沃尔夫《德国民法通论》之第三章，邵建东等译，法律出版社 2013 年版。

来，我国法学理论界曾经对概念法学带来的专业化的法技术采取批评的态度，认为这种专业化造成了少数人对法律知识的垄断，造成了人们难以理解法律。但是，正如上文讨论过的，法律体现人民利益和它的专业化是不矛盾的；相反，如果立法不严谨，那么必然会造成司法的随意，这样反而会损害普通民众的利益。从上文关于理性法学基本内容的探讨我们可以看到，立法上的理性与科学性，是法治文明发展的体现。

我国《民法典》在编纂过程中坚持了科学立法原则，贯彻了"讲体系、讲法理"的要求。以笔者的经历，这方面可以归纳为如下几个要点。

第一，法典全部内容以法律关系理论为基本逻辑，全部民法规范和制度井然有序，实现了整个民法体系的高度和谐与统一。

中国《民法典》编纂贯彻科学立法原则的首要标志，就是实现法典化的编纂方式，以现代民法的体系包容民法的基本规范和制度，使其成为内在和谐统一的整体。我国《民法典》分为七编，包括总则编、物权编、合同编、人格权编、婚姻家庭编、继承编、侵权责任编，共1260个法律条文。这些编与编之间的划分、各编之中的分编和章节的划分，以及具体条文的安置，都贯彻了法律关系理论的要求，以此构建的整个民法体系有条不紊，井然有序。《民法典》的体系性科学性，贯彻了总则和分则相区分的理论，同时贯彻了法律关系的学说，实现了法律规范和制度的功能区分。

我国《民法典》编纂贯彻科学立法原则的最大特征，就是采纳了民法总则和民法分则相互区分的立法体例。如上所述，《民法典》的全部内容区分为总则和分则，这就是法典编纂学派所归纳的科学主义法学的典型特征。采纳这种立法体例，既体现了我国立法者对于我国自己的立法经验的尊重，也体现了我国立法者对于法律科学的尊重。因为民法所规范的社会事务巨大而庞杂，因此相对应的民法法律规范和制度也十分庞大。古往今来，人们都会采取归纳和抽象的方法，将众多的民事法律规范和制度进行分析和归类，然后在同一种类型的法律规范中提炼出它们的共同规则，人们借鉴数学概念，将这种立法技术称为"提取公因式"。① 在"提取公因式"之后，庞大的民法规范和制度群体被区分为两部分，其中一部分形成《民法总则》，另一部分形成《民法典》分则各编。

《民法总则》，实际上是大量的民法规范和制度中提炼出来的最一般的法律规范。比如，像民法上的基本原则、自然人和法人的主体制度、民事权利制度、民事法律行为制度、法律责任等，它们所解决的问题是所有的民事活动都会遇到的，所以这些制度就是民法上的一般制度。《民法总则》集中地体现了我国《民法典》编纂的指导思想，体现了民事活动应该遵守的一般规则，集中地体现了民法上的一般原理，所以不论是从法律思想上，还是从法律技术规则上、法律原理上，《民法总则》在整个民法的规范与制度体系中，都居于龙头老大的地位，也居于核心地位。总则中的法律规范和制度，对于分则各编的规范和制度具有统辖的效力。

采纳《民法总则》和分则各编相互区分这种立法模式，对于立法调整民事活动确立了可靠而且唯一可行的法律手段。因为，在任何一个民事活动中，都会有当事人是否适格的问题、当事人是否有权利问题、当事人行为是否正当的问题、当事人的法律责任的问题等。如果不按照"提取公因式"的方法，把主体、权利、行为和责任的规范与制度抽象出来，作为一般规则写入总则，那么，这些规范和制度就必须在每一个民事活动的法律条文中规定出来；我们知道民事活动庞杂而且类型极多，所以这样一种立法，实际上是制定不出来的。只有采取总则和分则相互区分的立法模式，《民法典》才能够编纂出来。而且从法律适用的角度看，这种立法模式也为学习研究民法、贯彻实施民法，尤其是法官在司法实践中应用民法分析和裁判，提供了方便快捷而且准确的"找法"方式。所以这种立法模式是一种非常务实的、科学主义的立法方法。

我国《民法典》规定的总则与分则相区分的编纂体例，在《民法

---

① Vor die Klammer gezogen, see Hans Koehle, Einfuehrungzum BGB, Beck‐Texteimdtv, 2004, XV. 汉语译本见［德］H. 库勒尔《〈德国民法典〉的过去与现在》，孙宪忠译，载孙宪忠《德语民法学精读译文集》，北京大学出版社 2019 年版，第 10 页以下。

总则》规定的民法一般规则，不只是对于全部《民法典》分则各编的规范具有一般性、统辖性的规则，而且也是可以适用于《民法典》之外其他民商法律法规的一般性统辖性规则。我们必须认识到《民法典》还只是民法的一般法，在这个一般法之外，还有商事法律、知识产权法律、涉及民事权利的社会立法等民法特别法，以及针对特别的民事主体的立法、特别民事权利的立法（比如《农村土地承包法》《矿权立法》等）、特别的民事行为（比如《旅游合同立法》）和特别的民事责任立法（比如产品责任法），等等。在当代社会，民法特别法的体系也是十分庞大的，这些法律的产生，是市场经济体制发展和人民权利保障所必需的。虽然这些法律没有写入《民法典》之中，但是它们都是民法，都应该遵从《民法总则》的一般规定。

《民法总则》，成为我国《民法典》采取科学主义立法的显著的标志。总则编中的法律关系逻辑，不仅将整个《民法典》贯穿为一个和谐整体，而且它还通过《民法典》这种体例，发挥了《民法典》作为"大民法"（也就是传统法学中所谓的私法）的一般法或者基本法的作用，从而也建立起来了《民法典》与"大民法"体系中的其他法律也就是民法特别法之间的逻辑联系，保障了大民法体系能够和谐统一地发挥作用。事实上，一些民法的特别法也会有自己的特别法，比如在商事法律中，既有《公司法》《票据法》等一般法，也有《海商法》为其特别法。知识产权立法中，既有著作权这样的一般法，也有软件著作权立法这样的特别法。如此等等。所以在现代经济体制中，随着国计民生的发展，传统民法中的规范和制度体系会表现出"爆炸"式发展的趋势。但是在科学主义的立法模式下，不论这些特别法怎样发展，他们都会受到《民法总则》的统辖，这样它们的发展不会脱离科学有序的轨道。所以《民法总则》为俗称"大民法"体系内部建立的这种一般法和特别法之间的逻辑，可以为民法的发展提供足够的理论和制度支持，保障这个大体系不会发生内在的冲突和矛盾，而且可以及时地发现漏洞和弥补漏洞。为了满足市场经济体制发展的需要，满足人民权利保护的需要，我们既需要稳定的民法一般法也就是《民法典》，同时也需要发达而且不断发展的民法特别法。而科学主义的民法原理，为这些法律的发展铺平了道路。

顺便提一下，民法科学发展建立的一般法和特别法之间的适用规则，也就是在立法时特别法必须遵从一般法的基本规则、在法律适用时特别法优先适用、特别法无规定时适用一般法这个规则，就是保障一般法和特别法相互协调地发挥作用的基本规则。

第二，在消除民法单行法律缺陷方面贯彻科学立法原则。

上文提到，本次《民法典》的编纂并非全部民法的新创，而是对现行民法单行法律的编纂。编纂不是汇编，而是在保留其基本体系的前提下，消除其内在的缺陷，尤其是要消除先后制定的法律之间的差异甚至矛盾，并且要进行尽可能的创新。从这个基本要求看，我国现行民事立法确实存在缺陷。事实上，在我国市场经济体制和人民交往中发挥重大作用的《合同法》和《物权法》，它们制定的时间虽然相差约十年，但是在这十年里，我国的市场经济体制发展很快，相关民法科学理论的发展同样很快，而这些不同的民法理论，就表现在这两个重要的立法之中，使得这两部法律的一些重要制度上出现了矛盾。但是准确地说，《物权法》制定时期我国民法学上认识清楚的一些道理，在《合同法》制定时期还普遍认识不清，因此《合同法》中的一些重要规则，存在违背民法科学法理的明显的也是比较重大缺陷。本次《民法典》编纂在消除这个缺陷方面做出了极大努力，也取得了成功。

我国《合同法》的很多制度在市场经济体制发展和人民群众权利保护方面确实居功至伟。但是该法是在建立市场经济体制的初期制定的，现在看来，那时我国法学界包括民法学界在内，对市场经济体制下成熟而且系统的法律交易理论的认识确实还存在很多不足。这一点集中表现在我国法学界对于民法上的意思自治原则，对法律行为理论的认识不透彻、不全面、不准确这个要点之上。意思自治原则以及和这项原则存在内在联系的法律行为理论，其基本含义就是要让民事主体对涉及自身的权利义务关系享有自主决定权，而且要把这一点作为民事权利义务关系发生变动的核心因素和关键因素，以此来确保民事主体的当事人地位，确保民事权利义务关系对于当事人的公平正当。但是我国法学界包括民法学界对这一点的认识是，民事法律行为是适用法律的行为，是合法行为，这样就抽掉了意思自治原则和法律行为理论中最关键的民事主体自我决定权这个核心因素。① 而去除这个核心因素之后，意思自治原则已经荡然无存，法律行为制度也就失去了灵魂。在这种制度下，民事权利义务关系的确立和发生变动最终不取决于当事人自己，而是取决于公共权力。

与意思自治原则和法律行为制度建设方面存在的这些缺陷相关联，我国法学界尤其是民法学界，在法律交易的制度建设上所表现出来的理论缺陷，就是不能清晰地认识到，法律交易中物权的设立、移转、变更和消灭，正是当事人意思自治的结果，不承认这个领域里的法律行为，因此得出了订立合同存在法律行为，而物权变动的效力却要取决于公共权力等其他因素这样的结论。这种理论导致一些民众购买商品房已经接收交房甚至入住多年后，只是因为还没有办理登记的手续，就被法院判决不承认其所有权取得的悲惨后果。实际上，我国法学界不能完全彻底承认意思自治原则和法律行为理论，在法律交易中的理论分析和实践裁判上，最突出的表现，就是不能贯彻订立合同只是发生债权请求权的法律效果，而履行合同才发生物权变动和效果之间的差别这个科学的法理。不承认科学法理，就必然导致立法和司法的混乱。

20 世纪 90 年代制定的几部法律包括《合同法》在内，都存在不能正确认识债权生效的法律根据必须和物权变动相区分的科学法理这个显著的问题。这一时期制定的几部法律，包括《担保法》《城市房地产管理法》，以及后来影响巨大的《合同法》，都是把合同作为直接的甚至是唯一的物权变动的依据，只要合同成立生效了，所有权等物权就转让成功了；而合同无效时物权变动也要随之无效。② 这种理论下，关于物权变动的制度整体，是放置在合同法的体系之内的。但是，依据合同效力来直接裁判物权效力的理论，反过来又以物权变动是否成功来裁判合同是否生效的理论和制度，不但在法理上是错误的，而且是荒唐的。当

---

① 对本文此处涉及法律行为理论的讨论有兴趣者，可以参阅拙作《意思自治原则的理论和裁判价值》《法律行为制度构造与民法典制定》《民法典总则编"法律行为"一章学者建议稿的编写说明》这几篇论文，载孙宪忠《权利体系与科学规范》，社会科学文献出版社 2018 年版，第 257 页以下。

② 对此有兴趣者，可以参阅《担保法》第 41 条、第 65 条的规定；《城市房地产管理法》原第 36 条第五项的规定（相关规定在 2008 年已经废止）；以及《合同法》第 51 条、第 132 条的规定等。

然其实践上是相当有害的。可是这种理论在我国法学界甚至民法学界根深蒂固,加之《合同法》这个基本法律的第 51 条、第 132 条也是建立在这些理论的基础之上,因此这些理论造成的消极影响一直很难消除。20 世纪 90 年代后期,我国民法学者为纠正这一错误,提出了区分原则理论,主张将合同的法律效力限制在债权的范围内,把物权变动的效力及其根据交给《物权法》来规范的观点。区分原则的理论基础,就是依据债权作为相对权、物权作为绝对权的区分,以及不论是债权的设立变动还是物权变动,都是法律行为的结果,因此应该从法律行为的交付区分债权变动的法律行为和物权变动的法律行为的科学理论。① 正如上文第一部分的分析阐明的,这些理论其实都是科学主义法学的产物,也是市场经济体制下成熟的法学理论。2007 年我国《物权法》制定时,立法者采纳这一理论,在法律制度安排上,将物权变动的制度群体从《合同法》中脱离开来,规定在《物权法》之中,而且也从法律行为的角度,对不动产的物权变动和动产的物权变动做出了区分。所以,在《物权法》的领域里贯彻区分原则科学法理的任务基本完成了。本次《民法典》编纂,又在合同编删除了抵触区分原则的原《合同法》第 51 条、第 132 条等条文中的规则,这样,在整个财产权利立法领域中,我国民法贯彻科学主义法理的任务才彻底完成了。

因为《合同法》制定时期,第 51 条、第 132 条这几个条文得到一些法学家的推崇,因此本文在此将其缺陷简要讨论一下。《合同法》第 51 条规定的大体含义,就是要求订立合同之时,需要当事人享有所有权或者处分权,这就违背民法订立合同仅仅是发生债权而不发生物权的原理。上文第一部分阐述的笔者从民法发展历史的角度对这一问题的探讨,已经说明了这样一个道理:在自然经济体制下,"一手交钱一手交货"成为交易的典型模式,而这一模式里面没有必要进行债权和物权的区分;但是在市场经济体制下,典型的法律交易是远期合同和远程合同,订立合同和履行合同在客观上就必须予以区分;这种情况下就必须

---

① 对区分原则下文还要讨论。对此有兴趣者,可以参阅本人的著述《论物权变动的原因与结果的区分原则》,《法学研究》1996 年第 5 期。对此原则更为仔细的讨论,可以参阅拙作《中国物权法总论》(第四版)一书的物权概念部分、物权变动规则部分、物权行为理论等部分,法律出版社 2018 年版。

建立订立合同产生债权而不发生物权变动的效果，而只有履行合同才能够发生物权变动的效果的基本法理和法律制度。而且，合同订立后当然应该予以履行，但是这并不等于合同在客观上最终必然会履行。因此我们完全不能把履行合同的条件强行规定为订立合同的法律条件。所以原《合同法》第51条所规定的，在订立合同的时候就必须满足合同履行条件这种做法，无论如何不是市场经济体制下成熟而且科学的法理的表现。所以，现在我们的立法无论如何不能要求订立合同的时候当事人就必须享有所有权或者处分权。至少我们知道，在工厂里订货的合同，买卖预售房屋的合同，都是在标的物不存在因此所有权也不存在的情况下订立的。如果按照原《合同法》第51条来裁判，那么，这些合同都不会得到法律的承认和保护。与此类似，《合同法》第132条也存在这样的缺陷。我们知道，合同立法在市场经济体制下是非常重要的，所以原《合同法》的这些条文的消极作用是十分强烈的。

但是即便法理上的讨论已经如此清晰，本次《民法典》合同编的立法，就这几个条文是否应该删除的问题仍然发生了很大争议。一些学者从订立合同必须符合履行合同的条件这些理论出发，强烈坚持原《合同法》第51条的正确性，主张在合同订立之时，必须把合同履行的条件作为合同订立的条件。① 在这些观点已经明显不符合民法科学法理的情形下②，原《合同法》第51条、第132条这几个条文还是被废除了。这一删除，清除了数十年来我国民法贯彻科学主义民法原理的最大障碍，保障了民法调整财产关系的《合同法》和《物权法》两个大法律规范群体之间的融洽和统一，也消除了民事司法数十年来一直存在的制度冲突。③ 所以，这几个条文的废除不是小事，而是我国民法在科学立法方面取得的一个显著成就。

第三，《民法典》在人身权利立法方面坚持科学立法原则的努力。

---

① 对此有兴趣者，请参阅梁慧星《关于民法典分则编纂中的重大分歧》，学术之路，2019年12月17日。

② 对前引注观点的回应，请参阅拙作《关于无权处分问题的几点看法》，中国法学网，2019年12月24日。

③ 此处所谓司法方面的制度冲突，指的是2013年最高法院所作的"合同法司法解释"（三）的第3条和原《合同法》第51条之间的冲突。因为最高法院的该司法解释采纳了区分原则的科学法理。

在民法理论中，民事权利区分为财产权利和人身权利两大类，而人身权利又区分为人格权和身份权两种类型。本次《民法典》编纂，在人身权利立法方面，也在贯彻科学立法原则这一点上付出了极大努力，取得了比较好的效果。

比如，在人格权利的立法方面，《民法典》坚持了一般人格权和具体人格权之间关系的成熟法学理论，建立了符合法理科学的制度规则。《民法典》首先在其总则编第109条，规定了人格尊严和人身自由，而人格尊严和人身自由是来源于《宪法》的规定，体现的是我国《宪法》对于自然人人格以及人格权予以充分尊重和保护的精神。同样，从上文涉及人格以及人格权这个问题的历史探讨中，我们可以看到，让每一个自然人都享有平等的人格，这是近现代法律文明发展的重大标志；但是要实现这个目标，主要还是依靠《宪法》，而不是主要依靠民法。民法以其私法的本质，无法解决人格平等这个重大的社会问题。而《宪法》上所规定的人格尊严和人身自由，其全部的政治使命也不是民法能够担负起来的。民法只能从具体主体、具体权利的私法的角度，来对人格尊严和人身自由的法律精神的实现建立相关的制度。在民法发展历史上，人民人格尊严和人身自由的《宪法》规定，将其确定为民法上的"一般人格权"，并且从保护这个权利的角度建立民法法律制度。所以，我国《民法总则》第109条关于人格尊严和人身自由的规定，意义十分重大，它极大地提升了我国民法的人文主义品格，体现了我国立法者对于人民基本权利的充分尊重和充分保护的指导思想。相比而言，世界上多数国家只是在民法理论上承认了一般人格权的规则，但是在立法上还没有这一规定，所以我国《民法典》这一条文的规定，将作为我国民法最值得称道的亮点。

《民法总则》第110条，规定了一些人格权的具体类型。在民法的科学原理中，一般人格权和具体人格权之间的关系是这样的：一般人格权属于具体人格权的上位规则，是一切具体人格权的基本立法精神和指导思想的基础；具体人格权体现了一般人格权的立法精神，但是法律上所列举的人格权的具体类型，并不能认为是全部法律意义上的人格权，在这些列举之外，还应该存在其他的人格权类型或者人格权利益。因为，人格尊严和人身自由的权利是至高无上的，所以人格尊严以及人身自由权利的维护也是没有边界的，立法上列举一些具体的人格权，不能被认为是人格权的种类及其内容的限制。这些列举，也只是为了给法官提供一种分析和裁判上的便利。也就是因为这样，不论是《民法总则》第110条对于具体人格权的列举，还是《民法典》第四编也就是人格权编对于人格权的列举，都不能认为是限定范围及其类型受到强制的"法定主义"的规定。① 这一点和《物权法》原理上的"物权法定主义"是完全不同的。物权法定主义，指的是一国之内物权的种类及其内容必须由法律规定，不得由当事人或者法官创设的立法原则。这项原则包括物权的种类法定和每个种类的内容法定两个方面，法定的意义就是强制性地不许可任意创设。物权法定主义在成文法国家普遍得到遵守，其原因在于，物权尤其是所有权为市场交易的对象和法权基础，如果其类型或者内容任由当事人或者法官创设，那么交易就无法进行，相关民事案件就无法统一分析和裁判。② 而人格权，无论如何都不能进入市场交易，因为人格利益是至高无上的，是绝对受法律保护的，如果依据法定主义的原理来理解人格权的具体列举，那么将从本质上损害这种权利。《民法典》不论是总则编还是人格权编对于人格权具体类型的列举，都不能被理解为"法定主义"。

我国《民法典》关于人身权利的制度规则中，一个显著的特点，是我国《民法典》创新性地规定了独立的人格权编。规定人格权编，是为了落实中共中央提出的"加强人格权保护"的要求，③ 提升人民基本权利承认和保护的法制档次和司法力度，以民法促进我国精神文明的建设。所以，在《民法典》强化人格权保护，以至于规定人格权编都

---

① 关于一般人格和具体人格权之间的关系的讨论，有兴趣者，可以参阅［德］汉斯·哈腾豪尔《民法上的人》，孙宪忠译，载孙宪忠编译《德语民法学精读译文集》，北京大学出版社2019年版，第98页以下。

② 关于物权法定主义，有兴趣者可以参阅拙作《中国物权法总论》（第四版），法律出版社2018年版，第281页以下；梁慧星、陈华彬《物权法原理——民法学原理》，国家行政管理出版社2002年版。

③ 关于人格权保护的要求，是习近平总书记在《决胜全面建成小康社会 夺取新时代中国特色社会主义伟大胜利——在中国共产党第十九次全国代表大会上的报告》中提出来的。该报告见《人民日报》2017年10月18日。

是可以接受的立法方案。但是如何在《民法典》规定人格权编的内容这一点上贯彻科学立法的原则，立法机关部分工作者、法学界就这一点确实有分歧。分歧最大的，就是关于人格权在《民法典》中独立成编的立法理由。因为按照不同的立法理由来撰写法律条文时，法律条文的内容当然是不一样的。按照中共中央的要求，人格权编的各项内容都应该贯彻"加强人格权保护"的精神，这一点在法学界其实并无争议。但是，此时参加立法工作的一些课题组提出了把"人格权转让"作为这一编立法理由的观点，这个不同于中央要求的观点，确实一度给立法造成了迷惑，也在法学界造成比较大的实质性争议。这种观点事实上一时也形成了比较大的社会影响。① 但是正如上文所讨论过的，这个问题如果仅仅从民法的角度看好像没有什么，但是如果从《宪法》的角度看，这个观点造成的理论负面影响还是很大的。因为民法上所列举的人格权都是人格尊严这个一般人格权的体现，人格尊严来源于《宪法》的规定，人格尊严当然是不可转让的。人格权编所列举的任何人格权当然也是不可以转让的，否则就违背了人格尊严作为《宪法》上的基本权利、作为民法上的一般人格权的立法本意。同时，从民法的角度看，人格权当然是对人格的权利，其实法律上的人格就是自然人本身②，人格权如果转让出去，那么这个自然人就失去了作为法律上的人的资格的权利。从上文关于人格、人格权制度和理论的发展历史看，人格权是为保障人格尊严、人格平等而发展起来的，所以它们和人格是须臾不可分离的。所以，按照科学立法的原则，还是应该坚持把人格权保护作为人格权独立成编的立法理由，而否定把人格权转让作为其理由。确实，在人格权编的制度的创设过程中，也曾经一度有法律草案的征求意见稿规定了一些条文，承认了人格权转让的几种可能，而且这些立法方案也曾经向社会公开过。但是经过多次研讨，"人格权转让"观点的缺陷终于

---

① 虽然该课题组提出"人格权转让"观点的立法报告没有发表，但是其课题组负责人所发表的观点还是可以见诸媒体。对此有兴趣者，可以参阅王利明《人格权的属性：从消极防御到积极利用》，《中外法学》2018 年 8 月 15 日；《王利明、杨立新、江平谈人格权》，《北京航空航天大学学报》（社会科学版）2018 年第 1 期等。

② 对此，有兴趣者，请参阅前引孙宪忠编译《德语民法学精读译文集》，北京大学出版社2019 年版，第 112 页以下关于人格以及人格权的阐述。

被大家认识到了，所以相关的条文，甚至曾经提出保留个别情况下可以转让的"但书"规定，最后也都彻底删除了。经过彻底删除人格权转让的条款之后，不但人格权立法恢复了它在民法科学原理上"保护主义"的原貌，而且也复归到中共中央提出的"加强人格权保护"的要求上面。

人格权转让的法律条款在人格权编中删除，消除了我国民法基本法律有可能违背宪法规定、有可能违背人格以及人格权制度违背人文主义精神的重大隐患，同时也消除了这一观点造成的民法立法和理论上财产权利和人身权利区分不清的缺陷。从民法规范的常识我们就可以知道，转让就是以合同方式移转财产权利，用通俗的话来说就是买卖。人格权转让，就等于把人格权纳入财产权利的体系中，让它成为可以买卖的对象。所以，人格权保护才是人格权编的立法理由。

第四，在一系列具体制度建设上贯彻科学立法原则。

我国《民法典》编纂，在贯彻科学主义立法原则、贯彻民法基本原理方面，还有很多细节性的制度设计值得列举。比如在立法逻辑上，贯彻了法律关系的理论；在立法整体篇章结构上，贯彻了总则和分则的区分；在民事权利的基本分类上，在明确的主线上贯彻了人身权利和财产权利区分的理论，但是在隐含的主线上也体现了绝对权和相对权的区分，支配权和请求权的区分；在财产权利的制度建设上，贯彻了物权和债权相互区分的理论；在人身权利制度建设上贯彻了人格权和身份权的区分；明确系统规定权利变动法律根据制度，贯彻了行政行为、民事法律行为、事实行为和自然事件相互区分的理论；在民事权利变动的根据方面凸显法律行为制度，体现当事人意思自治原则；在法律责任的制度方面，贯彻了违约责任和侵权责任的区分，等等。之所以在民法的体系内要有这么多的区分，是因为不论是什么科学，它总是有基本范畴的，因此它的功能是有边界的，科学的范畴内总是要有基本功能区域的区分和分工配合的关系。民法正是这样的科学。如果它调整社会关系"眉毛胡子一把抓"，或者不分青红皂白"一刀切"，那就不是科学。

我国《民法典》在贯彻科学立法原则方面的一些细节性的制度，本文因为限于篇幅难以展开，但是在民法学习研究和贯彻实施中还是应该得到充分的注意。

三　学习研究和贯彻实施《民法典》仍然必须坚持科学主义精神

在《民法典》编纂完成后，我们不论是学习研究还是贯彻实施，同样要坚持科学主义的基本原则。从上文的分析我们可以看到，民法上的科学性原则，并不是一些冷冰冰的法律概念和立法技术，恰恰相反，它们都体现着立法者对于如何依靠民法来进行国家治理的经验和限制立法以及司法的任意性或者随意性的成熟的理性。我国《民法典》的编纂在坚持科学立法的原则上的努力和坚持，也应该成为我们学习研究民法、贯彻实施民法的努力和坚持。

坚持民法的科学性原则，首先要理解和坚持民法规范和制度的体系性。如上所述，七个编、近百个章节、一千多个条文所构成的《民法典》，它们共同构成了《民法典》的体系。学习和研究中国《民法典》，贯彻实施《民法典》，首先应该对这个体系的基本逻辑有充分的认识。上文分析了《民法典》编纂所采取的总则和分则相互区分的结构，就是我们理解这个体系的第一把钥匙。总则和分则相互区分，其科学性不仅表现在立法方面，而且也表现在法律贯彻方面。比如，在人民法院的司法实践中，人们在分析和裁判民事案件的时候，会经常使用民事法律行为这个重要制度。我国《民法典》把民事法律行为制度的一般性规则规定在总则之中，而一些具体的规则规定在《民法典》分则各编之中，在这种情况下，我们在适用民事法律行为制度来分析和裁判案件的时候，就不能只是看《民法典》分则中的个别具体性的条文，而应该更加着重适用《民法总则》关于民事法律行为制度的一般性、基本原理性质的规定。除此之外，我们还要从体系性分析的角度，掌握一些关联性的规则。比如，要分析一个商品房交易的案件，那就不能只看合同编之中关于买卖合同订立的规则，还要掌握物权编中物权变动制度的规则，甚至还要掌握婚姻家庭制度中的相关规则，但是最不能忘记的是必须掌握总则编关于法律行为的一般规定。只有这样，才能够准确全面地掌握《民法典》关于这种交易的涉及意思表示的法律规则。这其实就是体系性科学的基本逻辑的运用。应该看到，现实生活中，人们学习法律应用法律，经常只是看一些具体条文的规定，而忽视体系性分析，这样会出现捡了芝麻漏了西瓜的问题。

在坚持民法科学主义精神方面，我们还应该强化自己的科学化、精确化的思维。如上所述，民法依据科学立法的要求，贯彻了法律关系理论的精确分析方法，贯彻了人身权利和财产权利的区分，绝对权和相对权的区分，规定了法律行为制度，规定了违约责任和侵权责任的区分。这些精确的规定，体现了民法以精细化的处理方法来承担《宪法》赋予其国家治理职责的科学精神，这也是法律关系理论下从主体、权利义务到法律责任都必须明确肯定的制度要求。《民法典》作为庞大的行为规范和裁判规范的体系，它必须做到精确严谨。我们学习研究民法、贯彻实施民法，当然应该对此有清晰的掌握。如果是民法的执业者，这些知识就是须臾不可离身的基本功。

坚持民法科学主义，首先要尊重民法科学，尤其是对民法基本理论、对民法发展历史有更多的掌握。现实生活确实给我们提出了创新民法制度和理论的要求，但是民法发展数千年，其基础理论所凝结的智慧，体现了传统的理性与科学。法律制度的创新不能任意和随意，应该有充分的科学理论支持。在法典编纂的过程中，在《民法典》生效实施之后，法学上的争论都不会停止，但是无论如何我们应该对于民法科学有一份尊重。

总体而言，中国《民法典》编纂的伟大工程基本上已经顺利结束，中央提出的"科学立法、民主立法、以法立法"的要求得到了基本遵守，科学的法律体系已经建立，曾经的制度混乱得到了清理，应有的创新也得到了承认。《民法典》不但为接踵而来的立法、执法和司法提供了基本遵循，而且也带领我们进入了民法理论的新时代。历史的经验证明，科学包括民法科学在内，它的发展可能会遇到一时的阻碍，但是它永远不会被阻滞，它永远是我们前进的灯塔。

从立法体系化、科学化的角度看中国
《民法典》编纂中的几个重大问题

本文结构

　　中国大陆最高立法机关正在进行"编纂《民法典》"的历史性工作。本次编纂，是20世纪50年代以来的第五次编纂。目前的立法计划是，本次编纂工作先修订1986年制定的《民法通则》为《民法总则》，然后整合民法其他部分为民法典分则，整体工作分两步走，大体上在五年之内完成。本人参与了二十年来中国民法立法的各项工作，本次《民法典》编纂再一次被国家最高立法机关聘请为立法专家，比较多地参与了中国《物权法》以来包括本次《民法总则》编纂在内的各项《民法典》立法的准备工作，借此机遇，本人对前四次立法不能成功的原因开启了独特的检讨。在本人看来，前几次《民法典》立法未果，除政治经济与文化方面的原因之外，立法者从一开始就没有从立法的科学性、体系性的角度提出要求，也没有在探索《民法典》立法与国家治理之间的社会科学规律性问题方面做出努力，因此《民法典》的制定总是就事论事，于国家治理的道理有所不足。因为这个原因，前几部《民法典》的设计，不论是体系模式的选择还是具体制度与规范的设计，都显示出鲜明的随意性甚至任意性。而恰恰就是因为这种原因，对于《民法典》制定的最终决策，也可以随意甚至任意。一直到今日，不论是立法者、法学家还是社会舆论，其中相当一部分人对《民法典》并无深刻理性的认识，因此立法动议、观点、评价非常多，但是这些看法对于推进《民法典》编纂发挥积极作用的并不多。也正因为此，在本人看来，本次《民法典》的编纂，必须首先在法典编纂与依法治国之间的基本理论方面再下功夫，在法典自身及其规范以及制度设计的科学性体系性方面多下功夫，这样才能成功编纂该法，完成把《民法典》立法真正变成科学的"国家治理"的重要基础工程的任务。本文的思路也正是以此为展开，但是，显然这一篇小小的文章并不能完全展开讨论这一主题，而只是据此思路提出一些问题供有识者参考。

一　1949 年以来中国《民法典》的立法概况

（一）前几次《民法典》编纂的简况

1. 第一次起草

1949 年，中华人民共和国成立，当时的中央政府明确宣布，包括《中华民国民法》在内的国民政府"六法"均被废除。1950 年，参考《苏俄婚姻、家庭及监护法典》，制定中华人民共和国第一部《婚姻法》。1954 年，全国人民代表大会常务委员会组织民法起草，开始了第一次《民法典》的编纂工作。这一次立法工作，至 1956 年 12 月完成"民法草案"，包括总则、所有权、债、继承四编，共 525 条。这个草案显然受到苏联民法典的影响。这一"民法草案"以 1922 年的《苏俄民法典》为蓝本，其特点是采用"四编制"的模式，亲属法被排除在《民法典》之外；未采用"物权"概念而仅规定"所有权"；不适用于"自然人"概念而用"公民"概念代替；仅规定诉讼时效而不规定取得时效；强调对社会主义公共财产的特殊保护等。但是该草案大体上还是德国民法的模式。

2. 第二次起草

1962 年，中国在经历重大政治和自然灾难之后，调整经济政策，中央的决策又强调发展商品生产和商品交换，民事立法又受到重视。国家最高立法机关因此开始第二次《民法典》起草。至 1964 年 7 月立法机关完成"民法草案（试拟稿）"。这一次的"草案"采取了既不同于德国民法也不同于苏俄民法的"三编制"体例：第一编"总则"，第二编"财产所有"，第三编"财产的流转"。这种模式有些类似罗马法的《法学阶梯》体例。该草案将"亲属""继承""侵权行为"等排除在外，却将"预算关系""税收关系"等纳入其中；且该草案完全放弃了

"权利""义务""物权""债权""所有权""自然人""法人"等法律概念，而采取人民化的财产权等概念。显而易见，此次《民法典》起草，显示了立法者一方面企图摆脱苏联民法的影响，另一方面也与西方民法划清界限的立场。草案内容没有立法体系上规范属性的划分，包括了很多公法的内容。因 1964 年起在全国范围内开展"社会主义教育工作"（以下简称"四清运动"），中华人民共和国第二次民法起草工作中断。此后至 1966 年"文化大革命"爆发，司法机关均被撤销，立法、司法、法律教学和法学研究也完全中断。

3. 第三次起草

1977 年，中国在经历十年"文化大革命"之后实行"改革开放"，从单一公有制的计划经济体制向市场经济体制转轨，民法的地位和作用重新受到重视。1979 年 11 月，全国人民代表大会常务委员会的法制委员会设立民法起草小组，开始中华人民共和国第三次《民法典》起草。这一次立法工作至 1982 年 5 月完成"民法草案"，共 8 编，43 章，465 条。该草案的编制体例和主要内容，参考了 1962 年的《苏联民事立法纲要》、1964 年的《苏俄民法典》和 1978 年修订的《匈牙利民法典》等。但是这一草案并没有予以颁行，因为，立法者考虑到经济体制改革刚刚开始，社会生活处在变动之中，体系完整的《民法典》无法制定。于是立法者改变立法方式，暂停整体的《民法典》起草，而采取了先分别制定民事单行法，待条件成熟时再制定《民法典》的方案。1986 年全国人民代表大会常务委员会副委员长王汉斌在《关于〈中华人民共和国民法通则（草案）〉修改情况的说明》中指出："由于民法牵涉范围很广泛，很复杂，经济体制改革刚开始，我们还缺乏经验，制定完整的民法典的条件还不成熟，只好先将那些急需的、比较成熟的部分，制定单行法。……考虑到《民法通则》还不是民法典，草案可以对比较成熟或者比较有把握的问题做出规定，一些不成熟、把握不大的问题，可以暂不规定。"[①] 这一时期民法立法活动的主要成果是 1986 年颁布的《中华人民共和国民法通则》。该法包括：第一章基本原则、第二章公民（自然

---

① 王汉斌：《关于〈中华人民共和国民法通则（草案）〉修改情况的说明》，载《中华人民共和国第六届全国人民代表大会常务委员会第十五次会议文集》，人民出版社 1986 年版。

人）、第三章法人、第四章民事法律行为和代理、第五章民事权利、第六章民事责任、第七章诉讼时效、第八章涉外民事关系的法律适用、第九章附则，共9章，156条。此前在1982年中国最高立法机关还制定了《中华人民共和国经济合同法》等重要的民事法律。

《民法通则》并不是大陆法系的"民法总则"，而是当时中国民法的基本法，甚至是民商事法律的基本法。其内容不仅包括民法总则的基本规则，而且还包括物权、债权、知识产权、法律责任、涉外民事法律关系适用的规则。该法在社会主义法律体制的原则下，关于民事权利部分的内容，在承认和保护民众权利方面超越了苏联民法。此外，该法还有许多价值重大的创造，下文还有述及。

1992年，中国修改《宪法》，正式宣布建立市场经济体制，因此民法、商法、知识产权法或者被称为广义的民商法这些专为市场经济体制服务的法律获得了巨大的生机。中国民法从此走上了彻底脱离苏联民法的道路，开始全面接受市场经济的精神和制度规则。立法者从1993年在修订原来的《经济合同法》等三个合同法的基础上，重新编制《合同法》，并于1999年获得通过；从1998年起草《物权法》，于2007年获得通过。此外，《公司法》《合伙法》等一大批民商类型的法律都被制定出来，因此形成了由《民法通则》《合同法》《物权法》《婚姻法》《收养法》《继承法》等民事单行法所构成的现行民法体系。此外，中国还有一批商法、知识产权法等系列性质的特别法。但是，《民法通则》毕竟不能代替《民法典》的地位和作用，且因《民法通则》和各民事单行法制定时间和背景的差别，难免造成现行民法体系内部的不协调，不能适应市场经济和社会生活对法律调整更高的要求。①

4. 第四次起草

自1992年《宪法》确立市场经济体制之后，中国各界即酝酿制定编纂《民法典》。1998年全国人民代表大会常务委员会编制的立法纲要提出了在2010年制定完成《民法典》的规划。该规划明确指出，《民法典》的制定完成标志着中国市场经济的法律体系建设的完成。这一

---

① 梁慧星：《中国民法典草案建议稿附理由》，法律出版社2013年版，第4—8页。

纲要对于民法在中国法律体系中地位的高度肯定以及对于编制《民法典》的重要性的肯定，不仅对于民法学家，而且对于整个中国法学界鼓舞极大。在一片欢呼声中，中国立法机关做出了起草《民法典》的决定，许多中国学者组成了课题组自发地开始了编纂《民法典》的工作。1998年后在很短的时间里，中国出现了数个学者的民法典立法方案。在学术界迫切希望《民法典》尽快出台的精神鼓舞下，中国最高立法机关也做出了决定，将《民法典》颁布的规划日期从2010年提前到2005年，并在2002年编制完成了《中华人民共和国民法典（草案）》，提交到当年10月召开的全国人民代表大会常委会上。

这个《民法典》的立法方案共划分为九编：第一编总则，第二编物权法，第三编合同法，第四编人格权法，第五编婚姻法，第六编收养法，第七编继承法，第八编侵权责任法，第九编涉外民事法律关系的法律适用法。这个立法方案有许多显明的特点——并不一定是优点的特点。首先，从体系上看，该方案基本上遵守了潘德克顿法学的体系模式，其基本结构仍然可以清楚地看出潘德克顿法学五编制的结构，其不同点是取消了债以及债权法的总则性质的规定，而增加了人格权法和侵权责任法这两个独立的编。其次，从立法的内容看，除增加的物权法、人格权法和侵权责任法部分外，该立法方案基本上是现行民法体系中生效法律的简单聚合或者归并，不但在立法的内容方面没有任何积极的创新，而且也没有对这些有效的法律做出漏洞的弥补或者重复的整合。这一点不但可以从各编的内容中看出来，而且还可以清楚地从"收养法"这个独特的编中看出来。本来收养只是家庭关系中父母子女关系发生变动的原因，所以该部分内容应该规定在家庭法或者婚姻家庭法一编中的父母子女制度这个具体的环节之中，但是因为当时在中国，《婚姻法》和《收养法》是两部法律，所以立法机关就将它们规定为两个编。再如代理问题，在该方案中不但总则部分有规定，而且合同法部分、亲属法部分也有规定，条文内容多次重合，其中的原因也是因为现行法就是这样规定的，而立法机关没有将它们做任何积极的修订。再次，该法对于当时已经明显不适合市场经济体制要求的许多规则也都予以保留，很多内容显得非常不合时宜。复次，从本人当时参加立法谈论的笔记看，在最高立法机关组织的立法讨论会上，多数人对于人格权独立成编的问题都表示不赞同，而立法起草机构对此也不做出说明，以至于这个问题的争论保留到现在，理论准备显得十分仓促。最后，第九编国际私法的内容部分相当丰富，与其他部分的简易化立法相比显得不大协调。

总体而言，2002 年的"民法草案"实在不是法理上深思熟虑、实践上符合市场经济体制要求的立法方案。在当时，对于上述立法草案，民法学界一致认为毫无创新和发展，因此这个立法方案在提出之后就戛然而止。① 目前，还有学者坚持这个立法方案，对此我们很难赞同。

5. 第五次起草

2014 年 10 月，中国共产党中央委员会第十八届四中全会通过《中共中央关于全面推进依法治国若干重大问题的决定》，明确提出"加强市场法律制度建设，编纂民法典"。2013 年至 2015 年 3 月，本人作为全国人大代表，在第十二届全国人民代表大会上三次提出编纂《民法典》议案，这个议案在该届人大第三次会议上成案。该议案提出了首先修订《民法通则》为《民法总则》，然后整合其他民商事法律为《民法典》的观点。也就是《民法典》的编纂分为"两步走"的观点。目前《民法典》的立法规划，正是按照"两步走"规划进行的。其后，全国人大开始着手起草《民法典》的相关工作。这是中国《民法典》的第五次起草。

（二）《民法通则》的得失

根据本次《民法典》编纂工作的规划，立法分为两步走，第一步就是修订 1986 年颁布的《民法通则》为《民法总则》。因此我们有必要理解为什么要修改这部法律。该法在中国之外有不同的译本，很多外文似乎将其称为中国的民法总则。它的内容并不仅限于民法总则，还包括了《物权法》《债权法》《知识产权法》《民事责任立法》的基本规则，因此它实际上是民法的基本法，其覆盖范围涉及全部民商法、知识产权法、民事的行政法规等。

从历史发展的角度看，我们必须对该法的颁布给予充分的肯定，主要原因有以下几方面。

---

① 孙宪忠：《中国民法典制定现状及主要问题》，《吉林大学社会科学学报》2005 年第 4 期。

（1）第二步关于民法调整范围的规定，承认了计划经济体制下民法社会存在和发展的必要性，为后来以意思自治原则为基础的民法社会的发展奠定了道德和法理基础。这一条文的规定，至今呈现出智慧和理性的光芒，对中国整体的市场经济体制的法律制度发展发挥了重要的指导作用。

（2）它规定的法人制度尤其是企业法人制度，给我国的经济体制改革确立了方向。在 1986 年时期的计划经济体制下，公有制企业的法律资格并不被作为法人而是被作为政府机构来看待。所以企业是国计民生的基础，但是在计划经济体制下不可能有法人制度的发展。《民法通则》规定了法人制度之后，我国公有制企业才开始了真正市场意义的改革。其他的各种法人，也对后来的改革开放发挥了极大的作用。

（3）《民法通则》规定的人身权制度、债权制度、物权制度、知识产权制度、法律责任制度，对后来的经济体制改革和人民权利承认与保护居功至伟。

（4）《民法通则》关于涉外民事法律关系的规定，在对外开放中发挥了核心立法和基础立法作用。

《民法通则》发挥作用三十年，它对我国改革开放的贡献无法一一列举。时至今日，《民法通则》也面临立法的经济基础改变、国家基本经济制度改变、大规模民商法制定独立法律或者法规、基本内容被"掏空"等一系列难以解决的问题。简要地说，该法的一些规定是《宪法》确定的计划经济体制时代的产物，那时民营经济、民间财产交换都受到严格限制。后来这些规则都被其他立法替代，该法 156 个条文，多数实用性的法律规范都被后来制定的独立法律改变甚至废止，目前该法实际上还在使用的条文只有十余个。这就是本人在立法议案中所提及的"掏空"现象。"掏空"这个名词，已经出现在最高立法机关的立法理由之中。从《民法典》立法的固有体系看，现在中国民法所急需的，就是《民法总则》，因此本人提出，在修订《民法通则》的基础上编制《民法总则》的议案，而且最高立法机关也接受这样一种观点。

（三）本次《民法典》编纂工作的启动和进展

本次《民法典》的编纂工作，是一项由最高决策者确定的国家行为。这一工作的负责者和参与者是：由最高立法机关的工作机构——全国人大法工委负总责，由最高法院、最高检察院、国务院法制办、中国社会科学院、中国法学会五个单位作为协办单位。这些负责单位和协办单位组成"民法典编纂工作小组"，该小组于2015年3月20日正式成立。在这一次会议上，还成立了工作小组的专家组，主要成员有中国人民大学王利明教授和本人等。在这次会议上，本人对《民法典》编纂工作提出了自己的方案。

3月31日该小组开会，确定了编纂工作的具体做法是"两步走"，即首先在修订《民法通则》的基础上制定《民法总则》，然后在整合其他民法立法的基础上形成民法典。这个规划和本人在2013年、2014年两次全国人大代表会议上所提的议案的设想完全一致。

中国社会科学院作为协办单位之一，由中国社会科学院副院长负责，具体承担研究工作的是法学所民法课题组，也就是本人负责的课题组。这个课题组最早的存在，可以上溯到20世纪50年代。改革开放过程中，该课题组一直在国家民事立法活动中发挥着核心智囊的作用。其中，在1986年《民法通则》立法活动中、在社会主义市场经济体制下的法律体系建设过程中，本人的导师王家福教授率领的课题组所提出的系统建言被采纳；之后这个课题组在梁慧星教授的领导下提出完整的《合同法》《物权法》的学者建议稿，为这些市场体制最为重要的法律奠定了基础。因此，2008年该课题组获得中国法学会三十年来所颁布的唯一的"杰出成就奖"。本人也是这个课题组的成员，负责撰写《民法总则》以及物权编的部分内容。目前中国社会科学院民法课题组吸收了北京大学、清华大学等二十多所高校的学者参加。所以我们这个课题组也应该理解为具有全国意义的学术队伍。我们的课题组经过多次研究，已经产生了体系完整的立法方案。

目前，最高立法机关所做的工作是编制《民法总则》。这是一项政治性、学术性都非常强的工作。按照全国人大法工委的立法计划，这项工作应该在2017年完成，《民法典》的立法工作应该在2020年完成。

二 《民法典》编纂过程中的科学化、体系化思考

如果要探寻《民法典》编纂中的规律性，尤其要探索《民法典》编纂和国家治理的关系，首先就应该对于欧洲 17 世纪开始的"民法法典化运动"有清晰的了解。《民法典》的编纂其实只是大陆法系发展到理性法学阶段后的产物，而且成为当时欧洲大陆主权国家普遍的现象。17 世纪之前世界上并无《民法典》，在理性法学的推动下，从 17 世纪开始到 19 世纪世界上曾经出现了"民法法典化运动"，①《法国民法典》《德国民法典》《瑞士民法典》是这些法典的楷模。此外还有很多国家都制定了《民法典》。第一次世界大战之后，出现了《俄罗斯民法典》。亚洲地区的《民法典》、拉丁美洲的《民法典》只是"民法法典化运动"后期的产物。

理性法学是受人文主义革命影响而产生的重要法学革新，近代以来的法律新思想多与理性法学有关。② 实际上，理性法学发展到后来，和影响更加巨大的启蒙运动的科学与理性结合在一起，推动了欧洲的"民法法典化运动"，而且将这一运动推向了全世界。本人在学习和研究的过程中发现，理性法学在这一过程中有三个重要法律思想渊源，是它们铸造了民法科学化体系化的基础。③

（一）民法世俗化思想

所谓法律世俗化，指的是将法律效力的渊源确定在世俗的人的身上，而不再确定在神、上帝的身上的法律思想；而且，法律应该规范的社会活动，也仅仅是世俗的人的活动，而不规范神的活动。所以法律的世俗化也被称为"脱神化""去神化"思想。

法律世俗化思想，在法律的发展历史上，是影响非常巨大的进步。

---

① 参见孙宪忠主编《民法总论》（第二版），社会科学文献出版社 2010 年版，第 36—40 页。

② 对此有兴趣者，可以参阅［德］K. 茨威格特、H. 克茨《比较法总论》，潘汉典等译，贵州人民出版社 1992 年版，第 161 页以下。

③ Wieacker, Privatrechtsgeschichte der Neuzeit, 2 Auflage, 1967, §§15 ff.

它的首要意义，是把民法规范的作用范围，仅仅限制在世俗的人的身上，使得民法脱离了人神混杂的法律体制。历史上的法律制度曾存在人神混杂一起，神灵享有世俗世界的法律主体的地位，并且对于世俗世界的权利义务关系发挥着强大的决定性作用。比如，法律的裁判本来是立法者以及司法者对于世俗的人的行为从正当性的角度做出评价，但是在人文主义革命之前，世俗的人的行为是否公平正义，是否能够获得法律的承认和保护，是要借助于神灵的意志。所以为了获得这种"公平正义"，人们不断地祷告神灵。这种情形的原因，是社会的统治者需要神灵，把自己制定或者确定的法律效力归属于神力的支持。在人文主义革命兴起之后，世界上诞生了自然权利的学说，它把人与人之间享有权利、承担义务的原因，不再归属于神灵的，或者神灵的代表者君主的意志。这一思想推动了法律世俗化或者脱神化，它不但直接促成了人民主权理论的诞生，而且直接促成了民法上的人人平等、私权神圣、意思自治、自己责任的原则。事实上近现代民法的发展，甚至整个法律世界的发展都是在此基础上建立起来的。所以法律世俗化意义重大。

（二）民法成文化思想

成文法思想，是针对习惯法而言的法律思想，也被称为"脱离习惯法"的思想。人类历史上首先出现的法律是习惯法，以习惯法组成的法律规则，存在法律渊源不准确、不明确、不统一、不同一的问题。因为习惯总是地域性的，而且是一个时代有一个时代的习惯。习惯法的适用，无法取得一个国家整体统一、同一、明确的司法效果。而且习惯法之中，也保留了一些人类社会初期的劣俗、恶俗。这些都是妨害社会进步的。在罗马法发现后，理性法学家正是利用了罗马法中的成文法的优点，开始在欧洲整体推行成文法思想。理性法学在这一点上提出："法律必须是写下来的理性"，这一句名言对后世影响巨大。① 写下来的理性，就是编纂成文法典，制定有体系性要求的法律。而编制体系性法律的历史机遇，也得到了"罗马法发现"的支持，罗马法那种初级的成文法，不论是《法学阶梯》还是《学说汇纂》，都给民法的体系化提

---

① Wieacker, Privatrechtsgeschichte der Neuzeit, 2 Auflage, 1967, §§15 ff.

供了物质素材。正是在继受了《学说汇纂》和《法学阶梯》的抽象概念体系（这一过程在历史上被称为"罗马法的继受"）之后，欧洲后来的民法才大体上呈现出《法国民法典》和《德国民法典》两种不同的样式。但是我们必须指出的是，理性法学家们的法律成文化的努力，实际上并不是罗马法的简单重述，而是巨大的法律再造活动。比如，17世纪晚期出现的《现代实用学说汇纂》（usus modernus pandectarum），已经把民法的全部法律规范整理为总则、物权、债权、亲属和继承五个部分，其体例和罗马法中的《学说汇纂》，不论在外在体系结构方面，还是在具体制度方面，都已经有显著的不同。这一点，说明这一时期理性法学的概念以及制度模式的创造取得了显著效果。《现代实用学说汇纂》出现后，在此后三百多年的时间里，在"神圣罗马帝国"的版图内发挥了普通法的作用，它成为法官更为喜爱的法律渊源，习惯法的影响受到极大的压缩。三百年后的《德国民法典》的编纂体例和它基本一致。① 资料显示，这一时期理性法学家已经就公法与私法的区分、民法的作用范围、《民法典》的体系构成等各个方面，形成了系统的见解。也就是因为这样，我们也就能够理解萨维尼为什么不同意蒂鲍采用《法国民法典》的模式来编纂德国民法的原因。

（三）民法规则的科学化与体系化思想

大量的民法规则需要建立科学化的系统，将其编制成为一个内在逻辑清晰的整体。理性法学家在这一点上受到了当时自然科学界的牛顿力学的重大影响。众所周知，牛顿力学将力学运动数学化，从而建立现代科学化的物理学知识体系；而这一体系又极大地推动了工业革命的发展。将自然因素数学数字化，也就是将其高度抽象概念化，从而创造出一种具有强大的辐射力量的科学知识系统，使人民脱离愚昧，并促进社会的进步发展，这一点即是当时启蒙运动的主要贡献，也是其不断发展的动力。受这一思想的影响，理性法学家们提出了法律科学化这个概念。在科学主义法学的概念提出之后，区别于法学的，狭义的民法科学即由此产生了。

① Wieacker, Privatrechtsgeschichte der Neuzeit, 2 Auflage, 1967, S. 204 ff.

民法规则的体系化和科学化思想，还有一个重要的出发点，就是通过体系化逻辑，建立全部民法规范的内在联系，是人们在编纂法典时、在学习和应用民法规范时，避免提出一个问题解决一个问题而又造成其他问题的缺陷。非体系化的做法常常会造成这个问题，比如我们在法学研究和学习中就常常可以见到的那种"钻牛角尖儿"的偏激，它不知道法律规则是体系化的，各种不同的问题由不同的规则来解决。比如，在制定不动产登记法时出现的，要求在该法中写入官员财产申报制度、通过不动产登记制度达到反对腐败的目的的观点。这种观点就是一种典型的非体系化的看法。因为，不动产登记法属于私法财产法；反对腐败的职责应该由公法承担。

在"民法科学化"这个概念产生后，一代又一代的民法学家在这方面做出了巨大的努力，他们就是想发展一种所谓"纯粹的法学"。这种法学思潮在后来受到苏联和中国法学界的猛烈批评，认为这种纯粹技术性的法学，是典型的资产阶级法学。但是从历史发展的角度看，这些批判是非常不中肯的。确实，科学主义法学希望能够将法律科学化、体系化，最好制定出"输入一个事实，得出一个结论"这种计算机化的法典。这种观念现在看来似乎偏颇，但是从历史的角度看，不论其出发点还是实际的效果都是积极的：因为将法律科学化、体系化，就能够使法律上的裁判达到确定、统一、同一的结果，进而消除司法任意性，从而极大地限制了公共统治权，尤其是直接针对人民的司法统治权的任意甚至随意。这一点的意义非常重大。另外，科学主义法学极大地促进了新法的实施，它有利于消除法律效果域内不统一、同案不同判这些非体系性立法的弊端，进而强化普通民众权利保护。也就是因为这样，我国清末变法时期，采用了这种立法模式。

民法的世俗化、成文化、科学化，整体上体现了一种崭新的国家治理观念：以系统化的法律还权于民的思想、以成文化立法限制公共权力的思想和以科学主义的裁判规则实现司法操作的公平公正的思想。这些思潮推动了欧洲大陆各个国家普遍性的《民法典》编纂活动，这就是"民法法典化运动"。这一运动的成效可以说是非常显著的，欧洲大陆从这一运动之后所形成的独特的立法和司法体系，以及法律编纂和法律适用的概念体系和逻辑体系，即被称为大陆法系。而且，第一次、第二次世界大战之后的独立国家，都在法典编纂时，采纳了大陆法系的模式，尤其是《民法典》编纂的模式。

三 《民法典》立法素材的选择

在《民法典》的编纂过程中，首先要解决的问题，是回答该法典能够解决什么问题、不能解决什么问题的疑问。显然，虽然民法调整平等主体之间的财产关系和人身关系，但是并非全部的财产关系和人身关系都将要规定在《民法典》之中。《民法典》立法从一开始面临的任务，就是选择《民法典》的立法素材。民法虽然意义重大，但是它不能包揽一切。所以，从立法的体系性、科学性的角度看，立法者必须首先明确民法典能够做什么不能够做什么，然后怎样去做自己应该做的事情。

民法典是制定法、成文法的典型，其基本特点就是立法的素材和逻辑由立法者选择。但是，这种选择必须体现体系化、科学化和法律逻辑的作用。所以成文法、制定法和判例法体系有着巨大的不同。相对于判例法体系中的 Law Reporter System 和 Case Restatement 而言，制定法的立法者主动的选择性是鲜明的。

对于《民法典》编制的素材选择问题，从中国《民法典》制定的现实国情看，本人在这里提出四项原则供参考：公法与私法相互区分、国际法与国内法相互区分、基本法与特别法相互区分、实体法与程序法相互区分的原则。

（一）《民法典》的私法原则

《民法典》立法的素材选择必须坚持公法与私法相互区分的原则，其内容只能限制在私法范围之内。

首先，民法立法只是选择平等主体之间的社会关系作为自己的调整对象，它选择的立法素材是传统民法所称的"私人之间"的法律事务，也就是涉及民事权利的法律事务，而不是涉及公共权力的公共事务。早期的罗马法提出了关于公法和私法的区分原则，① 认为私法主要是民法调整民法社会的法律事务，规范民事权利；而公法调整公共事务，规范公共权力。数千年来，这一区分成为成文法的基本体系区分。当然关于公法和私法是不是应该相互区分、如何区分的问题，法学界也存在较多争论。② 但是，多数人的观点认为，从法律科学基础的角度看，也就是从社会法权关系运作的角度看，区别公法和私法是有充分道理的。我们可以清楚地看到，公共权力和民事权利的取得、变更、消灭、行使方式、保护方式、损害及其救济等制度都存在重大甚至是本质的不同。因此，关于公法和私法的区分，在法学上是完全可以成立的，而且《民法典》的立法必须以此作为基础的前提，确定其立法素材的选择。

虽然近现代以来，在很多具体的法律之中，出现了既包括大量公法规范也包括大量私法规范的情形。但是大体而言，在这些法律之中，公共权力和民事权利的区分还是有一定之规的，相关的法律制度的建立也还是有章可循的。比如在社会法、自然资源、环境与生态法等法律方面，因为政府操控的经济活动越来越多，具体地把这些法律定义为公法还是私法，确实有比较多的困难。但是，从《民法典》立法的角度看，这一点并不成为显著的障碍，因为《民法典》只是规定一般的民事权利问题，这些特殊涉及民事权利的法律将有特别法规则处理。总之，在《民法典》的立法方面我们更应该坚持公法与私法的区分，《民法典》不能承担公法事务，不能规定公共权力。因此，对于诸如资源、环境与生态保护问题、动物保护问题、公共法人组成以及运作方式问题、公共财产事务等，《民法典》只能从民法的角度加以规定，公法角度的问题不应该做出规定。

再如，近来有些学者提出"隐私"中的信息权的问题，要求民法对此加以规定。但是信息的规则大多涉及行政法的规定，民法事实上不应当过多地干预这个问题。民法只能从侵权救济的角度去解决这个问

---

① 参见周枏《罗马法原论》（上册），商务印书馆1994年版，第83页。

② 参见［日］美浓部达吉《公法与私法》，黄冯明译，中国政法大学出版社2003年版，第23页。

题，而不能从正面规则的角度建立信息权利的行为规范。

（二）《民法典》的国内法原则

《民法典》编纂必须坚持国内法和国际法的区分，立法素材选择必须限制在国内法之内。

民法是国内法，不是国际法，它无法包揽全部国际民事活动规则。在国际法领域，基本的原则是主权平等，因此，《民法典》只能规范本国领土之内的民事活动。关于国际法尤其是国际私法和民法的区分问题，大体上在潘德克顿法学中后期已经有了明确而清晰的答案。一般情况下，国际私法专门解决国际之间的民事争议的法律适用问题，国内法意义上的民法可以作为国际私法的准据法，所以作为国内法意义私法的基本法民法，虽然可以规定一些国际私法关于确定国际私法准据法的规则，但是国际私法的规则，并不只是规定在民法之中，甚至主要不规定在《民法典》之中。因此，从《民法典》的立法素材选择的角度看，它主要还是规范域内法上的民法问题，国际法上的民法问题将由国际私法予以规范。在中国《民法典》的编纂过程中，有学者提出，中国民法应该建立广泛的属人法规则，这样可以将中国民法的适用范围扩展到国外。这种观点违背了国与国之间主权平等的原则，因此并不可取。

（三）《民法典》的一般法原则

《民法典》立法应该采取一般法和特别法相区分的原则，应该建立科学的体系性、逻辑性规则，使得《民法典》与其他民事法律保持一种大体系的和谐与统一。

《民法典》立法只是选择民事活动中的一般事务，而不选择特别事务作为其立法的素材。关于一般法和特别法的问题，在民法学上已经是一个久远的学术问题，而且似乎是有了一致的答案。传统民法，以适用于一切民事主体的法律为民法一般法或者民法基本法，民法之外，仅仅适用于商事主体的法律为商法，商法虽然在广义上也是民事法律，但是因为其特征明显，因此立法者一般采取"民商分立"的体例，将商法制定为民法的特别法。理性法学时代，曾经产生过将商法规范纳入《民法典》之中的立法观点，后来一些欧洲国家的立法，在《民法典》

中包括商事基本规则，这就是所谓的"民商合一"的观点。① 但是这种观点并未取得多数国家立法的认可，因为商事法明显制度复杂，即使《民法典》中包括了商事一般规则，但是此外还是要重新制定《公司法》等商事法。因此多数国家的立法采取了在《民法典》之外重新制定商法的做法，因此产生的立法体例称为"民商分立"。比如我国一些学者高度赞誉的《荷兰民法典》，就受到民商合一观念的影响。但是该法编纂多年，至今只是颁布了《民法典》的部分内容，整体的《民法典》至今已经几十年了还未完成。这说明采取民商合一的立法体例困难是巨大的。

当代社会，在立法体例上采取民法普通法和特别法的区分，显得十分必要。因为民法特别法已经发展演变成一个巨大的立法群体。这个大群体大体上包括三个小群体：①商事法群体；②知识产权法群体；③涉及自然资源（土地、矿藏、森林、草原、水流、大气等）、环境保护等方面的行政法规群体，在我国称为"单行法规"或者"经济法规"的群体。这些特别法群体的大规模出现，使得17世纪那种编制一个无所不包的超大《民法典》的观念成为绝对不可能实现的目标。

在采取民商分立的立法体例的模式下，民法因此建立了专门处理民法普通法和特别法之间关于法律适用的基本规则："特别法优先适用、特别法未规定者适用普通法。"此外，因为现在我国《民法典》固有体系之外，其他特别法内容庞大，因此我们还应该考虑在《民法总则》之中建立更加细致的一般法和特别法之间的适用关系的规则。

（四）《民法典》的实体法原则

《民法典》的立法素材的选择，应该限制在民法实体法的范畴内，而不必涉及或者基本上不涉及民法程序法的范畴。立法过程中出现的在《民法典》《民法总则》中建立证据制度的观点，不符合体系化的要求，因此不值得采纳。这一点众所周知，在此不再多言。

总之，从上面的分析可以看出，《民法典》立法的素材选择受上述

---

① 迄今采取民商合一观点的立法也主要是《瑞士民法典》《苏俄民法典》《意大利民法典》等。参见梁慧星《民法总论》（第三版），法律出版社2007年版，第11页。

四个方面原因的限制，并不能任意而宽泛。

四 《民法典》编纂基本逻辑

《民法典》的基本素材得到确定之后，需要一个基本的逻辑，或者基本的线索，把这些素材贯穿起来。大体上在罗马法时代，法学家已经普遍认识到，民法所规范的事务有三个方面，即"人、物、权利"①。这三个方面的内容事实上也是当时的法学家对于民法体系中基本逻辑的认识。所以罗马法时代的《法学阶梯》，就是按照人法、物法、权利变动、侵权的顺序编在一起的，它的编制体例就是人—物—权利的逻辑。② 到潘德克顿法学时代，法学家确定了"法律关系"这个民法乃至全部法律知识体系的基本逻辑，揭示了法律作用于社会的基本科学手段。萨维尼指出，在所有的既定情形中，法律关系这种生机勃勃的结构都是法实践的精神要素，并将法实践的高贵使命与单纯的机械主义区分开来，而许多外行在法实践中只看到了此种机械主义。③ 法律外行也许只是看到这个概念的"机械主义"式的套用，但是对于法律人而言，从主体、客体、权利、义务到责任的逻辑，却是一种非常准确而且能够普遍适用的分析与裁判的方法。所以，法律关系理论被发现和归纳之后，很快就被全世界的法律家们采用，成为立法、司法、法学分析的基本原理。

所以，编制《民法典》的基本线索是法律关系理论，即特定主体、特定客体、特定权利义务和责任的基本逻辑。运用这一逻辑对民法的全部素材进行梳理之后，才产生了各种不同的法律制度。这些法律制度，首先从大的方面来说，就是主体制度，其中最主要的就是自然人制度和法人制度；其次是客体的制度，比如财产制度、不动产制度等；再次是

---

① 参阅［德］汉斯·哈腾豪尔《民法上的人》，孙宪忠译，《环球法律评论》2001 年冬季号，第 393 页。

② 对此有兴趣者，可以参阅［罗马］查士丁尼《法学总论——法学阶梯》，张企泰译，商务印书馆 1989 年版。

③ ［德］萨维尼：《当代罗马法体系 I》，朱虎译，中国法制出版社 2010 年版，第 10 页。

各种权利的制度，比如物权制度，最主要的是所有权制度、债权制度等；复次是权利取得消灭的制度；最后是法律责任的制度等。当然，一些法律制度是单一的，比如自然人制度；但更多的法律制度是复合性的，它包括上面这些制度中的两个、三个或者更多，比如婚姻家庭制度、继承制度等。

五　法律概念以及规范的类型化、"提取公因式"

（一）概念逻辑

《民法典》编纂毋庸讳言是一项最基本的立法技术化、体系化、科学化工作。其中首要的立法工作是法律概念的整理。民法的概念体系十分庞大，但是，这些概念并不是杂乱无章的堆积。借鉴于前人巨大的艰辛劳动，这些数量巨大的法律规范，已经被整理成为和谐的逻辑体系。按照潘德克顿法学家的系统整理，民法概念已经按照"同一概念和差异概念""上位概念和下位概念"的逻辑，形成一个有机统一的整体。

法律概念的基本要求大体上而言有四项：准确、明确、清晰、同一。其中的"同一"，即一个概念的含义在一个法律体系中保持同一的含义。其他三项的意义不言而喻。做到这四项基本要求之后，民法的立法、司法才有了牢固的基础。民法的概念体系之所以非常庞大，也是因为立法、司法准确性原则的要求。

当然，在立法上我们需要确定什么概念才是民法概念。立法者首先接触到的，是具体的、大量的社会事务，其中有一些才是具有法律意义的事实；这些事实中有一些可以作为法律上的概念。法律概念的确定，其实还是要遵从法律关系的逻辑，只有那些涉及民法主体、客体、权利、义务和责任的事实，才能够成为法律概念。显然，社会生活中涉及概念非常之多，因此立法者必须做出明确的选择。对于这一点，我国立法者应该说已经具有相当丰富的经验，因此没有再多说的必要。但是，选择法律概念要遵守法律关系原理，还要遵守法律关系一个基本的逻辑就是，法律概念在主体、客体、权利、义务和责任方面都必须具体，必须符合特定性原则；而且我们还必须认识到的是，法律概念中所说的主体，是享有权利的同时也要承担义务和法律责任的主体。从这个基本的要求我们可以看到，中国立法者在这一点上并没有严格遵守法律科学原理，尤其是在中国民法立法采用一些政治意义和社会意义都非常重大的法律概念时，没有遵守法律科学的要求。比如"全体人民的所有权""国家所有权"等普遍使用的法律概念中，"全体人民"也罢，抽象意义的"国家"也罢，都是只能享有抽象权利，而无法承担任何民事义务和法律责任的。所以我们明确肯定地说，这些概念的采用是不妥当的。这些概念作为政治概念当然没有问题，但是它们成为民法概念时，就必须考虑民法科学性的要求。

（二）"提取公因式"规则

在科学主义法学的形成和运用过程中，"提取公因式"规则曾经得到巨大的应用。社会的自然人、法人所从事的民事活动类型非常之多，因此，民法上的法律概念、法律规范数量巨大。前人已经从法律概念、法律规范形成制度、从制度群体形成法律的技术规则中，按照法律关系理论的基本逻辑，并采取了"提取公因式"（Vor die Kammer gezogen）的理论和技术①，使其成为系统和谐的整体。这一技术借用了数学上的概念，实际操作也和数学上的做法类似，比如法律行为和意思表示的制度，就是从《债权法》《物权法》《亲属法》和《继承法》中"提取"出来的公因式，而放置在总则之中的。上面所说的法律概念，其实也是依据相同概念"提取公因式"的方法，产生出一个抽象的上位概念，然后利用"上位概念与下位概念"区分，建立概念与概念之间的法律逻辑。当然，这一规则也被普遍地应用在法律规范之上，同一的法律规范之上，立法建立"一般条款""一般规则""通则""总则"这样一些一般通用型规则。事实上，《民法总则》就是这一立法技术的应用。这也就是施瓦布所说的《德国民法典》的抽象性。②

---

① 参见［德］海尔穆特·库勒尔《德国民法典的过去和现在》，孙宪忠译，载梁慧星主编《民商法论丛》第2卷，法律出版社1994年版。

② ［德］迪特尔·施瓦布：《民法导论》，郑冲译，法律出版社2006年版，第28—31页。

无法提取公因式的例外情形，形成立法上的特殊规则。这些制度，就是那些被我们称为"分则""具体规则"的法律内容。其实，"提取公因式"而形成的总则或者一般条款的内容，相对而言常常是简单的，但是分则性质的内容常常是非常丰富的。不论是在物权法、债权法还是亲属法，总是分则的内容更加丰满。无论如何，总则和分则依靠内在逻辑相互联系，共同发挥作用。

大体而言，"提取公因式"的做法，只是反映了《民法典》编纂的一个技术规则问题，它无论如何不能完全反映民法作为社会科学在反映社会需求、满足民法社会的法律调整方面所建立的规则的复杂性。事实上，《民法总则》中有一部分内容并不来源于各分则部分（比如民事权利客体的物，本质上只与所有权相关，与债权法并无关联，没有物的情况下债权法律关系也可以成立）；另外，各个分则的内容，也就是各种具体的法律制度的内容实际上也是非常丰富的，比如《婚姻法》和《继承法》的内容，就很有自己的特色。立法上可能的结果是："提取公因式"的技术操作，只是将这些法律制度"逻辑"地贯穿在一起，但是各个具体制度的内容——也就是那些未被"提取"的内容还是要发挥更为显著的作用。

"提取公因式"的做法，虽然遭到很多批判，但是不论是在《民法典》的立法上还是在法律的适用与训练上，它具有很多显著的优点。比如，首先，使得一些零散的法律规范形成内在的逻辑整体，人们在学习这些法律规范时，很容易掌握这些法律规范共同的本质。这就给法律适用提供了极大的方便。其次，这一做法极大地节约了立法的资源。一些共同的规则被发现后，对具体的概念、规范和制度，人们只要关注其特性即可。再次，也是最为重要的，是借助于这种特殊的手段，民法实现了其内在的体系化。民法全部概念、规范、制度的体系化，是由潘德克顿法学完成的，《民法典》因此成为逻辑的整体。体系化的优势在于解决一个问题不会出现其他的问题，甚至不会出现更多的问题，也不会出现制度的重复和遗漏。最后，"提取公因式"使得总则具有很强的抽象性和概括性，这对于培养法律人的归纳、演绎和抽象思考能力，进而养成独立思考民法问题的方法，也具有非常积极的意义。①

（三）概念膨胀的防止

从民法立法的角度看，首先要做的工作是同一系统内的概念归纳，归纳之后才有"提取公因式"的问题。概念的归纳与抽象，其实就是"合并同类项"的整理。而这一规则，就是要在立法中防止法律概念的膨胀。比如，各种不同的侵权，都被整理为非常简要的规则。简单的罗列、不合并、不归纳整理，就会出现法律规范的无序膨胀，造成法律体系的碎片化、枝节化。而体系化整理之后，民法规范性成为不同的群体也就是法律制度，其中总则和分则的体系化是大陆法系的特征。目前在中国《民法典》的立法过程中出现的概念膨胀问题、不遵守规范的问题，事实上还是很严重的。比如"人格权独立成编""环境权独立成编""人权法写入《民法典》""动物福利法写入《民法典》"等观点，就是概念、规范、制度非体系化、科学化之后，造成的概念膨胀以及规范混乱的表征。

六　民法规范性要求

民法的体系化法技术规则，在微观上表现为其规范的规则。制作法律规范显然是《民法典》立法的核心工作。

（一）民法规范必须是行为规范或者裁判规范

民法作用于社会的基本方法，就是以行为规范、裁判规范来引导人们的行为；通过一个个行为的规范，达到一步步推动社会进步的目的。民法的规范，以行为规范和裁判规范为主。对此，郑玉波先生有言："民法乃吾人日常生活上行为之准则，以不特定之一般人民为规律对象，易言之，民法属于'行为规范'，唯对于此种规范，如不遵守，而个人相互间惹起纷争时，当然得向法院诉请裁判，此时，法院即应以民

---

① 陈华彬：《民法总论》，中国法制出版社 2011 年版，第 49 页。

法为其裁判之准绳，于是，民法亦为法官之'裁判规范'。"① 从《民法典》制定工作的细节上看，制定该法的主要工作，就是建立行为规范和裁判规范，并且按照科学的逻辑将其编纂为体系。

民法不是政治口号，《民法典》不能包括政治口号这样的内容。民法以其规范来作用于社会，而不是依靠政治口号来鼓舞社会，因此一些激动人心时尚的政治口号，在民法中不应该出现。目前《民法典》立法活动中，一些人因此而批评民法的保守性。但是这些批评是无理的。因为民法发展到现在，已经是高度理性的产物，它已经能够通过行为规范和裁判规范，对私法甚至超越私法领域的权利、义务和责任做出明确的裁定，从而以实实在在的步伐来实现立法的目标，因此，在民法上不需要那些空洞而漂亮的口号。

（二）规范的具体性要求

民法上的规范必须具体，只有这样才有可操作性。法律规范的必要内容就是主体、权利、义务和责任，而这些内容必须具体，就是具体的主体、具体的客体、具体权利、具体义务和责任的要求。这是法律规范的特征，也是其基本要求。从法律规范的角度看，我们在说到权利时，首先就要分析这到底是哪个主体的权利。所以，主体必须是明确肯定的；其次，我们也会分析，这个主体到底享有什么样的权利，应该承担什么样的义务和责任。这些权利、义务和责任也是具体的、明确肯定的。事实上，民法的科学性就表现在这里：它通过对具体主体的具体权利义务的规范，具体地规范每一个团体每一个个人的行为，将立法者的立法目的具体地落实在每一个社会关系之上，这样才能够扎扎实实地达到改造社会、推进社会进步的目标。

（三）从规范的意义看人格权立法

中国《民法典》立法过程中出现了很多观点，对此，我们可以借助于行为规范—裁判规范的规则来分析，以此就可以清楚地看到这些观点是否值得采纳。比如众说纷纭的人格权侵害及其保护问题，从行为规

---

① 郑玉波：《民法总则》（修订 11 版），黄宗乐修订，台湾三民书局 2008 年版，第 11 页。

范和裁判规范的角度看，就非常容易得到解决。但在当前中国民法学界，有学者主张在《民法典》中把人格权作为独立的一编进行规定。①对此，如果从行为规范—裁判规范的角度分析，就可以看出这种观点难以得到支持。因为很多在一般民众看来非常具体的权利，比如俗称的生命、健康、隐私、名誉、姓名、肖像，以及现在还处于争议阶段的亲吻权、抚摸权、悼念权等，实际上不涉及民事主体之间的交易和往来，而只涉及其权利受到侵害之后的保护问题。因此对人格权立法者完全不必建立行为规范来引导人们的活动，而只需要建立侵权保护的法律规则也就是裁判规则，对侵权行为予以制裁、对受害者予以保护就足够了。所以，人格权在民法上很多问题已经由生效的《侵权责任法》解决完毕，另行制定法律，编制独立的《民法典》人格权编是完全没有必要的。

同时，从裁判规则的角度看，这些侵权法的规范也可以实现系统性的归并和简化。虽然具体的侵害方式有很多，但是从裁判规范上来看，立法者首先要解决的无非是三个方面的问题：（1）被侵害的权利和利益是否存在、是否应该予以保护的问题；（2）侵害行为是否发生的问题；（3）侵害行为与侵害结果之间的因果关联问题。在这三个问题得以厘清之后，法律上建立侵权责任的"归责原则"，就可以确定侵害人对于受害人承担损害赔偿的责任。从裁判规则的角度看，立法者解决这些问题，建立这些规则，对于人格权就已经足够了。立法者没有必要在立法上下很大力气，去搞清楚什么是亲吻权，什么是抚摸权，什么是悼念权。从司法实践的角度看，法律并不是越细密就越好，立法者如果非要这么做，不但取得不了积极的社会效果，反而会给司法者裁判带来很大的困惑，因为每一次司法裁判都要弄清法律条文的含义，而这些含义本身很可能是难以弄清的概念，因而必将妨害司法操作。所以从民法科学性的角度看，当代民法科学中的侵权法归责原则，已经足以对人格权提供充分的保护。

---

① 王利明：《人格权法研究》，中国人民大学出版社 2005 年版，第 114—125 页。

七　《民法典》编纂的科学

——潘德克顿法学的核心理论

（一）潘德克顿法学发展概况

如上所述，民法科学主义的思想到实践，从理性法学开始，最后发展到潘德克顿法学，[①] 历时三百多年，其核心是试图以立法的技术性限制司法的任意性，并取得司法统一的社会效果，从而推进社会的进步。德国乃至欧洲几代法学家都为此做出了贡献。我国法学界因引入苏联法学，对理性法学以至潘德克顿法学多不了解，因此我们需要在此略做讨论。

理性法学的思想渊源是前述的法律脱神化、世俗化。结合罗马法发现，在德国兴起了以《学说汇纂》为核心的理性法学，很快这种法学就承担起了改造德国习惯法的使命。1789 年胡果出版的《现代罗马法教科书》中首次提出了五编制潘德克顿体系，即物权法、债权法、亲属法、继承法、诉讼法。1807 年，海瑟在《普通民法的体系概要》一书中在胡果体系的基础上，增加了总则一编，使得民法的结构体系大体成型。他所创立的新的体系是：第一编总则，第二编物权法，第三编债务法，第四编物的、人的权利法，第五编继承法，第六编原状回复。而此后由理性法学家编制的《当代学说汇纂》（*usus modernus pandectarum* 也被中国法学界翻译为"实用法学汇纂"），已经具有了总则编、物权

---

① 法学上所说的潘德克顿法学，大体上有三种不同的含义。其一，是罗马皇帝优士丁尼编纂《民法大全》的一部分，即《学说汇纂》，是当时著名法学家的言论集，被皇帝许可，可以作为有效的法律渊源。其二，指 14 世纪后，德国法学界在继受罗马法后，在改造《学说汇纂》的基础上形成的德国普通法，约形成于 16 世纪，一般将其称为"潘德克顿体系"或者"潘德克顿制度"。其三，指 19 世纪德国境内以《民法典》的编纂作为研究对象而形成的法学学派，以萨维尼为代表，萨维尼的学生普赫塔、温迪谢德都为该学派做出了贡献。19 世纪末制定的《德国民法典》就是这种法学最典型的产物。这就是后世所说的"潘德克顿法学"。潘德克顿法学的主要贡献，在于为《民法典》的编纂提供理论基础。其主要的理论是绝对权和相对权的区分（包括支配权和请求权、物权和债权的区分）、法律行为理论等。参见孙宪忠主编《民法总论》（第二版），社会科学文献出版社 2010 年版，第 7 页脚注。

编、债权编、亲属编、继承编的体系，它在未统一的德国发挥着普通法的作用，而这种作用一直延续到《德国民法典》生效。①

在理性法学早期，受启蒙思想的影响，格老休斯提出并发展"意思表示理论"，并在此基础上形成了"法律行为理论"。"意思表示理论"的核心是，私法效果的根源是当事人内心意思，而非神的意愿或者统治者的强制力，这就第一次为民事权利的设定、变更、消灭找到了公正的根据。因此根据"意思表示理论"建立的"法律行为理论"是大陆法系法学最杰出的成果，因为他否定了神权主义、封建主义，为民事权利的设立、变更、消灭建立了新的道德基础。②

萨维尼也对潘德克顿法学的发展做出了巨大贡献。他在全面系统地整理了从罗马法、理性法学到当时全部私法学说的基础上，建立了私法上的权利区分的理论，重建了法律关系理论，并且以此重建了法律行为理论，从而使得民法甚至是全部的私法，都成为科学的知识体系，为后来的民法典的编纂奠定了完善的理论基础。我国法学界存在争议的"物权行为理论"确实是萨维尼提出的，该理论不过是意思自治原则应用于物权变动的制度而已。不论是从理论分析的角度看，还是从司法实践的角度看，我们都可以看到当事人在法律交易中，以自己的意思表示来处分物权、知识产权、股权、法律利益等法律事实。物权行为理论并不仅仅是能够解决物权变动之中的法律分析和裁判问题，它对于全部的民商事权利的变动都有涵盖性的指导作用。这个理论是非常科学的。

《德国民法典》完全接纳了萨维尼的理论，首先承认负担行为与处分行为的区分，然后确定物权行为是处分行为的一部分。

温迪谢德是萨维尼的学生，是潘德克顿法学的核心学者。1865—1870年，温迪谢德出版了名著《潘德克顿教科书》（全3卷），构造了一个完整的五编制的民法学体系，并通过后来亲自参加并主持《德国统一民法典》（第一草案）的立法工作，而将自己的这一体系融入1900年施行的《德国民法典》之中，对西欧乃至整个世界民法的发展都产

---

① Wieacker, Privatrechtsgeschichte der Neuzeit, 2 Auflage, 1967, S. 204 ff.

② Hans Hattenhauer, Grundbegrife des Bürgerlichen Rechts, Verlag C. H. Beck, 1982, Seite 64 – 69.

生了影响。①

（二）与法国"同一主义"立法模式的区分

如上所述，《德国民法典》和《法国民法典》都是理性法学的产物，它们都是在继受罗马法的基础上形成的。它们在立法模式上差异产生的原因，在于它们对于法律交易对象的认知有重大的不同。它们的共同特点在于其都是自由主义法思想的产物，都是为了以交易为中心的法权制度建立的行为规范和裁判规范的系统。所以，它们都是建立在市场经济基础上的立法。但是这两个有重大国际影响的重要法典，从它们诞生的渊源上一开始就有了差别。②《法国民法典》受到了《法学阶梯》思想的重大影响，它以交易标的物为现实存在的特定物为出发点，依据"契约应该履行"这个古老的原则，再加上法国当事人强调民众意思自治的革命思想，强调合同必须履行，因此合同成立时，就应该发生标的物所有权的转移（《法国民法典》第 1583 条："买卖合同成立，即使价金未交付，即使标的物未成就，标的物的所有权也应归属于买受人"）。因为标的物的所有权自合同成立时转移给买受人，法国法没有建立债权制度。事实上，该法也没有建立物权制度，它的基本思路就是不区分物权和债权、不区分物权变动和债权变动的法律调整机制。当然，该法承认了意思自治原则，但是立法者认为，意思自治原则的目的在于强调民事主体的私权，防止公共统治权干预私权的运作；因此该法在保障意思自治原则的运用方面，主要针对公共权力建立了限制性的保障条款。但是意思自治原则没有被运用到合同履行的过程之中，所以在法国法中并没有物权与债权的区分，更没有物权变动制度与债权变动制度的区分制度，立法上只承认"广义财产权"，交易的法律只有合同。法国法的这一立法模式在国际上被称为"同一主义"或者"合意主义"，即依据一部法律根据同时发生物权变动和债权变动立法模式。

---

① 参见何勤华《近代民法学之父萨维尼述评》，《法学家》1996 年第 2 期。

② 对如下关于《法国民法典》和《德国民法典》的讨论有兴趣者，可以参阅［德］K. 茨威格特、H. 克茨《比较法总论》，潘汉典等译，贵州人民出版社 1992 年版，第二部分的"第一编"和"第二编"。

与此相对应的德国立法，从一开始就接受了罗马法中的《学说汇纂》体系，而这一体系中包含着合同成立和合同履行的法律效果的区分。在理性法学将这一基本要点整理之后，到潘德克顿法学阶段，民法分析和裁判的理念已经与法国民法完全不同了。简言之，德国民法交易规制的理论要点有以下五点。

（1）现实法律交易中，标的物常常并不存在，因此合同应该履行不等于合同必然履行。合同应该履行是正确的观点，但是现实中有些合同没有履行也是客观存在的。因此应该将合同订立的法律效果和实际履行的法律效果（所有权取得）予以区分。依据这一点，没有得到履行的合同也应该合法生效，但是不能依据合同裁判买受人取得所有权。

（2）合同成立时，当事人之间发生的法律拘束力为债权，即罗马法中所谓的"法锁"。

（3）合同履行时，当事人之间才发生所有权的转移。

（4）因为以上原因，一个法律交易应该被区分为债权的成立生效和物权变动两个阶段。而且，因为物权变动对第三人发生排斥力，所以物权变动必须进行物权公示，以保护第三人的安全。而债权变动无须公示。

（5）交易的法律根据就是法律行为。因此当事人之间的法律行为应该被区分为物权行为和债权行为，物权行为以符合物权效力的法律事实作为其生效条件，债权行为以符合债权效力的法律事实作为其生效条件。

不同于法国法的是，德国民法建立的这种分析与裁判的体例，为区分原则模式。德国民法的分析模式，不论是从理论分析还是实践效果的角度看都优于法国法，因此我国清末变法时期，经过认真比较，最后采纳了德国民法的立法体例，形成了我国民法和德国民法之间的历史联系。[1] 在这一过程中，关于《民法典》编纂的情况是："宣统三年法律馆编纂成功五种法典，即大清民律草案第一编总则，第二编债权，第三编物权，第四编亲属，第五编继承……"[2] 虽然这一民法草案不是法

---

① 杨鸿烈：《中国法律发达史》，香港版，第898页。清光绪二十八年，即公元1904年。

② 杨鸿烈：《中国法律发达史》，香港版，第904页。清宣统三年，即公元1911年。

律，但是后来 1930 年的中国民法采用了这种立法模式。

法国同一主义的立法模式从表面上看容易理解，但是实际上其分析手段和裁判依据相比德国民法却十分复杂。比如，抵押权的设定，以法国民法为例，当事人之间只需要订立合同。但是设置抵押就是为了担保债权人的债权优先实现，因此必须排斥第三人。如果真的有第三人存在，则存在第三人和抵押权人之间的法律利益的比较分析问题。如果抵押权人只是依据抵押合同主张权利，则很难得到法院的支持。类似这样的问题，同一主义的立法模式基本无法妥善解决。法国民法立法者只能在《民法典》之外，重新制定民法附从法或者单行法来弥补其《民法典》立法的缺陷。法国民法就是依据 1855 年制定的《不动产登记法》等法律来解决其真正的司法裁判问题的。

但是依据德国法的区分主义原则来做分析和裁判时，这些问题都很容易解决。由于德国法严格区分物权与债权、物权变动与债权变动，抵押合同作为债权意义上的合同时，因为当事人之间的意思表示一致而生效，如果一方当事人违约，只是抵押权未能有效设定，但是根据这个生效的合同，违约一方应该承担法律责任。至于抵押权的有效设定，则因为抵押权的物权特征，必须以不动产登记这种公示方式作为生效的要件，不登记者抵押权不能有效设立。这样，一个抵押权设定的行为，必须根据其本质区分为抵押合同生效和抵押权生效两个法律事实，它们生效的法律根据也必须明确区分，抵押合同以当事人的意思表示一致为生效要件，抵押权以不动产登记作为生效要件。其他涉及物权变动和债权变动的交易，也都依据这样的规则处理，这样既保障了交易的安全，也保障了交易的公正。①

在中国，潘德克顿的立法技术，尤其是其体系性科学性的规则，在立法中长期以来受到不少批评。我们长期以来坚持"易粗不宜细，易短不宜长，成熟一个制定一个"的指导思想，不利于法律技术化发展，也妨害了对现有法律规范做出体系化的整理。至今还有不少人认为，《民法典》对于法律科学的过分追求是不切实际的。在《物权法》立法时，一些学者提出，应该按照"两毛钱买一根黄瓜，一手交钱，一手

---

① 孙宪忠：《中国民法典制定现状及主要问题》，《吉林大学社会科学学报》2005 年第 4 期。

交货"的现实，来建立民法上的交易规则。这一观点目前在法学界还有不少人坚持。这一次《民法典》编纂，又有一些人提出了"民法就是要让人们能看得懂的法律"的要求。这些要求损害了《民法典》的体系性、科学性，立法者应该尽早认识到这些观点的危害性。

附 中国社会科学院课题组关于《民法总则》的编制设想

在上文对中国《民法典》编纂，结合历史分析提出一些设想之后，笔者想把自己关于中国《民法总则》的立法思路在这里提出来，供有识者参考。事实上在中国《民法典》前期的立法过程中，中国社会科学院法学研究所民法课题组在梁慧星教授的带领下，已经在2003年提出过一个最早的完整的学者建议稿。这个建议稿几经修改，正式出版成书，共包括九卷本，包括立法条文和各篇章、节、条文的立法理由共约八百万字，已经在2014年向社会发布。本人参加了这个课题组，并且撰写了其中民法总论部分的法律行为一章、物权法部分的总论共三章等。此后，本人自2013年担任全国人大代表，连续三年提出民法总则以及《民法典》的立法议案。关于民法总论部分，本人提出了自己的法律编制的方案，现在研究报告以及立法草案已经基本完成。本人提出的建议稿和梁慧星教授提出的建议稿相比结构和内容有新的设想。

（一）总则编的结构

第一章 一般规定

该章主要写立法根据、基本原则、法律适用等内容。最明显的需要，是创制关于民法适用的一般规则。其内容类似于瑞士民法第一条的规定。在这一条文中，应该解决除一般法律适用之外特别法律适用的问题，比如宪法适用问题，行政部门规章的适用问题，最高法院和最高检察院的司法解释的适用问题，法律习惯和法学原理的适用问题等规则，满足实践的需要。

第二章　自然人（人格以及人格权写入这一部分）

（1）在自然人的法律制度部分，目前《民法通则》的制度大体可以得到保留。但是婚姻家庭关系的一般规则、监护制度方面应该补充建立老年人、特殊群体保护的特别规则。另外，应该扩展民法上的亲属范围，将目前法律确定的旁系血亲等的范围限制完全取消，解决我国社会独生子女制度带来的亲属问题。

（2）"个体工商户、农村承包经营户"部分的规则，应该进行较大的改造。首先，这一部分立法的条目应该改变，以体现民营经济的巨大发展。因此立法者应该进行实际的调研，清晰地掌握我国民营经济的整体结构。其次，对城镇个体工商户这种家庭或者家族式的经营，应该引导他们走上现代股权—所有权的法权结构。最后，对于农村承包制度，也应该进行实际调研，反映农村十八届三中全会以来因为"长期不变"政策带来的变化，反映农村的行业合作社的发展，反映农民权利股权化的变化。

（3）将《民法通则》规定的合伙制度从个人的规则中摘除出来，另外建立合伙的制度。因为合伙并不仅仅发生在个人之间。

第三章　法人和非法人团体

在法人制度的整体结构方面，必须体现私法法人或者民法法人和公法法人的区分，体现公益法人和盈利法人的区分，体现社团法人和财团法人的区分。

在私法法人的制度建设上必须体现现代公司治理结构的要求，反映我国公有制企业要求的同时，反映上市公司甚至跨国公司的要求，反映混合所有制企业的要求。

必须承认公法法人制度建设的科学性和可行性，建立公共权力机构、公立事业单位、公立社会团体法人参与民事活动的基本主体资格和责任主体方面的制度。

本章写入合伙制度。删除"联营制度"。

第四章　权利客体

权利客体的制度是《民法通则》所缺乏的。权利客体虽然是标的物，但是它们的现实状态反过来对于民事权利发挥着强大的反作用。比如，不动产的所有权和动产的所有权在政治意义、经济意义方面都有很大的差别，甚至在权利制度本身上都有很大差别。因此这一部分制度是不可或缺的。

在权利客体制度建设上，必须认识到人的行为不是客体，因为任何人的行为都只能因为他自己的意思而发生法律效果，而不能因为他人，即法律关系上的相对人的意思而发生法律效果。这个哲学问题，在近现代以来早就解决了。因此应该认识到债务人的行为不是债权的客体，而是他自己意思自治的结果。

在物的制度建设方面，应该采纳民法传统中关于公有物和私有物，公法上的物和民法上的物相区分的原理。① 公有物，比如大气、阳光、水流、海洋等，应该依法保持其为公共利益、必须开放性地供大众使用的特点，必须在法律上禁止任何人包括政府将其当作私物。建立这样的制度，可以保障人民群众对于公有物的基本权利。

建立无形财产必须特定化的规则，以满足知识产权保护的要求。

关于物的基本分类，应该采纳传统民法不动产和动产相互区分的原理，在此基础上，将对于民事权利发挥决定性作用的物的类型划分的制度都建立起来。

第五章　法律行为

在承认《民法通则》关于行为人、意思表示真实原则的基础上，对该法"法律行为"部分的修改原则是补强而不是重建。在法律行为这个核心制度建设方面，我们应该首先放弃"民事法律行为"这个似是而非的提法，采纳"法律行为"概念②，并按照意思自治原则，对这个制度进行彻底的补强。首先，应该承认人身行为和财产行为的区分，

---

① 参见孙宪忠《中国物权法总论》（第三版），法律出版社 2014 年版，第 228—231 页。

② 《民法通则》关于"民事法律行为"的创造并不准确，立法者似乎将法律行为界定为能够发生法律效果的行为，这样，在"民事法律行为"之外，似乎还存在"行政法律行为"等。然而，法律行为怎么可能发生在行政法律关系中呢？因为行政法律关系的各种活动中，当事人的意思表示并不发挥作用，不论是民众还是行政机关，都要依法办事，而不是按照自己的意思选择。参见孙宪忠主编《民法总论》（第二版），社会科学文献出版社 2010 年版，第 207—208 页。

承认负担行为和处分行为的区分，承认单方行为和双方行为、团体行为的区分。其次，在当事人意思表达及其法律效果方面，尽量细化规则，承认一般法律行为和特殊法律行为的区分。在此，建立法律行为完全无效和部分无效相区分的规则，建立瑕疵补正、转换的规则。再次，对于行政管理和当事人意思自治原则之间的关系，建立更为符合市场经济和人民权利要求的裁判规则。在这方面，可以采纳人民法院关于将当事人违背行政规则的行为区分为管理性和效力性两种不同结果的做法。最后，建立开放性的兜底条款，尽量扩张民众意思自治的空间，保护民众创造性行为。

第六章　权利、义务、责任的一般规则

这一部分制度是我们现行立法和各个学者方案都忽略了的重要制度，我国《民法总则》应该建立这方面的制度。因为这些制度不仅仅将建立起各种权利，包括民法基本权利和商事权利、知识产权等民事权利大体系之间最基本的内在逻辑联系，而且还将确立《民法总则》和民法其他部分之间相互联系的基本逻辑，为《民法典》的编纂建立逻辑基础，而且还要对民事主体行使权利、履行义务、承担责任等建立积极的引导。这一部分的内容非常重要，大体包括如下方面。

（1）各种民事权利之间的逻辑体系。这一体系通过民事权利的基本分类来建立。通过这一规则，使《民法典》中规定的民事法律和商事法律、知识产权法律、一些经济法律规定的民事权利之间形成内在和谐的整体，以此实现民法和商法、知识产权法、一般经济法律之间的法律效力连接和制度的和谐统一。

（2）民事权利取得、变更以及消灭的一般规则。比如，民事权利的绝对发生和相对发生，民事权利变更的原因等。

（3）民事权利行使的一般规则。比如不得滥用权利、行使权利必须尊重公序良俗原则等。

（4）权利保护的基本制度。比如自助、行使诉权的基本规则等。

（5）权利限制的基本规则。比如依据公共利益需要限制甚至剥夺民事权利的规则等。

第七章　代理。基本的出发点是把商事代理和民事代理统一起来规定。

第八章　时效。取得时效和消灭时效都要确立。

第九章　期日、期间。

（二）编制《民法总则》的指导思想

第一，反映改革开放和市场经济、人民权利的基本精神。坚持社会主义基本原则。

第二，强调立法的科学性、体系性。条文必须具有行为规范或者裁判规范的特性。如果不能编制成为行为规范和裁判规范，就不要采用。立法不能政治口号满天飞。

第三，《民法总则》的内容虽然有一些抽象规则，但是必须联系实际。立法的规则必须来源于现实，反映现实生活。一些不符合我国现实的制度应该及时放弃。

第四，一方面强调语言的平直，另一方面强调概念的清晰明确、规范的合理、制度的完整和立法逻辑的清晰。

第五，坚持制度创新和理论创新。在尊重中国历史和国情的基础上，在大陆法系民法学的理论框架内实现创新，制定一部引领 21 世纪民法发展潮流的科学的《民法总则》。

第三篇

怎样看《民法典·物权编》？

如何认识《民法典·物权编》？

本文结构

一 中国《民法典》（物权编）的立法体例

（一）物权编为什么要放在《民法典》第二编

打开《民法典》我们会发现，物权编在总则之后，处于《民法典》第二编的重要地位。这种编纂的体例，是需要解释的。《民法总则》是法典整体的龙头和基础，把它放在第一编这一点当然没有争议。但是物权编为什么要放在第二编这个重要的位置上，一直有争议。立法者鉴于物权编的重要地位，把它放在了第二编。这个做法引起了两种不同意见。其一是有学者提议将人格权编放在物权编之前，其二是有学者提议将债权编（具体是合同编）放在物权编之前。关于物权与债权哪一编应该在先的问题，《德国民法典》的做法是债权编在前，物权编在后。从表面上看两种设想都有道理。债权编放在前面的理由是，人们总是通过订立合同来取得财产的。而物权编放在前面的理由是，即使不订立合同民事主体也可以取得财产，例如小孩子因继承遗产或者接受赠予成为所有权人，所以未成年人不订立合同也会成为所有权人。我国早期《民法典》编纂过程中就已经取得了基本的共识，认为物权编应该放在前面，这样逻辑上顺畅一些。本次《民法典》编纂，立法者一致地认为应把物权编放在合同编之前。

关于人格权编是否应该放置在物权编之前的问题，是这次立法中出现争论比较多的问题，不少人提议将人格权编放在物权编之前，以体现立法对于人格的重视。但立法机关经过认真考虑，认为还是应该把物权编放在人格权编之前，原因其实很简单：人格享有的问题已经在《民法总则》得到了规定，这一部分已经放在了《民法典》最前面的位置上，已经体现了立法对于人格问题的充分尊重。而人格权编的内容，并不是规定人格享有，而主要是人格权受到损害后的保护规则。如果把人格权保护这些侵权法的内容放在立法体例的前面，也就是把人格权编放置在《民法典》的第二编，放在物权编之前，这显然是不符合立法逻辑的。因为立法必须先规定民事主体享有什么样的权利，然后再规定权利受到损害之后的救济。这才是法理上的逻辑。所以那种把人格权放在物权编之前的观点，可能是一些学者没有认真思考人格权编规定的内容和立法逻辑，所以难以得到立法的采纳。

近年来，我国法学界包括民法学界有一些学者批评说，传统民法重物轻人，所以要彻底纠正问题，就应该把人格权编放在《民法典》的第二编的重要位置上。这种观点听起来很唬人，但是完全似是而非。近现代以来的民法传统特别重视以所有权为中心的财产权利，其着眼点恰恰是普通民众的财产权利容易受到来自官方或者其他权势侵害这个现实，贯彻人文主义思想，强化民众基本权利保护。其实民法上的所有权，包括普通民众的以所有权为代表的财产权利，对于普通民众而言，就是基本人权。民法重视普通人民的物权等财产权利，这本身就是重视人民的人权。这一点，怎么能说是重物轻人？

我国《民法典》本次的编纂体例，是把人格权编放置在合同编之后，这体现的是侵权之债的基本逻辑，不但在法理上比较妥当，而且立法体例上更符合法律规范的内在逻辑。在《民法总则》规定了人格的制度之后，立法上必须解决自然人的人格发展问题，所以必须充分地承认和保护他们的财产权利。如果自然人的财产权利不能得到充分承认和保障，他们的人格就不会得到健全的发展。这就是物权编要放在总则编之后的原因之一。

当然，物权编放在《民法总则》的第二编，更为重要的原因是，物权编是国家经济基础和社会基本秩序的保障，是国计民生平稳运行和发展的基本遵循。在国家整体的经济秩序和基本财产秩序得到充分保障的情况下，民事主体包括自然人和法人的各种民事权利才能够得到保障和发展。

此外，人格权编放在婚姻家庭编、继承编之前，也是立法逻辑的使然。因为婚姻家庭生活同样是以民事主体的所有权等物权作为基础的，物权编把财产制度的基本问题解决妥善后，就为婚姻家庭制度打好了基础。

（二）物权制度的编纂体例

物权编自身的编纂体例，是我们学习和研究必须首先注意的。物权编整体的编纂过程中间，还是延续了《物权法》编纂的基本体例。原来《物权法》分为五编，这次我们把它分为五个分编。在 2018 年 8 月最高立法机关提交审议的《民法典》（草案）中，物权并没有分编，而是直接分为若干章。对此我提出了立法报告，认为还是将物权编分编更为妥当，并且建议合同编、物权编等都应该分编。后来立法机关采纳了这个建议。

关于物权编的立法体例，还应该注意的是，我国《民法典》中的物权立法内容，并不只是规定在《民法典》的第二编，而是主要规定在两个地方：首先是《民法总则》民事权利这一部分的第 113 条一直到第 117 条这五个条文，然后才是法典的第二编物权。在立法的时候，因为考虑到《民法总则》中民事权利这一章的内容设置，所以立法者把物权的概念、物权的一些原则等内容写在民事权利这一部分。总则编这五个条文实际上属于《物权法》的总则性的内容。所以大家在学习物权知识体系的时候，一定不能忘记《民法典》第 113 条至第 117 条的内容，必须把这些规定和物权编中的第一章（第 205 条至第 208 条）结合在一起学习。除这两个地方的规定外，《民法典》其他部分也还有涉及物权制度的规定，值得注意的是，《民法总则》关于权利根据和权利行使的规定。对此本文在文尾的地方作简要介绍。

（三）物权立法的现实意义

《物权法》实施十几年了，大家都看到一个令人欣喜的事实，就是《物权法》颁布以后，中国基本稳定下来了。在《物权法》颁布之前，我国确实有一些人持有仇富心理。但是不承认和保护老百姓合法取得的财产，这就非常有害了。因为这种观念不但不切实际，而且损害市场经济体制发展，损害普通人民的财产权利。改革开放以来，尤其是建设市场经济体制以来，我国社会民间资产不断壮大，民营经济对于国计民生发挥的作用也已经非常强大，在这个时候，如果不考虑财富来源的合法性，而仅依据财富占有的多寡来主张财富平等，这种观念将必然为害社会。所幸 2007 年制定《物权法》之时，坚定不移地贯彻了改革开放的思想，贯彻了平等保护各种民事主体的物权的原则。《物权法》实施十几年来，这一思想在我国社会发挥了完全正面的作用。比如，各位都可以看到一个事实，在《物权法》颁布之前，中国出现了大规模的移民现象。2004 年招商银行的报告中写道，当时中国亿万富翁中 90% 的人，不是已经移民了，就是正在办理移民手续的过程中。那个时候有很多人取得财产后不愿意把财产留在中国，觉得辛苦得来的财产不会得到法律的承认和保障。《物权法》实施十多年后的今天，这种局面已经完全改变了。我们可以看到，中国人民对自己的财产权利受保障这一点，已经非常有信心了。从以前很多富人移民，而现在很多人回国创业这个角度看，如今这个问题基本上解决了。《物权法》不但使得中国创业的道路越来越平坦，而且也使得人民对于国家更加有信心。

本次《民法典》编纂实施，我们还应该强化社会的物权意识。《物权法》颁行的时候，中央提出了"四个坚定不移"，其中就有要坚定不移地走改革开放的道路，要坚定不移地对民营财产、对合法财产平等保护。2016 年中央与国务院联合发布了平等保护产权的意见。怎样理解平等保护？这个提法的问题意识是什么？在中国公共财产具有很高的政治地位，立法和司法对公共财产的保护历来没有任何政治上的质疑。但是对于民营经济和民间财产，那就不一样了。民间财产包括民营经济财产一直地位较低，这就是平等保护这个要求提出来的问题意识。所以，平等保护就是要提升立法和司法对民间财产保护的力度。平等保护不是降低公共财产的地位，而是提高对民间财产、老百姓的财产的保护力度。在改革开放四十周年纪念的时候，中央曾经提出了民营经济的"五六七八九"，实事求是地指出了民营经济对于国计民生的巨大贡献。在学习《民法典》物权编的时候，我们对此还要加强认识。以上内容是对《民法典》物权编编纂的背景及历史背景中一些比较大的框架性的问题所做的基本介绍。

二 物权概念：科学性定义及其在法典中的贯彻

现在我们就进入物权编课程的正题。在学习物权编的时候，首先我们要理解物权的概念。这个概念确实不是汉语法学固有的概念，而是外来的概念，所以不论是社会大众，甚至是中国的法律人，都需要准确理解这个概念。

关于物权的概念，规定在《民法总则》的民事权利这一章的第114条。该条规定："物权是权利人依法对特定的物享有直接支配和排他的权利，包括所有权、用益物权和担保物权。"前半句话属于概念，后半句话是对权利类型的列举，也就是所谓的物权的体系。理解物权的概念，对于我们理解《物权法》的全部制度都具有决定性的意义。从我本人从事物权法学研究和教学数十年的经验看，我发现，虽然物权法学的知识体系来到中国已经有上百年的历史，但是我国社会包括相当多的法律人，对于《物权法》的理解还是有相当大的缺陷，其主要的问题，就是对于物权的概念理解不准确。为了帮助大家准确理解物权概念进而理解物权编整体的制度体系和知识体系，我想把物权概念给大家再仔细讲解一下。

（一）物权主体特定规则及其在物权制度上的贯彻

《民法典》关于物权的概念，如果要仔细解剖开来，就可以看到它包括了主体、客体和权利这几方面的因素；从物权法学原理的角度看，物权概念简单地说可以用"三个特定"来概括。第一个是特定的主体，第二个是特定的客体，第三个是特定的权利。

理解物权概念，首先要理解物权的主体。物权法学原理的基本要求是权利主体必须特定化，必须明确肯定。这一点十分重要，这是物权法学科的基础之一。首先，我们知道，民法上的主体是指权利的享有者和义务的承担者。从物权法角度来讲，特别强调主体的特定性，因为物权是主体独占性的支配权，它不仅具有独占性的满足权利人自己法律上的利益的特点，同时还有排斥他人支配，其实就是排斥他人意思参与的法律效力。物权的独占性效力，满足了权利人对物的占有、使用，从这方面而言，他是权利人；但同时，这个权利人也是法律上的义务承担者和责任承担者。比如说开汽车如果发生了交通事故，大家首先想到的就是这个汽车的所有权人是谁，这就是要把汽车的所有权人作为责任人。在法律上，世界各国的法律都普遍规定了所有权人的法律责任，我国《民法典》在侵权责任编这一部分规定了物件的侵权，其实就是要确定物的所有权人、占有人、管理人的侵权责任。从主体角度而言，权利、义务和责任是统一的。正是因为这一原因，从物权法学原理的角度看，确定主体是立法和司法的第一步。

在贯彻实施我国《民法典》的时候，尤其是贯彻其中的物权制度的规则的时候，研究和确定其中的主体制度特别重要。特别重要的意义就在于，我们国家是一个以公有制为主体的市场经济国家，公有制为主体就意味着公有制占有巨大的财产量，但恰恰在公有制财产的物权制度上，过去长期存在灰色的空间，甚至是黑色的空间。原因就在于，我国立法和法学理论上，关于公共财产的主体，从民法科学的角度看是不明确的，或者说是"抽象主体"，而不是明确肯定的主体，不是特定化的主体。我们大家都接受的，关于公共财产的国家所有权学说，其全称为"国家所有权的统一性和唯一性理论"，说的是，整个社会的公共财产（除集体财产之外），都统一地归国家所有；在全部公共财产领域，只有国家这样一个唯一的所有权主体。但是国家所有权中的"国家"指的是什么？可以说国家无处不见，但是国家真的也是无处显形。一方面，我们常说这是国家的那也是国家的，但是真正涉及权利义务和责任的情况时，国家它就不显形，尤其是涉及民事责任范畴的时候，国家更是不会承担。这一点其实就是国家"抽象性主体"的特征，这个抽象性主体，在国际法上是成立的，但是在国内法却无法成立，因为国家在国内法上尤其是在民法上无法承担义务和责任。过去一些民法学者还提出，抽象主体的国家所有权学说具有很大的理论优势，这些说法，从民法原理上看都是站不住脚的。

统一唯一的国家所有权学说，在国内事务上很难自圆其说，在国际事务上就更是站不住脚了。我这里举一个例子。我以前写的一本书，叫《国家所有权的行使和保护研究》（中国社会科学出版社 2015 年版），在这本书里有一个案子就说明了国家所有权统一唯一学说的本质缺陷。这个案件和美丽的宁夏有关。宁夏是个穆斯林地区，埃及是个伊斯兰国家，埃及的购买人从宁夏订购羊肉并订立了合同。之后，宁夏公司按照约定的时间交付羊肉，但是到了埃及的港口之后，埃及的购买人拒绝接收，并将羊肉扔进海中，他们认为交付的羊肉是不洁之物不能吃。他们为什么会这么认为呢？因为穆斯林地区的人屠宰牛羊必须采用他们宗教上特殊的方法及标记，而宁夏公司对于羊都是机械化屠宰，羊肉无法证明有阿訇念经，也无特殊标志。正是因为这个问题，埃及的购买人不愿意接收交付的羊肉，他们将羊肉扔入海中并要求宁夏公司返还货款。双方之间产生了争议，埃及的购买人说宁夏公司交付的羊肉是不洁之物，但宁夏公司认为羊肉本身符合国家卫生标准并无不洁，双方之间争执不下。这个时候碰巧中国有一个大公司——中国远洋集团运输公司（COSCO），到埃及的亚历山大港去装货，结果船一到了港口就被埃及法院查封了。扣船后，远洋公司表示与埃及方并无任何法律上的争议，仅是来埃及运货，质疑为何被扣船？这时候，埃及法院的法官阐明了案情，他们拿着中国的《宪法》《民法通则》及中国民法学家写的著作，说宁夏公司是国有企业，依据中国的《民法通则》这家企业的资产全部属于国家所有，而"COSCO"也是国有企业也归国家所有。从法律意义上而言，这两家企业都是一个所有权人的财产。所以，欠账就是这个所有权人欠的。埃及方面就是按照所有权的规则，按照中国当时民法的规定和民法学家所讲的"国家所有权统一唯一的学说"的道理，把 COSCO 的两艘大船给扣了。这个案子大概发生在 20、21 世纪之交的时候，跟我讲这个案子的人，是最高法院庭长费老师，他后来在中国国际经济贸易仲裁委员会担任仲裁员及领导。这是他做首席仲裁员时遇到这个案子。

他告诉我们这个案子的缘故是当时最高立法机关正在起草《物权法》，而我们中国社会科学院课题组提出的立法方案中，提出了公私财产权利要平等保护的主张，这一点受到了另外一个课题组的批评，他们认为国家所有权神圣无比，其他财产权利不能和国家财产所有权平等。中国社会科学院起草的《物权法》方案，在 1999 年就提交给了最高立法机关，其中部分内容是我写的，我提出对于一切财产权利要一体承认和平等保护的原则，这个观点得到了课题组负责人梁慧星教授的同意，因此我们提出的立法方案物权主体方面，采用了自然人和法人作为主体的立法模式，而没有再用国家、集体和个人这种"三分法"的主体模式。但是另一个课题组提出还是要坚持按照国家、集体和个人的主体模式来规定我国的物权制度。在一次立法机关讨论立法方案的时候，我明确地提出来，这种立法模式在法学上是有严重缺陷的。当时上文提到的费老师发言，提到了这个案件，对我的观点表示了公开的支持，他也认为国家所有权统一唯一的学说，是无法自圆其说的。

在苏联的法学中，所有权按照国家、集体和个人这三种主体来划分，这种立法模式叫作三分法。这个三分法模式是我以前长期批评的，因为三分法是个政治概念，强调国家财产高高在上，集体财产地位也很重要，但是对于公民取得的财产权利却予以轻视，甚至抑制。这种做法符合改革开放之前确立的意识形态，老百姓的财产称为私有财产，具有道德上的缺陷，因此法律上不能给予足够的承认和保护。三分法对我们国家发展、对人民利益曾经造成了极大损害。在改革开放之后，甚至在进入市场经济体系以后，三分法本来已经失去了道德伦理上的合理性，但是，在立法上、在法学思想上却还是得到了坚持。1986 年制定的《民法通则》，在关于公有制企业财产权利这个问题上明确规定，公有制企业的财产都是统一的、唯一为国家所有，而企业的财产来源于国家授权，企业只有经营权没有所有权。请大家注意，关于政府和企业之间的关系，这里并没有采用投资的法权理论，国家对于企业财产一直享有所有权，因此，这里也就没有采纳国际上通用的投资人的有限责任理论，当然也没有建立相关制度。企业既然是按照所谓国家授权建立起来的，所以企业也没有独立民事责任。正是因为如此，埃及法院因为宁夏企业的欠款将 COSCO 的两条大船扣留，而且，埃及法院的理论，使得中国人哑口无言，无法与对方讲道理。

我还想请大家注意的是，1995 年我们已经建立市场经济体系，我们已经对企业、对股权投资关系所产生的法权结构有深入的了解，那就是投资人享有股权、企业享有所有权。这一点现在已经是常识，但是在公司法中，这一点还是没有十分明确地规定下来，公司法关于公司企业享有法人财产权的规定较为模糊。所以，在 20、21 世纪之交这件案子发生的时候，中国人自以为自圆其说的道理，到了国际上寸步难行。即使制定《物权法》的时候对一些制度也做了创新，但还是没有很好地贯彻当代企业投资方面的法权理论。原因就是有些立法机关的工作人员和学者认为，按照"三分法"把物权划分为国家、集体和个人，这种理论在政治上是高度正确的，是完全不能变的。在近年来关于《民法典》编纂的讨论中，大家可以看到这个方面的一些讨论。

通过这个问题的讨论我们可以看出来，物权主体的科学化问题，实际上是我国《物权法》制度整体建设的基础性问题，也可以说是物权制度建设的首要问题。尤其是从司法分析和裁判的角度看，这个问题就更加重要了。因为涉及公共财产方面的物权分析和裁判，首先就应该解决主体问题，看看权利由谁来享有，义务和责任由谁来承担。我想告诉大家的是，这次在《民法典》的编纂过程中，这些问题基本解决了。因为物权主体制度，是《物权法》制度的基础，我在这里要给大家讲一下这个制度。

首先请大家看《物权法》第96条和第97条的规定。第96条规定"本节规定的机关法人、农村集体经济组织法人、城镇农村的合作经济组织法人、基层群众性自治组织法人，为特别法人"。然后，第97条规定，"有独立经费的机关和承担行政职能的法定机构从成立之日起，具有机关法人的资格，可以从事为履行职能所需要的民事活动"。这两个条文我们需要结合在一起看。它的立法意义就是，从民法的角度，从主体角度，把国家机关确定为法人，这样在"国家"从事民事活动的时候，它就不再是一个统一唯一的主体了。从民法角度来讲，机关法人是以特别法人的身份参与民事法律关系，而不是以国家的身份参与民事法律关系，这是个要点。这样，民法上权利的享有、义务和责任的承担，就不再应该强加给抽象意义的国家了。

请大家再看《民法典》第255条规定。该条规定，"国家机关对其直接支配的不动产和动产，享有占有、使用以及依照法律和国务院的有关规定处分的权利"。请大家结合第96条的规定分析。可以看出，我国《民法典》在这里已承认了国家机关的公法法人的物权，甚至也承认了国家机关的公法法人的所有权。因为所有权的本质是处分权，而现在承认国家机关有直接的处分权，这就是承认了公法法人的所有权。当然，这个条文里面说，这种法人物权的行使要依据法律的规定，这是当然的了。这一要求就是公法法人物权的特征，公法法人的财产必须用来办公，不能用来办私，不能用来给自己牟利，只能依据法律所确定的公法法人的章程和公法法人的立法目的来行使财产权利。这个条文很关键，这是我们理解国家的公共财产进入民法领域的一个起点。

大家都知道，在以前，中国民法强调国家所有权的统一和唯一，强调国家所有权理论中的国家只有一个，国家是唯一的所有权人。这是我在大学所学的，后来我知道了，这个理论来源于20世纪30年代苏联法学家维涅吉科托夫，他为了支持苏联中央统一的计划经济体制，提出了从民法所有权的角度确立中央政府全面的财产调拨权力的观点。这个观点的历史背景就是这样的。20世纪50年代，这个理论作为正宗社会主义引入中国，后来几十年一直得到遵奉。我很遗憾地告诉你们，现在大学里的民法教材里还是这样讲的。它既不符合现实，也不符合物权原理与法律原理。我在很多年以前按照民法原理和公法理论，提出了关于公法法人的所有权的学说，这些观点集中体现在《国家所有权的形式和保护研究》这本书里面。所以，《民法典》第96条、第97条至第255条这些，也是我多年坚持的。现在我们法典已经实现这一步了，在我看来是非常欣慰的。

另外，我想请大家尤其关注《民法典》第257条、第268条等规定。我刚才说到宁夏羊肉的案子，大家现在看第257条，也把这个问题解决了。该条规定，"国家出资的企业，由国务院、地方人民政府依照法律、行政法规规定分别代表国家履行出资人职责，享有出资人权益"。大家要注意的第一个要点是，这里采纳了政府投资学说，而废止了企业资产来源于国家授权的学说。投资人只享有股权，而不享有所有权。第二个要点是承认了多级别多部门的投资，在政府投资这个领域的法律制度方面，《民法典》已经完全放弃了承认国家统一唯一学说了。在投资这个问题上，国家不再是统一唯一的投资人了，而且在这个条文里头规定得很清楚，它是行使出资人的职责而不是行使所有权了。中央有中央的投资，地方有地方的投资，甚至中央的投资都不能统一。我们大家都知道，国资委是对实体企业行使所谓投资人职责，但是金融企业国有银行，就不能由国资委行使投资人权利。此外，地方的公有制企业也很多，但是在过去，如果讲地方国有，那是没有法律根据的。现在立法上明确承认了地方政府作为投资人独立享有的权利。这个规定，彻底废止了国家所有权统一唯一的学说。

在这种情况下，企业法人所有权的承认就是水到渠成。大家再看一下《民法典》第268条和第269条，就是关于法人所有权的规定，即投资的企业和法人本身享有所有权。这就走上了股权所有权的这样一个道路了，不再是国家统一、唯一的所有权。

我们知道，所有制的问题特指生产资料的控制法权关系而言。在我国公有制的生产资料控制法权关系方面，我国《民法典》已经发生了重大的改变，这种实事求是的做法，为下一步的改革铺平了道路，可以预料我国公有制生产关系将在《民法典》的保障下获得更大的发展。

我们知道除生产资料之外，非生产资料领域也有大量的公有制资产，关于这方面的物权制度，请大家除了关注第96条、第97条的规定之外，再看看《民法典》第256条。该条规定"国家举办的事业单位对其直接支配的不动产和动产，享有占有、使用以及依照法律和国务院的有关规定收益、处分的权利"，这是公法法人享有的非生产资料物权的类型。刚才我们讲的是公法法人中机关法人的物权，而第256条讲的是事业单位的物权。比如说大学，像我所在的中国社会科学院，就是这样的情形。尤其事业单位所有权问题，我们呼吁很多年都是得不到改进，也得不到解决。我可以给大家讲个笑话。大家都知道在北京，北大和清华是很有名的，北大和清华学校里有很多文物，因为过去都是皇家园林，尤其是清华。过去每年夏天都有很多家长带着孩子到清华和北大去参观，以鼓励孩子让孩子将来要上北大或者清华。开始的时候学校倒也没有反对，但是后来参观的人越来越多，甚至专门有去北大、清华的旅游团，这就对学校构成损害。学校有其教学秩序，后来学校就做了决定不让进，现在北大、清华都是不能随便进去的。其中就发生过一个案件，在2000年前后，有一个广东的家长带着孩子想去参观清华，结果清华没让进，他们就向法院提起了诉讼。广东家长主张法律规定大学是国家的财产，是人民的财产，我就是人民的一分子，我们现在作为人民来看我们人民自己的财产为什么不许可，这是严重的侵权问题及政治问题。当然，最终法院驳回了当事人的诉讼请求，但是法院未能说明，到底人民能不能去看人民自己的财产？这个问题，到后来一直也没有解决。现在大家看第 256 条，我们就明白了，其实作为公法法人、事业单位法人，当然有自己法人的物权，有按照自己的意思表示占有使用这些财产的权利，而"人民"只是政治概念，不再是民法意义上的物权人了。从政治角度来讲，人民财产这个概念是可以成立的，但是从民法意义上来讲，是没有根据的，是得不到承认的，所以任何一个自然人，不能以人民的名义对学校行使所谓人民的权利。另外我们还可以看到，邵逸夫、霍英东等人向大学捐赠了很多财物，那么他们到底是捐赠给大学的还是捐赠给国家的？我们过去几十年都搞不清楚，法律上一直说这是捐赠给国家的。但是捐赠人是真的捐赠给国家了吗？而且，受捐赠的是大学，其他人根本无权行使占有使用的权利。

另外我们还知道，这些年来发生了很多"国家"侵权的案子，分析起来颇为滑稽。我们讲国家所有权的统一，结果民众因为山洪暴发起诉政府。因为立法强调自然资源统一归属于国家，那么水流资源也是国家作为所有权人，洪水也成了国家的了。野生的老虎咬人了，野猪毁坏老百姓庄稼了，洪水淹死人了，结果都被理解为国家侵权。这些案件想起来实在既可气又可笑。但是在中国过去的一切无主物都归属于国家所有权理论下，你能说老百姓的主张没有道理吗？

现在，我们在制度建设上总算把这些问题解决了。反过来，又回到我们今天讲的《民法典》的问题主体制度上。实际上这个制度的建设有一段艰辛的学术历程，但是发展到现在我们可以看出来，物权编写到这样子，显得有些不尽如人意，话还是没有讲透，但是能写到这个样子，非常不容易。有些人认为你写的条文，把公共财产变成私有财产，认为你主张私有制，走资本主义道路，这些人现在还是有。但是实际上，《民法典》的这些规定跟私有制、跟资本主义道路并没有任何关系。上文我说了，民事主体意味着权利义务和责任的统一的承担者，享有权利的同时必须承担义务和责任。物权编要用民法的科学原理，来优化或是完善公共财产的支配秩序，要让我们的公共财产制度能够公开透明，防止灰色空间甚至黑色空间发生。

总体来说，物权编取得的最大成就，就是废止了苏联学者提出的国家所有权的唯一和统一学说，推翻了僵化的思想和不科学的学术在我国物权制度方面的统治地位。《民法典》从第 96 条到第 255 条、第 256

条、第 257 条、第 268 条、第 269 条这一系列制度，可以说是把公共财产秩序中的法律制度问题彻底改变了，这个意义非常巨大。《民法典》颁布后，很多人都在讲《民法典》，但他们都没有讲到这一点。这在我看来是很遗憾的，这些官员和学者还没有认识到这个问题的重大价值，或者他们就是国家所有权统一唯一学说这种虚妄理论的坚持者。但是，我们必须认识到，公法法人制度、理论和公法法人物权制度、理论，不论是从行政执法方面还是从法院司法方面看，这些规定意义都非常大。甚至律师从事法律实务，都要认识到这个巨大变化，就得运用这些理论了。这是我要给各位讲的物权概念的第一个方面，即主体的特定性。

（二）客体的特定性

在物权的概念里面，第二个要掌握的是其客体的特点。所谓物权客体，就是物权的支配对象。从一般意义上来说，物权的客体是具体的物品，但是在法律制度上，权利也可以成为物权客体。在民法科学原理上，物权的客体必须是有体物，即具有特定的范围，能够为人所掌握的物。关于物权的客体，在我所写的《中国物权法总论》这本书里面有细致的讨论，尤其是关于有体物和无体物在民法物权制度上面不同的立法例，在此不赘述。不过有一个要点我一定要特别指出，那就是物权客体的特定性。物权客体必须是明确肯定的，其含义就是物权客体的范围必须和他人物权的客体有明确的区分。其实就是区分所有权的疆界或者说是边界。物权是权利人支配标的物的权利，所以从这种权利的特征的角度看，立法上、司法上在客体方面要解决的问题就是明确权利的支配范围。比如，你对土地有一个物权，那么你依据物权对土地支配的范围到底在哪里，这要有个边界。

不论是所有权还是其他物权，都是支配权，支配的范围必须是要明确肯定的，所以，物权客体只能是具体的，而不是抽象的，不能是观念上的、精神上的。这个特征在一般情况下很容易理解，因为我们对动产、不动产都有清晰的认识和区分。但是在法学研究和立法上一直有一个很大的争议，就是在物权把知识产权作为客体的时候，比如把专利权、商标权作为客体的时候，这个物权特定性原则又该如何认识呢？知识产权在《物权法》中也可以成为权利客体，就是在权利质押这一部分经常有使用，我国《物权法》到《民法典》物权编都对此有明确的规定，做法律事务的人会经常遇到这些问题。这个问题上的争论在于，有些人认为知识产权都是思想，思想是流动的，是自由的，无法特定化，所以立法上就不应该强调知识产权有明确肯定的范围。这些话听起来好像有道理，但似是而非，因为知识产权不论是什么权利它们都是有边界的。思想可以说没有边界或者说没有界限，但是知识产权中的那些思想也就是被权利化的思想，就已经有了明确肯定的疆界。比如说专利，专利是思想的成果，但是一旦形成专利的时候，也就是形成由国家颁发的权利证书所记载的发明创造、实用新型技术的时候，那些所谓的思想成果就已经有体化了，就已经具有明确肯定的范围了。从法律上来讲，专利权必须是能够为人所掌握、有形化的知识，而不是脑子中无所不在的自由无边界的思想，否则就无法把握、无法转让、无法使用许可，更无法设置权利质押。

分析和研究物权客体的时候，我们还要思考一个非常重要的问题，即在现实生活中有一些物体，不能构成物权客体。其中最具代表性的就是人体。从唯物主义哲学角度来讲，身体是物质的存在。但是从民法的角度来讲，人是绝对的主体，人体不是民法意义上的物品，人不能是客体。因为，从道德伦理的角度看人格尊严至高无上，人身上的一切都是至高无上的尊严的体现。所以人身上所有的器官都体现着人格至高无上的尊严，都不能拿来作为物权的客体，就是不能交换，不能拿来支配，不能选择设置所有权，不能拿来交易的，这是个非常重要的问题。即使是本人，你都不能说你是你的某个器官的所有权人。

本次《民法典》编纂暴露出我国法学界一些学者的一个认识缺陷，那就是他们把人体器官理解为民法意义上的物，主张依据民法规则来解决人体器官移植等方面的法律问题。这一次《民法典》编纂过程中，有些课题组中的一些学者提出了人作为人格权的客体，人的器官作为客体，这些主张实在是违背法律伦理。比如，一些人提出人的器官移植就是人在行使对于器官的权利。这样他们就把人的器官理解成为有所有权这样的客体，这是严重违背法律伦理的，基于自然人的生命伦理，人的器官是人的生命健康的体现，人的生命健康绝不许可人哪怕是自己来处分。法律不能支持把人体作为客体来看待，哪怕是自己处分人体一部分，在法律上都是非法，都不能得到承认。有些特殊的情况，比如说人体血液捐赠、器官移植捐赠只能是基于公法上的理由，而不是基于民法上的物权处分。这在法律上是绝对不承认的，不仅是中国法不承认，世界上各国的法律都不承认。这一次《民法典》编纂，这个问题屡屡引起争议，表现出我国法学界欠缺这种生命伦理观念的大问题。自然人依据民法规则来处分自己的人体器官，这在国际上是违法犯罪的。这一点我们都知道。所以，器官移植只能依据公法上的理由和规则。

（三）物权支配权特征及物权制度贯彻的要点

在物权概念的掌握中，最核心的方面是必须理解物权是一种支配权，权利的内容必须明确规定。这是物权概念中的第三个核心要素。

支配权这个概念，并不是我国社会熟悉的本土文化。在我多年的民法学研究和教学过程中，尤其是在参与国家《民法典》编纂的过程中，发现我国法学界包括民法学界关于这个概念的理解和适用还有相当多的问题，因此我在这里要多解释一下。

在民法知识体系中，与支配权相对的是请求权，请求权和支配权形成了法律上的相对概念。那么什么是支配权？什么是请求权？比较而言，我国法官队伍中和律师队伍中，对请求权的理解大体上是准确的，但是对于支配权的理解还是不尽如人意。因为我们中国的立法和法学教学体系，特别强调民法上的权利分类是人身权和财产权，而不太强调支配权和请求权的区分。但是从民法的技术规范上来讲，民事权利的本质区分其实是支配权和请求权。对这一概念的区分，在整个民法知识体系中具有基础性意义和基本的功能价值。

支配权指的是依据当事人自己的意思表示就能够实现目的的权利。比如，作为一个所有权人，根据自己的意愿进入自己的屋子，在屋子里根据自己的意愿做各种事情，这都是合法的，其单方意思表示能够得到贯彻，其权利目的可以得到顺利实现，这就叫支配权。物权就是对物的支配权，它就是完全按照权利人自己的意思可以实现权利目的的财产权利。

和支配权相对应的请求权，指的是权利人在实现权利目的的时候，必须向另外一个特别确定的人提出一个请求。请求权的特征在于，第一，这个请求只能向一个特定的相对人提出，不能支配一个特定的物；第二，权利人提出的请求，只是对于特定相对人的一种法律上的束缚，其相对人是否完全能够按照请求权的要求来履行，那并不是绝对的。你享有权利，他承担义务，他可以通过履行义务来满足你的请求，但是也可能因为客观的或者主观上的原因，没有办法履行自己的义务，你的请求最后又实现不了。例如依据合同产生的权利，那就是一种请求权。比如说订立一个合同之后，你依据合同享有了向对方当事人提出请求履行合同的权利。但是，你向对方提出履行合同请求的时候，对方履行合同与否，也得有自己意思自治的过程。另外还有一个法律上的重大问题，那就是你请求履行合同的时候，客观上就实现不了，没有办法实现你的请求。比如，你和房屋的所有权人订立了一个房屋买卖合同，到了履行期限的时候，你向对方提出履行合同的请求，但是对方有可能基于主观的原因，也有可能基于客观的原因不能履行。请求权的特点就是这样的，这就是合同之债的基本原理。

民法的制度核心是民事权利，而民事权利就是按照上述分析被划分为支配权和请求权两大类型。其中物权作为一个支配权，合同债权作为一个请求权，这是我们大家都比较熟悉的，民法上权利体系就是这样建立起来的。

支配权也可以叫作处分权，在德文法学中，支配权和处分权常常使用一个名词。从民法的角度看，处分就是说可以直接地支配它，可以依据自己的意愿处理。比如也可以按意愿使用杯子，也可以按意愿使用房子或者出卖房屋，这就是支配。支配永远是针对物的，不能针对人，因为人是主体，主体有自己的意思和自愿，所以客体不能是人。与此相对应，请求权的基本特点完全不一样，请求就是你去请求别人，至于对方能否满足你的请求，那结果是不确定的。所以我们把债权叫作相对权，把物权叫作绝对权，就是根据意思能否发生效果来进行的划分。主体的意思能绝对发生效果的就是绝对权，主体的意思只能发生相对效果的是相对权。

因为 20 世纪 50 年代引入苏联法学，而苏联法学否认民法上的意思表示学说的缘故，我国民法学界普遍接受的关于民事基本权利的基本理论，无法从民事主体的意思表示的角度来看支配权和请求权的划分，因此在这些基本理论方面有很多混乱。举例来说吧，现在我们都知道了支配权、物权、所有权这些权利包括处分权，而合同之债只是请求权的发生原因。但是在 20 世纪 90 年代时期的一系列立法和司法解释，以及一些非常重要的法学家的著述，都搞不清楚这一点，其他的重要立法和司法解释我且不谈，我只说说《合同法》这部重要法律吧，连这部法律涉的基本概念都出了问题。比如这部法律的第 51 条，把订立合同的行为称为"无权处分"行为；而且对合同之债的生效条件的规定并不是请求权的条件，而是行使支配权的条件。这项混淆债权和物权差别的规定，在司法实践中造成了很多混乱。再如《合同法》第 132 条，规定买卖合同在订立的时候就应该有标的物，出卖人应该取得所有权。大家想一想，如果按照这项规定，预售商品房的合同、在工厂里订货的合同等，都不会得到法律的承认和保护。这些条文写入我国立法和司法解释，说明我国民法学知识体系的严重落后。

近 20 年来，本人一直在为改变这种局面努力着。在这一次《民法典》编纂中，经过我们的努力，这些基础性质的问题都解决了。事实上，我国《民法典》这一次编纂完成了一个非常大、涉及民法制度全局的更新，那就是贯彻了支配权和请求权划分的科学原理，不仅从法律效力上面，而且从支持法律效力的法律根据方面都做出了清晰的划分，这就是我在中国民法学界提出多年的区分原则贯彻的问题。这一次《民法典》编纂，彻底完成了这个历史使命。贯彻区分原则，重要的目的就是把物权跟债权区分开，尤其把物权变更跟债权变更区分开。我在这个方面做出的努力，大家可以从我多年的著述中，尤其是本次《民法典》编纂过程中我所写的议案、建议和立法报告中看到。上文提到的《合同法》第 51 条这样有严重缺陷的条文已经被删除了。而且大家可以看一下《民法典》第 597 条，这个条文不但否定了《合同法》第51 条，而且重新规定了出卖人尚未取得所有权的时候所订立的合同的法律效果问题。该条规定，"因出卖人未取得处分权致使标的物所有权不能转移的，买受人可以解除合同并请求出卖人承担违约责任"。这个条文的意思就是，出卖人在没有取得标的物所有权的时候当然可以订立买卖合同，如果这个合同届时没有履行，那么购买人可以解除这个合同，并且追究出卖人的违约责任。这个规定和《合同法》第 51 条、第

132 条的规定完全不同。因为《合同法》第 51 条和第 132 条规定，订立合同的时候必须有所有权、有标的物，如没有所有权、没有标的物，合同本身是没有效力的、是不生效的，是不能得到法律的承认和保护的。但是，第 597 条规定，没有所有权和标的物的合同是可以订立的，这个合同是受法律承认和保护的。因此，在标的物没有取得的情况下，买受人有权利解除合同，要求出卖人来承担违约责任。我们知道，合同有效的时候才能被解除；合同有效的时候当事人才能够依据合同追究违约一方的违约责任。合同如果依法无效，就不存在解除的问题，因为合同无效，就是自始无效、当然无效、根本无效、绝对无效、整体无效，这叫五大无效。所以，合同无效不存在解除的问题。而且合同自始无效的情况下也无法依据合同确定违约责任，违约责任以合同有效为前提。

上文所讲的支配权和请求权的划分，是民法上最基本的类型划分。如果分不清楚支配权和请求权，就很难分析案件和裁判案件。不论是法官还是律师，其主要业务都是从分析请求权开始，以请求权分析为切入点，然后确定各种不同的支配权。如果连请求权跟支配权都无法分清，那就更无法了解什么是债权，什么是物权；那就更不知道什么时候当事人能够行使物权。

关于物权的概念，希望大家能够记住我讲的物权概念的三个必要因素，主体、客体、权利。尤其请记住物权作为对于特定物的支配权所具有的"三个特定"的道理，即主体的特定性、客体的特定性以及权利的特定性。在这一部分，我已经结合这三个特定的原理分析了我国《民法典》相比此前法律的重要制度更新，这些制度更新都是实践性非常强的知识，也就是对于法官和律师非常有用的知识。

三 标的物、物权公示原则

（一）确定民法意义上的物

我国接受苏联的法学知识体系，在《物权法》方面一直忽视关于标的物的特性的研究，这个弱点给我国《物权法》制度体系的建设造成很多负面的影响，大家从我下文的分析就可以看出来。标的物是物权的客体，但是大千世界的物，可以说无穷无尽，范围和功用难以列举。标的物的性质不同，反过来极大地影响了物权制度的设计。本次《民法典》编纂，客体的问题一直是争论不休的问题。仅仅从物权编的角度看，物虽然是权利上的客体，但是因为物权本身就是对物的支配权，而物的形态反过来又对物的本身发挥了强大的反作用。有一些权利只能是设置在不动产之上，有一些权利只能设置在动产之上，而且不动产物权和动产物权的公示方式不一样，大家都知道，不动产物权一般采用不动产登记的公示方式，而动产物权则采用占有和交付的公示方式。但是，在一般原则之外立法上还有例外，这些都构成法律学习研究和法律实务操作方面的难点和焦点。所以，我特别希望大家重视围绕标的物展开的制度设计问题。

首先我们应该明确的是，虽然大千世界的物是无穷无尽的，但是民法意义上的物相对来说是很有限的。不是世界上所有的物都是法律意义上的物，而且不是所有法律意义上的物都能成为民法意义上的物。比如太阳这么重要的物，就不是法律意义上的物，因为不论是公共权力还是民事权利，都无法及于太阳。类似宇宙中的万物，多数都为人类社会的法律所不及。即使人类社会能够接触到的物，有很多却是只有公共权力能够支配，民事权利不能支配。相比公法意义上的物而言，民法意义上物的范畴比较小。公法意义上的物，包括涉及人类社会共同利益性质的物品，比如大气、海水、空气等，具有环境保护、自然保护和生态保护的意义，国家制定公法来确立一些利用这些物的制度。但是从民法的角度来讲，这些物形成不了财产，有些没有必要去支配，有些也支配不了，总之是这些物无法安置民事意义上的物权。比如，大气对我们来说实在是太重要了，但是大气的资源可以说是太丰厚了，在民法上完全没有必要划分一块大气由谁去支配，所以就没有必要将其作为物权的标的物。这与土地不一样，土地也是自然资源，可是土地是人们有必要支配的，这就需要将土地作为物权的标的物。但是，大千世界上，有一些标的物必须设立公权，而不能设立民法意义上的私权，目的是要确保这些物品供大众利用。罗马法中把公法意义上的物划分为以下几种情形，即绝对公有物、相对公有物和公法法人私有物。像大气、海滨浴场都是绝对公有物，必须开放给大众使用，这些标的物上面不能设置任何民法意义上的物权，包括政府也不能主张对这些标的物享有所有权。相对公有物指的是道路、图书馆、学校这些标的物，这些标的物政府可以享有所有权，但是政府享有所有权的目的是负责对于公共道路、学校和图书馆的管理，依据税收去创办这些事业，还是必须开放给公众利用，政府不能排斥公众利用。还有一种公法上的物叫作公法法人私有物，它指的是在法律上由公法法人独占性的利用，而不开放给公众的标的物，最典型的就是政府办公楼，这些并不是交给公众使用的。比如说法院办公区房子，就是法院这个公法法人独占使用的资产。法院的房子并不是开放的，不像公园一样。这是罗马法上关于公物的制度，它对于划分公物的物权意义很大。但是我国在20世纪50年代接受了国家所有权统一唯一的学说，认为这些资产都是国家的，国家所有权统一唯一的学说这样一句话就概括了一切，使得公共资产物权长期处于灰色状态，公共物权制度上的复杂性完全被掩盖了。这次编纂《民法典》物权编，本人想做出改进，也取得了一点点成效，但是公共财产物权的科学化在未来还有很长的道路要走。

法律意义上的物，除了公法意义上的标的物之外，其他的都是民法意义上的物，可以设置民法意义的物权。

（二）不动产和动产划分以及物权公示原则的应用

民法意义上，标的物一般情况下被划分为不动产和动产。特殊情况下标的物也包括权利，这一点上文已经讨论，但是常规情况下动产和不动产的划分意义显著。

民法区分不动产和动产，基本上基于标的物的自然意义，有时候也考虑法律意义。以其自然属性不可移动，移动必然毁损其经济价值的为不动产。不动产在民法意义上首先是指土地，然后也包括土地之上的所有建筑物、构筑物、生成物，等等。这些物之间的关系，是以土地为主物，在土地上的建筑物、构筑物、生成物等都为从物或者土地附着物。总之不动产范畴很大。动产指的是以其自然属性可以移动的物。动产的范围就更广泛了，各种各样的车辆、船舶、飞行器等。动产的意义也更为广泛，有生活性的、生产性的，有价值连城的，也有被人抛弃的垃圾。一般来说，民法上的权利，被当作特殊的动产。

在《物权法》制度上，动产跟不动产区分的意义主要是在于，在依据法律行为发生的物权变动的制度中贯彻物权公示原则，不动产物权变动的公示方式为不动产登记，而动产物权变动的公示方式为标的物交付。物权公示原则的贯彻就是物权的表征问题，即以什么证明物权的存在和物权的移转，尤其是证明所有权。从法律上来讲，物权其实就是要解决财产的支配秩序的问题，这是其最基本的出发点。支配秩序的原点其实就是所有权，而所有权以什么作为表征呢？不动产的主要方式是登记，动产的主要方式是标的物交付。这是一般方式，法律上也有特殊的方式。物权公示原则在物权制度中意义重大，因为物权是一种抽象的权利，我们看不见摸不着；但是法律生活中，物权却是一切社会活动的基础，不论你要做什么事情都要利用标的物，从事交易多数情况下其实就是交易标的物的权利。这时候，我们特别需要物权表征，或者说物权公示，以不动产登记和动产的占有交付来表示权利人合法占有使用标的物、处分标的物的合法性。

改革开放之后，不动产登记制度在我们国家已经建立起来。不过以前的不动产登记只有自然资源管理的意义，而没有物权公示的意义。在建立市场经济体制之后，经过我们几十年的努力，大家基本上都已经接受了不动产登记其实就是物权变动的公示方式的理论，而且2007年的《物权法》按照这些理论建立了系统的物权变动意义上的不动产登记制度。本次《民法典》物权编在这方面还做了进一步的完善。对改革开放以来我国不动产登记制度的发展变化有兴趣的，可以参阅本人这方面的著述。20世纪90年代以来，正是本人提出了按照《物权法》原理建立不动产登记制度的系统设想，现在这些目标基本上实现了。

从物权公示原则的角度来理解不动产登记，对于《物权法》学习研究和实践性工作，都是非常重要的。这方面我国法官和律师已经取得了很大进步，但是还有很多问题没有解决。我给大家讲一下在这段时间出现的这一类案子来说明一下。就是夫妻房屋所有权的案子，最近法院受理了很多件。这一两年因为房产价格高涨，在北京我遇见过好几起这样的案件：夫妻一方将房屋出卖了，也已经为买受人办理了过户登记手续。但是数年之后夫妻的另一方提出要撤销这个交易，把房子要回来。这种情况下多数是丈夫卖房，妻子提出撤销。房产本来登记在丈夫的名下，丈夫将房产卖给第三人也办理了登记。办理登记后妻子在法院提起诉讼，认为房产为共同所有，是夫妻共同财产，丈夫将她的房子给卖了，至少是将她所占有的份额卖了，要求保护她的所有权，把夫妻财产追回来，撤销已转移给第三人的房屋登记。如今绝大多数法院判决撤销交易，将房屋所有权追回。法院在论证的时候，一般都是说所有权具有绝对性，所有权绝对受保护。但是法院的这些论证没有关于如何理解物权公示原则的分析，而且还欠缺了一个非常重要环节，那就是夫妻共同财产是怎样形成的，怎样表征的。我们知道，中国法律和全世界法律都一样，并不认为在法律上仅仅具有合法夫妻的名义就自然而然成为房屋的共同所有权人，这是全世界都认可的道理。夫妻共同财产虽然是法律上一个非常重要的制度，但是夫妻共同财产仅仅指的是婚后财产，婚前的房屋并不是共同财产；而且即使是婚后财产也不必然是共同财产，我国法律也明确规定夫妻可以约定实行夫妻分别财产制，这一点在世界上更为流行。当前年轻人结婚，关于婚房，基本上都有协议，这套房是给他儿子的或者是给女儿的，不是给夫妻双方的。因此即使是婚后的财产，也不必然是共同财产。所以，在司法上，我们不能因为某两个人具有夫妻的法律关系，就确认他们的财产包括房屋属于共同所有。无论如何这种案件中的房屋是不是共同财产，这是需要证明的。而法院在这些案件的审理中，却并没有就此展开论证，没有说清楚夫妻关系和房屋所有权之间的关系，这就是明显的缺陷。

但是购买人在买房的时候，我们必须注意到的是，该案的房屋本来是登记在出卖人名义之下的，这就是说，该案的交易符合物权公示原则的，所以，法院必须尊重物权公示原则，必须应用物权公示的《物权法》原理。国家设定不动产登记簿，当然是具有公信力的。关于不动产登记的公信力，《民法典》第216条、第217条（《物权法》第16条、第17条）是有明确规定的。《民法典》第216条规定"不动产登记簿是物权归属和内容的根据"。法官在裁判案件的时候，应该首先注意适用这个条文，就是从司法的角度来认定房屋的所有权归属，同时，要认定这一类案件中出卖人的行为，主要是出卖人将房屋的所有权交付给第三人的行为，到底是有权处分还是无权处分。从物权公示原则的角度看，这里的所有权移转当然是有权处分。法官对这个问题欠缺论证，把尚未经过证据证明的夫妻共同财产作为依据，把房屋所有权的移转认定为无权处分，这个结论就错了。

（三）以公示原则支持善意取得

"不动产登记簿是物权归属和内容的根据"，这是物权公示原则的直接体现。不过这里的物权归属认定，在法律上叫作推定，这个制度体现的是权利正确性推定原则，以不动产登记簿上的记载作为正确的权利人和正确权利的推定。这个推定，主要就是要贯彻保护交易安全的立法指导思想，也就是确立善意保护的法律基础。

当然，这里所说的认定，只是一种推定，而不是绝对肯定。不动产登记有可能发生错误，《物权法》第 19 条规定，不动产登记的错误可以更正，在更正来不及的时候当事人还可以提出异议登记来保护自己。

但是，在上文提到的夫妻共同房屋的这一类案件中，还有一个第三人保护的问题需要再讨论一下。这是目前法官审理此类案件常常注意不到的地方，所以我顺便在这里说一下。

物权公示原则的司法意义非常强大，类似于《物权法》第 16 条这样的条文，其实就是裁判规则，就是给法官写的。法官裁判这样的案件，应该首先认识到这个推定的意义和价值，这就是不动产案件分析和裁判案件的切入点。从事法律事务应该认识到，一是如何认定案件中的所有权，二是所有权如果发生了交易第三人利益怎么保护？认定房屋的所有权首先要看不动产登记簿，如果登记簿记载的权利人之外的人要主张权利，那么他或者她应该首先自己举证自己的权利，必须解决自己的权利为什么没有纳入不动产登记的问题。比如上文所举的案例，如果妻子要主张自己的共同所有权，那么，妻子应该通过法律程序把自己作为共同所有权人写入不动产登记簿。这个问题法官必须提出来。不论是法官还是律师，应该首先有这样的认识，必须尊重物权公示原则。

另外在这类案件中必须重视第三人的交易安全问题。首先我们要认识到，根据物权公示原则的处分行为，具体是根据《物权法》第 216 条的规定，丈夫对于房屋的处分，应该是有权处分，所以第三人合法有效地取得房屋。当然，这是在妻子的共有权没有主张之前。在妻子的共有权得到法律确认之后，丈夫的处分行为才变成了无权处分。在无权处分的情况下,按照《物权法》第106条(《民法典》第311条),第三人取得房屋既受到善意第三人保护规则的限制,也受到这一规则的保护。涉及第三人保护、善意取得制度本身还有一些复杂的理论和制度知识,我在下文还要讨论,细节无法在这里展开。如果大家有兴趣,请翻阅我在《中国物权法总论》这本书里的讨论。

在讲到动产与不动产的问题上,希望大家一定要重视,要贯彻到物权公示原则,要确认一个权利的切入点,即做裁判和分析的时候有一个基本的推定。不动产是登记推定。动产是占有推定,以占有人作为合法的权利人,这个问题还不算是太大。大的问题据我了解的情况,是不动产的推定问题,这个问题还挺普遍的,希望大家一定要重视这个问题。

四 《物权法》基本范畴、物权制度体系的重大转变

关于中国《物权法》的制度体系和知识体系,有一个非常重大的知识点,我需要在这里和各位介绍一下,这就是《物权法》基本范畴的重新确定以及相关法律制度的重大转变。这一点之所以非常重要,是因为相关的理论支持着《物权法》,也是物权编制度的大体系建设。为什么中国《物权法》《民法典》物权编的立法体例是这样的?为什么立法中包含了这样的制度?这些制度的逻辑体系是怎样展开的?很多朋友都知道,20世纪90年代前后,中国法学界主导观点,认为《物权法》仅仅解决财产支配的问题,或者是静态财产权利秩序的法律问题,而交易性的法律问题属于《合同法》问题。但是现在大家可以看到,物权变动的问题也就是物权交易最为重要的环节,就是物权的设立、转让等制度已经规定在《物权法》里面,而不是规定在《合同法》里面了。这就是一个重大的制度转变。另外,还有一个非常重大的制度建设问题,就是第三人保护问题,过去的民法理论是语焉不详的,现在也规定在了《物权法》之中。这些重大的制度转变的道理是什么?

关于《物权法》的基本范畴,在我看来,《物权法》至少要解决三个不同领域的问题:第一个是静态财产支配秩序问题,第二个是物权变

动的问题，第三个是第三人保护的问题。《物权法》不能仅仅解决静态财产关系问题。因为时间限制，我在这里把这三个范畴的问题分析一下。

（一）定分止争及其主要制度安排

《物权法》的第一个范畴是定分止争，定分止争就是要解决物的支配秩序，这实际上是《物权法》最古老的范畴，也是大家毫无争议的一个领域。

为什么要有《物权法》，古代的人已经很早认识到这个问题。定分止争是中国的一个成语，根据我的考证，说过"定分止争"的共有三个人，第一个人是管仲，春秋五霸的第一霸齐国的宰相管仲；第二个人是范雎；第三个人是大名鼎鼎的商鞅。现在大家一般都是采用商鞅说的"定分止争"。商鞅对于"定分止争"的论述，是他对秦王说天下秩序的道理，他说一兔奔于山野而众人逐之，而百兔居于一笼众人避之，这个道理的意思，就是"分"定不定，对于社会秩序的决定性作用。具体的含义是，原野上有一只野兔在奔跑会有很多人追抢兔子，秩序很混乱；但是将一百只兔子放在一个笼子里，可是众人都离兔子的笼子远远地避开。为什么会这样？商鞅说山上的兔子是"分"未定，所以秩序混乱；而市场上的兔子"分"已定，秩序就确立了。"分"很显然在这里指的是财产秩序的问题，其实就是所有权等物权的制度建设问题

《物权法》首先要确定国家的基本经济秩序，在这个制度建设上，中国人有自己丰厚的理论历史，也有自己的制度历史。像不动产登记，其实我们中国人做得也很早。登记制度在《汉书》里就有，比如红契等。现在有史可查的登记制度做得比较好的是朱元璋建立国家以后制定的鱼鳞图册的制度，就是不动产登记的制度。有一次我外出，在飞机上阅读了安徽某县的博物馆介绍，这座博物馆里保留了大量明朝的鱼鳞图册。我一看其内容，发现鱼鳞图册其实就是不动产登记簿。它的来源是朱元璋为了确保国家的税收，把土地进行测量，测量以后就把这些土地按照其一块一块的自然地形纳入了登记，张三、李四、王五、赵六的地一一排列开，在县政府主簿里面，这种登记像鱼鳞片一样，故称为鱼鳞图册。朱元璋制定这个图册是为了解决征税的问题，但是从客观上来

讲，也达到了不动产登记确权的作用。这个制度可以说明中国人对国家治理有自己的智慧。

建立不动产登记制度，其实更重要的作用是要建立一个权利束或者权利树的制度体系。一块土地之上是可以存在多个物权的，这些权利都登记在不动产登记簿上，以土地的基础权利为本，上面有抵押权等担保物权，还有用益物权。这些权利登记在不动产登记簿上，各种权利之间的关系像一棵树一样，既有骨干性的权利，也有枝节性的权利，所以我把它称为权利树。同时也可以把它称为"权利束"，很多权利在一起，以不动产登记簿为依据，清晰而且有序。这就是《物权法》解决定分止争问题的科学制度。

从 20 世纪 90 年代起，我在民法上做出的努力之一，就是依据物权公示原则，在《物权法》制度建设中确立不动产登记制度。2007 年的《物权法》采纳了这些制度建议，2015 年国务院制定的不动产条例也采纳了这些制度设想（此前国土资源部已经按照这些设想对我国行政管理性质的不动产登记制度进行了十分有效的改革）。

（二）物权变动：制度更新的五个要点

《物权法》的第二个重大范畴，是物权变动的制度建设问题，在我国一些民法著述中，这方面的内容被表述为关于权利取得的制度。这一部分内容规定在《民法典》物权编的第二章，这一章的题目是"物权的设立、转让、变更和消灭"，这些情况总称为物权变动。

物权变动的问题，是我国《物权法》制定以来民法制度从基本理论到现实制度都发生了重大变化甚至本质变化的一个领域。几十年来我一直致力于这一领域的基本理论和制度建设的研究，而且也想依据民法上的科学原理结合我国的国情实际，重建这方面的法律制度，在《物权法》制定过程中，我的设计方案已经在《物权法》部分得到了贯彻；本次《民法典》编纂，我的设计方案又在合同编部分得到了贯彻。因此我国民法设计物权变动的法律制度从基本理论和现实制度两个方面都已经成功更新了。这一点，希望我国法律界的理论和实际工作者能够予以足够的注意。关于这方面的理论，有兴趣的，可以查阅我的一些著作，这里不做详谈。

物权变动理论和制度建设的典型，就是所有权取得问题，传统民法也称为权利取得。人类社会早期的法律就已经形成了这方面的理论和具体制度，那就是"传来取得"也称为"继受取得"的理论和制度。这种理论认为，在市场交易中，所有权是买受人依据合同取得的，是出卖人根据合同把所有权交到了买受人手中。这种理论比较符合人类社会早期那种"一手交钱一手交货"的交易，类似于在农贸市场上买卖东西那样，东西是现成的，交易双方达成协议就马上可以完成交付，交付之后，钱货两清。这种交易模式下，我们可以看到这样一些法律现象：第一点，当事人之间达成协议之前标的物已经存在，出卖人享有所有权，因此协议可以随即履行完毕。第二点，当事人之间达成协议后马上就履行完毕了，从法律上来说没有必要来区分协议成立的法律效果和协议履行的法律效果。第三点，合同一般情况下会得到履行。第四点，当事人之间达成协议后一方反悔不履行时，对方基本上无法从法律上追究，因为双方之间并无实际的损失，当事人的钱货都没有转移给对方。

从现代民法的角度看，这种"一手交钱一手交货"的交易下，不产生严格意义上的债权法律关系，无法建立合同之债的民法科学理论及其相关制度。但是现代民法意义上的交易，典型的合同是那种在工厂里订货的合同、预售房屋的合同等。合同成立之前，并无标的物的产生，出卖人并不享有标的物的所有权，合同的成立和合同履行之间有明显的甚至很长的时间差。因此，在法律上必须确定合同成立后但是还没有履行前的法律效果问题。在这种情况下，就产生了一个老百姓很不熟悉而且比较难以理解的合同债权，也产生了合同成立和合同履行之间的法权效果差别，从而也产生了特殊的物权变动的问题。

问题在于，传统民法中的传来取得理论，此前在我国民法学界一直有强大的影响力。所以，以合同成立生效来确定所有权取得，或者整个的物权变动，成为我国民法学界的基本理论，而且也成为我国立法关于所有权取得等物权变动的基本制度。包括最高法院的司法解释也是这样。所以，全部民法教科书里面都这样写道，物权变动属于合同法制度的一部分，合同应该履行，所有权取得等物权变动是合同履行的必然结果。这些理论和制度简要地说，就是直接依据合同来确定交易中的所有权取得，以及其他的物权取得、物权变动。在20年以前，很多人所接受的民法知识，就是直接依据合同确权。

依据合同确定物权归属的做法，不但符合现实生活中普通民众购买普通生活用品那样的"法律"实践知识，而且在历史上是有根据的。《法国民法典》第 1583 条就是这样规定的。这个条文规定，在买卖合同交易中应该以合同的有效来直接确定所有权的归属。《法国民法典》的这一规定，也体现了立法者的亲民思想，所以受到了一些国家和学者的推崇。在世界民法历史上，《法国民法典》也就是《拿破仑民法典》值得肯定的内容很多，我自己也很推崇该法典贯彻启蒙思想的历史积极作用。但是《法国民法典》第 1583 条这个条文的规定，我要明确地说，在法理上是讲不通的。以普通民众的认识来理解现代市场经济体制，这一点本来就有认识论和方法论上的缺陷，因为普通民众并不从事现代市场经济体制下的活动，更不会从事现代民事案件的分析和裁判。从我获得的资料看，法国实际上也没有这样做。

关于在这个制度建设上，德国法的做法和法国民法显著不同。德国在 18 世纪时就确立了物权和债权的区别。到了 19 世纪，《德国民法典》就已经严格地贯彻了合同之债和物权变动之间相互区分的民法原理，其基本理论认为，合同应该履行不等于合同绝对会履行；而且合同本身是债权发生的法律根据，所以依据合同只能确定债权发生，而不能确认物权变动。这两种不同的立法体例在中国法学界曾经引起长时间的争议。对这些问题，我以前撰写过多篇论文和著作进行过探讨，有兴趣的可以参阅。

在我国《合同法》《物权法》以及本次《民法典》的编纂过程中，不论是我国法学界，还是法官和律师们，关于依据有效的买卖合同来确定买受人取得所有权的理论和制度是否科学合理的问题，都一直存在争论。为了再一次启发各位，我想给各位讲一个笑话，它涉及民法历史上曾经发生过一次非常有名的争论。争论的一方是法国的一位著名教授，他依据《法国民法典》的规定坚持认为，既然买卖合同有效，那么买受人就可以取得所有权。争论的另一方是德国著名教授萨维尼，他举例指出了《法国民法典》这一理论和制度的不合理：一位老人作为出卖人和买受人订立了一个房屋买卖合同，双方约定合同签字后六个月交付房屋。订立合同时老人的精神状态是正常，但是到第三个月的时候老人精神失常了，因此失去了交付房屋的民事行为能力。因为这一变故，法院也不能强制老人交付房屋，买受人实际上无法获得房屋的交付，最后当然也无法获得房屋的所有权。这位法国教授面对萨维尼的批评，只能开玩笑地说，你们德国天气潮湿，老人才得上了精神病，我们法国阳光灿烂，没有精神病！这个争论告诉我们，依据买卖合同来确定物权变动确实是不符合法理的。物权变动，必须在合同之外另行建立法律根据，而且物权变动的法律根据必须符合物权作为支配权的本质特征。

在我国民法学术界曾经有一些著作，把《法国民法典》第1583条的规定叫作债权意思主义的立法模式，然后又把这种理论的改进型（也就是以债权意义的合同为基础，加上不动产登记或者动产交付来确定物权变动的规则）称为债权形式主义，认为债权形式主义是最完美的物权变动立法模式。但是，我必须指出，这些分析是错误的。因为他们分析的基础是，《法国民法典》第1853条的规定，体现的是当事人直接依据合同中所表达的债权意义的意思表示来直接取得所有权；而债权形式主义，也是把当事人之间的债权意思表示作为基础，加上不动产登记和动产交付来确定物权变动。这种分析极大地误解了《法国民法典》和法国立法者的智商。因为，《法国民法典》根本就没有关于债权、《物权法》的规定，而且它通篇并没有按照债权物权的区分来建立相关法律制度。这样问题来了：第一点，既然法国立法连债权都没有承认，那么他们怎么能够承认债权意思表示？第二点，如果法国立法者确认当事人订立合同中的意思表示就是债权意思，那么，他们怎么能够直接依据债权意思来确定物权变动？

在德国著名比较法学家K.茨威格特和H.克茨所著的世界著名的比较法著作《比较法总论》这本书中，作者揭示了《法国民法典》的立法者对合同的认识，是基于人文主义革命理想下的意思自治原则而产生的革命化的约束力，而不是基于德国民法体系中的债权原理，更不是基于债权意思表示。《法国民法典》里就没有债权这个词，更不用说债权意思主义。

因此基于二手资料甚至三手资料关于《瑞士民法典》的分析，提出债权形式主义模式的观点，同样是没有历史根据的，因为这种理论的根源还是"债权意思主义模式"。这些观点认为，债权形式主义模式，是对债权意思主义模式有意识地改造的结果。所举的例子，就是《瑞士民法典》的规定，认为《瑞士民法典》立法者首先肯定了《法国民法典》中的债权意思，然后在此基础上加入了不动产登记和动产交付，来作为物权变动的要件。但是，在我上面所介绍的这本世界著名的《比较法总论》中，作者对《瑞士民法典》关于物权变动的模式也进行了仔细的探讨。这本书明确地提到，《瑞士民法典》的立法者深受德国民法理论的影响，其主导的学者约瑟夫·翁格尔是承认物权行为理论科学性的，并不承认他们的立法在物权变动这个问题上归根结底是依据当事人之间的债权意思表示。瑞士民法的模式，仅仅表明，物权变动必须在合同之外，另行建立适合物权效力的法律根据。关于这方面的理论和制度，我本人此前根据第一手资料进行了研究，有兴趣者可以翻阅这些论文和著作。

至于我国民法学界一些学者所说的，中国《物权法》采纳了债权形式主义的立法模式的观点，我在这里明确表示，这种说法是不对的。因为中国《物权法》总则关于物权变动的这一部分制度，是我先写出了立法建议，提出了"区分原则"，这项原则的理论基础就是建立合同之债和物权变动的效力区分和法律根据区分这两个要点之上的。这个理论基础，在法律根据这个要点上，当然是要承认债权行为和物权行为的区分。不过，在20世纪90年代中国民法学界的多数人深受"一手交钱一手交货"的视野限制，从而难以承认物权行为理论的情况下，本人在立法论证过程中强调了债权和物权法律效力和法律根据的区分，而没有刻意强调物权行为理论的指导作用。这种做法减少了学术界的争议，最后立法基本上都采纳了我的这些建议。我的这些建议，有兴趣者可以翻阅《争论与思考——物权立法笔记》这本书。在我撰写这一部分建议之前，中国民法学家都是把物权变动写入合同理论体系下。而我的努力体现在如下五个方面。

第一，提出区分原则，也就是合同成立生效和物权变动的效力相区分、合同之债生效的法律根据和物权变动的法律根据相互区分的原则，使之贯彻于民事权利设立、转让、变更和消灭的基本理论和制度的始终，完成绝对权和相对权、支配权和请求权科学区分的原理在中国民法知识体系和制度建设中的贯彻落实。这一任务，涉及物权制度的，已经在 2007 年《物权法》和本次《民法典》物权编中予以完成（下文述及）；涉及债权制度的，已经在本次《民法典》编纂中通过删除原《合同法》第 51 条，修改原《合同法》第 132 条，重修撰写《民法典》第 597 条等。这样，区分原则的要求在《民法典》整体中得到了实现。

在法律实务上，我们可以看到，任何民法上的交易都要经历合同成立生效和合同履行这两个基本阶段，所以区分原则的提出和贯彻在我国民事法律整体之中具有贯穿性价值，其分析和裁判对全部民事活动都有指导意义。

第二，从民法的知识体系和制度体系两个方面，将物权变动的全部制度从合同制度中提取出来，纳入物权整体制度之中，体现物权变动与债权合同制度的整体切割。在制度建设上一方面不再把合同之债作为物权变动的法律根据，另一方面在《物权法》或者《民法典》物权编中，为物权变动建立符合物权效力的法律根据，实现物权变动制度和《合同法》的切割。这一部分内容即《民法典》物权编第二章（《物权法》第二章）"物权的设立、变更、转让和消灭"。仅仅从这一章的创建，我们就可以看到我国民法的物权制度在物权变动这个重大问题上和此前民法学界主导观点的鲜明差异。

第三，在物权变动法律根据的建设上，区分依据法律行为发生的物权变动和非依据法律行为发生的物权变动。在物权制度中，物权变动的法律根据再一次做出重要划分：依据法律行为发生的物权变动贯彻物权公示原则，实行不动产登记和动产交付对于物权变动具有决定性意义（物权编第一分编第二章第一节和第二节）；而非依据法律行为发生的物权变动，其生效的根据，直接来源于人民法院的判决、行政机关的强制执行令、事实行为的完成等，而不来源于不动产登记和动产交付（物权编第一分编第二章第三节）。

上面提到，在《物权法》中建立物权变动制度的要点，是要为物权变动确立符合物权效力的法律根据。但是，从物权效力的要求看，在依据法律行为发生的物权变动系统中，能够足够地支持物权变动的法律根据，当然就是符合物权公示原则的不动产登记和动产交付，因为当事人之间关于物权变动的意思，必须得到公示方式的支持。

但是现实法律生活中导致物权发生变动的并不仅仅有法律行为，有很多物权变动并不是依据当事人之间的法律行为发生的。对此，《民法典》物权编第一分编第二章第三节"其他规定"希望大家注意。这一类的物权变动，事实上也是一个很大的领域，其规则范围，大体上相当于传统民法"原始取得"的范畴。其中最主要的一类根据，是根据公法行为发生的物权变动。比如，依据人民法院的判决，也可以发生物权的设立、转让、消灭等；而且人民法院的判决，是比不动产登记和动产交付更加强大的法律根据，在支持物权变动方面更加有力。与此类似的是依据人民政府的征收决定等。该节第231条，即"因合法建造、拆除房屋等事实行为设立或者消灭物权的，自事实行为成就时发生效力"，在与第130条进行对照时可以看出，事实行为指当事人不具有设立、变更或消灭民事法律关系的意图，但根据法律规定引起民事法律后果的行为，即当事人的行为引起物权变动时，不考虑当事人的意思表示因素，仅考虑当事人的行为客观上是否完成并导致物权发生变动。这种行为在物权变动的体现比较明显，例如农民在宅基地上建造房屋，房屋建造完成后，该农民即拥有了该房屋的房屋所有权；又如地产开发商在取得国有土地使用权的土地上建造房屋，房屋建成后即拥有了房屋所有权。但是在实际生活中却有部分行政执法机构并不理解这种观点，我曾经在《人民日报》看到这样一则新闻，有一个政府部门认为公民的房屋必须经过登记才能取得房屋所有权，房屋不登记就不能确定该公民拥有所有权，也不会向该公民制发房屋所有权证书。该政府部门将公民房屋所有权的取得等同于政府部门向其制发房屋所有权证书。该政府部门普遍将向公民制发房屋所有权证书认为是公民取得房屋所有权的来源，这是许多行政机关工作人员、行政法老师甚至部分行政庭法官普遍认同的观点。关于第230条继承取得物权的规定，争议不大，我不再赘述。

在"其他规定"中还有一个重要问题即《民法典》第232条，该条文是原《物权法》的第31条规定，该条文讲的是"处分依照本节规定享有的不动产物权，依照法律规定需要办理登记的，未经登记，不发生物权的效力"，该条文是物权公示原则的应用。换句话说，在一定条件下未经登记可以取得房屋的不动产所有权，但如果处分该房屋，比如出售该房屋或在该房屋上设定抵押权，则必须经过物权登记。该条文属于强制性规定，没有排除性条款。

　　值得注意的是，本次《民法典》编纂修改了 2007 年的《物权法》在这方面的规定，依法承认了添附，其中就包括了事实行为的因素。再一类，是依据自然事件发生的物权变动，其中最典型的是依据继承取得所有权等。添附之中，也包括依据自然事件发生所有权取得的情况。非依据法律行为发生的物权变动，不能强调不登记不生效的规则。此中法理，我的论文和著作已经有比较多的讨论，希望法官、律师等能够足够地注意。现实中出现了一些案件，一些行政执法机构甚至一些法官裁判不动产物权变动仅仅依据《民法典》第 209 条（《物权法》第 9 条），即不动产物权不登记不生效，这个做法属于明显的法理错误，希望注意纠正。

　　物权变动从法律根据的角度予以区分，其意义十分重要，这是具有普遍适用价值的分析和裁判规则。

　　第四，依据法律行为发生的物权变动，贯彻物权公示原则，确立公示要件主义规则，并将其贯彻为不动产登记和动产交付规则（第二章第一节和第二节）。所谓公示要件主义规则，就是不动产的物权变动不登记不生效，动产物权变动不交付占有不生效的规则。这些规则，反映为《民法典》物权编的第 209 条（《物权法》第 9 条）、第 224 条（《物权法》第 23 条）的规定。物权公示要件主义的民法原理在于，当事人关于设立物权、变更物权、转让物权的意思，如果不经公示，就不能获得支配权的效力。所以，公示其实是当事人关于物权变动的意思表示的公示，公示之时，就是物权变动获得公信力之时。结合下文关于第三人保护的规则，如果不经公示，最有可能损害的就是第三人的利益。正如上文分析，物权的本质是支配权、排他权，如果不经公示而排斥第三人合法利益，对于第三人是不公正的，当然也是不符合立法目标的。

　　因为物权公示方式，是当事人关于物权意思表示的公示方式，而不是行政管理。在债权形式主义观点下，当事人之间只有债权性质的意思表示，而物权变动的效力，就不是来源于当事人自己，而是来源于公示。比如，张三把房子出售给李四，当事人之间办理过户登记的行为，本来就是当事人的物权意思在登记机关做出表达和记载，从而发生所有权转移的行为。但是债权形式主义的观点认为，当事人办理过户登记手续时并没有关于物权转移的意思表示，即使有也不承认，好像当事人是傻子一样。关键是，因为张三和李四只有债权性质的意思表示获得承认，那么李四取得房屋所有权，就只能是从登记的国家机关那里取得了。债权形式主义的观点，确实不但否定了当事人关于物权的意思表示，而且也否定了物权出让人原来就享有的物权。稍加分析就可以看出，这种观点确实是不能成立的，而且对于物权受让人而言，是十分有害的。而且依据这一观点，下文讨论的第三人保护、善意取得等制度也都无法建立。

需要说明的是，在依据法律行为发生的物权变动的制度中，把物权公示方式作为根据，是为了支持当事人关于物权变动的意思表示，所以这些公示方式对于物权变动只具有"推定正确"的效果，而不具有绝对肯定的效果。以不动产所有权的转移登记生效为例，在"推定正确"的情况下，获得标的物所有权的受让人，可以推定为正确的权利人，其权利也可以推定为正确。但是如果当事人的物权意思表示被撤销，登记被修正，那么登记簿上的权利也将随之改变。但是，这里的"推定正确"对于不动产物权的分析和裁判意义重大。以上文提到的夫妻共同房屋案件诉讼为例，法院在这一类案件中必须尊重不动产登记的"推定正确"，这是案件分析和裁判的切入点。

第五，在公示要件主义的一般规则之外，根据我国国情，规定"但书条款"，建立物权变动的特殊规则。所谓但书，就是排除性规则，也就是排除法律上关于一般规则的适用，而必须适用的特别优先的条款。一般条款反映一般情况或者常规情形，但是在法律生活中经常会遇到一些例外的情况，立法上就用但书条款保障特殊情况的特殊处理。在依据法律行为发生物权变动的情况下，在坚持公示要件主义的前提下，有一些国情因素决定了我国《民法典》在这一领域也要规定但书。比如，物权编第 209 条、第 224 条都规定了"但书"。在物权制度中有一个非常重要的但书条款，就是《物权法》第 142 条、《民法典》第 352 条规定的但书，但是近年来却没有得到适用，立法的价值因此受到损害。下文将专门就这个但书做出讲述。

（三）第三人保护

上文的讨论中多次提到第三人保护的问题，在关于《物权法》的基本范畴的讨论开始时本人就指出了，我国民法曾经主导的《物权法》理论并未认识到保障第三人的立法价值，保护第三人制度内容也没有纳入很多学者所认识到的《物权法》知识体系之中。本人力主，保护第三人的交易安全是《合同法》根本无法解决的问题，而恰恰是《物权法》要解决的，而且也是《物权法》能够解决的重要问题。因此必须把保护第三人的制度纳入《物权法》的知识体系和制度体系。这样，第三人保护形成了《物权法》的第三个重要范畴。

（1）什么是第三人？王泽鉴老师的著作中说得很清楚，"不参与当事人之间的法律关系但是对该法律关系的结果有直接联系的人为第三人"。第三人来源分为两种情况，一种情况是，张三将房屋既出卖给李四又出卖给王五。这种情况下，李四和王五互相之间并没有法律关系，但是因为张三的存在，李四和王五之间成为"互为第三人"。因为房屋只有一个，房屋所有权只能为一个购买人取得。这种情况下，就是要确定所有权取得问题和第三人保护的问题。

另一种情况是，张三将房屋出卖给李四，李四又出卖给王五。这种情况下，王五就成为张三和李四交易的第三人。王五作为第三人，他在《物权法》上需要保护的原因在于，如果张三和李四之间的交易被撤销了，比如他们之间订立的买卖合同被解除或者无效了，李四取得的房屋所有权依据法律规定（《合同法》第58条双方返还），就应该返还给张三；可是房屋已经转移到了王五的手里，这时候就出现了王五取得的房屋所有权要不要返还回去的问题。如果不管三七二十一，法律都要求王五返还，那么这就是不保护第三人；如果不要求王五返还，那就是要保护第三人。在中国民法学界，长期以来的主导学说对于第三人问题特别缺乏研究，大家都知道至今还有很多学术著作认为，所谓第三人就是"不特定任意第三人"。以前学习民法的，都听说过这个第三人的概念。但是这个不特定任意第三人的说法是很没有道理的，因为第三人是参与了交易关系的民事主体，他在交易中享有民法所要保护的重要法益；可是"不特定任意第三人"这种说法，否定了第三人的法律利益，从这个概念我们看不出在法律上保护第三人的必要性。

（2）为什么要保护第三人？为什么中国民法学的主导学说只有当事人而没有第三人理论？

从对第三人的分析中我们可以看出，第三人保护是十分重要的制度安排。简洁明了地说：第三人王五，其实就是交易秩序的化身，保护第三人就是保护正常的交易秩序。如果王五在交易中没有任何法律上的过错，其所取得的房屋所有权因为前手交易的缺陷而被追夺，那么社会正常的交易秩序就无法维持。大家可以想一想，我们在现实生活中从事着各种交易，我们取得的所有权其实建立在很多前手交易的基础上，如果法律不保护我们取得的所有权，那么前手交易的当事人一直追索下来，社会经济生活就完全混乱不堪了。从这一点，我们也可以看出此前我国主导民法知识体系的缺陷。因为这一知识体系中没有第三人保护，只有合同无效后的双方返还，而不加节制地返还，既不利于经济秩序稳定，也违背了交易的常识。以前的中国民法主导理论只有关于当事人双方权利义务的知识，而没有第三人权利保护的知识，这是一个明显的缺陷。

（3）第三人保护的几种理论和我国《民法典》的相关制度设计。

《物权法》制定以来，我总结了民法历史上关于第三人保护的民法理论和制度，将其大体上归纳为四种类型：①传来取得学说下，不保护第三人；②早期罗马法中的善意取得理论，仅仅依据第三人的善意心态保护第三人；③14世纪兴起的"以手护手"，强调在商业贸易中，前手交易绝对不能妨害后手所有权取得；④《德国民法典》结合当事人在交易中的意思表示和物权公示原则，以不动产登记和动产交付作为所有权取得的公开标准（权利正确性推定），但是登记也可以更正，只是登记更正之前第三人的取得就不能随意返还了。这种做法，既承认了善意取得，同时又依据物权公示原则改造了善意取得。关于这些研究，在《中国〈物权法〉总论》这本书里面有细致的讨论。

《物权法》制定以来，我国《民法典》关于第三人保护的规则，规定在第311条、第312条等（《物权法》第106条、第107条等）。这些规定的精神可以归纳如下。

第一，无权处分是无效的。请注意这里所说的无权处分，是《物权法》意义上的，即不享有所有权或者处分权，而实际处分标的物及其所有权的行为无效。比如，一个并不享有所有权的人，把他人物品的所有权转让给了自己的亲友。这样的行为，自然不应该得到法律的承认和保护。需要明确的是，该条文所说的是物权意义的处分，也就是所有权的处分，而不是《合同法》第 51 条规定的订立合同的行为。如果一个没有所有权人的人，仅仅和相对人订立了一个买卖标的物的合同，那么这个合同仍然应该产生合同之债的约束力。所以，《民法典》第 311 条所说的处分无效，不能理解为合同之债的无效。

处分无效，意味着所有权的受让人手中取得的所有权不能得到法律的承认和保护，因此应该予以返还。至于返还的理论根据，在民法上有不当得利请求权和所有权返还两种解释和操作进路。我国民法学界以前很多人主张这里的请求权只能是所有权返还请求权，但是现在更多人认识到，这里的请求权如果以不当得利请求权作为根据，则不但在法理上更为透彻，而且在实践中对于原所有权人的利益保护更为有利。需要明确的是，这两种请求权其实都包含着所有权返还的意思，不当得利请求权则给了权利人更多的选择。

需要法官和律师特别注意的是，无权处分还是有权处分，必须根据物权公示原则来确定。比如，上文提到的夫妻共同房屋争议案件中，不动产登记簿上记载的权利人丈夫向第三人转让房屋所有权的处分行为，从不动产登记的公示原则看是有权处分，而不是无权处分。因此，法院不能仅仅因为妻子的请求权主张，来要求第三人返还取得的所有权。法院准确的做法是指出妻子应该证明自己的共同所有权。只有在妻子的共同所有权得到了法律的确认之后，第三人的取得才有可能转化为无权处分，这个时候妻子主张所有权返还的，就要受到《民法典》第 311 条等善意取得规定的限制。我们分析无权处分，必须遵守这个前提，也必须注意到这个重要环节的转换。此前的民法主导理论在这个环节上总是大而化之，滥用无权处分，在理论上和时间上都造成了消极的后果。

第二，在无权处分而第三人负担返还义务的情形下，第三人的善意可以作为对抗返还的法律根据。传统民法，把第三人的善意作为对抗原来所有权人返还请求权的抗辩事由。而中国民法，并不仅仅承认第三人享有抗辩权，而是承认其享有直接对抗权。这两点之间的区别在于，抗辩权人要负担举证责任。而中国民法规定，不动产登记情形下，第三人的举证责任是很小的。

第三，我国民法中的善意，是一种"客观善意"，即通过物权公示原则来证明确认的善意，而不仅仅是传统民法中所说的"主观心态"。

这个要点意义重大，需要法官和有关裁判机构充分注意。

通过这些规定，我国《民法典》就建立起了一种不同于此前中国法学界主导观念的第三人保护制度。它和此前关于善意保护主导观念的区别在于，一是它所说的善意仅仅指的是第三人在物权取得中的善意，如果第三人仅仅是享有合同债权，那么，他就没有特殊保护的法律基础（除非法律有特别的规定）。二是善意取得的确定，要坚持物权公示原则，从公示的角度来理解第三人的善意，而不是仅仅看第三人的主观心态。此前的民法主导理论，把第三人的善意，仅仅理解为第三人对于前手交易瑕疵的知情或者不知情，这种判断方法欠缺客观标准。三是第三人善意，增加了对价的考量，其判定标准更为严格，但是举证责任较小。经过这些努力，我们也完成了对民法第三人保护制度的改造更新。总体来说，我国现行民法中的第三人保护，法律根据显得更为客观，确定标准更为公平，实践上也更容易操作。

关于第三人保护，我这里也有一些很有趣的案例和大家分享一下。

首先我举一个例子，说明第三人范围这个问题。在北京有一个影星，嫁给了外国人，在北京有别墅，他们家有个长期的司机。这两口子有时候住在中国有时候住在国外。有一次出国时间比较长，因为这个司机是多年的熟人，他们就把房子交给这个司机照管。结果这个司机私下把这房子给卖了，因为房产证等都在家里放着，而且这个司机长得与男主人有些相似，所以在同房屋购买人办理过户手续的时候，登记机关没有细看，房子所有权登记过户手续顺利办完了。然后司机拿了几千万元跑了。这两口子从国外回来后，收到了法院的传票，叫他们腾房给买房的人。当然这对明星夫妇绝对不同意，因此发生重大争议。在这种情况下就产生一个问题，购买房屋的人是不是第三人，能不能适用《物权法》第106条的规定予以保护？

善意保护其实就是第三人保护，不是第三人就没有保护的问题，这是我要提醒大家思考的。另外一个问题是，第三人怎样才能值得保护？有几位大学教授出了法律意见书，认为适用善意保护，主张明星应该把房子腾出来。只有一位青年学者认为不妥当，他认为法律上对什么是第三人、第三人怎样才能够保护写得还是比较清楚的。可是其他教授认为，只要参加交易的就是第三人，就值得保护。

我始终认为，所谓第三人，是相对于前手交易的两个当事人而言的，简单地说前手交易的是两个人，然后才有第三个人。大家可以看看我在上文关于第三人的分析。可是这个案子中，并没有前手交易，不存在"第三人"之前的第一个人和第二个人。这个司机并不是通过交易获得房屋所有权的人，他只是一个占有人；他行使所有权的行为可以定性为偷盗行为（监守自盗），是一种犯罪，所以他的出卖行为不论是订立合同的行为还是履行合同的行为，都是不能获得法律承认和保护的。因为这一点，那个所谓的"第三人"，当然不是第三人。第三人才有善意保护的必要，不是第三人不能依据《物权法》第106条获得保护。另外，这个"第三人"的主观心态是不是善意？这一点疑问很大。我们说确定善意与否要看不动产登记，但是第三人的主观心态因素也是必须确定的因素。这个案件，这一点很不清楚。所以我的观点是，这个"第三人"不是善意保护规则中所说的值得保护的权利人。

总之，经过我们刻苦的努力，现在我国《物权法》的基本功能已经成功地扩展为三个范畴：定分止争、物权变动和第三人保护。经过这个基本制度改造更新之后，《物权法》的整体制度更加符合民法科学原理，符合市场经济体制建设和人民权利保护的需要，符合中国当前国情的发展。这方面的理论和制度，从涉及物权的民法分析和裁判来说，是物权编的核心部分，不论是法学研究学习还是实务，对此应该充分注意。

（四）依据法律行为发生的物权变动规则中的但书规则

上文关于物权变动一节曾经提出：在物权变动的一般条款下，立法上还规定了一些但书条款，作为一般条款的例外情形。上文也已经谈到，但书条款的基本特点是排斥一般规则、具有优先适用的效力。但书条款意义重大，属于物权分析与裁判的精确司法规则，即针对特殊情形的特殊法律规则适用，因此在法律实务上必须引起足够的注意。

在我国物权编中，在依据法律行为发生的物权变动制度中，不论是不动产的物权变动，还是动产的物权变动，都有一些但书条款的规定。比如，在不动产物权变动中，第209条规定的是不动产物权的设立、变更、转让和消灭，一般情况下是以不动产登记为发生效力的前提。这就是一般条款。但是，现实情况是很复杂的，一般情况下还存在例外，因此法律上就出现了但书条款。这种情形在物权制度中很多见。在法律分析和裁判中如果只是认识到一般规则，而认识不到但书条款，那就是没有认识到现实生活的复杂性。事实上，第209条里面，就规定了但书条款，比如，大家常见到的，农村里农民通过订立承包合同设立土地承包经营权，法律规定合同成立土地承包经营权设立。此外，地役权的设立也没有采取"不登记不生效"的规则。另外，在动产物权变动这个问题上，《民法典》规定的例外情况也是不少的，比如第224条规定了动产物权的设立和转让以交付作为生效条件的一般规则，后面也加上了但书条款。动产物权的设立和转让，不必以标的物的交付作为生效要件的情形，在第225条（准不动产物权的采取登记对抗规则）、第226条（简易交付）、第227条（指示交付）、第228条（占有改定）做出了明确的规定。

但还要明确的是，在权利质押这个制度建设问题上，必须明确的是，权利质权的设立，经常是以权利证书的交付，或者权利转让登记作为生效条件。这一点其实也是一般物权变动的例外情形。

在了解这些情形之外，我想和各位特别地讨论一下不动产物权变动这个问题上的一个非常重要，但是目前却被法院和律师们完全忽视的但书规则，这就是《民法典》第352条（《物权法》第142条）的但书规则。这个但书规则，法律规定已经十几年了，其政治意义、法律意义、社会意义都很大，但是至今还没有得到认识和应用，这一点实在是太遗憾了。我在这里简单分析一下。第352条规定："建设用地使用权人建造的建筑物、构筑物及其附属设施的所有权属于建设用地使用权人，但是有相反证据证明的除外。"大家看看这个条文，它规定在"建设用地使用权"这一节，很显然它要解决的问题，是和国有土地建设用地使用权相关联的房屋和地上建筑物等的归属的问题。所以，但书规则之前的这一段话，确定的是像房地产开发中、建筑的房屋以及其他构筑物等的所有权的归属问题。该条首先解决了这个问题，它规定依据建设用地使用权来确定这些建筑物、构筑物的归属问题。我们知道，在法律事务中，开发商享有建设用地使用权，他们从政府手里获得了地权证，我们叫作大产证或者地权证，他们的地权登记在不动产登记簿之上。然后开发商在土地上盖房子。房子盖好了，构筑物附属设施在法律上应该归谁所有？在条文的前半句话已经规定了，建设用地使用权人所建造的建筑物、构筑物等，都归建设用地使用权人，这些权利可以通过建设用地使用权的不动产登记来解决。但是，这一规定中的但书条款是什么意思？很多大学老师从来不讲，他们教导的法官和律师当然也不知道。可是这个但书规则的意义实在太大了！因为它涉及的，是广大城市居民购买商品房之后，钱当然也交完了，也接受房屋交付了，占有使用几年了，但是因为我国特有的法律规定还没有办理登记手续的情况下，他们的房屋所有权能不能得到法律的承认和保护的问题。这些居民，我们称为"小业主"，其人数实际上非常大，他们的房权能不能得到承认和保护？我现在讲一下，这也是我的一段学术历程。2007年3月5日晚上，在全国人大开会通过《物权法》之前（3月8日《物权法》通过，3月15日对社会公布），立法机关邀请了几位立法专家来讨论《物权法》的最后定稿。3月5日晚上的会议十分重要，很多的条文是这时候定下来的，但是也发生了很多争议，其中就涉及第352条这个条款的争议。当时有几位学者认为只有登记才产生公信力，不登记的不能认为这些小业主取得了房权。因为他们坚持所谓的债权形式主义理论，所以他们坚持，物权变动只能以登记作为唯一的生效要件，甚至是物权生效的来源。

在那个难以忘记的晚上，我表示了对登记唯一公信力观点的坚决反对，最后这个但书条款，就是按照我的意见确定下来的。这个但书条款，为亿万城市购房人的房权保护确立了法律基础。我的观点是，因为不动产登记只是公示的方法，不动产登记不是所有权的来源，权利本来就在民事主体手里。所以，不动产登记不产生所谓赋权、权源方面的法律效果。这是最基本的法理。而且商品房买卖的交易中，开发商和购房人双方订立合同，合同生效，然后开发商将房子盖好后给小业主发收房的通知；小业主接收收房通知后去查验房屋，丈量房屋面积，确认有无质量问题，对一切都满意后，在收房通知上签字盖章等表示房屋的接收。其实这就是双方当事人之间关于房屋所有权转移的意思表示，以及出让方的人转移所有权，另一方接收所有权的特殊方式。在这样接收房屋之后，双方都认为所有权都已经转移到买受人手中。买受人这个时候开始装修、居住，居住了一段时间以后，才能把登记手续办下来。这是交易的事实，也是当事人物权意思表示及交付和占有公示的特殊方式。

当前普遍发生的案件争议，问题是小业主已经住进了好几年了，没有登记之前，所有权归谁？如果按照第 209 条不登记不生效这个规定，所有权就只能归开发商。可是开发商已经明确地把所有权转移给小业主了。这里有个问题，就是为什么不能够及时办登记过户手续呢？不能及时办登记过户手续不是小业主的问题，甚至也不是开发商的问题，是我们政策设计的一个制度。我国的政策上有"入住率"这个规则，所谓入住率就是房子有多少小业主住进去了，收房收了多少。这个政策规定入住率达到了 90% 以上的时候，政府才给小业主办理登记过户的手续。如果入住率达不到那么高，政府就不给办过户的手续。现在，我国的小区商品房买卖过户，不像国外那样卖一个单一的房屋，单一的房屋盖好了政府就能给你办理登记过户手续。咱们这个小区，小的小区有几十套、几百套房屋，大的小区有几千套、几万套房屋，政府所以规定了入住率这个办理过户手续的前提条件。在这种情况下，必然就面临着老百姓事实上已经获得了所有权，居住了很多年，可是还没有办理过户登记的情形。

2014 年我还在建设部做立法顾问，我们当时在武汉市做了一个调查。这个城市小业主购买住房，居住三年还没有办理过户登记手续的住户有 20 万户，居住两年、一年的就更多了。20 万户涉及居住的住户大概有 100 万人。加上一年、两年的就有好几百万人。武汉一个城市是这样，在全国有多少，那就是好几亿的老百姓。所以我说这个问题是个很大的法律问题也是个很大的政治问题。在这种情况下，坚持登记唯一公信力的理论，或者债权形式主义的理论，那就会得出房屋所有权仍然属于开发商的结论，这对老百姓的损害是巨大的。但是在论证的时候争议挺大。也就是因为这样，《物权法》第 142 条按照我的观点写上但书规则后，这个规则在法学界和实务部门传播不开。因为我是中国社会科学院的教授，我们的学生是非常少的。最近这几年，由于房地产市场的动荡，这个方面的案子实在是太多了。尤其是涉及执行的时候。因为房地产开发商开发房地产都是借银行的钱，结果现在开发商还不了银行的钱了，银行一查很多房子还没有办理过户到小业主手里，这一下子银行高兴了，让法院把老百姓的房子查封了。有个来找我上访的老百姓说，房子都住了 17 年了，叫法院给查封了。《物权法》第 352 条的规定，对保护人民群众的权利这么重要的规则，十几年了到现在，法官不知道，律师也不知道，没有一个相关案件是按照这个但书规则来分析和裁判的。这种情况让我痛心。所以，《民法典》第 352 条规定的但书规则的适用，这是个很大的问题。所以我在这里把这个道理讲清以后，我就希望大家要理解这个制度。本来，这种情况下，当事人之间的房屋所有权转移，有交付房屋验收房屋的意思表示，也有实际交付房屋和平公开居住的公示方式，这都是毫无争议的。所以我们以此确认小业主的房屋所有权取得，这既符合《物权法》原理，也符合意思自治原则，更是符合中国国情的。

五　我国民法物权制度几个争点：疑问和回答

以上讨论的，属于物权制度的总则性内容，下面要讨论的，应该是各种具体的物权所形成的物权体系。从物权分析和裁判的角度看，这一部分制度的内容当然也是十分重要的。

中国的物权体系与世界上的其他国家物权体系相比较差别很大，因为中国物权体系的建立，基于本国的国情。《民法典》第 114 条规定，物权体系中包括所有权、用益物权和担保物权。这就是我国的物权体系。

（一）关于所有权的主体

关于我国民法上的所有权制度建设，我想首先要指出的是，过去的立法和政策一直坚持国家、集体和个人所有权这种"三分法"，不承认法人所有权这种类型。上文一开始就讨论了这个问题，本次《民法典》编纂，首先承认了公法法人制度（《民法典》第 96 条、第 97 条），然后在第 255 条、第 256 条，承认了公法法人物权甚至是公法法人所有权；第 257 条承认了政府投资规则；第 268 条承认了混合所有制投资；

第 269 条承认了法人所有权。这一系列的制度建设意义非常重大，在未来的法律贯彻实施中应该予以足够的重视。

当然，从《物权法》到《民法典》，表面上还是承认了国家、集体和个人所有权这种分类，法人所有权在这种分类中没有明显的提出来。这种做法体现了一些立法政治上的稳妥性，在中国特有的国情下，这是可以理解的。但是，作为法律专业人员，我们必须认识到表面上的规定和具有实体价值规定之间的差别。实际上在整个《物权法》法律结构上，《民法典》还是按照自然人和法人主体这种结构展开了物权制度的规定，这体现了中国立法者在法律制度上所贯彻的实事求是精神。

（二）民法所有权的概念的科学性、现实性问题

我有一篇论文曾经讲到所有权概念的六个方面，希望大家能够注意。因此我在这里只谈几个要点，希望大家研究思考。

第一点，关于所有权的政治意义。

所有权的政治意义是我们国家领导者和社会大众都特别重视的问题。比如人们经常提及财富拥有的均衡问题，很多人把这个问题叫作财富拥有的社会公正。很多人一提到所有权，就首先想到财富占有的社会不公问题。其实这不仅在中国，而且在世界上也是一个难题。有些人穷，有些人富，所有权制度建立后，这种情况就被固定下来了。这个情形是不是不公平、不公正？从所有权政治意义来分析这种现象，就需要解决这样的问题。但是从《物权法》的角度看，却首先要解决财富来源的合法性问题。所以，在《物权法》上，不能因为有些人财富多，有些人财富少，就总想着"打土豪分田地"，采取法律之外的手段来解决社会贫富差距问题。这种观念现在社会上还是存在的，甚至一些有影响力的学者也是坚持这种所有权的政治分析，主张这种非法律的解决方案。对此我们首先要认识到，这些观点和中国共产党的政策，和社会大众的观念是完全违背的。中央 2016 年发布的平等保护产权的意见，所表明的就是这个态度，就是承认财富的合法取得，承认合法投资，给予各种主体平等承认和平等保护。所以在所有权政治分析这个要点上，我们完全不能赞成那种煽动社会的仇富心理，仅仅只看财富占有不平等这种现象，而不看财富的来源是否合法。如果不承认民事主体合法取得的

所有权，那么，这些观点就不仅仅是偏激的问题，而且是有严重的政治上的问题。

我一直认为，关于贫穷和富有，不能只看社会现象，在法治国家原则下，这个问题必须从法治国家的角度来分析和解决。单纯反对当前背景下的贫富不均问题，只能是煽动了社会情绪，而不能从根本上提出解决贫富不均问题的办法。造成贫富差距的原因很多，必须根据其具体的原因来解决现实的问题。一个国家要发展，需要合法保障财富的秩序。

第二点，关于所有权的经济分析。

关于所有权，经济学也从自己的角度提出了分析，这些分析很值得我们学法律的人思考。比如，从国家经济发展角度看所有权制度设立的正当性问题和有效性问题，就是一个很有价值的思考方法。这一个问题的思路，我也曾经写过长篇论文讨论。所有权的经济分析，主要是看财富如何壮大，以及所有权在社会财富增加的过程中发挥怎样的作用。在这方面最早提出问题的是亚当·斯密。亚当·斯密说，社会财富是创造的，而社会财富创造的原因，就是要让创造的人能够看到自己劳动的成果，也就是能够获得所有权。亚当·斯密认为，只要把所有权交给创造财富的人，无须国家督促，无须更多的制度设计，劳动者就会积极劳动创造财富。国家发展需要有动力，而所有权就是推动社会经济不断发展的动力。这就是亚当·斯密在《国富论》里提出的观点。亚当·斯密的分析，是对英国工业革命成功经验的总结。像英国这样的国家，不但没有良好的自然资源，而且纬度高，不产粮食，历史上是个穷国家。在宗教神权理论统治下，民众取得所有权在道德伦理上没有正当性。但是，宗教改革后，所有权问题解决了，民众获得所有权的道德障碍消除了，因此民众爆发出强大创造力，英国一跃成为世界的霸主。所以，亚当·斯密的理论是有进步意义的。

中国从改革开放发展到现在，国家发展取得了如此巨大的成就，成功的原因，我认为就在于把所有权交给了人民。像邓小平同志说的，要让一部分人先富起来，发展才是硬道理。现在中央提出民营经济和私有财产都要平等保护，对此我们是衷心拥护的。中国共产党现在走的是一条务实的、科学的发展道路。而且我们也看到了，对于贫富不均的问题，中央实际采取了很多的措施，习近平总书记亲自主持国家的扶贫工作。如今扶贫工作具有显著成效，我们并没有打土豪分田地，而是通过国家支持实现了脱贫。所以贫富不均问题基本上也得到了解决。

第三点，所有权的法技术分析。

我国社会对于所有权的分析，长期以来最缺乏的，就是法技术的分析。所谓法技术，就是民法上准确地确定民事权利义务关系的技术，包括主体、客体、权利、义务和责任的确定性分析的技术规则。上文关于物权概念、《物权法》基本范畴的分析，就是法技术分析方法的应用。所有权是最典型的物权，是特定的主体对特定化的标的物所享有的全面的、彻底的、终极的一种支配权或者说是处分权，这是民法意义上所有权的概念。这个概念包括主体、客体和权利这三个最为重要的因素，是我们从法技术角度分析所有权的逻辑基础。

上文在讨论物权概念的时候，我一再给大家讲到政府投资的问题。在这个问题上，阻碍我国社会认识到法人所有权这种重要的所有权类型的原因，就是我国社会包括法学界尤其是民法学界的主导观点，长期以来欠缺对于所有权科学定义技术分析，从而也妨害了所有权现实法律制度的科学化。上文提到，投资引起的法权关系是"股权—所有权"的逻辑，即投资人享有股权，投资的企业或者事业单位享有法人所有权。和这个法权关系相对应的，是投资人承担有限责任、法人承担无限责任的逻辑。上文的这种分析，实际上就是一个法技术的分析。

所有权的法技术分析，对于一切法人财产（不论是营利法人还是非营利法人）都是非常重要的，因为这是我们在法律制度的建设上，对法人责任分析和裁判的基础和前提。但是这种法律技术层面的分析，一直受到国家所有权的统一性和唯一性理论的阻碍。这种非科学的理论，对我国社会损害很大，这一点上文已经进行了很多分析。

第四点，所有权涉及民生问题的分析。

在普通民众的所有权和政府财产权利发生矛盾的时候，所有权涉及的民生问题，这几年凸显出来。我国社会，在所谓的公共利益和民众利益发生冲突的时候，有一些人讲的道理就是用大帽子压民众，而不考虑基本的民事权利。例如前几年一些地方政府提出了经营城市、经营土地的口号，经常利用公共利益这个大旗，推进城市的拆迁和农村的征地，其中一些做法严重损害民生。《物权法》颁布后，这个问题得到了纠正。但最近山东的合村并镇，还是打着公共利益的大旗，以为了老百姓的利益为遮掩，而实际的操作不重视老百姓的所有权。看来，所有权涉及民生的问题，在我国还有很长的路要走。

这些所有权的分析，体现了所有权制度政治性、业务性都很强烈的特点。《民法典》规定的所有权制度所体现平等承认和保护观念的贯彻实施，是必须认真解决的大问题。

（三）农民集体所有权

在民法上，农村集体所有权作为社会主义公有制的一种表现方式，同时作为广大农民的一项基本权利，其制度建设的意义也是非常重大的。关于农村集体所有权《民法典》第 261 条（《物权法》第 19 条）的规定，已经对农村集体所有权进行了一个很重要的改造，这一点至少到现在还没有被很多人看到，我在这里要特别指出来。该条规定"农民集体所有的不动产和动产，属于本集体成员集体所有"，这个规定和以前的政策和法律的规定，差别是最大的，就是这里强调农民的集体所有权，是"本集体成员所有"，这里增加的"成员"两个字，意义重大。以前的政策和法律对于农民集体所有权的定义，恰恰缺少了这两个关键字，这样就把集体所有权变成了抽象的、脱离集体成员的参与权和决定权的"集体所有"。在很多地方，正是因为去掉了"成员"两个字，消除了集体之中成员的参与权和决定权，结果集体所有就变成了集体负责人的所有权，造成农村社会普遍的政策混乱。而现在的立法规定强调了农民个人是集体的成员，集体所有权是建立在成员资格基础之上的，这就恢复了具体农民的成员权，为农民成员在农村集体之中行使参与权和决定权打下了法律基础。而且这项规定，使得农村集体所有权恢复到了最初建立这种所有权的社会主义理想的状态下，所以其理论意义和实践价值都是非常重大的。

需要指出的是，本次《民法典》关于农村集体经济组织的所有权的法律制度建设，其关键的要点是《民法总则》第 96 条关于特别法人的规定，其中农村集体经济组织被明确规定为特别法人的一种形式，这项规定需要特别注意。通过这项规定，农村集体经济组织的所有权，就变成了一种特别法人所有权。关于这种特别法人，以及特别法人所有权，在我国以前的民法立法和民法著述中都是没有出现过的。这项规定，就是要按照民商法的原理，来对农村集体经济组织的组织体及其所有权进行科学的整理、规范甚至改造。目前，农村出现的确定本集体成员的身份、给农民个人确定股份、给农民按照股份分配红利等做法，都是民商法科学原理适用于农村集体经济组织及其权利的积极做法。这些做法，虽然和以前几十年的做法非常不一样，但在民法上都是有根据的，而且既符合民法科学原理，也符合我国农村集体发展的国情，最重要的是为我国农村集体经济组织下一步的发展确立了法律基础。所以其意义重大。

法人从本质上来讲有两种，一种是资合法人，另一种是人合法人。资合法人的典型就是公司，是用资本构建的法人。所谓人合法人是建立在人的资格基础上的法人，其典型就是合作社。实际上中国农村集体所有权是建立在民众资格基础之上的法人。农民在农村集体中首先享有成员权，他们依据成员权所享有的财产性权利，都是以其所有权人成员的身份为前提的。基于这个原因，我的基本看法是，不能将本集体农民所享有的承包经营权、宅基地使用权依法规定为用益物权，因为农民个人是作为所有权人的成员在行使权利。这一点和公司股东那种情形也不一样，这是人合法人的典型特征。

关于农民集体所有权涉及个人的承包经营权和宅基地使用权的问题，现有的主导理论应该有突破性的改进。这几年在改革中出现的宅基地使用权制度改革特别需要认真研究。宅基地使用权被认为是典型的用益物权，但其本质是否是用益物权呢？在我小的时候（20世纪五六十年代），宅基地都没有入公社，宅基地所有权一直都保留在农民手里。后来农民才丧失了宅基地的所有权，宅基地变成了集体所有、农民享有使用权。当然，后来也有一些农民从集体手里无偿地取得了宅基地。总而言之，不论是农民的土地承包经营权还是宅基地使用权，都不能简单地使用民法上的用益物权来定义，因为用益物权是民事主体"对他人之物"享有的物权，而农民在这些权利享有时，不应该是"他人"。正是因为这些政策和立法的基础不明朗，因此，有些地方提出的让集体用地进入市场的改革试验进展困难。

（四）城市居民住宅建设用地使用权 70 年期限问题

在涉及普通民众所有权这个问题上，涉及城市居民建设用地使用权及其房屋所有权的立法问题特别需要研究，这就是居民建设用地使用权 70 年期限届满后，是否还应该再缴纳土地出让金的问题。这个问题，我此前已经有多篇文章和立法报告，在《民法典》编纂完成之前，中央电视台对我进行了长篇的专访就讲到这个问题。近年来关于这方面的争论时常出现，可见这个问题的社会关注热度一直是很高的。大家关心这个问题的原因很简单，一是现在城市居民有城市户口的已经达到国家总人口的 60%，另外没有城市户口的城市居民还有很多（有些资料说有近三亿人），这样城市居民总人口约有十亿人之巨！所以城市建设用地使用权 70 年期限届满是否还要收费的问题，涉及极为重大的社会利益。

《民法典》第 359 条第 1 款对这个问题已经做出了规定。但是这项规定相比以前《物权法》第 149 条第 1 款的规定有一个十分显著的变化。《物权法》对此的规定仅仅只有"自动续期"这个规定。按照自动续期的规定，当然是不收费的。可是现在的第 359 条，在"自动续期"的后面，增加了还可能要收费的规定。这一点确实引人关注。

参与立法的部分官员和学者认为城市建设用地的土地使用权就是 70 年，70 年届满后需要使用土地的，就得给政府交钱。这是《物权法》制定的时候很多人的观念。当时在立法机关讨论这个问题的时候，我提出了相反意见，我认为不应该收费。因为老百姓买房子的地权价格已经很高了，达到了经济学上所有权的程度。这是原因之一。另外一个重要的原因，是城市中的所有权归根结底不是政府的私权，而是人民的公权。土地所有权是中华人民共和国成立后，陆陆续续地按照社会主义的理想模式建立起来的，而不是政府按照民事权利转让的方式取得的，所以现在不能按照私有土地的方法运作土地，对土地收费。所以当时我提出的立法建议是城市居民建设用地使用权期限届满无条件自动续期。后来我写了一份报告，提交给了立法机关。很多年之后，有一位在人大工作的朋友，还特地将当时记载我的立法建议的立法简报复印给我了。立法简报上明确写着，孙宪忠提出："70 年期限届满应该无条件自动续

期"，我当时看到这份简报还是很激动的。从《物权法》第149条第1
款规定的城市居民住房建设用地使用权期限届满自动续期的规定看，我
提出的建议得到了采纳。什么是自动？自动就是无条件的，不用交钱
的，也不用再办理登记，到期后继续享有使用权。

但是这次物权编的立法中出了麻烦，《物权法》第359条加了一句
话，"续期费用的缴纳或者减免，依照法律、行政法规的规定办理"，
加上的这句令我非常苦恼。明确地说，对此我表示了不同意的观点。我
也多次在立法时表达了我的看法。这个问题的研究处理，希望未来贯彻
实施《民法典》的配套法律法规应该慎重。

（五）如何理解居住权

《民法典》在用益物权制度方面的规定，农村的土地承包经营权、
城市中的建设用地使用权、宅基地使用权，已经规定实施了很多年，这
些大家都比较熟悉了，我不必再展开讨论。对这一次增加的居住权，我
国社会不少人表示不太熟悉，因此需要再讨论一下。在《物权法》制
定时，居住权的立法方案就出现了，后来因为有争议就没有规定。本次
《民法典》编纂写上了居住权，有些学者一直到《民法典》通过的前夜
还在写文章表示反对。

对《民法典》规定居住权我也曾提出应该予以规定的立法建议，
对本次《民法典》规定居住权我表示完全同意，而且一直通过各种方
式表示支持，从理论上对这种制度入法，提供了很多理论依据，也澄清
了一些似是而非的支持或者反对的观点。有媒体报道了十多年前制定
《物权法》的时候关于设置居住权的争论，这个争论延续到本次《民法
典》编纂过程中。支持的观点提出，《民法典》规定居住权的理由，是
因为有一位教授说他家有个保姆，他想给他们家的保姆设居住权，让
这个保姆老了能在他们家养老送终，他认为这就是设置居住权的理由。
反对居住权的学者就认为，给保姆设居住权是你们自家人的事情，而
且保姆的居住权在法律上不存在问题，因为保姆与雇主家存在契约性质
的关系。根据劳动契约或者叫家事服务契约，保姆老了以后还能继续居
住，这种居住在合同上进行约定就能够实现。《物权法》最后没有规定
居住权这种制度。我认为，不论是这些反对的还是赞成的，他们都没有

准确理解居住权的意义，所以不论是支持还是反对，都没有说到点子上。这些支持居住权写入《民法典》的观点，出发点显得十分偏狭；而反对的观点，则文不对题。而且本次《民法典》讨论这个问题时，一些学者还提出要把社会保障房的居住权写进去，这就更加违背了民法的体系性原则，因为社会保障房的居住问题，是个典型的行政法问题。

这一次《民法典》编纂写入居住权我提出支持的论证意见。法制史告诉我们，在罗马法时代法律上出现了人役权制度，其中包括居住权的内容。设置人役权，一开始是为了解决一些有可能的身份关系，但是没有法律上的亲属关系的人的养育问题（比如古罗马人那个时代普遍存在的私生子的居住和养育的问题）。那个时候没有 DNA 检测，法律上既无法排除又无法确认亲子关系，同时也要考虑非婚生子女的家庭伦理问题，所以法律上建立了人役权制度来养育这些孩子，同时也使得这些孩子不成为继承人。在此之外，人役权制度还广泛地使用在养育特别身份的妇女（如离婚后的妻子的居住）和非近亲属的老人的法律事务方面，所以当前人役权制度在国际上是普遍存在，而且适用频率很高。

现在我们中国已进入老龄社会，有很多老人没有子女；再加上中国长期实行比较严格的计划生育政策，出现了很多失独老人。我们国家养老主要还是依靠家庭、亲属，所以需要设置居住权以解决养老问题。在解决其他亲属之间（非近亲属之间）的居住和养育的问题时，居住权制度可以说大有用场。因为我国法律上规定的近亲属不包括姑姑、叔叔、侄子、侄女等，但是这些亲属关系仍然很亲密，在老人无人赡养的情况下，可以借助于这些亲属设立的居住权来解决这个现实问题。

实际上居住权也可以这样使用，就是老人可以使用自己的房屋来为自己养老。比如老人可以把房屋所有权转让出去，但是同时约定自己在老房子里面的终生居住权。这样，他既不需要搬出去，又可以从房屋所有权的转移上面获得一大笔钱供自己使用。我国《民法典》规定的居住权的条文和制度（第 366 条以下），就是瞄准这样的情形建立起来的。不知道在座的朋友们有没有看过莫泊桑写的一篇小说，讲的是一个商人跟一个老太太就老太太的一处房产达成一份协议，因为老太太没有儿女，她与商人在协议中约定商人提前供养她，老太太将房屋的所有权要转移给商人。但是老太太可以在这座房屋永久居住，可以在这座房屋中养老，这是小说里的情节。这就是外国法里面人役权的应用问题。从这些分析来看，居住权在中国适用范围非常广泛。

（六）其他的用益物权

关于用益物权的领域，我与大家再探讨几个问题。在《物权法》中规定的用益物权的类型之中，提到了一些特殊的用益物权。这些用益物权如《民法典》第 329 条规定的探矿权、采矿权、取水权、渔业权等，这些权利在法学上叫作类物权，也有称为准物权。称为类物权，指的是这些权利的性质、民法意义，类似于物权，比如权利人排他性的独占使用、收益等。有时候它们也被称为准物权，指的是这些权利的法律保护，可以准用物权保护请求权。我国《民法典》将它们称为用益物权，强调的是这些权利建立的基础是所谓的国家土地或者自然资源的所有权，从这一点来看，这些权利既具有他物权的特征，也具有使用收益权利的特征。

在这些权利之外，《民法典》上没有规定的一种用益物权，大家有必要了解一下，就是农地使用权。按照物权法定原则，即物权的类型及其内容必须由法律规定，不能由当事人创设。那么农地使用权是由什么法律来规定的呢？这项权利的法律渊源不太清晰，但是在 2019 年被明确地规定在《土地管理法》中了。从法律渊源的角度看，《土地管理法》规定这项权利也是正当的、有效的。这项权利指的是国营农场享有的对国家土地的物权权利，适用于像新疆建设兵团等大规模的土地占有使用的情形。不论是生产建设兵团还是国营农场，土地所有权都是国家的，农场的职工享有土地承包经营权。但是，农场这个法人享有什么样的地权？过去一些政策文件把农场法人享有的地权称为农地使用权，但是国家立法包括《民法典》编纂过程中没有解决这个问题。因为国家农垦机构、新疆生产建设兵团及国营农场等占地比较多，所以农业部还有其他一些部委就提出，要赋予农场地权，通过登记确定他们的地权。我国法律规定，土地归属于国家，但是国家土地所有权无法纳入地方不动产登记，因为法律明确规定国家土地所有权无须登记。但是农场实际享有权利，不明确他们的地权，对于这种情况下大量的土地利用关系消极影响很大。对这些依法规定农地使用权的观点，我曾写过立法报告表示了支持，同时将这个观点也写在我的建议稿中，后来农地使用权被规定进了《土地管理法》中。虽然《物权法》中没有规定农地使用权，但是大家不要质疑，这种用益物权纳入法律是有充分法律根据的。

（七）城市居民小区公共区域权利问题

《民法典》编纂完成后，经常有人提到关于城市居民小区车位的问题，以及已经登记私人空间和未经登记公共空间的物权问题。本次《民法典》《物权法》编纂已经予以明确，即使未经登记的公共空间，亦属于业主共同所有，即房屋出售给业主后，除非政府批地的时候就已经明确开发商在公共空间上存在权利，否则，这些公共空间的地权均由业主共同共有。这项原则不能突破。几年前，在全国范围内曾经发生过一件涉及小区公共土地的争议，有一些学者、城市的领导为缓解城市交通堵塞问题，提出将小区围墙拆除，将小区道路向社会开放，允许公共汽车通行。这种观点违背了《物权法》的规定，当然也违背了《民法典》的规定。因为小区的道路是小区业主共同共有的，而不是社会共有的，更不是城市政府享有的，政府不能擅自使用小区业主的公共空间。

我在某地讲学的时候遇到这样一个案例，一个小区的几位大妈因为自身小区绿化不好，就跑到隔壁小区的一个小广场上跳舞，并使用隔壁小区的儿童游乐设施，非常喧闹，双方发生纠纷。后来个别小区为防止这些大妈进来，便将小区的围墙加高加固，使他们无法进入。这些大妈认为既然小区土地是共有的，那么他们就能进入并使用，进而还发生了诉讼。当然，这些大妈败诉了，因为小区公有土地，指的是小区居民的共有，不是城市中所有居民的共有。

曾经有律师提出问题，就是关于城市居民小区共有的收益规则。对此本次《民法典》相比《物权法》更加明确地规定了，就是这些共有的收益，都应该归属于小区中的居民共有。这一部分收益，包括利用共有土地做车位收取的租费，利用小区建筑物收取的广告费，等等。

实践中有律师朋友提出，小区车位的使用期限届满，是否适用第359条"住宅建设用地使用权期限届满的，自动续期"的规定？我的回答是同样适用，这个不应该有障碍。

（八）抵押关系存续期间抵押人处分标的物规则的重要变化

此次《民法典》物权编相比《物权法》，有一个很大的变化，就是涉及抵押权的第406条的规定。该条有两款规定，第1款"抵押期间，抵押人可以转让抵押财产。当事人另有约定的，按照其约定。抵押财产转让的，抵押权不受影响"。第2款"抵押人转让抵押财产的，应当及时通知抵押权人。抵押权人能够证明抵押财产转让可能损害抵押权的，可以请求抵押人将转让所得的价款向抵押权人提前清偿债务或者提存。转让的价款超过债权数额的部分归抵押人所有，不足部分由债务人清偿"。该条文相比《物权法》第191条的规定，有本质的变化。大家可以看看《物权法》第191条的条文。该条第1款，"抵押期间，抵押人经抵押权人同意转让抵押财产的，应当将转让所得的价款向抵押权人提前清偿债务或者提存。转让的价款超过债权数额的部分归抵押人所有，不足部分由债务人清偿"。第2款，"抵押期间，抵押人未经抵押权人同意，不得转让抵押财产，但受让人代为清偿债务消灭抵押权的除外"。

这个条文修改的本质变化，一是许可了抵押人在抵押权存续期间内转让抵押标的物的所有权，他处分标的物的所有权没必要得到抵押权人的允许。而第191条规定在此情况下的处分，需要得到抵押权人的同意。二是抵押人处分标的物所有权的，没必要先行向抵押权所担保的债权人清偿。这样一分析大家就可以看出来，这个变化确实是很大的。关于这个条文的修改，是我提出的议案推动的，我也曾经写过论文在《清华法学》上发表，有兴趣的可以看看。

《物权法》第191条的规定，抵押人处分抵押财产要得到抵押权人允许，这样的规定既没有必要也不符合民法科学原理。因为，抵押权在登记簿上已经登记得清清楚楚，抵押人处分抵押标的物的所有权，并不妨碍抵押权人行使抵押权。而且反过来，抵押权人不允许抵押人转移抵押财产则可能会损害抵押人的正当利益。因为，抵押权毕竟只是一个担保权利，担保具有或然性，不是必然的。因此，原来《物权法》第191条将担保和债权实现之间的或然性理解为债务人履行债务的必然性，把担保理解为债务承担，这样明显不符合民法原理。所以我提出议案，要求将这个条文做出本质修改。最后立法采纳了我的设想。

此次《民法典》动产担保制度建设提出了很多新的设想，尤其是在动产抵押制度方面想取得突破。原来的动产抵押，仅限于车辆、船舶和航空器，因为国家建立了相应的登记制度，这些动产抵押是很可靠的。比如车辆在国家公安部门登记，船舶在国家交通部门登记，航空器在国家民航部门登记，因此动产设置抵押担保时，是有抵押登记记录的。但是，此次立法过程中，有人提出可以把动产抵押的标的物无限制扩大，甚至连珍珠项链都可以进行抵押。我认为扩大动产抵押标的物的范围很有必要，至于扩大到哪里还有待商榷。因为现在有质押制度，类似于珍珠项链这样的动产作为担保标的物时，现行法律中质押制度完全满足需要。而且，在类似于珍珠项链上设定动产抵押权时，难以建立统一的抵押登记制度；如果没有统一的抵押登记制度，那么抵押权的设立并没有实际的意义。最关键的是，这种抵押权没有公信力，对债权人是很不利的。

（九）《民法总则》关于权利根据、权利行使的规定对于物权制度的意义

学习研究我国民法中的物权制度，还应该注意物权编之外一些涉及物权制度的重要变化。从物权分析和裁判的角度看，《民法总则》关于民事权利的法律根据、关于权利行使的几个条文的规定，对于物权制度影响尤其显著，需要在学习研究和贯彻实施《民法典》时充分注意。

从第129条到第132条，这几个条文写入《民法典》，确实是我提出的议案，此前这几个条文至少是不明确的。但是，我看了近年来一些学者撰写的立法说明，他们对这几个条文的解释，并不完全符合立法的意思，其中有些涉及物权制度的规则需要注意。

第129条的内容为"民事权利可以依据民事法律行为、事实行为、法律规定事件或者法律规定的其他方式取得"。这个条文所规定的法律根据制度，当然对于物权制度有十分重大的影响。第129条规定的法律根据包括四大类，首先是法律行为，其次是事实行为，再次是法律规定的事件，最后是其他规定。物权编中涉及物权变动的规则大体上对这些有所反映，但是这个条文中"其他规定"的这个提法，目前都还没有谁来解释清楚。这一点可以理解为"依据法律规定直接取得物权"的情形，比如在我国1982年《宪法》中曾出现过的，国家依据法律直接取得部分城市居民当时还享有的土地所有权的情形。当然这种情形不会见了。

第130条规定，"民事主体按照自己的意愿依法行使民事权利，不受干涉"。这是我在议案中特别强调要写上的，现在还有很多人并未意识到这个条文的意义。这个条文的建立，当然首先是要保护民事主体行使权利的自决权。但是除此之外，它还回答了这样一个问题，那就是，行使物权的行为究竟属于事实行为还是法律行为的问题。现在甚至仍有部分大学教授无法回答这个问题，因为民法学界以前通说认为行使权利的行为属于事实行为，并不强调主体行使权利时权利人的内心意思及其意思表示的问题。但是，行使权利当然是民事主体意思表示的体现。比如，一个民事主体放弃其所有权，当然是主体依据其内心真意来消灭自己的所有权的物权行为。如果民事主体放弃其所有权不符合其内心真意，那么法律就不能承认这种放弃的结果。所有权处分、其他权利的处分，都是这样的道理。当然，其中的道理也应该应用于债权。如果一个民事主体向相对人提出履行合同，这当然是一种债权行为。这些行使权利的行为，当然都是民事法律行为。这是我撰写这些议案时的主导观点，就是要纠正把权利行使行为当作事实行为的错误。

第130条强调的是民事权利不受侵犯，同时强调民事主体依据自己的意愿来行使权利，强调民事主体的意思在权利变动中的作用。反对物权行为理论的学者，在这个重要问题上的观点是否定当事人的意思，但是《民法典》第130条否认了他们的观点。比如在房屋买卖合同履行过程中，开发商向业主发出交房的书面通知，通知购买人办理房屋交接手续，这难道不是一种转移所有权的意思表示吗？但是否定物权行为理论的观点认为该行为属于事实行为，没有意思表示的意义，即便是有意思表示行为，也不发生任何作用。这些观点不但不能自圆其说，而且对市场经济体制和人民权利保护相当有害。好在这些观点已经被《民法典》第130条彻底否定了。

第 131 条"民事主体行使权利时，应当履行法律规定的和当事人约定的义务"以及第 132 条"民事主体不得滥用民事权利损害国家利益、社会公共利益或者他人合法权益"，等等，这些规定，对于物权的行使特别有意义，也是我们学习研究和贯彻实施《民法典》物权制度时特别应该注意的。

《民法典·物权编》的
"四个一定要坚持"[*]

　　目前大家都在热议我国《民法典》的编纂，其中的"物权编"更是吸引大家关注。我认为《民法典》分则中的物权编有"四个一定要坚持"。

　　第一，一定要坚持真正保护人民基本权利的指导思想。保护人民的基本权利，是《民法典》编纂确定不移的指导思想，这个要点我们一定要真正坚持。第二，一定要坚持科学立法的基本原则。近年来，中央文件和习近平总书记讲话，有五次提到科学立法，那么在《民法典》尤其在物权编里是否贯彻了这项原则呢？这个问题还需要讨论。第三，一定要坚持立法内容符合中国国情原则。物权编对国情的因素体现得好不好、充分不充分，这也是我们要认真思考的。第四，一定要坚持维护好我们的经济基础。上层建筑一定要符合经济基础的要求，这一点在我们看来毋庸置疑。

　　为什么在这个问题上我要提到这"四个一定要坚持"？主要来自我直接参加立法工作、做相关社会调查的心得体会的直接感受，我认为，这些涉及立法指导思想的问题，确实值得认真讨论。"四个一定要坚持"提出的都是大问题，是涉及立法指导思想和原则的问题，不是细节的问题。目前大家在讨论一些细节性的问题，比如说具体概念、具体条文的写法等，这些确实是很有价值的。但是我认为，目前《民法典》物权编恐怕还是需要从宏观的立法指导思想来考虑有关的制度建设，需

　　* 本文系作者 2018 年 11 月 10 日在北京航天航空大学"海峡两岸民法论坛"上的报告，收入本书时有所修订。

要从更深层次的思想精神角度予以进一步推进。

2007 年颁布的《物权法》从实施到现在已经有十多年了，在这十多年的历程中，该法的立法质量受到了实践的检验。可以说它总体上是很好的，但是也暴露出很多问题。这些年我一直在做相关的调研，调研成果显示该法确实要改进。最高人民法院发布了数个涉及《物权法》的司法解释，它们从一个侧面反映了《物权法》本身的缺陷。所以，现在的《民法典》编纂，还是要积极向前推进《民法典》物权编整体立法质量的提升。

本届全国人大成立后立法工作加强了，不但常委会举办的次数增加了，而且我所在的全国人大宪法和法律委员会也频繁开会，讨论立法修法问题，我们已经制定了十多部法律，修订了四十多部法律。在参与立法工作的过程中，我有一个最为深切的体会，就是我们的立法一定要坚持保护人民权利的导向，一定要坚持科学立法的导向，一定要坚持国情问题的导向和一定要坚持经济基础的政治导向。如果宏观的指导思想不通畅，也就是大道理不通畅时，小道理肯定不通畅。现在中国立法，包括《民法典》的立法在内，社会上的小道理极其之多，各种观点可以说是纷至沓来。一方面表现出学术上的繁荣，但是另一方面，我也不好意思地说一下，可能有一点点鱼龙混杂。事实上确实存在这些问题，所以我想还是要把宏观指导思想的问题解决好。

一 一定要坚持真正保护人民基本权利的指导思想

《物权法》涉及人民权利的承认和保护，在《民法典》物权编中一定要坚持真正保护人民基本权利的指导思想。大家可能会说，为什么要说真正保护？在这一点上我们难道还有疑问吗？我的回答是，确实有疑问，确实有必要讨论真正不真正的问题。

我们可以看到，不管是中国共产党第十八届四中全会的决定、党的十九大报告，还是习近平总书记的讲话、全国人大常委会委员长的讲话，只要涉及《民法典》立法的，都一再强调人民权利保护。所以我想，从中央的角度看，真正保护人民权利观念是坚定的，不容置疑的。

但是我们看看《民法典》物权编的一些内容，就会发现中央的要求贯彻得并不算好。

一个最显著的例子，现行《物权法》第 149 条规定的涉及七八亿城市居民的一项重要的财产权利制度，在民法典物权编的草案中已经发生了重大的改变，不知道各位是否注意到了。《物权法》的这个条文规定，城市居民住宅建设用地使用权七十年期限届满，应该自动续期。大家可以看一看，这个第 149 条，在上述内容后并没有但书，也没有任何其他的条文。依据这样一个条文，我们可以知道：使用期限届满了，使用权就应该自动续期。什么叫自动呢？自动就是无条件。可是现在民法典物权编草案规定这一内容的第 152 条，自动续期后面加上了这样一句话："续期费用的缴纳或者减免，依照法律、行政法规的规定。"大家想想加上这句话以后，性质有没有什么变化？变成了什么意思？加上这一句话，"自动"续期是"不自动"的了。法律草案这个条文的精神就是，还是要收费的，收费是个大原则。不过怎样收费，物权编现在不规定，将来还得要有别的法律法规来规定。这项草案内容，一下子就把原来的立法给改变了，变得不利于老百姓的财产权利了。要知道，这项权利涉及城市居民七八亿人，而且收费权有可能被列入行政强制。所以这个权利内容的改变，不能说不重大。

《物权法》第 149 条规定的自动续期的条文，我毫不脸红地说，其中也有我一份努力和心血。2005 年全国人大环资委立法讨论《物权法》（草案）中土地物权制度的时候，我提出无条件自动续期的方案。后来，全国人大常委会法工委的立法简报中也提到了我的立法建议报告。我的这份报告的内容，在 2015 年温州土地收费事件时，才公开发表了。这个环节里自动续期的理由有两个：其一，城市土地国家所有权，不是按照民法上的所有权取得方式取得的，而是"建立"起来的。因此土地的国家公有，从一开始就不能把它仅仅从理解民法的角度理解为像市场上做买卖那样的财产权利，更不能把城市国有土地理解为政府私有土地，而应该理解为人民共有土地。其二，现阶段的商品房价格中已经包括了高额的土地使用权转让金价格，这个价格高于世界绝大多数国家的市场价格，也就是所有权价格。因此，不论是从政治上看还是从经济上看，买房人，这些普通的民众已经为土地使用权支付了所有权的费用。

在这种情况下，民众购买商品房也就已经支付了所有权的地价。

也就是因为这样，看见《民法典》物权编关于民众住宅的土地使用权期限届满还要再收费的规定后，我是很痛苦的，但是我想更痛苦的是现在城市里居住的七八亿普通老百姓。这个改变现行《物权法》第149条规定的新增内容，我们没有看到任何立法理由。我在参加2018年8月底召开的全国人大常委会第六组讨论的时候，已经提到了这个问题。

前段时间我参加了全国人大组织的一个访问团，跑了几个国家，每走到一个地方，就了解他们涉及土地开发法律制度的情况，了解房地产开发中各种主体的权利义务关系方面制度规则问题。我惊讶地发现，只有我们中国大陆地区才有民众购买商品房，只能取得有期限的土地使用权这些制度规则。不仅中国台湾、中国香港和中国澳门没有这样的问题，越南和俄罗斯这几个国家也都没有这样的问题。这种涉及普通民众的财产权利、具有重要社会价值的法律制度，立法者的操作必须要慎重。因此我才提出了"真正保护"的问题。我想提出一个建议，我们一定要从真正保护人民权利的角度认识这个问题，一定要把物权编（草案）第152条后头这句话删掉，留下这么一个尾巴实在是太不好了。

在保护民众权利这个问题上，还有其他的制度部分也需要注意，比如民众所有权、投资的所有权，尤其是民营经济投资所有权、土地承包经营权、宅基地的使用权等方面。这些制度比较多，《民法典》物权编一定要想办法解决好这些问题。

二　一定要坚持科学立法的基本原则

大家都知道，习近平总书记多次讲到要科学立法，我直接或间接听到的就有五次。习近平总书记如此反复强调科学立法，大家可以想一想，他为什么要这样反复强调呢？《民法典》立法是不是有不科学的地方呢？难道习近平总书记是无的放矢地说这个话吗？我们要好好想想这个问题。

我参加立法的经验说明，习近平总书记说的并不是无的放矢，因为《民法典》立法中的科学性原则并没有很好地遵守。习近平总书记说，法律科学是人类社会数千年依法治国的经验总结。我完全同意这种说法。我最近在这方面有一些考虑，总结了《民法典》立法中的科学规则，大的方面有八项原则。本来我也想讲一讲这方面的内容，但是按照会议的安排，我应该讲一讲物权编的编纂问题。我认为《民法典》物权编，尤其应该讲科学、讲体系。对于这个问题，我已经提出来讨论了很多年，我的一些观点大家可能都知道。现在我想就《民法典》物权编中的一些科学规则的应用问题谈谈看法。

大陆法系的法律都是由立法机关通过立法程序制定出来的，制定法律必须首先讲体系，体系就是科学的规则之一。在大陆法系的体系科学中，首先的科学规则就是公法和私法的区分，因为公共权力法权伦理基础、运作机制、救济机制和民事权利都是不一样的。虽然在一些局部性制度方面公法和私法的区分有困难，但是大的体制上必须有所区分。公共权力和民事权利不能混淆，否则定会造成民事权利损害的问题。《民法典》物权编当然属于私法，这个私法中间的"私"，并不是有些人所特别敏感的政治上的私字，而是民事主体特定化、具体化的意思。民法上的主体特定化具体化之后，才能真正享有民法权利、承担民法义务。从这个角度看我国物权制度上的主体，有一些特别重要的主体，恰恰是无法承担民事权利义务关系的。这个问题非常值得研究解决。最近西北几个省，在国家公园的保障上出了很大的问题，从民法上看，所有权主体不明，最后导致责任主体不明。这些问题都是值得我们反思的。

这一次的《民法典》方案，也就是 2018 年 8 月底在全国人大常委会法工委讨论审议，并公开征求社会意见的方案，其中相当多的制度属于公法。比如人格权编很多内容，就是直接从现行的行政法中抄过来的，抄得多了实在不好看。物权编的公法问题，不像人格权编这么强烈，但是也有一些。这些法律是《民法典》内容，和民事权利有些关联，但是民法的特点又不强烈。什么叫民法特点呢？就是特定具体化的主体，明确肯定的标的，明确肯定的权利，明确肯定的义务和法律责任法。这些基本民法科学原则，在《民法典》中、在物权编中应该得到很好的遵守。

有学者和我说，一看到我发言，就会讲到区分原则的问题。确实我要讲一讲这个科学的立法和司法规则。民法学界，很多人都知道我本人多年来倡导的区分原则：物权的法律效力和债权要区分开，物权变动的法律原因和债权变动的法律原因要区分开。现在整个法院体系都在采纳这项原则，最高法院几个司法解释都承认和采纳区分原则，现在连基层法院的法官都会按照这项原则办理交易案件。但是在《民法总则》立法时，这项原则没有写入。当时我是人大代表，我提出了数个议案都涉及这项原则，在多次关于《民法总则》的立法讨论时也一再阐述了这个原则。对于我的议案，有关机构给我的回答是，关于区分原则，民法学界没有一致意见，而且我的意见是少数人的意见。我当时就进行了反驳，我的意见在立法专家这几个人里面可能是少数派，但是在整个民法学界还是少数派吗？中国搞民法的，谁不知道物权和债权的区分，物权变动和债权变动的法律根据的区分？另外，整个中国法院系统都采用这项原则来办理案件，全国从上到下的法官，包括法庭里的法官都知道，物权的法律根据和债权的法律根据是不一样的。合同成立只能产生债权法上的效果，不能说不动产不登记合同就不生效，动产不交付占有合同就不生效。连乡镇法庭的法官都知道的道理，为什么到了法学家的层次，就成了中国法学界的少数观点呢？尽管我一再坚持，但是因为全国人大常委会讨论《民法总则》的时候，多数常委和代表因为不是法律专家不懂这个，所以我的发言在这个场合没有得到多少人响应。

我认为科学的东西一定要坚持。区分原则涉及案件分析和裁判，而分析和裁判的对象全部涉及交易的案件，所以这项原则在民法上具有基础意义，在整个民商法体系中具有核心制度规则的价值。社会大众虽然不一定知道，但是法官、仲裁员、律师和从事法律工作的一切人，都会经常使用，因此也就应该明白其含义。尤其是最高法院的司法解释采纳了这项原则，基本法律不采纳它，就造成了立法远远落后于司法的局面。所以立法一定要采纳。这些年我进行了多次讲座和调查，我发现，现在一般法科学生都能够听懂区分原则，基层法官和律师也知道怎么使用。所以我一直不明白，说大家听不懂，这个结论是怎么得出来的？上面提到，科学的东西总是简洁的，容易明白的。所以，我坚持不论是物权编还是合同编，都要遵守这个科学规则。现行《合同法》第51条必须废除，第132条必须修改，第140条必须废止。我的这些呼吁已经看到效果了。现在立法方案中，第51条已经看不见了。但是第132条之中，还保留不符合区分原则的地方。第132条是什么意思？这个规定要求，买卖合同成立要强调在标的物产生以后，有了标的物，所有权才能够订立买卖合同。大家想一想，这是多么作茧自缚的一个规定。难道说我们只能把标的物生产出来以后，才能够订立合同吗？难道我们不能在工厂订货吗？难道房屋没有盖好我们就不能订立买卖合同吗？一些法学家和立法工作者这样看，难道不是削足适履、作茧自缚吗？有些朋友提出，希望我让步。我真不知道要让步到哪里！

另外还有动产抵押、所有权担保等这些体系性设置的问题。从实践的需求看，物权编应该扩大动产抵押的范围，不能只规定车辆、船舶、飞行器的抵押，在现实生活中做动产抵押的物是很多的。但是动产抵押问题一定要认真研究，要规定好怎么去做，因为首先动产担保，我国《物权法》已经建立了行之有效的质押制度。从体系上来考虑，我们首先要把动产抵押和动产质押的法律适用范围搞清晰一些，这个问题，不能随意解释。目前，一些学者提出把全部动产都按照抵押的规则来处理，他们认为质押没有价值了，这一点我不能同意。

在动产担保这个问题上，我也不同意把所有权担保放在《民法典》物权编的担保物权之中。虽然听起来同样都是担保，但是其中的法理机制是不一样的，希望不要混同。所有权担保涉及的占有改定、所有权保留和让与担保，这些在原来的法律中已经有非常清晰明确的规定，中国外国的法律都是这样，也没有出什么麻烦。现在把这些问题都纳入动产抵押，麻烦就来了，因为法理混乱了，实践也会乱。比如所有权保留在《合同法》中已经有条文规定，属于所有权买卖中的一个特殊形式，大家都知道，从来没有出问题，现在为什么非要把它写在物权编中呢？而且在物权编的担保物权的一般规则部分，立法一开始就说明，担保物权是用益物权，是一种定限物权。可是你把所有权担保写在里面，难道所有权是用益物权、定限物权吗？所有权来担保，但是也不能否定其所有权的本质。把所有权保留写在动产抵押里面，这不是制造法理矛盾吗？所以这样做是不可以的。在全世界的大陆法系中，都是把所有权保留写在买卖合同的部分，人家也没有出过什么问题。如果非要强制把它拉进担保物权，那就会因小失大。

最后，物权编应该考虑法律概念逻辑的应用。比如说"物"这个概念，它在物权编属于基础概念，《民法总则》的定义指出，民法上的物指的就是动产和不动产，有些情况下，权利也可以作为物权的标的。在这种情况下，《民法典》完全可以用"物"，或者说"标的物"这个概念贯穿立法的始终而不会出错。可是现在物权编的方案，它没有使用物这个简单的概念，而是反复使用"动产和不动产等"这个用语。此类用法，数一数就有 50 多处，甚至有时候连着十几个条文都反复使用，显得非常绕口和烦琐。把"动产和不动产等"换成标的物，换成物有什么不可以？至少文字上是简洁一些。这个问题也应该注意。

三　一定要坚持立法内容符合中国国情原则

物权编是最符合中国国情的《民法典》部分。现有的制度中涉及国情色彩的制度非常之多，关于农村土地"三权分置"的问题我也提出了自己的议案，这个也公开了。

我想讨论的问题是这次物权编中提到的居住权。关于居住权，从上次编纂《物权法》时我就是坚决支持的，但是因为有争议，现行《物权法》没有写上。现在《民法典》物权编写上了，这一点值得充分肯定。实事求是地说，关于民法上的居住权，法学界很多人的理解是望文生义，并没有搞清楚。比如有些法学家提出居住权是为了解决保姆、妻子、家人的居住问题，这就不对了。居住权作为罗马法以来就有的人役权制度，它就是为特定的人设定的一种限制物权或者用益物权，但是这些特定的人，并不是和所有权人之间有法律关系的人。比如，保姆、妻子的居住，是基于他们的法律关系，因此居住权根本不触及他们。罗马法时代，有很多孩子和老人同所有权人之间并没有法律关系，他们之间可能有身份关系，但是这些身份关系并不是法律承认和保护的财产关系。比如私生子、远房亲属等，这些人需要居住等供养，所有权人可以给他们设置这么一个人役权，让这些身份关系不清楚的人能够长期获得居住等保障。人役权包括居住权，它作为一种稳定生活的保障对于人役权人很有效，同时它不妨碍所有权原有的继承规则，不妨碍所有权人和他的继承人之间的所有权转移。

包括居住权在内的人役权，产生包括法律行为意定的情形，但更多的还是基于法定的原因。在罗马法时代人役权，包括居住权的设定，更多的是基于法律上的直接规定（如对于私生子的养育），也可能基于法院的判决，比如对于离婚的妻子。我在这里举个例子。有个德国政治家他结过四次婚，有三个前妻，身上戴有四个戒指，所以他被称为奥迪总理。这些前妻们要生活、要居住，前夫必须尽力提供居住等保障，所以媒体报道这个领导人生活拮据。其中就有居住权的保障，是法院判决产生的。

通过这个分析我们就可以看出，现在物权编中写上了居住权，这一点值得充分肯定。但是，居住权一章只有四个条文，而且这些条文只规定了通过合同产生的情形，而没有法定的情形，包括法院判决产生的情形。这不能满足实践的需要。我们再看看它的几个条文。第159条有两个条款，两个条款的内容都是有缺陷的——没有考虑到法定的情形，只有意定的情形。这个条文规定，居住权的设立需要登记，其实法定情形产生的居住权是不需要登记的。即使是以意定方式来设立居住权，它是不是要登记还是有争议的，多数情况下是不需要登记的。然后第161条规定居住权消灭的问题："居住权人死亡，居住权消灭，但另有约定的除外。"这个条文里规定的除外情形是什么？依法就不应该规定除外情形，因为居住权就是给特定的人设定的，特定的人死亡了，权利当然要消灭。如果要给别人，那就需要重新设定居住权。第162条规定："以遗嘱方式设立居住权的，参照本章规定。"可是本章规定实在是太简单了，依据本章执行实在无法参照。

立法怎么能只准写四个条文呢？相比起来，地役权实际上用处并不是很大，地役权都写了14个条文，居住权用处那么大，才写四个条文。比较起来一看问题就清楚了。

四　一定要坚持维护好我们的经济基础

　　最后一个一定要坚持，就是要坚持公有制原则。像土地问题、公共资产问题等，我们还是一定要把这里的物权问题处理好。目前，物权编关于这方面的制度还是不具体，实际操作的规则还要依靠行政法规。这个问题能不能研究好、解决好，也体现了《民法典》编纂的体系性、科学性问题。

《中华人民共和国物权法》采纳区分原则的背景及其意义*

本文结构

　　主持人：非常感谢大家来参加今天的"物权法为什么要建立区分原则"的主题演讲。今天我们请到了孙宪忠老师。孙老师是我们大陆非常少的受到国际承认的《物权法》著名专家之一。孙老师能言他人所不能言的东西，因此我们想这次是一个大家很期待的演讲。下面我们

---

　　* 本文是 2009 年 4 月作者在北京大学法学院的讲座整理稿，2019 年年初作者整理资料时发现其中的案例和分析逻辑还是很有价值的，因此修订发表之。修订改变了原来的题目。所有资料均来源于 2009 年 4 月之前。

以热烈的掌声欢迎孙老师的到来。

孙宪忠： 非常感谢北大的老师和同学邀请我过来做这么一个讲座。今天讲座的题目是"物权法为什么要建立区分原则"。为什么讲这样的题目？很多老师和同学知道民法中的"区分原则"是我提出来的，对此也坚持了很多年，但是今天我并不想刻意在这里讲我的创新和坚持，而是和大家一起看看这项原则涉及的法理和现实，尤其是现在《物权法》已经承认了区分原则，但是在司法实践中还有一些律师、法官还不太会使用它，这就需要我们好好地分析一下相关问题。我要给大家讲几个现实中的案子，大家可以看到，如果不会用区分原则，做出的裁判就不但违背了当事人的意思，也违背了法律的公平、正义。

一 北京市《物权法》第一案

《物权法》实施后在北京出了几个案子，媒体把其中的一个称为北京市《物权法》第一案。这个案子大体上是这样的：在1989年的时候，昌平有一个老百姓从一个房地产开发商那里买了六套房子，也顺利地办理了交接手续。1994年这个购买人给全部房子都办理了过户登记手续。在《物权法》没有生效之前，这个人把一些房子出租了。可是，在《物权法》生效前后，这个人发现几座房子很久没有交房租了，于是他到出租的房子去看看出了什么问题。但是，他看房时却被现时的住户给赶出来了。为什么？现在屋子里住的人说，他们才是房主，房子是从法院拍卖会买来的，已经买来一段时间了。这个人觉得很奇怪，自己买的房子怎么能被法院拍卖了？他一问才清楚了，大概是在1995年、1996年的时候，这些房子的开发商有一些违规经营的情形，后来慢慢地经营不下去了，欠了银行的钱还不了。到了2004年、2005年的时候，银行向法院提出了诉讼，要求开发商来还这个钱。2006年，当地法院依据我国最高法院所做的"债随财产走"的司法解释，判定银行的贷款要用开发商盖的房子来偿还，意思就是开发商用银行的钱盖了房子，现在银行的钱就凝结在开发商盖的房子上面了。虽然这些房子已经出卖给一些购买人了，但是银行的钱还是在这些房子上，因此法院就把这些房子给查封拍卖了。法院这样做的时候，丝毫没有考虑到这些房子是否发生了合法转让的情形。现在住这些房子的人，就是根据这次拍卖买到了这些房子。昌平的这个购买了六套房屋的购买人，不知不觉几套房子就没有了。即使他交付了房款将近20年了，办理房屋过户登记的手续从1994年到2006年也都13年了，但是法院还是把这些房子给拍卖了。这个案子发表在《北京法制晚报》上，大家可以查阅。

这个案子的判法，其依据是"债随财产走"，在法院系统内部已经贯彻实施十四五年了。大体上是在1993年，我国出现了"三角债"，企业之间相互欠账，难以厘清。一些企业"聪明"地进行优质资产剥离，把自己的优质资产从旧企业里面划出来，重新成立一个法人企业。这样做的目的是让旧企业给债权人承担责任，而自己从新企业享受利益。针对这种恶意避债的方法，最高法院司法解释出台了"债随财产走"的规则，来保护债权人的利益。所以，昌平出现的"北京《物权法》第一案，"有很多法院的同志认为做得对。

但是我们从法理上简单一看就不对了。这个案子判错了，错在它完全不遵守法律关系的逻辑，完全不考虑第三人的利益，完全不遵守物权和债权相互区分的法理。这三个"完全"，我在下面会分析到。

二　"无权处分"问题

另外，我从法院了解到，我们民法学界一些学者依据所谓的"无权处分"理论，支持了上述这个案子中法院的裁判。甚至有些学者论证说，开发商欠银行的钱没有还，你怎么可以卖房子？就凭这一点，法院没有错。可是我要问一下在座的你们各位，你们学法律到现在，凭你们的知识，你们觉得这样的法院判决和拍卖对不对？

至于学者们提到的"无权处分"是怎么回事啊？在我说清楚这个概念之前，我想提一个问题，开发商欠银行的钱没有还之前，就不能订立合同卖房子吗？大家不必想一些学者高大上的玄虚理论，你们就是基于常识回答这个问题吧。当然是可以的！从开发商订立买卖合同这个角度看，欠银行的钱，卖了房子就能归还了，是不是？你不让卖房子，开发商拿什么钱还银行?

　　所以我们基于常识就知道,这些学者提到的无权处分,确实就是用错了地方。订立合同怎么就是"处分"?我们必须知道,"处分"这个概念到底是指订立买卖房屋的合同呢,还是指交付房屋给购买人呢?如果房屋盖好之前订立买卖房屋,到底有没有法律上的效果?这个合同的效果其实就是产生债权请求权和交付房屋发生所有权转移,这两件事情,其实就是发生债权效果和发生物权效果的区分,这个道理是不是很浅显呢?但是这里面一些很浅显的道理,让一些学者越讲越糊涂,这又是为什么呢?原因就是这些学者搞不清楚债权效果和物权效果的区分。当然,从上面这个案子看,很多法官也是搞不清楚。

三　不动产的合同不登记不生效

　　关于物权和债权的区分,还有一个案子我也是老忘不了。这个案子的来源是新华社的一名记者对我的采访。案子的情况是:北京某公司在1984年的时候,从私人手里买了一座四合院,20年后,2008年,出卖人提出了撤销出卖合同的要求,因为有涉外因素和其他原因,法院不知道该怎么办。这座四合院原来的房主是一对夫妻,1984年,他们要到美国定居,因此出卖了北京的房子给北京这家公司。双方达成协议,房价是一二百万元。为了出卖人在美国的生活方便,购买人想办法直接给了出卖人20多万美元。房屋在1984年就交付了,也办理了公证手续。但是到2008年的时候,出卖人也就是这对夫妇从美国回来了,他们向法院提出撤销原来买卖合同的请求。撤销的理由是,根据中国的法律和最高法院的司法解释,不动产的合同不登记不生效,当时订立的出卖四合院的合同,是没有办理登记手续的,因此是无效的。合同无效,就是自始无效。因此,这对夫妻提出来要求返还这个四合院。大家一想也就明白了,1984年我国还没有不动产的交易的市场,在当时人们的观念里城市里小四合院也值不了多少钱。现在那就不得了啦,一座四合院至少值几千万元。当然,这一点我们都明白,但是,因为有涉外因素,还有其他原因,法院就不知道怎么办了。这一对夫妻的这个请求显然是不诚信的，而且这个请求之中，还有很多地方依法不能支持的理由。但是就"不动产的合同不登记不生效"这个规则，当时《城市房地产管理法》里面也是这样写的，最高法院的司法解释也是这样写的。这个问题又该如何解释？至少从我看到的材料分析，对于不动产的合同不登记不生效，这个合同是无效的，法院没有提出任何的疑问。

可是大家想想这个合同应该无效吗？订立合同履行合同过了20年了，基于常识，怎么无效呢？这些理论上的缺陷，法律规定和司法解释的缺陷，确实造成了很严重而且普遍的裁判错误，违背了法律公正的本意。

四 区分原则的提出

我从学习民法一开始，就比较重视民法基本理论，后来又到德国做博士后，更进一步地掌握了民法上基本权利类型划分，包括其效力区分和法律根据区分的道理。而且我认为，这些基本法理确实是一种科学的原则，是不可以违背的。简单地说，民法上的裁判规则，基本原则就是区分，就是物权和债权的区分，一个是对物权，一个是对人权；一个是绝对权，一个是相对权；一个是支配权，一个是请求权，这是最基本的道理。但是在中国当时的民法学界，这些基本的道理，在我回国之初的时候似乎总也讲不通，跟谁说都不理解，不支持。当时不论是立法者、法官还是法学家，主导的观点就是没有标的物又没有处分权的，不能订立合同。

比如说，上面提到的"债随财产走""无权处分"的立法和司法解释，现实中发生了很多案子就是按照这些规则来分析和裁判的，一直到了最高法院，都这样干。最权威的法学家，支持法院的这些做法。我是在1995年回来的，到1996年、1997年那个时候，遇到这种不区分债权和物权的案子判决，可以说是非常多、非常普遍。那个时候法学界的主要理论支持，就是亲民化的思维，老百姓不理解物权和债权的区分。我刚刚回国的时候，《合同法》还没有制定完毕，当时我提出了对于该法第51条规定的"无权处分"的不同看法，一些教授认为我的观点是个别人的观点，没有采纳的价值。而且他们说，一没有标的物，二没有所有权，就想出卖标的物转移所有权，这不是骗人吗? 有一位学者曾经批评我的话，影响很大。他说，无权处分就是出卖他人之物，这有何公正可言! 这完全违背了中华民族诚实信用的传统! 他的一句话，让谁也完全无法分辨。所以《合同法》制定的时候，我表达的不同看法丝毫没有起作用。

　　到 1995 年起草《物权法》的时候，我已经回国，我的导师王家福老师和中国社会科学院法学所副所长王保树老师共同给我安排了一个任务，就是在中央批准制定《物权法》后，让我为中国社会科学院课题组写一份关于《物权法》大概结构和内容的报告。这份报告很快就写完提交了。随后，我国最高立法机关决定中国社会科学院课题组提出《物权法》的学者建议稿。受课题组负责人梁慧星教授的安排，我撰写《物权法学者建议稿》的总则部分。因为我从研究生时期开始，到在德国留学，都是学习《物权法》，所以我的知识体系和国内很多人不一样。关于如何撰写《物权法学者建议稿》总则，主持这个课题的梁慧星老师的安排，就是让我写几个条文就可以了，包括《物权法》立法根据、基本原则基本效力，大约七八个条文。但是我最后完成的总则部分却有七十多个条文，关键的就是我把物权变动从《合同法》部分拉出来，写在了《物权法》之中，因为我不接受合同订立了就会履行，履行了就有物权变动这个当时国内主导的学说。我的看法，就是合同应该履行不等于合同必然履行，合同成立生效不等于物权必然发生变动。这就是区分原则的基础。我写的《物权法学者建议稿》，最后几经删除，基本的结构和条文还是留下来了。其中，最主要的区分原则，也通过几个条文体现出来了。大家看到的主要是第 15 条，但是和这个条文相关的，还有第 9 条、第 23 条、第 24 条等。

　　我写《物权法学者建议稿》总则时，当然遇到很多争议，其中包括关于区分原则的争议。为了给自己的观点建立足够的理论支持，其间我撰写了好几篇论文，比如《物权法的基本范畴及主要制度反思》《论物权变动的原因与其结果的区分原则》《物权行为理论探源及其意义》等。事实上，在区分原则这个问题上，面临绝大多数学者不予认可的局面，有一度我也曾经动摇过。但是我觉得我提出的观点是科学的，即使我是个别人或者少数人，那又有什么要紧。尤其是发生很多的案子，按照当时国内多数学者的分析和裁判造成了很不公正的结果。我觉得作为一个社会科学工作者，如果不能坚持正确的观点，那就违背了自己的职业准则。因此，我在仔细论证之后，一直在努力坚持这个区分原则。

五　一手交钱一手交货

平常人们所做的最常见法律交易就是买东西，买卖这种交易是最普通、最典型的交易，法律上很多涉及交易的规则都是参照买卖建立起来的。在分析买卖这种交易时，我们都知道，这种交易的目标是取得标的物和标的物上面的所有权。就一般的民众而言，他们接触到的买卖是在农贸市场进行的，一手交钱一手交货。这种一手交钱一手交货的买卖，长期以来被认为是民众能够接受的交易模式，因此一些声称亲民或者具有民众化思维的法学家认为，法律上的交易模式应该按照这种方式建立起来，否则，那就是不亲民的、不民众化的。

在提出和论证区分原则的过程中，我的基本观点恰恰就是不能把这种交易方式当作典型的交易，更不能在这种交易的基础上建立民法分析和裁判的规则。因为在一手交钱一手交货的交易中，合同订立的时候也就是履行的时候，人们无法认识到合同产生债权的机会。一般情况下人们达成了协议就会履行，所以人们会有一个错觉，那就是合同订立和合同履行是一回事儿。而且这种交易还有一个最值得警惕的地方，那就是交易如果没有进行下去，那么达成的协议也没有拘束的效果。比如你在农贸市场上买一个东西，你不要这个东西了，对方也就算了，因为双方也没有什么损失。所以在这种交易模式下，合同本身没有意义，没有严肃性。所以我一直坚持不认可这种模式。

但是在1992年我国开始建立市场经济体制的时候，我国民法学界普遍认可的交易模式，就是这种一手交钱一手交货。大家看一下上面我列举的几个案例和做出这些案例裁判的法律依据就可以发现，一手交钱一手交货，合同生效和物权变动必须同时生效，或者必须同时不生效的规则，就是这样的思维方式的结果。比如说，前面举的"不动产的合同不登记不生效"这个立法例，这是我国 1995 年制定的《城市房地产管理法》一个条文的规定。[①] 在此之前最高法院的司法解释创造了这个裁判规则。问题是我们知道，房地产的买卖到了登记的时候就是履行完毕的时候，难道说一个合同到了履行完毕才生效吗？所以我以前在一篇论文中说，这个规则是很荒唐的，但是大家想一想是不是这个道理？

这种"亲民""民众化"的思维方式，不只是我们中国人有。在《德国民法典》编纂的时候，有一位自由派的法官叫基尔克，就对《德国民法典》中建立的区分原则提出了十分严厉的批评，甚至是咒骂。他说一个人到商店里面去买手套，一马克一双手套，一手交钱一手交货，这么简单的事情，为什么立法要把它区分为物权生效和债权生效？本来一个很简单的交易，结果搞了这么多的区分、搞了这么多的概念，造成一个复杂的概念系统来侵害现实生活的情形。基尔克说："这简直是理论对生活的强奸。"[②]

这种经常把普通民众的法律认知水平当作立法指针的观念，在我国这个讲政治的国度里其实是最强烈的。这些年我饱受的质疑，就是"听不懂"。大家经常可以看到一些人甚至是大学教授，批评我们提出的关于立法的学术观点和方案老百姓看不懂。在《物权法学者建议稿》撰写阶段的一次研讨会上，有一个国内有名的学者看到我写的区分原则，表示非常不理解。尤其是这个稿子把物权的设立、转让、变更和消灭作为公示方式的结果而不是合同订立的结果，这种做法民法学界当时多数人不认可，因为过去大家接受的观念，这些问题都是《合同法》问题。一位教授批评我的话，我记忆尤深。他说："为什么要把一个法律事实做出这样的解析？两毛钱一根黄瓜，一手交钱一手交货，还要什么区分！"大家知道，即使在《合同法》制定之前，我国民法学界一直坚持的主导学说，都认为动态财产关系应该属于合同法调整的范围，不认为这一部分内容应该纳入《物权法》里面。我提出的方案，是将这一部分内容纳入《物权法》，这和国内当时主导的民法观念是不一样的。

---

① 该法第 36 条第六项。该项在《物权法》颁布后不久被删除。

② 对此有兴趣者，请参阅孙宪忠《论物权法》，法律出版社 2008 年版，第 611 页以下。

虽然现在《物权法》已经采纳了区分原则，但是还有学者表示不认同。比如，某大学一位有名的教授批评道，买卖就是交易的规则，我们买一个杯子就是指一个现实的杯子，可是德国人就奇怪了，他们搞了一个现实的杯子，还有一个抽象的杯子。现实的杯子被打破了，可是抽象的杯子还在！你说，德国的理论多么荒谬？

这些民众化的批评经常能够煽动起来很多民粹的响应。但是这些批评从法律知识的角度其实是很容易反驳的。比如，如果说，交易就是两毛钱一根黄瓜，那么谁见过当事人在法院为一根黄瓜打官司？这种交易怎么就成了典型交易？法院里受理的合同诉讼绝不是这种，而是那种数额比较大而且订立以后过一段时间才履行的合同。另外我们再看看这个交易就是买卖杯子的批评，它实在也是一句话就可以批倒的观点。如果你认为真实的杯子打破了而抽象的杯子还在这个规则很荒谬，那么你怎么理解合同没有履行的情况下（杯子不在了或者没有杯子），要追究不履行合同一方的违约责任的原因呢？要知道，追究违约责任，那就是抽象的杯子在发挥着作用！

通过这些分析大家可以看出，那些把自己当作普通民众、总是想代表普通民众来表达对于法律专业的观点的法学家们，其观点常常是不靠谱的。是不是普通民众就把一手交钱一手交货当作典型交易呢？是不是普通民众认为一定要从这种交易中总结出市场经济体制的一般规则呢？我看未必。我希望那些已经读了大学、研究生、博士生，甚至也当了教授的人，不要随便自认为是普通百姓，更不要假借代表普通百姓批评甚至否定法律科学。

六　法国民法上的"同一主义原则"

区分原则是建立在充分的法律科学理论基础之上的。在我提出区分原则并将它应用在我国民法立法的过程中，我发现，关于这项原则的讨论，最有价值的争议，并不是那种民众化的观点，而是基于法国民法的"同一主义原则"。因为《法国民法典》在国际上具有旗帜的作用，它是那个时代毫无争议的最伟大的民法典，它并没有采取区分原则，因此，我国法学界有国际学习经验或者国际资料的学者，经常使用它来批评区分原则。所以，和大家讨论一下法国民法中的"同一主义原则"是很有意义的。

作为一部民法典，《法国民法典》也要建立法律交易的基本规则，以此来满足现实法律案件的分析和裁判的需要。因此，它要解决的第一个大问题，就是交易中的物权确认问题。所谓交易中的物权确认问题是这样提出来的：在现实的交易中，比如说我们买卖一间房屋（可以理解为买卖任何东西），我们首先会订一个合同，但是大家知道订合同不是交易的目的，交易的目的实际上是取得这个标的物的所有权。这样的话，你先订立合同再取得所有权，交易的顺序一般是这样的。这样就发生一个问题，就是订立合同的法律事实跟所有权取得的法律事实之间的关系是什么样的？我们在立法上、在司法上根据什么标准来分析和裁判确定购买人实际取得了标的物的所有权？以此类推，其他的交易涉及物权，都存在这个问题。这就是交易中的物权确认问题。

法国解决这个问题的立法模式，在欧洲大陆法系民法学界叫同一主义原则，以示其和德国的区分原则的不同。同一主义原则的意思在《法国民法典》第1583条里规定得十分清楚。该条文说，买卖合同生效而直接发生所有权取得；合同的生效和物权生效是同一事实，法律上的权利变动不做债权和物权的区分。一个法律事实发生了一个法律结果，所以这叫同一主义原则。从《法国民法典》的全文看，该法中没有所谓物权和债权的区分，尤其是该法没有采用当时已经成熟的债权理论。因为合同成立时就生效了，同时购买人就取得所有权了，立法上没有债权发生作用的空间。

但是，司法实践上的问题来了：订立合同的时候，购买人能够确定的取得所有权吗？标的物有没有呢？标的物有的灭失了怎么办呢？比如卖房子的人把房子盖好了，可是还没有交付就着火了，法律规定这个时候购买人已经取得了标的物的所有权，那么他真的取得了吗？

法国民法在立法上没有回答这些问题。这个国家的法学家提出了一个理论来圆满他们的立法。这个理论叫作"广义财产权理论"。这个理论解释说，《法国民法典》第1583条所说的所有权，从其本意来看，可以定义为广义财产权。买卖合同生效后，购买人就取得广义财产权。

广义财产权可以直接指向所有权，也可以在以后随着时间的推移，转化为所有权。[1] 但是，我看了一些关于法国民法学术的观点，始终也没有搞清楚广义财产权是怎么样转化为所有权的。因为，在我的观念里，订立合同产生广义财产权是可以理解的，我们可以把债权理解为财产权。但是，订立合同后没有履行合同的情况是很多的，广义财产权转化为真正的财产所有权并不是绝对的。在这个关键的理论要点上，我看了很多法国人写的书，也没有明白这个转化是怎么回事。

为了搞清楚法国民法确立"同一主义原则"的理由，我还是费了一些力气。我们大家可以看到，《法国民法典》之中，没有债权这个概念。可是在我看来，交易中订立合同产生债权，恰恰是民法科学主义立法的关键。法国人用广义财产权的概念，把物权和债权之间的界限给模糊化了，把这两个概念尤其是债权的概念给消灭了。如果一个交易之中不产生债权，那么符合这个概念的交易是什么状况？大家一想就知道，只能是一手交钱一手交货那种情形。

但是在我的学习和研究过程中，发现问题还并不是这样简单的。法国民法采纳同一主义原则，其原因还和我国一些民法法学家不一样，他们并没有想把交易的法律规制问题高度简单化，恰恰相反，法国民法建立的这一套模式理论上非常高大上，在全世界具有旗帜的作用。在我开始做学术探讨时，我也误解了法国民法的立法者，我也以为他们的立法缺陷太明显，立法规则太简单了。但是在我认真学习和研究了一段时间以后，我才发现法国民法这样做，有其重大的理由，就是法国人在《法国民法典》制定过程中所追求的高度的革命理想。因为这个时期的法国，打破了封建君主统治，进入高度崇尚自由的政治境界，国家和法律运作的基本理念，就是民主，就是民众自己的意思自治原则。意思自治原则具有至高无上的价值，民主演化到民法上，就是不论什么领域都要由民事主体自己说了算，也就是所有的都是自治。在资产阶级革命之前，民众的事情谁说了算？是神和君主，普通民众不能意识自治。现在

---

① 对此有兴趣的，请参阅尹田《法国物权法》，法律出版社 1998 年版，第一章第一节关于"广义财产权"的讨论。该书引用了法国民法学家、法哲学家多人关于这个问题的讨论。但是，实事求是地说，就笔者提出的问题，我们并无法从这些讨论中得到确切的回答。

革命了，就要意思自治。这种强调高度自治的思想，具有反对封建，反对神权统治的高尚目的。

这种革命的理想运用到民法中，就产生了这样一个逻辑结果：契约应该履行，就等于契约已经履行。《法国民法典》的立法者认为，依据民事主体的意思自治所产生的契约本身就具有立法的意义。因为，立法也是意思自治原则的应用，民事主体订立合同，就是自己给自己立法。订立买卖合同，就是给你自己订立一个买卖法律。①《法国民法典》第1134 条文就是这样规定的，合同成立以后就具有法律的效力。现在大家看这个条文觉得稀松平常，那是因为我们中国民法学界缺少对这个法条的历史背景的了解。这个条文在法律史上，尤其是在民法史上，意义极为重大。在此前的人类历史上，只有神和君主才是立法者，所有能够产生法律效果的渊源都要解释为神或者是君主的意志，民事主体都是神和君主的奴仆。但是《法国民法典》的这个规定指出，合同是当事人自己给自己立法，合同能够生效，其法律效果来源于当事人自己的意思自治。这就是民主和自由，从此以后，民事主体成了真正的主体，这种立法思想在此前的人类历史上是没有过的，其意义是非常重大的。

我研究这一段历史还发现，法国民法上的同一主义原则的产生，还借鉴了寺院法上最为著名的"契约应该履行"这项非常重要的原则。契约应该履行原则，其含义也是十分丰富的，今天我没有时间详细谈。根据契约应该履行的精神，再加上契约就是立法的思想，那么法国民法的立法者得出了自己的结论，那就是采纳同一主义原则，以合同的成立作为所有权取得的标志。在司法实践中，这就得出了把合同成立生效作为买受人享有所有权的裁判逻辑。

现在我们讲起来，《法国民法典》中的革命精神还是很感人的，它有很多革命的思想，而且它把这些思想演化成了民法的原则和制度。所以，我们理解《法国民法典》的同一主义原则，就必须从法国当时大革命的时代背景来看。但是，在日本民法学进入中国后，这个问题的研究就变味了。因为从历史看，法国民法的立法者在交易中的物权确认这

---

① 对此有兴趣的，可以参与［德］K. 茨威格特、H. 克茨《比较法总论》关于《法国民法典》的讨论。该书的汉译版本由潘汉典等完成，并在 1995 年由贵州人民出版社出版。

个问题上，强调合同是革命的意思，革命的精神，他们并没有区分，说合同是债权意思还是物权意思，《法国民法典》里面并没有债权、物权、法律行为这些概念。所以法国民法中的意思表示，只是统一的意思表示而已。这个统一的意思表示，德国法里面叫泛意思表示。但是，日本民法学传入中国后，法国法上的泛意思理论就变成了债权意思。而债权意思这个理论，必须建立在物权和债权严格区分的基础上，必须建立在法律行为理论的基础上。可是这些东西在《法国民法典》之中是没有的。现在我国一些民法学家经常讲的什么"债权意思主义"，以及后来演化出来的"债权形式主义""折中主义"等，都是来源于日本民法学，是一种很不严谨，而且给我国带来了很多弊端的学术观点。我国部分民法学家对此一段历史并不了解，因此坚持折中主义，这从一开始就错了。

七 《德国民法典》怎样看"契约应该履行"

跟法国民法的立法者一样，《德国民法典》的立法者也是接受"契约应该履行"这个原则的。但是，《德国民法典》的立法者所接受的契约应该履行原则，却看到了问题的另一面。法国民法的立法者以民法革命的思想，得出了契约应该履行等于契约绝对履行的结论，而德国民法的立法者的结论是，根据事实契约应该履行不等于契约绝对履行。现实中，正常成立生效的契约，没有履行的也很多。这样就产生了一个重大的法律问题，那些没有履行的契约怎么办呢？如果按照一手交钱一手交货的交易规则，这些契约是没有意义的，是可以无效的。但是在现实中这些契约是不是应该无效呢？当然不可以。

如果说这些没有履行的契约也是有效的，生效又指的是什么呢？提出这个问题而且非常完满地解答了这个问题的，是17、18世纪的后注释法学派到理性法学派。这个学派以德意志的法学家为核心，他们的研究力量十分强大，后来萨维尼创立的历史法学派所继承的法学知识，多来源于这个历史时期的重大创造。这个学派历经几代人的努力，他们在人文主义思想的指导下，首先得出的结论是，合同应该根据当事人的意思表示真实一致而生效。因此，那些没有履行的合同也是应该生效的。但是，因为合同还没有履行，合同拟定的物权变动（如所有权转移）还没有发生，因此这个合同效力当然不是物权的效力。这些法学家借鉴了罗马法中"法锁"的概念，把这种效力称为债，把当事人因此产生的权利叫作债权。

应该再解释一下的是，古罗马法其实也有债的概念，但是那个时候债的概念含义和我国古时候大家的理解差不多，基本上就是欠债还钱的意思。而德意志法学派所创立的债的理论所说的债，指的是全部的各种各样合法有效的合同都具有的法律拘束力。[①] 或者更具体地说，不论是什么合同，包括借贷合同在内，成立生效之后到未履行之前都具有法律拘束力，这种拘束力成为债。这个概念是德意志法学从罗马法的潘德克顿法学中发展出来的。德文中 Schuldrecht 这个词，是近代日本民法革新时期，由日本法学家翻译成为债权这个词汇的，它和我们日常生活中欠债还钱的债权的意思并不一致。

在理解了债、债权这个科学的定义之后，我们会有一种豁然开朗的感觉。这种感觉，就是从一种革命的理想回到实际的感觉，而且因为同一主义原则、债权意思主义、折中主义等理论上的缺陷都得到圆满解决的感觉。正是一切科学的道理都是简单的、质朴的，债权作为合同有效成立发生拘束力的理论，它一下子非常清晰明确地指出了合同成立生效的本质和合同履行的本质差异。这就是区分原则的根源。所以，我的研究证明，我国法学界长期以来没有解决好的问题恰恰就是对债的理论的把握不准。

在我看来，对债的理论的把握，有两个基本的要点，一是因为债的法律关系，当事人所享有的权利本质和物权显著不同；二是债的法律关系有效的法律根据和物权法律关系显著不同。我国民法学界过去恰恰在这两点上出了问题。从本文上面所举的例子看，从这些案例中所应用的立法看，这个问题我们一下子就看清楚了。比如，债随财产走，这个规则的错误就是不理解债权和物权的权利本质的区分。又如，不动产的合

---

① 关于现代民法中确切的债权含义及其制度产生于德意志法学，而不是产生于罗马法的资料，见 Hans Hattenhauer, Grundbegriffe des Buergerlichen Rechts, Verlag C. H. Beck, 1984, Seite 75 usw.

同不登记不生效、动产的合同不交付标的物不生效，这个规则的错误就是不理解债权法律关系的法律根据和物权本质有异。而《合同法》第51条等规则，错误包括了以上两个方面的要点。

可以说，这就是区分原则的基本要义。

在理解了区分原则之后，我们会发现，在交易中的物权确认这个民法的核心制度建设上，德国民法和法国民法就出现重大差别了。在德国民法的立法者看来，合同的成立生效和物权的取得在法律上必须作为两个法律事实，甚至是三个或者更多的法律事实来看待，而不是向法国民法那样是作为一个法律事实来看待。把法国民法那种一个法律事实区分为多个法律事实，这种区分有没有必要呢？在《物权法》制定期间，立法机关某领导和一些学者看到我写的总则方案，他们在讨论中说你把《物权法》搞得很复杂，只有你一个人清楚，我们都理解不了。是这样吗？我的回答是：

第一，我们应该把远程合同和远期合同作为典型的交易类型，从这里看合同生效和物权变动生效的常规，以此来建立我们的法律规制。我不同意把一手交钱一手交货的合同当作典型交易，因为这种合同是没有信用的合同，也就是债权约束力无法清楚彰显的合同。因为合同成立马上就履行了，就没有信用关系的发生。但是，远程合同和远期就不一样了，这种合同生效的时候无法履行，而且最重要的是，即使到了履行期，也还是不能绝对履行。所以我们首先要知道，合同的生效，不能把是否必然履行当作其生效的条件。这是我们理解的核心。像我们国家的立法和司法解释说不动产合同不登记就不生效，大家想想应该生效还是不生效？当然应该是生效的。

第二，在远程合同和远期合同生效期间，经常还会出现第三人，第三人的利益我们必须保护。在一手交钱和一手交货的交易模式下，就不会出现第三人，但是远程合同和远期合同肯定会有第三人。比如，你在房地产开发商那里买房子的时候，你就要知道，这个开发商不仅和你订立了合同，也会和很多人订立同样的合同。另外，他还要向银行借贷，还要购买机器，还要使用水电气，还要雇用工人。所以这个开发商要同时和很多债权人订立合同。在法律上，一个债务人和多个债权人订立合同都是有效的。这是我们要考虑的另一个重点。

在第三人很多的情况下,我们就要考虑第三人的利益保护问题。当然,这个时候最为重要的,是拿债权人的权利和其他当事人的权利来相比,这样来确定谁的权利更值得保护。这就是权利的法律效果问题和法律根据问题。比如,如果债权人中有一个当事人同时享有一个抵押权的担保,那么这时候这个债权人就要依据抵押权而优先于其他债权来实现了。当然,在法律上,除了物权还有其他优先权。在多重的法律关系之中我们必须考虑权利的性质,还要考虑权利的法律根据。

以上这些基础性的问题,在一手交钱一手交货的模式中是无法想象的。所以我认为,应该改变的不是我,而是我国自称多数人的民法学界和一些立法的官员。所以我在坚持,科学是不能低头的。

八　债权相对性和物权绝对性

在我们知道了物权和债权的法律效力和法律根据应做出区分之后,我们还可以在理论上进一步深化。深化的要点是,在现实生活中尤其是在市场经济体制下,订立合同也罢履行合同也罢,其实都是当事人的意思自治;而恰恰是因为意思自治,使得物权和债权才出现了本质的差别。从意思自治的原则来看债权和物权的区分,这也是我国民法学界一度的主流认识不到的,甚至是可以忽略了的民法基础知识问题。

首先是债权。在我国民法学的教科书里,各位都看到了关于债权相对性原理的表述。债权相对性可以说是民法基础的理论要点。民法学家一致认为,债权相对性原则,指债权仅仅是在特定的当事人之间发生法律效果,对第三人没有效果。比如,订立一个合同,那就只是在当事人之间发生法律的约束力,对第三人不能发生法律拘束力。我要说的是,这样的表述是十分正确的。但是我更要说的是,这个正确的表述,在我国的立法上、在司法解释上、在各位民法学者的著述里,都得到贯彻了吗?我在这里要明确地说,如果大家都能认识到债权相对性的原理,都能坚持它、贯彻它,那么我们的立法、司法、法学成果就不会是现在的样子。多少年来,我国的民法立法和法学,一直坚持着直接依据合同来确定物权效果的规则,上文所举的"债随财产走"的例子就是典型。

坚持债权相对性原理，那么，依据合同所生的债权就只能是请求权，而绝对不能是支配权和处分权。请求权的意义何在？比如我和张三订了一个合同，我要买他的房子，现在到了合同期限，我要求他给我交付房屋，这就是请求权。但是，请求权不能直接转化为支配权。因为即使到了合同履行期限，在我向他提出交付的时候，他是不是必然给我交付？不是。因为什么呢？因为房子有可能没盖好，也有可能盖好了他又卖给了别人，也可能设置了抵押交付不了，也有可能像媒体报道的房子一样，盖好的房子着了大火了无法交付。这就说明债权在履行的时候有可能能履行，有可能不能履行，这就是债权的相对性道理。债权以其本质不能发生绝对性的后果。

从意思自治的角度看，债权不能发生绝对性后果的原因还在于债权人只能向债务人提出请求，但是债务人是不是响应这个请求或者履行这个请求，还需要自己的一个意思表示——债务人的意思自治。债务人基于意思自治，可能会履行对方的请求，同样也可能不会履行。债务人履行了，他就没有违约责任。如果没有履行，就有可能要承担违约责任。但是，有时候债务人更愿意承担违约责任而不愿意履行，这种情况在美国称为"效率违约"，法律也承认和保护这种不履行和承担违约责任的情况。因为在一些情况下，继续履行合同极可能对债务人造成本质的损害；而债权人的利益通过违约责任也能够得到弥补。

我们还要指出的是，合同成立生效而不能履行的原因很多，也不是任何情况下都要追究债务人的违约责任。问题是，债权人有时也不主张债务人履行。无论如何，我们可以得出一个清晰的结论：债务应该履行不等于债务绝对会履行；而且债务履行必须是债务人自己意思自治的结果，债务人的行为在法律上受到债权人权利的约束，但是，归根结底是受自己的意思自治的支配。债务人的行为并不是债权人权利的支配对象。这个要点是我们理解债权相对性、理解债权请求权的本质要点。

请大家注意，我这里表述的和我国民法学界一度的主流观点表述的差别，这个差别应该明确指出。这就是：债务人履约与否，是债务人自己意思自治的结果，而不是债权人请求权的直接结果，此其一也。其二，债务人的行为并不受债权人请求权的支配，在民法上不可以说债务人的行为是一种法律关系的客体。任何人的行为都不能是他人权利的客体，这是现代民法所贯彻的权利自由、意思自治思想的体现。所以说，这既是一个民法技术规则问题，更是一个民法的思想问题。我国民法学界的主流观点所坚持的通说是，债权人的请求权直接支配债务人的行为，债务人的行为是债权人权利的客体。这个观点有违债务人权利自由的法思想，有违债务人独立的主体资格，同时，这种观点也导致我国立法长期以来分不清债权和物权，甚至一再导致以债权直接支配标的物的制度出现。所以，这种一度主导的民法学观点是有严重缺陷的，这也是我国民法不能彻底贯彻债权相对性原理的原因。

在我们认清楚债权相对性原理之后，我们也会清晰地看到物权绝对性原理的真谛。同样是基于意思自治原则，物权人自己行使自己的权利时，他的权利目的可以直接实现。比如，一套房的所有权人，他无论想在什么时候进自己的房子都是可以的，关键是法律承认和保护他这样做。别人妨害他这样的时候，就形成了侵权。所有权人的意思可以发生绝对的结果，所以我们把这种权利称为绝对权。

同样，抵押权是物权，也是绝对权。抵押权的法律本质，就是抵押权人的意思，可以排斥其他债权人的意思而优先受偿。抵押权都是设定在一个债务人对多个债权人负债的情况下，上面提到，一个债务人对多个债权人负债这是正常的。但是，如果债务人以自己的财产给多个债权人中一个设立了抵押权，那么抵押权所担保的债权就有了优先性，原因就是抵押权人的实现抵押的效果意思可以绝对发生，可以排斥其他债权人而保证抵押权人债权优先实现。

在民法上，人们也常常把物权意思能够绝对实现的特征，定义为物权意思的绝对性，这是物权的一个基本道理。实际上，具有绝对性特征的民事权利是一大类型，像人身权、物权、知识产权等都是。民法上把它们称为绝对权、支配权。这些权利和相对权、请求权形成了鲜明区分。我们经常举例的物权和债权的区分，不过是其中的典型而已。

绝对权或者支配权本质是处分权。在德语法学中，如果要说某人对某事具有处分权，那么这项权利就是绝对权。支配这个德文词，本身就是"供处分"的意思。如果一个德国人和你说，我的这件东西供你支配，那么这句话同样可以翻译为这件东西供你处分。

理解债权相对性原理和物权绝对性原理之后，我们一下子也就理解了常见的一些民法概念的确切含义，比如债权平等性和物权排他性之间的区分、对人权和对世权之间的区分、违约责任和侵权责任之间的区分等。这些概念不仅在法学上要经常使用，而且在司法上比如案件分析和裁判时也经常使用。

上面这些分析，已经接触到区分原则建立的民事权利体系的基础，也触及了权利哲学的自由意志基础。希望大家能够从这些角度来认识区分原则。我也希望大家不要从非科学的观点来看这项原则。比如，有学者在著述中说到，物权和债权的区分是一个法学家的想象，你也可以这样想象，也可以不这样想象。这种说法很不好。因为法学是社会科学，科学的东西不是可以随意想象的，更不是基于个人的想象来建立的。南方某个大学的教授说，区分原则是某人有意创造一个概念系统，想给自己和律师或者法官找一个牢固的饭碗。这种说法是酸溜溜的"民粹"。同样，我也希望大家不要小看法国民法的法思想。我在学习中发现，法国民法的立法者事实上也看到了本国法典的缺陷，但是他们没有修改《民法典》，而是重新制定了《不动产登记法》，修改了《公证法》等，通过这些措施，也弥补了《民法典》的不足。

九　负担行为和处分行为的区分

上文的分析侧重于民事权利静止状态的区分，但是民事权利是经常处于变动之中的，没有权利的时候会产生权利，现有的权利会转移给他人，既有的权利也会消灭。民事权利的变动是十分正常的事情，这就是我们人类生活在法律社会的必需和必然。民法作为社会的基本法，它的重大意义就是建立法律制度来规范权利的变动。

民法规范民事权利变动的主要制度，主要是基于上文所说的权利区分，确定符合这些权利要求的法律根据。法律根据也被称为法律事实，也就是能够导致民事权利发生变动的客观事实。这些事实有四大类：国家立法（针对群体人抽象国家行为）、行政行为和司法行为（以国家名义所为的具体行为）、民事行为（特定民事主体的具体行为）、自然事件（与任何人或者人的团体无关的自然事实，比如火山爆发、洪水等行为可以消灭民事权利，再如水流淤积土地、小鸟播种等可以产生民事权利的自然事实）。不论是民法立法、司法还是法律学习，都要知道这些，知道哪些民事权利变动需要什么样的法律根据，也要知道什么样的法律根据可以导致什么样的民事权利变动。但是，这四大类民事权利发生变动的根据，以及它们对于民事权利取得的影响，我们现在没有时间来细说，今天我主要谈一下，在民事行为这种法律事实之中，依据法律行为导致民事权利变动的基本规则的问题，大家可以看到区分原则作为分析和裁判规则的另一个方面的作用：负担行为和处分行为的区分。

法律行为，就是民事主体根据自己内心的意愿来设立、变更、转让和消灭民事权利的行为。法律行为理论强调民事主体的真实意思表示，以民事主体自己的意思表示来决定涉及他们自己利益的权利义务关系是否能够生效、是否应该消灭。所以它是落实近代人文主义革命思想、自然权利思想、自由权利思想的法律制度。依据法律行为来发生权利的变动，大家知道，这是民法最为重要的法律制度。我在此之前有一篇关于法律行为的产生以及发展的德文译文，有兴趣的可以看看，这篇译文讲出了法律行为理论产生的重大人文主义价值，也讲出了法律行为在民法上作为行为规范、裁判规范的重大价值。① 在涉及交易中的权利变动这个问题上，法律行为制度发挥着核心的作用，因为不论是在市场经济活动中，还是在一般的民事活动中，人们每天都在依据法律行为来推动着民事权利的变动。但是，在涉及民事交易时，法律行为制度也存在重大的制度建设问题，这就是负担行为和处分行为的区分问题。对于这个核心的民事制度，我国法学界的主流曾一度不予承认，因此在这里我要介绍一下这个制度。

关于这个问题，王泽鉴老师有过非常精彩的分析，② 我在这里依据他的分析思路，结合我们大陆的民法立法和学术观念，讨论一下相关法理。在分析这个问题时，王泽鉴老师从合同成立与合同履行两个不同的

① 参见［德］汉斯·哈腾豪尔《法律行为的概念——产生以及发展》，孙宪忠译，中国法学网"孙宪忠文集"。

② 对此请参阅王泽鉴《出卖他人之物与无权处分》《再论出卖他人之物与无权处分》《三论出卖他人之物与无权处分》等文章，载《民法学说与判例研究》第2册，中国政法大学出版社1998年版。

角度提出了同样的三个问题。

第一，订立买卖合同的时候，需要标的物的存在作为必要条件吗？

我们要买一套房，首先要和开发商或者其他人订一个合同。那么，是不是没有标的物的时候就不能订立合同？是不是只有等标的物生产出来以后才订立合同？很显然是不必要的。我们大家知道在现实生活中，尤其是工厂的订货都是订立合同以后组织生产，房地产开发依法立项之后开发商就可以取得销售许可证，就可以订立出卖合同。所以合同是先有效的，没有标的物订立的合同也是有效的。

第二，订立合同的时候，出卖人是不是一定要享有处分权（包括所有权）？没有处分权能不能订立买卖合同？

这个问题是和第一个问题联系在一起的。我们联系第一个问题就知道，连标的物不存在的时候都能订立合同，合同也能生效，那么为什么一定要出卖人在订立合同时享有标的物的所有权呢？大家一想就知道，这个问题是针对我国《合同法》第51条和第132条提出来的。上文已经说到，我国《合同法》第51条规定，这种没有处分权的合同就是"无权处分"，这种合同是不能生效的。第132条规定的也是这样。上文我已经分析了这些法律条文产生的原因，而且各位一定还记得某位法学家批评我说的，"出卖他人之物有何公正可言？"这个大气凛然的道理。但是，经过我在上文"债权相对性原理"部分的分析，大家可以知道，订立合同仅仅发生债权效果，这不是什么处分，所以这就扯不上什么"无权处分"了。

但是，针对"出卖他人之物有何公正可言"这句话，我想再简单分析一下。因为这句话在中国民法立法过程中，尤其是在《合同法》立法过程中影响特别大，很多人至今认为这句话落地有声、大义凛然、无法反驳，因此立法者和法学界至今无人提出任何质疑。但是这个观念真的正确吗？不！

我提一个问题：我们抛开那些标的物没有产生、所有权也没有产生的买卖合同（如在工厂订货的合同当然可以成立生效）不谈，我们来分析一下，如果一个标的物已经产生、所有权当然也随之产生，而一个非所有权人来出卖这个标的物、转让这个所有权的合同吧。大家想一想，是不是这种合同不道德、不应该成立生效呢？我们还是联系一下上文关于债权相对性原理的分析，如果一个买卖合同，只是在出卖人和买受人发生了债权请求权的效果，而对这个标的物的所有权人没有任何效果，大家又作何想法？关键的问题是，你们能不能理解合同债权。如果你们能够理解债权请求权、对人权、相对权的本质，那么你们就能够明白这种合同和道德没有任何关系。在这里，合同在相对人之间发生拘束力，而所有权人是第三人，不是当事人。用民法上的法律关系的逻辑一分析，我们就知道上面提到的这个大义凛然，其实是望文生义。

有些人可能会问，这样分析有什么意义？如果购买人直接和所有权人发生法律关系那不是更好吗？为什么要从他人那里来购买呢？我简单地回答，这就是经济生活的需要啊。大家有没有从事过经贸活动的呢？在经贸活动中，尤其是在外贸活动中，你会发现一种常见的情形是，你已经找到了市场，可是还没有确定好货源，这时候你会非常正常地先以出卖人的身份和购买人订立买卖合同（出卖合同），然后再以购买人的名义去和生产商订立一个购买合同。这种情况是很常见的，因为有一些商家，在国内国际有很多业务往来（商业关系也是商家独特的知识产权），一个商家常常是先找到购买人，这样的情况下，不论是依据商业习惯还是依据合同的本质，这个商家都可以跟购买人先订立合同。前些年我国实行外贸代理制，只有一部分公有制公司享有外贸权利，它们想和国内的购买人订立合同，然后到国际上找货源，再和制造商订立合同的情况，不但是可以的，而且是它们的正常业务。现在利用国际关系，开展外贸代理，也是合法正常的。这些先和"下家"订立的买卖合同，都是没有所有权的合同，都是合法的正常的，当然应该成立生效。如果按照《合同法》第51条，这样的合同不能够生效，或者按照这个条文的规定是必须找到所有权人追认，这个合同才有效；如果按照这个规定，那么要是找不到这个所有权人，或者出卖人一方不愿意找所有权人，这个合同就是无效的。大家想一想，哪个规则才是真正的不诚信？

所以，没有所有权的时候，就订立出卖合同，这种制度满足了一些情况下市场交易的需要，我们没有理由一概认为这种合同不道德、不生效。现代市场经济，一个商家不可能先把标的物从国外进口，先放在自己的仓库，使自己成为一个光荣的所有权人，然后再把货卖给中国的商场。这个道理各位能想得通吗？你们这样想通了，也就知道没有所有权的合同是可以成立生效的。然后也就明白了，一些所谓掷地有声、大义凛然、不可辩驳的道理，其实反而不是道理。

第三，订立合同的时候，要不要进行不动产登记或者动产的交付？

王泽鉴老师为什么要提出这个问题？须知全世界的法律，只有我们中国大陆的法律和司法解释规定，不动产的合同不登记不生效，动产合同不交付不生效。所以王老师的这个提问，大家一看就知道其所指。订立合同只是产生债权，只在当事人之间产生法律约束力，当然是不必要登记和交付的。在预售和远期合同的情况下，登记和交付也完全无法做到。上文一开始我就举到了相关的案例，也指出了相关的立法缺陷。大家现在已经知道了，不动产登记发生在所有权过户的环节，动产交付本身就是转移所有权或者其他物权。在我撰写的《物权法学者建议稿》中，不动产登记和动产交付，都是物权变动中的公示方式，这些大家现在都知道了。上文分析到，如果一个不动产的合同到了登记的环节，那就是履行完毕的环节；我国大陆的立法居然规定合同履行完了才生效，这种荒腔走板实在不忍评述。遗憾的是，支持这种观点的学者很多。

有人问，这种不动产合同不登记不生效的规则，在实践中有什么不好的效果吗？我可以举一个我亲历的调查来说明一下。《物权法》制定的时候，国家建设部 2003 年在武汉调查不动产登记的现状时遇到的一个案子。这个城市在 20 世纪 90 年代城市房地产大开发的初期有一个楼盘设计开发的项目中有 139 套房屋，因为那个时候房子出售困难，订立合同后也有很多购买人不来收房的，因此开发商就多订了 36 套房子的销售合同，那个时候我国还没有建立商品房销售备案制度。但是，没有想到这个项目房子很好卖，房子一下子交付完了，最后就有 36 位购买人无法获得房屋。后来这 36 个人到武汉法院打官司，一直打到湖北省高院，但是法院判定是，不动产合同不登记不生效，你们这些人的合同还没有登记，那就是无效的。因为合同无效，开发商不承担任何法律责任。大家看看，这个案子就清楚地说明，一个错误的立法规则所造成的问题，不诚信的开发商受到了保护，而诚信的老百姓被法律给涮了。

从王老师所提的这三个问题中，我们得到了一个法理上的确认：订立合同发生债权效果，不要标的物、不要处分权包括所有权，不要公示也就是不要不动产登记和动产交付。

我们知道，订立合同是法律行为，通过订立合同只是在当事人之间产生了拘束力。这种拘束力，就是法律给当事人设立的负担，所以，从法律行为的角度看，这种法律行为就被称为负担行为。负担行为也被称为义务行为，因为它给当事人设定了履行合同的义务。

负担行为并不仅仅是双方行为，也有单方行为比如悬赏，也有多方行为比如社团发起行为。

王泽鉴老师接着又从买卖中所有权转移的角度，也就是合同履行的角度同样提出了三个问题。

第一，履行合同转移所有权的时候，是不是应该有标的物的存在？

当然需要了。这个时候，买受人购买的就是标的物，要实现对标的物的占有使用，没有标的物怎么行！

第二，履行合同转移所有权的时候，出卖人是不是应该对于标的物享有处分权？

当然需要了。不仅是我们学法律的人，而且所有的人都知道，买房子并不只是取得对于标的物的实际占有，归根结底是取得所有权。一般社会民众也知道，买两居室、三居室、四居室或者别墅，关键就是所有权取得。如果你不考虑所有权这个核心关键，只是考虑到现实的占有，那么，你的交易目标就没有实现。从未来的经济生活看，占有保护是远远不足够的，是有缺陷的。真正的长期、稳定的居住是要取得所有权才行。在出卖人向买受人转移所有权的时候，出卖人自己就应该在这个时候享有确定无疑的所有权或者处分权。

第三，出卖人怎样向买受人转移所有权？

那就是不动产登记或者动产交付。因为所有权是抽象的，完全是人们从上层建筑的角度拟制出来的或者是创造出来的，现实生活中我们看不到它，但是，恰恰这个所有权是法律交易的核心，那么这个核心性所有权怎么样转移到买受人手中？这是个十分复杂的问题，实际上我们中国老祖宗几千年以前就很清楚地解决了。我们老祖宗发明了地契和房契的制度，在汉书里面就有地契和房契。这些契据是典型的所有权证书，它们不是现在一些学者所说的契约。房契、地契是所有权的证书，是国家通过一个机构颁发给所有权人的产权证明。在现实生活中，如果当事人要履行买卖合同，那么出卖人把房契、地契交给买受人就可以了。把政府颁发的所有权证书交给对方，就是把所有权交给对方了。所以，虽然所有权很抽象，但是我们中国人用一个很简便的方法，通过所有权契据的交付这个公示化方式，实现了所有权的客观转移。这种制度，说明我们中国人极其高度的抽象能力和解决抽象的能力。这种情况，是现在一些学者坚持的"两毛钱买一根黄瓜"的规则完全无法理解的。

这样，我们就能够清楚地看到，当事人以自己的意思表示来推动所有权转移的法律行为，它们的生效条件也是三个：一是要物，二是要有处分权，三是要公示。这三个关于物权变动的法律条件和债权生效的三个条件是完全不同的。

在上面关于债权相对性原理和物权绝对权原理的分析部分，我们已经知道，这种物权变动是当事人意思自治的结果，当然也是典型的法律行为。这种法律行为的特征是，当事人意思表示的核心是直接推动物权的设立、转让或者消灭，也就是物权的处分。所以在法学上，这种法律行为被称为处分行为。

实际上处分行为也是个大概念。如果处分行为直接指向物权的变动，那么这就是物权行为，这是最常见、最典型的处分行为，所以民法上经常用物权行为来替代处分行为。此外，其他绝对权、支配权（如知识产权、股权、对债权的支配权等）如果发生权利转移，那么这也是处分行为，这些处分行为在法学上称为准物权行为。物权行为可以是双方行为，比如当事人双方关于不动产登记、关于动产交付的协议等，也可以是单方行为比如抛弃物权、赦免债务等。

经过王泽鉴老师这样仔细的梳理，我们就可以清楚地看到，债权和物权，不仅法律效果显著不同，而且发生变动的法律根据也是完全不同的。这种区分的意义在于法律案件的裁判。上文一再提到，法律上的交易都要通过订立合同和履行合同来实现，学习和掌握了区分原则之后，我们就知道了，当事人之间什么时候发生债权的约束力，什么时候发生物权变动。同时我们也就知道了，我们民法从20世纪90年代以来出现了很多错误的规则，造成了法院的错误裁判。

在这里提到了不动产登记作为一种物权公示方式所发挥的作用。对此我还需要再探讨一下不动产登记制度的民法意义。因为在我国此前的法学界，一般认为不动产登记是行政管理的方式，和民法无关。在撰写物权法学者建议稿总则的时候，一些民法学家也认为，民法不应该写入行政管理意义的不动产登记制度。这一认识是不准确的。因为上文讲到，民法上的权利变动归根结底是当事人的效果意思的结果，不动产登记就是当事人推动不动产物权变动的效果意思的外在体现，它和行政管理可以说没有任何关系。目前，这个问题还没有解决，因为行政法学界和法学界多数人认识不到法律行为的本质，也不理解当事人的物权效果意思的含义和裁判价值。过去很多人不要说合同、物权变动了，连老百姓的婚姻都要从高尚的革命目标去理解。在市场经济体制下，社会的观念转变似乎还快一点，而法学界的观念一下子转变不过来。其实不动产登记，真正的本质在于出卖人有一个所有权，要让渡给买受人，双方到不动产登记机关去做个登记，借助公共权力机关，实现物权变动的公示。这里面有一个基本的观念就是对意思自治，对民事权利本质的认识，没有什么行政管理。但是，中国的现实是不动产登记一直在行政管理部门，把这件事情转化到民法物权制度上来，一时恐怕很多人还不习惯。

十　物权变动和第三人利益保护

在讲到物权变动涉及的区分原则的时候，我们还有必要了解一下这个制度涉及第三人保护的规则。有些学者认为，区分原则只解决交易中当事人之间的关系，不涉及第三人。这种看法是不对的。因为，除了当事人之外，第三人也会进入交易的网络之中，有时候第三人还很多。这时候我们就要判断了，第三人到底有什么权利？是第三人有权排斥当事人，还是当事人有权排斥第三人？显然，在两毛钱买一根黄瓜或者是一块钱买一双手套的交易中，第三人是无法进入的。但是在远期合同中，第三人经常有很多，对此上面也已经讲过了。

在有很多第三人的情况下，民法分析和裁判的要义是区分债权第三人和物权第三人，这是一个基础的知识。在这些年的民法研究工作中，我遇到了一些现实的案例，法官、律师搞不清楚这个要点的不少，错误的分析和裁判也不少。

在第三人保护的这个问题上，当然必须明确第三人确切的含义。我总结的定义是：第三人是不参与法律关系，但是对当事人之间的法律关系的结果有利害关系的人。我们知道在交易中，当事人直接参加法律关系，但是当事人一方可能会和第三人也发生法律关系，比如，一个债务人会和多个债权人举债，作为多个债权人的债务人。在物权变动中，第三人也很多。甲有一个物处分给乙，乙又处分给丙。比如说甲把一套房卖给乙，乙又卖给了丙，房子也办理了过户的手续。这时候甲和丙之间并没有法律关系，但是，因为甲和乙之间的合同可能会被当事人撤销或者被法院宣布无效，这时候交付给丙的房屋怎么办？这就是第三人保护的问题。

在第三人保护这个问题上，我们必须运用区分原则。要点是把第三人的权利区分为支配权和请求权，一般情形下是区分为物权和债权。如果债权人仅仅享有一般债权，那么根据债权相对性原理，或者根据债权平等原则，那么这个第三人并不享有优先的地位，他们的权利应该平等受偿。这项原则，在破产法等法律中得到了明确的运用。在最高法院的司法解释中，出现了按照合同订立的先后来安排受偿顺序的情形，这是不符合法理的，应该予以否定。但是，如果第三人的债权具有法定优先性，比如工人工资的债权、《海商法》中的法定优先权等，那么这些权利就享有优先实现的特权。

一般情况下，第三人保护的问题在物权变动中成为特别重要的问题，因为物权绝对性原则，物权具有排他性，所以一个物权和另一个物权，在权利实现的时候会发生效力的冲突。关于这种情形下的第三人保护，我在《中国物权法总论》这本书里面有非常详细的探讨，其中一些核心的理论，比如第三人保护的理论突破了我国一度主导的民法学说，这一部分理论和制度对此司法分析和裁判意义显著，希望有兴趣的朋友可以看看。

关于物权变动涉及的第三人保护，也就是上面所说甲和乙之间的合同被当事人撤销或者被法院宣布无效后，交付给丙的房屋怎么办的问题，这就是物权变动中的第三人保护的问题。我从历史的考察，将民法上的基本理论总结为四种情形。

第一个理论是古罗马法中的传来取得理论。其制度要点是，所有权就是通过合同取得的,合同被撤销了,所有权就应该返还。这种理论下,第三人一开始是得不到保护的。第二个理论是9世纪罗马法建立的善意取得制度。其特点是,第三人可以以自己的善意作为抗辩的理由,对抗原所有权人的返还请求权。第三个理论是德意志国家在14世纪时期建立的"以手护手"理论,其特点是,交易过手之后,前手的瑕疵不得对后手主张。第四个理论是德国现代民法建立的"无因性"理论,其特点是,根据不动产登记和动产交付发生有效物权变动的法理,原所有权人不可以直接向第三人主张所有权返还,而只能通过不当得利的方式向他的合同相对人主张自己的权益,如果没有第三人,那么原所有权人的主张可以导致所有权返还的结果;但是如果第三人存在而且其利益合法有效时,原所有权人就无法获得所有权的返还了。显然,这种理论非常有利于第三人的保护。

保护了第三人,就是保护了交易安全。这里面的法理和制度,尤其是产生这些法理的理性,是我们中国民法学界一度的主导观点认识不到的。因为,中国法学界包括我们民法学界一度的主流,非常崇尚交易中的所有权返还,但是不理解在交易中所有权的标的物常常只是商品而已,从市场规则的角度看,所有权返还并没有那么大的伦理含义。如果你知道这只是一种商品的交易,那么,你非要主张所有权返还干什么?大家明白了这个道理之后,你就会知道,我国民法学界一些学者对物权行为理论中的无因性规则大动肝火,痛加批判,实在是没有必要,而且显得见识不高。说到底,这是中国欠缺市场交易的基础,忽视第三人利益的原因。我从德国回来后,努力宣传物权行为理论的正面价值,而且也在中国《物权法》的总则部分,实现一些我的主张。比如,《物权法》第106条在善意取得这个制度上,就采纳了我关于依据公示原则来确定有效的物权变动、提升第三人保护程度的主张。至少,这个条文把第三人保护问题纳入了《物权法》之中,这一点比起前几年我国民法学界大家都还坚持的传来取得理论,就是一个很大的进步。

十一 总结与互动

这些年来多数学者，尤其是很多青年学者接受德国法的理论，他们慢慢明白了区分原则的道理。大家也都知道，《合同法》第51条被一些学者评价得那么高，这实在是不应该的。现在，《物权法》第9条、第15条、第23条等，已经明确规定了合同成立生效和物权变动生效不同的法律根据的区分。

最近几年我接触到一些外国学者，他们看到《物权法》第15条，很多人表示不理解。他们说，这是一个《合同法》的条文，里面讲合同当事人意思表示一致生效，不登记不影响合同的效果，这个条文为什么要写在《物权法》当中？其实这个道理外国人不了解，各位听了我的分析以后，一下子就理解了。这个条文的背景，是因为我国立法和司法解释在过去有一段糊涂的日子，而这个条文就是要针对这个背景下的立法和司法解释，要澄清这些糊里糊涂，建立符合法理的裁判规则。

最后还要和大家强调一下，区分原则，在整个民法学的知识体系中具有核心的地位，大家想一想就知道了，凡是法律上的交易，都要经过订立合同和履行合同这两个阶段，而且都是法律行为推动的，所以，这项原则虽然主要表现在债权的法律效果和物权的法律效果的区分之上，但是凡是民事上、民商法上可以交易的权利，都要适用区分原则。所以这项原则的理论和规则具有普适性。另一个就是这两种权利的法律根据的区分。我分析了以前我国立法和司法解释的缺陷，分析它们产生的背景，在这里我并不是刻意批判，恰恰相反，我只是想说明，在不科学的法理的指导下，立法和司法解释定会出问题。为了说明法理，我分析了法国民法和德国民法不同的立法模式；也分析了民事权利的基本分类的角度，分析了法律行为的基本分类，讨论了权利性质差别所需要的法律根据的差别。这些都是最常用的分析和裁判规则。另外，第三人保护视角下的区分原则问题，也是很重要的分析和裁判规则。这样系统地分析之后，我想涉及区分原则的整个理论体系就清晰化了。

今天主要是从民法的分析和裁判规则的角度来讨论区分原则，至于这项原则涉及的物权行为理论，我今天没有多少涉及，今天已经没有时间来展开了。在这个问题上，我只想说一句，随着市场经济体制的深入发展，大家就会看到这个理论的科学性及其进步意义。以前中国民法学界不能认识到这一点，原因主要是对市场经济的法律规则不了解，说到交易，就是一手交钱一手交货；说到第三人保护，那就是所有权必须返还给原所有权人，否则违背伦理。这些充满了感性的思维，既不理智也不准确。这里面还有一些具体的细节，我想在这里就不讨论了。按照主持人要求，留下一刻钟的时间大家互动一下。

提问 1：感谢你的精彩演讲。有一个问题就是关于物上请求权，《物权法》上有一个原来权益人保护的原则，如果仅仅给予原所有权人的不当得利返还请求权，对原所有权人是不是有保护不周到的地方？

回答：首先要说的是，物上请求权其实不属于物权效果的展示，而是物权保护规则的制度内容。仔细看一下就明白了，只有在物权受到侵害的情况下，物权人才会提出物上请求权。你的提问所依据的那本书，基本概念应该是有问题的。

你所提到的问题，涉及物权行为理论中的无因性问题。我在前面讲到区分原则应用于第三人保护时简单涉及了。首先，这个问题要放在物权变动的制度之中、放在第三人保护的制度之中来看，我国法学界一度的主流观点，就是不区分债权成立生效和物权变动，就像上文说的，一手交钱一手交货，这种情形下，一方面是不交货合同无效，另一方面是合同无效了所有权无条件返还。如果坚持这个交易理念，那么，你怎么能够理解物权行为理论？其次，我一再说明，这个问题不是一个道德问题，而是一个交易问题。各位想一想，出卖一个商品，目的是商品上的价值，希望大家不要像有些书里说的那样，主张所有权返还具有至高无上的道义，而无因性就没有道义。这种感性十足的观点，在市场体制下显得可笑，不符合商品买卖的特点。另外，还希望各位学习民法，应该学会从法律行为的角度来分析问题，分析交易中意思表示真实还是不真实，应该从法律行为的角度来分析和裁判。最后，就是要坚持物权公示原则。那些不承认物权行为理论的观点，基本上都存在不理解公示原则的问题，因此搞不清债权第三人和物权第三人的差别，其理论缺陷和视角缺陷非常显著。以后大家接触多了，就会明白这些道理。

从法律行为的角度看，不论是出卖人还是买受人，以及我们必须考虑的第三人，他们在交易生活中的债权效果、物权效果意思确实是清晰可分的；因此依据法律行为发生的交易必须区分为债权阶段和物权阶段。如果原所有权人因为自己的债权利益没有合法得到承认和保护，那么他就应该主张债权利益保护，不要随便主张所有权返还。如果在法律上有一个制度使得原所有权人的债权上的利益得到满足，比如说不当得利，使他债权能够得到满足，那么他主张不主张所有权返还也不要紧。大家想一想，对商品的出卖人而言，返还标的物及其所有权是他的心愿吗？显然不是啊。要钱才是他的目标呢。

提问2： 我们国家成立到现在不到70周年，城市居民土地使用权期限是70年，到了70年之后这套房会怎么样？

回答： 关于城市居民建设用地使用权的期限问题，《物权法》制定时期争议就很大。我参加了全国人民代表大会环境与资源保护委员会的立法讨论会，为这个事，我同一些领导和学者有不同看法。他们说，到了70年以后还要继续缴费，我说不应该缴费。我的道理有两点：第一个道理，所有权也罢、使用权也罢，在市场经济下我们要用价格来衡量。现在我国城市房地产房屋的价格远远超过德国，也超过美国很多地方，虽然比日本、新加坡房价低，但是人家的老百姓获得的都是永久的所有权。我国城市居民房屋及对应的土地使用权转让金价格，超过世界上大多数国家房屋和土地所有权的价格了。第二个道理，我们要遵守社会主义的道义、原则。我国建立了社会主义土地公有制，建立的理论是社会主义土地公有制，是人民土地制度，不是让政府取得土地的私有权。所以现在政府经营土地获得高额利益是不应该的。收了一次不对，过70年你再收一次就更不应该了。

我按照自己的分析，写了一份报告，提出了"无条件自动续期"的观点，现在《物权法》第149条，已经采纳了我这个自动续期的观点。

提问3： 孙老师基于保护交易安全，坚持无因原则，坚持不当得利返还；但是你说也支持在《物权法》中建立物权返还请求权。那么，如果在交易双方都对所有权很重视，双方都想拥有所有权，那怎么办？

回答： 谢谢。你说的问题，如果不涉及第三人，那是一回事；如果涉及第三人，那就又是一回事。所以，我们必须首先从法律关系的角度看你提出的这个问题。其次，我们要区分，当事人之间、第三人之间，仅仅是订立了合同还是已经按照公示原则发生了物权变动。在这些细致区分之后，我们就能够认真分析和裁判案件了。

一般情形下，如果出卖人先和买受人订立买卖合同，接着又履行了合同，办理了不动产过户登记；然后这个买受人又把这个所有权交付给第三人，也办理了过户登记手续。这一切就说明，最初的所有权人出让所有权的意思是真实的，不然不会跟别人办理不动产登记，把不动产所有权转移给别人。如果我们能够想到这些，从公示原则的角度分析这个问题，我们就能够理解物权变动以及保护第三人的规则。但是如果当事人、第三人的意思表示有错误，那么就按照法律行为的规则处理。即使是登记，也可能发生意思表示的错误，那就应该撤销登记，返还所有权。所以我们要做更细致的分析。

关于在《民法典·物权编》中增加 "物尽其用" 原则的议案[*]

案　由

自古以来，我国社会就有爱惜民力物力的治国理念，这一点应该在我国当前的《民法典》编纂，尤其是在物权编的编纂中得到吸收和采纳。爱惜民力物力，就是要求国家的治理者能够认识到社会物质财富不论是自然资源还是人工造物，都是非常宝贵的，因此在制定法律和政策、贯彻法律和政策时，比如法院司法和行政执法时，都应该尽可能地保持物的经济效能，做到物尽其用，不随意毁灭已经存在的物品，以免造成糟蹋浪费。我国目前虽然已经成为世界上的经济大国，但是从各方面来看还是一个发展不足的国家，相对于庞大的人口，自然资源显得很不丰富。因此，对于既有的物质资源我们就更应该珍惜，从立法和决策的角度看，这一点应该成为社会通识。在法律贯彻过程中，即使面对物品的形成有可能违法、但是通过其他方法可以弥补救助的情形下，执法者、司法者应该从珍惜资源的角度，尽力保持物品的使用状态，不使其随意贬损甚至毁灭，造成社会物质财富的浪费。有鉴于此，我们在此提出"物尽其用原则"，提出议案将其写入我国《民法典》物权编的总则部分之中。

案　据

所谓"物尽其用"，是指物的存废以发挥其最大经济价值与最大效

---

* 本文发表在中国法学网 2019 年 2 月 21 日。

用为目标,从而使社会有限的资源得到最充分利用的思想。这一思想,不论是在我国还是在国外,都是古已有之。毛泽东教导说,"贪污和浪费是极大的犯罪",这一句名言在我国可以说是人尽皆知。我国社会数千年的孔孟学说之中,就有爱惜民力物力的大量讨论。这种爱惜民力物力的学说,虽然其内涵极为丰富,不仅仅是指物尽其用,但是却毫无争议地饱含着物尽其用的思想。历代以来,我国的国家治理者也都是以此思想作为社会管理的基本方针,历史上涉及物尽其用的讨论及学说汗牛充栋。国外也有很多政治家、思想家,在这方面留下了丰富的思想文献。虽然这些讨论、学说的资料非常多,但是其核心的思想并不复杂,那就是,社会的物质资源不可以浪费,现有物品的制造花费了很多民力,因此要尽可能地发挥其效用。不论是从历史考察还是从现实发展来考虑,我们认为,物尽其用的思想是宝贵的治国经验,它在我国当前远远没有过时。

当然,物尽其用原则并不仅仅是对法律工作的要求,但是毫无争议的是,它应该在立法、司法和执法中得到充分的贯彻。因为,这一原则针对的是现实中对自然物或者人造物的法律处理问题,比如司法裁判上的处置,行政执法上的处置,等等。司法上的处置,比如民事主体之间订立合同,为履行合同一方当事人将自己的物品安置在对方的物品之上而开展生产经营活动;因为合同到期或者合同无效,按照我国《合同法》第58条的规定,一般情况下法院应该判处双方返还标的物,那么此时这种标的物是否一定要返还,就必须考虑到物尽其用原则的应用。如果返还标的物导致标的物的价值受到严重损害、导致其经济效用丧失、导致正常的生产经营活动受到损害,甚至在某些情况下已经完全无法返还,那么法院是否还要判决返还?此时,如果依法规定标的物不予以返还,将标的物的所有权规定由对方当事人依法取得,这种情况是否更加合理?答案显而易见是肯定的。在行政执法的过程中,物尽其用原则的贯彻意义也非常大,因为行政执法在很多情况下是对标的物的执法,在当事人违背法律规定的情况下,如何处置违法标的物也是需要认真思考的问题。现实生活中,我们经常可以看到毁灭标的物,甚至是大规模地毁灭物品、包括很有价值的物品也要毁灭的新闻报道。但是我们要提出的疑问,这些物品真的需要这样毁灭吗?难道通过其他的措施不能处置吗？从物尽其用原则的角度看，这种毁灭确实值得认真反思。

因为物尽其用中的"物"指的是现实已经存在的物，而物尽其用，指的是现实存在物的法律处理，因此，这一原则首先应该写在物权法之中。结合我国当前的《民法典》编纂工作，这一原则应该写入《民法典》物权编。更具体地说，考虑到物尽其用涉及物权关系的设立、转让、变更和消灭的方方面面，因此，它应该作为物权编的总则之一。

论　证

在《民法典》物权编确立物尽其用原则，首先的理由就是物质资源的有限性。人类社会始终存在着发展需求不断增加和社会资源稀缺的矛盾。我们可以看到，一部人类社会发展史，其实就是人类不断开掘资源、创造物质财富，满足自己物质需求的历史。但是，不论人类多么聪明、多么勤奋，现实的物质资源总是有限的，其开掘的资源，不论是数量还是质量，都难以满足自身的需要。而且，人类在开掘物质资源的时候，总是要付出十分辛苦的劳动，尤其是普通的社会民众付出的体力更多，其劳作十分辛苦。因此，我国古代思想家很早就认识到，在治理国家的时候，要爱惜民力物力，珍惜来之不易的物质财富。

爱惜民力物力的思想演化到法律上，就是物尽其用的原则。依据这项原则要求建立的民法规则，更进一步说，也就是物权法规则，指的是在物权的设立、转让、变更和消灭时，尽量不要损害物品的价值和使用价值，尽量保持物的经济效能，不要造成物质的浪费。比如，当事人如果因为法律行为导致民事权利尤其是物权的分割，法律则禁止当事人之间损害物品价值或者使用价值的协议发生效力。如果当事人诉讼转让、变更和消灭物权时，法院不可以做出损害物品价值或者使用价值的裁判。在行政执法中，如果处于不得已而需要对当事人物权的标的物采取法律措施时，即使可以消灭当事人的物权，也要尽可能地保持标的物的价值或者使用价值。道理很简单，当事人虽然有过错甚至违法，但是物质资源并无过错，物的价值和使用价值并无过错。对于当事人的过错我们可以依法处罚，但是物的价值和使用价值应该尽力不予以损害。

　　因为物尽其用是一个众所周知的道理，因此不论是在我国历史上的各种法律之中，抑或是在当代世界的大陆法系以及英美法系之中，其各种涉及物质支配和处置的规则，都贯彻了"物尽其用"精神，体现了"爱物"的思想。从罗马法以来所确立的添附制度等，就是关于物尽其用原则的采用。添附制度所强调的，是把维护标的物的经济效用当作确定标的物所有权归属的法定标准，如果当事人的意志违背这一思想，法律甚至排斥当事人的约定，或者其他法律的规定。比如，当一个动产因为自然的原因或者人为的原因而附着于不动产之上，而且这种附着因为经济的原因不可以分割时，不动产的所有权人就可以取得动产的所有权，不论动产所有权人是否同意。以法理，这一规则可以适用于一切从物附着于主物的情形。在物与物相互混合而不可区分的情形下，在动产加工等情形下，这种不按照当事人的意愿、而按照标的物的经济价值来确定标的物的所有权归属的规则，也可以得到适用。

　　除此之外，国外立法上还有一些特别的关于物尽其用的规则，可以作为我们的借鉴。比如，《法国民法典》在第618条第1款规定："用益权人毁损用益物或不修缮用益物而任其丧失，因此滥用其用益权时，用益权亦得因消灭。"这一规则的立法目的就是督促权利人物尽其用。

　　《德国民法典》第946条与第949条规定了处理添附的规则。除此之外，该国立法还有一些保障物尽其用的规则。比如为了保障土地经营的规模效益，德国自1918年起建立了土地交易的国家监督制度。在土地继承上，德国一些州还专门制定了《农庄法》，规定低于一定面积或者一定价值的农业土地只能由一个人继承，其他继承人只能获得金钱补偿，以此来限制土地的分散，促进土地的规模化经营，达到"物尽其用"的效果。

　　我们尤其应该注意的是，因为民法上规定的物权，为民众基本权利和市场经济体制的基础，凡民众依法获得的物权，政府的行政管理权应该予以充分尊重。

　　虽然物尽其用思想来源于我国古老的治国理念和国际经验，但是我国立法一直没有明确采认这一原则。这种情况，导致司法裁判经常发生损害标的物价值和使用价值的裁判。比如，在司法实践中，我们经常可以遇到一个标的物和他人之物相结合而不可以分割的情形，而法院的裁判是要求当事人取回自己的标的物，而不顾这种取回从经济的角度看是否必要和可能。比如一个建筑工地，土地的占有人因为正常工作的需要，花费很大力气填埋了土地上的大坑；在占有人的合同被撤销后，占有人提出了填埋大坑的正常付出应该得到补偿的要求。而法院不顾及这种填埋经济上的必要性，却做出了要求占有人将填入的沙石自行挖走运走的裁判。

在实践中我们多次遇到这样的裁判：在标的物被他人合法占有使用的合同到期后，法院一般的做法是判令当事人返还原物，但是却基本上不考虑返还有没有经济上的必要性的问题。实际上，在当事人合法占有使用他人之物的原因消灭后，虽然返还所有权是合法的，但是从保护物质资源的价值的角度看，这种返还有时候并不必要。这时候，法院应该根据物尽其用的原则，保护标的物的价值或者使用价值，并以此作为判定所有权归属的根据。当然，对他人的损失，应该给予足够的赔偿或者补偿。

在行政执法中，经常可以遇到的情形是，一些部门强调执法必严，将一些违章的标的物彻底毁损。但是，这种毁损是否必要？有关部门是否考虑到物尽其用原则的应用？据调查，目前这一问题确实很多，需要我们认真反思。一些地方的违建，事实上常常具有合法的因素，甚至有一些违法性并不严重，现在不加甄别的一律毁损，确实不值得肯定。

我们可以看到，尽管我国社会自古以来就有爱惜民力物力的思想，尽管伟人斥责"贪污和浪费是最大的犯罪"，但是物尽其用的思想还没有贯彻在我国立法、执法和司法之中。因此，在我国《民法典》物权编的编纂过程中，我们郑重提出这一议案，要求我国立法机关总结古往今来的治国理念，在物权编的第一章"一般规定"中规定"物尽其用原则"。

方　案

一　物权编基本原则的规定

第　条：［"物尽其用原则"］

对物权争议的裁判和处理，应该以维护物的价值和发挥物的效用为原则。

因适用前款规定而丧失正当利益者，有权要求损害赔偿。

说明：该条文是对"物尽其用"原则的规定。第一款规定的基本内容是：在涉及物权的各种案件中，应该贯彻珍惜物质资源、爱惜民力物力的思想，不论是何种案件的处理，都要维护标的物的价值，发挥物的效用。物尽其用原则应该贯彻于物权的行使、物权的移转、物权的消灭等各种物权变动的情形。不论是当事人对物与物之间的相互关系的争议，还是物权存废的争议，都应该贯彻这一原则。在物权的移转涉及标的物可分或者不可分之间发生理解上的不同看法时，如果物的分割对物的整体的经济价值和效用有较大的妨害，那么就应该理解为物不可分割，以达到保护物的经济价值和效用的目的。

该条第二款规定所包括的内容是，贯彻"物尽其用"原则时，势必会导致争议物归一个或者部分最能发挥物的经济效益的人所有，而其他人则会因此而丧失部分合理权利的结果。因此在此时，法律以赋予受损者要求损害赔偿的权利，作为其利益的补救手段。

物尽其用原则，也应该贯彻于行政执法过程之中。因为物权的执法，也会涉及对标的物之间的相互关系的裁处，当然也会涉及对于标的物是否存废的裁处。在这种情况下，贯彻物尽其用原则，更能体现爱惜民力物力的治国理念。

物尽其用，并不仅仅用来作为物权争议是物的归属的解释，而且也当然可以用来作为物权争议的分析和裁判规则。不论是人民法院的司法，还是行政管理机关的执法，就物权的行使、物权的移转和消灭，或者物权的其他变动的情形，这一原则都应该和其他原则予以结合适用。

建议将物尽其用原则规定于《民法典》物权编第一章"一般规定"中。

二　物权编其他部分的适用

同时建议在物权编的他物权部分，以及其他涉及对物的使用的法律规范中，贯彻"物尽其用"的原则，进行相应的制度设计。包括但不限于以下三方面。

第一，需要仔细规定添附制度。如上所述，添附制度已经存在数千年，在贯彻物尽其用原则方面发挥了极大的作用，但是现行《物权法》没有规定相关制度。2018年8月全国人大常委会法工委公布的《民法典》物权编立法方案，虽然也规定了添附，但是内容十分简单，仍然不能满足实践需要。因此我们建议认真修改补充之。

添附制度，其实是物权取得制度，属于特殊的所有权取得方式。与此相关的，还有物的附和与混合、物的加工等。这些情况下，标的物的所有权变化，也应该根据物尽其用的原则来予以处置。当然，对于受损的当事人一方，应该给予赔偿或者补偿。

第二，扩展不当得利制度的应用范围。因为物尽其用原则范围扩展，将导致更多的所有权不能返还的情形发生，此时要充分利用不当得利制度对另一方当事人予以充分救济。因为不当得利制度规定在《民法典》合同编之中，其体例的协调、制度的解释，还应该认真思考解决。

第三，建议物尽其用原则，在行政管理的各种法律法规中也能够得到充分的规定。

民营经济所有权研究的六个问题[*]

引言　问题的提出

当前建立专门的针对民营经济的法制研究机构，形成对于民营经济发展的法律理论支持，为以后的制度建设做准备，其意义十分显著。2017 年以来，李克强总理曾经多次提到，虽然近年来我国民营经济已经有了很大的发展，但还是有一种隐形障碍。虽然李总理没有点明这个隐形障碍是什么，但是我们近年来陆续可以听到一些否定民营经济的社会舆论，有些产生了比较大的社会影响，这些言论毫无疑问代表了一部分社会心理，这也就是李克强总理所说的民营经济发展隐形障碍的一部分。本文是关于民营经济所有权这一法律问题的一些研究心得，希望以此支持民营经济的发展，为消除阻碍其发展的隐形障碍做出努力。

关于民营经济对于国计民生的重要意义，在我国改革开放四十周年庆典的资料中其实已经有了明确的阐述，简单地说就是"56789"。其具体含义是，今天，民营经济提供了我国税收总量的 50%，提供了60% 以上的国内生产总值，提供了 70% 以上的技术创新成果，提供了80% 以上的城镇新就业岗位，提供了 90% 以上的企业数量。"56789"这五个数字，以事实说明民营经济在国计民生中发挥的作用是正面的，而且，这些贡献都超过了作为龙头老大的国有经济。从这些铁一样的数字来看，民营经济在我国的作用早已不是改革开放初期的拾遗补阙，也

＊ 本文刊于《财经法学》2019 年第 5 期。

不是 20 世纪 90 年代有些人所说的"必要补充"。总而言之，改革开放初期这些对于民营经济的定位和认识都已经远远落后于现实，都不足以描述民营经济的重要地位。从"56789"这几个数字来看，我们可以确定地说，目前民营经济在我国同样是国计民生的骨干。从普通民众的生活需要来看，民营经济发挥的作用更加直观和具体，尤其是大家需要解决的吃饭穿衣问题，国有经济长期以来解决不好，却为民营经济所解决。比如吃饭，现在主要是由民营经济解决的，国营的餐厅已经很少了。笔者 1978 年当兵时，在天安门广场参加一个活动之后已经是中午，和一位战友沿着广场到北京航空学院几十公里的道路，找了好几个小时都没找到吃饭的地方，因为当时所有的饭店都是国营的，过了中午营业时间就关门了。20 世纪 80 年代初笔者到北京念研究生，饭店也都是国营的，服务普遍不好。但是现在，无论什么地方，无论什么时候，想吃什么都有，服务都不错。这就是民营经济的贡献。其他很多具体的民生问题，现在国有经济都不参与了，都是依靠民营经济，且解决得非常好。所以，民营经济是我们须臾不可缺少的。

但是，为什么我国还有很多人对于民营经济那么不信任？尤其是提到民营经济的所有权，为什么那么多人的评价总是负面的？这和长期以来的意识形态宣传教育有关。过去我国把所有权问题看得十分沉重，而且对于民间所有权的描述十分黑暗。但是笔者的研究发现，过去很多宣传的历史资料是不准确的。很多人正是基于这些不准确的历史资料，一看到私有财产就把它定义为万恶之源，就恨不得从政治上将它牢牢地踩在脚下。再加上中国数千年不患寡而患不均的民粹思想，很多人一看到民间所有权的增加，就站起来反对。久而久之，很多人到现在还是认为民营经济所有权是一种具有重大道德伦理缺陷的法权。近年来我国出现了"民营经济退出论"的观点，一时还得到了很多人的支持。这一观点提出，中国民营经济已完成协助公有经济发展的任务，应该从国计民生中退出去。这种观点，仍然从政治上把民营经济定位在协助公有制的地位上，不认为民营经济可以超越这个定位。因此，这个定位，不但不符合上述"56789"的现实，而且还提出了民营经济必须倒退至改革开放初期的政治要求。这是一种思想的逆流，其消极的社会影响是严重的。正因如此，中共中央总书记和国务院总理都迅速地做出了回应，提出了"两个毫不动摇，三个没有变"，其核心就是坚持壮大和发展民营经济的指导思想，并且将这一点作为改革开放的主要内容之一。不过，从"民营经济退出论"的出现我们可以看出，一些深层的、不符合改革开放的思想观念，还需要在理论上、在道德层面进行有效清理。本文将从民营经济所有权的历史分析的角度，为民营经济的发展提供理论支持。

一　所有权的民法认识

提到所有权首先要认识到的是，所有权是个法律概念。这个概念来源于民法，它的基本定义和功能都由民法加以规定，我国《物权法》和《民法总则》都规定了所有权。所有权在法律上的意义，也就是它的功能，可以从一个历史典故中找到答案。这个典故来源于《商君书》，这是商鞅给秦国国君讲的一个故事："一兔走，百人逐之，非以兔可分以为百，由名之未定也。夫卖兔者满市，而盗不敢取，由名分已定也。"这个故事里商君让秦王思考，为什么山上有一只兔子，几百个人都去追赶，然而市场上一只笼子里的兔子，大家都不会去碰？答案就是因为山上的兔子所有权未定（现代民法称之为"无主物"），所以大家都去抢夺；但是笼子里兔子已经有了确定的所有权，任何人不能随便拿他人的兔子，否则就构成了侵权。这个历史典故说明所有权在确定社会秩序方面的基本功能。古人对此有一种说法即"定分止争"。这一概念包括如下含义：（1）所有权是最基本的财产支配权，是你的财产，任由你支配，不是你的财产，你无权染指；（2）通过民法上所有权的规定，社会财产秩序是明确肯定的，所有权不明确，社会财产秩序是混乱的；（3）民法建立财产取得制度，合法取得的所有权受到法律承认和保护。总体来看，所有权确保的社会财产秩序，是整个社会秩序的基础，治理国家，要从建立明确的所有权开始。民法意义的所有权的概念及其意义，是从事所有权制度整体研究的基础。无论从哪个角度理解所有权，包括民营经济的所有权，都不能忽视这个基础。为什么所有权能够确定社会的基本法律秩序？首先，所有权的法律科学要求民事主体必须是具体的、特定的；其次，它还要求所有权的对象也就是现实的物品不论是不动产还是动产也都是具体的、特定的；最后，它要求民法上的所有权的内容也是具体的、特定的。通过这三个"特定"，具体的权利和具体的支配关系落实在具体的民事主体身上，这样整体的经济秩序得以建立和完善。以不动产制度为例。民法上建立不动产登记簿就是按照这个规则，将每一个不动产的权利支配关系明确登记下来，这样社会整体的不动产秩序就建立起来了。这三个"特定"，其实就是民法作用于社会的科学手段，民法上的法律关系的逻辑、法律关系要素的特定原则，就是如此。"三个特定"的原则，体现了民法分析问题和解决问题的科学性，属于所有权制度分析的基础知识。民法上的所有权，在我国学术著作中常常被定义为包括占有、使用、收益和处分四项权能。这样的表述值得商榷。比较准确的表述是，所有权是对于特定财产全面的、彻底的支配权。无论如何，所有权的核心和基本表征是对于标的物的处分权，一个享有处分权的民事主体，其实就是所有权人。民法关于所有权的基本概念、基本逻辑是不可忽略的，更是不可违背的。在民法尤其是《物权法》中的所有权制度研究中，有些人所说的所有权，恰恰缺乏民法的分析逻辑，甚至违背所有权分析中的"三个特定"规则。这样的分析，就失去了所有权概念的科学性基础。比如，在公共财产权利领域，一个标的物已经被真正的权利人处分了，所有权已经消灭了，但是有人还坚持"抽象主体"的所有权仍然存在。这不仅仅是法学上的笑话，而且形成法律制度上的重大隐患。如果不坚持民法的科学性，不论什么样的政治解读或者历史解读，都不会有确切的法权价值。

二 所有权的政治意义

所有权的第二个分析方法就是政治层面的分析。从政治的角度分析财产所有权的意义是非常重大的，因为这是研究国家治理需要特别重视的。从政治的角度分析所有权，其出发点是研究社会的不同阶层、不同的政治力量所拥有财富的对比，以期解决社会整体的公平问题，实现国家的政治稳固。从这个意义来看，最敏感的可能就是贫富差距的问题。贫富差距并不是具体个人之间的差距，而是社会阶层之间的差距。前者不是国家治理之中的重大问题，而后者是。总体来说，这个差距在任何国家都是存在的。但是需要考察的是为什么发生这样的差距以及怎样消除这样的差距。对于贫富差距，我们不应该不承认它是一个客观的事实，我们也不应该认为这很正常。恰恰相反，我们认为这确实是一个社会的缺陷，也是我们研究国家治理的时候应该予以关注和需要解决的问题。在人类历史上，很多国家都因为贫富差距过大而发生了剧烈的政治斗争，甚至导致政权的更迭。我们知道历史上有很多这样的教训。国际社会主义运动的兴起就是与此相关的，因为近代以来，工人阶级作为一个社会阶层沦为受剥削的阶层，他们困顿的生活集中地表现在其所有权的状态方面。但是，这个阶层的贫困，可以说并不是因为工人普遍懒惰和愚蠢，而仅仅是因为社会的变迁，使得工人沦为无产阶级。所以，从社会阶层分析所有权的实际状态，可以让我们认识到治理国家必须要解决类似的重大社会问题。

　　社会主义的思想和观念是具有历史进步性的，其所有权的学说是不可以否定的。在探讨社会主义的所有权制度时，涉及民营经济所有权的一个重要问题就是在建立社会主义制度之后，民众依据法律取得的所有权的正当性问题。所有权正当性问题，也就是所有权应该获得承认和保护的道德伦理基础问题。道德伦理作为法律制度建立的基础，在讨论所有权制度的时候，尤其是讨论民营经济所有权制度的时候，是一个很有意思的研究思路。举一个例子，在苏联名著《静静的顿河》中有这样一个故事，一个红军战士在前方打仗受伤了，被送到后方属于红军控制地区的他的家乡养伤。伤养好了以后，他就留在家乡劳动。小伙子比较聪明，也很勤快，通过勤劳致富，养了牛马有了马车、盖了房子买了地。后来红军打败了白军，在全国进行土地革命，首先是清理队伍和政治核查。这个以前的红军战士现在是一个富有的人，因此他的阶级成分被定为富农，这样他就成了阶级敌人。后来，当地政权要他交出财产，他不同意，黑夜的时候赶着马车逃跑了。最后他被抓住了，并被认定为反革命枪毙了。作者肖洛霍夫通过这个小说表达的意思是并非有钱的人都是阶级敌人。斯大林批评肖洛霍夫同情富农，引发了苏联文学界的政治性批判。这个红军战士打仗时为革命负伤，后来回到红军控制的地区，在共产党的领导下经过合法劳动发家致富。这个过程在政治上有什么问题呢？可是在他富裕之后在阶级划分上成为富农。后来他不愿意交出财产时又被认定为反革命，最后被剥夺了生命。那么，有人考虑过这个红军战士取得个人财产的正当性问题吗？有人考虑过剥夺他的所有权的正当性问题吗？一个革命的红军战士在共产党的领导下合法劳动发家致富后反而成了阶级敌人。所以笔者认为，所有权作为一种法律制度也是受到道德伦理支持的。再扩大一下理解，这个伦理道德，既应该成为对于个人合法所有权的支持，应该成为对于国家政治权力的约束，也应该成为对于我国社会中某些人总想无偿剥夺别人财产的观念的约束。这一点是否也是一种政治分析的角度？同时我们也要认识到，不讲合法性基础，不论什么样的民营经济所有权一律都反对，这实际上是一种无政府主义、乌托邦的思想观念。贫富差距是一个社会问题，但是在法治社会里解决这个问题有它的方法，而且从国际社会主义实践看，这个问题在承认和保护民间所有权的基础上确实也得到了很好的解决。比如我国的扶贫工程问题。在习近平总书记的领导下，我国开始了精准扶贫工程，近年来，我国原来3亿左右的贫困人口下降为不到2000万人。这项伟大的工程一方面说明中国共产党是实实在在为人民利益而工作的政党，另一方面也说明，依靠中国特色社会主义制度，不搞"打土豪分田地"那一套，贫富差距问题也是可以得到解决的。在这个过程中尤其重要的是，民间的所有权不论其数量还是质量都提升了而不是下降了。所以笔者认为，在民营经济所有权的政治分析中，某些学者至今还在坚持把盲动地剥夺、限制民间所有权作为正当方法的观点，是非常不可取的。

三　经济意义上的所有权

所有权的第三个分析方法，就是经济学意义上的分析方法。这个分析的角度很有价值。其基本出发点就是，建立哪种所有权的制度更有利于促进国计民生的发展。这个问题实际上很复杂，按照经济学家的通俗说法，那就是如何"把蛋糕做大"，或者"谁应该吃最大份的蛋糕"。这个问题的结论在一些经济学家看来十分简单，那就是要让最能够把蛋糕做大的人，吃到最大份的蛋糕，这样蛋糕才会越做越大。好比力气大的人应该多吃饭才会多干活一样，这样干的活也会越来越多。他们认为这样才最有利于促进国计民生的发展，社会经济也会发展得最快。这种经济学意义上的所有权分析，从历史发展的角度看是具有一定价值的。实际上，古往今来的政治家、学者都在试图解决经济发展中的所有权问题。他们实际上也都认识到所有权的法律制度设置，是经济与社会发展的关键因素。但是，从理论上将这个问题彻底解决，并从经济学理论上予以体系化解释的学者，是亚当·斯密，他的《国富论》在这方面的讨论，可以说在当时达到了理论上的顶峰。这本天才的著作指出，从经济与社会发展的角度来看，国家必须找到一个国民经济源源不断发展的源泉，这个源泉就是所有权，就是个人的、私的所有权。他说，国家怎样才能调动社会的经济发展呢，方法只有一个，就是让创造者看到所有权。财富是创造出来的，只要把所有权交给创造者，他就自然会创造财富；只要创造者的个人所有权保护是足够的、有效的，社会经济就会获得持续不断的发展。事实上这个理论在英国的工业革命中得到了充分的验证。英国法律打破了天主教会在个人所有权方面的戒律，把所有权完全交给个人，工业革命随之成功了，而英国也成为世界的霸主。马克思也说过，资本主义一百年，创造的财富超过了人类历史上创造财富的总和。

　　创造和所有权之间的关系，是一个我们一直没有厘清的范畴，也是很多人闭目塞听不愿意涉足的研究范畴。笔者根据英国工业革命时代所有权和经济发展之间的关系，总结出了一个观点，就是从经济发展角度提出和论证民众所有权制度的正当性和有效性问题。这个问题包括两个方面：一个是所有权的正当性，这是亚当·斯密解决的，他的基本观点就是从国家和社会富裕的角度看，民法意义上的所有权首先应该是个人财富进取心的保障；另一个是所有权的有效性的观点，这是笔者根据史料总结的，这个观点的内容是，不是仅在立法层面，而是国家治理的方方面面都要为所有权提供保障，只有构建起这种有效的所有权制度，才能够让民法意义上的所有权充分发挥其功能。发明蒸汽机的瓦特是一位伟大的发明家，他一生有 3000 项发明专利，同时为了专利利益，他还打了 5000 次官司。人的寿命有多长，一年的工作日有多少，一年一百多次诉讼，这是什么概念？但关键是英国这样一种体制，从行政机关到法院，给瓦特提供了能够进行这么多次诉讼的机会，使得他能够利用这种体制来保护他的权利。笔者认为，这就是所有权制度的有效性。英国工业革命时期的所有权制度，既解决了民间财富取得和创造的正当性问题，也解决了所有权保护的有效性问题。有了工业革命的成功，才有了英国的强大和发展。法律历史学家布莱克斯通说，从来没有一种法律制度能像所有权一样促使人焕发创造的激情。这就是亚当·斯密理论的产物。不需要给劳动者讲各种高大上的理论，每一个人都是肉身的自然人，都有父母家人要供养，他的创造能力是天生的，生活的压力使得他必须去创造，所以只需要给劳动者所有权就可以了。亚当·斯密解决了国民经济发展源泉的问题。世界上各个国家，都不会直接取消个人所有权。《国富论》被誉为经济学上的第一本基础性著作，对整个世界都产生了重要影响。关于所有权作为一种法律制度提供经济发展的源泉问题，以前我们中国人是不知道的。我们受苏联理论的影响，强调的是私有财产就意味着掠夺、剥削、损害，但是没有提到所有权在创造中发挥的积极作用。亚当·斯密的理论，否定了之前的神权政治和君权政治，推动了社会的政治进步和经济发展，这些也都受到了苏联法学的抹杀。但是如果历史真的像苏联人所说的那样只有掠夺和剥削，怎么会有火车、汽车、轮船和电力，恐怕连自行车都不会有，更不会有现代化。马克思都承认大量的财富是创造而来的，为什么苏联人不承认？如果我们现在还坚持苏联人这些观点，那么民营经济就确实没有了政治上的出路。这恐怕是不可取的。

四 所有权和民生

第四个问题就是民生意义上的所有权问题。对社会普通大众来讲，他们的所有权需要从民生所需的角度得到足够的承认。这一意义上的所有权，不仅要承认普通民众对于财产取得和处分的自由，而且国家还要提供足够的社会保障。至少这两层意义是必须具备的。自古以来中国的圣贤都强调民生问题意义重大，民生大于天。"民生大于天"的基础就是民众对于其赖以生存的物质财富的所有权问题，所以保障民生，必须从保障民众的所有权入手。首先，立法者应该允许人们取得广泛的所有权；其次，对人们取得的所有权要给予足够的保护。如果人们没有足够自由去取得和行使其所有权，那么这就会造成民生问题，连基本生活都会成问题。当前世界上有些国家还采取严格限制民众所有权的体制，这已经造成了严重的民生问题。在反思这些极端的、乌托邦式的观念的时候，结合现在民营经济为解决民生问题做出的贡献，我们就知道了研究这个问题的重要价值。从民生所需要的所有权保障的角度看，我们还要反思拆迁、城市居民住房土地使用权等很多问题。不过，这些问题不属于民营经济方面的问题，不再予以阐述。

五 法技术意义的所有权

第五个方面就是法律技术上的所有权问题。目前我国已经有很多企业上市，这就使理解法技术层面所有权的意义更为容易。法技术意义的所有权比较抽象，不好理解，下面以企业法人的所有权为例加以说明。企业作为民法意义上的法人，对其自己所拥有的全部财产享有占有、使用、收益和处分的权利，这项权利就是所有权。企业作为法人享有所有权，对它的财物有完全的处分权利。这一点，从前面民法意义上的所有权概念分析就可以得出。控制企业的是它的投资人，投资人拥有的权利是股权，他们按照自己的股份份额、通过法人的治理结构行使其权利。如果一个股东享有控股的权利，那么他不但可以在股东大会上行使多数人投票权，而且可以进入董事会行使决策权和执行权。投资人的权利不能简单地等同于法人的权利，因为还有其他股东的存在，他们也是有权利的，他们的投资权也是得到法律承认和保护的。通过法人治理结构的分析，我们就可以清楚地看到股权和所有权的性质不同，属于两种不同类型的权利。在公司清算的时候，在公司财产计算和会计计账的时候，公司权利和股东权利是有严格区分的。简单地说，股权是股东的私有财产，而公司财产是公司法人的财产。将公司的财富和法律地位与股东区分开来，这就是民法技术的基本规则。公司法人作为所有权人也可以拿自己的财产来做投资，所以我们经常可以看到公司作为股东的情形。这种公司股东，甚至可能有好几级。在这种情况下，我们在法律层面就要提出法技术意义上的所有权问题，通过"股权—所有权"这样一种逻辑结构，明确地区分公司法人的各种法律责任，当然主要是民事责任。在民法上，法人是按照有限责任的原则建立起来的，法人承担的民事责任不能够推到股东身上。这就是民法技术层面的所有权的基本价值和重要意义。为什么我国社会包括立法至今不承认法人所有权呢？因为坚持股东的权利就是所有权。这种所有权能够反映社会的所有制。所以很遗憾，这种法技术层面的所有权在我国社会甚至在立法上都没有得到清晰的承认。《物权法》的第4条还是从国家、集体和个人的角度把所有权划分为三种类型。这一做法，使得我国的财产制度长期无法科学化。数十年来，笔者一直在研究我国公共财产领域的所有权问题，可以说进展不大，原因就是很多人坚持斯大林的所有制学说，而不顾及我国已经进入了市场经济体制的现实。举个简单的例子，斯大林观念下，投资意义上的所有权的分析和定义，只能允许投资人直接享有所有权，不能使用股权的概念和结构。这种理论恐怕只能适应农民开个小磨坊的情形了。农民投资办豆腐坊，有磨子和毛驴，农民作为投资人直接对磨子、毛驴和产品享有所有权。所以在斯大林的所有权理论里，没有股权。但是我们现在经营企业，经营大规模的上市公司，很多具体的投资人也只是了解到自己的股权多少，通过公司的披露知道自己股权的市场价值。投资人哪里知道公司有多少具体资产？投资人一般不参与具体经营，更没有权利处分企业资产了。所以，很多人坚持斯大林学说是很没有道理的。讨论民营经济所有权的时候，因为民营经济的主要力量是企业，所以我们务必要重视"股权—所有权"的逻辑，从法技术层面来构建一种先进的体制。家族企业最好也尽早股份化，以免产生不必要的麻烦。

六　所有权的史论分析

第六个需要研究的问题就是历史上所有权的各种理论，尤其是涉及经济发展和人民生存的所有权理论。自古以来，不仅仅是我国，世界上其他国家都特别重视所有权问题，因此有大量的理论和学说是关于所有权的，这些都值得研究。中国古代有很多所有权的学说，比如管仲、商鞅的学说，都很有价值。近现代以来，资本主义的兴起，一方面促进财富大量创造，另一方面造成很多社会问题，这种背景下也出现了各种各样的所有权学说。托马斯·莫尔、圣西门、傅立叶、蒲鲁东、拉萨尔等都提出过所有权的学说。但是只有马克思的学说才是彻底的、科学的。我国改革开放的舵手邓小平提出了最有价值的所有权理论，造就了我国经济的发展和人民的富裕，他的所有权思想值得我们永远学习和研究。在我国进入新时代之后，习近平总书记也提出了很多关于所有权的理论，尤其是 2016 年 10 月中共中央办公厅和国务院办公厅联合发布的"产权保护意见"，其中的所有权理论，更值得我们研究学习和贯彻执行。民事权利是一个大体系，涉及市场经济的民法上的权利很多，都值得研究，比如债权问题，尤其是合同问题，现在中国很多民航飞机、船舶都是租赁的，不涉及所有权问题，研究这些当然很有价值。但是，所有权问题具有独特的价值、核心的价值，因为民商法方面其他各种各样的权利都是建立在所有权问题之上的。

最后笔者要强调的是，前面提到的"民营经济退出论"等观念在当前出现，我们不能认为是一些人的头脑冲动。我们要认真仔细地研究这种现象。实事求是地说，我们国家现阶段有些理论确实没有跟上改革开放的步伐，民营经济是这种思想的主要受害者。民营经济受到损害，我国的国民经济和人们生活肯定受损害。笔者以一个著名的历史人物为例来进行说明。历史上的清官海瑞，曾经两次被罢官。第一次是在嘉靖皇帝时期，因为海瑞劝谏皇帝不要炼丹，被皇帝罢免。第二次是在隆庆皇帝时代，执政的高拱和张居正请他担任松江地区知府，维护国家财政收入。因为松江地区当时是我国最富裕的地方，是国家最主要的税源。但是有些人并不依法纳税，对国家造成损害。因为海瑞名气大，请他来治理一下。但是，海瑞却是一个相当仇富的人，他处理案件的时候，基本上不问是非，只问贫富，然后就把富人的财产尽可能地判给穷人。这样，富人纷纷逃亡，离开了松江。短短三年，松江府由天下第一富庶之地变成了衰败之地，再也没有足够的税收上交给国家了。因此，高拱和张居正只能将海瑞再次罢官。这件事情在很多史书上都有记载，须引以为戒。我国改革开放以来承认了私人的所有权，我们的国民经济得到了极大发展，国内生产总值跃居世界第二。民营经济也因此获得极大的发展，而民营经济发展更进一步造就了国家和人民的福利。当然，我们强调民营经济的重要作用，并不否认它的缺陷和现实问题。但是无论如何，这些缺陷和问题，不能支持否定民营经济的观点。

第四篇

怎样看《民法典》一些重要制度改造？

对《民法典·分则》编纂的几点思考[*]

本文结构

《民法典》编纂是成文法国家法治建设的基本工程，如今我国的《民法典》编纂工作正在蹄疾步稳地推进，成为我国立法活动中的重大事件。然而，《民法典》的编纂不是制定全新的民事法律，也不是对现行有效的民事法律进行简单的汇编，而是对其进行科学整理和必要的修改完善。在《民法总则》颁布后，《民法典》分则部分的编纂应采取何种体例、一些分则的立法目的、体系融洽和制度完善问题还需要思考。从目前我国立法机关向社会公布的《民法典》（草案）来看，法典大体系方面较传统潘德克顿体系的不同之处在于增加了侵权责任编和人格权编，这是否意味着我国民法的发展已经脱离潘德克顿法学体系？将合同法而不是债法作为独立一编的体例下，应如何妥善处理《民法典》合同编与整个债法体系的逻辑关系？另外，在我国法律界普遍认识到物权和债权的法律效力及其法律根据必须予以区分的背景下，区分原则又当

---

* 本文刊于《华东政法大学学报》2019 年第 5 期，收入本书时有所修订。

如何在《民法典》分则的编纂中予以贯彻?本文拟就以上问题谈几点意见。

一 《民法典》分则编纂的体例问题

中国《民法典》编纂,是近年来我国最为重大的立法工程。按照"两步走"的立法方案,第一步应该制定《民法总则》。第二步应该做的工作是将现有的《物权法》《合同法》《侵权责任法》《婚姻法》(将改名为《婚姻家庭法》)和《继承法》,作为分则中的五编,最后将它们结合《民法总则》而成为《民法典》。《民法典》分则包括五编的立法方案,是2015年3月全国人大常委会关于《民法典》编纂的决定确定下来的。但值得注意的是,在2018年8月27日第十三届全国人大常务委员会第五次会议上,以全国人大常委会委员长会议的名义提交审议的"民法典各分编(草案)",实际内容包括六个分则编,即在原来确定的分则五编之外,增加了一个"人格权编"。这样,我国《民法典》目前的结构,包括一个总则编和六个独立的分则编,总共七编。这种七编式的《民法典》立法方案,虽然还不是最终颁布的立法文本,但是目前提交全国人大常委会经过了多次审议的草案,是按照这个立法体例来推进的,而且立法机关组成人员赞成这个编纂方案的观点比较多,因此这种独特的编纂体例,大体上木已成舟。

我国《民法典》编纂采用的是潘德克顿的体系模式,它也被称为《学说汇纂》的体系模式,而不是《法学阶梯》的体系模式。潘德克顿体系和《法学阶梯》体系都起源于古代罗马法,前者的特点是强调立法上的概念严谨和体系周密,而后者强调立法概念的直观和民众理解。辨别潘德克顿体系立法模式最简便的方法,就是它有一个发挥统率整个《民法典》全部立法的总则,而《法学阶梯》体系没有这样的总则。潘德克顿体系的总则,是从庞大的民法规范之中抽象出民法最一般的规范,然后把这些规范按照"人、物、权利、行为、责任"的内在逻辑编纂整理起来,形成一个具有高度思想性、科学性和实用性的整体。我国2017年制定的《民法总则》是这样的,它规定了民事法律的一般原则、民事主体制度、民事权利制度、民事法律根据、法律责任等，这些法律规范可以说对于全部的民法规范具有贯穿性、统率性和基础性作用。不仅是《民法典》分则的各个编章，而且这一次无法写入《民法典》的商事法律、知识产权法律、社会权利法律也都要受到《民法总则》的制约和统辖，甚至无法纳入民法立法体系，但是涉及民事权利的行政法律也都要受到《民法总则》的统辖。所以，《民法总则》在立法体系上首先是《民法典》的总则，但是其实际功能并不只是《民法典》的总则，而是整个民商法体系的总则，甚至也是包括一部分行政法律法规在内的涉及民事权利立法的全部法律的总则。

从民法庞大的规范群体之中抽象出基础性规范，并将其制定成总则之后，民法体系中剩余的那些法律规范还是很庞大的，这些法律规范体系将按照其基本功能划分为不同群体，形成民法的基本制度，被编纂成为《民法典》的各个分则编。关于《民法典》体系模式问题，德意志法学家们约在 17 世纪编制的《当代实用法律汇纂》（*usus modernus pandectarum*）中，就已经形成了"总则、物权、债权、亲属、继承"的五编章结构模式。① 在"民法法典化运动"时期②，《民法典》的总则和分则各编的体例就已经逐渐为立法采纳。所以，《民法典》总则之外的分则，被确定为物权编、债权编、亲属法、继承编四编。这四编就是和总则相对应的分则。民法分则划分为这四编，是立法者和法学家对于社会民事法律生活规律的总结。《民法典》分则的设置其实是从一个自然人出生到死亡的一般规律来确定的。第一编是物权编，原因是每个人都有财产，所以民法首先要解决这个对全社会每一个人都存在的财产权利承认和保障的问题，所以物权编一般放在分则中的第一编。第二编是债权编，它反映一个未成年人长大之后，可以订立合同而产生的债权债务方面的法律问题。第三编是亲属法，也就是我国一般所说的婚姻家庭编，它反

---

① ［德］K. 茨威格特、H. 克茨：《比较法总论》，潘汉典等译，贵州人民出版社 1992 年版，第 269 页。

② 参阅 Wieacker, Privatrechtsgeschite der Nuezeit. 2 Auflage，1967，249ff. 323ff. 该书介绍了从 1804 年的《法国民法典》、1900 年的《德国民法典》、1907—1912 年的《瑞士民法典》以及整个欧洲大陆各个国家编纂《民法典》的盛况。书中"民法法典化运动"一词，来源于英国法学家边沁（Bentham）的描述。

映的是自然人到达成年谈婚论嫁、成立家庭的法律问题。最后，一个人的生命到了最后，这样民法就规定了继承的法律制度，作为分则的第四编。这四编的结构，就是按照这种生活的逻辑编纂而成的。当然，各个分编的内容有主要的脉络，也吸收了同种类的法律生活的规则。

《民法总则》体现的法律思想、所建立的基本制度，都要落实在这些具体的分则之中。潘德克顿法学体系下的《民法典》，就是这样建立起来的科学化、体系化而且以实用为目的的制度系统。法学阶梯体系是在国际上和潘德克顿体系同样具有重大影响的立法模式，它的基本特点是直观、不那么具有抽象性。在公元 2 世纪的罗马时期，法学家盖尤斯等人把民法要解决的社会问题归纳为"人、物、权利"三个方面，而且以此逻辑编制出"人法、物法、权利取得、权利救济"四个编章的《法学阶梯》，作为人们学习民法适用民法的基础读本。《法学阶梯》用词简单易懂，把深奥的法律规则表现得浅显明了。但是，它的基本制度建立在"一手交钱一手交货"的模式上，只有现代债法和物权法的雏形，不能反映民法意思自治原则基础上法律交易的精细化要求，甚至无法和现代民法中债权和物权相区分的法律制度相融洽，难以反映现代以债权为核心的市场经济体制的要求。所以不论是从理论上还是从实用价值上看，它确实比不上潘德克顿体系。

二　关于侵权责任编和人格权编

但是，从立法机关公布的我国《民法典》编纂方案看，目前我国《民法典》编纂体例不同于传统潘德克顿体系的特点是增加了侵权责任编和人格权编，因此也产生了我国民法的编纂体系是否还在遵循着潘德克顿法学体系的讨论。侵权责任编出现在我国《民法典》中，是在2001 年中期立法机关组织的《民法典》编纂研讨会上，2002 年全国人大常委会审议的《民法典》（草案）中就有此一编。但是按照我国《立法法》的规定，法律草案被搁置两年而没有审议的，即成为立法上的废案，这些草案已经不再具有立法基础的含义。故 2002 年的《民法典》（草案）在本次《民法典》编纂工作开始之前早已作废。① 不过，2002 年《民法典》（草案）的侵权责任编的内容却最终演化为 2009 年制定的《侵权责任法》，以及现在正在编纂的《民法典》侵权责任编。有学者认为，《侵权责任法》以及侵权责任编出现在我国民法立法以及《民法典》之中，说明我国民法的发展已经脱离了潘德克顿体系，因为侵权法独立是英美法的特征，大陆法系并无独立的侵权法编制。这种看法貌似有理但其实不妥。因为，大陆法系不论是拉丁法系还是潘德克顿体系的《民法典》中都有关于侵权法的系统规定，比如《法国民法典》第 1382 条、第 1383 条的规定，《德国民法典》第 823 条到第 826 条的规定，都是关于侵权法的规则。不过潘德克顿法学认为，侵权行为产生的损害赔偿请求权，具有和一般债权请求权同样的性质，也就是对特定主体的履行请求权。因此从法律规则归类的角度，潘德克顿法学把侵权而产生的损害赔偿请求权纳入债权法的体系范围内。在《德国民法典》《瑞士民法典》《日本民法典》以及我国台湾地区《民法典》之中，侵权之债都是作为债权的发生原因之一。在拉丁民法中，虽然没有按照支配权和请求权的逻辑区分编制，但是其侵权法也是按照损害赔偿请求的逻辑建立起来的。我国因为历史的原因失去编制《民法典》债权编的机遇，但是《民法总则》第 118 条、第 120 条明确规定，在我国民法的立法体系中，侵权行为仍然是债的发生原因之一。所以，《民法总则》明确地坚持了我国《民法典》在立法技术上属于潘德克顿体系的立法模式。因此，不能认为我国《民法典》中有侵权责任编，就得出我国《民法典》否定了债法大体系，进而否定了潘德克顿法学体系的结论。

在立法解释上坚持这个要点的意义，并不只是为了学术上的清晰，而是为了法律贯彻尤其是法院裁判上的准确。因为在民商事案件的分析和审理过程中，不但人民法院和仲裁机构必须遵循请求权的法律逻辑，下文将在合同编的讨论中谈到，合同编关于债法总则的规则，也要适用于侵权之债。如果否定侵权责任编和债权法的内在逻辑，就必然造成法律适用上的困难甚至错误。

---

① 参见《中华人民共和国立法法》第 42 条的规定。

在我国立法机关公布的《民法典》（草案）中还有人格权编，对此，在立法机关公布的理由中我们可以看到：人格权关系到每个人的人格尊严，是民事主体最基本、最重要的权利。立法机关还提及，将人格权独立成编，是我国民法立法和《民法典》的重大发展和创新。对这一说法笔者认为是不准确的。当前加强人格权保护当然是非常正确的，但加强人格权保护是不是就必然得出了人格权独立成编的结果？这样做是不是最佳的人格权保护方案，甚至是不是唯一的人格权保护方案？显然不是。因为，说到人格权保护，我们首先要解决"人格权保护"是什么的问题。对此，其显然就是人格权受到了侵害而要在法律上针对这种侵害建立保护。像上文提到的《法国民法典》第 1382 条和第 1383 条、《德国民法典》第 823 条等都是针对人格权保护建立的制度。我国《民法典》要创新，那么立法机关至少应该说清楚以下几个问题：其他国家和地区的《民法典》没有设置人格权这一编的缺陷在哪里？是不是这些立法就没有认识到人格权保护的重要性？是不是这些立法没有建立人格权保护的法律规则，或者说这些立法的方案解决不了人格权保护的问题？最关键的是现在这样将人格权独立成编是不是就解决了上面这些问题？但是只要仔细分析我们就可以得出结论，其他国家或者地区依据侵权法模式解决人格权保护的做法，理论上是合理的，实践上也是足够的。

上文提到，其他国家编纂《民法典》时都认识到人格权保护的重要性，他们在《民法典》的侵权法制度中建立了保护人格权的制度。而我国 2009 年制定《侵权责任法》之时，立法机关阐明的制定该法的理由，也主要是为了加强对于人格权的保护。《侵权责任法》制定实施十年来在我国司法实践中发挥了重大的作用，尤其是在保护人格权方面发挥的作用，也已经被人遗忘。那些努力宣传人格权独立成编的观点，都不提《侵权责任法》在人格权保护的法律制度中的基础作用，似乎该法不存在似的。本次《民法典》编纂，《侵权责任法》已经是独立一编整体进入《民法典》。考虑到这一点，人们自然会提出这样一个问题："侵权责任编"的主要立法目的是人格权保护，而"人格权编"也是为了人格权保护，那么一个人格权保护的立法问题，为什么特别需要通过民法典的两个独立"编"来解决？

显然，如果现在我国确实存在急迫的人格权保护立法的需要，那么这种需要也还是要完善侵权法而已。① 在本人提出的立法报告中，仅仅在《民法典》侵权责任编中增加六个条文就基本上能够解决全部热议的问题。反过来看目前公布的民法典人格权草案，却并没有很好地解决这些问题。

确实，对人格权在《民法典》中独立成编的立法体例，我国法学界存在十分激烈的争论。② 从媒体上、网络上发表的观点看，支持人格权独立成编的观点认为，传统民法的《民法典》，不论是《法学阶梯》模式或者潘德克顿模式，它们都没有规定独立的"人格权编"，而这种做法，在当代社会来看是很落后的，不能满足依据法律调整现实生活的需要。因为，传统民法仅仅依据侵权法的规则来消极地保护人格权，而现实生活中人格权已经可以进入交易机制了，出现了"人格权的积极利用""人格权的市场化开发"的趋势。而这种"人格权的积极利用"或者"人格权的市场化开发"，是侵权法完全不能解决的问题。在这种情况下，也就是说，人格权的民法立法既要解决受侵害的救济问题，也要解决人格权交易或者开发的问题。所以，人格权编在民法中应该独立地写下来。③

但是从立法机关公布的立法理由和立法内容看，上述这种"人格权积极利用"或者"人格权的市场化开发"观点却已经被 2019 年 4 月27 日公开征求社会意见的人格权编（草案）明确否定。在这个公开征求意见的说明中，立法机关公布的"人格权编"的立法理由是："人格权编草案坚持以人民为中心，顺应人民群众对人格权保护的迫切需

---

① 事实上，笔者很早就已经提出了通过完善《侵权责任法》来加强人格权保护的立法报告，而且该报告也已经通过"全国人大代表建议"的方式，提交给了我国最高立法机关。参见孙宪忠《坚持现实性和科学性相结合原则、积极推动民法典分编编纂的建议》，载孙宪忠《我动议——孙宪忠民法典和民法总则议案、建议文集》，北京大学出版社 2018 年版。

② 事实上，人格权独立成编的观点出现后，就已经在我国法学界尤其是民法学界产生了极大的争议，我国一些最著名的法学教授对这种做法并不赞成。参见梁慧星《人格权保护已形成中国经验》，《法治周末》2018 年 5 月 16 日第 21 版；王泽鉴《民法典的制定、解释适用与法学教育》，https://mp－weixin.qq.com/s/vwW9rCRxQQOdEe2L8 sqaog.

③ 参见王利明《人格权的属性：从消极防御到积极利用》，《中外法学》2018 年第 8 期；《王利明、杨立新、江平谈人格权》，《北京航空航天大学学报》（社会科学版）2018 年第 1 期。

求……对各种具体的人格权作了较为详细的规定，为人格权保护奠定和提供了充分的民事请求权法律基础。"这个理由阐明，人格权编的立法理由是解决"人格权保护"问题，而不是为了解决"人格权的积极利用"或者"人格权市场化开发"的问题。在此之前，立法机关在 2018 年 10 月发布的"民法典人格权编（草案）"（征求意见稿）的第 2 条即明确："人格权益不得放弃、转让、继承，但法律另有规定的除外"。2019 年 4 月发布的"民法典人格权编（草案）"（征求意见稿）第 775 条再次明确，人格权不得放弃、转让、继承。从这一条文可以看出，立法机关非常明确地认为，人格权或者人格权益不得转让是原则。既然转让都不被承认，"市场化利用"开发人格权的观点，在立法上就更无法成立了。所以，可以肯定的是，人格权在我国《民法典》中独立成编，仅仅是为"人格权保护"奠定和提供请求权的法律基础。这项原则，希望我国社会给予充分注意和遵守。

　　毋庸讳言，对于人格权转让或者人格权商业化开发的观点，笔者的立法报告是坚决反对的。道理非常简单，人格权建立在自然人人格尊严和人身自由的基础之上，属于自然人专有权利，将其转让不但违背宪法和法律伦理，而且会造成极大的法理混乱。[①] 所以，在目前公布的立法草案中，虽然在上述法条中出现了"但法律另有规定的除外"这一说法，但实际上，但书条款在立法上属于例外规则，而不是常规性规则。所以，学习法律、研究法律、解释法律者，不应将例外规则生硬地解释为原则和常规性规则。这样解释不仅不符合立法目的，还会带来一个十分严重的消极后果。因为人格以及人格权在历史上曾经和奴隶制、封建等级身份制等黑暗法律制度相关联，只是到了近现代，经过人文主义革命，人格和人格权才具备了人人法律资格平等、人身自由和人格尊严这样一些重大的法思想或者法伦理含义。如果坚持说人格权可以转让、人格权可以市场化利用，那么就会造成重大的法理和法伦理问题，将造成我国立法违背基本的法律人文思想的严重误解。

　　正是因为有这样的担心，从现在公开的材料看，在全国人大常委会

---

　　① 对此，请参见上文引注中提到的笔者关于通过完善《侵权责任法》来加强人格权保护的立法报告。

2019 年 4 月对民法典人格权编（草案）进行第二次审议时，全国人大常委会委员和专门委员会委员对上述法条之中的"但书条款"提出了质疑，质疑的内容是，这里所说的"另有规定的除外"到底指的是什么内容？如果是指商业法人的名称权、商号等，那么这些权利本质只是财产权，而不是人格权。除去商业法人的名称权和商号这些可以转让的权利之外，在整个人格权编之中只有肖像权一种权利似乎可以转让。但是肖像的许可使用，并不涉及人格问题，而只涉及财产合同问题。即便如此，为了立法上的严谨性，就直接规定肖像权除外即可，完全没有必要使用整个人格权转让的但书规则。目前的做法，就已经造成了还有很多人格权利可以转让的误解。从立法严谨性的角度看，这种写法是有明显缺陷的。

关于这个十分重大的理论问题，笔者在此提醒有关机构和学者，请务必翻阅联合国《公民权利和政治权利国际公约》中涉及人格以及人格权的表述，也请翻阅世界公认的关于这个公约的权威解读。① 该公约第 16 条为"法律人格的承认"。据上述解读，此处所说的"法律人格的承认"作为一项基本的人权，就是为了总结奴隶制的教训解决现实中各种变相的类似问题；而该公约的第 17 条为"隐秘权"，规定"任何人的隐私、家庭、住宅或通信不得加以任意或者非法干涉，他的名誉不得加以非法攻击"。如此这般，我国目前热议的人格权问题都在此公约里得到体现。这个公约所说的人格权保护要解决的问题，首先是要解决国家承担保护责任的问题，其次是要解决社会包括一般民事主体的侵害问题。这个公约还体现的一个思想就是人格的人文价值，而人格的人文价值的必然结论，就是人格权只属于那些单一的自然人自己专门拥有，绝无"转让""市场开发、利用"的可能。所以，本人在多个立法议案、立法建议和立法报告中提出，请务必注重人格权上的法思想和法伦理问题，不可出现违背我国立法基本价值观的问题。这一点也请立法机关和一些坚持人格权转让观点的学者关注。

---

① 如［奥］曼弗雷德·诺瓦克所著 "U－N. Covenant on Civil and Political Rights"。参见［奥］曼弗雷德·诺瓦克《〈公民权利和政治权利国际公约〉评注》，孙世彦、毕小青译，生活·读书·新知三联书店 2008 年版。

让我们略感欣慰的是，从立法机关发布的说明看，可以肯定的是人格权编中没有"积极利用"和转让人格权的制度，更没有什么"市场化开发"的规则。可以清楚地看到，虽然国家立法机关在立法体例方面采纳了人格权独立成编的立法建议，但还是从人格权保护而不是人格权转让的角度编制了这一部分内容。因为独立成编的立法理由只是为了"人格权保护"，那么它的制度规范仍然只是侵权法规范。正如王泽鉴教授所说，现在的这个人格权编独立编，其实就是另一个侵权责任法，或者说是《民法典》侵权责任编的一个特别编。①

三 《民法典》合同编立法体例问题

我国民法立法受时代发展的限制，至今没有建立债权法的总则，甚至也没有建立债权的总括性制度。这种情况是改革开放的历史造成的。改革开放初期立法需要尽快解决交易规则方面的问题，因此立法机关在20世纪80年代初期制定了《经济合同法》《技术合同法》和《涉外经济合同法》三部法律。这些合同法，顾名思义，是关于经济交易的法律制度，其内容没有考虑一般的民事合同法制。同样因为这个背景，这些立法不会考虑到合同法与债法之间的整体逻辑。尤其重要的是，这些合同法都有计划经济色彩。虽然1986年制定的《民法通则》规定了债权，将其作为民事权利的基本类型，而且也把合同作为债的发生根据，但是体系化的债权理论和立法逻辑在《民法通则》中没有得到承认。1993年我国《宪法》否定计划经济体制、建立市场经济体制，《经济合同法》等三个合同法的立法基础丧失了，立法机关做出了修改这些法律的决定。但是在当时的历史背景下，我国立法者和法学界都特别关注当时三个"合同法"如何统一为一个《合同法》的问题，而没有关注到合同法和债法整体的编制体例问题。这一次修改产生了统一的《合同法》而不是统一的债法。到了今天，我国立法者和法学界已经充分

① 参见《王泽鉴梁慧星纵谈两岸民法典（上）：人格权、债法总则与担保法是否独立成编》，https://mp-weixin-qq-com/s/XmhrRsgoSRstDmaE-ZkbUg.

认识到债权体系理论的正当性，但是，在内容和体系都十分强大的《合同法》背景下，制定统一债法的目标现在确实难以实现了。

我国《合同法》于1999年制定完毕并开始实施。该法分为总则和分则两大部分，而《合同法》的总则部分实际上包含了一些债法总则的内容。2015年以来我国开始编纂《民法典》，立法机关将合同法作为独立的一编，而不是将债法作为我国《民法典》的独立一编。在我国《民法典》编纂的过程中，事实上确实有很多学者坚持《民法典》应该有债法一编，而合同法不可以作为独立一编，而只能作为债法的一部分。但是立法机关经过讨论还是采取了将合同法作为独立一编，不设立债法编的体例。采取这种体例的主要原因有两个：第一，我国改革开放以来的立法一直是合同法独立成法，并没有将合同法作为债法的一部分，这种模式已经为立法和司法普遍接受。此时重新编制债法，则必然耗费很多时间和精力，这样《民法典》编纂的任务就不可以顺利完成。第二，在以《德国民法典》为典型的债法立法模式中，债法的实际内容还是以合同法为主，不当得利之债、无因管理之债、侵权之债的内容其实只有一小块。如果为了照顾法学理论上的债法周延，那么立法上合同法的分量将非常大，而其他债权规定则无法与之匹配，这样就会出现体例上畸轻畸重的缺陷，这其实也是立法上的不完美。本人所作的立法报告，对此也进行了比较多的讨论。① 最终编制债法的设想没有被我国立法采纳。

在我国《民法典》体例中，债法不独立成编的情况下就出现了这样一个问题：债法总则性的内容如何规定？不当得利之债、无因管理之债、侵权之债之间的关系如何规定？我国立法者解决这个问题的方法是：第一，在2017年3月制定的《民法总则》中规定"民事权利"一章，在这一章用几个条文，建立债法的基本体系，这就是《民法总则》第118条第1款规定："民事主体依法享有债权"；该条第2款规定："债权是因合同、侵权行为、无因管理、不当得利以及法律的其

---

① 参见孙宪忠《我国民法典编纂中的几个问题》，https：//mp－weixin－qq－com/s/YL VAl-iXFkkmXDy7vY8LHQ。该文是笔者在第十二届全国人大常委会第二十四次会议上所作的讲座，文章对于即将展开的我国民法典编纂的进路和规划，从法理上进行了比较全面的探讨。

他规定，权利人请求特定义务人为或者不为一定行为的权利。"在这个条文之后，《民法总则》第119条规定了合同之债，第120条规定了侵权之债，第121条规定了无因管理之债，第122条规定了不当得利之债。这五个条文，大体上构建了债的基本结构。第二，在《民法典》合同编中首先规定合同之债的一般规则，同时也规定，其他债权行使如果必要，也可以适用合同之债的一般规则。从《民法典》合同编与整个债法体系的逻辑关系的角度看，目前我国全国人大常委会法工委发布的合同编草案（征求意见稿）中，有一个条文首先应该引起注意，这就是第259条。它规定，非因合同产生的债权债务关系，适用有关该债权债务关系的法律规定；没有规定的，适用本编第四章至第七章的有关规定。在合同编第四章至第七章，包括了大量的债法总则的内容。第四章规定的是合同的履行，第五章规定的是合同的保全，第六章规定的是合同的变更和转让，第七章规定的是合同的权利义务终止。在此四章之中，法律条文关于主体的称谓，多使用"债权人""债务人"的概念，较少使用"合同当事人"的概念。在法律关系内容的描述时，法律条文基本上都使用"债权、债务"的概念。这样一种立法体例，事实上也就涵盖了整体上的债权债务关系，满足了债法作用于现实社会的需要。

在这种体例下，无因管理之债和不当得利之债如何处理，也是需要仔细斟酌的。因为这两种债不是合同，不能简单地纳入合同编之中。但是在债权法学上，这两种债经常也被称为"准合同"，因为它们都能够产生双方当事人之间的债权债务关系，而这种法律关系也可以适用合同当事人的请求权的规则。基于这种考虑，我国民法典合同编草案，将它们统称为"准合同"。但是考虑到它们和合同规则的鲜明区分，我国民法典合同编草案采取了"分编"的做法，第一分编是合同总则，第二分编是合同分则，第三分编是准合同。

从合同编的编排体例看，还有一个稍微细小的问题需要解决。这就是悬赏之债在体例上安置在何处的问题。关于悬赏，虽然绝大多数民法学家都认为这种法律行为属于单方行为、债权行为，但是目前我国民法典合同编（草案）将其认定为合同订立的行为。本人认为这种做法并不妥当，其中原因很多，最明显的不妥之处在于，悬赏制度建立的目的是，因为悬赏行为发出后很长时间里，相对方到底是谁并不清楚，所以法律要解决的问题是，在相对人没有出现之前这一段时间里如何对悬赏人形成法律上的约束，以保护潜在相对人的合法利益。所以悬赏制度是一种单方行为，而不是合同订立行为。另外，悬赏人针对相对方的利益并不在于承诺后履行合同，而在于其行为或者完成工作的品质是否符合自己的要求。这一点也与合同不一致。而完成悬赏的行为者、完成悬赏的工作者，经常是多个人，这种情况完全无法纳入合同关系之中。所以本人的看法是回归传统民法，将悬赏作为单方行为和债权行为，将其放在准合同部分更加妥当。

四　关于区分原则的贯彻问题

在曾经主流的我国民法学理论中，债权和物权的法律效力的差别在各种民法著述中都会提到，关于债权与物权都是根据法律事实发生变动的常识也无人否定。但恰恰在权利变动的效力是否需要区分法律根据这个问题上，我国法学界长期以来未达成共识。各种立法和法学家的著述之中存在诸如以合同来确定物权变动、物权变动又作为合同生效的原因、物权必须和债权同时生死、债随财产走等混乱和错误的观点。这种情况在20世纪90年代较为剧烈，不仅影响了1994年的《担保法》、1995年的《城市房地产管理法》，也影响了1999年制定的《合同法》。

1992年我国建立市场经济体制之后，急需民商法"保驾护航"，同时也急需相关法律理论的支持。但从后来的情形看，相关的民商法理论的发展却没有能够满足经济体制的需求，这一时期的立法出现了很多背离常理的情形。比如，1995年最高法院的一个司法解释确立了"不动产的合同不登记不生效"的规则。① 这是一条裁判规则，也就是依据合同履行的情况来裁判合同是否生效，只有得到履行的合同才能生效。这

---

① 参见《关于审理房地产管理法施行前房地产开发经营案件若干问题的解答》，1995年12月27日发布。在我国，最高法院的"司法解释"虽然在名义上仅仅是在解释法律，但是多年以来都在积极地创建新的裁判规范，而且我国法学界也普遍认为这种解释可以作为法律的渊源之一。

个规则存在本末倒置、违背法理的问题。因为现实生活中人们订立买卖合同的时候,比如,我国最常见的购买商品房的交易中,购买人订立合同的时候,房屋常常是没有的,出卖人交付房屋常常是在订立合同的数年之后。而且购买人也常常是在办理接受房屋交付的手续(验收、确认交付等)之后数年,一般都是入住数年之后,房地产开发商才能够将他们从政府那里办理的"大产证"更换为小业主需要的"小产证",并且依据登记过户的方法把房屋所有权转移到小业主手中。那么如果按照上述裁判规则,在办理登记手续之前,这些事实上已经履行大体完毕的合同却还是无效的。如果以登记来判断合同的生效,那么不动产登记之时,事实上就是合同彻底履行完毕之时。难道一个合同,到了完全彻底履行完毕的时候才能够生效吗?这种规则不符合法理,实在是太严重了。以这种规则来从事法律交易裁判,则必定会导致错判。①

但即使如此,这样的观点在当时也是我国民法学界的主导学说。在这种主导理论指导下,该年制定的《担保法》第41条还是规定了不动产的合同不登记不生效,第64条规定了动产合同不交付占有不生效的规则。至于1999年制定实施的《合同法》第51条,其本质也是如此。该法条将当事人没有所有权或者处分权而订立合同的行为,从法律概念上定义为物权法意义的"无权处分";把物权变动的法律根据用来作为合同之债的法律根据。该法第132条,规定订立买卖合同时必须要有标的物存在、出卖人必须有所有权的规则。

显然在市场经济实践中,没有标的物、没有处分权,当事人之间当然可以订立先行合同,这并不是什么"无权处分"。比如,我们在工厂里订货,订货的时候当然没有标的物,更不会有标的物的所有权。这些合同当然都是没有处分权的合同。如果按照第51条和第132条,这些合同都应该被判无效了。显然,这些立法规则是错误的。

但是,后来发生的无数次争论说明,我国《合同法》《担保法》的

---

① 事实上这些不合法理的规则确实造成了很多错误的判决,本人曾经撰文对此进行过分析。可参见孙宪忠《从几个典型案例看民法基本理论的更新》,《判例与研究》2003年第2期。当然,这些规则不符合法理的要点,是违背了债权只是请求权、相对权,其成立生效并不需要标的物存在,也不需要处分权作为法律根据。

这些规则，正是我国当时多数民法学家的基本认识。1995 年本人从德国留学回国后，也参加了《合同法》立法的一些讨论，对这种立法和法学观点提出了不同看法。但在当时没有得到立法的承认。当时甚至还有学者指责说：无权处分就是自己没有权利就敢于出卖他人之物，这毫无公正可言！完全违背了中华民族数千年的诚实信用的传统！现在看来这些说法未免过激，但是在当时都是义正词严、大义凛然的。显然，这些学者未搞清楚订立合同只是产生债权不发生物权效力的理论要点，也未搞清楚债权约束只是发生在订立合同的当事人之间，而对物的所有权人没有任何拘束力的道理。一直到 2015 年《民法典》编纂工程开始，还有学者坚持这种观点，他们提出一定要把标的物存在和出卖人享有所有权规定为买卖合同生效的前提条件。他们认为不这样规定的话，这样的合同就是欺骗。

在 1995 年开始进行的我国《物权法》的制定工作中，本人提出了建立在潘德克顿法学基础上的"区分原则"，就是把债权变动的原因和物权变动的结果区分开、把它们的法律根据区分开的原则。在笔者撰写《物权法学者建议稿》总则时，将这一原则贯彻到了立法方案之中。区分原则在德国法学中是处分行为理论（物权行为理论）的内核，不过本人考虑到我国立法者和法学界可接受的程度，在相关的论证报告中，仅仅强调了物权和债权法律效力的区分，以及物权变动的法律根据和合同之债法律根据的区分。至于物权行为理论中所包含的"无因性原则"，则采取了淡化处理并未多做阐述，希望以此避免过多理论纠缠，使人们能够更加容易地接受潘德克顿法学的精华。[①]

本人受命撰写的《物权法学者建议稿》的总则，通过建立不动产登记制度和动产交付制度，对我国原来的物权变动制度进行了本质性改造：把物权变动从《合同法》中提取出来，写入《物权法》之中，使

① 关于此方面的内容，笔者在核心法学期刊上发表的论文共计十余篇。如孙宪忠：《论物权变动的原因与其原因的区分原则》，《中国法学》1999 年第 5 期；孙宪忠：《物权行为理论的探源及其意义》，《法学研究》1996 年第 3 期；孙宪忠：《再谈物权行为理论》，《中国社会科学》2003 年第 3 期等。此外，笔者在《中国物权法总论》一书中也比较系统地介绍了这一理论，参见孙宪忠《中国物权法总论》，法律出版社 2003 年版、2008 年版、2013 年版、2018 年版。据"中国知网"统计，该书是我国物权法学著述中，被引用最多的一本，并获得中国社会科学院科研成果奖。

物权变动的法律效力在体系上和债权法分开，这就改变了我国法学界一直坚持的交易法律制度就是《合同法》这个"共识"或者"通说"，使得我国民法理论发生重大改变。另外，这一建议稿坚持物权公示原则，把不动产登记和动产交付作为常规化的物权公示方式，并把它们作为常规化的物权变动的法律根据，这样就改变了民法基本的分析和裁判规则。这样就基本上实现了区分原则的要求。

因为现实生活中，一切法律上的交易都存在订立合同和履行合同的基本区别，也就是存在债权（或者请求权）和物权（或者支配权）的变动，因此，区分原则的分析和裁判方法，对于整个民商法的交易分析和裁判具有共同的指导和规范作用。

经过约20年的努力，我国2007年制定的《物权法》第15条等，明确采纳了这一原则。最让人欣喜的是，2012年颁布的《最高人民法院关于审理买卖合同纠纷案件适用法律问题的解释》第3条公开否定了我国《合同法》第51条的规定，[①] 而且最高法院在做出该项解释的论理中，明确地引用了本人著作的内容。目前最高立法机关发布的民法典分则合同编草案，已经果断地删除了第51条，也在根本上改变了第132条。这样，我国《合同法》不符合民法原理的问题就得到了解决。这一点，也说明了我国立法的科学性确实在取得显著的进步。这样，区分原则理论在中国从提出到采纳，其间经历20年，其价值目标得以圆满实现。

五 结语

我国《民法典》编纂是一件大事，确实有很多问题需要进一步讨论。在笔者看来，立法尤其是民事立法，必须在立法者的法思想、民众的法感情、学理上的法技术三者之间形成和谐的统一。实事求是地说，

---

① 《最高人民法院关于审理买卖合同纠纷案件适用法律问题的解释》第3条："当事人一方以出卖人在缔约时对标的物没有所有权或者处分权为由主张合同无效的，人民法院不予支持。"这个条文，受到《合同法》制定的参与者的批评。但是最高法院以司法实践需要应用区分原则为由，否定了这些批评意见。

目前的《民法典》编纂的方案进步非常大，非常值得肯定。但是参与该法的民法学家思想和观念上需要统一，立法者对于社会观点的采认应该进行更多的讨论和研究，我国现实的复杂性应该予以充分调研，民法科学意义上的法技术应该得到充分的尊重。因此，我国《民法典》编纂不应该太急促，我们还需要在理论和实践调研方面做更为扎实的工作。

对 2017 年 8 月提交的《〈民法典·合同编〉草案（室内稿）》的评价

一 总体而言，对室内稿写作的指导思想和思路表示理解和支持

首先，这一草案在立法科学性方面做出了很大努力，比如放弃了《合同法》第 51 条这一具有明显法理缺陷的条文，修改了很多法理表达缺陷的提法，改变了一些不合时宜的规则。其次，它坚持了民法一般法和特别法的区分，《民法典》中的合同类型并没有显著的增加，把民法上的特别合同类型交给特别法去规定。这一点将来可能会受到一些人的批评，但是我认为这恰恰是一个优点。《民法典》中的合同法，不可能把社会生活中全部的合同类型都列举出来。其原因是在契约自由的原则下，当事人在不断地新创设合同类型，《民法典》形式上比较稳定，不可能将它们都写进来。有些新类型，交给特别法去规定应该是很好的选择。再次，这个稿子注意了繁简相宜，保持了立法语言直接、简明的好传统。最后，这个稿子比较好地结合中国现实，具体要点很多，不一一赘述。

因为目前提交的《〈民法典·合同编〉草案（室内稿）》也还是初步形成的，我认为，从整体结构到具体条文，值得修改、值得再斟酌的地方确实还是不少。如下所提建议，首先还是就这篇稿子的基本结构、基本法理方面展开，细节性的个别条文内容甚至个别字句的调整，请容许我以后再提出来讨论。

二　关于基本结构的修改建议

（一）关于合同编之中规定债法总则的问题

这一稿的内容之中包括了一些债法总则的规则。我的意见是，如果要在合同总则之中写入债法总则，那么就应该更加大方地写一下，把债法的总则写得更加丰满、更加完善。另外，还必须在体系上考虑，这些债法总则性质的内容不可以与合同法的一般规则相混淆。所以我的意见是：

（1）把目前的第一章划分为几个节，其中第一节写合同的一般规则，把目前的第九章准合同提前，作为第一章的第二节。准合同的内容里面，可以写上："准用合同规则"这样的话。这种做法，说明了准合同以其本质并不是合同，但是在法律适用上，准合同可以准用合同规则的特点。目前室内稿把准合同作为合同的一章，体系上显得有些乱。

（2）为了体现债法总则的特点，可以在第一章里面再设立第三节"多数人债权债务"。目前，债权或者债务的主体为多数人的，多数人之间权利和义务的规则，在《民法总则》之中并没有规定。这个规则非常重要不可缺少，建议加以规定。另外，因为这一部分内容并不是一两个条文可以说清楚的，因此建议可以规定为一节。考虑到这方面的规则不仅适用于合同，也适用于准合同，因此建议写在第一章之中。

（3）在第一章，还可以增加第四节，规定选择之债和种类之债的区别及其相互规则。这些规则在案件分析和裁判方面，都是不可或缺的。目前的室内稿，把准合同一章放在合同总则之后，这一点虽然也能够体现合同与准合同的体系差别，所以这种做法也不是不行；但是，如果结合债法总则的体系来考虑，那么我提出的建议应该值得采纳。

（二）关于合同法和担保法的整合

目前的合同编还没有考虑到和担保法整合这个大问题，希望能够认真思考并进一步做出体系安排。随着民法法理科学的发展，我们现在对于担保法的缺陷认识得越来越清楚；按照目前的立法规划，担保法将来也不会在体系中得以留存。所以我们必须解决合同法和担保法的整合问题。事实上担保法中涉及担保物权的缺陷，部分已经在 2007 年的《物权法》中得到了弥补。没有解决的问题，这一次一定要在《民法典》物权编中加以解决。但是其中涉及人的担保的问题，现就必须在《民法典》合同编中加以解决。

具体的做法是：仍然从立法体系化的角度出发，考虑到保证合同回到合同法之后，还有其他的"人保"方式也要纳入《民法典》之中，因此，建议在合同编中增加"保证以及相关担保方式"一章（把本次"室内稿"予以扩充），其中划分为两节：其一是规定"保证合同"；其二是规定"其他相关担保方式"。建议中的第二节，除了要规定目前法律已经承认的定金等方式之外，也要明确规定押金、保证金、"诚意金"等专门在合同交易中使用、有些具有担保性质有些具有先期支付性质的行为属性问题。它们并不只是在买卖交易中使用，而且在租赁、加工承揽、运送等多种合同中都有应用，因此将它们做出总括性的规定是比较合理的安排。

（三）关于合同法总则部分

本人注意到，室内稿在合同的订立、合同效力和履行这些核心规则方面，有显著的变化，最值得肯定的是放弃了原来的第 51 条，修改了第 52 条等。这些具有核心价值的裁判规范的改变，于法理更加科学、更加清晰明确，于实践更加方便操作。考虑到我国法学界尚有部分法学家的法学观念还没有更新，一些人还会对这些改变提出批评意见，所以本人希望立法工作机关能够顶住压力，把这些好的变化坚持到底。当然在这方面，我们还应该继续往前走。室内稿把原来的债权人代位权和撤销权提出来，规定为专门一章，这一点也值得肯定。

本人针对这一部分内容提出的修改建议是：将"区分原则"作为基本原则，在总则部分写下来。现在我国应该对民事权利的基本区分、权利变动的基本法律根据的区分这些重要的法理分析技术和裁判规范有更加清晰的认识。我希望，能够将这项原则明确定下来，而且能够推广这项原则的应用。

首先，我们应该认识到，"一手交钱一手交货"的法律分析和裁判规则，在理论和实践上都有严重的缺陷。在这种交易模式下，人们认识不到承诺的重要价值，而且总是把合同的成立和合同履行混为一谈，社会不知道债权约束力的根据，因此没有完备的债权制度，社会不能建立充分的信用。这个重大问题反映在《合同法》里面，实际上反映了我国社会整体信用基础欠缺的大问题。遗憾的是，我国法学界尤其是民法学界，现在还有人认识不到这个问题。我们还记得，在本次《民法总则》立法的讨论会上，还有立法专家以美国人向中国老百姓出卖月球土地的违法合同为由，提出标的物在法律上不存在的情况下，合同不应该受到法律承认和保护的所谓原则问题。其实这种观点的缺陷很清楚：标的物不存在的，并不妨碍订立合同之后将标的物生产出来。比如，工厂里订货，都是先订合同后生产，这个时候合同当然应该先生效。月球土地当然不能买卖，因为那是标的物在法律上"不可能"，而不是标的物"不存在"。不可能与不存在之间，存在本质的不同。以法律上不可能的标的物来出卖，那其实是诈骗，当然合同不会受到法律的承认和保护。但是，标的物不存在的合同当然应该得到法律的承认和保护。这是1999 年《合同法》制定时期没有搞清楚的地方，而这一点是债权的法理科学性之所在。

我们提出区分原则之后，首先是人民法院认识到其法理的科学性和实践的优越性，因此在 20 世纪 90 年代末就开始接受它，以至于后来的历次相关司法解释都承认和采纳它。《物权法》制定时期，经过很多努力，形成了第 15 条这个重要的分析与裁判规则。该条规定"当事人之间订立有关设立、变更、转让和消灭不动产物权的合同，除法律另有规定或者合同另有约定外，自合同成立时生效；未办理物权登记的，不影响合同效力"。这一规定仅仅解决了债权合同生效的法律依据和物权变动的法律根据的区分问题，尤其是它规定不能将物权变动的结果当作债权合同生效的原因，这一点对于后来的司法实践意义重大。因为在民法上，基本的民事权利就是支配权和请求权的区分，《物权法》第 15 条确立的规则，理顺了交易的原因及其结果之间的逻辑关系，所以这个规定对于我国民法整体的科学性提升发挥了关键的作用。后来最高人民法院的数个司法解释依此做出，从根本上改变了我国在交易中物权确认的实践规则。实事求是地说，以上法律和司法解释等都是对以《合同法》

第 51 条为首的典型的、否定负担行为和处分行为相互区分的法理的纠正。

把区分原则规定为基本原则，理由在于这项原则在全部涉及交易的合同订立与合同履行领域里发挥着分析和裁判的作用。大家都知道买卖是最为典型的交易，在买卖合同的订立和履行过程中，区分原则发挥的作用最为显著。但是其他的交易，也都有合同订立和合同履行的区分问题。最近最高法院发布的一个典型案例涉及的是租赁合同，法官在这个案例中成功地应用了区分原则，说明了合同成立但是还没有履行之前的法律效果问题。如果不使用区分原则，这样的案件就无法处理。在加工承揽、运送等合同之中，也都存在这样的法律问题。即使是涉及行政权力的案件，我们也要借助区分原则，让当事人基于要约与承诺产生的约束力首先生效，不可以忽视这里的信用问题。以前的《合同法》规则是，在获得行政批准之前合同完全无效，当事人不受其要约与承诺的约束。这种法理的失误导致了很多不诚信的结果。

此次合同编草案（室内稿），在总则部分已经将原第 51 条删除，是值得肯定的。但是仅仅这样还是不够的。合同编应该对区分原则正面规定，然后要在比如买卖合同等制度中加以落实。值得注意的是，此次合同编草案（室内稿）第 155 条（原第 132 条）仍然规定，订立买卖合同需要先有标的物产生，还规定标的物属于出卖人所有或者出卖人有权处分，这一规定还是有明显的错误。中央一再要求立法要坚持科学原则，对于这样明显的法理错误如果还要坚持，我认为是很不应该的。虽然这个条文的第三款增加了新的规定，但是这个规定也是有缺陷的。这个缺陷已经被人民法院充分认识到，而且也通过司法解释、依据区分原则建立了新规则。据我们了解，法院系统非常普遍地应用了这一规则。所以这个问题条文应该重新写一下。

除了在买卖合同部分坚持区分原则之外，在合同的其他部分也应该贯彻这项原则，总而言之，立法不能承认和保护不诚信的行为。

我国民法学界反对区分原则的学者认为，合同法律关系的目的是将债权转变成物权或具有同质价值的权利，这是当事人预期的法律效果，这种法律效果的发生才是当事人订立合同所追求的结果，是合同的目的和归宿，也是合同效力的终极表现，是合同债的效力的结果。在以物权变动为目的的合同中，当事人预期的法律效果就是物权变动，取得物权。因而，物权变动结果的发生也是此类合同效力的当然内容。

但是这些说法是不对的。原因很简单：应然不等于必然。合同应该履行不等于合同会绝对地全部得到履行。对于国计民生具有重大价值的合同都是远期合同、远程合同，这些合同订立之时，目的并不能马上实现，而必须等到过一段时间才能实现。在合同订立完成之后，还可能有第三人和当事人的一方或者双方发生法律关系。因此，我们必须把合同订立的法律效果和合同履行的法律效果明确区分开来。合同已经订立完成，必须对双方当事人产生约束力，债权必须在这个时候生效。从这一点，我们也就会理解物权变动在合同履行时生效的道理。如果把合同目的和合同订立时的效力混在一起，合同债权不能正常生效，这种交易就是没有法律信用的。英文中债权就是用 Credit 这个词来表达的。依此而论，我们当然可以清晰地看到债权和物权的法律根据的区分。如果法学界认识不到这一点，那么法学将落后于实践；如果立法者还认识不到这些，那么立法将落后于实践，受到损害的是市场经济的发展和人民的权利。

三 关于《合同法》的分则

（一）需要增加的合同类型

本次合同编草案（室内稿）增加了四种有名合同的类型，分别是物业服务合同、保证合同、商业特许经营合同与合伙合同，另外中介合同实为原居间合同更名而不是新增。目前法学界一些学者提出的应该增加的合同类型还很多。本人认为，《民法典》合同编作为民法基本法或者一般法，大规模地扩张合同类型并不妥当，因为很多合同还是要借助民法特别法来规定。但是即便如此，《民法典》合同编也应该适应形势发展，将一些具有普遍意义的合同纳入《民法典》合同编，这也是必要的。本人认为应当增设以下有名合同类型。

1. 旅游合同

在我国《合同法》制定之初，对于旅游合同是否应当作为一种有名合同进行专章规定，即产生了较大的争论，在最后出台的《合同法》中，还是将其删除了。目前德国民法、我国台湾地区的民法均对旅游合同有专门的规定。日本也制定了《旅游业法》对旅游合同进行了必要的规范。我国旅游业已经达到了非常繁盛的程度，相比于《合同法》出台的年代而言，旅游合同的纠纷也呈几何级增长。2010 年最高人民法院出台了《最高人民法院关于审理旅游纠纷案件适用法律若干问题的规定》，确立了一些处理旅游合同纠纷的裁判规则。2013 年，我国又颁布了《旅游法》对旅游服务合同进行了规定。因此，我国现在对于旅游合同的立法模式，是类似日本的由特别法进行规定的立法例。我认为，为了回应现实的需求，凸显旅游合同的重要性，我国合同编分则中，应当在参考既有司法解释和法律的基础上专章规定旅游合同一章。

2. 互联网合同（或电子商务合同）

本人注意到，这一次《〈民法典·合同编〉草案（室内稿）》在合同订立一章，就依据互联网订立合同的规定有不少增加。但是我认为这是不够的。因为，互联网对于《合同法》现有规则的影响，并不仅仅反映在合同订立这一部分，更重要的是，互联网对于合同当事人之间的权利义务有本质的影响，对于合同的履行以及法律责任也有重大的影响。而且互联网合同并不只是涉及商品的买卖，也涉及其他交易。考虑到这些因素，应该把互联网合同作为一种独立的合同类型加以规定。我国互联网交易发展迅速，在世界上获得极高评价，中央也提出了"互联网＋"的发展战略，《民法典》编纂应当尽量与时俱进，把互联网合同作为独立的合同类型就是一个很好的体现。

互联网合同作为有名合同加以规定，主要有以下几个问题需要加以明确：一是互联网合同的概念和范围，互联网合同具体包括哪些类型等。二是互联网合同与格式合同之间的关系规则。因为这种合同都是以格式条款的形式出现的，因此需要对其中的格式条款进行规制。三是互联网合同的订立、履行的规则。四是这种合同当事人之间特殊的权利义务以及法律责任的规则。五是这种合同的附随义务规则，尤其是互联网服务提供者保护相对人的信息和数据安全义务的规则等。

3. 雇佣合同

对于雇佣合同，现行《合同法》制定时，虽然在试拟稿和征求意见稿中都曾有所规定，但最后却被删除。大体原因是人们担心《合同法》的规定和当时正在制定的《劳动合同法》发生冲突。但是后来出台的《劳动合同法》关于"雇佣合同"的规定并不符合民法一般法的要求。关键的问题是该法关于雇佣合同的适用范围限制过死，只有社会组织或用人单位与劳务提供者之间发生的劳务与报酬交易才可以适用该法，而个人与个人之间的劳务和报酬纠纷，被排除适用。因此我们提出，本次《民法典》合同编应该将雇佣合同独立规定，解决法律漏洞弥补的问题。

《德国民法典》和我国台湾地区"民法典"将有偿劳务合同分为雇佣、承揽和委托三个基本类型。目前在我国其他两种合同都已经由《合同法》做出了规定，而雇佣合同这种最常见的民事合同却没有法律规定。当下社会分工越来越精细化，雇佣合同在实践中得到了非常普遍的应用，因此产生的法律纠纷也非常多。我国的《侵权责任法》中其实已经对个人之间形成的劳务关系规定了雇主侵权责任，实际上是间接承认了雇佣合同关系。此次的草案中对于雇佣合同仍然没有规定，我认为我们应当顺应形势的发展，增设规定雇佣合同一章。需要注意的是其与《劳动合同法》的协调，应当将合同编分则部分的雇佣合同章作为一般规则进行处理。

4. 快递合同

快递合同随着快递业的迅猛发展而得到了社会普遍的承认。从民法的角度看，快递合同是一种快递企业向消费者提供快速服务，消费者支付报酬的合同，是快递行业健康发展的基础。快递合同涉及问题比较复杂，其是一种集承揽、保管、运输等合同类型于一体的合同形态。且当下快递企业大多以格式条款的形式与消费者之间订立快递合同，因此，如何保护消费者的合法权益是快递纠纷中出现的最突出的问题。当下，对于快递业务在法律法规上的规定，大多是组织法或者管理法的形式。如国务院 2015 年发布了《关于促进快递业发展的若干意见》，2015 年修正的《邮政法》在第六章专门规定了"快递业务"，《电子商务法（草案)》也对快递物流服务的提供者有一些相关规定。但是对于"快递合同"，尤其是在私法领域还没有规定，为了更好地保护消费者的权益，合同编分则部分应当参考上述法律、法规将快递合同规定为一种有名合同，对快递业务的经营管理，尤其是格式条款的滥用等问题进行进一步的规制。

5. 金融（银行）合同

考虑到金融业对于市场经济发展的重大价值，而目前我国基本法层面还没有法律规定金融合同，因此建议这一次立法能够在合同编规定金融合同。

由于我国民法立法采取民商合一体制，在《民法典》中写上重要的商事合同类型十分必要。事实上现行《合同法》中就有商事合同类型。合同编草案（室内稿）中对"合伙合同"进行了专章规定也能反映出民商合一的特征。以前，金融类合同基本上仅仅与企业相关，但是现在金融类合同已经涉及普通民众，实践中因此而发生的诉讼也很多。因此将这一类型的合同写入《民法典》合同编，不仅对于企业的市场活动很必要，而且对于一般民众的相关权利保护也很重要。

（二）需要调整位置结构的合同

目前的合同编草案（室内稿），涉及具体合同类型的编排体系，给人一种感觉就是比较乱。传统民法，在合同类型编排上，采取的体例是把这些合同按照转移所有权、转移使用权、提供服务、完成特定工作等划分为大类，然后把大类的合同编排在一起，这样在理论上和实践上都有相当的好处。从这个角度看，目前合同编草案（室内稿）确实要改进。主要的问题有：

（1）把物业服务合同规定在第十二章，夹在所有权转移的合同类型之中，这一点是不合适的。应该把它规定在完成特定工作的大类之中。

（2）把保证合同规定在第十五章，夹在转移使用权的合同大类之中，这也是不合适的。应该将它单独处理。

（3）第十八章规定商业特许经营合同，属于特别合同类型，应该放在分则部分的末尾规定。

（三）关于违约责任

本人对于违约责任这一部分的写法，基本的意见是希望能够细化、完善。目前,《民法总则》民事责任部分的规定主要适用于侵权,对于违约责任的一些特殊类型,比如继续履行、赔偿损失以及支付违约金等责任形式基本上没有规定。分则合同编的违约责任部分,应当弥补这个缺陷。

我注意到,合同编草案（室内稿)相比现行《合同法》对违约责任有所改变和增加,但是还很不够,还应当进一步细化。具体的建议是:

第一,明确完全赔偿原则,完善可得利益范围的确定及赔偿的计算等制度。首先要明确可得利益损失的范围,一般包括生产利润损失和经营利润损失等类型;其次要借鉴既有的司法经验,明确可得利益损失的计算规则,应当运用可预见规则、损益相抵规则、过失相抵规则、减损规则等规则来综合进行判断;最后要明确一些可得利益损失的排除规则,如存在欺诈经营行为或者当事人约定了损害赔偿的计算方法等。在违约的情况下,导致的非违约方的损失是客观存在的,只有通过对可得利益的赔偿,才能使非违约方恢复到如同损害没有发生的状态之下,符合完全赔偿原则。

第二,对违约金责任规则予以细化。室内稿与《合同法》相同,关于违约金的规则仅仅规定了一个条文,这是不够的。事实上,最高人民法院已经通过《合同法司法解释（二)》等司法解释对违约金的调整规定了比较详细的规则。《民法典》合同编应当对既有的司法解释的经验进行总结,将其纳入其中。

第三,对违约责任不采取精神损害赔偿的原则予以明确。《合同法》违约责任下的损害赔偿,基本的出发点是补偿损失,而精神损害赔偿并不在这个范畴。如果当事人确有精神损失,可以通过侵权法的规则予以解决。这一点是国际通识,我国也应该采纳。

以上意见,仅供参考。

对2018年8月公布的《〈民法典·物权编〉（草案）》前三章的修改意见

一　案由

我国《民法典》编纂工作的第二步，是《民法典》分则各编的编纂。2018年8月底，全国人大常委会第五次会议发布了关于《民法典》分则各编的草案，并且公开征求社会意见。本议案正是针对这次发布的民法典物权编（草案）的第一章、第二章、第三章所提的修改意见。

二　案据（问题的提出）

我国最高立法机关公布的物权编（草案）的前三章，在《物权法》的知识体系之中属于总则性规定或者最一般条款的规定，在整个物权立法体系中，具有全局性指导的意义。这一部分立法的理论性、思想性、专业性相比其他部分是最强的，它的修改应该在这一次民法典编纂中得到充分的关注。

近年来，习近平总书记和党中央一再提出"科学立法"的要求。在《加强党对全面依法治国的领导》这篇报告中，习近平总书记在分析我国法治现状时指出："当前，立法、执法、司法、守法等方面都存在不少薄弱环节……"因此在提出加强党对全面依法治国的领导的具体方针时，提出了"坚持全面推进科学立法、严格执法、公正司法、全民守法"的要求。值得注意的是，立法工作应该遵守的原则或者指导思想是很多的，但是中央和习近平总书记所强调的是科学立法。这个重要思想我们应该充分理解，而且要在全部立法工作中予以充分贯彻。

结合本次发布的《民法典》物权编草案的前三章分析，我们认为，习近平总书记和党中央关于科学立法的要求非常中肯、非常重要。原因在于本次发布的物权编草案前三章，基本上来源于 2007 年制定的《中华人民共和国物权法》的总则。该法制定时受客观形势发展所限，在保障政治正确的前提下，立法科学性存在不足。最高法院后来发布了数个相关的司法解释来弥补这些缺陷。但是我们还应该看到，《物权法》的很多制度并不只是借助司法裁判来予以贯彻的，在行政管理过程中贯彻《物权法》的制度，在我国可能是更为重要的。比如我国公共资产、自然资源等方面的物权制度，都要借助行政执法。因为《物权法》的基本功能是建立和保障国家基本经济秩序，而行政管理恰恰要涉及对很多标的物的执法，这就必然涉及《物权法》的贯彻问题。因为 2007 年《物权法》在建立国家基本经济秩序方面，贯彻立法科学性有相当的不足，后来的行政执法也一再遇到麻烦。

此外，该法制定实施已经十多年了，客观环境也发生了比较大的变化。所以，借本次《民法典》编纂的大好机会来解决这些问题，可以说是非常必要的。必须指出的是，本次提交审议和征求意见的物权编，确实有很多新亮点，在此我们充分肯定。

三 论证以及修改建议

本人建议，首先，提出一个《民法典》物权编整体结构安排的建议，其次，对《民法典》物权编第一章、第二章、第三章提出修改建议。考虑该编体系很大，法律条文太多，应该修改的不少，故对于具体的修改意见，一般只是简要讨论，不做学术性的充分论证。

意见按照物权编（草案）的条文顺序展开。

（一）整体编章结构的建议

1. 建议采取"分编"体例

建议《民法典》物权编采取"编—分编"的结构，在本编中设立"第一分编一般规定""第二分编所有权""第三分编用益物权""第四分编担保物权""第五分编占有"。

将本编分为五个分编的理由很简单：物权编的全部内容本来就是这样编制起来的，这五个分编的内容划分为五个清晰的部分。2007 年制定的《物权法》，划分为五编。现在公布的立法方案，这些编都被删去。其实，划分分编不只是为了立法体系清晰完整，也是为了适用法律和学习法律的方便，因此建议恢复原来的各编，将其改称为分编。

（二）对第一章的修改建议

2. 和《民法总则》的协调问题

首先要解决的问题是，《物权法》体系中的一些基本原则被立法写在不同的地方，这个问题应该协调解决。比如，物权法定原则写进《民法总则》之后，公示原则等却仍然由物权编来规定。这样不论在理解和实施法律还是在学习法律时都会遇到很多问题。这个问题希望能够协调解决。

第四条规定公示原则，应该明确强调这是一条原则。确定公示原则，对于《物权法》整体意义重大。但是这个条文缺陷明显：凡是原则必有例外。在我国《物权法》中，不动产物权非经登记而发生有效的物权变动的情况不少；动产物权非经交付而发生有效变动的也不少。因此建议对这些非经公示的情形予以承认，条文修改的方法，最好是采用"但书"规定，"但是另有法律规定的除外"。

3. 承认法人物权，作为独立物权类型之一

物权编（草案）第 3 条规定："国家、集体、私人的物权和其他权利人的物权受法律平等保护"，这个规定是必要的，但是确实是不足够的。因为这项原则重点强调的是"平等保护"，它要解决的问题是过去对于民间财产权利保护不足的问题。我们对这个条文的规定予以肯定。

但是我们不能同意因此就否定在《物权法》中规定法人物权作为

我国社会的物权类型的观点。原因其实也很简单，物权编（草案）第三条内容，强调各种政治分类意义上的物权平等保护，解决的是过去因为对于社会主义意识形态的不当理解而轻视民众物权的现实问题。但是，物权立法的基本出发点是"定分止争"，而这一点在草案第三条中是看不到的。

不论是按照《民法总则》的规定还是按照我国经济社会生活的实际需要，物权立法都应该规定法人物权，将其作为物权类型最为重要的一种。我们都能够看到，法人作为民事主体已经拥有大量的资产；而且最为重要的是，按照法人民事责任为有限责任的规则，法人是以自己的全部资产来承担民事责任，所以，法人首先拥有财产所有权，其次它们还根据实践的需要拥有其他各种类型的物权。物权立法的基本功能，是按照其自身的科学性，按照依法治国的原则建立社会资产的法律秩序，解决各种资产包括公共资产的占有、使用、收益和处分各个方面的问题。在现实社会中，不论是公共资产还是民间财产，建立财产秩序的主要手段都是法人制度，法人拥有的资产数量和经济意义，远非自然人可以相比。以法人的名义行使占有、使用、收益和处分财产的权利，以法人的名义承担财产责任，这是民法制度最重要的内容。所以我们甚至可以说，法人物权在当代社会的国家治理方面发挥着核心的作用。不承认法人物权类型，甚至至今不承认法人所有权，这是我国民法立法最为显著的科学性缺陷和体系性缺陷。同时，它也是我国民法以及整个法学知识体系的缺陷。

利用这一次《民法典》编纂弥补这个缺陷是十分必要的。这个显著的问题，希望立法机关解决。

4. 贯彻《民法总则》规定特别法人的思想精神

《民法总则》第 96 条规定了特别法人，这一点对于建立和完善公共资产的法律制度意义重大。因为公共资产在我国意义重大，而且历来只有相关的行政管理制度，用行政管理的方式来"替代"民事制度。但是，不论是从法理上看还是从实践的角度看，这种依据行政管理的方式来行使民事权利的方式，是不可行的。其中一个现在大家都能够看得到的问题，就是公共资产运营中的自上而下的长官意志、公共财产的社会利益得不到体现的问题。而且在行政管理体制下公共资产的保护、责任承担等都存在相当大的灰色空间。《民法总则》规定特别法人，本来的重要价值就是从特定主体、特定客体、特定权利和义务、特定责任的角度来解决我国现实中的这些问题。但是，从物权编的全部内容看，《民法总则》第 96 条这个具有重大意义的精神，却没有得到任何积极的体现。这种情况是不应该出现的。

建议结合《民法总则》关于特别法人的规定，在物权编第一章中体现为对于公共法人或者公法法人物权的原则性规定，以此推动整体物权制度的重要更新，并进而推动对于国家整体的公共财产秩序的科学化更新。

5. 建议物权编采纳"物尽其用原则"

所谓"物尽其用"，是指物的存废以发挥其最大经济价值与最大效用为目标，从而使社会有限的资源得到最充分利用的思想。这一思想不论是在我国还是在国外，都是古已有之。物权法就是关于物的支配和利用的法律，所以这项原则应该当作物权编的一般原则加以规定，并应该对各种具体物权的行使、物权的取得以及消灭的司法、执法发挥指导或者制约作用。鉴于物尽其用的原则意义显著，而在我国《物权法》上被完全忽视，因此我们提出了单独的议案，并对此展开了仔细的论证。具体的内容，请参阅相关议案即可。

6. 建议固定数字资产适用物权法规则

关于数字资产如何适用物权法规则的问题，应该在物权编中加以规定。《民法总则》第 127 条规定："法律对数据、网络虚拟财产的保护有规定的，依照其规定。"这个条文，只是讲数字资产的保护问题，其内容从物权法的角度看没有实体意义，因为物权法要解决占有、使用、处分等方面的问题。显然，该条文没有建立这方面的规则。

我们的建议是，在物权编总则部分增加一条，对于数字资产，准用或者适用物权的一般规定。

（三）对第二章的修改建议

第一节的修改建议

7. 保留依据法律行为发生的物权变动必须进行不动产登记的基本规则

本章第一节中的第 5 条、第 6 条，在一些研讨会中有学者提议删除，我们认为这些观点并不可取。不动产登记是物权变动的基本规则，现在我国实行市场经济体制，物权变动是基本经济现象，因此，《物权法》应该把物权变动当作常规制度来规定。

至于不动产登记统一原则，也是我们应该坚持的。现在统一的不动产登记制度还没有建立起来，即使未来建立起来统一登记制度，这个条文的指导和规范意义也是显著的。

8. 补充"不动产登记的权利正确性推定效力"规则

第 12 条，在保留现有条文之外，增加如下条文内容："不动产登记簿记载的权利人及其权利内容，对第三人推定为正确；未经依法变更的，不得违背。"

补充这一条文的意义十分重大，因为不论是法院的司法裁判还是行政执法，都要裁处交易中的物权变动的问题，这个时候法院或者执法部门要确立一个裁处的基点。这个基点就是标的物的物权的合法状态。我们必须首先确定这个基点，然后确定和这个物权相关的其他法律关系。举例说明，现实中我们常常需要确定一个房屋的所有权，它的主体是谁、客体的范围等。这就是我们裁判的基点，而这个房屋的所有权，登记在不动产登记簿之上，法院或者行政执法机关在司法或者执法中，首先必须从这个基点出发，来进行相关的司法或者行政执法工作。

确定这个基点的意义，我们可以从现在很多法院判处的家庭房屋所有权交易案件来说明。现实中，一些房屋所有权登记在丈夫或者妻子单方的名义下面，这些房屋出卖给了买受人，办理了过户登记手续。有些买卖，交付房屋已经很多年、办理登记好多年，另一方配偶提出这些房屋属于夫妻共同财产，要求人民法院判决买受人返还房屋。而现实中很多法院也就是按照另一方配偶的请求，做出了撤销这些交易的判决。但是从物权法原理上看，这种裁判是错误的。错误的原因就是没有认识到不动产登记簿的公示作用，也就是不动产所有权的正确性推定作用。在法院的审理和裁判中，类似案件正确的做法，是首先应该推定登记簿上的记载为正确登记，不能仅仅因为配偶一方的主张就否定买受人的利益。在裁判的指导思想上，法院还必须解决另一方配偶到底是不是共同所有权人的问题，因为依据我国法律，并不是所有的夫妻都是房屋的共同所有权人。所以，准确的符合物权法原理的裁判，是法院应该让另一方配偶先解决其是不是共同所有权人的问题，然后再来解决买受人的交易安全问题。而且我们还要指出的是，在法律上，即使配偶属于共同所有权人，买受人的物权取得也不能仅仅因为配偶的单方主张而被撤销。

我们还必须认识到，一个不动产之上常常还有其他权利人（我们统称其为第三人），这些主体的权利义务关系，也是记载于不动产登记簿之上的。如果在司法上听任他人随意撤销，那么法律上就没有交易安全可言了。从交易安全、经济秩序安全的角度看，基于不动产登记簿而建立的物权秩序，不能在未变更登记之前随意否定。而且，不动产登记簿推定效力的意义，在司法和执法实践中要大于善意取得。也就是因为这样，《物权法》第106条规定的善意取得的制度，并不能替代我们这里的制度建议。

通过这些分析，我们就知道，在立法上确立不动产登记簿的权利正确性推定规则，意义十分显著。因此，建议立法机关能够采纳我们的设定条文。

9. 关于登记错误的赔偿责任，应该贯彻过错原则

第18条第2款，关于登记错误而给他人造成损害的，一律要求登记机关承担赔偿责任，然后才可以向有过错者追偿的规定，在法理上和实践上都有问题。法理上的问题是，侵权责任均以当事人的过错作为要件，而该规定首先不讲过错。有时候登记错误是当事人自己造成的，让登记机构赔偿不妥。实践上的问题是，登记机构赔偿后向有过错者追偿时，有可能出现追偿不能实现的问题，这样后果就要由登记机构负责，最终要由纳税人负担。无论怎样，这一规定都是不妥当的。

这一条的修改建议是，将第2款修改为：因登记错误给他人造成损害的，由对该登记有过错的当事人或者机构负责赔偿。

第二节的修改意见

10. 修改第二节名称，增加承认占有作为动产公示方式、补充占有推定效力的建议

在物权法科学上，占有一直是动产物权的公示方式之一，发挥着静态公示作用，也就是以占有表示其权利拥有的作用。在现实生活中，我

们普遍接受的动产，以占有表示所有权享有，就是占有公示原则的体现。但是，不论是依据法理还是依据生活常识，我们都知道，这种所有权的享有，其实是一种"推定"，而不是绝对的确定。因为如果标的物之上另有所有权人，而且所有权人有充分证据证明了自己是所有权人，那么标的物就应该返还给所有权人。但是，占有人作为所有权人的推定，也是十分必要的，不论是社会上的一般人还是法官，都不能认为占有人不是权利人。这种推定在行政执法时也是必需的。所以，在物权立法上承认动产占有作为一种公示方式是十分必要的。

动产物权的另一种公示方式是交付，交付承担的法律功能是证明权利的转移，或者说是动产物权的变动。和交付不同的是，占有作为公示方式证明权利的享有。从日常生活和市场经济实践看，占有作为公示发挥的作用，甚至超过了交付。但是，交付作为公示方式获得了物权立法的承认，而占有尚未得到承认。

立法上的建议是：

（1）将本节的名称修改为"动产的占有和交付"；

（2）在第二节一开始增加一个条文："动产，以占有人推定为所有权人，并受保护。"

11. 扩大"准不动产"范围的建议

第 21 条，鉴于当前经济生活中，可以用来设置物权的准不动产已经扩大到火车车皮等非机动车、饲养场的牲畜等，建议将原来该条文中的三种准不动产范围适当扩大。

12. 关于不采纳统一动产登记的建议

鉴于目前有些学者提出建立统一的动产登记制度的观点，我们建议对这种观点不予采纳。因为动产的登记，除了准不动产登记具有物权公示原则的意义之外，其他登记并不具有物权公示意义。此外，动产的范围极为广大，而且流动性极强，建立统一的登记制度不但没有必要而且无法实现。

13. 第 22 条表述不当的纠正建议

第 22 条最后一句话"物权自民事法律行为生效时发生效力"的表述错误。因为，在先行占有的情况下，物权一直是存在的，也一直是生效的。本条实际上要规定的，是物权何时被取得人取得的问题。故，建议此条文修改为"物权自民事法律行为生效时由权利人取得"。

14. 第 23 条概念使用不当的修改建议

第 23 条最后一句规定的"返还原物的权利"应该修改为"返还该动产占有的权利"。原因是，这种情况下，"返还原物"并不是立法的本意。原物指的是处于本初状态的物，如果要求"返还原物"，那么在第三人合法占有标的物，而且使用了标的物的情形下，原物的状态已经改变。要求原物的返还，会产生超出立法目的的争执。

15. 第 24 条概念使用不当的修改建议

第 24 条最后一句话"物权自该约定生效时发生效力"的表述错误。因为，该条规定的是"占有改定"，而这种情况下，物权一直是存在的，也一直是生效的。具体的修改意见是"权利人自该约定生效时取得物权"。

对第三节的修改建议

16. 第 28 条表述不当的修改建议

第 28 条最后一句话，应该修改为"处分行为无效"，或者"不发生处分效力"。原文"不发生物权效力"一句，不符合立法本意，而且理解上歧义很大。

（四）对第三章的修改建议

17. 关于写入物权自助制度的建议

物权保护中自助制度十分重要，至今没有写入是一个明显的遗憾，建议这个问题得到解决。

物权法上的自助，指的是物权遭受侵害时权利人依据自己的力量来保护的制度。在物权保护这个大制度下，针对物权的侵害，应该有两种基本的保护方式，一种是权利人的自助，另一种是公力救济也就是依据公安执法的救济和法院裁判救济。

自助所要解决的问题，是物权被侵害时等待公力救济来不及的情况。这种情形有两种，一种是针对正在发生的损害，比如偷盗者甚至抢劫者侵入权利人家里盗窃或者抢劫物品的情形。这种情况下，如果只许可权利人等待公安机关的到来，那损害常常无法避免。另一种是损害已经发生（比如物被盗窃已经完成）但是权利人事后发现被盗窃物被他人占有的情形下，法律也不能只许可权利人报官，因为标的物可能转瞬即逝。所以自古以来，法律都承认和保护自助。第一种情形下，权利人当然可以自助，保护自己的物权（这种情形民法上称为"自力防卫权"）。第二种情形下权利人当然可以取回自己的物品（这种情形民法上称为"自力取回权"）。

显然，不论是依据法理还是依据人之常情，物权人都应该享有自助的权利，作为物权保护的一种方式。在 1999 年中国社会科学院课题组提交全国人大常委会法工委的《物权法学者建议稿》之中，学者们也写上了物权自助，作为物权保护的制度之一。但是，当时有观点认为，如果许可自助，尤其是如果法律许可物权人行使强力，那么就免不了增加暴力闹事的可能。这些批评的症结就是不切实际，而且对民事争执或者争议不分是非。与此类似的是，在当时的刑事法律制度领域里，"正当防卫"也不能得到正确理解和运用。这种情况说明，那个时候有很多人对于民众自己行使权利不放心，所以 2007 年颁布的《物权法》没有采纳建立自助制度的建议。

2017 年制定的《民法总则》也没有建立自助制度，该法虽然规定了正当防卫和紧急避险，上文分析中提到的"自力防卫"似乎得到了部分的承认，而"自力取回"却丝毫没有得到承认。到了 2018 年，在我国立法机关公布的《民法典》侵权责任编之中，出现了被称为"自助"的条文，相关的立法方案也已经公布，征求社会的建议。但是仔细查看却发现，这个条文的概念、规则，都不是自助。而且关键是，在《民法典》侵权责任编写入自助制度是不妥当的。因为，侵权法自古以来就被称为损害赔偿法，《民法典》的侵权责任编解决的是权利被侵害之后的赔偿问题，而不是权利保护问题。也就是因为这样，我们强烈建议，《物权法》规定自助制度，作为物权保护重要的、必不可少的内容之一。

物权编关于自助制度，至少可以写四条：第一条是自力防卫，第二条是自力取回，第三条是暴力自助的限度，第四条是发生争议的处理。因此，这一部分内容可以作为独立的一节。具体的条文内容，在此前的学者建议稿中已经有详细的讨论，此处不再赘述。

18. 对第 29 条表述不当的纠正建议

第 29 条第一句话"物权受到侵害的，权利人可以通过和解、调解、仲裁、诉讼等途径解决"，修改为"物权受到侵害而发生的争议，权利人可以通过……解决"。原因很简单，要解决的是当事人之间发生的"争议"，而不是物权损害。

19. 关于在第 30 条中补充确权请求权无须强制对他人诉讼的制度建议

第 30 条规定的物权确认之诉，在司法实践中，出现了法院要求权利人必须找一个诉讼对象，通过诉讼来确权的问题。事实上，确权无须找一个诉讼对象。这个问题应该在立法上解决。建议该条直接写明，权利人可以单方提出确认物权的请求。

20. 关于第 33 条表述不当的修改建议

第 33 条，在物权标的受损的情况下，权利人行使的请求权，仅仅规定"权利人可以依法请求恢复原状"就能够充分满足需要，目前的立法方案所写的"权利人可以请求修理、重作、更换或者恢复原状"的内容，在立法上并不妥当，因为除了恢复原状这一项目之外，其他的内容，和《民法典》合同编之中的买卖合同、承揽合同、定作合同等部分之中关于债务人的责任是重合的。因此，这样的写法是不妥当的。

21. 关于物权请求权部分又写入损害赔偿请求权的看法

第 34 条，在物权请求权部分之外，又规定了损害赔偿的请求权。损害赔偿的请求权，是一种以金钱赔偿为目的的请求权，它本质不是物权请求权。如果仅仅从学科体系的角度看，它不写在这里也是可以的。目前也有一些学者认为，应该把这一条删去。但是，我们认为这个看法并不妥当，因为立法不是教科书，学术体系是必要的，但是方便实用应该更重要。这个条文撰写的初衷是，指明权利人行使物权请求权不足以保护其权利时，还可以再从损害赔偿的角度提出补充性的请求权。这一点，从指导法官裁判的角度看，意义还是显著的。

目前的第 34 条"侵害物权，造成权利人损害的，权利人可以依法请求损害赔偿，也可以依法请求承担其他民事责任"。这个写法确实没有体现出撰写这个条文实出于物权保护目的的初衷，因此造成了和债权编、侵权责任编的制度重合。因此这个条文的写法有缺陷。

　　建议的写法，或者说应该的写法是："物权受损害权利人的利益以上述方式尚不足以补救的，权利人可以向侵害人主张损害赔偿以及其他民事责任。"这个写法首先是明确，损害赔偿在物权保护的制度下只是补充责任；而立法机关公布的立法方案没有体现这一点，似乎权利人可以放弃物权请求权而直接主张损害赔偿。我们建议的写法还明确了权利人可以向侵害人主张损害赔偿，这一点在立法机关公布的立法方案中也是不明确的。这个不明确在司法实践中也容易造成误解。

四　方案

　　上文指出了民法典物权编（草案）的前三章应该修改的 21 个不足之处，同时写明了建议的撰写方案或者修改建议，还对这些撰写的内容和修改建议做了必要的说明。因此，上文已经有明确的立法建议方案。

对 2018 年 10 月提交全国人大常委会第二次审议的《民法典·合同编（草案）》的修改意见

　　全国人大常委会于 2018 年 10 月审议了《民法典》合同编和侵权责任编的草案，这是对于《民法典》（草案）的分批审议的重要工作。本人作为全国人大宪法和法律委员会委员，在列席参加常委会时已经对这两个草案提出了审议意见。其中关于合同编的修改建议口头表达的虽然已经有很多，但是因为发言时间有限，有些问题没有表达或者没有表达清楚，因此在这里提出书面修改意见做一个补充，供参考。

　　一是关于三个分编名称的协调。该编的体例，划分为三个分编。这种做法有利于债权法自身体系的清晰化，第一分编规定的是债法的总则，第二分编规定了合同，第三分编规定了非典型合同，这种做法值得肯定。但是，第二分编和第三分编的名称不协调，需要修改。如果坚持第二分编命名为"典型合同"，那么第三分编应该命名为"非典型合同"。如果坚持第三分编命名为"准合同"，那么第二分编命名为"合同"即可。在第一分编作为债法总则的情况下，将第二分编命名为"合同"也是可以的。

　　二是关于第 255 条合同定义的准确化。第 255 条，关于合同的定义，应该和《民法总则》第 118 条的规定保持统一。根据《民法总则》第 118 条的规定，合同是债权的发生原因之一，因此《合同法》规定的合同应该严格地从债权债务的发生原因的角度来加以定义，而不能将其扩张到全部财产关系的协议。除了人身关系协议之外，民法上的财产关系协议，还有一些是非债协议，比如抵押合同、质押合同、所有权保留协议、让与担保协议、当事人之间直接发生物权变动的交付协议

（如买卖房屋时为履行买卖合同出卖方向买受人交钥匙、买受人验收房屋后双方签字的认可交付成就协议等）。这些非债协议，如果纳入合同法，就违背了《民法总则》第 118 条的规定。建议合同编第 255 条明确规定，合同仅仅是债权发生的根据。

三是关于合同示范文本的法律效果问题。第 261 条第 2 款，在指引当事人可以参照各类合同的示范文本订立合同的同时，还应该指引当事人"可以在示范文本之上约定当事人自己确定的合同内容，也包括约定排除示范文本的内容"，以保护当事人的权利，满足现实需要。

四是需要确定"非实质性变更"。第 280 条，关于"非实质性变更"的规定需要解释，因为这个问题会影响到合同效力的司法裁判。建议在本条规定第 2 款，说明其含义，以免讼争。

五是第 282 条第 2 款规定的情形，没有规定合同成立的日期。因为这个日期在司法案件中涉及诉讼时效的起算点，不规定成立日期，定会造成司法难题。因此建议在这一条文中予以明确规定。

六是关于悬赏的再思考。第 291 条关于悬赏的规定，需要在法律上明确其含义和制度，而且总的来说，悬赏作为典型合同也是不对的。因为按照第 291 条，悬赏仅仅是悬赏人自己的行为，和对方并没有形成要约和承诺之间的关系。只有在对方完成悬赏的工作之后，才有了两个当事人。而且完成工作的人，一般情况下，也不会仅仅是一个人，很可能是多个人。法律上建立悬赏制度的目的，是拘束悬赏人做出悬赏的意思表示后的行为，限制其随意撤销悬赏，造成损害可能的相对人的利益。但是悬赏的意思表示做出后，相对人是谁还无法确定，这时候法律限制的只是悬赏人的单方行为。这种情况非常特殊，民法上也因此将悬赏定义为单方行为。

按照第 291 条，悬赏人发出悬赏后相当长的时间里，对方是谁并不清楚，无法确定其合同关系存在。所以，悬赏在履行前实际上是没有合同关系的。

事实上悬赏分为两种情况：一种是悬赏人做出悬赏之后，他人直接完成悬赏的工作，然后请求悬赏人给付报酬；另一种是悬赏人做出悬赏后，他人来和悬赏人订立合同，然后按照合同完成工作，依据合同请求报酬（这样就避免了出现多个人完成工作而同时请求报酬的问题）。无论如何，这些都不能改变法律建立悬赏制度的初衷，即限制悬赏人单方撤销的行为。

无论如何，草案把悬赏当作合同订立方式的做法是不可取的，因为这样做违背了悬赏制度的初衷。根据以上分析，建议把悬赏规定在第三分编之中。而且建议还要规定，在悬赏实际履行环节，如果发生多个"对方"完成工作而主张报酬问题的处理方法，即多个人完成了悬赏，都来要求报酬，这种情况如何处理，也应该明确规定。

七是第294条，关于合同效力，第2款规定合同"应当办理批准等手续"才生效的合同时，"等"这一个字可以引出很多解释，建议删除。

原来的《合同法》规定了合同办理批准、登记等手续才生效的合同。但是，登记本身并不能影响合同的效力，因此这一次合同编明确地删除了登记对于合同效力的决定性作用。但是相关立法理由在法律中无法明确显示，因为我国并没有立法理由书，因此《合同法》这些重要内容的变化，无法通过相关的文件来予以说明。所以登记，就可能成为将来民法司法的重大争议点。本来这里已经删除，但是以前的教科书和立法机关出版的说明书，都还在司法机关使用着。所以保留这个"等"字留下了很多隐患。

另外，根据行政法的原理，在某些合同需要批准之外，也没有其他的手段可以决定合同的效力。因此，这一个"等"字也没有必要出现，留着它反而会出现很多的麻烦。我们不知道还有什么行政机关会根据这个不确定的含义来做一些不利于市场交易和人民权利的事情。

八是第307条，关于选择之债，第2分句"通知到达对方时，债务标的确定"中的"债务标的"四个字，应该斟酌修改。因为这四个字，容易被理解为"标的物"，但是现实中应该还包括"履行方式"等含义。比如运送合同，可以选择汽车运输，也可以选择火车运输。标的物是确定的，但是运送方式是可以选择的。

九是第335条，关于债权转让，现在的规定是"未经通知，该转让对债务人不发生效力"。但是，我们需要思考的是，通知了就可以发生转让的效力吗？一提出这个问题，我们就知道草案的规定还不是周全妥当的。因为草案条文对此并未明确。按照严谨的法律逻辑，"不通知对债务人不生效"，并不等于"通知了就有效"。这个问题，在司法实践中已经出现了多次争议。例如，债权人将债权转让给第三人，已经通知了债务人。但是这个债权人依据其手中的债权文书，又将该债权作为质押标的，为他人设置了质权担保。这时候，债务人原来承担的一个债务，一下子变成了两个债务。这个问题必须明确解决。建议修改为："债权转让，以债权人向受让人交付债权的法律根据为生效要件。"

十是第 376 条，在违约责任部分规定了定金，这一点不符合法律原理。因为正如该条文的规定，定金是一种债权的担保方式，而不是违约责任的承担方式。建议将定金规定在债总部分。

十一是第 385 条，买卖合同，把买卖合同仅仅理解为关于所有权的法律交易，这一点并不符合实际。因为买卖土地使用权、买卖股权等都是买卖。

十二是第 394 条，关于买卖中的标的物风险负担，应该坚持标的物的风险随同所有权或者处分权转移的一般规则，同时也可以允许当事人约定风险负担。

比如，买卖的标的物是一栋建筑物，该建筑物不幸遭遇火灾。那么，到底是出卖人还是买受人应该承受这个风险？当然，应该是所有权人承担风险。如果买受人还没有向出卖人转移标的物的所有权，那么当然是出卖人承受风险。但是，如果所有权已经转移给买受人，则买受人应该承受风险。

在货物运输的过程中，应该允许当事人约定风险负担。

从以上分析看，第 394 条的规定并不确切。

十三是第 457 条，借款合同，建议在第 1 款之后，设立第 2 款，规定"禁止高利贷"。在全世界的民法中，都有禁止高利贷的规定，有的国家法律还把这一条规定为法律原则。但是我国法律始终没有这项规定。相反，我国最高法院关于民间借贷的司法解释，事实上承认了高利贷的合法性。这种做法给我国社会造成很大困惑。现在民间金融秩序相当混乱，而且造成很多悲剧。必须利用《民法典》的规定来禁止高利贷。

对 2019 年 4 月提交的《民法典·物权编》担保物权分编（草案）的修改建议

第十三届全国人大常委会第十次会议已经在 2019 年 4 月对民法典物权编草案进行了第二次审议，审议后的稿子（简称二审稿）也已经在 4 月 27 日公开征求意见。其实 2018 年 10 月进行的第一次审议过程中及其审议之后，社会各界提出的建议或者意见已经不少，其中也包括对一些制度设想提出质疑甚至是否定的观点。总体而言我国社会关注的热点还是物权编（草案）之中的总则分编、所有权分编和用益物权分编，担保物权部分的争议似乎不是很多。但是这一现象并不能让我们放松警惕。因为物权编的担保物权分编建立的法律制度，是对债权实现的物的担保，而这种担保体现的是市场经济体制下的诚实和信用的维护。这一部分立法在当前我国信用体系的法律制度之中发挥着基础性作用。但是担保物权制度本身的法律技术性又比较强，一般人经常也不从事这方面的业务，所以可能难以提出意见。这并不能表示这一部分的制度设计没有问题。实际上，这一部分确实还是有不少问题的，在此本人提出十个方面的问题，希望立法机关予以注意。意见指向的条文编号，为二审稿的法条编号。

当然本人提出这些问题的前提是对目前《民法典》担保物权分编草案的进步予以充分肯定。目前的制度设想体现了立法机关对于现实问题的积极回应，而且也采纳了我们在此之前提出的一些建议。

一　第178条写法的不足及修正意见

第 178 条第 1 款："债权人在借贷、买卖等民事活动中……可以依照本法和其他法律的规定设立担保物权。"

这个法律条文明显的不足在于：一是它把设立担保物权的行为表述为债权人的单方行为。从这个条文的表达看，似乎债权人自己就可以设立担保物权。因此本人提出的修正建议就是改变这个条文的提法。具体的建议是："债权债务关系的当事人为了保障债权人权利的实现，可以为其设立担保物权。"

与此相关的第 2 款，也可以修改为："依前款，第三人为保障债权人权利实现，也可以以自己的物为其设立担保物权。"

这个条文的第二个缺陷是，它没有说明那些无法用物权来担保其实现的情形。比如，一些完成工作以及提供劳务的债权是无法设立担保物权的。比如雇佣合同，就无法设立物权担保（对这些债权的实现，可以通过违约金等方式来建立保障）。因此，在第 178 条中，完全有必要规定第 3 款："依法不可以用担保物权保障的债权，当事人可以其他法律方式救济之。"

二　第 179 条的不足及其修正建议

这个条文的立法目的，是要说明担保物权设立之后，被担保的债权债务关系却处于无效状态的处理措施问题。在这种情况下，要解决的问题，就是要规定被担保的债权债务关系无效之后，担保物权怎么办这个法律上的后果问题。问题的关键在于，抵押权原则上因为不动产登记而设立，动产质权原则上因为交付标的物而设立，在这种情况下，不动产登记没有撤销，动产质押交付给债权人的标的物没有返还，所以在法律上必须要处理抵押权和动产质押标的物返还方面的问题。这当然是一个十分重要的问题。从实践的角度看，这样的问题写在担保物权的一般规定之中确是必要的，因为这方面的规定，适用于全部担保物权制度。但是第 179 条现在被设定为两款的法律条文之中，却并没有一个字提到担保物权，也没有讨论主债权无效的情况下担保物权的后果，尤其是抵押人、质押人在担保物权还处于暂时有效的状态下，如何保障自己的标的物不被纳入债权人支配范围的权利救济问题。这个立法条文的写法把这些重要的制度要点都忽略了，因此它存在十分严重的缺陷。而立法恰恰应该解决的是关于担保物权设立后，债务人权利的保护问题。这种做法无论如何，不论是给当事人还是给法官律师，都将带来极大的制度迷惑。

我们来看看这个条文的写法，就能够看到这个条文的缺陷。

第179条分为两款，第1款："设立担保物权，应当依照本法和其他法律的规定订立担保合同。担保合同是主债权债务合同的从合同。主债权债务合同无效，担保合同无效，但是法律另有规定的除外。"该款规定的缺陷在于：

（1）设立担保物权的合同在法律上并不构成和主债权之间的主从关系，主债权和担保物权之间才构成法律上的主权利和从权利之间的关系。担保物权因此在法律上被确定为具有"附随性"的法律特征，担保物权的使命就是保障主债权实现，而主债权消灭时，担保物权在法理上也就失去了正当性而无法提起。

（2）设立担保物权的合同的无效，并不造成担保物权直接的、当然的、无效的后果，因为抵押权已经纳入登记，担保合同无效时这种登记绝对不会自然而然地被涂销；质押标的物还在质权人手里，担保合同无效时标的物不会自然而然地回到质押人手里。所以本条文规定"担保合同无效"不解决任何法律上的问题。

（3）在法律理论上，本条文的基本缺陷就是搞不清楚担保物权设立中的债权法律关系和物权法律关系的区别。这一条的立法方案是直接地规定了担保合同和主债权债务关系之间的关联，否定了这种情况下担保物权的存在，从而造成司法障碍。

从以上三点分析可以清楚地看出来这个条文设计的缺陷之所在。因此该问题，需要立法机关明确认识和解决。实际上，这个条文所要解决的问题就是主债权无效之后，首先是尚保留在登记簿上的抵押权、质权还能不能提起的问题，抵押人、质押人享有什么权利的问题，以及尚保留在质权人手中的质押标的物是否应该及时返还的问题。对这些问题，立法应该直接回答即可。本人提出的建议是：

第 179 条

第 1 款：担保物权，为所担保主债权的从属权利。主债权无效时，担保物权不可以提起，担保人依法可以提起主债权无效的抗辩权。

第 2 款：主债权无效的，因设立担保物权而进行的登记，担保人有权利向登记机关主张涂销。

第 3 款：主债权无效的，因担保物权而由债权人取得的担保人动产以及权利证书等，应向担保人返还。

三 第 185 条的写法不足及其修改意见

第 185 条规定了设立抵押的目的和基本制度。该条文的写法，明确的缺陷如下。

（1）设立抵押权是"为担保债务的履行"这个立法目的表达错误，因为设立抵押权是为了保障债权的实现，至于在实现债权之时，债务人是否必须履行债务则并不设立抵押权的目的。抵押权可以设立在第三人的标的物之上，以第三人的标的物实现债权的，当然不是债务的履行。即使抵押权设立在债务人的标的物之上，设立这种抵押权也不是为了特别强调其债务的履行，因为"债务必须履行"是债权法的基本原则之一，债务人依法必须以其全部资产来履行债务；以其特定财产设立抵押的，只是为了保障债权人在抵押标的物上享有排斥其他债权人的优先权，以保障债权人权利的实现。因此设立抵押权是为了"担保债务履行"这句话是错误的，这个立法目的应该修改为：为担保债权的实现。

（2）在这个条文中，建议写入"设立抵押权应该进行登记"的原则。该条文对于现实生活不仅实践意义重大，而且对于下文设立各种抵押权都有统领的规范意义，因此建议将其写在当前第 185 条之中。

四 第 186 条的问题及其建议

如果仔细区分，第 186 条事实上规定了两种不同的抵押制度。其第

1 款，规定了各种不同的资产可以单一设立抵押权也可以将数种资产一起设立抵押的情形。这一种抵押权在民法上一般称为"浮动抵押"，因为这些资产中包括企业的产品，其价值经常有变化，这一部分抵押制度其实也应该予以充实完善。其第 2 款规定："抵押人可以将前款所列财产一并抵押。"而这种将一个民事主体的全部财产包括不动产、动产、知识产权以至于生产线上的产品集合起来设置抵押的情形，在民法上称为集合担保或者集合抵押，也有著作称其为财团抵押、企业抵押或者企业担保。如果不仔细区分，第 186 条规定的这种抵押也被泛称为浮动担保、财团抵押。

　　当前我国经济实践中民营经济、中小企业融资难是很大的问题，而集合担保或者称为财团抵押（也被称为企业抵押），可以为解决这一问题提供方便。民营企业、中小企业融资难的主要原因是它们拥有的不动产数量一般来说比较少，因此仅仅以这些不动产设立抵押时，能够融来的资金不会太多，解决不了生产所需的问题。国际上解决这个问题的方法，就是将这些企业的全部不动产、动产、知识产权、生产设备，以至于正在生产的产品集合起来，打包抵押。

　　浮动抵押、集合抵押其实是抵押制度中最为复杂的制度。因为担保当然要有可靠性，而抵押的可靠性是建立在标的物的确定性基础之上的。但是集合抵押的标的物之中有各种各样的财产，其中的不动产纳入不动产登记是没有问题的，但是不动产之外的财产登记本身就比较复杂，尤其是抵押标的物之中还包括产品甚至半成品产品，这些产品是要出卖的，所以实现抵押权时如何对这些物品予以追及也是需要认真斟酌的。总体来说，这一种抵押制度比较复杂。所以，虽然 2007 年制定的《物权法》第 181 条就规定了这种抵押，但据实践调查该制度很少得到应用。原因很简单，这么一个复杂的制度，《物权法》对它的规定就只有一个条文甚至仅仅一句话，如何操作的制度是没有任何规定的。所以法律上的这个规定基本上没有可操作性。

　　《民法典》物权编应对现实问题，应该在解决中小企业融资难问题上有所作为。所以对解决这个问题不应该一直回避。中小企业虽然单一的不动产或者动产数量不大，但是将其集合起来数量也不会少，用集合资产来融资也不应该是困难的事情。在 2019 年 4 月全国人大常委会审议物权编二审稿期间，有不少常委会组成人员提出了这个问题。

我的建议是，可以考虑将第 186 条单独作为抵押权中的一章来规定，也就是说将其规定为一种"特殊抵押"。这个法律制度需要的条文至少有三个以上：

（1）浮动担保、财团抵押的设立，担保合同及其债权限制等；

（2）浮动担保、财团抵押登记的主要内容；

（3）浮动担保、财团抵押中抵押权的实现，对产品的追及权、物权代位权等当事人的请求权，别除规则等。

五 建议根据制度的复杂程度，规定更多的特种抵押类型

在此前本人领衔提出的议案和立法建议中已经多次提到，我国《民法典》物权编的担保物权分编有一个显著的不足，即特种抵押类型反映不足。目前《物权法》以及物权编的担保物权分编仅仅规定了最高额抵押这样一种特别抵押，而把浮动抵押、财团抵押、准不动产抵押（即车辆、船舶、飞行器等大型动产的抵押）等非常复杂的抵押一并规定在第一节的"一般抵押权"之中。这种做法是背离抵押制度的事实的，因为最高额抵押其实还不是最复杂的特殊抵押，最复杂的抵押其实是后面这几种。因此本人再次提出建议，在抵押制度中规定这些特种抵押，以满足现实生活的需要。

六 建议将农村土地"三权分置"产生的土地经营权抵押纳入本分编

在我国农村耕作地建立"三权分置"的经营制度之后，法律上产生了土地经营权这种独立的民事权利。根据 2019 年修订的《土地承包法》，设立超过五年的土地经营权还可以纳入不动产登记簿，成为典型的不动产物权。据国家有关部门公布的数字，我国现在有二十多亿亩耕

地，2018 年年底已实行"三权分置"的耕地已经有 5.4 亿亩，总量占全国的 1/4 左右。根据中央政策，这个数字将来还会继续扩大。现在我们需要注意的是，中央实行农地"三权分置"的主要出发点就是要实现农地经营权的可转让、可抵押，就是要把土地经营权设定为物权，而且要让这种物权也能够进入市场机制。因此这样就产生了以土地经营权为标的的担保问题。

但是《民法典》物权编的担保物权分编之中，还没有建立土地经营权的抵押规则。在立法讨论过程中，有人主张将土地经营权的担保，纳入权利质权制度之中，也有人主张将该权利的担保纳入抵押制度之中。在民法上，抵押和质押的区别就是一点：登记或者交付。能够纳入不动产登记的，都是不动产权利；凡是不动产权利做担保的，都是抵押。因此，土地经营权进入担保制度，就是应该设定为抵押。但是目前物权编的担保物权分编对于土地经营权上没有任何反映。这一做法将远远落后于现实的需要。这个问题应该尽快得到解决。

七　农村宅基地使用权抵押问题

目前农村正在实施宅基地的"三权分置"，希望将其从社会保障意义上的僵尸财产转变为一般意义上的民法上的财产。如果不承担社会保障作用，宅基地使用权的流通就比较方便。农村宅基地承担的社会保障作用主要在于解决农民住房问题，但目前我国已有三亿至四亿农民进入城市，农村大量宅基地空闲出来。根据现行法律，农民可以进城买房，原来用于解决农民住房问题的宅基地失去效用。习近平总书记在浙江调查时发现，在浙江产生了一种城里人长期租赁农村住房以搞活农村宅基地的方法。但宅基地的"三权分置"在全国难以推行，因为我国情况复杂，地方贫富差距巨大。因此国务院选择了 33 个县市试点实行宅基地使用权的抵押，便于农民融资。但是如果允许宅基地使用权的抵押，在债权不能实现时就会产生宅基地转让问题，因此受到许多人反对。

八　关于动产抵押，建议不作规定

目前民法典物权编担保物权分编草案规定了动产抵押，而且规定了两个条文，即第 194 条和第 195 条。这个制度的设置，是否在全国人大常委会法工委内部经过认真讨论，我们不得而知，但是确实没有进行过法学界和立法专家的讨论和论证。在《民法典》物权编的两次审议过程中，也没有听过具体的关于这个制度的说明。本人和一些全国人大常委会组成人员讨论时，多数人都表示不理解其含义，因此无法表示意见。确实，在 2007 年制定的《物权法》之中并没有这种制度。现在《民法典》物权编承认它，却没有展现其理由。在这种情况下，近一段时间以来，本人经过认真研究和思考，认为担保物权分编规定动产抵押的制度不但不必要，而且总体不可行。因此建议在物权编中不做规定。具体理由如下。

（1）对于动产担保，我国法律已经规定了质押，质押产生的担保物权即质权。我国社会自古以来对于一般的动产担保也是质押，特殊的动产比如车辆、船舶、飞行器等"准不动产"的担保也是设立抵押。但是这种抵押和第 194 条、第 195 条所说的动产抵押不是一回事，后者指的是以无所不包的任何动产来设置的抵押。因此，第 194 条和第 195 条规定的动产抵押，在立法功能上就产生了有可能要替代我国法律已经承认的动产质押和部分权利质押的问题。

在这种情况下，我们就有必要讨论建立这样一种抵押的必要性的问题。我们稍微分析一下就知道这是没有必要的。因为设立质押的法律方法是交付标的物的占有，这一点可以说是方便易行的。而设立抵押的法律方法是进行登记，而各种各样的动产如此之多，在哪里登记？由谁来登记？登记有没有公信力？这些都是完全不可以化解的现实问题。

（2）这种动产抵押登记并不具有物权公示的效果。不论是抵押还是质押，都是以物权来担保债权，这是一种交易信用。我国现行法律中规定的不动产抵押、特殊不动产的抵押、一般的动产质押，都是建立在充分的法律信用的基础之上，也就是按照物权公示原则来处理抵押权和质权的设立。唯有这种新建立的动产抵押，其设立不具有公示的效果，所以其交易信用确实是不可靠的，甚至是不具备的，因此它并不具有担保物权的本质。我们知道，担保物权发挥担保作用的基本方法，就是要将指定的不动产或者动产的处分权交给主债权人，一旦债务人不履行债务，则债权人就可以行使这种处分权，将标的物予以出卖变价，债权人从这种变价中优先获得偿还。所以主债权人的处分权、变价权、优先求偿权都是针对特定标的物的所有权的，设置担保物权之后，主债权人就可以跨过标的物的所有权人，直接行使处分权等权利，以保障自己债权的实现。这种针对所有权所建立的限制，是担保物权的基本属性。法律为了保障主债权人的这些权利，在不动产的抵押中，把国家建立的不动产登记簿作为基础，抵押权直接设置在已经纳入不动产登记的不动产所有权之上。国家建立的统一的不动产登记制度，保障了这种抵押权的切实可靠。所以，不动产抵押可靠性或者交易的法律信用建立在国家统一的不动产登记制度之上。而车辆、船舶、飞行器等大型动产的抵押权，其可靠性或者法律信用建立在国家建立的车辆船舶航空器的统一登记制度之上。与此相比，我们可以看到，第 194 条、第 195 条所说的担保物权，恰恰缺乏的就是这种以国家统一登记为基础的法律信用。

相比动产质押，这种抵押也是不可靠的。因为动产质押以交付标的物作为生效要件，在质押期间，标的物为债权人占有，所有权人无法行使其所有权。这样债权人的质权就得到了切实的保障。

（3）担保物权本质还是物权，必须依据"对物权、支配权"的基本属性来设定抵押权。在有些研讨会上，有学者提出可以依据"属人"式的登记，或者说以民事主体的身份为基础的登记来支持这种抵押。我认为这种观点是很难成立的。因为如果一项权利只能对人提出请求，而落实不到针对特定物的支配权上，那这种权利就不是物权。担保物权当然不可以这样，这种权利不能建立物的信用。

（4）第 195 条的规定已经从本质上否定了这种抵押的可行性。草案第 195 条规定："以动产抵押的，不得对抗正常经营活动中已支付合理价款并取得抵押财产的买受人。"通过这个条款我们可以知道，这种抵押中，所有权仍然保有对于标的物的处分权，而抵押权最根本的权利处分权却不在抵押权人手中。也就是因为这样，这种"抵押权人"的权利是没有法律保障的。

（5）建立这种无所不包的动产抵押，法律实践上的最大困难在于动产的种类繁多、数量过大，无法建立针对标的物所有权的统一登记。如果脱离了所有权基础，那担保物权之中就无法包括处分权。这种担保物权就不是担保物权，更不能称为抵押权。因为统一的动产担保登记无法建立，所以动产抵押制度可以说是没有信用的担保，其立法目的无法实现。

近一段时间以来有几个部门都在争夺在自己的部门建立动产担保的登记中心。媒体报道国家市场监管局已经率先建立了这样的机构，但是其他一些动产交易并不在国家市场监管局系统登记。这种情况佐证了动产抵押的理论实践上都存在很大问题。因此本人建议先不规定较为妥当。

九　第 207 条的写法问题显著，可以删除，也可以改写

第 207 条规定："动产抵押担保的主债权是抵押物的价款的，标的物交付后十日内办理抵押登记的，该抵押权优先于抵押物买受人的其他担保物权人受偿，但是留置权除外。"该条文的用语晦涩难懂，不但一般人难以理解，即使专业人士对其制度设想也是难以捉摸。这个条文的立法目的和制度，确实不准确、不妥当。

显然，该条文有"替代"我国民法上的所有权保留和让与担保制度的嫌疑。对于所有权保留和担保让与大家比较了解。所有权保留就是由出卖人保留标的物的所有权作为其债权的担保，而将标的物交付给买受人供其生产生活的一种特殊交易。所有权保留一直作为买卖合同的特种形式之一，已经在我国《合同法》中得到了充分的承认，《合同法》对所有权保留已经做出了明确的规定，本次《民法典》编纂，其合同编也规定了所有权保留。在此之外最高法院"关于审理买卖合同纠纷案件适用法律问题的解释"（2012 年，法释［2012］8 号）对所有权保留规定了五个条文，对这种制度的具体化、详备化的工作已经完成。所

有权保留规定在原来的买卖关系过程中的操作十分顺利，实践上也没有出现问题。担保让与和所有权保留比较类似，它在 2007 年的《物权法》之中也是得到了承认的（第 27 条）。

如果担保物权分编在抵押权部分将所有权保留和担保让与写入，问题一是其他法律已经有规定，而且运作良好，没有出现问题，在这里规定属于无意义的重复；二是这种做法不符合物权法学的原理，因为担保物权分编的第一节就明确了，担保物权是定限物权、他物权、从属性物权，是设在所有权上的法律负担，而所有权保留和担保让与本身是所有权担保，它不是抵押，而是特殊担保。出卖人也就是债权人的基本权利是：在买受人不能履行债务之时，债权人有权利直接取回标的物，而不是就标的物的变价优先受偿。这个权利基础也是不一样的，因此我们也不可以将其称为抵押。

如果我们要解决所有权保留的情况下，买受人依据其对于标的物的占有而处分标的物，比如将标的物出卖而使得债权人权利受到威胁这个问题，那么最佳的处理措施，并不是将其隐蔽地称为抵押并促使其纳入登记（如上所述，这种动产登记无法达到物权公示的效果），而是在合同编的买卖合同部分，承认所有权人也就是债权人的依法取回权、追及权，即使标的物已被买受人出卖，所有权人也可以将标的物追回，并且要求买受人承担损害赔偿的责任。

十 数据资产纳入质押作为融资手段问题

《民法总则》第 127 条，仅规定了数据资产的保护也就是侵权损害赔偿的问题，但是没有规定数据资产的流转问题。现在数据资产已经非常庞大，该资产能否用来质押？我认为是可以的，希望质权部分能够反映这方面的规则。

对 2019 年 11 月 27 日提交宪法和法律委员会审议的《民法典》（草案）的修改建议

2019 年 11 月 27 日至 29 日，全国人大宪法和法律委员会对法工委提交的我国《民法典》（草案）进行了审议。该草案整合了 2017 年颁布的《民法总则》，以及经过全国人大常委会多次审议的分则各编，很多重大实践和理论问题都得到了解决，体现了五年以来《民法典》编纂工作的心血，整体上值得肯定。但是在仔细研究以后，还是能够发现它的一些缺陷。其中个别的缺陷还属于明显的硬伤，理论上根本讲不通，实践上无法操作。在本次审议会议期间本人已经提出了自己的意见。现在为了郑重，也为了方便法工委修改时参考，在此以文字的方式提出建议（条文编号以 2019 年 11 月 27 日的审议稿为准）。

一　对第 208 条的修改建议

第 208 条：不动产物权的设立、变更、转让和消灭，应当依照法律规定登记。动产物权的设立和转让，应当依照法律规定交付。

这个条文的内容，只规定了物权在交易时，也就是法学上所说的物权变动的一般规则，也就是市场交易情况下的物权保护的规则。如果仅仅从交易涉及的物权变动的角度看，这个条文没有问题。但是如果从物权法律制度建设的整体看，就会发现这个条文还有一半以上的规则是没有写出来的。这就是非交易状态的物权公示原则规则。具体说，物权并不是总在变动之中，从社会的经验我们知道，不变动才是常规。社会一般民事主体取得不动产或者动产，主要还是为了自己占有使用。在自己占有使用的情况下，在民法物权制度上需要建立一个基本规则，来宣示权利人的物权。这种宣示，不论是对于权利保护还是对于权利交易都是非常必要的，因为不论是法院在保护物权的时候，还是相对人取得物权的时候，都需要从法律的角度确认这项权利是谁的。这就需要不动产登记和占有来发挥其作用了。这就是物权公示原则的另一个方面。从这一点看，我们就可以了解目前第208条内容的缺陷，而且这也是整个《物权法》的缺陷，那就是它始终没有承认占有的公示作用。其实占有作为公示手段，不论在不动产还是在动产制度中都发挥很大作用。比如民众购买商品房居住多年还没有办理登记手续时，就是以占有来表征其房屋所有权。动产物权基本上都是以占有来表征其物权。可是从《物权法》的全部条文中，我们找不到一个条文来揭示占有的公示作用。

建议在第208条之后增加第2款。

其内容是："以不动产登记簿的记载或者以标的物的占有，作为正确权利的表征。但是他人有充分法律根据证明其物权的除外"。

简要解释："静态公示"，也就是非交易状态下的公示。包括的基本意思有：①推定不动产登记簿上记载的权利为正确，推定占有标的物者为有权利的占有；有时候，不动产的占有也可以成为不动产所有权的表征。②他人有充分法律根据的时候，提出的对于标的物的物权可以得到承认和保障，没有根据的不会得到承认和保障。这样就建立起来了非交易状态下对于物权保护的一般规则。这项原则性的规定，理论上是必要的，实践上的作用更大。后面建立的具体裁判制度并没有解释出来这项原则的含义，因此加以规定是十分必要的。

二　关于规定"物尽其用原则"的建议

所谓"物尽其用"，是指物的存废以发挥其最大经济价值与最大效用为目标，从而使社会有限的资源得到最充分利用的思想。这一思想，不论是在我国还是在国外，都是古已有之。我国目前虽然已经成为世界上的经济大国，但是从各方面来看还是一个发展不足的国家，相对于庞大的人口，自然资源显得很不丰富。因此对于既有的物质资源就更应该珍惜，从立法和决策的角度看，这一点应该成为社会通识。在法律贯彻过程中，即使面对物品的形成有可能违法，但是通过其他方法可以弥补治愈的情形下，执法者、司法者应该从珍惜资源的角度，尽力保持物品的使用状态，不使其随意贬损甚至毁灭，造成社会物质财富的浪费。有鉴于此，我们在此提出"物尽其用原则"，建议将其写入我国《民法典》物权编的总则部分之中。

立法建议：在物权编第 208 条之后，增加一条：

第 209 条：［"物尽其用原则"］

对物权争议的裁判和处理，应该以维护物的价值和发挥物的效用为原则。

因适用前款规定而丧失正当利益者，有权要求损害赔偿。

三 对第 220 条的修改建议

第 220 条第 2 款现有的条文是：不动产登记簿记载的权利人不同意更正的，利害关系人可以申请异议登记。登记机构予以异议登记，申请人自异议登记之日起十五日内不起诉的，异议登记失效。异议登记不当，造成权利人损害的，权利人可以向申请人请求损害赔偿。

该条文的表述没有完整地体现该制度设置的缘由，也没有准确地解决问题。它表达的缺陷有两点：①没有完全表达异议登记发生的原因。异议登记发起人，一种是利害关系人，另一种是权利人。而要提起的异议的内容也是两种情况，一是关于权利人的登记错误，二是关于权利内容的登记错误。从这些分析就可以发现，第 220 条第 2 款遗漏了权利人提出的对权利内容的登记错误提起的异议登记的情况。②没有规定登记错误可以因为行政程序而纠正的情况。该条文中"申请人自异议登记之日起十五日内不起诉的，异议登记失效"。实际上，现在我国的不动产登记由行政机关负责，更正登记也罢，异议登记也罢，不一定要通过法院起诉，也可以在登记机关通过行政程序来解决。如果规定只能通过诉讼，登记机关相应的作用就得不到承认。第 220 条第 2 款，关于异议登记的这两个问题，建议要消除。

建议修改为：不动产登记簿记载的权利人不同意更正的，或者权利人的权利未经登记或发生了不正确登记的，利害关系人或权利人可以申请异议登记。登记机构予以异议登记，申请人自异议登记之日起十五日内不起诉的，或者经登记机关审查后不存在异议登记的情形的，异议登记失效。异议登记不当，造成权利人损害的，权利人可以向申请人请求损害赔偿。

四　关于第 221 条的修改建议

第 221 条第 1 款：当事人签订买卖房屋的协议或者签订其他不动产物权的协议，为保障将来实现物权，按照约定可以向登记机构申请预告登记。预告登记后，未经预告登记的权利人同意，处分该不动产的，不发生物权效力。

该条文表达的缺陷：现在的预告登记只是考虑到房屋买卖的问题，但实际上发生预告登记的原因是广泛的，不限于房屋买卖这一点上。目前，实践中已经多次出现当事人为抵押权设置预告登记的情形，法院和仲裁机构不知道如何处理，原因就是 2007 年制定的《物权法》没有体现设置预告登记制度的全面性。事实上，预告登记还可能涉及如下情形：一是不动产所有权的转让或者废止；二是不动产限定物权的转让或者废止，比如抵押权的转让或者废止；三是抵押权顺位的变更。为了保全上述请求权，都可以在不动产登记簿上进行预告登记。目前，这些问题不论在人民法院还是在仲裁机构都有出现。对这些实践上的问题，建议这一次《民法典》物权编能够解决。

建议将本条文修改为：不动产所有权的转让或者废止，或不动产所负担权利的转让或者废止，或不动产所有权和抵押权的内容或者权利人次序的变更，为保障将来实现物权，按照约定可以向登记机构申请预告登记。预告登记后，未经预告登记的权利人同意，处分该不动产的，不发生物权效力。

五　关于第 222 条第 2 款的修改建议

第 222 条第 2 款：因登记错误，造成他人损害的，登记机构应当承担赔偿责任。登记机构赔偿后，可以向造成登记错误的人追偿。

该条文表达的缺陷：关于登记错误而给他人造成损害的，一律要求登记机关承担赔偿责任，然后才可以向有过错者追偿，这就有可能给国家设立的不动产登记机构施加了沉重的、不合理的负担。现实中，出现登记错误的原因有很多种，有可能是登记机构造成的，有可能是当事人造成的，也有可能是其他原因造成的，一律要求登记机构先承担赔偿责任确实不当。首先，登记机构是否有足够的能力承担赔偿责任？其次，因其他原因造成的登记错误，而让登记机构赔偿承担兜底责任，也不妥当。因为这样的责任，最终要由纳税人负担。所以，我坚持认为，登记机构只能因为自己的登记错误才能承担赔偿责任，不能将登记机构承担赔偿责任作为兜底。

建议修改为：因登记错误，造成他人损害的，由对该登记有过错的当事人或者机构负责赔偿。

六　关于第 265 条第 2 款的修改建议

第 265 条第 2 款：农村集体经济组织、村民委员会或者其负责人做出的决定侵害集体成员合法权益的，受侵害的集体成员可以请求人民法院予以撤销。

该条文的规定，内容与《土地管理法》第 16 条的规定内涵方面有冲突。《土地管理法》第 16 条规定："土地所有权和使用权争议，由当事人协商解决；协商不成的，由人民政府处理。单位之间的争议，由县级以上人民政府处理；个人之间、个人与单位之间的争议，由乡级人民政府或者县级以上人民政府处理。当事人对有关人民政府的处理决定不服的，可以自接到处理决定通知之日起三十日内，向人民法院起诉。在土地所有权和使用权争议解决前，任何一方不得改变土地利用现状。"

根据《土地管理法》第 16 条的这个规定，土地使用权的争议也可以包括第 225 条中所说争议。问题在于，这两个条文所确定的解决问题的方式是有冲突的，建议全国人大常委会法工委协调确定两个条文规定的一致性。

七　关于第 283 条的修改建议

第 283 条：建筑物及其附属设施的费用分摊、收益分配等事项，有约定的，按照约定；没有约定或者约定不明确的，按照业主专有部分面积所占比例确定。

该条文存在的主要问题就是，规定与现实不符。关于建筑物及其附属设施的费用分摊、收益分配等事项，现实中根本就约定不了。主要原因在于，开发商在出卖房屋之时，房屋买卖协议的条款是开发商事先确定好的，属于格式条款，买受人无法与作为出卖人的开发商之间进行约定或协商。另外，按照业主专有部分面积所占比例来确定分摊或收益分配，也是不公平的。因为有些业主的专有部分是不使用或者使用不了的，比如说一层业主就不存在使用电梯的问题，也并不是所有的第二层业主能够使用电梯。对这些不使用或者使用不了某些专有部分的业主，采取一刀切的方式强制其来承担分摊责任，显然也是不公平的，所以应该按照业主能够利用面积的比例来确定，才比较正当。

建议修改为：建筑物及其附属设施的费用分摊、收益分配等事项，按照业主能够实际利用的面积所占比例确定。但是，当事人之间另有约定的除外。

八　关于第 311 条、第 312 条、第 313 条、第 314 条 顺序调整及部分条文修改的建议

（1）第 311 条和第 313 条两个条文都是关于善意取得的规定，建议

将第 313 条调换到第 311 条之后。

（2）第 312 条、第 314 条及以下条文，都是关于遗失物的规定，应当放到一起。

（3）建议将第 313 条中的但书删去。因为善意受让人如果知道或者应当能够知道自己取得的动产上有权利，就构不成善意，无法适用善意取得的规定。

九　关于在物权编的"特殊取得"部分增加无主物先占制度的建议

无主物的存在是客观的，而且现实社会经常涉及无主物的归属问题。不能认为老百姓抛弃的东西、自然界存在的东西比如苍蝇、蚊子都是国家所有的。物权编中规定无主物的先占制度，不仅是法学界的共识，而且更是客观生活的需要。不规定它是一个明显的制度缺陷，因此希望在本章中写入无主物先占取得的条文。

立法建议：在本章增加一条。

第×条【先占取得】占有无主动产的，取得其所有权，但法律禁止或因占有损害他人利益者除外。

十　关于在物权编的"特殊取得"部分增加时效取得制度的建议

承认并规定时效取得制度，是法学界的共识，也是经济生活的需要，更是完善我国民法制度的需要。不承认时效取得，不仅不能满足实践的需要，还造成了我国民法立法上总则部分和物权编之间的制度漏洞。因为，《民法总则》第 196 条规定，不动产物权和登记的动产物权的返还请求权不受诉讼时效的限制，而未登记动产所有权的返还请求权，就要受诉讼时效的限制。在此情况下，如果一项未登记的动产被他人占有，经过一定的时效，因为诉讼时效的原因，权利人的取回权就不再得到承认了。但是这个时候，民法又不承认占有人的时效取得权，那么这时候所有权到底是谁的？这项权利就悬空了。为了解决这个问题，我们亟须承认时效取得制度。

建议：第×条【时效取得】以所有的意思，五年间善意、和平、连续占有他人未登记动产的，取得其所有权。

十一　关于增加以司法裁判方式设立居住权的建议

第十四章增加居住权意义显著。但是，该章只规定了以合同方式设立居住权，而没有承认在国际上普遍使用的、由法院通过司法裁判方式设置居住权这种方式。虽然物权编在一般规定中规定了可以根据法院的判决书来变更物权（第229条），但是根据这种规定，还不能直接地理解为法院可以以司法判决的方式为当事人设立居住权。

由于我国已经进入了老年社会，而且养老居住问题、其他自然人居住问题事实上已经越来越大，居住权制度的创设是非常必要的。但是，正因为这个制度是新创设的，所以立法务必规定人民法院可以裁判设立居住权的规则，为人民法院提供基本遵循，为解决社会问题发挥实效。所以在此建议，应对法院可以依据裁判设立居住权的问题做出明确规定。

建议：在第366条之后增加一款，作为第2款。

人民法院可以依当事人的申请，在离婚、继承等司法裁判中，为有特殊需求的一方设立居住权。人民法院设立居住权，应遵循不动产用益物权设立的一般规定。

十二　关于纠正第368条的修改建议

第368条：居住权无偿设立，但是当事人另有约定的除外。设立居住权的，应当向登记机构申请居住权登记。居住权自登记时设立。

该条文对居住权的法理认识有所不足，因此在一个条文中出现了两个缺陷。第一个缺陷是，它不应该承认居住权的有偿取得。因为居住权是特殊的用益物权，是为解决特殊人群的居住而设立的权利。这些特殊的人群，虽然和房屋的所有权人没有婚姻、家庭关系，但是所有权人依据法律之外的规则，也有赡养、抚养或者扶养这些特殊群体的需要。比如，我国法律规定，叔叔姑姑、舅舅姨妈不是近亲属，他们相互之间并无赡养、抚养的法律义务。但是这些人客观上是很亲近的人群。他们和侄子侄女、外甥外甥女相互之间的居住问题，在老人和孩子无人赡养和抚养的情况下，就可以用居住权制度来解决。这种情况下，居住权的设立，必须是无偿的。第 368 条的但书，要承认居住权收费，这就违背了立法的初衷。另外居住权收费的规定，混淆了居住权和租赁的差别，把租赁合同引入这里，这也是不应该的。

建议修改为：删去"但书"条款。

这个条文的第二个缺陷，就是规定"居住权自登记时设立"。这也是违背了立法初衷的。因为居住权要解决的主要问题是特殊人群的居住问题，这种权利从一开始就不是交易性质的用益物权，从一开始基本上不涉及第三人，因此没有必要进行不动产登记，以对抗第三人或者排斥第三人。从全世界的民法立法看，都没有规定一定要进行不动产登记的。

所以，建议删除自登记时设立的规定。

建议修改后的条文写法是：居住权无偿设立。设立居住权，未进行不动产登记的，不得对抗第三人。

十三　关于在居住权制度中增加关于房主对房屋处分，而不损害居住权的规定

这个建议才是设立居住权制度特别需要解决的问题，因此强烈建议增加。从上面的分析中可以看出，在立法上设立居住权制度是为了解决特殊人群居住的需要，这是为了这些特殊的人的利益，而给所有权人施加的特殊限制。举例说明：侄子承担了给其年迈的叔叔养老的责任，让这个叔叔居住在自己家中；但是这个侄子生病难以痊愈，为了让自己的

叔叔能够安心居住养老，才给他设立一个居住权。设立这个居住权的必要性在于，在这个侄子的继承人取得房屋所有权之后，或者侄子的继承人处分房屋之后，叔叔都一直能够安心居住下来。从这个分析可以看出，设立居住权制度，在其中规定涉及所有权人处分房屋的条文是十分必要的。制度的具体内容包括两个方面：一方面居住权不能限制所有权人的处分，另一方面所有权人处分不得损害居住权。因此，建议在第十四章中增加一条。

第×条：在居住权有效期间，所有权人处分其房屋的，不得对抗居住权。

十四　增加居住权人义务的建议

居住权只能用于满足权利人居住的目的，而不能用作其他的功用。同时，居住权只是为了特殊权利人的利益，权利人必须受到限制。因此，权利人必须承担一定的义务，首先就是爱惜房屋，不得改变房屋的结构、用途。由于居住权是无偿取得的，居住权人应当尽到善意管理人的注意，如房屋及其权利有毁损、灭失的风险时，应当及时通知房屋所有权人。同时，还应承担房屋的日常负担，比如基本的维修费与修缮费、物业费等。还有一个问题，就是居住权人限定的问题，居住权主要是居住权人自己对房屋的使用，是不是就不允许其他任何人居住了呢？当然不是，这取决于是不是为了满足居住权人的需要，在居住权人需要时，其他人也可以基于需要与居住权人共同居住，如居住权人雇用的保姆等。但是，这句不意味着居住权人可以召集七大姑八大姨一起来居住。

为避免这些实在的争议发生，因此建议在第十四章增加一条。

第×条：居住权人应当尽到善意管理人的注意，负有维修、保养义务，但大型修缮除外。

为了满足必需，权利人可以携照顾其生活的家属、保姆等居住，但不得妨害所有权人的利益。

十五　关于写入物权自助制度的建议

物权保护中自助制度十分重要，至今没有写入，是一个明显的遗憾，建议这个问题能够得到解决。

《物权法》上的自助，指的是物权遭受侵害时权利人依据自己的力量来保护的制度。在物权保护这个大制度下，针对物权的侵害，应该有两种基本的保护方式，一种是权利人的自助，另一种是公力救济也就是依据公安执法的救济和法院裁判救济。

自助所要解决的问题，是物权被侵害时等待公力救济来不及的情况。这种情形有两种，一种是针对正在发生的损害，比如偷盗者甚至抢劫者侵入自己家里盗窃或者抢劫物品的情形。在这种情况下，法律制度上的安排如果只许可权利人等待公安机关的到来，那损害常常无法避免。另一种是损害已经发生（物被盗窃已经完成）但是权利人事后发现被盗窃的物的情形，在这种情况下，法律也不能仅仅许可权利人报官，因为标的物可能转瞬即逝。所以自古以来，法律都承认和保护自助。第一种情形下权利人当然可以自助，保护自己的物权（这种情形民法上称为"自力防卫权"）。第二种情形下权利人当然可以取回自己的物品（这种情形民法上称为"自力取回权"）①。

立法建议：在物权编增加一条（该条文也可以结合下文侵权责任编部分的"自助"制度而整合）。

第 209 条：["自助制度"] 物权人为保护其权利免受损害，或针对已经发生的损害行使请求权，在情势紧迫且不能及时获得国家机关保护时，有必要以自助的方式保护或行使自己的权利。自助应以必要范围内和必要的方式为界。

---

① 应该说明的是，《民法典》（草案）在侵权责任编中规定"自助"是有很大缺陷的，这个条文把"自助"写成了侵权！这就造成很不应该的立法硬伤。对此在下面侵权责任编部分讨论

十六　对第359条第1款的修改建议

第359条第1款：住宅建设用地使用权期间届满的，自动续期。续期费用的缴纳或者减免，依照法律、行政法规的规定办理。

该条款规定的缺陷是，从人民基本权利的承认和保护的角度看，相比《物权法》原文的规定出现了很大的思想退步。《物权法》第149条第1款规定这个条文，只有前一句，即"住宅建设用地使用权期间届满的，自动续期"，而没有后一句"续期费用的缴纳或者减免，依照法律、行政法规的规定办理"。这两个条文相比较就可以明确看出，《物权法》的规定，明确地否定了收费；而草案的规定是要收费。

城市居民住宅建设用地使用权收费问题，涉及近十亿在城市居住的人民利益，此事不可谓不重大。希望认真思考这一内容的重大政治问题，以免引起社会误判。城市中的商品房在出售给民众时，高额的房屋价格已经包含了高额的土地出让金，这个金额超过了市场经济发达国家一般的房屋和土地的所有权价格。此外，城市土地所有权从法律本质上看也不是政府的私有土地，不能像私有土地一样来经营。正因为如此，从城市居民建设用地使用权上不断地由政府收取费用，既不符合社会主义国家土地所有权的本质，也不符合土地使用权的价格构成规律。也就是说，《物权法》第149条规定的不收费是合理的，而现在草案的这个规定是不合理的。因此，本人再次建议，删除本条文第一款后一句，也就是许可收费的内容。

十七　对第388条的修改建议

第388条：设立担保物权，应当依照本法和其他法律的规定订立担保合同。担保合同是主债权债务合同的从合同。主债权债务合同无效，担保合同无效，但是法律另有规定的除外。

担保合同被确认无效后，债务人、担保人、债权人有过错的，应当根据其过错各自承担相应的民事责任。

该条文缺陷十分明显，是学术上的硬伤，本人已经多次提出修改建议，但是至今未改。本条文的缺陷在于它没有反映建立这个制度的立法目的，也没有建立解决应该解决问题的正确方法。担保物权分编写这个条文要解决的问题是：在担保物权所担保的主债权无效的时候，因为抵押权已经纳入登记，而这种登记绝对不会自然而然地被涂销。如果担保物权是质权的，则质押标的物还在质权人手里，担保合同无效时标的物也不会自然而然地回到质押人手里。因此立法应该解决未涂销的抵押权怎么处理的问题，以及质押标的物如何返还的问题。但是，这个法律条文却不直接反映这个问题，也不提出解决问题的方法，而是规定担保合同的无效。可是，不论是从法理上看还是从实践上看，规定担保合同无效都是毫无意义的，是不解决问题的。

因为，设立担保物权的合同在法律上并不构成和主债权之间的主从关系（这个认识是一个法理错误），主债权和担保物权之间才构成法律上的主权利和从权利之间的关系。担保物权是主债权的从权利，担保物权的使命就是保障主债权实现，而主债权消灭时，担保物权在法理上也就失去了正当性而无法提起。但是为设立担保物权而订立的合同，其直接的功能是设立担保物权，该合同并不对主债权发挥担保作用。设立担保物权的合同的法律特征在于：在抵押权纳入登记、动产质权标的物交付、权利质权进行登记或者发生证书交付之后，该合同就已经全部履行完毕，它在法律上已经没有任何拘束力了。实际上，它从来就不和被担保的债权有任何关联。因此，本条规定"担保合同无效"不解决任何法律上的问题。

建议将这个条文，修改为包括以下三款的条文。

第 1 款：担保物权，为所担保主债权的从属权利。主债权无效时，担保物权不可主张，担保物的所有权人依法可以提起主债权无效的抗辩权。

第 2 款：主债权无效的，因设立担保物权而进行的登记应该及时涂销。

第 3 款：主债权无效的，因担保物权而由债权人取得的担保人动产以及权利证书等，应该及时向担保人返还。

十八　对第401条的修改建议

第401条：抵押权人在债务履行期间届满前，与抵押人约定债务人不履行到期债务时抵押财产归债权人所有的，只能依法就抵押财产优先受偿。

该条文表达的缺陷：第401条仅仅取消了对流押条款的禁止，但是未能妥善应对担保人利益保护、其他债权人利益保护等问题。当事人设立担保物权时不得约定担保财产的流押，是我国《担保法》《物权法》一贯所采取的立法态度，符合传统民法的法理。禁止流押契约，主要目的有二：一是保障担保人的利益，避免债务人因困窘不得已签订流押条款而导致的不公平后果。例如，当担保物价值显著高于借款时，流押条款将导致担保权人获得远超应得范围的利益；当担保人将唯一住所作为担保物时，担保物权人直接获得房屋所有权，将使得担保人的基本生存权受到损害。二是保障其他债权人的利益，防止其他债权人的合法权益因此不能得以实现。为实现上述目的，应当认真思考流押条款的变通问题，坚守担保物公开变价的原则，不能使得担保权人可以直接取得担保物的所有权。

建议第401条修改为：抵押权人在债务履行期间届满前，不得与抵押人约定债务人不履行到期债务时抵押财产归债权人所有。

十九　对第428条的修改建议

第428条：质权人在债务履行期间届满前，与出质人约定债务人不履行到期债务时质押财产归债权人所有的，只能依法就质押财产优先受偿。

以上条文表达的缺陷：第428条与第401条的缺陷类似。第428条仅仅取消了对流质条款的禁止，但是未能妥善应对担保人利益保护、其他债权人利益保护等问题。当事人设立担保物权时不得约定担保财产的流质，是我国《担保法》《物权法》一贯所采取的立法态度，符合传统民法的法理。禁止流质契约，主要目的有二：一是保障担保人的利益，避免债务人因困窘不得已签订流质条款而导致的不公平后果。例如，当担保物价值显著高于借款时，流质条款将导致担保权人获得远超应得范围的利益；当担保人将唯一住所作为担保物时，担保物权人直接获得房屋所有权，将使得担保人的基本生存权受到损害。二是保障其他债权人的利益，防止其他债权人的合法权益因此不能得以实现。为实现上述目的，应当认真思考流质条款的变通问题，坚守担保物公开变价的原则，不能使得担保权人可以直接取得担保物的所有权。

建议第 428 条修改为：质权人在债务履行期间届满前，不得与出质人约定债务人不履行到期债务时质押财产归债权人所有。

二十　关于第 464 条第 2 款的修改建议

第 464 条第 2 款：婚姻、收养、监护等有关身份关系的协议，适用有关该身份关系的法律规定；没有规定的，可以根据其性质参照适用本编规定。

该条文表达的缺陷：人身权利与财产权利的区分、人身关系与财产关系的区分，是世界民法的基本共识，具有显著价值。这样的区分不仅能够突出人身权利的伦理价值，而且能够揭示出民事权利是否可以纳入交易体制的分类特征：财产权利可以交易，而人身权利为自然人所专有，是不能交易的。我国《民法总则》中也强调了人身权不同于财产权的特殊含义，尤其是其第 109 条，规定了人身自由、人格尊严作为自然人的基本权利，应当得到法律充分的肯定和尊重。该条规定，婚姻、收养、监护等有关身份关系的协议，没有规定的，可以根据其性质参照适用合同编的规定。这样的重大变革并未经过严格的论证，与民法法理相悖。而且，其中"根据其性质"的表述含混不清，在实践中可能导致对人身权利的不当侵害。

建议修改为：婚姻、收养、监护等有关身份关系的协议，适用有关该身份关系的法律规定。

二十一 对第499条关于悬赏的修改建议

第499条：悬赏人以公开方式声明对完成特定行为的人支付报酬的，完成该行为的人可以请求其支付。

该条文规定的缺陷是把悬赏这种单方行为确定为订立合同的行为。这个理解不准确。对悬赏到底如何定性，取决于我们对悬赏的法律制度要解决的现实问题的认识。悬赏制度要解决的问题是：悬赏人向社会做出悬赏之后，到底是谁在响应未来才能确定；这时候如果悬赏人撤销或者变更了他的悬赏，这就会对潜在的或者未知的完成悬赏行为的人造成损害。为解决这个问题，法律上建立悬赏制度，约束悬赏人的行为，不许他做出撤销或者变更悬赏的行为。至于将来谁是完成工作的人，要工作时才能来确定。所以法律上的悬赏制度，主要是针对悬赏人做出悬赏之后这个时间段里予以制约的制度。也就是这样，悬赏行为属于单方行为。

在世界主要民法里，悬赏都属于单方法律行为，因为法律上要强调的，是悬赏人做出悬赏行为后，其意思表示也就是悬赏声明即对其自己具有的约束力。因此，立法不能因为个别学者的观点就把悬赏规定为订约行为。这个看法没有看到悬赏制度的本质。这是悬赏制度的要点。因此，将悬赏作为一种合同订立方式是不符合法理的，也是不符合多数国家和我国学者的基本认识的。而且，现在仅有第499条的规定内容过于单薄，难以适应现实发展的需要，法律上最需要解决的问题，反而没有解决。而且悬赏做出后，多个人完成工作的情况也没有解决。

建议将第三分编的标题"准合同"改为"其他规定"之后，将悬赏制度纳入其中，而且用三个条文来规定悬赏。

条文一：悬赏声明做出后，悬赏人不得任意修改或者撤回。

条文二：行为人完成特定行为的，悬赏人应当按照悬赏声明全面履行自己的义务。

条文三：多个行为人实施悬赏行为的，报酬属于最先实施该行为的人。二人以上同时实施悬赏行为的，悬赏报酬可以均分；依其性质不能均分的，可以用抽签等方式决定。

二十二　关于第 502 条第 2 款、第 3 款的修改建议

第 502 条第 2 款：法律、行政法规规定应当办理批准等手续生效的，依照其规定，未办理批准等手续的，该合同不生效，但是不影响合同中履行报批等义务条款以及相关条款的效力。应当办理申请批准等手续的当事人未履行义务的，对方可以请求其承担违反该义务的责任。

第 502 条第 3 款：法律、行政法规规定合同的变更、转让、解除等情形应当办理批准等手续生效的，适用前款规定。

以上条文表达的缺陷：

（1）违反合同债权的基本法理。当事人之间订立的关于转让民事权利的协议，发生债法意义上的合同请求权，这个合同如果不违背法律的其他强制性规定，就应该在订立之后立即生效，这样才能够立即约束住双方当事人，使其按照约定去办理权利转移的审批手续。如果合同不生效，当事人不办理手续，就不能构成违约，就不应该追究其违约责任。这个基本的法理，立法应该予以贯彻。所以，在立法上要求合同批准生效，那就无法解决合同没有批准之前的法律效力问题。这样的合同不生效，就没有约束力，当事人就不受合同约束，他们就会不讲诚信，随意违约。

（2）应该办理审批手续的，应该只是某些特殊的民事权利的转移等手续，而不是合同生效本身。据最高法院的领导反映，在"区分原则"的基本法理被我国法律界确认之后，目前我国法律体系中已经没有法律、行政法规规定，合同的设立、变更、转让、解除必须办理批准等手续后才能生效。该条文规定与我国立法现状脱节，在司法实践中不具备适用的条件。

（3）生效合同对于当事人具有约束力，督促当事人按照约定行使权利义务，否定合同效力无异于鼓励当事人的不诚信行为，造成对诚实守信的市场氛围的破坏。

建议删除第 502 条第 2 款、第 3 款。

二十三　关于第 534 条的修改建议

第 534 条：市场监督管理部门和其他有关行政主管部门在各自的职权范围内，依照法律、行政法规的规定，对利用合同危害国家利益、社会公共利益的违法行为，负责监督处理。

该条文表达的缺陷：从法律体系的角度看，民法与行政法有着严格的区分，行政部门对利用合同危害国家利益、社会公益的违法行为的监管，不是依据民法的规定，而是依据宪法、行政法赋予的职权，行政部门的监管职权无须在合同编中予以界定。从社会实践的角度看，对利用合同的违法行为有监管权限的部门数不胜数，不仅包括规划、市政、园林等部门，还包括居委会、村委会等机构。将这些机构都纳入《合同法》中显然是不必要的，是不符合民法典体系结构的。

建议删除第 534 条。

二十四　关于第 546 条的修改建议

第 546 条：债权人转让债权的，应当通知债务人。未经通知，该转让对债务人不发生效力。

该条文表达的缺陷是没有认识到债权转让的本质属性，没有真正解决债权转让所需要的法律条件问题。债权人对债权的转让，从表面上看是转让了一个债权，但是本质上是转让了一个对于债权的支配权，也就是把行使债权的权利转让给了第三人。所以，如果立法上只要求债权人通知债务人，却没有要求债权人把自己对于债权的支配权转移出去，那么，债权人会依据自己的权利证书等法律文件，仍然享有着债权。如果立法仅仅要求债权人转让债权时通知了债务人，而不要求其转让债权权利证书，这样，债权人仍然可以用这些债权证书做损害债务人的业务。比如，他可以用这些债券证书来作为担保向银行借贷。这样，就对债务人、债权受让人的合法利益造成了损害。这一点就是《合同法》制定时期没有认识到的缺陷。

为了将债权人手中的权利根源消除干净，保护债务人和债权受让人的利益，应当使得债权人负有交付债权权利证书的法律义务。

建议本条修改为："债权人转让债权的，应当通知债务人，并交付债权权利证书。"

二十五　建议在第 588 条之后增加关于押金、保证金的规定

目前，审议稿仅针对合同中约定定金的情形做出了具体规定。现实经济生活中，当事人在订立合同时常常利用押金条款、保证金条款来保障合同顺利履行，由此引发的民事纠纷也非常多。因此，建议在第 588 条之后增加关于押金、保证金的规定，以满足实践中的立法需求。

建议：

［押金］当事人订立合同时约定押金的，依其约定。但是约定押金不能损害交付押金一方的合法权益。

［保证金］当事人订立合同时约定保证金的，依其约定。但是保证金的约定不得损害交付保证金一方的合法权益。

保证金的存留方，对保证金的处分的存留负担保的责任。

二十六　对第 641 条第 2 款的修改建议

第 641 条第 2 款：出卖人对标的物保留的所有权，未经登记，不得对抗善意第三人。

该条文表达的缺陷：①所有权是所有权人对所有物的全面支配的物权，所有权的保护对于个人、社会具有重大意义，法律对所有权施加的限制均应经过充分的论证，且这种限制应当限定在确有必要的范围内。因此，该条文限制所有权人行使所有权的规定是否符合法理，是有待商榷的。②该条文所需的配套登记制度尚未建立。目前，我国不动产登记

制度、大型动产（车辆、船舶、航空器等）登记制度都已经较为完善。然而，除此之外的各种各样的动产如此之多，在哪里登记、由谁来登记、如何保证登记的公信力等现实问题，均难以解决。

建议删除第641条第2款。

二十七　对第642条第2款的修改建议

第642条第2款：出卖人可以与买受人协商实现取回权；协商不成的，可以参照适用担保物权的实现程序。

该条文表达的缺陷：出卖人行使取回权是其正当权利，该款条文对出卖人行使取回权增加了不当约束。出卖人可以与买受人协商确定取回的方式，但其行使取回权本身是无须协商的。

建议修改为：出卖人可以与买受人协商确定取回方式；协商不成的，可以参照适用担保物权的实现程序。

二十八　建议在"借款合同"一章中增加"禁止高利贷"的规定

世界各国民法中都有禁止高利贷的规定，有的国家法律还把这一条规定为法律原则，但是我国法律中始终没有这样的规定。相反，最高法关于民间借贷的司法解释规定，当借贷双方约定的利率超过年利率36%时，超过部分的利息才会被认定为无效，这事实上承认了高利贷的合法性。这种做法给我国社会造成很大困惑，导致了民间金融秩序的混乱，造成了严重的后果。

建议在"借款合同"一章第680条后增设一条：

第×条禁止高利贷。

二十九　关于第 705 条的修改建议

第 705 条：租赁期限不得超过二十年。超过二十年的，超过部分无效。

租赁期间届满，当事人可以续订租赁合同，但是约定的租赁期限自续订之日起不得超过二十年。

该条文表达的缺陷：该条关于租赁期限的规定，不能满足社会进步的需要，尤其是没有考虑到我国农村实行"三权分置"之后，农村的土地使用权可以借助租赁制度转让，而且租赁期限经常超过二十年的情况。目前，我国农村正在实施"三权分置"改革，在坚持农村土地集体所有的前提下，促使承包权和经营权分离，形成所有权、承包权、经营权"三权分置"、经营权流转的格局。在经营权顺利地得到《农村土地承包法》承认之后，我们就首先要考虑到这一部分土地的租赁合同超过二十年的问题。除此之外，现在我国农村土地改革，还出现了宅基地使用权的改革。在农村土地改革的时代背景下，这些土地权利，租赁期限超过二十年的很常见，有的甚至长达五十年（对此可以参阅本草案第 339 条等关于土地承包经营权出租的规定）。所以，将租赁期限超过二十年的部分认定为无效，不符合改革实践的要求。

建议修改为：

第 1 款租赁期限一般不得超过二十年。但是法律另有规定的除外。

第 2 款租赁期间届满，当事人可以续订租赁合同，但是约定的租赁期限自续订之日起一般不得超过二十年。

三十　关于合同编第三分编的修改建议

合同编第三分编"准合同"，包括第二十八章（第 979—984 条）、第二十九章（第 985—988 条），主要规定了无因管理和不当得利。

该分编标题及第 499 条表达的缺陷：合同、无因管理、不当得利均是债的原因之一，三者之间具有明显不同的法律特征。合同是以意思表示为要件的民事法律行为，无因管理依通说是一种事实行为，不当得利则为法律事实中的事件，二者均不以意思表示为要件。因此，将无因管理和不当得利作为一种准合同不太科学。

另外，在上文第二十个建议中，已经讨论了悬赏制度的建立。依法理、依据立法上建立悬赏制度的问题出发点，悬赏都是单方行为。所以，悬赏制度不能放在合同订立部分规定，而应该放置在这一部分来规定。

建议：将第三分编的标题"准合同"改为"其他规定"。

在这个部分，保留不当得利和无因管理，希望扩展条文内容。并将第499条关于悬赏的规定纳入合同编第三分编之中，将其规定为以下三条。

第×条悬赏声明做出后，悬赏人不得任意修改或者撤回。

第×条行为人完成特定行为的，悬赏人应当按照悬赏声明全面履行自己的义务。

第×条多个行为人实施悬赏行为的，报酬属于最先实施该行为的人。二人以上同时实施悬赏行为的，悬赏报酬可以均分；依其性质不能均分的，可以用抽签等方式决定。

三十一 人格权受到侵害是否适用诉讼时效的问题及修改建议

第995条：人格权受到侵害的，受害人有权依照本法和其他法律的规定请求行为人承担民事责任。

依照前款规定提出的停止侵害、排除妨碍、消除危险、消除影响、恢复名誉请求权不适用诉讼时效的规定。

该条文表达的缺陷在于，过分大胆地创设了人格权保护的请求权不受诉讼时效限制的制度。目前，不受诉讼时效约束的人格权保护，不但在我国法律上以前没有规定过，而且在国际上也没有。因为人格权保护涉及侵权请求权，而侵权请求权，在国际上、法理上，都是受到诉讼时效限制的。在我国，即使是对十分严重的人格权侵害的救济，也要受诉讼时效的限制。法律为强调某种人格权的重要性或者保护上的特殊性，一般的做法只是法律把诉讼时效的起算点延后，而不是不让其受到诉讼时效的限制。比如，《民法典》（草案）第 191 条的规定："未成年人遭受性侵害的损害赔偿请求权的诉讼时效期间，自受害人年满十八周岁之日起计算。"从这项规定我们可以看出，未成年人的身体权受到如此损害的情况下，其保护的请求权也要受到诉讼时效的制约，强调保护的要点只是诉讼时效的起算点推迟。比较而言，其他的人格权保护的请求权，怎么能不受诉讼时效限制呢？至于消除影响、恢复名誉等请求权不适用诉讼时效的规定，这些就没有道理了。

修改建议：删除该条第 2 款。

三十二　关于第 998 条的修改建议

第 998 条：认定行为人承担除生命权、身体权和健康权外的人格权的民事责任，应当考虑行为人和受害人的职业、影响范围、过错程度，以及行为的目的、方式、后果等因素。

该条文的缺陷是表达含混。一般而言，认定行为人承担除生命权、身体权和健康权外的人格权的民事责任，考虑行为人的职业、影响范围、过错程度以及行为的目的、方式、后果等因素，在法理上还有一定的根据，但是要求考虑受害人的职业等因素，这就没有道理了。当然，写作这个条文的本意也许不是这样，但是整个句子读下来，就有了这个歧义。

建议修改为：认定行为人承担除生命权、身体权和健康权外的人格权的民事责任，应当考虑行为人的职业、影响范围、过错程度以及行为的目的、方式、后果等因素。

三十三　对第 1010 条第 2 款的修改建议

第 1010 条第 2 款：用人单位和幼儿园、学校或者其他教育机构应当采取合理的预防、受理投诉、调查处置等措施，防止和制止利用职权、从属关系等实施性骚扰。

该条文表达的缺陷：性骚扰行为在机关、企业、事业等单位都可能存在，而不仅在幼儿园、学校或者其他教育机构才存在这种行为，因此没有必要将"幼儿园、学校或者其他教育机构"单独列出。因为在法律上单独列出某些行业或者从业人员，就是要强调这个行业或者从业者的特殊性或者严重性，但是我们不能认为本文中的单独强调是合乎实际的。

建议删除该条第2款中关于"幼儿园、学校或者其他教育机构"的表述。

三十四　关于第1012条与第1015条存在的问题及修改建议

第1012条：自然人享有姓名权，有权依法决定、使用、变更或者许可他人使用自己的姓名。

第1015条：自然人的姓氏应当随父姓或者母姓，但是有下列情形之一的，可以在父姓和母姓之外选取姓氏……

以上两条表达的内容，不用仔细分析就知道是前后矛盾的。第1012条赋予了自然人自己依法决定、使用、变更自己姓名的姓名权，据此自然人当然有决定自己姓氏的权利。实际上，这两个条文的规定还有涉及姓名权的认识缺陷，这就是把姓名的决定权和家庭关系，甚至不合时宜的家族关系等混在一起的问题，结果造成姓名权制度上长期的混乱。事实上，这个条文要确定的是未成年人尤其是父母离异后的未成年人的姓名问题，成年人自己如何确定自己的姓名这一点早都不是问题了。但是因为立法表达不清，造成了一定的混乱。本人在此提出稳妥、符合法理而且可行的方案如下。

第×条（针对第1012条）：具有完全行为能力的自然人有权依法决定、使用、变更或者许可他人使用自己的姓名。自然人的姓名权不受侵犯。

第×条（针对第 1015 条）：未成年人的姓氏可以随父姓或者母姓，有下列情形之一的，也可以在父姓或者母姓之外选取姓氏……

三十五　对第 1007 条、第 1008 条、第 1009 条的修改建议

第 1007 条，是关于禁止买卖人体器官的规定。

第 1008 条，是关于在人体实验新药、新型医疗器械等方面的规定。

第 1009 条，是关于人体基因、人体胚胎科研的规定。

这三个条文的共同缺陷，是脱离了《民法典》人格权编的立法基础，把人格问题胡乱使用，失去了立法科学性、体系性的基本逻辑。因为本章立法的主旨是人格权保护，故在立法上我们就应该首先搞清楚，只有具备人格因素的权利或者利益，才是我们保护的对象。自然人的人格，始于出生终于死亡（《民法总则》第 13 条规定）。所以，人格是出生于母体，而且自然存活的自然人才具有的作为法律主体的资格。以上这三个条文，都不涉及"始于出生终于死亡"的人格基础。立法一定要遵守这个基本的逻辑，否则就会为人笑话。

第 1007 条，规定的人体细胞、人体组织、人体器官和遗体禁止买卖，这个条文内容当然没有错误，但是它写错地方了。因为人体细胞、人体组织和遗体并不涉及人格和人格权。民法上的人格指的是具体的人所拥有的法律资格。把这些连人格尚不具备的客体，作为人格权的保护对象，这是非常严重的逻辑混乱。

第 1008 条，涉及的人体试验等方面的规则，并不直接就是民法上具体人的资格问题。

第 1009 条，规定人体基因、人体胚胎的科研活动的戒律，实事求是地说，这个规定内容写在这里就太离谱了。因为不论是基因还是胚胎，都不是"始于出生终于死亡"的自然人，把这个写在这里，距离人格、人格权、人格权保护的立法目的、立法逻辑实在太遥远了。

从立法的科学性这个基本的原则出发，请务必删去这几个条文。否则我真的担心，别人会笑话我们，连人格的基本概念问题都不清楚啊！

三十六　关于第 1021 条与第 1022 条存在的问题及修改建议

第 1021 条：当事人对肖像许可使用合同中关于肖像使用条款的理解有争议的，应当做出有利于肖像权人的解释。

第 1022 条：当事人对肖像许可使用期限没有约定或者约定不明确的，任何一方当事人可以随时解除肖像许可使用合同，但是应当在合理期限之前通知对方。

当事人对肖像许可使用期限有明确约定。肖像权人有正当理由的，可以解除肖像许可使用合同，但是应当在合理期限之前通知对方……

以上两个条文的缺陷是把一个典型的商业合同问题，混入了人格权保护的制度之中。肖像的使用许可问题，是典型的商业合同，只有明星肖像或者具有明星效应的肖像，才有被广告等行业使用的价值。而这些使用，纯属商业经营，和人格权的保护没有一点儿关联。一个明星，如何许可广告公司使用其肖像，基本的出发点是商业利益，而不是人格权保护。我们可以看到，明星肖像做出的广告，很多其实是违背人格保护目的的。比如，利用女明星做广告的肖像，常常有"隐藏重点、展现诱惑"等"紧透露"方面的问题，甚至在国外我们可以看到完全裸露的女人肖像广告。在这个行业里，即使人们提到肖像权利，那也是为了商业利益而不是人格利益。所以，这些条文的内容，根本不反映人格权保护的立法目的。因此，把这些条文写在这里是很不妥当的。

而且，第 1021 条、第 1022 条均是关于肖像许可合同的解除问题，而合同解除的制度，如果规定在人格权保护部分，这就更不合理了。因为解除合同和人格权保护更没有关联。

建议将其删除。这些规则，应该放在广告法中予以规定。

三十七　关于夫妻共债共签存在的问题及修改建议

第 1064 条：夫妻双方共同签字或者夫妻一方事后追认等共同意思表示所负的债务，以及夫妻一方在婚姻关系存续期间以个人名义为家庭日常生活需要所负的债务，属于夫妻共同债务。

夫妻一方在婚姻关系存续期间以个人名义超出家庭日常生活需要所负的债务，不属于夫妻共同债务；但是，债权人能够证明该债务用于夫妻共同生活、共同生产经营或者基于夫妻双方共同意思表示的除外。

该条文表达的缺陷就是把夫妻共同债务的常规处理措施和特殊处理措施的位置颠倒了，因此造成了理解和法律实务上的混乱。夫妻共同生活中有共同财产，也有共同债务。我国法律规定的夫妻财产一般规则是，婚后财产如果没有其他约定，都属于共同财产。这一点大家都知道。既然财产是共同的，那么债务也就应该是共同的，这是一个常规性的规则，是适应于普遍的夫妻关系的规则。现在社会中出现了夫妻的一方在婚姻关系之外设定债务，这种债务应否作为共同债务由另一方承担的问题。那么，在立法上我们首先要明确的是，这种情况属于夫妻关系中的特殊现象，要建立特殊的规则去处理。

在法律条文的写法上，在一个法律条文之中有一般规则也有特殊规则的时候，应该在第 1 款写一般规则，说明这个规则具有普遍的针对性。然后在第 2 款等条款中写特殊规则，而且应该注明一般和特殊的关系，这样才不会造成理解的困惑。现在第 1064 条，就违背了这个规则，造成了很大的问题和社会争议。

该条第 1 款建立的规则是夫妻共债共签，即所有夫妻共同债务都要双方共同签署，包括事先签署和事后追认。写在第 1 款，这就意味着第 1 款的规定，是处理夫妻共同债务的一般规则。这样就造成了法理上很大的混乱：它是不是意味着，夫妻共同债务都需要双方共同签字后才能得到确认？不签字的，是不是就不是共同债务了？因为这个条文写在第 1 款，属于一般规则，所以只能得出另一方不签字就不是共同债务的结论。但是显然这个结论是错误的。因为这样做不合法理也不符合婚姻实际情况。

把夫妻双方共同签字作为共同债务的前提条件，这时候，债权人的权利如何保障？这样做是否考虑到债权人的正当利益保护问题？

尤其重要的是，夫妻之外，还有家庭成员，共债共签要不要扩大到全部家庭成员？

该条文第 2 款规定了一种例外情形，夫妻一方在婚姻关系存续期间以个人名义超出家庭日常生活需要所负的债务，不属于夫妻共同债务。其实这个规定似乎才是常规。因为，一般人的婚姻关系就是以家庭日常生活为内容的。但是，这个条款的写法也有明显不足。比如，家庭日常生活又如何判断？比如，炒股票、炒房子、和他人合伙做生意，这些是不是共同生活？如果不认为这些是共同生活的需要，但是如果一对夫妻，一方炒房子炒股票两口子享用，并且出于疏忽甚至恶意逃避共同债务，另一方事前不签署、事后也不追认，这种超出家庭日常生活需要情况下，该债务是否属于共同债务？按照现在的规定，另一方不签字就不是共同债务，我们法院真的要这样裁判吗？事实上，法院也不会这样裁判的。比如裁判文书网 2019 年 12 月 12 日公布的一个案例，题目就是"最高法裁定：夫妻一方借款用于公司也能认定共同债务"。这说明，把共债共签作为处理夫妻共同债务的一般规则的做法，是不合理的，而且将来法院也不会遵守，实践中肯定会造成极大的争议。

所以我一直的观点就是，夫妻共同债务是可以客观认定的，不能以夫或妻一方是否签字、认可为标准，要确认这个理念。共债共签可以作为一种方法，但是不能作为一般规律。

近年来，关于共债共签的问题，我收到的一些社会团体、组织和个人的来信上千封，很多人为了表示诚意，使用了很名贵的信封和邮票。作为人大代表和民法教授，我当然尊重这些民众，看了这些来信。我发现他们基本的内容都是支持共债共签，抱怨法院让他们承担共同债务。但是基于常识我知道，这些来信都没有说明另一方面的情况，也就是夫妻共同享受、仅仅让债权人承担风险的情况。

基于以上考虑，基于既保护夫妻中的善良一方，也保护债权人利益；既尊重我国现实生活需要，也尊重民法基本原理这些考虑，本人在此建议，将该条文修改为以下三款。

第 1 款：夫妻双方或者一方在婚姻关系存续期间为家庭日常生活需要所负的债务，为夫妻共同债务。夫妻共同债务，以夫妻共同财产偿还。如夫妻事先对此有所约定，则以其约定处理。

第 2 款：夫妻一方在婚姻关系存续期间以个人名义的负债，明显超出家庭日常生活需要的，应以名义上的债务人的个人财产来偿还。但是确有事实证明该债务用于夫妻共同生活的除外。

第 3 款：夫妻双方在民事活动中共同签字的债务、由一方的名义发生而另一方事后追认的债务，由夫妻共同财产偿还。

本人建议的写法，是首先确定一般规则，然后规定特殊规则。在规定特殊规则的时候，也可以把共债共签作为一种处理问题的方式。这个建议比目前所写的法条在法理上更清晰，在实践上更为稳妥。

三十八　对第 1177 条第 1 款所谓"自助"的修改建议

第 1177 条：合法权益受到损害，情况紧迫且不能及时获得国家机关保护，不立即采取措施将使其合法权益受到难以弥补的损害的，受害人可以在必要的范围内采取扣押侵权人的财物和合理措施，但是应当立即请求有关国家机关处理。

这个条文的缺陷在于没有准确理解"自助制度"的含义，而且它所规定的自助方式失度，违反了制度设定的目标。这个条文所提到的"自助"，是传统民法固有的制度，一般情况下规定在《民法总则》的"民事权利的行使和保护"部分，作为民事权利保护的一种方式。但是，正如权利的行使必须合法有度一样，权利的保护也应该合法有度。把这个条文写在这里，作为侵权救济的方式固无不可，但是这个条文里许可的鼓励权利人自助的方式失去了应有的限度。要害之处，就是鼓励权利人扣押侵权人的财物，这个写法问题很大。我们可以看看世界各国的《民法典》关于自助的规定，首先是采取鼓励的态度，但是自助的要点是保护自己，而不是取得侵权人的财物。所以，在这些立法中，自助制度的要点，都是尽可能地让受害人得到保护，法律甚至许可受害人在保护自己的时候可以适当使用强力或者暴力。比如，在遇到暴徒持械伤害自己的时候，自助制度许可受害人使用必要的器械来自卫。但是我们发现，这些立法没有一个写上许可受害人扣押侵权人的财物。因为，扣押侵权人的财物，并不是自己保护自己的手段。这一点是这个条文最显著的缺陷。

受害人扣押了侵权人的财物之后，就能够保护自己吗？当然不能。保护自己是防御，而扣押对方财物是进犯。所以扣押财物就构成了另一种侵权。如果把权利自助引入扣押侵权人的财物这一点上去，那么，有可能受害人就立即变成了抢夺对方财物的侵权人，双方肯定会出现争夺财物的打斗和进一步的伤害，造成进一步的违法甚至犯罪的结果。这就完全违背了立法设置这个制度的初衷。

在侵权责任编进行前几次审议时，有几位委员和我本人已经多次指出这个问题。现在的条文内容，对于扣押财物的问题设置了比较多的限制，这说明审议意见部分得到了采纳。但是，本质的问题没有解决，这个条文基本的问题还存在。自助的本质是自我保护，而不能鼓励受害人取得侵权人的财物。如果规定扣押对方财物，势必造成天下大乱。这个要点问题一定要解决，否则贻害无穷。

本人的建议是，将这个条文修改为：

第1177条：合法权益受到损害，情况紧迫且不能及时获得国家机关保护的，权利人可以自我保护。权利人自我保护，以使其合法权益不受损害为限。自我保护发生争议的，应当立即请求有关国家机关处理。

三十九　对高空抛物侵权规则的修改建议

第1254条：禁止从建筑物中抛掷物品。从建筑物中抛掷物品或者从建筑物上坠落的物品造成他人损害的，由侵权人依法承担侵权责任；经调查难以确定具体侵权人的，除能够证明自己不是侵权人的外，由可能加害的建筑物使用人给予补偿。可能加害的建筑物使用人补偿后，有权向侵权人追偿。

物业服务企业等建筑物管理人应当采取必要的安全保障措施防止前

款规定情形的发生；未采取必要的安全保障措施的，应当依法承担未履行安全保障义务的侵权责任。

发生本条第 1 款规定的情形的，有关机关应当依法及时调查，查清责任人。

该条文相比《侵权责任法》第 87 条的规定已经有本质的改进。原来的条文规定，楼上抛弃物品造成损害的，不分青红皂白，要对全体住户追究连带责任，法学界对该条款的批评意见非常多，而且这个条文在司法实践中也没有得到普遍承认和应用。现在的立法方案是先采取各种办法查找并追究侵害人的责任，这个规则的改变值得充分肯定。近年来，高空抛物造成损害的审判已经出了几个案例，这种情况下的侵害人也都找到了，最高法院也出台了相关指导性意见，社会反响非常好。由此看来，立法者原来所担心的找不到侵害人的问题，事实上解决并不难。这个基本认识解决后，这个条文就值得进一步改进了，因为该条关于高空抛物的修改还不彻底，还保留了追求其他邻居责任的内容。这就造成了法理上的问题和司法上的问题。

主要问题是：该条文仍然要求楼房的邻居自我证明没有责任。这是违背法理的。一个人没有做的事情，自己如何证明？2000 年前的罗马法就已经建立了法律不得强制自证其无的规则。而且如果一个人受了伤，那就构成了刑事责任，这个时候就必须进行刑事侦查，一定能够找到责任人。这时候把整个楼的人都连带进去，就违背了法律文明的基本规则。

修改建议：删除第 1 款关于由侵权人以外的其他住户承担责任的规定。

将第 3 款修改为：发生本条第 1 款规定的情形的，有关机关应当依法及时调查，查清责任人。经调查确实难以确定具体侵权人的，通过政府救助或者社会救济等方式对受害人予以补偿。

以上建议供参考。

关于修改中国《物权法》的议案

    我国最高立法机关正在进行的《民法典》编纂工作，2015年以来编制《民法总则》只是其第一步，目前这一工作已经臻于完成；接下来第二步要做的工作是整合现有民法体系中的分则性立法使其成为完整的民法典。而法典的编纂不是现有法律的汇编或者简单连接，而是体系和谐化整合，包括对单一法律内部以及法律与法律之间的矛盾消弭和漏洞弥补，也包括少数新制度规则的创设。这些工作将具体地体现在和《民法总则》相配合的各个分则部分之中。所以首先要明确的是，在《民法典》编纂时，现有民法群体立法中有一些法律将成为《民法典》的分则，有一些法律将成为《民法典》之外的民法特别法。

    在将成为《民法典》分则的各个法律之中，《物权法》是最为重要的法律，而且也是非常需要修正的法律。因为该法反映社会生产关系的基本要求，反映公共财产和人民群众的基本财产权利，反映市场经济体制下财产权利交易安全的基本需求。现行《物权法》是单行法律，它制定于2007年，是改革开放的产物，颁布之后也为进一步加深改革开放做出了贡献，这些我们要充分认识。但是我们也必须认识到该法的缺陷，这些缺陷有些是立法之初就有的，有些是随着改革开放的深入而表现出来的。此外，2007年《物权法》制定后，2008年出现世界性的经济下滑，我国社会出现了一些新类型的物权案件，法律不能充分应对，因此也显示出修改立法的必要性。所以，借《民法典》编纂之机修订《物权法》是非常妥当的。

    《物权法》是对我国社会发挥重大作用的基本方法，首先确定特定化的主体，接着确定特定化的客体，最后确定主体对客体特定化的支配权。主体就是民法上的自然人和法人，客体一般就是不动产和动产，而支配权就是所有权、使用权、抵押权这样的权利。《物权法》对国计民生的重大价值，可以通过不动产登记制度来说明：法律上所说的房屋所有权通过不动产登记，就是把某个确定的民事主体在某个确定的城市街区的某一宗不动产的所有权或者其他物权进行的登记；通过一个个确定的主体、确定的不动产、确定的物权的登记，整个社会不动产秩序就有了一种获得法律承认和保护的秩序。可以看到，只有这种方式才能够建立真正有效的不动产支配秩序。推而广之，其他的财产权利也都可以应用《物权法》的这种方法得到承认和保护，而社会的基本秩序也就是财产秩序因此得以建立和稳固。所以，《物权法》在保障社会的经济基础和基本的社会秩序方面发挥着扎扎实实的、不可替代的作用。

《物权法》建立的这些制度，直接体现了《物权法》的科学性。在民法上的主体制度也就是自然人和法人制度在《民法总则》中得以建立之后，《物权法》要建立的法律制度，首先是要明确各种各样的物权，建立既符合法理又符合国情的物权体系，建立所有权、使用权、担保物权等各种权利之间关系。然后要建立各种物权的交易制度。

一般而言，不动产因为使用价值和价值都很大，所以一桩不动产之上可以存在多个物权，比如我国法律上的所有权、建设用地使用权、抵押权等，甚至抵押权这样同类型的权利还可以设定多个。这样就形成了不动产物权特有的"权利束"或者"权利树"的现象，其中一些权利是基础性的，一些权利是限制性的。用通俗的话说，一些权利是骨干性的，一些权利则是这些骨干上面生成的枝叶。这些权利共处一个不动产之上，需要通过不动产登记来明确它们之间限制和被限制的关系。所以，除了主体、客体和主体的权利之外，物权权利束这种限制和被限制的关系也会记载于不动产登记簿之上。不动产的合法支配秩序就是这样得以建立起来的。总体而言，不动产登记簿上记载的不动产物权的主体、客体、权利的状况，成为国家承认和保护不动产财产秩序的基础，不论行政机关的管理工作还是人民法院的司法工作，都要根据不动产登记簿展开。《物权法》作为上层建筑对于经济基础的保护作用，就是这样得以实现的。

不动产登记制度属于《物权法》的内在制度，它在《物权法》原理中，被称为公示制度。所以不动产登记其实就是不动产物权公示，就是借助于国家登记，将不动产物权设立、移转、变更以及消灭的法律事实予以公开展示，从而使这些权利的变动获得国家法律承认和保护的手段。

与不动产登记相类似，动产物权的公示方式是动产的占有和交付。因为动产的使用价值和价值一般而言不如不动产高，所以动产之上承载的物权类型比较简单，主要是所有权和动产质权。另外，质权也可以设定在一些特定的民事权利之上，根据现实经济生活的需要，一些动产质权的设立也需要登记，一些需要交付权利证书。

为了说明《物权法》修改的基础性问题，在此简要阐明一下《物权法》制度体系的大体内容。简要地说，符合市场经济体制需要的物权法所建立的法律制度，必须包括如下三个大的领域。

一　物权体系建设

根据国家政治经济文化发展的实际需要建立完善的物权体系，将经济基础、人民生活中的财产关系转化为以所有权为核心的各种物权，包括各种用益物权、各种担保物权等权利。

我国基本的财产秩序，主要是依靠《物权法》建立的物权体系来予以规范的。这个物权体系，依据传统民法应该包括各种所有权（包括动产所有权和不动产所有权）、各种用益物权（我国《物权法》已经承认了建设用地使用权、土地承包经营权、宅基地使用权等）、各种担保物权（在我国主要指抵押权和质权），另外还必须规定占有。这些典型的物权类型和占有之外，《物权法》在建立物权体系时，还必须使其制度内容能够涵盖和辐射到一些非典型的物权，比如依据土地管理法取得的特殊地权、依据矿业法取得的采矿权、依据森林法取得的森林采伐权、依据水法取得的采水权、依据海域管理法取得的海域使用权、依据渔业法取得的渔业权等。这些权利并不是完全依据民法规则取得的，也不能完全依据民法规则进入市场机制，但是它们具有物权的外在特征，而且可以准用物权保护的规则，因此法学上将它们称为"准物权"或者"类物权"。2007 年颁布的《物权法》所建立的物权体系大体上是完备的，需要增加的物权类型并不多。

虽然需要增加的物权类型并不多，但是一些重要的物权类型欠缺必要的制度内容，因此导致这些财产权利制度不能发挥应有的功能。比如，国家所有权这种最为重要的公共财产权利的法律制度设计，因为受到苏联民法"统一唯一国家所有权"学说的束缚，没有承认公共财产的真正的物权法律关系，因此公共财产真正占有人、使用人、受益人、处分人的物权，在《物权法》中没有任何规定。我们可以看到，不但机关法人的物权没有任何规定，而且事业单位、社会团体的物权也没有规定，甚至公有制企业物权财产权利都没有明确规定。我们可以看到，国家对于民营经济实体组织的财产权利立法，都承认了企业的所有权和投资人的股权。这种"所有权—股权"的法理结构，其实是投资关系的一般原理。但是在公有制经济实体组织之中，立法对于这种"所有权—股权"的法理结构采取了不承认或者模糊化的态度。在中央提出促进混合经济发展之后，这种模糊化的立法观念已经造成了很多问题。因为真实的财产占有使用人的物权不明确，这一部分最为重要的财产支配秩序就只能长期处于模糊、灰色的空间之中。按照关于"产权保护意见"的重要精神，这个问题应该得到很好的研究和解决。

《物权法》关于集体财产所有权的法律制度，存在忽视集体之中的成员权这个长期以来没有解决好的问题。此外，改革试验中出现的"三权分置""集体建设用地入市"等既有利于农民权利也有利于经济发展的措施，实际上在《物权法》制定之时就已经推行多年，但是《物权法》不但没有任何反映，而且设置了阻挠性的规则。这些问题现在也应该到了修改的时候。

二　物权变动制度建设

建立符合市场经济体制和人民权利保护需要的物权变动制度，确保交易中的以所有权为代表的物权，切实落实到取得人手中。

所谓物权变动，指的是物权的设立、转让、变更和消灭。比如当事人设立抵押权，转让房屋所有权，变更建设用地使用权，消灭所有权或者其他物权,等等。在市场经济体制下,物权变动是经常发生的。人民法院裁判案件非常需要明确交易中的物权变动规则。《物权法》制定之前,我国法学界长期以来坚持的相关的法学观点是,物权变动属于《合同法》的内容,很多人主张依据合同的效力来直接分析和裁判交易中的物权变动问题。这种观点在法学上是有本质谬误的,因为合同应该履行,但是不等于合同必然履行或者绝对履行。所以民法只是把合同当作发生请求权的根据,依据合同无法直接发生物权变动的结果。比如,购买人和开发商订立了购买房屋的合同,合同生效的时候房屋还没有建设完成,这个时候购买人只可以享有请求对方履行合同的请求权,而不能直接享有房屋的所有权。只有到履行合同的时候,也就是交付房屋的时候、办理不动产过户手续的时候才能取得所有权。

在《物权法》制定时期,因为我国法学界尤其是民法学界的多数学者并未清晰认识到物权变动的法学原理。尤其是关于交易中的债权成立生效和物权变动生效之间的关系问题,我国社会长期不甚理解。我国社会能够接受的交易模式是现货交易,如《合同法》第132条的规定,要求订立买卖合同之时标的物必须现实存在。对那种订立合同之后当事人按照合同的要求组织生产标的物的交易,也就是因此产生的债权不能指向标的物的交易,以及因此而产生的法律规则,我国社会尤其是法学界不甚理解,因此《物权法》在涉及物权变动的规则时采取了十分拘谨的态度。中国社会科学院法学研究所课题组曾经在这方面提出了比较完善的立法建议,但是最后通过的法律文本非常简单甚至模糊。比如,涉及城市居民家家户户购买房屋、从何时取得房屋所有权的重大现实问题,《物权法》都没有做出清晰明确的规定。因为我国民法学界一度主导的理论在法理上的不彻底、不贯通,产生了物权变动的效力来源于不动产登记机构的赋权或者确权的所谓主流观点,结果在我国社会产生了物权的最终效果来源于不动产登记机构的行政行为的结论。这种观点在法理上和实践上都否定了物权只能来源于民事主体自己的创造的本质,因此它严重损害了人民的权利。不动产登记只是发挥公示作用,在物权变动过程中,应该根据是否针对第三人的实际情况,依据当事人之间的物权变动的效果意思来确定公示方式的法律效果。这一点目前已经在最高法院的相关司法解释中得到了体现。

不动产登记作为《物权法》的内在制度，它对于物权变动的支持和保障作用体现在很多法律规则上，但是不动产登记涉及不动产物权变动的很多重大问题，《物权法》都没有规定。总体而言，该法对于物权变动的条款虽然多有创制，但是距离市场经济体制的需求，距离人民权利保护的需要还是相当不足够。最高法院为了解决司法分析和裁判的需要，制定了几个司法解释。这些虽然对司法实践有益处，但是也造成了立法碎片化和枝节化的问题。因此，在本次修改《物权法》时，这些问题也应该得到及时的解决。

三　第三人保护的交易安全制度建设

建立保护以第三人为表征的交易安全的法律制度，保障市场经济体制稳定秩序的基本需要。在市场经济体制下《物权法》还要承担保护交易安全的重要功能。因为市场交易常常并不只是两个相对的当事人之间订立合同，交易常常会涉及其他人。比如张三将房子卖给李四，李四又出卖给王五。如果房子交付完毕，而张三和李四之间的合同却被撤销，那么王五的利益要不要保护以及如何保护，就是一个典型的交易安全问题。类似王五这样的第三人在现实生活中非常多，尤其是在市场经济活动中，仅仅有两个相对当事人的交易是非常少的，绝大多数交易都会涉及第三人。因为合同只是在当事人之间发生约束力，对第三人没有法律效果，因此《合同法》历来不解决第三人保护的问题，也就是说，《合同法》不承担保障交易安全的责任。保障交易安全的重大使命，只能由《物权法》来承担。这一点也是我国社会长期认识不清的地方。过去，我国有一些法律、一些司法解释都是依据合同在当事人的交易中"确权"，合同一旦撤销，就裁定标的物及其物权完全返还，丝毫不考虑有第三人的存在。这一点和过去长期没有建立市场体制有关，很多人因此认识不到市场体制下交易安全的重要价值。在《物权法》建立善意取得制度之后，一些学者和法院还是要从合同效力的角度来理解第三人，因此在实践中出现了以合同的有效来排斥第三人的所有权取得的案例。第三人最高法院的"《物权法》司法解释一"，其中很多的规则就是为了解决这一认识问题而制定的。这个法律解释建立了不能从合同生效的角度来理解第三人，而只能从物权变动的角度理解第三人保护的分析和裁判规则。

事实上，当事人订立合同基于其意思表示，履行合同发生物权交付也是基于其意思表示，因此从《物权法》的角度看保护交易安全这个基本原则时，尤其是按照善意取得规则来分析和裁判案件时，必须首先认识到什么是第三人，什么是第三人有效取得所有权。这个核心的问题在我国法律界、不动产登记机构、法院甚至立法者都是模糊不清的。《物权法》第 106 条对这个规则规定不清晰，学者的解释导致了司法混乱。在此以北京市发生的一桩真实案例说明。此案，屋主长期雇用的司机，利用自己长相和房主非常相像的特点，趁房主不在北京期间盗用房主身份证明将房主别墅出卖并向购买人交付了占有，办理了登记过户手续。因为不动产登记机构并没有仔细审查出卖人的身份证明，就给购买人办理了过户手续。而一审、二审法院在已经查明出卖人是盗卖者而不是屋主的情况下，还是依据不动产登记机构所做的过户登记，依据他们对于《物权法》第 106 条的理解，做出了保护购买人的房屋所有权取得的裁判。而数位民法学家写出法律意见支持这个裁判。但是这个裁判确实是错误的，因为这个交易从一开始就没有真正所有权人的转让房屋意思表示，盗卖者和房主之间并没有合同。因此这个所谓的交易只有倒卖者和购买人，所以这个购买人根本就不是什么第三人。

这个一点儿也不复杂的案件说明，这个案例根本就不能用"第三人适用善意保护"的条款。事实上，正如上文所述，交易中的不动产过户登记必须符合房屋所有权人的真实的出让其所有权的意思表示。此案没有屋主参与的任何意思表示。本案交易只有倒卖者和购买人两个人的意思表示，而这个意思表示是违法的。因此，一审、二审法院的裁判问题很明显。这个典型案件告诉我们，如何认识交易安全，必须从物权变动中当事人的意思表示的角度入手。我国法学界部分否定物权法律行为的观点、部分立法工作者认为物权行为理论不好理解就不采纳的观点，造成了相当消极的后果。

此外，担保物权比如抵押权，常常是设立在第三人的不动产或者动产之上的，第三人为债权人的权利实现而将自己的物品拿来做担保。这也是涉及交易安全的制度。《物权法》制定之前，我国法律关于交易安全的法律制度基本上是空白。《物权法》虽然建立了善意取得制度和担保物权制度，弥补了保护交易安全的很多制度空白，能够满足相当一部分实践的需要。但是，同样因为认识缺陷问题，这些立法规则还存在核心条文甚至核心制度没有规定、一些规定过分简单难以操作的不足。

法典化的基本功能之一，是将法律渊源体系化，从而避免法律渊源的碎片化给立法或者执法、司法带来适用法律的障碍。这一问题在我国事实上是很严重的。比如，最高人民法院出台越来越多的司法解释，就导致的法律渊源碎片化、枝节化的倾向越来越严重。所以，希望这一次《物权法》的修订能够严谨。

总体而言，我国《物权法》的制定，从民法体系建设的角度看，从保护正当财产权利和促进市场经济体制发展的角度看取得了重大的成就，但是缺陷仍然需要弥补。因此《物权法》确实应该予以修改。在修改该法时，希望中央"产权保护意见"、市场体制和人民权利规范保护的要求能够得到认真的落实，法律规则应该更加具有可操作性，能够对行政执法和法院司法发挥规范作用，对我国《物权法》的修改从结构到条文提出修正意见。

本人提出的修正方案如下。

附　　录

（一）关于立法体例和修改各章的主要思路

（1）取消各编的体例，物权分编之下直接规定到各章。根据《民法典》的编纂体例，《民法总则》作为整个法典的第一编，各个分则如《物权法》《合同法》《侵权责任法》《婚姻家庭法》和《继承法》都称为"编"。因此，物权法分编之中无法再采用"编"的体例。不过《物权法》的逻辑结构比较清晰，不采用"编"的体例对该法的编纂体例影响不大。

（2）保留第一章，但是"基本原则"建议改为"一般规定"。

建议其第一条立法根据部分，为避免和《民法总则》的规定重复，

"根据宪法"等要删去。

第三条关于"社会主义基本经济制度"的内容,从《物权法》中删去。因为,这些宪法性内容,最好还是应该由宪法规定,民法不作规定,这样可以体现民法和宪法的区别,也体现民法对于宪法的遵从关系。

另外,虽然物权法定原则等内容已经在《民法总则》中得到规定,但是将其在《物权法》基本原则中重述还是必要的。关键之处在于,《物权法》怎样再次表述这些原则。一个最有价值也是必须做的事情是,在《物权法》中将物权法定原则等原则的内容进一步加强,将原来立法没有写入的内容写入新法。比如,在物权法定原则项目下,修订《物权法》应该建立新规则,说明如果当事人自以为是物权但是并无物权效力的,其行为的法律后果应该如何等。

本章应该增加的内容是更为细致的物权分析和裁判的规则。保障和规范未来涉及物权的立法、执法和司法行为。比如在"物权法定原则"内容中除了规定该原则之外,还要规定物权的设定虽然无效但是也可以转换为其他法律后果的规则。比如,当事人设定抵押权仅仅因为登记的问题而未成功,但是当事人以自己的财产为他人债权实现担保的意思表示是真实的,那么这种真实的意思表示也不能不发生法律效果,毕竟当事人之间已经签订抵押合同,债权人对于债务人或者抵押人产生了合法的信赖,因此才有债的法律关系的发生。据了解这种情形现实中很多见。依据法理,此时就应该认为这种抵押可以转换为担保。关于物权法律行为向债权行为的转换,其道理就在于此。另外,对于我国法院已经普遍承认而且普遍应用的"区分原则",鉴于其在整个物权司法中意义显著,也应该在总则部分加以规定。这一部分修改的主要指导思想是让这一部分内容"接地气",即在原来的立法框架内进一步增强其实践指导规范作用。

建议增加"物权法的解释和司法适用应该以维护财产权利价值为原则"的条文。

(3)建议增加"第二章 物"。虽然物权是对物的支配权,但是物的不同特征反过来会决定物权的取得和消灭。目前《民法总则》中规定,物权法意义上的物,区分为不动产和动产,有时候也包括权利。这一规定虽然弥补了一点空白,但是剩下的空白仍然很大。除了动产和不动产之外,还有很多物的规则,反过来对于物权分析和裁判发挥决定作用。比如,可分物和不可分物、主物和从物、原物和孳息、必要组成部分等。在民法中规定物,并不只是为了法律关系理论上的圆满,更重要的是物权裁判的必需。正因为此,规定物是大陆法系的通例。因此我国法律也应该做出规定。

(4)目前的"第二章 物权的设立、变更、转让和消灭"予以保留,改编为第三章。根据我国已经在 2014 年实现统一不动产登记制度的现实,以及《物权法》实施近十年的经验,对于不动产登记涉及物权变动问题做出更为细致的规定。本章第三节,就"非依据法律行为发生的物权变动",应该建立更加细密的规则,需要总结《物权法》实施近十年的经验,就依据公共权力发生物权变动的法律效果问题做出更为清晰明确的规则。

(5)"第三章 物权的保护"予以保留,改编为第四章。承认自助为物权保护的方式。

(6)"第二编 所有权"改为"第五章 一般所有权"。原来的第四章,改为"第一章·第一节 一般规定"。原来的"第五章 国家和集体所有权、私人所有权"一节,根据改革实践需要,根据中共中央、国务院 2016 年印发的《关于强化知识产权保护的意见》,修改为四节:"第二节 国家以及社会公共财产所有权""第三节 农村集体经济组织所有权""第四节 法人所有权""第五节 家庭以及个人所有权"。

这一部分内容修改的要点是:第一,承认国家所有权之外尚有社会公共财产的所有权。在此郑重提出"公共财产"这个法律概念,解决大量的事业单位法人比如大学、社会团体法人等拥有的公共财产问题,并且利用《民法总则》建立的特殊法人制度,将公共财产权利制度科学化、清晰化。将这一部分财产所有权独立作为一节,从主体、客体、权利义务和法律责任等方面做出更为细致的规定,体现对于国家财产和社会公共财产权利的特别重视。第二,将原来的私人所有权改为个人所有权。第三,承认法人所有权。

(7)将"第九章 所有权取得的特别规定",改编为第五章第六节。这一部分内容,需要总结《物权法》实施近十年的经验,因应司法实践的需要,放弃不合法理也不符合国情的意识形态教条,借鉴传统民法中的原始取得制度规则做出规定。重点的修改内容是善意取得、先占取得、添附制度等。

(8)将"第六章 业主的建筑物区分所有权",保留为"第六章 建筑物区分所有权"。建议本章划分为四节:第一节一般规定、第二节业主权利、第三节业主委员会、第四节业主的共同关系。

(9)将"第七章 相邻关系"保留。

(10)将"第八章 共有"保留。

(11)将"第三编 用益物权",改编为"第九章 用益物权"。并且将"第十章一般规定"改编为该章"第一节 一般规定"。

(12)将"第十一章 土地承包经营权",改编为"第九章·第二节 土地承包经营权、耕作经营权"。其中的"耕作经营权",指的是为贯彻中央提出农村耕作地实行"三权分置"的经营模式,在保障现有农民家庭或者个人的土地承包经营权不做改变、不受困扰的前提下,对"三权分置"模式中的"经营权"的命名。这个命名,既考虑到不妨害我国法律和政策已经使用三十多年、农民已经普遍深入接受的土地承包经营权这个概念,也考虑到了第三人经营土地只能从事农业耕作的立法目的。

(13)将"第十二章 建设用地使用权",改编为"第九章·第三节 建设用地使用权"。现有基本内容不变的前提下,对农村的建设用地使用权做出规定,以适应农村土地"三块地改革"的需求。

(14)将"第十三章 宅基地使用权"改编为"第九章·第四节 宅基地使用权",并对其中限制当前农村土地制度改革的内容予以修正。

(15)将"第十四章 地役权"改编为第九章第五节,内容保留。

(16)第九章之中,增加"居住权"一节,因应我国社会进入老龄社会一些特殊养老的需要。本节作为第九章第六节。

(17)第九章之中,增加规定"第七节 准物权",就类似于采矿权可以准用物权保护规则的权利做出规定。这些权利大体上有:采矿权、海域使用权、渔业权、采伐权、取水权等。这些权利的基本特点,是依据行政批准或者行政许可取得、直接占有使用特定物,有些还可以取得收益，它们虽然并非根据民事行为取得，但是权利的享有和保护也可以准用物权规则，因此在民法上统一称为"准物权"。考虑到这些权利都是在所有权基础上设置的权利，将它们规定在"用益物权"的体系之下，强调其外观上占有、使用和收益的特点，这种体例既符合法理也符合国情。

（18）将"第四编 担保物权"修订为"第十章 担保物权"。

本次修改对担保物权部分的立法缺陷应该有充分的认识。《物权法》制定之前在我国曾经实施十多年的《担保法》，其核心条款设计有着非常重大的缺陷：①不能区分担保物权设立的法律根据和债权生效法律根据的区别，直接把合同是否生效当作担保物权变动生效的法律根据；②把抵押权理解为抵押权人和抵押人之间的合同关系，把质权理解为质权人和质押人之间的合同关系，而不是把这些担保物权理解为对物权；③认识不到物权公示原则的功能和规则作用，不把不动产登记以及车辆、船舶、飞行器的登记理解为《物权法》的内在制度。这种情况和改革开放初期国家没有建立统一的不动产登记制度有关。当时不动产登记在多个级别、多个部门进行，因为土地登记、建筑物登记部门的不统一，因此当事人依据法律行为设立不动产抵押权时，就可能因为登记簿记载的不统一而导致法律结果的不统一。而这种不统一如果具有抵押权的设立根据时，登记机构就要承担严重的法律责任。因此当时的不动产登记不能作为《物权法》的内在制度，抵押权的设立无法从不动产登记簿取得法理支持（对此，请参阅《担保法》第41条、第43条、第49条、第64条等的规定）。在2007年制定《物权法》中关于担保物权的部分规则，仍然接受《担保法》这些规定。而这些规则对于法律实践的危害，在近年来的市场经济体制实践中屡屡呈现。目前，不动产登记作为物权公示原则的实现方法，它对于依据法律行为设立物权、转让物权的法律效果，不仅在法学界而且在最高法院的司法解释中都已经得到承认，因此，这一部分规则要做出重大修改。我们将对此提出比较细致的内容设计。

（19）将"第十五章 一般规定"，改编为"第十章·第一节 一般规定"。这一部分内容需要强化裁判规则。

（20）将"第十六章 抵押权"，改编为"第十章·第二节 抵押权"。

考虑到抵押权在担保物权体系中的核心地位，根据法理和《物权法》实施近十年来的经验，抵押权一节修改时，希望按照如下顺序和内容展开：

①抵押权的一般规则，依据法定抵押（由法律直接规定的抵押）和意定抵押（由当事人通过合同设立的抵押）的区分作为细致规定；

②不动产抵押权（包括对土地、建筑物等各种独立不动产物权的抵押权）；

③车辆、船舶、飞行器抵押；

④最高额抵押；

⑤浮动担保；

⑥企业担保（或者企业抵押）。

（21）将"第十七章　质权"改编为"第十章·第三节　质权"。其主要内容有：

①一般规定；

②动产质权；

③权利质权。

（22）将"第十八章　留置权"，改编为"第十章·第四节　留置权"。因为留置权的本质还是质权。相比一般质权而言，留置的特殊规则意义并不明显。

（23）将"第十九章　占有"改编为"第十一章　占有"。本章的内容也需要进一步丰富。

（24）取消本法"附则"的规定。

（二）物权编的编纂体例

第一章　基本原则

第二章　物

第三章　物权的设立、变更、转让和消灭

　　第一节　不动产登记

　　第二节　动产交付

　　第三节　因公共权力发生的物权变动

第四章　物权保护

第五章　一般所有权

　　第一节　一般规定

　　第二节　国家所有权和公共财产权

　　第三节　农村集体经济组织财产所有权

　　第四节　法人财产所有权

　　第五节　个人财产所有权

　　第六节　所有权取得的特别规定

第六章　建筑物区分所有权

　　第一节　一般规定

　　第二节　业主的特别所有权

　　第三节　业主委员会

　　第四节　业主的共同关系

第七章　相邻关系

第八章　共有

第九章　用益物权

　　第一节　一般规定

　　第二节　土地承包经营权、耕作经营权

　　第三节　建设用地使用权

　　第四节　宅基地使用权

　　第五节　地役权

　　第六节　居住权

　　第七节　准物权

第十章　担保物权

　　第一节　一般规定

　　第二节　抵押权

　　第三节　质权

　　第四节　留置权

第十一章　占有

关于依法推广农村承包地
"三权分置"的几点意见

中央文件一再提出要在我国农村的经营体制中推行承包地的"三权分置",我国立法应该及时反映这个要求。借助立法落实"三权分置"已经有了很好的社会基础,一些试点地区进行了多年的试验,充分证明了这种体制的可行性和优越性。显然,"三权分置"和我国一些立法确定的规则是不一致的,虽然试点地区的改革试验有立法机关的特别授权,但是在更广大的农村区域推广承包地"三权分置"还是有很多法律障碍的。所以,借助立法尤其是正在进行的《民法典》编纂来推广"三权分置",不但恰当其时,而且非常必要。因此,现在特别需要将各地成功的经验总结为法律的规则,消除制度障碍并借助立法的效力,将其推广应用开来。

因为"三权分置"涉及我国正在进行的《民法典》编纂之中物权编的立法,因此,现在特别需要做的事情,就是将它写入《民法典》物权编。此外,对于"三权分置"及其涉及农村集体经济组织的法律资格和权利义务的问题、农村集体成员的法律资格以及权利义务等方面的问题,我们也可以借助修订《农村土地承包法》以及《土地管理法》等立法来予以解决。

但是,目前立法机关关于《民法典》物权编的立法方案并没有"三权分置"的任何反映;《土地承包法》的修订对此也没有多少反映。如果立法不反映"三权分置",那么这方面的改革实践就将长期游离于我国法律制度之外,立法就不能为改革实践提供制度保障。现在实践已经成功,立法不能长期滞后。因此,"三权分置"立法的问题应该迅速研究并加以解决。

一 "三权分置"只有依靠立法才能得以推广

党的十八届三中全会决议提出，要在我国农业经营体制中建立"三权分置"的模式，党的十八届四中全会再次提出这一要求。2016 年 10 月，中共中央办公厅、国务院办公厅印发了《关于完善农村土地所有权承包权经营权分置办法的意见》，正式提出在原集体土地所有权和承包经营权分离的基础上，将土地承包经营权再分为承包权和经营权。这种涉及承包地的"三权分置"，其中的"三权"是指集体土地所有权、农户承包权和土地经营权（目前我国也开始推行农村宅基地的"三权分置"，对此本文无法展开讨论）。在农民家庭或者个人的土地承包经营权基础上建立经营权，是为了解决农村土地承包制条件下，土地被分割成零散小块，既不能产生规模效益，又有可能解决分散农户长期使用化学方法经营农业的问题。在"三权分置"的情况下，农民家庭或者个人的零散地块被聚集起来，土地的机械化操作成为可能，土地的集中灌溉、施肥、防虫等管理措施成为可能，而且科学种田、绿色农业的操作也成为可能。其目的是在稳固农民家庭或者个人的承包经营权的前提下，解决促进土地经营权在更大的范围内优化配置，满足现代农业发展对土地规模化经营和市场化配置的需求。

据统计，截至 2016 年年末，全国耕地面积为 20.24 亿亩。而在 2015 年年底，全国家庭承包经营耕地流转面积就已经达到 4.43 亿亩。全国利用承包地"三权分置"的经营主体有家庭农场、农民合作社、农业企业等新型主体，这些新型农业主体共有 270 多万家，他们并不只有经营规模的优势，也是科技农业、绿色生态农业最主要的经营者。根据农村和农业部为第十三届全国人大常委会第二次会议提供的资料，目前我国农村经营户每户占有的耕地面积平均为 7 亩，大体上相当于欧洲的 1/10，美国、加拿大的 1/100。我国农业经营土地分散为小面积耕作，成为我国农产品质量难以提高的主要障碍。

我国农村耕作地的"三权分置"，或者说承包地的"三权分置"已经试验多年，社会经济效果和政治效果都很好。近年来，国家有关部门试图积极推广这种体制,可是截至目前似乎推广的效果并不显著。其中的原因和立法滞后颇有关联。"三权分置"得到中央文件的肯定,一些试点地区得到了全国人大常委会或者地方人大的授权,但是相关立法没有出台。

首先,这种成功的改革经验急需获得法律的承认和保护;其次,依据成功经验所制定的法律规则,立法对于推行"三权分置"可以发挥规范和引导的作用;最后,借助立法前置,把当事人的权利义务和责任明确肯定下来,有利于防止和解决当事人之间的相关纠纷。总而言之,推行"三权分置",立法是个关键因数。

这种特别授权的改革,如何推广到授权区域之外,就会产生很大的法律问题。这种已经被实践证明效果很好的改革措施,应该及时制定相关立法,这不但是为了完全彻底地解决这些改革措施在更大的区域里加以推广的合法化问题,也是为了给这些改革措施提供制度保障,为解决这些措施推广过程中产生的纠纷建立基本的规则。这几个问题的解决都需要尽快修订相关立法,反映改革的成果。与我国农村土地制度密切相关的立法很多,比如《物权法》《土地管理法》《农村土地承包法》等。本议案以在我国《民法典》物权编的修订作为出发点,其基本设想也可以适用于其他相关的法律修订。

二 在立法上应该解决的问题

改革性措施不能长期游离在法律之外,已经取得的成功经验,就应该在法律上予以承认,并且通过法律的形式,在全国予以推广。目前来看,需要在立法上解决的问题大体上如下。

(一)坚持农民土地集体所有权与加强集体成员权之间的关系问题

在"三权分置"的制度中,农民集体土地所有权具有核心地位,中央的要求是"坚持"这一权利的基础地位。中华人民共和国的农民集体所有权是按照社会主义法权思想体系建立起来的,这个初衷我们必须坚守。我国《宪法》《物权法》都规定了集体所有权,并将其规定为社会主义的基本权利制度之一。但是我们也要认识到，20世纪50年代到80年代建立和形成农村集体以及集体所有权，和现在农村的实际情况已经发生本质变化，因此我们的制度观念也应该有所更新。集体所有权制度的基础是"集体"，20世纪60年代到80年代，农民集体不但是经济实体，而且还是独立核算的经济组织，农民在其中共同劳动共同分配。集体作为所有权主体负担全部法律责任。因为城乡二元化体制的限制，农民家庭或者个人只能通过参加集体的生产劳动才能够获得分配，他们并没有直接占有使用的权利。因此农民家庭或者个人作为集体的成员，无法独立地主张自己的权利。事实上，当时也普遍存在着不承认和保护成员对于土地的权利的情形。

但是今天，全国上下只有个别农村保留着这种公社化时代集体与成员的关系，而绝大多数农村虽然还保留着作为土地所有权的主体，但是农民家庭和个人土地权利已经成为农村和农业的法律基础。因为家庭和个人的土地承包经营权已经成为"长久不变"的权利，由于大批村镇农民经济的壮大发展使得原来的农村集体被改造成为股份合作社，农民作为集体的成员，他们特殊的身份已经成为法律上首先要解决的问题。因此，现在要确定集体所有权，就必须首先确定成员权，这个关口是绕不过去的。

在现实中，农民对于自己在集体中的成员权早就有了一些做法，这些做法使这种成员权变得越来越明确和牢固。其中最常见的做法，就是将成员权做成"股权"，并且按照"增人不增地、减人不减地"的原则，落实到家庭，而且纳入登记。这样，不论农民工作到何处，其作为股权的成员权不会改变，并通过土地台账登记等方法，基本上予以"固化"。在成员权固化或者相对固化之后，家庭成员人数的变化，也不会改变家庭在集体之中的成员比例。已经是集体成员的，其资格不会因为不在这里居住而丧失；别的农民也不会因为在这里居住就成为本集体的成员。因为农民的成员资格逐渐向股份权的方向发展，"农民集体"再也不能保持原来那种以自然村落来划分的情形，而是朝着农业法人化组织的形态发展。

这种集体形态和成员权的发展和我国目前一些政策文件的表达还有相当的出入。从法治社会的角度看，这些变化是有益的、进步的。我国的政策和法律必须尽快反映农村集体以及成员权发展变化的实际，不能出现政策和立法长期与现实不符合的情形。事实上，这些变化对农村土地"三权分置"的影响都很大，因为目前土地经营人进入农村，主要是和农民集体订立合同。所以推行"三权分置"制度，首先必须考虑的就是集体之中的农民成员是否同意的问题。

在思考和解决这些问题时，我们必须看到，近年来约有三亿多法律户籍意义的农民离开土地在城市就业多年，还保留着他们的地权。未来城市化背景下还要有更多的农民进城。这些农民以及他们在城市长大、工作的子女，将保留其农民的身份，并进而保留其对于集体土地的权利。在这种情况下，我们就不得不重新思考法律规定的农民集体的法律形态问题。即使是没有进城、仍然生活在农村的农民，他们对于集体以及地权的认识也与现行法律的规定不符。问题在于，这些"农民"的土地权利如何体现？这个时候，法律上的成员权就成了唯一合法可行的道路选择。

"三权分置"的提出，事实上只有借助成员权的法律制度设计，才能够得到充分的展开，各个方面的权利也才能得到充分的承认保障。

（二）土地承包经营权固化或者相对固化是"三权分置"的基础

在推行承包地"三权分置"的经营模式时，农民的土地承包经营权必然是该制度的基础。随着中央提出的"长久不变"精神的落实，土地承包经营权体现的执政党人民权利观念不断强化的趋势会逐渐被我国社会所理解，该权利也一定会成为我国未来农村法律制度建设的关键因素。但是，随着近年来脱离农业的农村人口急剧增加，原来以农业为主的农民家庭却出现土地不够用的问题。因此，有人提出适当减弱农民土地承包经营权的刚性、恢复农民集体的承包地调整权、将不再以农业为主业的农民土地交给种地农民的观点。必须认识到，调整土地的出发点并不正确。因为，一方面，当代农业并不能以其产出足够地保障农业就业者；另一方面，不调整地权，同样能够依据其他合法的方法来满足农业就业者耕作的需要，比如"三权分置"制度中新设的"土地经营权"。调整土地不但要产生很大的经济负担，而且会产生政治上的不稳定。

另外对于"长久不变"的精神，还有如下两种错误的认识：一是认为，集体的权利应该永远高于农民家庭或者个人的权利，应该在法律上明确土地承包经营权的期限，以方便集体调整农户土地；二是认为，传统民法中用益物权都是从所有权中派生而出，现在农民的土地承包经营权也是从集体所有权中派生出来的，因此土地承包经营权的内容和期限应该受到集体所有权的限制，长久不变于理不足。事实上这两种观点，不但不符合指导我国农村发展的社会主义思想，而且不符合先有农户地权，然后才有集体地权的事实。农民集体和集体成员之间真正的法律关系，是"农民集体"及其集体土地所有权来源于农民入社。农民入社之后，他们还是土地的主人，这个身份并没有改变。农民集体应该是一个个农民家庭或者个人共有的集体，而不是另一个主体来当土地的主人。正是根据这一点，按照传统民法中所有权和用益物权之间的法律逻辑来确定土地承包经营权的法律属性的观点是站不住脚的。在传统民法中，土地所有权人和用益物权人是完全毫无关系的两个民事主体享有的权利，比如地主和佃户之间的权利。可是我国的农民集体恰恰是农民自己的集体，农民在集体中享有成员权。农民享有土地承包经营权，恰恰就是依据自己在集体中作为所有权人一分子享有的地权。这种关系是无法用传统民法中的用益物权理论来解释的。

因此，对中央提出的"长久不变"的精神应当完全理解，并在立法中予以反映。因为，农民的土地承包经营权，正是他们作为土地所有权人的一部分所享有的一项"自物权"；而且，农民家庭和个人在集体之中的成员权事实上已经固化或者相对固化，所以土地承包经营权作为"自物权"的特征会越来越强烈。推行"三权分置"需要土地支配关系的长久化，如果农民的土地承包经营权期限不能长久，也就失去其意义。

（三）如何认识宅基地制度的现实

我国现行宅基地制度可以概括为"集体所有、成员使用，一户一宅、限定面积，无偿分配、长期占有"。现行的宅基地制度主要以保障农民的居住为主，近年来随着建设用地指标紧缺，宅基地利用问题日渐受到社会的关注。主要体现在两个方面：第一，从资源管理的角度来看，宅基地配置不平衡，一户多宅、进城落户的农民不愿退出宅基地，致使宅基地利用效率偏低；同时，受到建设用地配置方式的影响，很多新增农户无法分配到宅基地，宅基地的保障功能得不到有效的落实；第二，从资产管理的角度看，宅基地及地上房屋财产权价值日益显现，特别是在城中村、城乡接合部和名胜风景区周边尤为明显，宅基地使用权无法有效流转，制约着农民住房财产权的实现。

现行宅基地制度主要突出宅基地的居住保障功能，党的十八届三中全会提出"保障农民宅基地用益物权，慎重稳妥推进农民住房财产权抵押、担保、转让，探索农民增加财产性收入渠道"。可以看出，逐步实现宅基地财产属性是宅基地制度改革的方向。而实现宅基地财产属性的关键就是放开对宅基地流转的限制。在此之前，社会各界对于宅基地制度改革的争议焦点就在于宅基地的居住保障功能和财产价值实现之间的平衡问题。改革中最大的挑战也正是在实现宅基地财产属性的同时，如何更好地保留和发挥宅基地的居住保障功能。宅基地的"三权分置"不失为宅基地制度改革过程中，探索出的平衡宅基地居住保障功能和财产价值功能的最有效措施。

（四）"三权分置"制度中的第三种权利如何处置

1. 关于"土地经营权"

按照"三权分置"的政策设想，这项权利应该是集体经济组织、现有土地承包人之外的另一个民事主体取得的直接占有耕作土地的权利。其特征是：第一，该权利应该是现有农村土地承包人之外的另一个民事主体享有的权利，经营人甚至可以是本集体经济组织之内的其他成员；第二，该权利受到约定的期限限制；第三，权利的内容仅限于农业型的耕作，而不能从事非农经营。中央文件提出了这种权利应该可以转让、可以抵押的要求。正确认识这一权利，正是落实中央文件要求的要点。

"三权分置"制度实践以来，事实上已经存在两种"经营权"类型得到了法律的直接或间接的承认。其一，租赁权类型的"经营权"。它是按照《合同法》第13章"租赁合同"的规定产生的。权利人依据租赁合同占有耕地经营，不需要不动产登记、公证，但是也不可以独立转让和设置抵押，权利人也无法独立起诉和应诉；其二，农民将土地承包经营权入股组建合作社，由合作社取得土地经营权。但是，合作社对于入社土地的支配权利，至今在法律上没有明确。根据中央提出的要求，"经营权"应该可以转让和抵押，因此，这种权利理应被设计为物权。但是，物权化的"经营权"在我国法律中还不存在。只有将这种权利发展成为物权，在《民法典》物权编中予以规定，才能够满足可转让、可抵押的要求。土地经营权物权化之后，和债权性质的租赁权最大的区别是：第一，该权利的存续期间可以跨越《合同法》规定的 20 年的最高期限，满足权利人长期的生产经营的需要；第二，强化了这种权利进入市场的能力，可以转让、可以抵押，通过不动产登记，该权利的市场机能得到强化；第三，权利人可以以自己的名义独立起诉、应诉，这对于保护这种权利是非常必要的。

因此，本议案主要的关注点，就是在我国《物权法》中贯彻"三权分置"，增加有关章节，使得"三权分置"从国家基本法律的角度予以落实。

需要注意的是，依据中央文件的精神，建立"三权分置"，新提出的"经营权"不得妨害现有农民的土地承包经营权。现行有的立法或者修法方案，采纳了将农民的土地承包经营权改称为"承包权"、把新设的权利称为"经营权"的做法。这种做法有可能妨害了现有的土地承包经营权的制度稳定性，因为现在确权登记，都是土地承包经营权的登记。如果把这项权利的名称改了，是否会造成农民的心理不稳？这个问题需要决策者认真思考。我们的建议是采用"耕作经营权"这个概念更为稳妥一些。

2. 关于"宅基地资格权"

"资格权"这个概念，来源于我国当前宅基地改革的实践，为地方政府创造。它的含义，就是指集体所有权、农民宅基地使用权之外，有第三种主体享有的占有使用农民宅基地的权利。这个概念被创造出来之后，已经得到了国土资源部领导和国家领导人的认可。它的作用就是将宅基地取得资格从使用权中分离出来单独设立资格权，形成宅基地所有权、资格权和使用权"三权分置"的情况。这项权利的概念确实有不确切的问题，经过一段时间改革试验之后，能否产生更好的设想，现在也未可知。

所有权是农民集体作为宅基地所有者依法享有占有、使用、收益和处分宅基地的权利。使用权则是占有、使用宅基地建造房屋及附属设施和流转宅基地获得收益的权利。资格权则是农民集体成员享有通过分配、继受、共同共有等方式取得宅基地的权利：所谓分配，其实是通过申请、审批方式，从所有权主体取得宅基地的权利；继受是通过继承、赠与和买卖方式从其他使用权主体获得宅基地；共同共有则是因夫妻关系缔结等家庭关系存在，作为新增家庭成员分享家庭已有宅基地使用权的权利。

宅基地资格权，只是一种获得宅基地的资格，并不是实实在在的财产权，因此将资格权作为一种"成员权"更合适，只要是集体成员就有权取得建房所需宅基地，资格权是成员权在宅基地分配制度上的具体表现。当集体成员行使资格权时，资格权就转化为用益物权——宅基地使用权。

资格权应包括占有、收益和处分三项权能。占有权表现为保持分配地位的权利和转让宅基地的到期回收权；收益权表现为征收补偿获取权和有偿退出权；处分权表现为符合宅基地申请资格的集体成员自愿放弃申请宅基地和将宅基地退还给农民集体的权利。

三　方案

（一）承包地的"三权分置"

如果将土地承包经营权"三权分置"中经营权规定为物权，可以尽可能保持现有法律的基本结构和内容不变，在立法中"土地承包经营权"之后增加一章，可以将其规定为"耕作经营权"。该章需要建立的制度有以下六方面。

第一，关于权利人的制度。首先要将经营权人的范围扩大。现行立法对土地承包经营权的权利人有严格的限制，不但只限于农民，而且只限于本集体成员个人。为适应改革的需要，经营权的权利人范围应该予以扩大，包括承认和保护非集体成员、城市资本成立的农业公司等。

第二，权利取得的方式，尤其是土地经营合同，应该建立明确的制度。目前的修法方案，只承认经营人和农户个人订立合同这种情况，但是现实生活中经营人和"农民集体"订立合同的情形更多，在法律上更有价值。法律不反映这些情况是不足够的。

第三，权利内容必须明确规定。包括许可权利人将其权利转让、抵押、入股、合伙等规则，在法律上都应加以明确规定。尤其是对于权利的转让和抵押，必须有明确肯定的物权制度，仅仅在立法上规定一个原则性的条文是远远不够的。

第四，权利的期限必须明确规定，农民土地承包经营权是长久不变的，但是土地经营的权利必须要有期限。

第五，关于登记与发证的规则必须予以明确。

第六，权利的限制、行使权利的条件以及权利的收回等必须予以明确规定。

（二）宅基地"三权分置"的制度建设

推进宅基地"三权分置"应以"坚实宅基地保障功能、增加农民财产性收益、提高资源配置效率"为目标，以"落实所有权、保障资格权、放活使用权"为实施路径，逐步理顺权利边界和"三权"相互关系，允分发挥"三权"各自功能和整体效用。

第一，落实所有权，增强所有权主体管理权能。保障集体所有权人对集体土地依法享有占有、使用、收益和处分的权利。宅基地利用和管理受土地资源制约、社会经济发展、区域传统文化等因素影响，呈现出明显的区域差异性，很难从国家或省级层面出台统一的管理办法，现有制度对于户的界定、集体成员身份认定、分户条件设定并没有统一、细致的规定，主要由地方按照乡规民约确定，实践证明这也是做好宅基地管理的有效途径。因此，应在立法中着重规定农民集体在宅基地分配、退出、流转方面的管理职责。

第二，保障资格权，落实农户住房保障基础。一是完善资格权细化到人的确认方式，实现资格权取得、实现、灭失的全过程管理；严格以户为单位落实集体经济组织成员宅基地资格权，禁止资格权转让，农户申请过宅基地或出租、出卖宅基地后，资格权自动消失，不能再申请宅基地；二是拓宽宅基地资格权的实现方式，改变单一以宅基地使用权作为资格权的实现方式，根据各地区土地资源的特点，选择住房、货币等形式保障集体成员的资格权；三是建立资格权的保留和退出制度，农户暂时不用宅基地将唯一宅基地退还集体，可保留其资格权，将来农户需要建房时，可再次申请获得宅基地；鼓励有条件的农户自愿有偿放弃资格权；四是建立宅基地资格权重获制度，除因自然灾害造成宅基地使用权灭失的可以重新获得资格权外，进城落户的农民、因继承房屋获得宅基地使用权的非本集体成员，自愿将宅基地有偿退给集体，也可拥有资格权，能通过流转方式再取得宅基地。

第三，放活使用权，将宅基地财产权收益最大化。放活宅基地使用权，核心是在占有和使用权能的基础上赋予收益权能，在依法保护集体所有权和农户资格权的前提下，通过经济手段调节宅基地的配置。一是建立与资格权衔接的宅基地流转制度，促进存量宅基地向集体经济组织内部有资格权的农户流转，集体经济组织内部已通过资格权实现分配的农户，亦可通过有偿方式流转取得宅基地使用权；二是同时拥有资格权和使用权的农户，可以出租、有限期转让等方式将存量宅基地使用权转让给不拥有资格权的农户，待转让期满后由原使用权主体收回使用权；三是只拥有宅基地使用权的主体，可以将宅基地使用权转让给有资格权的农户，亦可有限期转让给无资格权的主体，使用权到期后由所有权主体收回宅基地使用权；四是允许宅基地使用权随地上房屋一并抵押、担保，在抵押权实现时可依据上述三种方式处置宅基地及地上房屋。

对《〈婚姻家庭编（草案）〉室内稿》修改建议

一　总体看法

总体而言，对这次室内稿写作的指导思想和思路，本人表示理解和支持。首先，是这次的立法稿子在对婚姻家庭编的体系整合方面做出了很大努力，比如将原《收养法》的内容纳入其中作为第五章，整合成完整的婚姻家庭编。增加了一些规定，如确定了婚姻家庭编调整的亲属关系的范围，改变了一些不合时宜的规则。其次，是在《民法典》婚姻家庭编中增加了诸如婚姻无效、婚姻撤销等情形的规定，便于司法实践中的利用。再次，对家庭关系中的问题做了细致的规定，尤其是家庭财产问题，有利于从法律的层面解决家庭关系中的矛盾。最后，这个稿子注意了繁简相宜，保持了立法语言直接、简明的好传统。且这个稿子比较结合中国现实，具体要点很多，不一一赘述。

婚姻家庭编的立法，既要考虑融入《民法典》，与《民法总则》及《民法典》分则各编在基本思想和体例结构上保持一致，也要坚持婚姻家庭编的身份属性与相对独立性，在立法指导思想上体现婚姻法的人文精神与伦理特性。下一步修订的方向，我认为还是要与时俱进，充分认识到中国婚姻家庭关系面临的各种挑战和问题，为婚姻家庭的新情况、新问题尽可能提供解决的路径。由于目前提交的民法典婚姻家庭编室内稿还是初步形成的，我认为，该草案从整体结构到具体条文上，还有不少值得修改、再斟酌的地方。如下所提建议，是从这个稿子的基本理论方面展开，至于细节性的个别条文内容甚至个别字句的调整，请容许我以后再提出来讨论。

二　修改建议

（一）希望建立明确写入婚姻契约、而且细化关于婚姻契约的规定

这一稿有几个条文包括了婚姻契约相关的规则，这说明，婚姻契约在我国社会已经普遍发生而且必须在立法上予以充分反映和规范。目前的室内稿第 34 条第 1 款规定："夫妻可以约定婚姻关系存续期间所得的财产以及婚前财产归各自所有、共同所有或者部分各自所有、部分共同所有。约定应当采用书面形式……"还有如第 45 条第 1 款对离婚财产的处理的规定："离婚时，夫妻的共同财产由双方协议处理……"这些条文体现的反映现实的思想应该充分予以肯定。

本人认为，目前的室内稿没有对于婚姻契约的明确规定，尤其是缺乏关于这种契约一般规则的规定，可能是一个缺陷。据我了解，不论是在国际上还是在国内，关于婚姻契约这个概念以及法律适用的规则都有不同的理解，因此我国立法必须对此确定明确的规则。比如，法国等国家的立法认为，当事人之间一切婚姻关系的约定都是婚姻契约，包括结婚和离婚的约定、当事人之间关于人身关系和财产关系的约定，都是婚姻契约。也有的国家和学者认为，婚姻契约只是婚姻当事人之间就其财产关系的约定，包括婚前财产、婚内财产、婚后财产关系的约定。有些人还更加狭义地认为，婚姻契约只是当事人之间关于婚内财产的约定，即他们之间关于婚姻关系存续期间内取得的财产的约定，其他的婚约财产均依据法律的明确规定来规范。

这些不同的立法和学术观点，对我国的司法实践都有影响。比如，目前就婚姻当事人涉及婚前财产如何进入婚姻之内的生活的约定，很多法院的裁判都不一样，有的认为其有效，有的认为其无效。因此，我希望我国立法能够就此做出明确而且细致的规定。我认为我国《民法典》婚姻家庭一编应该做到的规定有以下几方面。

首先，我国立法应该明确承认、规定婚姻契约，把它作为我国契约或者合同的一种特殊类型，并且明确其内涵和外延。我认为，婚姻契约的概念应该采取最广义的定义，即婚姻当事人男女在法律规定的范围内，依照自己内心的真实意愿，就婚姻建立及其各种人身、财产关系做出的明确意思表示的协议，是婚姻即将建立时男女双方对待未来婚姻生活的一种真实意愿的表达。

其次，我国立法应该明确婚姻契约的订立、内容、当事人的主要权利义务。婚姻契约的订立除需具备一般契约的成立条件外，还需要婚姻当事人的一些特殊条件。比如这种契约必须是涉及婚姻关系的，因此我国法律关于《婚姻法》的所有禁止性规定、有效性规定，都应该适用于这种契约。比如，《婚姻法》规定的几个基本原则，都必须适用于这种契约。再如关于法定婚龄的规定，婚姻之内配偶之间身份关系的权利义务的基本规定等，都适用于这种契约。

再次，我国立法应该规定婚姻契约排除法定夫妻财产关系的优先效力。对于因配偶身份发生的财产法律关系，不论其成立还是解除，都以婚姻契约中的财产约定优先。

复次，明确法律禁止的婚姻契约约定事项，体现婚姻契约的特殊性。比如，应该规定禁止在这种契约中约定违背婚姻本质、违背公序良俗的约定，禁止当事人约定限制甚至剥夺对方当事人合法权利的约定等。此外，叮以考虑婚姻当事人选择建立婚姻关系，应当遵循婚姻结合的永久性、长期性，不允许在契约内容中设定期限。在婚姻关系存续期间，夫妻发生冲突不允许当事人自行解除婚姻契约。我国法律中虽然赋予了婚姻当事人离婚的权利，但权利行使必须在法律条件及程序范围内进行。

最后，必须明确婚姻契约的法律责任。婚姻契约由于其特殊的身份特征，对其违约制裁应当比一般违约的制裁更为严厉。对于一方存在过错的，应当赋予另一方损害赔偿请求权，使无过错方获得充分的法律救济。无论如何，鉴于婚姻契约在现实生活中已经得到普遍的应用，我们应该承认这一类型并建立细致的法律制度。

（二）希望进一步扩大法定亲属关系的范围

本人注意到，这次的室内稿专设第5条，对婚姻家庭编调整的亲属关系范围进行了明确的规定，这是一个积极的方面。亲属关系一经法律调整，便在具有亲属身份的主体间产生了法定的权利与义务关系。婚姻家庭领域中各类主体之间的权利义务，都是以特定的亲属身份为发生依据的。亲属关系在其他法律领域也具有一定的法律效力，在民法典婚姻家庭编中对亲属关系进行明确的规定，对统一我国亲属法律制度有重要的意义。

对于将亲属关系的规定与基本原则等内容合并构成婚姻家庭编第一章（一般规定）的编排体例，本人也表示赞同。尽管在已有的专家建议稿与学术论文中，很多将亲属关系的一般规定（或称"亲属关系通则"）作为独立的章节进行处理，而非与婚姻家庭编的基本原则等内容合并为一章。但是，考虑到婚姻家庭编调整的对象、基本原则等内容与亲属关系的一般规定在婚姻家庭编中均起到宏观、总括的作用，二者合并为一章简洁明了，也使得体系结构性更强，与我国长久以来的立法实践亦相符合，更具有可行性。因此，将亲属关系的一般规定与婚姻家庭编的调整对象、基本原则等内容合并作为第一章，共同构成《民法典》婚姻家庭编的通则，是值得肯定的立法体例。

但是，此次草案关于亲属关系的一般规定，我认为一个明显的不足，就是承认和保护的法定亲属关系范围太窄，只是承认了近亲属之间的法律关系，而且近亲属的范围比较窄。现实生活中，除了这些近亲属之外其他亲属也是非常亲近的，比如祖父母一代与孙子女之间的关系，甚至姑姑叔叔与侄子侄女之间的关系。这些亲属之间的亲密关系不仅符合我国国情，符合公序良俗，而且最为重要的是，我国现在无子女家庭增多，养老问题难以解决，而这些亲属关系对此可以发挥极大的作用。因此本人迫切希望，我国立法在这一部分能够扩大近亲属的法定范围，以此来解决这一问题。

（三）希望重视和建立婚姻性质的"非婚同居"关系的一般规则

所谓"非婚同居"，是我国法学界长期以来把登记式婚姻作为典型婚姻方式，而把其他婚姻方式当作不受承认的婚姻的称谓，这种称谓多少带有歧视、蔑视观念。但是，这个看法从来不符合我国的实际，也不符合现在的国情。在登记式婚姻之外，我国社会一直存在其他的婚姻形式，这些婚姻形式既得到婚姻当事人的认可，也得到社会的部分认可。在这些非登记式婚姻之外，还有一些同居关系，其中也有一些合情合理的情况。只是因为法律的规定过于严苛，从而给当事人及其家庭都造成了相当的损害。这个问题早就应该解决了。本人注意到，此次室内稿在"非婚同居"关系的问题上，仍然没有进行规定。这种未能足够反映社会现实的做法，本人以为并不妥当。把这个问题交给最高人民法院制定的司法解释予以规制，这将使得《民法典》失去其相当的立法价值。

对于婚姻家庭编是否应当将非婚同居纳入法律调整的范围，主要有两种不同的观点。一种观点认为，应当坚持法律的严肃性，公民应当对法律有信仰并且自觉地遵守法律，如果不遵守法律就应当自行承担法律后果。既然法律明确规定了结婚的实质要件与形式要件，且已经实施了60余年，婚姻家庭编就不应当再承认事实婚姻，不应当将非婚同居关系纳入法律的调整范围中来并予以保护。另一种观点则认为，法律应当回应社会现实对法律的需求。中华人民共和国成立以来一直存在非登记式婚姻，非婚姻的同居也存在。改革开放以来，特别是近十几年以来，这种情况数量猛增，涉及面非常广，而且还有不断扩大的趋势，不仅年轻人的婚前同居行为被社会所认可，中老年人的不婚同居也在逐渐成为一种被选择的生活模式。这些情况不能一概而论是否非法，因为有些当事人有稳定的夫妻和家庭关系，客观情况和夫妻关系一样。而一些不婚同居，也是为了养老、做伴侣等实际的需要。所以立法在这个问题上，应该积极回应社会现实的需要而做出及时的规范。

所以本人认为，不违背我国《婚姻法》规定的一夫一妻原则和其他法律强制性规定的非婚同居，不应该被法律一律简单否定。如果当事人能够做到履行夫妻一样的义务，那么也应该享受到夫妻一样的权利。在相关制度建设上，我认为，首先应该将未登记的事实上的婚姻，使用"非登记式婚姻"这种国际规范的概念来称谓，立法上表现出对于当事人自我选择的尊重。对于不婚同居，也不要使用非婚同居这种贬义词来称谓。

具体而言，本人认为首先应该承认非登记式婚姻，对当事人及其家庭之间的亲属关系，定义为等同登记式婚姻。对于不婚同居关系，应该定义为不是婚姻，当事人不必具备结婚的合意与形式要件。但是同居关系的当事人必须具备持续稳定共同生活的主观合意与客观事实。其次，应该在立法上明确规定当事人之间尤其是他们对于子女的权利义务关系。这并不是对非登记式婚姻关系的鼓励，而是意图通过法律的指引，保护同居期间双方当事人之间的合法权益，更是为了保护他们的子女及其家庭的合法权益。

其次，建立鼓励非登记式婚姻和不婚同居走上登记式婚姻的法律制度。应该鼓励他们补办结婚登记为救济途径。不论是哪一种情形，补办结婚登记的，婚姻关系的效力从双方以夫妻名义共同生活且符合结婚的实质要件时起算，以推动其向婚姻关系的转化。

再次，鼓励同居关系当事人通过契约明确他们之间的财产关系，安排相互间的扶养、赠与以及遗赠等事宜。同居关系解除时，财产关系有约定的依照约定，没有约定的适用按份共有的规定，并根据具体的情形，对无过错的一方予以适当补偿。

最后，明确双方所生子女应为亲生子女，无论同居关系如何，双方均须承担抚养教育未成年子女的义务。

(四) 希望完善夫妻共同财产制度，尽快更正最高法院司法解释确立的共同债务的规则

我国现行的夫妻共同财产制度一直运行较好，但是自最高法院《婚姻法司法解释（二）》第 24 条的规定推行以来，夫妻共同债务的规则出现很大问题。这个条文片面强调保护债权人的利益，降低财产的交易成本，但是建立无限制的夫妻共同债务原则，这就违背了夫妻共同关系的立法本意。法定夫妻共同关系是为了巩固和支持夫妻以及家庭的和睦亲善，所以夫妻之间推定权利符合立法本意，而推定义务不符合立法本意。但是，夫妻共同生活也会涉及家庭必需的债务，因此自罗马法以来，民法建立"家事代理"规则，以夫妻任何一方的债务凡是为了家庭生活的，均认为法定代理对方而为，对方必须承受这一共同债务。但是这里有一个基本的限定，那就是"家事代理"，夫妻任何一方所欠的债务，以为了家庭生活必需为限度。可是最高法院的司法解释，基本没有考虑到民法的这些基本知识，从而做出了夫妻任何一方所欠的任何债务，都要推定给对方的规则。所以这个司法解释本质上是不可以接

受的。

2017 年 3 月 2 日，最高人民法院公布的《关于适用〈中华人民共和国婚姻法〉若干问题的解释（二）的补充规定》，在第 24 条原条款的基础上，新增了两款关于认定夫妻共同债务的内容，其中第 3 款规定："夫妻一方在从事赌博、吸毒等违法犯罪活动中所负债务，第三人主张权利的，人民法院不予支持。"这一句话可以说是错上加错。因为，全世界民法都承认"恶债自始无效"这个规则，吸毒、赌博所欠债务，属于恶债，对任何人都不生效力，不受法律的承认和保护。最高法院的司法解释，听起来只是排除了这种债务对夫妻另一方的责任，但是还是要承认和保护它对于吸毒人、赌博人的责任。这样的法律问题实在太不应该出现了。

另外，3 月 2 日修订的内容，还是没有解决"家事代理"的限定问题。所以总体而言，本人认为，这个司法解释问题严重，应该予以废止。如上种种问题，都亟须在《民法典》婚姻家庭编中予以修正。

本人观察到，在此次的《婚姻家庭编》室内稿中，对于夫妻共同债务的规定，仍然语焉不详，没有构建夫妻共同债务制度。仅仅在第 34 条第 3 款进行了简略的规定。司法解释的作用并不是建构制度，而是在司法实践中对现有法律中规定不明确的具体问题进行解释，提出法官执法的具体方法与措施。因此，本人认为，对夫妻共同债务制度进行完善，应当作为《婚姻家庭编》立法中的重要内容。具体做法有以下几方面。

首先，应当明确规定日常家事代理权制度，明晰日常家事代理权的概念。

其次，关于日常家庭事务的范围，可以参考我国居民的习惯予以斟酌规定。在日常家事代理权范围之内，即使是夫妻一方所欠之债，也应认定为夫妻共同之债，双方应当共同承担清偿责任。但超越日常家事代理权范围之外，以一方名义所欠债务，应当认定为个人债务。

再次，对家事代理权的权限做出明确具体的规定，以明晰夫妻共同债务的范围。如规定：夫妻因日常家庭事务与第三人所为之法律行为，视为夫妻共同的意思表示，并由夫妻双方共同承担法律责任。夫妻在日常家庭事务范围内互为代理人，互享代理权。超出日常家事代理范围的行为,由行为人自己承担责任。但第三人有理由相信行为人有代理权的,可以适用表见代理。

最后,明确规定夫妻共同债务的范围,包括日常家事代理中用于共同生活的部分,以家庭为单位共同经营产生的债务,以及履行法定扶养义务产生的债务,明确应当以夫妻共同财产清偿共同债务。

以上意见,仅供参考。

如何理解《民法典》（草案）
删除所谓的"无权处分"？

一 问题的提出

全国人大常委会公布的《民法典》（草案），在合同编草案的第二次审议稿中，删除了原《合同法》第51条的规定。这个条文，就是被民法学界同人称为的"无权处分"制度。实际上，订立合同，不论是买卖合同还是其他合同，仅仅是在当事人之间建立债权法律关系，绝不发生任何意义上的处分。把订立合同称为"处分"或者"无权处分"，都是违背合同之债民法原理的观点。但是，因为中国民法学界主导观点不容置疑的宣教，数十年来，这个规定不但造成了严重的理论混乱，而且造成了法律交易中的民法分析和裁判的混乱，因为这个条文涉及民事活动中非常重要的裁判规则。本人很早即发现这一规定的弊端，多次撰文讨论，并在担任全国人大代表之后提出法律议案和建议促进解决问题。这一努力通过《物权法》的制定、最高法院司法解释初步得以实现。本次《民法典》编纂，本人仍然坚持这一观点，《民法典》（草案）合同编审议稿终于删去原《合同法》第51条之规定。这一做法引发一些学者质疑后，为支持立法，本人受全国人大常委会法工委领导同志委托，提出了对这一问题的解答建议①。此文发表之后引发热议，多数的民法学人都已经看到了"无权处分"这一规则的弊端，对《民法典》（草案）的做法表示了支持。但是也有学者提出不同看法，一是认为这

---

① 孙宪忠：《关于无权处分问题的几点看法》，中国法学网，2019年12月23日。

个做法没有明确地解决无权处分人订立合同的效力待定问题。二是认为《合同法》第 51 条之中所说的"无权处分"，从法律行为理论的角度看，并无错误，因为出卖人"出卖"的意思，既包括债权的意思，也包含处分的意思（既有债权意思又有物权意思的法律行为二元合一）；而其中处分的意思，涉及第三人权利，故这种合同自然不能像其他合同一样正常生效。以此而论，《合同法》第 51 条正当合理。三是还有学者提出，普通民众习惯的交易就是"一手交钱一手交货"这种买卖，在这种买卖中，如果出卖人和买受人订立合同把所有权人的物品给卖了，这种合同还要正常生效，这种立法老百姓无法接受。这种观点虽然表面上没有否定《民法典》（草案）删除《合同法》第 51 条的做法，但是在本质上还是坚持了《合同法》立法时期对这个条文的基本观念。在本人担任全国人大宪法和法律委员会委员审议《民法典》（草案）的过程中，也有一些全国人大常委和立法机关工作人员向本人提出这些问题，要求本人解答。

从这些争论可以看出，围绕《合同法》第 51 条这一规定的法理问题，在中国立法机关和民法学界并未清晰整理。须知，这个条文具有鲜明的裁判规则的意义，人民法院、仲裁机关要经常使用这个条文来分析和裁判民事法律交易中的相关案件，所以，如果此中法理不能清晰阐明，即使"区分原则"得到《物权法》和人民法院的司法解释的采认，即使《民法典》（草案）删除了原《合同法》第 51 条，那么，在旧有理论的影响下，司法机关还是不会准确分析和裁判案件。尤其是这个法律条文涉及"出卖他人之物"的问题，一些学者对"出卖他人之物，有何公正可言"的指责，曾经也是震撼人心。所以，不少立法工作者和法学家都在问，这样的合同怎么能在法律效力上没有瑕疵？一些学者，包括青年学者因为这一点撰文，仍然坚持该条文的立法价值。

《合同法》实施至今 20 年，其第 51 条作为行为规范和裁判规范，对法院和仲裁机构分析案件、审理案件的负面影响确实很大。因为这个条文，也因为法学家们的教导，很多法官、执法人员、仲裁员和律师不能区分债权和物权，因为他们总是依据"一手交钱一手交货"模式来分析和裁判民商事法律活动，而且就是根据这个条文认定很多正常的合同是无效的。近日，十三届全国人大常委会第十五次会议审议了《民法典》（草案）全文，而且该草案也已经全文发布。为支持立法，更为了今后的法律贯彻尤其是司法分析裁判的科学合理，本人在此就这一问题做出进一步的阐述。

二　"无权处分"——涉及第三人的合同订立

依据《合同法》第51条的规定，当事人订立买卖合同时，出卖人一定要享有所有权或者处分权；如果出卖人与买受人订立合同，出卖第三人（物主）之物，这种合同是无权处分的合同。依据几位参与该法制定并在其中发挥主导作用的学者的观点，这种合同不能正常生效，而只能等待物的所有权人的追认。如果没有得到所有权人的追认，这种合同当然是无效的。

如何认识和规制这种合同"处分第三人之物"的特征，是立法上必须认真处理的问题。依据《合同法》制定时期主持工作的法工委副主任王胜明先生在某大学讲座时的回忆，第51条所要解决的问题，就是买卖合同成立时标的物已经存在，但是出卖人没有取得标的物的所有权或者处分权，这样的合同效力应该如何规定。从王胜明副主任在讲座中的表述看，对于这种合同的效力，几位学者的理解和立法机关的理解似有偏差。几位主导学者认为，这种合同就是"无权处分"的合同；而且如果所有权人没有追认，那么这些合同就是无效合同。原因就是，出卖人没有所有权，竟然能够转让所有权，甚至转让第三人的所有权，这简直就是严重的不当行为！所以没有得到追认的自然应该是无效。但是王胜明副主任认为，立法机构的观点并没有确定这种合同到底是无效还是有效，这就包括了有效的可能。应该认为，王胜明副主任的报告反映了《合同法》制定时期的真实情况，其所总结的争议点也是准确的。但是，从该讲座的报告看，不论是参与立法的一些学者还是立法机关工作人员，对于"处分第三人之物"的合同，也就是将"处分行为"应用在合同订立的环节里这个要点所涉及的民法原理都是不十分清晰的。否则，该法就不会在债权合同的体系中规定物权处分问题，更不会在立法中将物权处分的法定条件，规定为债权合同生效的前提条件。这个问题至今尚无学者清晰剖析。从当前的争议看，很多学者恰恰还真是从这一团乱麻之中解脱不出来。

显然，这个《合同法》条文的创制，受到我国台湾地区"民法"相关条文的影响。但是，我们看王泽鉴等教授的著作，知道我国台湾地区"民法"是从法律行为的角度来建立"无权处分"规则的，而不是从债权合同的角度来分析这个问题的。这也就是说，我国台湾地区"民法"的相对条文，指的是物权变动环节的无权处分，也就是买卖合同的履行环节中的无权处分，它和合同债权成立没有任何关系，它绝对不是指合同成立和生效的行为。但是，在中国大陆1999年的《合同法》之中，第51条指的恰恰是合同订立、成立的行为，也就是指债权意义上的合同生效的行为。这两者的重大区别，一个是物权变动，另一个是债权生效。物权变动，在民法原理上涉及出卖人的处分行为，而债权成立，压根儿就不是处分行为，更不是无权处分。所以，我国大陆《合同法》第51条的规定，出现了基本原理混乱的问题。对这个问题，王泽鉴教授和苏永钦教授有多篇论文和讲演已经讨论过，我在此不再赘述。

所以应该承认，从债权法意义上的合同而言，《合同法》第51条的规定，只能纳入"涉及第三人的债权合同"这种类型之中，而绝不能称为"无权处分"的合同。这个概念的应用，在民法基本原理和基本逻辑方面出现了混乱。

从1995年本人曾经参加过的我国《合同法》制定的研讨工作的经历回忆，该第51条之所以将这种合同规定为"效力待定"，而且所有权人如果不追认就无效，原因就是，正如主导该法制定的法学界所言，出卖人与买受人订立了一个标的物所有权尚属于第三人的合同，本质就有"有何公正可言"的道德瑕疵，具有"违背了中华民族几千年的优良传统"的重大缺陷。因为这样，立法上就要限制这种合同的效力，将其列入不能正常生效的合同类型。

没有所有权竟然能够出卖物品，还要认为合同有效！这个严厉指责，从《合同法》制定前后到现在，还一直在迷惑着中国法学界、中国立法者。在本人发表《关于无权处分问题的几点看法》之后，反驳本人或者表示不解的观点，主要还是纠缠在这个要点之上。因此，必须从法理上继续分析回答。我在这里试析如下。

第一，出卖人和买受人之间订立的合同，依据合同之债的原理，由这两个合同当事人之间意思表示一致而成立，同时也只对这两个当事人产生法律上的拘束力。同样依据合同之债的原理，合同之债对第三人并无效力。合同只是债的法律根据，债权法律关系具有相对性。这些基本原理是我们分析问题的出发点。

第二，物主也就是第三人，身处出卖人和买受人的合同之外，该合同始终对其不具有任何约束力。物主并不因为出卖人和买受人之间订立的买卖合同，而需要依法承担向出卖人交付标的物及所有权之义务，物品的所有权只受物主的支配，不受他人合同的支配。这个基本道理也是我们分析问题的出发点。

第三，第三人（物主）甚至不因出卖人和买受人之间的买卖合同，而承担与出卖人订立合同之义务。第三人（物主）当然可以选择与出卖人订约并履约，完成标的物的交付和所有权转移。但是，不论第三人是否愿意和出卖人订立合同，都是第三人自己的意思自治。第三人是独立的民事主体，并不是出卖人的下属，订不订约，与谁订约，都根据自己的利益考量自主决定，不受外人缔约的影响。

第四，同样，出卖人与第三人（物主）之间订立之合同，仍然属于债权之发生根据，并不会因为前述出卖人和买受人之间的买卖合同，而承受必然履行、绝对履行之法律后果。物主不因上述合同承受任何法律上之损害与制约。

第五，出卖人和买受人订立买卖合同之时，出卖人虽然尚未取得标的物的所有权，但是其未来取得所有权不仅仅是可能的，而且是符合商业习惯的。比如，一个商品批发商，完全可以先和分销商先订立出卖合同，然后去寻找货源，和物主订立购买合同。这样的合同完全符合交易惯例，没有什么不正常的地方。

在我国一些法学家的著作中，引用了"如果许可无权处分人订立的买卖合同有效，则出卖钓鱼岛的合同也是有效的""如果许可无权处分人订立的买卖合同有效，则出卖天安门城楼的合同也会有效""如果许可无权处分人订立买卖合同，则外国人到中国出卖月球土地也是有效的"等论证，来说明《合同法》第51条禁止这种合同当然生效的立法理由。但是，这样剑走偏锋的论证不仅是偏激的，而且理由是十分不妥当的。因为我们知道，合同是一种法律行为，当事人之间订立的合同首先要合法，才能够得到法律的承认和保护，也才能够生效。这些问题在法律行为的生效条件中已经有明确的规定。而法律行为的生效条件在我国《民法总则》、在相关法律法规中有十分清楚的规定。按照法律行为的规则，不论是谁出卖、不论是谁和谁订立买卖合同，其所订立的针对钓鱼岛和天安门城楼的买卖合同都不会得到我国法律的承认和保护，因此都是无效的。出卖月球土地的合同是涉嫌诈骗的犯罪行为。这些合同不仅在民法上不受承认和保护，而且行为人还可能要被追究行政责任和刑事责任。无论如何，不论是根据什么法律，这些合同都应该是自始无效、根本无效、绝对无效、整体无效的。学习民法者，对于买卖合同属于法律行为、对于法律行为涉及的法律规则，不能不知道，不能不遵守。

第六，在涉及第51条的讨论中，有学者一直坚持认为，在和买受人订立买卖合同时，出卖人的意思表示之中，既包括债权意思也包括物权意思，也就是处分意思。本人在研读法学著述时，发现这种观点对于立法者和法学界，尤其是对于青年学者具有强烈的迷惑作用。熟悉关于《合同法》第51条争论的学者以及立法机关工作人员都知道，这个观点是肯定所谓"无权处分"的最有影响力的观点。自《合同法》制定时起，这种观点一直是第51条法理正确性的"有力"支持。本人指出第51条"无权处分"的缺陷后，对本人观点提出反驳者，也主要是这种观点。但是，这种观点使用了法律行为理论，却有意无意地忽视了法律行为理论最重要的一个方面，从而在理论上暴露出了严重的知识缺陷。

依据法律行为理论来讨论合同的成立和生效，这当然没有错。但是，能够准确理解和运用法律行为理论才是这里的关键。多年以前，在本人引入"区分原则"来解决我国立法和司法实践中不能区分物权和债权、不能区分这两种权利发生变动的法律根据的问题时，即遇到我国当时很多民法学家的这种质疑。他们认为，从法律行为的角度看，和买受人订立合同时，出卖人的意思表示包括债权意思和物权意思是混合为一的，是不可以区分的。所以他们认为物权和债权的区分、相关法律根据也就是法律行为的区分是不可以接受的。

但是，法律行为理论的基本原理并不是这些观点所说的样子。法律行为理论的核心是"意思表示"，它包括"意思"即当事人的内心真实意愿这一个因素，同时也包括"表示"即当事人的内心意愿的表达这个因素。从某种意义上来说，当事人意思表达这个因素，在法律行为理论中发挥外观判断的作用，是我们判断当事人意思的标准。因为不论是相对人还是法官，都只能根据当事人的客观表达来判断其内心的真实意愿。从这一点看，我们一下子就可以看出，上述依据法律行为理论支持《合同法》第 51 条的观点的显著错误，那就是，它忽视了出卖人的"处分意思"是如何表达而且是向谁表达的这个核心问题。当然我们明白了，即使出卖人的意思包括所谓的"处分意思"，该意思却是向买受人表示的，它同样对于第三人没有任何法律上的拘束力。

无论如何，这种观点是无法立足的。因为（1）即使（退一步说）出卖人订立合同的意思表示中包含着"处分"的意思，那么这一意思也仅仅是出卖人的意思而已，它不是所有权人的意思，这个意思对于第三人也就是所有权人实际上毫无法律意义。（2）从意思表示理论分析，即使出卖人有转让他人所有权的意思，该项意思也只是向买受人做出了表示，也只是表示出卖人自己愿意承受该项意思的束缚。当然，从法律行为的效果意思理论的角度看，出卖人这个环节中向买受人所表达的意思，也不是什么处分意思或者物权意思。（3）最关键的是，出卖人和买受人订立合同的意思，无论他们两个相对人怎么表达，也只是相对人和相对人的意思表示一致，其法律效力仍然只是债权请求权而已。

这些学者把"物权意思"搅拌其间，并不能改变合同订立完成后只发生相对人之间的债权这个法律后果。从这个分析我们可以看出，我国一些民法学家所持有的法律行为理论，尤其是那些以此为据否定物权行为理论的各种观点，都是有很大缺陷的。它强调仅仅根据出卖人的内心真意作为论据，却丝毫没有考虑到意思表示理论中的"表示"，甚至不考虑意思表达的环节和表达的对象这些十分关键的分析和裁判的要素。

所以，恰恰是从法律行为的"表示"这个环节，我们就可以看出这种债权意思和物权意思相混合的观点，不仅不能证明《合同法》第

51 条的正确性，反而显示出我国民法学界长期以来对法律行为理论和制度的疏忽大意和不求甚解。无论如何，要让出卖人和买受人之间订立的合同对第三人物主也就是所有权人发生拘束力，这实在是违背民法的基本原理。我们必须坚持这一点，出卖人和买受人之间的合同仍然只是发生相对人和相对人的约束，这样的基本原理我们必须清楚地认识和坚持。坚持这些基本原理，我们就能够澄清这些法理的混乱。

　　说到这里，我们必须对汉语之中"出卖"这个概念做出精确的民法分析。出卖在日常生活中确实包括转让所有权的意思。"出卖他人之物"，确实包括将第三人的所有权转让给买受人的意思。一些学者也正是以此为出发点，模糊订立合同的法律后果，把出卖人和买受人订立合同，仅仅在这两个当事人之间发生的法律负担，解释为对第三人设置法律负担甚至造成损害。这就是问题的关键。

　　我们必须指出，日常生活中的概念和法律上的概念、含义有相当大的差别。如果出卖人和买受人之间仅仅是订立了一个买卖合同，将所有权还属于第三人的物品予以"转让"，那我们就一定要明白，这个"转让"只是订立了一个只对合同当事人发生拘束力的协议而已，这个合同仅仅发生在出卖人和买受人之间的合同债权，不论是这个合同还是依据这个合同所产生的债权，都不会对第三人物主也就是所有权人产生任何法律影响。仅订立合同不是处分，更不是对第三人财产所有权的处分；如果当事人之间订立的合同涉及第三人的所有权，这不构成对第三人的法律负担，更处分不了第三人的任何权利，所以不是"无权处分"。因此，《合同法》第 51 条所说的"无权处分"在法理上是完全不能立足的。

三　"效力待定"——涉及第三人合同的法律效力问题

　　《合同法》第 51 条的规定还有一个核心理论问题，那就是涉及第三人合同的"无权处分"行为属于"效力待定"的判断。这个条文规定，如果所有权人追认，该合同有效；如果不追认就无效。关于这种合同的"效力待定"，也是《合同法》第 51 条的理论支撑。效力待定的学说事实上同样在中国法学界造成了很大的迷惑，对此我们也需要澄清。

本来，如果这种合同给第三人设定了法律负担，那么就需要第三人追认；如果这种合同并不能给作为物主的第三人造成法律负担，因此其生效或者不生效并不需要第三人的追认。对此我们上文已经清楚地论述了这个问题，出卖人和买受人之间订立合同，对第三人物主不能产生任何法律上的束缚或者负担，因此，这个条文提出需要所有权人追认，这个基本前提实在是没有根据的。因此，这种合同也不应该效力待定。

（一）"出卖他人之物"经济上商业上的合理性

出卖人与买受人之间订立所有权尚在第三人手中的买卖合同，在法律途径上提供了一种可能，即买受人直接取得这种所有权并不方便快捷、并不安全有效的情况下，通过在这种缔约取得物主有可能出让所有权的标的物。如中国内地企业在不熟悉国际商家的情况下，可以与外经贸公司先订约，利用其熟悉的网络，购买外国公司生产制造的设备。这种出卖人先和买受人订立买卖合同（对出卖人而言即出卖行为），然后再和物主订立买卖合同（对该出卖人而言为购买行为）的交易方式，在有些人看来复杂而且没有必要；但是在对熟悉市场交易的人看来非常方便实用。以笔者曾经遇到的一个咨询案件为例。该案中，国内某企业因生产需要购买某种精密加工车床，但是这家企业并不知道国际上哪一家生产商的产品最能够满足自己，极为方便的是我国有一家专门从事精密机器进出口的国际公司，于是这家企业就先行和这个进出口公司订立了一个买卖合同。合同约定该进出口公司利用其国际贸易网络为该企业寻找最优货源和最优价格。然后，该进出口公司与瑞士某公司订立了购买合同，并按照约定的期限将指定的物品交付给国内某企业使用。从这个例子可以看出，中国某精密机器进出口公司和国内某企业之间订立的买卖合同，就是一个出卖人尚未取得所有权的情况下而订立的买卖合同。这个合同订立在经济上、商业上当然是正当的、合理的。如果国内某企业自己寻找货源，那么必定更加费时费力，价格上也不会取得优惠。如果合同履行出现法律上的争议，其解决道路也不如专业公司更加懂行。事实上，如上所述，不仅仅在国际贸易中，而且在国内的批发贸易中，标的物已经存在但是出卖人尚未取得所有权时就和买受人订立合同的情况也是多见的。在一般民事交易中，购买人从非所有权人那里购买某种商品的情形就更加多见了，比如，一些文物的交易，多数都是通过所谓的"中间人"进行的，而"中间人"经常既是出卖人也是买受人。如拍卖，都是购买人先和拍卖公司订立合同。

（二）"效力待定"的不合理性

从以上分析我们可以得出一个确定的结论，那就是这些出卖人尚未取得所有权之时即和买受人订立的合同，完全不可以"效力待定"，而应该立即生效。因为，只有在合同立即生效的情况下，合同才能够对出卖人依法产生约束力，约束其在合同约定的期限内与第三人订约，这样才能够为买受人最终取得标的物及其所有权确立法律基础。

反之，如果依据《合同法》第 51 条，这样的合同需要所有权人追认，未追认之前效力待定——将这种情形的合同确定为效力待定，则会出现严重的制度问题：（1）如果出卖人并不能尽其勤勉履约的义务，不能积极地与物主也就是所有权人订立购买的合同，或者不能和物主达成所有权转让的协议并履行该协议，这样就会被认为是这种买卖合同没有得到所有权人的追认，这时候这些合同按照某些学者的解释是合同无效；那么，根据合同无效为自始无效、绝对无效的原理，合同不会产生约束力，出卖人的违约也不承担违约责任。若按照缔约过错来追究出卖人的责任，买受人的损失就无法得到足额救济。（2）"效力待定"的规则为出卖人提供了一项不正当的抗辩权：在出卖人不能积极履约的情况下，他反而可以以买受人明知出卖人无所有权或处分权为借口，主张免除或者减轻自己的责任。从上文的分析我们可以看出，这样的抗辩本来是不正当的，但是依据《合同法》第 51 条的规定是正当的。

更有甚者，在一些学者的著述中，把出卖人与买受人订约，以取得第三人之所有权为目的而订立的买卖合同，称为"恶意通谋"的合同，将其理解为一种侵害行为而直接裁判为无效。这种观点和做法，对于合同之债的原理的理解，实在是太偏差了。

由此，对这种合同的效力，我们应该得出如下结论：

第一，出卖人与买受人之间的合同，依债发生的根据自成立时生效，不应该是无效，也不应该是效力待定。如对出卖人无约束力，则违背交易本质，且易造成交易不诚信之事实发生。这种制度缺陷，在《合同法》第51条里面是存在的。删除该条文之后，这个制度缺陷大体上得到了补正。

第二，买受人之"明知"出卖人没有所有权或者处分权，不是限制甚至否定合同的根据。因为，买受人的这种明知，并不是法律上的恶意，而是商业上的常情。那种以"通谋"否定该合同正当性的观点，就更是不理解市场体制，也是不理解债权的表现。

四　不涉及第三人的买卖合同订立

在前引立法机关《合同法》制定的负责人王胜明副主任的讲座之中，有关于该法第51条只是处理出卖人订立买卖合同之时标的物已经存在，但是出卖人尚未取得所有权合同效力问题的揭示。相信这一点是当时民法学界和立法机关的基本共识。但是，近年来在本人参加的《民法典》编纂的立法活动中，以及阅读到的法学家著述中，发现也有学者提出，该第51条所确定的"无权处分"应该适用于标的物尚不存在的广泛情形，即只要出卖人尚未取得标的物或者所有权，该条的规则都应该适用。一些学者结合《合同法》第51条和第132条的规定，否定任何出卖人不享有所有权的买卖合同的正当性。不过这样一种观点确实能够从该法第132条得到确认。该条第1款规定："出卖的标的物，应当属于出卖人所有或者出卖人有权处分。"从这个条文我们可以看出，该法制定时，不论是主导学者还是立法者，确实是没有清晰地认识到上文我们已经讨论过的合同之债的民法原理。这个条文，确实也包括了出卖人与买受人订立买卖合同，根本不涉及第三人的情况。从表面上看，这个条文似乎和《合同法》第51条立法的本意不一致，但是我们必须看到，这两个条文都体现了立法主导者们确定的出卖人订立买卖合同，必须以标的物存在而且享有所有权或者处分权作为前提条件的立法观念。也就是因为这样，本文在此将不涉及第三人的买卖合同订立生效问题也简要讨论一下。

第一，标的物不存在，并不意味着标的物永远不会存在，也就是说，不意味着标的物客观不可能。出卖人订立合同时标的物不存在的情况，原因有很多。众所周知的情况是预售，在此情况下，出卖人与买受人之间订立的合同并不因此而受影响。如乙企业在甲企业订货，甲企业并无现成产品时，合同当然可以成立生效。只要合同履行时，甲企业取得所有权或者处分权，完成合同的履行即可。现代市场经济体制，不是农贸市场，不可能也没有必要"一手交钱一手交货"，商品不一定要生产出来才能够订立合同。有些商品，比如飞机，订单出来后常常要过好些年才能够交付。这样的合同当然应该生效。仅此一点，我们就知道《合同法》第51条、第132条的规定，以及主导这些规定的立法观念是错误的。

第二，同样我们也应该认识到，商品的预售，即使出卖人在买卖合同约定的期限内没有生产出合同约定的产品，没有取得产品的所有权或者处分权，也不影响合同的成立生效。在这种情况下，生效合同产生的约束力，会演变成民法上的违约责任，成为对于诚实守信一方当事人的权利救济。

第三，标的物为非交易物，也就是依法不能履行的合同，并不能得到法律的承认和保护。如上所述，在任何情况下，出卖月球土地的买卖合同，出卖天安门城楼的买卖合同，出卖钓鱼岛的合同，都属于非交易物的买卖合同，都不会得到法律的承认和保护。尽管有学者声称，删去《合同法》第51条和第132条原来的规定，会导致这些买卖合同有效，而且我国法院的法官会执行这些合同。但是，这些情况是不会出现的。因为，依法律上物的本质属性、依据法律行为的一般规则，这些买卖合同都是无效的。而且这种无效，即违背法律强制性规定的无效，属于自始无效、根本无效。总之一句话，我们不能要求出卖人只有取得标的物的所有权之后才能够订立买卖合同，也不能根据出卖人没有所有权或者处分权这一点而否定合同的效力。只要出卖人在合同履行的时候取得了标的物的所有权，他就能够依约完成交付，这样的合同当事人是正当有效的。

五 买卖合同的履行：真正的处分行为

在民法上，真正的处分行为，指的是行使支配权的行为。在德国民法学中，处分这个名词本身就是支配的意思（Verfuegung）。所以，民法上的处分权就是支配权。

处分行为以交付标的物、交付所有权为典型，其含义就是把标的物或者标的物的权利交给对方支配。所以，典型的处分行为为合同履行行为，就是交付标的物和移转标的物的支配权给对方当事人的行为。比如，因为买卖合同的本质在于所有权的转让，故履行买卖合同时，处分行为或者履行行为指的就是出卖人向买受人交付标的物和标的物的所有权的行为。其他的合同履行，其实也都包含着处分行为，包括这个交付。但是，因为交付本身所包括的当事人的意思表示不一样。比如买卖合同中的履行行为，出卖人交付标的物的内心真实意思是转让使用权，而租赁合同中，出租人交付标的物的内心意思是转移使用权，运输合同中交付标的物仅仅是占有的转移。所以，履行行为的结果，要依据当事人的意思表示来确定。

处分行为或者履行行为，也包括交付支配性质的民事权利的行为，它们以登记或者交付权利证书作为表征。比如，如果当事人订立合同为转让某种权利，则出让人交付权利的行为就是处分行为。因为权利是法律上的抽象，故法律规定，交付权利以办理相关的权利登记为表征（如转让股权），或者以交付权利证书为表征（如转让专利权）。有时，法律及许可当事人之间办理权利转让的登记，也可以转让权利证书来表示权利的转移。

我们可以清楚地看出，在买卖交易中，处分行为就是双方当事人履行合同的行为，也就是出卖人交付标的物、交付所有权的行为，和买受人支付货款的行为。在一些复杂的交易之中，处分行为要包括一系列法律行为。比如我国一家航空公司购买一架空客飞机，那么，空客公司向中国航空公司交付飞机以及飞机所有权的行为就会包括多个履行行为，包括交付飞机本身、交付附属设备和相关资料、交付飞行所需要的各种法律资料（如适航证），办理飞机所有权的登记等。而中国公司向空客公司支付货款，也包括了多个履行行为，因为飞机的款项巨大，常常需要分期分批支付，而且还需要双方各自和具有国际营运资格的银行订立合同，以及银行之间的合同义务履行等。其实，所有的法律交易，都存在订立合同和履行合同两个基本阶段的区分，都会发生债权意义的法律效果和履行合同发生支配权意义的法律效果的区分。从法律分析和裁判的角度看，订立合同和履行合同的区分，既是请求权和支配权两种民事基本权利之间的区分，也是设定债权的负担行为和转移支配权的处分行为的区分。从法律分析和裁判的角度看，交易之中，不论你是否认识到、不论你是否承认，这样的区分无所不在。当然，一些十分简单的法律交易，比如农贸市场上的"一手交钱一手交货"，上述的区分转瞬即逝，似乎没有在法律上加以甄别的需要。但是，民法学家也罢立法者也罢，法官也罢律师也罢，如果其视野被农贸市场的交易所限制，那么就无法理解像购买空客飞机这样的法律交易，也无法分析和裁判市场经济体制下那些远期合同案件和多重交付的案件。以区分原则来分析和裁判农贸市场的交易也是没有障碍的，但是依据农贸市场的规则来分析和裁判像购买空客飞机这样的交易，却是永远不能的。所以，一些民法学家总是强调，要以一手交钱一手交货（如两毛钱买一根黄瓜、一马克买一双手套、二欧元购买十个甜甜圈）为基础来构建和理解我国《民法典》，这不但是做不到的，而且是有害的。

最为关键的问题是，我国《民法典》不能编纂成为农贸市场法典，我国的法律工作者不能培养成为农贸市场法律工作者。所以，从现在开始，我们都应该放弃那些狭隘的知识和简单粗暴的分析和裁判方法，要以科学的理论为《民法典》贯彻我国市场经济体制发展和人民权利保障提供应有的、足够的支持。

通过这一分析我们已经清楚地知道，买卖合同中，履行合同也就是所有权的处分行为，只是发生在交易中的物权变动的阶段。这个问题当然应该由《民法典》物权编来规范，而不应该由《民法典》合同编来规范。也就是因为这样，一些学者提出的或者坚持的，要在合同编来规定履行行为的观点，也是不符合民法法理的，也是立法不能接受的。

一些学者提出，物权法意义上的处分行为是否存在效力待定的问题？虽然这个问题已经不在本文题目之内了，但是因为与原《合同法》第51条有关，本人简要地回答一下：因为物权变动必须依据物权公示原则、善意取得原则处理，所以，物权法意义上的无权处分，其实也不应该发生效力待定的效果。物权法意义上的有权处分还是无权处分，必须首先遵守物权公示原则来分析判断，而不能首先依据当事人的主张来裁判。

六　要点小结

基于以上分析，可以得出如下结论。

第一，订立合同不是处分，更谈不上是什么"无权处分"。

第二，合同之债的原理，就是合同因当事人双方的意思表示一致而生效，也仅仅是对合同当事人双方发生法律拘束力。合同不能拘束第三人，不能生硬地将第三人（物主）是否追认规定为他人之间订立买卖合同的前提条件。

第三，尚未取得标的物所有权的出卖人与买受人订立的合同，就是债权意义的合同，其成立后一般就应该生效，没有必要"效力待定"。《民法典·合同（草案）》删除《合同法》第51条，并不仅仅是删除了所谓的"无权处分"，也删除了这种情况下的效力待定。也就是说，这种情况下的合同效力问题已经处理了，就是按照合同的一般生效条件规则处理。

第四，标的物不存在，出卖人无处分权或所有权，并不妨碍其与买受人之间的合同生效。只要出卖人在履行合同时能够交付标的物，能够转移所有权就行了。订立的合同如不能履行，违约者要承担违约责任以及相关赔偿责任。

第五，出卖人与买受人之间，仅仅是订立了一个请求权意义上的合同，成立了一个债权而已，不可以将其理解为对第三人的侵害，没有什么"有何公正可言"的问题。

第六,合同履行才发生对标的物的处分。请求权和支配权的区分,负担行为和处分行为的区分,为民法基本原理之一。

综上所述,《民法典》合同编废止《合同法》第 51 条、第 132 条为正确之举,其中民法基础原理、基本概念,望同人体察而且遵守之。

中国《民法典》加强对人身
权利保护制度要点

人身权利是民事主体的基本权利，当然也是本次我国民法典编纂要予以承认和保护的重点。《民法典》在传统民法基础上，在人身权利的承认和保护的力度上有显著的加强。其要点如下。

第一，在民法的定义中强调民事主体的人身权利。传统民法和此前的民法学说，在定义民法时采用的表达格式，是民法调整民事主体之间的财产关系和人身关系。而本次《民法典》编纂改变了这个表达格式，它对民法的定义，是把人身关系放置在财产关系之前，改为民法是调整民事主体之间的人身关系和财产关系的基本法律（《民法典》第2条）。这样一个定义，并不是说民事主体之间的财产关系就不重要，而是要突出我国立法者对于人身权利特别的重视。把人身关系放在财产关系之前，这是从2015年编纂《民法典》工作开始时就明确了的。

第二，在《民法典》第109条规定人格尊严和人身自由，将它作为民事主体的基本权利。自《民法总则》2017年生效后，第109条规定，还没有得到我国法学界普遍的关注。其实，这个规定意义十分重大，可以说，这是本次《民法典》编纂最大的亮点之一，而且可以说是排名数一数二的最大亮点。第109条规定："自然人的人身自由、人格尊严受法律保护。"把人身自由、人格尊严通过民法规定下来，当作民法的基本权利，这在全世界其实还是第一次，它的意义是非常重大的。我们知道，自然人的人身自由和人格尊严其实首先是由《宪法》规定的权利，在《宪法》上也是基本权利。当然，《宪法》规定这个基本权利的角度和民法不一样。《宪法》规定人格尊严这个基本权利的出发点，首先要解决历史上奴隶制条件下，奴隶作为自然人但是没有法律人格的问题，同时要解决贵族与平民相区分的等级身份制条件下人格不平等的问题；此外，还要解决现实社会中人与人之间因为出身、性别、财富占有、受教育程度、民族、宗教等方面而受到的人格损害的问题（显然这些问题民法解决不了，而只能由《宪法》解决）。从法律发展历史看，其实是《宪法》首先提出了人格尊严的基本权利和人格尊严绝对受保护的原则；然后民法制度上跟进，提出从保护具体自然人的人格方面的人格权制度建设问题。相比而言，民法上所说的人格权，不像《宪法》上的人格权那样抽象而概括，因为民法上的自然人都是具体的，但是，恰恰就是这种具体主体的特征，可以把《宪法》上那种抽象的一般人格权保护落实到具体的自然人身上。在法学上，人们把《宪法》关于保护人格尊严和人身自由的规定称为"一般人格权"。这一次我国《民法典》第109条规定，其实就是《宪法》落实一般人格权保护原则的体现。这项规定之所以意义重大，就是因为它和《宪法》是对接的，它既体现了《宪法》关于人格尊严和人身自由的人文主义思想，又夯实了借助民法的技术手段也就是侵权救济的手段来实现人格权保护的措施。

第三，本次《民法典》规定独立的人格权编，落实《民法总则》第109条的规定，更加具体地阐明了人格权的内容，突出了人格权的立法价值和现实意义，提升了本次民法立法的思想品位。《民法典》人格权编，用了四十多个条文，规定了生命健康权、名誉权、隐私权等重要权利，说明立法者充分回应了社会大众对这些权利保护的关切，其理论价值和实践价值都非常显著。

我国《民法典》关于人格权的规定，在法典编纂完成并实施生效之后，肯定要对我国自然人权利的保护提供强大的法律支持，对此我们满怀信心。但是我们也要注意到，在我国《民法典》编纂的过程中，尤其是在确定我国《民法典》设立独立的人格权编之后，关于人格权的立法认识出现了观念上的混乱，而且和法学解释上的随意，这个问题需要澄清一下。《民法典》设立独立的人格权编，本意是为了提升人格权在我国法律上的品位，全面落实党中央提出的"加强人格权保护"的要求。显然，人格权保护，就是要解决人格权受到侵害之后的保护。这个立法命题是科学的，是符合人格权的法律特征的。从历史发展来看，人格权制度的产生和得到法律的承认，也是为了实现自然人都能够平等享有人格的法律文明，解决现实生活中人与人之间各种损害人格尊严的问题，既解决那些因为出身、性别、民族等差异而发生的损害族群性或者群体性的人格尊严的问题，也解决单一的自然人的生命健康尤其是隐私被侵害而造成的人格尊严受侵害的问题。无论如何，人格权保护，其基础是人格尊严的保护，而且人格权编的立法基础，是《宪法》上的人格尊严原则和《民法总则》第109条关于保护人身自由和人格尊严的规定。但是，在《民法典》编纂过程中，一些课题组提出，要把人格权转让作为人格权编立法的理论基础。而这个观点所提出的人格权转让，只是民事主体用自己的姓名或者名称注册商标等方面的现象。但是，注册商标的民事活动是商事活动，其间产生的民事权利是商事权利或者财产权利，并不是人身权利，更不是人格权。依据这个理由来支持《民法典》中人格权独立成编，这就贬低了人格权立法的思想价值，背离了党中央提出的"加强人格权保护"的要求，既不符合人格权的本质属性，也不符合《宪法》中人格尊严的原则和《民法典》第109条的规定。事实上，人格权转让不但没有得到《民法典》的承认，反而明确地被《民法典》否定（第992条）。但是，目前还有学说解释，把这一点作为《民法典》人格权编的立法理由。这个问题希望我国社会注意。

不论是依据科学的法理还是依据生活现实的常识，我们都知道，人格作为人格权的载体，它们之间是须臾不可分离的；人格和人格权这两个概念甚至无法区分。比如，一个人的生命健康受到了损害，在立法和法学上是不是一定要把侵害生命健康损害和侵害生命权健康权这些概念区分清楚？如果一个人的隐私被暴露，在立法和法学上是不是一定要把侵害隐私和侵害隐私权区分清楚？当前一些民法学者的观点，在解读《民法典》人格权编的各种规定时，总是脱离人格的《宪法》基础和《民法总则》第109条的规定，也脱离生活的常识和法理基础，这样的解读不但是站不住脚的，而且容易误导社会。

本次《民法典》人格权编列举了一些具体的人格权类型，对这种以列举的方式来规定人格权的方法，一些法学家的解释也出现了不该有的混乱。一些学者借助《物权法》上的"物权法定原则"来解释这种立法方法，提出了"人格权法定"的观点，从而使得人们得出了人格权就是本编规定的那些具体类型的结论。而且在司法上，这种类型列举确实也产生了一种误解，就是诱导法官把人格权侵害案件的分析重点，放置在如何区分不同人格权的概念差异区别之上。所以，对这些理论和实践做法的混乱也有必要予以澄清。首先，我们从上文的分析得知，《民法典》人格权编所列举的具体人格权，都是《民法总则》第109条所规定的一般人格权的具体化，通过列举让大家认识到人格权常见的情形。但是不论是基于生活的常识还是基于法理，我们都可以看出，从侵权与保护的角度看，一些被类型化的人格权，其实本来就不必清晰地予以类型化，在一些类型之间也没有必要清晰区分开。比如，生命权和健康权就是无法彻底区分的，不能说侵害了生命权就不是侵害了健康权，或者说侵害了健康权就不是侵害了生命权。同样，隐私权和名誉权也是无法区分的，不能说侵害了隐私权就不是侵害了名誉权。因此不论是在司法实践上还是在法学上，试图把这些权利类型做出清晰明确的区分，不但是没有意义的，而且误导了法官，使得法官在一些无意义的区分上空费精力。从侵权与保护的角度看，法官注意力的重点，是侵权行为、侵害结果、侵害行为和侵害结果之间的因果关系这三个要素，而不是生命权与健康权的区分，也不是隐私权和名誉权的区分。

此外，我们还必须认识到，不论是《宪法》意义上的人格尊严，还是《民法典》第109条规定的人格尊严，都是自然人人格权利高度的概括；但是人格尊严是至高无上的，任何具体的列举其实都是列举不全的，因此，借助《物权法》上的物权法定原则的理论来解释人格权的列举，提出人格权法定的理论观点，这不但违背法理，而且必然造成对于司法实践的误导。比如这几天网络上有一个案子中的侵权就是这样的。它说的是一个企业招聘，结果有一个姑娘去求职，但是被拒绝了，给这个姑娘出局的拒绝理由上面写了三个字——河南人。这种明显的地域歧视，既违背了《宪法》规定，也造成了民法上的侵权。这种侵权，如果按照权利法定的观点来解释，就没有办法处理。因为这种地域歧视所侵害的权利，《民法典》人格权编确实是没有列举出来的。但是如果我们按照《民法总则》第109条关于人格尊严受保护的规定，就一下子可以清楚地分析和裁判这个案件，判决这个企业侵权。现实生活中，类似的案件很多，《民法典》人格权编都是无法列举的，这些都需要依据《民法总则》第 109 条的规定去分析和裁判。所以不论是在法学上还是在实践中，都需要依据民法上关于一般人格权和具体人格权的科学理论来解读《民法典》人格权编的规定。

第四，《民法典》通过婚姻家庭编中人身关系的规定，凸显赡养权、抚养权和扶养权这些重大的人身权，落实善良家风和家庭道德规范，为每一个人的家庭幸福建立权利保障。民法上的人身权利，除了人格权还有身份权。民法上的身份权，基于婚姻家庭关系而产生，这里的身份并不包括自然人的政治身份、专业技能职称等身份，而只是在婚姻家庭关系中的身份，如夫妻、父母子女、兄弟姐妹等。因为这些身份，这些民事主体之间就产生了赡养权、抚养权和扶养权。法律规定这些权利，对于保护婚姻家庭关系稳定、对于保障每一个人的基本幸福建立了良好的法律基础。

第五，本次《民法典》关于人身权利的保护，依据科学法理，将其范围扩展到胎儿和遗体，这一点意义也很显著。比如说胎儿，一般情况下，胎儿没有出生，就不是民事主体，当然无法享有民事权利。但是胎儿在母体之中也会受到侵害，比如说他或者她还在妈妈怀孕期间，遇到车祸，或者遇到医院误诊、给吃错药造成损害，结果出生以后，甚至成长数年之后才发现了损害。这种伤害，对于母体可能没有损害；而且这些损害只能在孩子出生多年之后才能显示出来。所以，如果要求以母亲名义起诉加害人，并不合适。此前，传统的理论是，胎儿出生之前的损害，都算作是母体的损害，仅承认母亲有损害赔偿的请求权。这一做法，受到了诉讼时效和侵权因果关系方面的制度限制，理论上并不通畅。妥当的做法是，承认孩子出生之后，对于出生之前也就是胎儿期间的损害享有损害赔偿的请求权。这一次我国《民法典》创设制度（《民法典》第 16 条 "胎儿利益保护" 的规定），很好地解决了这个问题。另外，本次《民法典》也对自然人亡故之后的侵权保护，包括遗体方面的问题，从侵权保护的角度建立了明确的制度，这些规定完善了人身权利保护，弥补了相关的制度漏洞。这些规定，也可以根据《民法总则》第 109 条得到强有力的制度和理论支持。

第五篇

怎样看《民法典》的实施及其理论发展？

从人民法院司法的角度谈解读和实施《民法典》的几个问题[*]

  《民法典》是完善依法治国的基本遵循，要从现实性、实践性、全局性、基础性、贯穿性、历史性等方面准确认识《民法典》。精准司法要求人民法院在司法审判中要做到以下六点：一是实施《民法典》应该确立体系性思维，系统理解《民法典》体系中的基本规则。二是实施《民法典》应该具有人民权利保护的思维，既要"有理想"，也要"接地气"。三是要关注法律行为制度的重大革新，深刻理解《民法典》当事人意思自治原则下法律行为制度的思想进步和全局性的分析裁判价值。四是要全面准确理解《民法典》关于人身权制度的创新意义，在人格权保护方面精准司法。五是要贯彻区分原则，在交易分析和裁判中精准司法，准确地分析和裁判当事人的权利归属。六是在公共财产保护的司法实践中注意对公法法人制度、公法法人物权规则的应用，把公共财产的保护落在实处。

引言 《民法典》的立法价值在于实施

  2020 年 5 月 28 日，全国人民代表大会通过《中华人民共和国民法典》（以下简称《民法典》）。《民法典》编纂完成之后，中央政治局书记处立即举办关于《民法典》学习的讲座。习近平总书记在讲座上指示，必须重视《民法典》实施。《民法典》的立法价值就在于全面实

---

  * 本文刊于《法律适用》2020 年第 15 期。

施。《民法典》的内容并不是"宣言"，而是行为规范和裁判规范，它的每一个条文，都具有实践性功用，而不只是拿来做宣传教育、用思想来感召人民的。所以，《民法典》编纂的任务完成后，更为重要的任务是实施。只有通过《民法典》的实施，才能将该法承载的国家治理的基本理念落到实处，才能实现立法者编纂法典的指导思想和立法目的。

需要注意的是，在《民法典》的制定过程中，一些机构和学者在宣传《民法典》的意义时特别强调《民法典》作为权利宣言的作用。这种说法有一定的意义，但是如果过多强调这一点，那就会产生负面作用。因为权利宣言并没有实践性规范，而《民法典》却完全是实践性的法律规范。《民法典》虽然也规定了涉及人民群众的很多权利，但是也包括了国家机关、企业法人和事业单位法人的权利；而且它所规定的权利，都是从具体的民事法律规范的角度展开的，在法律规范之中，权利和义务、责任紧密地联系在一起。这些法律规范，一些属于引导民事主体从事民事活动的行为规范，一些属于指导人民法院分析和裁判当事人之间是非的裁判规范。当然，很多民法规范兼备行为规范和裁判规范的功能。无论如何我们可以看到，《民法典》是一种实际操作的法律，不是宣讲政治精神的宣言。换句话说，《民法典》中的权利义务和责任都要贯彻落实到我们每一个自然人、每一个团体的身上，要落实到我们从事民事活动的时时刻刻。这就是《民法典》支持国家治理、规范国家治理的作用。我们一定要从国家治理的实际效用的角度来理解《民法典》的编纂和实施，尤其是要从当前我国国家治理能力现代化提升的角度来理解这部伟大法典的重要意义。

《民法典》在我国法律体系之中，属于中央所说的治国安邦的基本遵循。所谓基本遵循，就是基本依靠。依法治国所要依据的法律当然是很多的，但是，民法和其他的法律相比，属于基本法律，因为民法所规范的社会关系涉及我国的经济基础和人民群众的日常生活的方方面面，属于国家治理所依靠的法律之中须臾不可离身的法律。而且，民法在全部国家立法中，发挥全局性和贯穿性的作用。我国法律体系中的很多法律，实际上是建立在民法之上的，它们的立法目的也是保护民事权利，或者规范民事主体从事民事活动，或者指引执法机关和司法机关追究民事责任。所以，我们说《民法典》在我国法律体系中具有基础性、全局性、贯穿性的作用。以前的法学理论把民法定义为"部门法"，这种说法是不准确的。

应该注意到，《民法典》编纂之前，我国实际上已经制定了很多民事单行法，但是这些法律都有一些缺陷，《民法典》通过体系整合、缺陷弥补和矛盾消除，解决了这些单行法存在的问题。它生效实施之后，将为下一步的立法、执法、司法和守法提供系统完整、内容和谐的系列规范和制度。所以《民法典》完善了国家治理者的法律支持基础，同时提升了治理者的能力和法律支持力度。

《民法典》从第 1 条到最后 1 条，都是具有法律规范意义的，都能够作为法律上的行为规范和裁判规范来使用。从民法上来说，民法规范大体上可以区分为行为规范和裁判规范两大类。行为规范，指的是引导民事主体从事各种民事活动的规范，其特征在于告诉民事主体自己享有哪些权利，在进行民事活动的时候应该怎样做。这些规范围绕着承认和保护民事权利、指引民事主体如何行使权利展开，比如在民事权利部分关于人格尊严、人身自由的规定，关于所有权处分的规定，关于合同自由的规定，关于婚姻自由的规定等。不论是人身权利还是财产权利，不论是行使权利还是保护自己的权利，《民法典》都给予了充分的指引、框范和保障。因此，《民法典》为民事主体从事自我管理提供了基本遵循。民事主体进行民事活动，基本上都是依据主体自己的自我决定，而《民法典》规定的大量的行为规范，实际上就是告诉民事主体怎样作为才能够得到法律的承认和保护。换而言之，《民法典》从民事社会的自身规律角度完善了它的治理体系，提升了民事主体的自我治理能力。《民法典》中还包括一些裁判规范，这些规范为司法机关工作人员和执法人员适用《民法典》提供支持和指引，让司法人员裁判是非，通过对于当事人之间的是非裁判，为社会树立一个新的规范样本，从而达到国家治理的目的。无论如何，《民法典》不应当仅仅定位为权利宣言，因为权利宣言是需要借助其他法律来贯彻实施的，而我国《民法典》本身就是具体实施性质的法律，它通过具体的规范来贯彻《宪法》、贯彻中央精神、贯彻国家治理的重要决策，它是由一个实实在在的行为规范和裁判规范所构成的法律。这就是民法的实践性特征。《民法典》的实践性尤其应该得到人民法院的重视，因为人民法院就是贯彻实施

《民法典》的最重要的国家机构，人民法院通过实施该法典，具体地落实了依法治国的职责。因此，在人民法院研究实施《民法典》意义重大。

《民法典》总共七编，80 多章，共 1260 条，大约 11 万汉字，这些章节条文构成了难以计数的具体的法律规范和法律制度。除《民法典》之外，还有商事法律和知识产权的制度等民法特别法体系。民法庞大的规范和制度的体系，需要我们认真解读，这样才能够准确实施。

一 从国家治理和人民权利保障的角度看《民法典》编纂

《民法典》编纂的全部意义在于国家治理。《民法典》是国家治理的基本遵循，是人民权利的基本保障。《民法典》编纂，首先是为了贯彻依法治国的宪法原则，是实现国家治理体系和治理能力现代化的具体步骤。民法与国家其他领域的法律规范一起，支撑着国家的治理体系。从这个要点来看，很多媒体和学者一直在热炒的《民法典》对于一些零零碎碎的民事权利的规定的做法，其实也是不妥当的。因为《民法典》除了规定这些零散的民事权利之外，它在国家治理过程中还承担着更大的历史使命。以下几点可作参考。

（一）《民法典》对经济基础的支持和保障

我们知道，经济基础决定上层建筑，而支持和保障我国经济基础良好运行的使命，是由《民法典》来承担的。本次《民法典》编纂，从一开始就确立了依法维护和保障我国经济基础运行、建立和稳定国家经济基本秩序的指导思想。自古以来，民法中的所有权制度等，就是为维护和保障国家的经济基础而建立起来的。我国《民法典》也是一样，它通过自己特有的法律制度，确立符合国家基本体制的经济制度，直接承担维护和保障国家经济基础的重大使命，从而在国家治理的过程中发挥基础性、根本性的重大作用。尤其值得注意的是，本次《民法典》编纂，贯彻了中央关于进一步深化改革开放的精神，在公有制财产秩序的法律建设上实现了制度和理论的重大突破。

我们知道，我国的经济基础就是以公有制为主体的、多种所有制经济共同参与的市场经济体制。毋庸讳言，公有制经济以及国家名义下的财产数量巨大，这是我国的特色，是我国政治经济的必需。但是我们也要认识到，关于公有制的财产，尤其是国家财产这个领域，长期以来属于民法制度的灰区或者盲区，民法对这个领域总是绕开而行，在保护公有制资产、为公有制资产建立科学、有序、透明的法律制度方面基本上没有什么作为。其中的原因，就是长期以来我国主导性的财产制度的法律观念，把"国家所有权的统一性唯一性"理论奉为圭臬，作为雷打不动的正宗社会主义财产制度的基本教条，从而造成庞大的公共财产的法律名义上的所有权人和实际占有使用人完全脱离，使得公共财产的支配秩序无法依靠民法科学制度来予以规范的困境。实际上，自我国建立市场经济体制以来，我国立法者逐渐认识到，如果要保障国家经济基础、建立和稳定国家基本财产秩序，那就必须把公有制财产的实际占有人、使用人从法律上予以明确肯定，让他们在享有实际权利的同时，也承担具体义务和责任，从而把公共财产秩序的制度完全法制化、科学化。

《民法典》颁布之前，我们强调的是国家的所有公共资产都归国家所有，国家是唯一的所有权主体。这个意思就是，全部的公共资产，法律上只有一个主体，那就是国家。这个理论在我国，多年以来无人质疑。但国家是一个抽象主体，国家无处不在又处处不在。因为财产都是具体的，在法治实践需要明确具体的财产支配秩序的时候，国家却隐身不见。很多公共资产就是因为这样的原因而流失了。在体现公有制经济基础的投资性资产方面，在国家投资这个问题上，以前我国法律的规定和市场经济下公认的投资法律规则完全不相符合。我国法律强调，所有的公共投资都叫作国家投资，所有的企业资产都被定义为国家所有权。而国际上大家接受的投资规则就是"股权—所有权"的法权结构，投资人享有股权，企业享有法人所有权，投资人对企业只承担有限责任。但是这些规则，我国民法都不承认。在 1995 年公司法承认了投资人有限责任规则之后，民法上对于国家投资这一部分，还是坚持国家统一唯一的所有权原则，结果在司法实践中造成了很多问题。而且，实际上的国家投资性资产并非国家铁板一块，还包括银行等，还有中央、地方投资等。但是在民法上，在其他法律上，这些投资都叫作国家资产。

因为这个问题意义重大，而且我也注意到在本次《民法典》的宣传工作中，不论是立法机关、宣传部门还是很多学者都没有提到这个涉及国家经济基础建设的重大问题，所以对此我想稍微详细地谈一下，因为这也是我多年来从事法学研究的重点范围之一。

改革开放几十年尤其是这些年来从严治党反对腐败的实践证明，公共资产实际控制不明确的国家所有权统一唯一的理论，损害了公共资产的有序、透明管理。从民法的角度看，权利的所有者同时也应当承担起相应的责任和义务。本次《民法典》编纂，立法者在这个十分重要的领域里，试图依据科学法理解决这个问题。对此，我们可以看看《民法典》第 96 条关于特别法人的规定和第 255 条、第 256 条、第 257 条等关于公共财产物权的规定。通过这些条文我们能清楚地认识到，《民法典》在通过这些具体制度来保障社会主义公有制、为国家资产建立公共财产秩序方面已经建立了既符合国情又符合民法原理的制度。

首先我们可以看到，《民法典》第 96 条明确了国家机关作为公法法人的概念，承认了公共资产的主体。第 97 条，又对怎样认定国家机关法人做出了具体的规定。至于公法法人物权的规定，请大家首先看看《民法典》第 255 条规定："国家机关对其直接支配的不动产和动产，享有占有、使用以及依照法律和国务院的有关规定处分的权利。"第 96 条、第 97 条和第 255 条相对应之后，我们就可以看出我国民法制度所发生的一个最为重大的改变，那就是在公共财产领域，它不再坚持国家所有权的统一性和唯一性这个所谓的原则，而是承认了公法法人物权，甚至是公法法人所有权制度。这个制度建设意义十分重大，它打破了几十年来苏联法学所谓的正宗社会主义法学的教条，实事求是地规定了国家机关作为公法法人的物权，其实是对公共资产的所有权。依据这个法律条文，我们可以确定，现在的公共资产就是被一个个实实在在的国家机关法人占有和使用着，所以按照这个条文，我国既要承认这些公法法人享有实际的物权甚至是所有权，又要在法律上要求他们承担保护这些公共资产的责任和义务。这就实现了民法上民事主体作为权利主体同时作为义务主体和责任主体的科学原理。同样，《民法典》第 256 条规定的是，国家设立的事业单位同样拥有的权利义务和责任。这一点当然意义重大，其中道理不必赘述。

但是，最值得注意的是第 257 条规定："国家出资的企业，由国务院、地方人民政府依照法律、行政法规规定分别代表国家履行出资人职责，享有出资人权益。"我们可以看看这个关于国家投资的条文，它和以前的相关规定相比也发生了重大的改变。其一，它采用了政府投资的科学概念，而没有沿用国家投资这个不科学的提法。其二，它承认了政府投资人的多元性，不再坚持国家统一投资的理念。其三，它不再把政府投资资产称为国家所有权资产，而规定投资人权利和职责。这一点意义最为重大。从此，国家所有权统一性、唯一性理论在政府投资这一点上就被彻底涤除了。关于企业法人所有权，《民法典》第 268 条规定："国家、集体和私人依法可以出资设立有限责任公司、股份有限公司或者其他企业。国家、集体和私人所有的不动产或者动产投到企业的，由出资人按照约定或者出资比例享有资产收益、重大决策以及选择经营管理者等权利并履行义务。"第 269 条规定："营利法人对其不动产和动产依照法律、行政法规以及章程享有占有、使用、收益和处分的权利。"这几条都规定了企业法人涉及公共资产上的主体问题，它规定了法人所有权。

认识和掌握《民法典》对于我国公共财产秩序的建立，对于维护和保障经济基础运行方面所发挥的重要的基础性作用，对于我国公共财产方面下一步的制度建立、执法和司法意义都非常重大。可以说，《民法典》从基础法律制度方面，对公共资产从主体、客体到权利义务，都实现了民法上的制度化、科学化，这些制度规则的意义十分显著，需要我们认真领会、实施。

（二）《民法典》与人民生存与发展的基本权利

本次《民法典》编纂应对现实重大民生问题，为人民生存与发展从民法的角度提供了比较全面的制度保障，也实现了很多制度和理论的突破。本次《民法典》编纂过程中习近平总书记多次强调要加强对人民权利的保护。保障和尊重公民的合法权益，是我们国家社会主义法治的基本原则。党的十八届四中全会明确提出要实现公民权益保障的法治化，这是总结我国民主法治建设经验得出的重要结论，也是我们党根本宗旨的内在要求。我国《宪法》规定，要保障公民享有的人身权和财产权，这些权利都需要通过民事法律加以贯彻和落实。《民法典》的颁布实施，可以健全民事法律秩序，加强对民事主体合法权益的保护，更好地维护广大人民群众的切身利益。

习近平总书记指出，《民法典》是一部体现对生命健康、财产安全、交易便利、生活幸福、人格尊严等各方面权利平等保护的民法典。《民法典》凝聚亿万人民的共同意志，构建了完整的民事权利体系，符合人民利益和愿望，对于不断增强人民群众的获得感幸福感安全感、满足人民群众对美好生活新期待、促进人的全面发展，具有十分重要的意义。《民法典》实实在在地涉及每一个自然人、法人、社会团体等。这种"涉及"不是一时一事，而是贯穿始终。《民法典》尤其关注当前我国民生问题，在一系列制度建设上做出了积极回应。比如监护制度的规定、农村集体经济组织成员权的规定、居住权的规定、保障业主权利的规则，等等，都体现了《民法典》顺应时代发展要求、注重解决人民群众最关心最直接最现实利益问题的特点。下一步应加强对《民法典》一系列新规定、新概念、新精神的研究和阐释，特别是以通俗易懂的宣传语言阐释《民法典》对人民权益保护的新规定，使《民法典》更好地为人民追求美好生活保驾护航。

比如，我国《民法典》规定的监护制度，就体现了应对现实民生大问题并积极予以解决的立法思想。我们首先会看到，法典中监护制度的立法体例和传统民法就不一致。因为传统民法的监护制度写在亲属编也就是婚姻家庭编制中，但是我国的监护制度写在自然人的主体制度部分，其目的也是强化对未成年人和限制行为能力人的保护。在法典编纂的讨论过程中，一些学者和课题组依据传统民法，认为监护制度写在主体部分不合适，写在婚姻家庭制度中更合理。因为传统民法的监护制度的基础，是基于婚姻家庭关系产生的父母子女之间的监护，以血缘为基础的监护。监护制度的基本原则是保护原则，即保护被监护人的利益，限制监护人随意处分被监护人财产，同时保障被监护人的生命、健康。我们在立法过程中，当然也认为血亲监护是最牢靠的监护制度，但现实中，恰恰是这种监护出现了很多问题，甚至父母子女之间的监护也出现了问题，如一些弃养儿童问题。在面对弃养问题的同时我们还意识到，传统民法已经解决不了现代未成年人发展中的保护问题，比如儿童上学后，学校对儿童也承担部分监护责任，传统血亲监护已无法完全覆盖。鉴于前述情况，为了加大对弃养儿童的保护，为其建立牢靠的监护制度，我们将学校、民政部门、居委会、村委会等纳入监护体系中，由政府承担其相应的责任。立法目的在于我们不能让这些孩子流落街头，不能有一时一刻的保护缺失。《民法典》贯彻保护主义原则，构建以家庭监护为基础、社会监护为补充、国家监护为兜底的监护制度，这就极大地加强了对于未成年人保护的力度。这一点也体现了中国民法立法对于传统的突破。

《民法典》不仅体现在对未成年人的保护上，也体现在对老年人的生活保障上，如居住权制度的创设。居住权作为罗马法以来就有的人役权制度，它就是为特定的人设定的一种限制物权或者用益物权，但是这些特定的人，并不是和房屋的所有权人之间有亲属或者近亲属法律关系的人。在此要首先说明的是，有些学者认为，居住权制度是为了解决保姆、妻子等自然人的居住问题，这个观点是不对的。因为，保姆和妻子的居住，在法律上是基于他们和房屋所有权人的法律关系，因此本次《民法典》建立居住权制度不触及这些问题。《民法典》中规定的居住权制度要解决的问题，是那些没有这些法律关系的人的居住问题。罗马法时代，有很多自然人和所有权人之间并没有亲属的法律关系，如私生子、远房亲属等，这些人需要居住等供养，所有权人可以给他们设置这么一个人役权，让这些人能够长期获得居住等保障。人役权包括居住权，它作为一种稳定生活的保障对于人役权人很有效，同时它不妨碍所有权原有的继承规则，不妨碍所有权人和他的继承人之间的所有权转移。包括居住权在内的人役权，其产生程序包括法律行为意定的情形，但是更多的还是基于法定的原因。在罗马法时代人役权，包括居住权的设定，更多的是基于法律上的直接规定。比如房屋所有权人对于私生子的养育，就基本上由所有权人的意思表示设定。同时这种权利也可能基于法院的判决，比如对于离婚的妻子。前妻离异后，要生活要居住，前夫必须尽力提供居住等保障，其中就有居住权的保障，这些多数是由法院判决产生的。

通过这些分析我们就可以看出，现在我国《民法典》物权编中写上了居住权，其现实意义值得充分肯定。现在不论是城市还是乡村，空巢老人很多，无人赡养的老人很多。对此，可以借助居住权制度，把房屋的所有权搞活，把居住权夯实，这样就能够基本上解决老人的赡养问题。但是，居住权一章只有四个条文，而且这些条文只规定了通过合同产生的情形，而没有法定的情形，包括法院判决产生的情形。这不能满足实践的需要。下一步的发展，还需要人民法院依据《民法典》物权变动的规则来积极创造。

（三）《民法典》和人民精神权利

《民法典》重视人民精神权利保障，应对近现代社会人身权利尤其是人格权利重大问题，在人格权利、隐私、个人信息保护等方面规定详细制度。值得注意的是，本次《民法典》将人格权独立成编，目的是强化对自然人精神需要的全面保护，是全面落实党中央提出的"加强人格权保护"的要求。《民法典》对保障人民权益做出了诸多创新性规定。新时代，人们对人格独立、人身自由、人格尊严的关注度日益提高。《民法典》设立人格权编，对民事主体的生命权、身体权、健康权、姓名权、名称权、肖像权、名誉权、荣誉权、隐私权等权利，以及基于人身自由、人格尊严产生的其他权益进行确认和保障。《民法典》所体现的公民人格全面受保护的思想具有重要价值，从世界范围的民事立法来看是一个极大的进步，为世界民事立法提供了宝贵的中国智慧和中国方案。

在贯彻实施《民法典》关于人身权利和人格权保护的立法精神和制度时，首先需要对人身权，尤其是人格权的制度有全面的掌握。人格权概念的产生具有强烈的人文主义色彩，蕴含着人人平等的人文主义思想。它就是为了保护自然人之所以成为法律上的人、享有法律人格所天然享有的权利。从这个基本理念出发，我们要掌握的是，这项权利要求，不论个体的年龄、性别、政治地位、财富占有、宗教信仰等状况如何，大家都有平等的人格，不能有人格歧视和阶层划分。

人格权概念首先是从《宪法》角度提出来的，人格权首先是《宪法》上的人格尊严、人身自由，以及因此演化出来的民法上的一般人格权。需要大家注意的是，《民法典》总则编第 109 条，关于人身自由和人格尊严的规定，其实就是一般人格权的规定。这个法律条文体现了对于自然人的人格予以全面保护和绝对保护的立法精神。第 110 条规定了生命权、健康权、隐私权等具体人格权。一般人格权指的是人生而享有的权利。第 109 条既发挥一个旗帜性作用，又发挥一个重要的指引作用：全面、绝对保障人格权，即具体人格权中没有罗列的部分，可以通过一般人格权的规定加以保护。我们在适用法律时，对于侵害人格权的案件，不应仅仅纠结于到底侵害了哪一个具体的人格权利，而应当依据第 109 条人身自由和人格尊严绝对受保护的规定，按照侵权行为、侵害结果以及侵害行为与结果之间的因果关系进行判断。

（四）《民法典》和国家社会发展动力

《民法典》建立以所有权为核心的财产权利制度，保护人民创造财富的进取心，为国家经济社会发展提供了源源不断的动力和渊源。如果从经济发展动力的角度看，民法在国家治理中所发挥的积极作用就更显著了。亚当·斯密在《国富论》中阐述经济发展成功条件时说，如果要想经济得到稳定持续的发展，那么一定要让劳动者看到自己的所有权。在这里，财富的所有权指的就是劳动者的合法报酬。确实，在劳动者能够看到自己的劳动成果变成自己的所有权的时候，他们就会积极主动地创造财富，从而使得自己的家庭获得良好的生存和发展的机会，也会使国家和社会获得发展。财富是创造出来的，把所有权交给劳动者，社会经济就会获得源源不断的发展动力。例如，英国著名发明家瓦特在所有权创造上有一个非常有趣的数据，他一生有 3000 多项专利，为了保护他的专利他打了 5000 次官司，一年要打 150 多次，差不多一个月打十多次官司。为什么英国能够获得很大的发展，就是因为英国法律为瓦特这样的人提供了有效的所有权制度。正如法制历史学家布莱克斯东在总结英国工业革命获得成功的原因时说的，从来没有一种法律制度像所有权这样能够焕发起人们的创造激情。

我国改革开放的巨大成功也说明，承认和保护人民群众的所有权，国民经济就会获得发展的动力。所以承认和保护民众的所有权，并不是保护自私自利，而是保护人的正常需求、造就国计民生发展的源源不断的动力。我国《民法典》第 113 条关于"民事主体的财产权利受法律平等保护"的规定，其重大理论和现实意义就在于，要通过民法上的所有权等财产权利制度，来为国民经济确立最为切实的法律保障。《民法典》中对所有权的保护，也再一次落实了中央 2016 年所提出的保护所有权的意见，其本质在于维护、保障我们整个国家经济社会的发展，也从国家立法的层面为法院积极发挥国家治理作用提供支撑。

二　从依法治国基本遵循的角度看《民法典》编纂

我国最高立法机关在《民法典》的立法理由中明确指出，《民法典》是依法治国的基本遵循。所谓基本遵循，就是依法治国的基本根据。依法治国需要依据的法律很多，但是这些法律对于依法治国所发挥的作用并不是一模一样的。其中，《民法典》作为基本遵循，体现了民法在我国法律体系具有基础性、全局性、贯穿性作用。所以中央明确指出，《民法典》是依法治国的基本遵循，具有国家治理基本支柱的意义。

（一）《民法典》为依法治国建立可靠的基本遵循

2014 年中央决定编纂《民法典》时，我国并非没有民法。《民法通则》《物权法》《合同法》《婚姻法》《继承法》《侵权责任法》《专利法》《商标法》《著作权法》《公司法》《票据法》等民事法律制度构成了我国的民法体系，这个体系基本上来说是完整的。但是这些法律作为依法治国的遵循，其内容是可靠的吗？

对此，我们首先来分析一下在现行民法体系中处于基础法律和龙头法律地位的《民法通则》。《民法通则》制定于 1986 年，是计划经济时代的产物。虽然在改革开放初期发挥着强大的作用，贯彻了改革开放的思想，也体现了改革开放中的基础制度和意义。但由于其是计划经济时代制定的，所以，它贯彻了计划经济体制的要求，对民营经济和私营经济的地位，对私有财产权利，对公民权利以及现代企业制度的定位等均带有当时计划经济的色彩。尤其关于土地问题，《民法通则》规定"土地不得买卖、出租、抵押或者以其他形式非法转让"，这显然早已脱离了当今社会的现实。1988 年我国就开始修改《宪法》建立国家不动产市场，但《民法通则》这条禁止土地流转的条文直到 2008 年《物权法》出台后才被删除。这也就是说，我国的不动产市场，长期以来处于违背《民法通则》的状态之下。这些问题在 2002 年编纂《民法典（草案）》时没有任何人指出来，当时这个草案还要全文保留《民法通则》作为民法总则。这一点，是 2002 年《民法典》编纂未能成功的原因之一。

2013 年本人在担任全国人大代表时进行了调研，发现《民法通则》156 个条文中，仅有宣告失踪、宣告死亡等极少数条文被使用，大部分相关内容都被其他法律和最高法院的司法解释替代，《民法通则》已经处于被"掏空"的境地。

除《民法通则》外，其他法律也存在漏洞，其中最典型的就是《合同法》。从《合同法》与《物权法》的衔接看，《合同法》存在严重缺陷。问题最严重的是《合同法》第 51 条和第 132 条的规定。《合同法》第 51 条将当事人没有所有权或者处分权而订立合同的行为，从法律概念上定义为物权法意义的"无权处分"；把物权变动的法律根据用来作为合同之债的法律根据。该法第 132 条，规定订立买卖合同时必须要有标的物存在、出卖人必须有所有权的规则。这两个条文的核心含义就是订立合同时，就应该知道合同必须绝对地履行，把合同履行的条件作为合同成立的条件。这不但是明显而且严重的民法原理的混乱，违背了合同之债的基本原理，也完全不符合远期合同这种典型合同的交易现实。因为在远期合同条件下，合同成立之后到履行期限届满之前，尚有较长的期限，这个时候合同必须生效，产生债权的约束力；但在现实生活中，合同应当履行并不意味着合同必然履行，所以绝对不能把合同履行的条件作为合同生效的条件。虽然在农贸市场上，一手交钱一手交货、订立合同的同时就有标的物存在、订立合同就能取得标的物，但是在市场经济体制下这就不具有典型意义了。具有典型意义的就是工厂订货、商品房买卖、购买波音飞机等这样的情形。这些合同从订立到履行时间跨度比较大，可能要经过好几年，中间发生什么样的变化无法预知。

所以，不论是在立法上还是在司法上，我们都必须明确，合同成立只是产生债权后果。而合同履行之时，才发生物权变动的后果。所以，立法和司法都需要把合同成立和合同履行，从债权和物权的角度，从法律根据的角度，将这两个要点区分开。但是，我国《合同法》制定时期，主导的民法理论和立法者，对这些问题可以说毫无所知，因此立法上的规则出现了明显而且严重的混乱。《合同法》第51条最严重的缺陷在于其没有承认合同之债，合同债权的理论没有在该条文中得到贯彻。第132条的问题也是一样。

实际上，这种理论混乱也出现在20世纪90年代初、中期的一系列立法和司法解释之中。如1995年制定的《城市房地产管理法》明确规定不动产买卖合同未经登记不生效。1994年制定的《担保法》也规定不动产担保合同未经登记不生效，动产合同不交付占有不生效。1995年最高法院的一个司法解释进一步确立了"不动产的合同不登记不生效"的规则。我们要知道，这些规则都属于民法上的裁判规范，也就是人民法院用来裁判合同是否生效的法律依据。根据这些规定，法院必须依据合同履行的情况来裁判合同是否生效，只有得到履行的合同才能生效，而没有履行的，就不生效了。所以本人认为，这个规则存在本末倒置、违背法理的问题。

基于这样严重的理论混乱和制度混乱，本人经过努力，提出了区分原则，也就是关于，一切法律上的交易都存在订立合同和履行合同的基本区别，存在债权（或者请求权）和物权（或者支配权）的变动，因此，应该明确其中的法律效力和法律根据相互区分的原则。区分原则，是针对20世纪90年代初、中期的民法理论混乱提出来的，它是一种科学的分析和裁判方法，对于整个民商法的交易分析和裁判具有共同的指导和规范作用。经过约20年的努力，我国2007年制定的《物权法》第15条等，明确采纳了这一原则。特别是2012年颁布的《最高人民法院关于审理买卖合同纠纷案件适用法律问题的解释》第3条公开否定了我国《合同法》第51条的规定，而且最高法院在做出该项解释的论理中，明确地引用了本人著作的内容。现在《民法典》已经果断地删除了第51条，也在根本上改变了第132条。这样，我国《合同法》不符合民法原理的问题就得到了解决。这一点也说明了我国立法的科学性确实在取得显著的进步。这样，区分原则理论在中国从提出到采纳，其间经历 20 年，其价值目标得以圆满实现。

《合同法》第 51 条删除后，《民法典》第 597 条改为："因出卖人未取得处分权致使标的物所有权不能转移的，买受人可以解除合同并请求出卖人承担违约责任。"因此，订立合同产生合同之债的请求权、履行合同产生物权变动的处分权。这样，在合同效力这个问题上，《民法典》就全面地贯彻了区分原则。

通过以上分析我们可以看出，以《民法通则》为核心和龙头法律的现行民法体系，确实是存在重大缺陷的。如果不编纂《民法典》，不解决这些现行法律的问题，把这个体系作为依法治国的基本遵循，确实很难说是可靠的。现在《民法典》已经彻底地解决了这些问题，成为依法治国原则下可靠的系统遵循。《民法典》不但在立法指导思想上和具体制度设置上贯彻了人民权利保障和市场经济体制要求，在公有制资产上贯彻了政府投资理论，建立了现代企业法律制度，而且完全消除了法律分析和裁判上的理论混乱和规则混乱，为依法治国提供了既符合法理又符合国情的牢靠的规则体系。

（二）关于"法典体系化效应"

《民法典》本身具有"法典体系化效应"，它所确立的立法体系，不但对于消除以前立法的弊端，而且对于未来立法的缺陷弥补，都能够发挥重大作用，为依法治国提供可靠的体系依据。

编制《民法典》并不仅仅是为了形式上的好看，而是为了解决立法本身的问题。18 世纪欧洲曾经编制过很多《民法典》，编制《民法典》的主要社会效应，就是建立了统一的市场规则，促进了经济的极大发展，也保障了司法上的公平。这种"体系化效应"首先出现在法国。梅汝璈老师在一个论文中曾经提到，在《法国民法典》制定之前，法国 50 多个省里有 400 多个习惯法体系，法律体系不统一，因为民法不统一，法国的工业化长期得不到发展。对此，伏尔泰的启蒙思想中也包括了对法律问题的探讨，其中就包括对于法国民法不统一的强烈批评。他说骑马去外地的时候，骑着一匹马，就可以穿过好几个民法区域体系，"换法快于换马"，使得法国无法实现市场交易规则的统一。他说，如果法律不统一，我们的经济永远发展不起来，只能做英国的附庸。这句话刺激了拿破仑，因此，拿破仑执政后决心统一法国民法，制定统一《民法典》，发展法国经济。制定《法国民法典》的国民议会召开了102次，拿破仑亲自主持了至少57次。《法国民法典》制定后，法国在短短数年一跃成为继英国之后的第二大世界强国。这就是法律统一带来的效果。

法律统一之后，还会带来明显的政治效果。《法国民法典》颁布前，法官都是贵族，并不体恤普通百姓，习惯法规则导致裁判案件只是依据自己的观点，相当随意。《法国民法典》明确要求法官必须严格依法裁判，如果违法裁判要追究其政治责任，从而限制了法官的权力，实现了裁判的统一。所以统一的《民法典》也成为法律文明、政治进步的标志。《法国民法典》的颁布在欧洲形成示范性作用，形成了经济化效应和政治化效应的体系化效应。法律的体系化效应也因此成为"民法法典化运动"的经验总结。

法律的体系化效应也为我国《民法典》的编纂工作带来启发，我们希望我国的《民法典》也能带来相应的效果。如前所述，《民法通则》和《合同法》中存在的缺陷导致我们法官在适用法律时存在很大困难。为此最高人民法院先后出台了数个与《合同法》相关的司法解释，特别是2012年制定的《买卖合同司法解释》改变了《合同法》第51条的规定，引起部分学者的强烈反对，认为最高人民法院的司法解释僭越了国家机关立法。但是从法理上看，最高法院的司法解释才是值得肯定的。然而，毕竟《合同法》第51条等还没有改变，所以最高法院的司法解释和国家法律形成了冲突。此次《民法典》才彻底解决了这个问题。《民法典》第597条吸收了最高人民法院的司法解释，采纳了区分原则，废除了《合同法》第51条和第132条的规定，这就解决了人民法院司法方面的一个重大难题。类似的问题还有一些，但是《合同法》第51条和第132条的争议最为强烈，值得我们充分重视。

（三）《民法典》中的规则体系

《民法典》建立科学和谐的规则体系，不仅确保民事执法和司法有法可依，而且基本上可以满足精准司法的需要，实现司法分析和裁判的统一和公正。这一规则体系，包括总则与分则的区分、共同性规则、一般条款、但书规则等系统内容，它们极大地提供了民法的包容性和准确性，为人民法院司法和行政执法提供了充分的法律依据。

《民法典》将大量法律规范和制度编纂成为一个体系。《民法典》实施后，无论是在民法的学习和研究过程中，还是在执法和司法的过程中，都应从整体化、体系化角度来把握，避免枝节化、碎片化的理解和适用。不能只看某一个条文的规定，而应运用体系化思维，掌握法律规范的系统规则。在运用《民法典》分则的规定时，应注重总则的规定。总则统辖分则，它体现了《民法典》的一般规则和核心原理，对整个《民法典》具有引领和指导作用。但总则和分则之间并非一步到位。每一编、每一章，甚至每一节都有一个通则性规定。对于人民法院而言，要建立一个系统的裁判规则，不但要做到有法可依，而且要尽可能地做到精准司法和精准裁判。法官在适用法律时既要看具体规则，也要看一般性条款，尤其是总则规定。要考察总则中所规定的基本原则和规则，如《民法典》第143条关于受法律保护法律行为的规定属于一般条款。第153条不受法律保护的法律行为的规定也属于一般条款。此外第209条、第224条都属于一般条款。

关于精准司法的问题，还应特别注意法条中的但书规定。除了一般规则，民法典还使用了大量但书条文。但书是一般规则的例外情形，但书条款在法律上要优先适用。因为现实生活中往往存在很多例外，这些例外需要在立法上进行业务拓展，从而做到精准司法。在《物权法》上有很多但书规则，但在法律事务中很多人都忽略了这个规则，包括法院的法官、律师都不太会用这些但书规则。比如，《民法典》第209条（《物权法》第9条）规定，不动产的变动一般要登记，但是后边有一个但书条款，就是"法律另有规定的除外"。也就是说，在有些法律有明确规定的情况下，是不能够适用登记来决定不动产变动的效果的。除了《物权法》第2章第3节的情形之外，还有一些特别的规定。实际上，这些规定是特别有价值的。

我想请大家看看《民法典》第352条（《物权法》第142条）的规定："建设用地使用权人建造的建筑物、构筑物及其附属设施的所有权属于建设用地使用权人，但是有相反证据证明的除外。"这个但书条款，其意义非常大，可是到目前为止，还没有看到法院正面适用的案例，结果不妥当的裁判很多。这个条文的设计，跟笔者的一段立法工作经历和学术研究经历密切相关，因为在《物权法》制定的时候，是笔者的努力坚持，才把这个条文写下来。而且笔者一直认为这个条文意义非常大，可是在现实中没有得到应有的重视。所以在这里提出来供大家研讨。这个条文具有强烈的社会问题意识。它要解决的问题，社会意义也非常大。我国最常见的购买商品房的交易中，购买人订立合同的时候，房屋常常是没有的，出卖人交付房屋常常是在订立合同的数年之后。而且购买人也常常是在办理接收房屋交付的手续（验收、确认交付等）之后数年，一般都是入住数年之后，房地产开发商才能够将他们从政府那里办理的"大产证"更换为小业主需要的"小产证"，这就是我们所说的给小业主办理登记过户的手续。这时候麻烦出现了。因为如果法官仅仅依据《民法典》第 209 条（《物权法》第 9 条）来裁判，即使这些住户都搬进去住了好多年的房屋，只要没有办理登记，就不能取得房屋的所有权。这个损失对住户来说是很大的，因此造成的司法社会效果和政治效果也不好。这个问题确实值得各位充分注意。

2004 年，笔者在建设部做立法顾问，在调查研究中发现了这个问题。我们调研看到，仅仅在武汉市居住三年还没有办理过户手续的住户有 20 多万户，涉及的居住人口大概一百万人；一年至两年没有过户的就更多了，涉及好几百万住户。一个城市涉及好几百万人，全国涉及的就有好几亿人了。所以，《民法典》第 352 条中这个但书条款，就是给这些住户已经取得的房屋所有权一个法律支持，就是要解决这种情况下数亿人已经取得的所有权却得不到法律保护这个大问题。首先，开发商向业主发出交房通知书，这就是所有权移转的意思表示，业主验收、接收房屋等是接受所有权转移的意思表示。小业主最后签字收房，这就是所有权转移的意思表示一致的证据。此外，小业主的占有、使用也符合物权公示的条件。当然，业主支付房屋价款、转移所有权的意思表示以及物权的公示条件等都属于第 352 条但书规定的证据。有这些证据之后，我们就可以确认小业主已经取得了房屋的所有权。曾经有人质疑该条文的规定，还想从未登记这一事实中寻找小业主的过错。这些质疑是无法成立的。因为政府规定了"入住率"，甚至于入住达到九成以上政府才给开发商办理产权分户的手续，所以，小业主在登记问题上完全处于被动的地位。据笔者了解，《物权法》实施十几年了，但是现实中没有几个法官知道这个但书条款，他们只会使用是否登记来裁判所有权归属，结果一些业主居住几十年了，开发商也不认为自己还有所有权，但是法院却把这些房屋拿来给开发商还债。最近这方面的案子都扎堆了，可见问题的严重。

当然，在这个问题上，一些似通而不通的法学教科书也是有责任的。一些学者主张"登记唯一公信力"理论，"合同唯一意思表示"理论，"债权形式主义"理论，否定交易过户中当事人的意思表示，否定依据当事人的物权意思表示和相当的公示方式来确定物权归属，结果一些律师和法官就被误导了。这些只认登记，把政府的登记当作物权变动效力根据的观点，既不符合民法原理，也不符合国情，也造成了严重损害民众利益的大问题。这一点希望人民法院足够注意。

（四）《民法典》是大私法体系的基本法基础

《民法典》的编纂完成，构建起了"大民法"（即私法）的和谐体系，使得《民法典》之内的民法体系，以及《民法典》之外的商法、知识产权法、社会法等民法特别法体系和谐统一，为人民权利保障和市场经济体制发展共同发挥作用。

首先应该注意的是，民法作为一般法，它和商事法律、知识产权立法等民法特别法之间的逻辑规则。我国《民法典》条文与《法国民法典》等外国民法典的条文相比，数量较少，只有 1260 条。之所以没有采取大法典的形式，是因为一些商事法律和民事法律如《公司法》《票据法》《著作权法》《专利法》《商标法》《产品质量法》《土地承包法》等法律没有包括在《民法典》中。在这种情况下，《民法典》的总则体系不仅在《民法典》内部有统辖作用，在《民法典》之外，对其他法律同样也有统辖作用。总体上而言，我们采用的是民商合一的立法体例。虽然有关商法的一些规则，像《公司法》《票据法》《破产法》等，并没有写入《民法典》之中。但是民法中关于经营性法人的规定，实际上就是涉及公司这种体制的规定（当然，经营性法人与公司还不是完全一样的概念）。同样，合同也包括了商事合同。所以总体来讲，我们走的是民商合一的道路。

尽管如此，在《民法典》之外仍存在很多商法特别法。《民法典》作为商法的一般法或基本法，具体来说，指的就是《民法典》总则编对这些特别法发挥统辖和支持的作用。《民法典》总则编也是商法的总则性的规定。另外，我国的民法特别法还包括《知识产权法》。知识产权其实也是典型的民事权利。在这次《民法典》立法过程中，有很多学者提出了将知识产权也纳入《民法典》之中的建议。但是经过研究没有采纳这一观点，因为知识产权制度发展变化太快，尤其是涉及互联网的问题，至今还没有解决，也没有达成共识。所以，立法机关经过研究，将知识产权这个部分放置在《民法典》之外，作为民法特别法，认为这样对知识产权立法发展可能更加妥当一些，更有利于其不断发展。另外，还有一些民法性的社会权利性的立法，比如医疗、就业、三大保险等。也还有涉及特别民事权利主体的特别的问题，比如老人、妇女、儿童等，也在《民法典》中予以反映。这就是《民法典》第128条规定的特别主体的社会性权利。这些社会性权利本身实际上也是民事权利，但也涉及特别法的规定。所以《民法典》与《民法典》之外的特别法的关系，也是按照体系逻辑展开的，即《民法典》总则编发挥了总则性的作用。当然特别法优先适用的规则还是要遵循的，这是法律明确规定的适用原则。

我们在适用法律时要注意特别法和一般法的关系。《民法典》不仅弥补了现行法律的一些漏洞，而且填补了空白、吸收了司法解释的成果，从内在讲是统一的，从外在讲可以与宪法甚至行政法等做到很好的协调。

三　准确认识《民法典》的六个要点

（一）现实性

《民法典》是为了解决中国现实问题而制定的，如前所述的监护制度。虽然在传统民法中监护制度存在于婚姻家庭制度中，但编纂《民法典》时我们结合中国特点，将其放在民事主体部分，从而达到解决现实中弃养儿童、留守儿童等问题。

（二）实践性

《民法典》本身是一个裁判性规则，是行为规范，而非宣教。它是一部实践性法律。《民法典》不是要宣告权利，而是要贯彻、落实权利。

（三）全局性

《民法典》涉及全部国计民生活动，涉及所有的财产权利问题。

（四）基础性

《民法典》调整的都是基础性民事关系，针对经济基础和人民基本权利，是具体的法律制度，涉及每一个自然人的权利。

（五）贯穿性

《民法典》建立的系统规范和制度贯穿在包括宪法在内的全部法律体系之中。

（六）历史性

《民法典》是中华人民共和国第一部法典，切实落实依法治国原则，提升中国国家治理水平。

四　怎样打开《民法典》建立的规范与制度宝库

打开《民法典》庞大知识体系的三把金钥匙是：法思想、法感情和法技术。

（一）《民法典》的法思想

法思想，也就是立法者编纂民法的指导思想。《民法典》是由专门的立法机关通过专门的立法程序制定出来的，而不是由判例形成的，所以民法典的编纂，从来都是立法者推行其法思想的过程。罗马皇帝查士丁尼制定的《民法大全》，就渗透了奴隶制、等级身份制和神权法的法思想。欧洲18世纪以来兴起的"民法法典化运动"时期产生的《民法典》，渗透了形式上的自由主义，但是相对来说忽视法律的实质正义的法思想。

在我国，指导《民法典》编纂的法思想，主要是中国共产党对于依法治国原则的坚持和推进的思想，对于民事主体的自决权利予以充分承认和保障的思想，对于民事活动予以积极规范引导的思想，以及对于《民法典》这种立法形式的认可和坚持的思想等。本次《民法典》编纂从一开始就确定了贯彻社会主义核心价值观、加强人民权利保护、维护社会实质公平正义、维护以社会主义公有制为基础的经济秩序、反映新时代社会发展需求比如绿色发展理念等的法思想。这些重要思想，比较来说，集中地体现在《民法典》第1条立法根据和立法目的之中，体现在《民法典》第3条到第9条规定的民法基本原则之中，也体现在《民法典》的全部条文之中。学习研究和贯彻《民法典》，首先应该对这些思想有清晰的了解，这样就掌握了《民法典》的灵魂。

指导《民法典》编纂的法思想，还包括涉及国家发展以及经济基础保障方面的法思想，涉及依据民法进行国家治理的法思想，涉及民生及人们基本权利方面的法思想，涉及因应新时代新问题的法思想等。比如：

（1）在自然人的监护制度方面，《民法典》因应社会现实，加强了遗弃儿童、留守儿童、遗弃老人等制度建设。

我国《民法典》的内容体现了立法和习近平总书记的思想。如监护制度。传统民法中监护制度写在了婚姻家庭编，但我国《民法典》写在了民事主体部分，更符合国情和现代精神，更体现了对未成年人、限制行为能力人以及无行为能力人等弱势群体的保护。其原因在于传统的血亲监护解决不了现代的问题，目前我国社会中出现大量儿童被弃养等现象。很多情况并非父母弃养，而是现实问题，如留守儿童问题。在这种情况下，如何让孩子不受冻饿之苦，保障其生存。我们在制定法律时把学校、民政部门等拉进来，要求民政部门承担主要的责任。此外，为了进一步加强对弃养儿童的保障，还把街道居委会、农村集体组织等拉进来，也要求其承担监护责任。出于这些考虑，监护制度就无法写进婚姻家庭制度中，需要放在总则部分。除监护制度外，居住权制度等的设立也是我们努力保障老年人生存的一项重要制度。关于继承人的范围，《民法典》扩大至兄弟姊妹的子女，也是强化和保障人民权利的具体体现。在所有权方面，我们在确定国家所有权的基础上，原来并未考虑民法上的实际占有、支配关系，甚至在《物权法》中也没有得到解决。《民法典》第 255 条规定了国家机关对共有财产占有、使用和处分的权利。第 257 条强调国家投资可以分为中央、地方出资等形式，从投资人角度分为不同级别。第 268 条和第 269 条从所有权角度承认了公法法人的权利。从所有权的角度，将苏联法强调的国家的抽象所有权落实到实处，让占有公共财产的法人占有、使用和处分国家财产，同时也保护国家财产。

（2）以专章规定民事权利，尤其是第一次鲜明地规定人身自由和人格尊严作为民法上的一般人格权，建立全面的人格权保护制度的民法基础（第 109 条）。这个规定，在世界民法上是第一次，这个条文的价值，完全可以用光辉灿烂来形容。人格权独立成编，极大地提升了人格权的地位，凸显了我国民法对于人民的人格尊严权利承认和保护的力度。

（3）规定了公有制基础上各种民事主体的所有权等基本权利，创造性地规定了数据资产制度、信息保护制度等。《民法典》第 185 条规定的英烈名誉权保护的制度、信息保护以及头顶上的安全（高空坠物）等规则。

（二）《民法典》中的法感情

法感情，也就是民事主体尤其是普通人民群众对于民法所设立的权利义务规则的如何认识和接受到多大程度的心理状态。我国是社会主义国家，是人民群众当家做主的国家，《民法典》通过立法这种方式所设计的权利和义务，最终都要落实到民事主体的身上，所以不但是《民法典》的编纂，而且包括在民法的理解和实施时，都要考虑到民事主体尤其是普通人民群众的法感情。显然，只有符合民众法感情的制度设计，才能够得到民事主体发自内心的接受。《民法典》编纂当然要贯彻一些理想化的追求，但是也要联系实际，调查实际，体现我国社会的国情。

尤其要指出的是，民法和其他法律相比有一个显著的差别，就是其他各种法律的贯彻实施都主要是借助一个或者多个执法或者司法机关，但是《民法典》贯彻实施主要还是依靠民事主体自己的行为。比如，不论是处分财产还是订立各种合同，不论是缔结婚姻收养子女，所有的民事活动都只依靠民事主体自己的意思自治来进行的。所以，《民法典》立法目的主要还是借助当事人自己的行为来实现的。

不论是民事立法还是民事司法，都应该注意民众的法感情问题，必须尊重国情民情。《民法典》中的很多条文，事实上也反映了国情和民情的因素，比如公序良俗这一原则的承认和写入，不但在民法基本原则的第8条写上了这一原则，还在第153条写入了这一原则。此外，我国《民法典》在总则编、婚姻家庭编、继承编中，在涉及婚姻家庭关系方面的立法中，确实比较强调当事人的感情因素，这一点是非常必要的。在农村的集体所有权制度设计中，本次立法更加强调农村集体组织成员的权利，强调成员在集体中的基础性作用，这些规定相比以前的立法是一个显著的进步。这些都是国情、民情的反映。在法律的贯彻实施过程中，尊重人民、尊重民事主体的法感情，无疑是我们的底线。

(三)《民法典》的法技术

法技术，也就是《民法典》编纂所贯彻的科学法理、科学逻辑。习近平总书记近年来一再强调科学立法的原则。党的十九大报告提出的我国立法的基本原则是科学立法、民主立法和依法立法，其首要的原则还是科学立法。

所谓科学立法，落实在《民法典》编纂和《民法典》解读上，其实就是要讲法理、讲体系、讲逻辑。《民法典》的体系构成是一门科学。在《民法典》编纂的时候，面对大量的民法规范和制度，立法者不能像农民收获土豆一样，拿起来一个随意放进筐里就行，杂乱无章。必须按照法律制度的同一性和差异性的规则，将其分门别类，在同一种类型的法律规范和制度之中，找出它们的共同点，建立其一般的规则（法学上参照数学上的概念，将这一方法称为"提取公因式"）；然后根据一般规则和具体规则的联系，形成民法的体系。这种体系化立法方法，就是寻找庞大的民法规范和制度之间的逻辑线索的方法，也是总结其基本规律的方法。按照这种方法编纂《民法典》，将其构成为体系，看起来比较烦琐，但是实际上才是最为简捷，甚至是编纂《民法典》唯一可行的方法，而且也是学习法律贯彻适用法律最方便快捷的方法。

大体而言，《民法典》中贯彻的这种体系化逻辑的内容有以下几方面。。

（1）法律关系的逻辑。也就是全部民法制度从主体、客体、权利义务到法律责任的逻辑；民事法律关系理论是我们分析和裁判案件的基本手段，也是民法的基本原理。民事法律关系理论以主体为逻辑起点，接着规定客体与权利、权利变动的根据，最后规定法律责任。这几个部分构成了一个清晰的逻辑，从人到物、到权利、到权利变动，最后到法律责任。这就是一个最基本的立法主线，也是立法和法律学习的原理。在该原理适用过程中，我们应特别强调主体、行为、权利等问题。因为从民法的角度来讲，主体、权利与义务都必须是要明确肯定的，尤其是权利的变动问题。权利的变动按照意思表示的学说，必须强调当事人内心的真实意愿。这就是《民法典》第133条规定的民事法律行为。

（2）民事权利区分为人身权和财产权的逻辑，其中人身权又区分为人格权和身份权的逻辑，以及隐含的支配权和请求权相区分（绝对权和相对权相区分）的逻辑。支配权和请求权的区分并未在法条中有明确规定，但《民法典》第113条以下就可以看出支配性权利和请求性权利放在一起。第133条强调当事人意思自治，发生支配权还是请求权的效果。

（3）民事权利制度区分为交易性规则和非交易性规则的逻辑。在处理商事行为的情况下应尽可能强调客观、公正。民事行为的情况下应尽可能强调当事人的意思自治。

（4）民事法律行为区分为支配权行为和请求权行为的逻辑。涉及合同的成立、合同的履行问题。

（5）法律责任区分为违约责任和侵权责任的逻辑。这个问题不仅涉及法官，更涉及律师对当事人起诉时的选择问题。

（6）总则和分则相区分的编纂逻辑，共同规则的确立，一般条款的作用，但书的运用等。

（7）科学性，其实就是确定性。正如任何科学都要划分其作用范围、都要有确定的发挥作用的方法一样，上述这些逻辑区分，就是民法确定其作用范围，而且实际发挥作用的具体方法的体现。

不论是学习研究还是适用法律，都是按照从一般到具体的逻辑进行的。学习贯彻《民法典》，首先学习的就是作为民法一般规则的《民法典》总则编，然后才是相对具体的物权制度、合同制度、婚姻家庭制度，等等。我国《民法典》编纂，就是按照这样一种立法逻辑编纂而成的。

掌握了《民法典》的法思想、法感情、法技术三个要点，并且从这三个要点切入《民法典》，就能够打开《民法典》的知识宝库和制度宝库；不但能够从大体系的角度理解其精要，而且在实施《民法典》时对一些具体问题有所遵循。这些要点一方面保障我们能够积极作为，另一方面也不会使我们脱离基本轨道。

五　从司法的角度实施《民法典》的一些具体思考

（一）实施《民法典》首先应该确立体系性思维

法官在适用《民法典》时应放宽视野，不仅仅着眼于具体条文，要结合一般条款进行体系化思考。人民法院在适用《民法典》时，应该具有体系化思维，应该掌握总则分则的区分、共同规则的确立、一般规则的意义、具体规则、但书规则的意义。在适用分则的时候，应该更加重视总则的规定；在适用具体性规则的时候，应该更加重视共同性规则和一般性规则的适用；在适用一般规则的时候，必须重视关联性条款和但书规则的适用。

关于关联性条款的适用，以丈夫出卖房产给第三人、妻子以共同财产为理由要求法院追夺第三人通过不动产登记取得的房屋所有权为例。

这个案件涉及物权公示原则的作用问题、所有权问题、第三人保护的问题等。登记簿上房产所有权人是丈夫，丈夫将房产卖与第三人，过了一段时间妻子要求撤销买卖合同，要求追回房产。基层法院绝大多数判决支持了妻子的请求。这种做法的根据，是因为在适用法律时只看到具体条文，而忽视了对物权公示原则的应用。我国法律和世界上其他任何法律一样，并不认为夫妻的身份就是一种充分的根据，让他们来主张全部财产属于夫妻共有。从司法的角度讲，妻子主张共同所有权要提供证据，仅仅以婚姻关系为由主张房产的共同财产是不够的，不应得到法院认可。法院在处理此类纠纷时，首先应依据《物权法》第216条规定"不动产登记簿是物权归属的重要依据"，尊重物权公示原则，然后再依据《物权法》善意取得制度，判断第三人是否善意取得。如属于善意取得，则房产应归第三人所有。法院应该考虑到为何共有房屋长期登记在丈夫名义之下，妻子并无异议的问题。

（二）实施《民法典》应该具有人民权利保护的思维

（1）《民法典》编纂"有理想但是也要接地气"。《民法典》实施也应如此。《民法典》虽然条文很多，但是现在看来还是有一些制度规定不细致、不具体，有可能发生误解。希望在这些规则的适用中体现人民权利思维。

（2）《民法典》第10条提到的习惯和公序良俗的适用问题。《民法典》第4条、第153条均有规定，但法条中并没有具体解释。在实践中要从人民权利角度进行适用。何为公序良俗，在法学界还是存有较大争议的。大体上来说就是指公共秩序和善良风俗。但从具体细节来分析，当然还囊括了很多的内容。总之，我们国家承认了道德性的规范，把道德内容纳入了民法之中，用道德来规范现实生活中的民事活动。当然，从民法解释学的角度来讲，公序良俗原则是补充性的条款。或者更多地来讲，这是一个引导性的条款。在没有具体规则规定的情况下，公序良俗原则可以作为裁判依据。但如果法律规定了具体规则，一般来说就不可以适用原则。

（3）《民法典》关于农村集体经济组织中的成员权的规定及其司法适用问题。农村地区讲的是集体所有权，但往往集体组织成员的权利被忽视。其实社会主义理想的集体组织是体现成员权利的集体，《民法典》第 261 条明确规定："农民集体所有的不动产和动产，属于本集体成员集体所有。"该条文强调，集体是建立在成员基础上的集体。但在司法和执法中，忽略成员利益问题比较严重。这个问题应该得到注意。

（4）《民法典》物权编第 359 条，关于城市居民建设用地使用权 70 年期限届满"自动续期"下的收费问题。《物权法》第 159 条规定自动续期，不用付费；但《民法典》加了一句话"关于收费问题由国务院具体规定"，意味着以后续期时有可能收费。

（5）婚姻家庭制度中当事人约定。《民法典》合同编第 464 条第 2 款的规定问题，承认了婚姻家庭成员之间的契约关系存在，但是契约关系的范围到底多大、到底能够解决哪些问题是需要进一步探讨的。

（6）《民法典》继承编第 1131 条，非继承人的继承权问题，也是将来需要思考的问题。

从贯彻实施《民法典》的角度而言，对于法官来说还应当具有理性思维。还有一些有可能发生新旧观念冲突的规范，在适用这些规范时，尤其应该具备人民权利思维。

（三）注意法律行为制度的重大革新

《民法典》总则编法律行为制度的进步之处主要有以下三点。

首先，《民法典》将法律行为的核心要素由"适法性"改变为"意思表示"。我们可以看到，《民法典》第 133 条明确了法律行为的核心要素为意思表示，这相较于《民法通则》第 54 条将法律行为定义为合法行为的表述存在明显的进步。意思表示要素赋予当事人自主创设法律关系的自由，为民事主体自决权的实现提供了坚实的法律依据与保障。这是中国民法与苏联民法最为重大的不同。

其次，《民法典》关于民事法律行为制度的另一个创新是从"泛意思表示"转变为"具体的效果意思"。坚持效果意思理论，就必须承认人身权行为和财产权行为的区分，支配权与请求权、处分行为与负担行为区分。这一点司法理论意义重大。《合同法》第 51 条的删除、《民法典》第 597 条第 1 款的创设都体现了这一点。既符合市场经济的需求，也符合法理的基本逻辑。

最后，《民法典》将婚姻家庭关系的协议纳入了法律行为规范的调整范围。《民法典》第464条第2款规定婚姻、收养、监护等有关身份关系的协议可以根据其性质参照合同编规定的意义。在司法适用法律行为制度的规定时，应该充分掌握其政治伦理意义，在民事分析和裁判中准确按照当事人意思表示裁判。在结婚问题上，第1049条规定："要求结婚的男女双方应当亲自到婚姻登记机关申请结婚登记。符合本法规定的，予以登记，发给结婚证。完成结婚登记，即确立婚姻关系。未办理结婚登记的，应当补办登记。"这个条款强调婚姻基于当事人的意思自治，能办理登记最好，但是未办理登记并不能否定婚姻的效力，要当作婚姻关系处理。目前争议比较大的，就是依据法律行为发生的物权变动一节中，关于当事人发生物权变动的意思表示和不动产登记这个法律事实之间的关系的新旧理念冲突。不动产登记应该只是物权公示原则，而不是权利来源。不动产物权变动的权利来源是当事人设立或者转让物权的真实意愿。所以，不动产登记在交易中的物权确认方面，具有合法性和最优特征，但是并不具有唯一性。

（四）全面准确理解《民法典》关于人身权制度的创新意义，在人格权保护方面精准司法

（1）充分理解《民法典》总则编第2条的规定之深意，认识《民法典》改变了传统民法关于人身关系与财产关系的表述顺序的立法价值。

（2）充分理解《民法典》第109条关于一般人格权的法律规定，充分运用这一条文所表达的法律伦理价值和制度价值，提升《民法典》关于人格权保护的品位，全面保护人格权。

需要注意第109条的规定和《民法典》中人格权编的关系（《民法典》第990条的规定）。首先要认识到人格权在《民法典》中的重大价值。民法总则第109条已经明确了人格权的价值。该条文在《法国民法典》《德国民法典》都未作规定。为什么在第109条中规定，要解决什么问题？该条从抽象的人人平等的人格出发解决现实生活中人格不平等、人格歧视问题。

（五）贯彻区分原则，在交易分析和裁判中精准司法

（1）区分原则提出的意义：合同成立生效与合同履行之间的区分。该原则在法院司法中的普适价值。

（2）物权编对于区分原则的贯彻。

（3）合同编对于区分原则的贯彻。删除《合同法》第 51 条的规定、修改第 132 条的规定，合同编第 597 条的创制等。

合同编第 597 条的立法本意和适用价值在于，《民法典》删除《合同法》第 51 条后，在第 597 条对《合同法》第 132 条进行修正，进一步贯彻区分原则。《合同法》第 132 条将出卖的标的物范围限于当事人有所有权或处分权的物，而《民法典》第 597 条第 1 款规定，因出卖人未取得处分权致使标的物所有权不能转移的，买受人可以解除合同并请求出卖人承担违约责任。《民法典》对出卖人尚未取得处分权而订立的出卖合同效力予以完全承认，改变了《合同法》第 51 条对这种合同的效力不承认的规则。

《民法典》第 597 条第 2 款的内容反驳了针对区分原则的批评。有学者认为，认可不具有处分权而出卖标的物合同的效力将会导致转让对象的任意与泛滥。但实际上，第 597 条第 2 款已经明确地规定，法律、行政法规禁止或者限制转让的标的物的合同是无效的。删除《合同法》第 51 条、修改第 132 条，并不会导致所谓的"区分原则将使得转让标的物无限制"的问题。

区分原则意义在于，虽然法学界还有不承认合同成立生效的根据与支配权变动发生根据之间的区分，但是司法分析和裁判必须贯彻区分原则，准确地就交易中何时发生债权、何时发生物权这个关键问题做出精准司法。

（六）在公共财产保护的司法实践中注意对于公法法人制度、公法法人物权制度的应用

首先，需要大家关注的是《民法典》总则编第 96 条新增了关于特别法人的规定。该条规定将机关法人明确为特别法人的一种类型，填补了我国民法关于公法法人的制度缺失。

其次，《民法典》物权编第 255 条至第 257 条、第 268 条、第 269 条的规定落实了上述公法法人的要求，承认了公法法人物权甚至是所有权，改变了国有资产"统一唯一国家所有权"的规则。第 255 条至第 257 条的内容分别体现了国家机关所有权、国家举办的事业单位所有权、国家出资企业的出资收益与责任以及国有财产保护、管理、监督等问题。希望司法实践中能够对这些规则加以运用，把公共财产的保护落在实处。

《民法典》实施后民法知识体系的科学化问题

　　《民法典》编纂任务完成，即将进入实施阶段，和《民法典》编纂需要科学理论支持一样，它的实施同样需要民法科学理论的支持。法治国家原则的基本使命是依据科学的法律治理国家，所以我们务必坚持立法的科学性、司法的科学性、法学研究的科学性。虽然《民法典》编纂完成，但是中国民法知识体系的科学化的任务还没有完成。我国社会现有的民法知识体系，包括大学教学体系中的民法知识体系，事实上还有很多内容甚至是基础性的知识，已经不再符合《民法典》的规定。这一点突出地说明《民法典》实施后民法知识体系发展需要科学化的问题。民法在整个法律体系中发挥着基础性的、贯穿性的作用，民法中的科学主义思维，不但影响着民法承载着人文主义的思想，影响着民法系统性的规范和裁判技术，而且影响着行政法，甚至宪法和其他法律的指导思想和技术功能的实现。所以更新我国民法的理论体系，进一步提升我国民法知识体系的科学化，其理论价值和实践价值都非常显著。《民法典》编纂完成后，我们必须更加重视中国法学、中国民法学的科学性发展问题。

　　在中共中央政治局举办的《民法典》学习讲座上，习近平总书记提出了全力推进《民法典》实施的要求，也提出了中华人民共和国民法知识体系的要求。联想到本次《民法典》编纂全过程发生的一系列讨论甚至争议，再来思考总书记提出的中华人民共和国民法知识体系的要求，给人一种强烈的启迪。确实，虽然本次《民法典》编纂之初我国立法机关即确定了"讲法理、讲体系"的科学主义立法指导思想，但是从《民法典》编纂过程中出现的诸多观点及《民法典》编纂完成后众多学者和宣传部门的解读看，我国法学界包括民法学界内部，在坚持民法科学主义方面，表现出很多不足。我国宪法已经确定了依法治国的基本原则，而依法治国所需要的法律，当然应该具备科学主义的牢靠基础；最高立法机关也确定了《民法典》编纂作为国家治理的基本遵循，这也就是说，在依法治国所依靠的众多法律之中，民法是基础性、全局性的法律；在《民法典》编纂过程中党中央也提出了科学立法的要求，因此，不论是《民法典》编纂还是《民法典》实施，都应该贯彻科学主义思维。《民法典》编纂完成，这一过程贯彻科学主义立法原则的任务应该说已经基本完成而且已经取得相当的成效。比如，《民法典》不但清理和纠正了计划经济体制时期制定的排斥市场体制的一系列法律制度，充分贯彻了市场经济体制的要求和人民权利保障的立法思想，而且在交易法律制度中清理和纠正了自然经济的法律规则，比如，在合同效力的系列制度中清理和纠正了依据"一手交钱一手交货"的观念建立的合同生效的规则，最典型者，就是删除了原《合同法》的第 51 条和第 132 条，按照合同之债的原理重新撰写了第 597 条等。这些重大的制度更新，澄清了 20 世纪 90 年代以来民法理论和制度建设方面的很多混乱，为交易性民事案件的司法和执法铺平了道路。在新创的民法制度设计方面，比如在独立人格权编的设计中，《民法典》坚持了保护主义请求权逻辑，堵住了人格权市场开发转让的不当观念，使人格权编基本上恢复到自然人人身自由和人格尊严的伦理基础之上。这些科学主义法理的贯彻，纠正了现实民法知识体系中的很多混乱，不但保障了《民法典》具有良好的思想品位，而且保障了《民法典》具有良好的技术品位。

但是，《民法典》所体现的这些重要改进，现在还没有在我国民法学的知识体系中得以体现；而且从法典编纂后的一些解读、宣传和论著看，我国法学界确实对《民法典》的这些重要更新缺乏认知。在法典编纂前后的一些立法和释法的争议，尤其能够显示出我国社会对于民法的理念方面的问题，涉及民法学的很多著述，非民权的、不科学的、非体系化、法律工具论以至于法律虚无主义观点比比皆是。现在《民法典》编纂完成，即将进入实施阶段，而民法非科学化的思维，势必对《民法典》的理解和实施造成负面影响。这些需要大家进一步反思。

《民法典》是依法治国的基本遵循，是国家治理的利器和基本支柱，如果欠缺科学化思维，那么不但对于《民法典》实施不利，而且会对法治国家建设不利。所以我们一定要勇敢地坚持民法科学性，要对发展和推进中国法学建设做出应有的贡献。

一　中国《民法典》实施再次提出民法学知识体系科学化的要求

正如我国法治国家原则的确立和贯彻需要我们积极主动的大力推进一样，在民法之中贯彻科学主义理论，也需要我们积极主动的大力作为。虽然在中国法学界有学者认为法治国家原则缺乏本土资源，因此应该缓行，但是人类历史发展表明，任何积极推动社会进步的理念和思想，都无法自我演化或者自我生成为社会规则，而必须借助人们的积极努力，才能真正推动社会的进步。所以，依法治国原则和科学主义法学理念，都必须借助我国社会尤其是法律人的积极推进，才能够落实于我国的实际。事实上，改革开放以来我国社会所取得的全部重大成就，无一不是依靠党的领导和大家共同的、主动的努力。应该说我国法律体系的建设已经取得了伟大的成就，其中法学界贡献的知识作为理论支撑和保障也发挥了重大的作用。

自1993年我国修改宪法建立市场经济体制到现在已经有多年，《民法典》编纂完成，使市场经济法律体系得到了本质更新，大量的民法规范和制度发生了变化。但是我国法学界主导的民法知识，很多还没有积极跟进。实事求是地说，我国市场经济体制确立之初，社会一致认为民商法当然应该作为市场经济基本法律，但是掌握民商法知识的我国法律界，却并没有与此相适应的足够的知识储备。这一点表现为，当时制定的一系列法律、最高法院颁发的一系列司法解释，虽然也有不少积极方面，但确实也是缺陷重重，在一些基本要点上违背法理。比如当时一些立法和司法解释中出现的不动产的合同不登记不生效、动产合同不交付不生效的规则，就十分明显地违背了民法原理，但是这些规则得到了当时法律界包括民商法学界的一致支持。这些规则的缺陷，虽然现在稍加解释就可以了然，但是这些规则到底错在哪里，即使到现在，一些民商法学的著述仍然还是不明就里。我们都知道，不动产的登记，是在合同履行完毕的时候；动产的交付，也是在合同履行完毕的时候。所以如果依据那个时候的立法和司法解释，就必然得出合同完全成立的时候不能正常生效，而履行完毕了才生效，而且是不履行就不生效的结论！这个结论现在看来十分滑稽荒唐，却是那个时期主导的民法观点，现在还有学者在坚持这样的观点。所以，对这样的理论问题，我们必须追根溯源地予以清晰分析。

我们知道，市场经济体制下的交易，无非就是订立合同和履行合同之间的法权关系变动的问题。因为依据民法原理，订立合同的法律事实，在当事人之间产生债权请求权的法律关系。而履行合同的法律事实，则在当事人之间发生不动产物权或者是动产物权的实际变动。而且，依据交易常识，我们很容易理解订立合同和履行合同的区分，因此也能够理解债权关系成立和物权变动的区分。但是20世纪90年代中后期，当时的民法主导观念却并不承认债权和物权的区分。从那个时期主导学者的著述中可以看出，人们普遍地把农贸市场那种"一手交钱一手交货"的交易方式理解为典型的交易方式，在这种交易方式下，区分债权和物权当然是没有意义的。此外，当时的主导法学也没有彻底接受民法上的法律行为理论，法学家们只是把法律行为定义为民事主体适用法律的行为，而不是民事主体积极主动地表达自己内心真实意愿的行为。所以这一时期的法学家尤其是民法学家，都没有从法律根据的角度接受人身权利和财产权利的区分、支配权和请求权的区分。这些法学理论上的不科学、不彻底，给一系列立法、司法造成了混乱。

在20世纪90年代中期之后，我国民法学家依据人文主义思想重建法律行为理论、物权和债权相区分的科学法理之后，这些制度规则的混乱才逐步得以澄清。本次《民法典》编纂，在法律行为理论中贯彻意思表示理论、效果意思的学说，在物权编和合同编中完全贯彻了区分原则，民法制度体系中违背科学主义法学情况得到了本质的扭转。《民法典》所实现的这些重大的制度和规范的更新，属于民法基本制度和规范的更新，所以对于我国国家治理意义十分重大。这一点是我国社会必须充分认识到的，因为在《民法典》的实施过程中，这些制度和规范将发挥重大作用。

除此之外，本次《民法典》编纂还在民事主体制度、法律行为制度、法律责任制度、物权制度、合同制度、人格权制度、婚姻家庭制度、继承制度等各方面都有重要的制度更新，这些都应该得到我国法学界尤其是民商法学界充分的重视。

改革开放以来，我国社会关于民法的知识体系已经进行过数次本质性的重大更新，本次《民法典》编纂再一次提出了更新我国社会民法知识体系的要求，这一要求首先是对法学界，尤其是民法学界提出的。以前的民法理论体系，当然其主要内容有很多应该肯定，它们支持了我国的法治建设和司法实践。但是以前知识体系的缺陷也有很多负面作用。本次《民法典》编纂，很多缺陷已经得到了弥补。仅从上文的分析看，在这些民法重大制度和规范的更新之后，我国民法的知识体系也必须及时更新。现在看来，我国法学界关于民法知识体系更新的步伐显得迟钝和滞后。目前各个大学的教科书，在法律行为理论上、在债权效力理论上、在物权变动理论上、在侵权责任理论上还都没有进行更新，这些都会对未来《民法典》的实施造成负面的影响。因此，笔者认为，习近平总书记在《民法典》学习讲座上提出的中华人民共和国民法知识体系的要求，指出了现实中的问题，对此我们应该认真贯彻。

二　从国家治理的规律性看民法科学性

我国社会关于民法的知识体系的更新，应该首先把民法与国家治理之间的规律性作为基础，建立尊重社会运行规律、尊重依法治国规律、尊重民法自身科学性规律性的系统认知，消除关于民法解读的任意性或者随意性。实事求是地说，我国社会包括法学界尤其是民法学界，对于民法知识还有很多随意性的地方。民法科学主义道路的基石，就是国家治理的科学性。大体而言，从国家治理的规律性认识民法科学性有以下四个要点。

（一）民法的必要性

依法治国原则，是社会运行规律的反映。因此，法律尤其是民法建立，成为社会政治经济生活之必需。民法在依法治国的原则下，不但充分展现出为整个社会的存在和发展时刻不可缺少以及不可替代的特征，而且展现出它在国家治理所遵循的各种法律中所具有的基础性、全局性和贯穿性的特征。正是因为这一特征，《民法典》的编纂才成为必然。民法的发展，是当代社会立法者必须下大力气予以培植和完善的主要法律。民法的发展越完善，国家的治理就越完善。中国共产党第十八届四中全会通过的《关于全面推进依法治国若干重大问题的决定》，正是从国家治理的角度，从依法治国原则的贯彻的角度，做出了编纂《民法典》的伟大决定。所以我们理解民法的发展，尤其是关于《民法典》的编纂，都应该以国家治理体系的规律性、科学性为基本前提。在依法治国原则之下，我们就能更加清楚地看出民法在法治国家所依赖的法律体系中，不但具有无法替代的重要地位，而且具有基础性、全局性、贯穿性的特征。

（二）民法的规律性

从民法对社会现实发生的实际作用看，它的科学性，表现为它发挥作用的规律性，也就是可复制、可推广的特征。民法可复制、可推广的特征表现为对因地而异、因时而异、因人而异这种任意或者随意立法和司法的限制甚至于涤除，从而在时间和地域两个方面保障了民法分析和裁判规则的统一，保障司法的公正。通过《民法典》的编纂，我国实现了民法的统一，从而更加清楚地体现出了民法制度所具有的可复制、可推广的特点。尤其在我们这样幅员辽阔、历史悠久的国家，我们更加需要借助民法的科学性来消除地域、时间和人事上的差异，从而建立统一的市场规则，为人民权利提供统一的保障，实现法律分析和裁判的统一公平。

（三）民法的独立性

和其他对社会发挥现实作用的调整手段相比，民法具有自己的独立性，也就是说它具有独立的、确定的范畴，具有作用社会独立确定的方法，这些范畴和方法，既不会被其他范畴和方法所掩盖，也不会替代或者冲击其他的社会科学范畴。从人类社会几千年来法治文明发展的经验来看，民事立法对社会作用的范畴是非常清晰明确的。虽然当代社会存在很多法律体系，有我们大家熟悉的大陆法系和英美法系，也有我们不太熟悉的宗教法系。但总体来说，在世界范畴内民法作用于社会的范畴是清晰明确的，这一点已经在世界范围内达成共识。虽然大家对某些细节性的概念或者制度还有争议，但是总体上，大家都十分认可法治尤其是民法所具有的独特范畴和方法。这也是民法所具备的最基本的特点。

正是基于上述原因，民法不会替代其他法律。本次《民法典》编纂工作开始后，有人提出了反对"民法帝国主义""民法霸权主义"的呼声，还出现过很多挖苦、讽刺编纂《民法典》的社会声音。但是我们应该认识到，民法调整的社会关系范围的扩大、民事法律规范和制度在数量上的增加，这并不是民法的帝国主义扩张，而恰恰是民事权利范围的扩张，也就是人民权利的扩张。这是我国法治文明的体现。但是尽管如此，民法的发展甚至是扩张，绝对不会造成替代其他法律的后果，更不会对宪法和其他法律造成冲击，不会限制民法体系对宪法体系、对整个公法体系的尊重。但是我们也要看到，我们国家曾经在相当长的时间里确实存在不能充分承认民事活动的基本规律的现象，现经过改革开放 40 多年的实践，民法作为私法的基本法，甚至作为"大私法"的基本法，它的特征已经非常清晰。本次《民法典》编纂，实现了大私法体系的和谐统一，这是我国法律文明的进步。目前仍然有一些学者对民法科学认识不够深入。随着历史的发展，民法自身所具有的独特范畴和作用方法会更加清晰，民法的独立性特征将会逐渐得到认可。

（四）民法的自治性和包容性

经过数千年的发展，民法不但因应社会现实的需要而发展起丰富甚至庞大的概念、规范和制度体系，而且这些概念、规范、制度之间实现了科学和谐的自治，其内部体系有分工有配合，能够适应现代市场经济体制发展和人民群众现实生活的需要；同样重要的是，它能够面临新事物的挑战，能够体现容纳当代社会的新发展，能够以其自身的逻辑解决和处理不断出现的新问题。

本次《民法典》编纂，极大地实现了民法的内在概念和制度体系高度的自洽性，以及对新事物的接受具有高度的包容性。立足人类几千年的发展历史，民法自身的科学性也使其承载着不断更新的法律责任。现代社会发展衍生出很多新事物，产生了知识产权、信息和数据等全新的社会现实问题。同时，也相应地产生新的社会关系亟待法律调整。面对这些新问题，这些新规则在《民法典》中都得到了体现，这说明民法在原有基础理论上表现出高度的包容性。《民法典》编纂完成说明，民法科学的体系本身仍然保持着自洽，新挑战并没有对其体系形成冲击，更不会如一些学者所言，造成民法体系的崩溃。恰恰相反，民法的制度长城非常稳固，是牢不可破的。民法在接受新事物的同时，也为其提供了充足的研究方法。比如，民法学基本理论中有关公法、私法的区分，特别是绝对权和相对权、请求权和支配权的区分，这是当代侵权责任和违约责任区分的基石，可以解决信息社会所面临的法治调整问题。应该说，民法自身理论和体系所具有的逻辑是我们进行科学性研究的基础，也是我们必须坚持的基本范畴。

从人类社会几千年文明历史发展的经验中总结出来的民法，从概念、规范、制度和体系四个方面，成为科学体系，尤其是 17、18 世纪时期理性法学创立的科学主义体系，应该能够从内涵和外延实现整个法律体系的和谐统一，也能够实现自身体系的自洽，更具有适应新时代发展需要的包容性。经历人类社会几千年的法治文明发展历史之后，民法的范畴、民法的方法、民法的制度和规范体系，都已经非常清晰明确；而民法理论的科学性，保障了立法、执法和司法自身的协调，也保障了民法与国家其他法律的和谐统一。更为重要的是，在科学原理的支持下，民法的知识体系不是封闭的，而是开放的，这样就保障了民法对政治、经济和文化各方面的新发展而产生的法律新规则的包容性。

三　民法作为基础性、全局性立法

民法早已不是我国法律体系中的部门法，而是法治国家的基本法律、全局性法律。在我国法律体系之中，民法的科学性问题事关我国依法治国大业的关键。但是我国法学界，甚至包括民法学界本身还不能认识到这一点。长期以来，我国法学界的通说，都是把民法定义为一个部门法，也就是在一个狭小的空间发挥作用的法律。这一认识，不但妨碍了我国社会正确认识民法，而且妨害了《民法典》的实施，以及民法整体功能的发挥。

我国最高立法机关在《民法典》编纂的立法说明中指出，民法是依法治国的基本支柱，《民法典》是国家治理的基本遵循。这个重要的论断非常明确地界定了民法以及《民法典》在我国法律体系整体之中的地位，是基本支柱和基本遵循，也就是基本依靠。民法的这个功能定位，显然和其他的法律相比有十分明确的区别。民法作为基本法，首先是因为民法直接地保障着我国经济基础的运行和发展。我国经济基础是以公有制为主体、多种所有制共同参与的市场经济体制。民法通过明确肯定的主体制度和物权制度（主要是所有权），保障了公有制的主导地位，也保障了其他所有制平等的权利。依据民法建立的财产支配秩序，保障和维护了我国国计民生的命脉。民法所发挥的这一作用，不但是其他任何法律都无法替代的，而且是其他任何法律都无法超越的。这是我国民法作为基本法律的最重要的理由。民法作为我国基本法的原因，还在于民法保障和维护着每一个民事主体最基本、最需要的社会生活秩序，在其中维护每一个主体时时刻刻的民事权利，规范社会行为，支持社会按照国家治理的目标加以运行。民事主体其实就是人民大众和各种法人，他们的社会活动，就是社会最主要的生产、劳动、创造、教学、科研、文化以及休养生息的方方面面。民法保障和规范这些活动，就是国家治理。民法在这方面发挥着基础的全局性的作用，其他法律在这些领域里所发挥的作用，都是建立在民法所确立的基础之上的。而且我们还可以看到，民法不仅在制度建设方面支持着市场经济体制发展和人民权利保障的基本需要，还从法思想和法技术的层次支持着行政法、诉讼法、刑法甚至宪法等依法治国重要领域的立法和学科建设，而且民法所提供的法律概念，可以说就是我国法律体系整体的知识基础。所以民法为万法之母，这并不是虚言。把民法定义为我国法律体系之中发挥基础性、全局性、贯穿性作用的基本法，这是不应该有所争议的。

所以笔者认为，我国社会更新关于民法知识体系的第一步，就是应该接受民法作为基本法、全局性法律的理念。结合我国的法治建设情况，充分地认可民法的科学性。最基本的前提是明确关于民法体系定位的认识。现阶段我国社会关于民法的知识体系，最需要更新的，就是民法在整个法律体系中地位的表达问题。现在主导的观点认为民法只是国家法律体系中的一项部门法，只能在确定的、狭小的范畴中发挥作用。这些观点，否定了民法的基础性作用和全局性作用。为什么中国法学界只强调民法作为一项部门法？我们在研究中发现，把民法作为部门法，只是中国法学使用的概念，我们甚至无法解释清楚这个概念从何而来。考察其他国家的法律体系，它们更多地强调以公法和私法相区分为基础，在此基础上再确定哪些法律属于基础性法律，哪些属于枝干性法律。按照这样的逻辑，法律体系如同一棵大树，有主干和若干枝干，枝干上分布着枝叶，它们相互之间存在着密不可分的关联。与此不同，我国社会主导的法律体系知识之中，法律体系更像是一块完整的土地划分为若干小部分，每个小部分都代表着一项部门法，它们彼此之间泾渭分明又互不关联。从大学时代开始，法学院老师们就是要把自己的一小块地的范围搞清楚，不少学者为此争论了几十年。时至今日，我们仍然面临这样的争论，实际上是没有必要的，这种争论无关法律的本质和渊源，而且舍本逐末，徒生是非。

四　坚持民法科学性的现实意义和切入点

为什么我们强调当前应该坚持民法科学？总书记也多次强调要坚持法律科学性原则，其意义何在？事实上笔者对此已经呼吁数十年。因为民法只有在坚持其科学性原则的基础之上，才能够负担起作为国家治理的基本法律的作用。在《民法典》编纂过程中总书记一再提出科学立法的要求，这个要求确实是有现实针对性的。如上所述，在《民法典》编纂之前，我国虽然也有《民法通则》《物权法》《合同法》《婚姻法》《继承法》《侵权责任法》《公司法》《票据法》《破产法》《专利法》《商标法》《著作权法》等大量民法立法，但是这些法律的缺陷是明显的。本次《民法典》编纂其实就是要解决这个问题，而且现在看来确实也解决了大多数问题。

《民法典》编纂完成之后，中共中央总书记习近平同志在政治局集体学习《民法典》的讲座上发表的重要讲话之中，提出了中华人民共和国自己的民法知识体系的要求。这个要求也是有针对性的。如上所述，我国民法学知识体系在保障改革开放、市场发展和人民权利方面，确实还需要做很多事情。比如，《民法典》关于民事法律行为部分的新规则，还没有得到充分的理解。上文谈到的 20 世纪 90 年代出现的不能区分物权和债权的理论，以及由此演变而成的"债权形式主义"即"折中主义"，现在还在大学教科书里面作为主导。这个观点不承认交易中的合同债权和物权变动的区分，把不动产登记当作物权取得的渊源，这些都对人民权利造成了严重伤害。另外，很多民法学家认识不到绝对权与相对权的区分、处分行为与负担行为的区分。事实上，我国民法不但在《物权法》制定之时已经贯彻了区分原则，而且本次《民法典》编纂，不但删除了不符合区分原则的原《合同法》第 51 条，而且在合同编中写入和贯彻区分原则条文（第 597 条等）。在物权编和合同编都已经进行重大改造之后，我国《民法典》贯彻科学主义法学的问题基本上得到了解决。现在的问题是，法学界还是认识不到这些条文在法理上、在司法上的重要价值，比如一些学者在讲解《民法典》时，把第 597 条解释为延续《合同法》第 51 条的"无权处分"。再如，有学者在《民法典》编纂时，提出把人格权转让作为《民法典》人格权的立法理由，甚至在法典编纂完成之前，把这一点作为通说，写入了教育部组织编撰的"马工程教科书"。这些观点违背了自然人人格尊严至高无上的人文思想，缺乏学术上的科学性和严谨性，因此已经被《民法典》第 992 条明确否定。但就是这样有着明显知识缺陷的内容，目前还被写入教育部"马工程教科书"，作为正宗的法学知识要传授给全国的大学生们。如此种种，民法学范围内这种理论上的随意性、非科学性是需要反省的。这些，对于《民法典》的实施，都是有重大妨害的。笔者认为，目前多个大学的教科书中的通说，有很多都值得检讨和重新审视，民法学知识体系的改变迫在眉睫。

在此提出民法科学性原理的十个要点，供我国社会尤其是法学界同人参考。

第一，是公法和私法的区分，这是法律科学性的基础之一。从立法、司法和法学研究的角度来看，都不能否认这一点。

第二，从民法渊源来看，要承认一般法和特别法的区分。不能把所有问题都归结到一般法中，也不要忽视特别法或一般法的作用，要建立两者之间的逻辑关系。

第三，是概念的逻辑和规则。法律概念的清晰明确准确统一。要认识到现代法律，尤其是民法就是建立在清晰、明确、准确、统一的法律概念基础上的，不能认为法律概念多就不亲近民众。

第四，民事权利的基本分类，在承认人身权利和财产权利相区分的基础上，要接受绝对权和相对权的区分，或者说支配权和请求权的区分。

第五，是法律根据的区分，也就是法律行为和非法律行为的区分。

第六，在法律行为的基础上，要坚持负担行为和处分行为的区分。实际上就是要坚持区分相对权和绝对权的发生根据，坚持法律根据和法律效果相区分，这是区分原则。

第七，坚持法律规范作用于社会的基本方式的区分，就是行为规范和裁判规范的区分、强制性规范与任意性规范的区分。这对从事法律实务工作的法官、律师都是非常重要的。

第八，民法总则和分则的区分，坚持总则编对于分则各编的统辖效力。要承认民法基本原则可以适用于民事分析和裁判。不管是诚实信用原则还是公序良俗原则，都是可以适用于具体案件的，但怎么适用需要进一步研究细化。

第九，法律关系逻辑的应用，即特定性和具体性的逻辑规则的适用。需要坚持法律关系的主体特定性和客体特定性，强调主体、客体、权利义务和责任的逻辑关联，这是民法的基本功。

第十，坚持请求权的法律基础，即法律关系逻辑的应用以及违约责任和侵权责任的区分。王泽鉴老师对这个问题有深入的研究。请求权的逻辑在确定违约责任和侵权责任区分的基础上，如何主张和实现请求权，以此建立清晰的案件分析逻辑。

从《民法典》谈乡村治理中的
十个法治问题[*]

本文结构

引　言

现在，党中央已经提出把乡村振兴作为下一步国家发展的重大战略

---

* 本文刊于《中州学刊》2020 年第 2 期。

之一。民法典中有很多关于农村问题的规定，从乡村振兴战略这个角度看，从乡村治理的角度看，民法典中有许多规定可以遵循。这一方面的问题很值得研究讨论。在乡村振兴战略和乡村治理这个题目下，结合民法典的实施，来研究这里的问题，真是意义重大。当然，这个题目很大，值得研究的问题很多，以我本人的学习经验看，我认为，在研究这些大题目的时候，还是要重视其中的两个核心的民法上的规则，一个是民法典关于农村居民组织体的规定，也就是民法典第 96 条关于农村集体法人作为民法特别法人的规定；另一个是关于这个组织体的基本权利的规定，也就是民法典第 261 条关于农村集体经济组织所有权的规定。我认为，乡村振兴也罢，乡村治理也罢，其他问题的研究都和这两个法律制度直接相关或者间接有关，而且这两个制度在本次民法典的编纂过程中都有比较大、比较明显的变化，很值得我们研究讨论。

依据民法典第 96 条的规定，农村集体经济组织是一种特别法人。在民法中明确地规定农村集体经济组织作为一种法人，这在以前的法律和政策中是没有过的。从 20 世纪 50 年代开始到现在，农村集体经济组织在现实生活中已经存在几十年了。从我们现行法律所确定的法律制度基础上看，从国家未来的政治、经济发展和农村发展格局看，农村集体经济组织还要长期存在、继续发展下去，因此民法典承认农村集体经济组织法人，这一点就特别值得我们研究和探讨。而且，我们还要看到，本次民法典规定它是一种"特别法人"，那么这就提出了这个"特别"的准确含义的问题，搞清楚这个问题对下一步农村的改革发展，对农村的依法治理，意义都非常大。事实上以前政策和法律上、政治生活中早已出现农村集体这个概念，但是这个概念所包括的组织体的法律形态及其含义确实还没有写入民法。宪法、物权法等法律都提到了集体财产所有权，但是这个所有权的主体到底是一个自然人的合伙，还是一个法人体，或者是一个其他什么样的组织体，之前还没有任何法律的规定。民法典把它规定为法人，而且是特别法人。在我看来，这个规定当然首先具有填补空白的意义，但是，更重要的，还有为下一步乡村振兴和农村治理提供法律基础的意义。所以，这个问题需要深入研究。

民法典第 261 条是关于农村集体经济组织所有权的规定，这个规定相比以前的规定有一个重大的改造。以前的集体所有权就叫集体所有权，而现在法律规定的集体所有权称为成员集体所有权。在集体所有权上加上"成员"两个字，意义重大，所揭示的内涵很丰富，对未来下一步农村发展也具有非常重大的意义，这同样是一个需要认真研究的问题。下面，我从民法典的角度谈谈乡村治理中的十个方面的问题。

一　中华人民共和国成立以来我国农村集体组织及其所有权制度的重大变化及其启发意义

农村问题一直是中国共产党特别关注的问题，从土地革命时期到抗日战争时期，再到解放战争时期，一直以来中国共产党对农村和土地问题都高度关注，无论是党的文件还是领袖的著作都有很多的论述。值得我们注意的，是新中国成立以后关于这两个重要制度建立的指导思想的四次重大变化。

第一次是新中国成立后建立的土地制度，它废止了农村中的地主地权，让每一户农民家庭都能够享有土地所有权。这种制度是按照新民主主义的土地革命思想建立起来的。按照新民主主义的土地思想，新中国制定了土地改革法，通过这个法律的贯彻，每一户农民家庭都分配到了土地，享有了土地的所有权。这样就解决了中国历史上数千年土地集中垄断在地主手中的问题。因为土地是当时农村社会最重要的生产资料，所以把土地平均分配给农民，既为农民解决了安身立命的基础问题，也从根本上解决了中国历史一直没有解决的、因为土地占有的不平等甚至集中和垄断而造成的剥削和欺诈。新民主主义革命的土地纲领、土地思想深得中国人民拥护，按照毛泽东等革命领袖的说法，土地革命既是中国共产党战胜国民党的基础，也是新中国成立的基础。

新民主主义产生的家庭或者农户的土地所有权制度，是一种自耕农式的自然经济的法律制度。自耕农经济特点就是家庭成员自己劳动、自己收获、自己消费，只有很少的农业产品用来交换。自然经济有它的优点，劳动者可以直接看到自己的劳动成果，所有权人的权利能够及时行使并转化为物质利益，它符合当时的中国国情。但是这种农业生产方式也有生产规模小、难以实行规模化耕作、难以抵挡自然灾害的缺陷。

中国农村土地制度的第二次重大变化，是建立农村合作社，因此形成了合作社这种社会主义的集体经济组织，也形成了合作社的土地所有权。20世纪50年代中期，中国共产党以社会主义的土地思想指导农民，从互助组开始组建合作社。社会主义土地思想的基本出发点是要解决自耕农经济的重大缺陷，进一步发展农业生产力。如上所述，自耕农一家一户独立经营，占有小块土地，在经营规模上无法取得良好效益，还给机械化农业作业上造成无法克服的困难。而且出现蝗灾、旱灾、洪灾时，单一农户根本无法抵御。因此从20世纪50年代中期开始，中国共产党以社会主义的土地革命思想领导农民走集体化道路，引导农民组织建立互助组、合作社，把土地集中起来经营。在这种情况下，农民中间产生了区别于地方政府组织的经济组织形态，就是互助组、合作社这样的形态。这就是那个时代的农民集体。农民集体从互助组、合作社这种形态发展到高级社，其结构转变巨大。但是我们必须注意到的一个核心问题是，互助组并不触动农民的家庭所有权；而合作社虽然取得了农村土地的所有权，但是保留了农民家庭或者农户的土地股权。当时指导农民组建合作社的"合作社章程"等文件，明确承认农民家庭或者农户享有股权并且按股分红。在这种情况下，农民家庭或者农户作为合作社的成员，是有他们在合作社中的股权这种民事权利来予以保障的。这也就是说，在这一时期，农民家庭或者农户的民事权利一直是明确肯定的。在老一代革命家薄一波所写的《若干重大决策与事件的回顾（上、下）》（中共党史出版社2008年版）这本书里，关于这一阶段新中国农村土地权利发展情况有很清晰的描述。

我国土地制度的第三次变化出现在20世纪50年代后期到90年代初期，这个时期出现了人民公社这种农村社会的组织形式。人民公社基本的特点就是一大二公，政社合一，其含义就是人民公社既是农村基层的政权形式，也是农民土地所有权的享有者。这就意味着把原来农民合作社的土地所有权交给了基层的人民政权，实际上就是国家政权取得了土地所有权。这就是很多人曾经谈到的共产主义土地制度。在这种制度下，农民家庭或者农户对于土地的民事权利就永远丧失了。这种共产主义的土地制度历史虽然不长，但是对中国后来发展及农村发展造成的消极影响很大。对此我们应该注意。

我国土地制度的第四次重大变化发生在 1962 年，我国又重新确定了农村土地仍然回归社会主义集体所有权这种形态。按照"人民公社六十条"，农村土地所有权被确定为"三级所有、队为基础"。其中农村里面的生产小队作为集体经济组织的基本形式被确定下来（1982 年宪法生效后，生产小队被称为"村民小组"），土地所有权以及其他集体财产的所有权也从人民公社拿回来，交给了这个主体。从此以后，我国农村土地的所有权制度基本上再没有变化过。改革开放之后实现土地承包制度，但是其基础就是农民集体经济组织享有土地所有权，这一点没有改变。作为农村农民的基本组织体，这个组织体对其全部不动产和动产享有财产所有权。这种情况得到 1982 年宪法的确认。不论是农村集体经济组织，还是农村土地所有权，这两个制度基础就是这样确定下来的。

我们必须注意到，1962 年人民公社六十条所确定的农村土地权利，以及到 1982 年宪法中关于集体土地所有权的表述，再也没有农民家庭或者农户所享有的具体民事权利的内容。这些法律政策中，农民家庭或者农户不再对集体土地或者财产享有类似于合作社时期的股权权利这样具体民事权利。当前，很多人确认的社会主义的农村土地制度观念，把 1962 年时期确定的农村土地权利格局绝对化，认为中国社会主义的农村土地权利制度就应该是这样的。但是我们不能忘记的是，在 20 世纪 50 年代中期建立的农村集体经济组织和土地所有权，是建立在农民家庭或者农户享有固定股份性质的民事权利的基础之上的。而且，在农村建立社会主义土地制度的初衷，是保留农民家庭或者农户在集体之中的具体民事权利。这一初衷、尤其是原来这些制度所体现的社会主义思想，现在已经被很多人忘记。这种健忘症，对后来农村实行土地承包制、对在土地承包经营权的基础上实行三权分置、对农村宅基地制度的改造，都曾经造成了妨碍。这个问题值得我们思考。

在探讨我国农村集体经济组织及其所有权的历次重大变化时，我们应该看出来，虽然中国共产党对农村、对农民的组织体、以及农民土地问题是非常重视的，但是其指导思想，有坚持不变的因素，也有多次变化的因素。我认为这个不变的因素，就是我国执政党和中央政府对于中国农民集体组织体以及农民地权的制度一贯非常重视的态度，及其一贯实事求是、探索符合中国国情、也符合社会主义理想的指导思想。在探索的过程中，一些政策和法律的出台也曾经有过盲目冒进的情况，但是在认识到这些错误之后，也比较及时地纠正了。

而政策上一再发生变化的因素，其实就是我国在农村和土地制度上的探索，因为生产力水平发展的变化，所带来的政策和法律上不断调整。我们应该看到，农民组织体制度和土地所有权制度的建立，其基础是要为农民的生存和发展确立符合经济发展水平的生产方式，然后在这种生产方式基础上建立相关法律制度。从历史资料看，20 世纪 60 年代时期，我国农业生产的总产值占国民经济总产值的百分之七十左右，而农民的人口数字占国家人口总数的百分之七八十左右。在这种情况下，农业总产值对应的农民人口总数是相当的，当时的农业可以自产自足，甚至可以脱离城市工商业之外而独立。这就是说，当时农民基本上可以从农业收入中获得比较恰当的社会保障。经济基础决定上层建筑，所以当时国家建立的农村集体组织制度、农村土地所有权制度，都具有脱离城市工商业、脱离国民经济整体的特征，或者说具有一定的封闭性，其表现就是把农民稳定甚至是固定在土地之上，限制他们离开土地而自由流动。在当时情况下这种封闭性对农民并不构成损害。甚至在一些地方一些时间里，农村的生活水平还高于城市。所以当时国家还做出了农业支持城市工商业发展的决策，在经济运筹中出现了剪刀差的现象。

可是，在我国的农村和城市的生产力发展水平相比较已经发生巨大变化之后，我们就应该及时地改变自己的观念。当前，我国国民经济总产值中，农业所占的比例已经小于百分之十，而农村居民人口还有百分之四十左右。城市工商业反哺农业的时代已经到来，而且国家确实也已经开始实行补助农业的各种措施。但是我们清晰地看到，把庞大的农业人口固定在土地之上、地权不可以流动、仍然依据农村土地保障农民的法律政策却基本上没有改动。显然如果还是坚持以农业来保障农民的生存和发展，并以此确定相关政策，那就是要以百分之十的社会总产值来为百分之四十的人口提供生存和发展的保障，这无疑是一个巨大的认识错误。在乡村治理、国家治理中我们必须要思考这些重大问题。

在简要回顾这一段历史之后，我们可以得出两个清晰的结论：其一，在推进乡村振兴战略的时候，在研究完善当前我国农村治理的法律制度建设的时候，我们需要进一步准确地认识社会主义的土地理论、农村集体化理论，尤其是要注意到不应该受到某些已经被实践证明的不适合我国国情而且也不符合社会主义理念的观念的束缚。比如，那些一再出现的要把农村土地收归国有的观念、那些已在否定农民家庭或者个人的成员权的观念，都是不能采纳认可的。其二，关于乡村治理的整体政策和法律设计，应该遵守经济基础决定上层建筑这条马克思主义的原理，消除上层建筑发展滞后的固有问题，在涉及农业的经济基础已经本质变化的情况下，勇敢地推出农村地权流转的政策思路。

二 农村集体经济组织和村民委员会的立法冲突

在推进乡村振兴战略完善乡村治理的时候，首先映入我们眼帘的是我国农村现在的体制。在我国现行法律中，《村民委员会组织法》是涉及农村社会的治理的基本法律，它规定了村民委员会是农民自我治理的组织形式，规定了村民委员会的一些基本权利。值得注意的是，该法第24条规定，由村民委员会行使集体经济组织的各种权利，尤其是土地的权利。这个立法跟民法典第96条的规定不一致，和民法典第261条规定的农村土地所有权的规定也不一致。如上所述，民法典第96条规定农村集体经济组织作为特别法人，是独立的民事主体。民法典第261条规定，农村土地所有权属于农民集体经济组织所有。对这个立法上的冲突，我国立法机关在一步立法时，或者修订法律要注意研究解决。这个问题应该是推进乡村治理战略应该思考的问题。

当然，《村民委员会组织法》在制定的时候，第24条关于由村民委员会行使集体经济组织的全部权利、尤其是土地所有权的规定，从其立法的历史背景看有一定的合理性。因为，在我国农村实行土地承包责任制之后，有相当一些地方，上文提到的原来存在的村民小组确实出现了功能丧失的情况。这些地方除了土地所有权之外集体组织已经没有其他经济力量，除了发包土地之外，集体经济组织也不再组织其他经济活动。在土地发包工作完成后，在承包期限三十年不变的情况下，如果普遍强调集体经济组织的存在，强调这个组织在各个地方都要发挥作用，这确实也不妥当。

但是，这个规定没有考虑到一些农村集体经济力量一直非常强大的地方的实况。最典型的，比如京广沪等地方的城市郊区，农村经济力量一直非常强大，所以这些地方的集体经济组织一直存在。在这些地方，居民和集体经济组织的成员是有严格区别的，如果一个居民要参加集体经济组织，农民是不答应的。

随着改革开放的发展，现在即使以前不发达地区农村的情况也发生了变化，出现了立法上应该普遍地区别农村村民自治组织和集体经济组织的必要性。（1）在农村承包地、宅基地三权分置之后，集体经济组织的作用被激活了。它们必须出面行使土地所有权，而这个时候，村民无法和集体经济组织的成员混淆，村民不能直接成为集体经济组织的成员。比如，在浙江义乌，农村宅基地三权分置之后，有一些外地来的打工者、长期居住者也可以取得当地的住房，甚至取得当地的农民户口，但是他们无法取得当地农民集体经济组织的成员资格。随着三权分置的普遍推进，这一方面的政策需求越来越显著。（2）农村富裕之后，集体经济组织的成员不愿意稀释其权益，从而要求区别其成员身份。在比较贫困的地方，农民在区别有户口的村民和集体经济组织成员这个问题上不太纠缠，村民就是这个组织的成员。但是，在村集体富裕之后，农民就不愿意自己的利益被稀释，他们会排斥其他村民加入其经济组织。这一点在城市郊区表现最为强烈，集体经济组织的成员会通过组织决议限制其他人的加入。这一点在东部发达地区、南方农村，表现特别突出。即使是西部原来比较贫穷的地方也一样。比如我们在陕北调研时发现，在发现石油天然气资源后，一些农村地区走上富裕道路，原来的光棍村都娶上了媳妇儿了。但是当地村民约定，带孩子来的媳妇儿其子女可以落户口但是不能算作集体成员。（3）经济比较发达的农村，集体经济组织力量强大，以前的生产大队、小队都已经改造成为总公司、分公司、经济联合社、经济联合分社。这样的组织机构建立以后，新来的农民住在这里，虽然在派出所登记有户口，但是不能够成为集体组织的成员。这个问题最早产生于20世纪80年代初的广东南海地区，它们最早实现了村民集体组织成员的相对固定化,就是把村民的身份折合成股权或者股份,把增人不增地改造成为增人不增股。开始这种做法饱受争议,后来慢慢取得了认可,甚至逐渐在全国推广开来。这个问题需要继续深入研究。

在未来乡村治理过程中,如何处理村民委员会和农村集体经济组织之间的关系,是一个首先需要解决的问题。村民委员会制度建立的正当性是毋庸置疑的,它作为农村的基层组织,其重要性不言而喻。但是以村民自治组织来替代农村集体经济组织的这个做法的普遍性、必要性、正当性,确实存在着值得思考的地方。尤其是《民法典》第 96 条已经明确地把农民集体经济组织规定为特别法人之后,《村民委员会组织法》第 24 条规定由村民委员会代行集体组织的权利的做法,确实已经不妥。所以我们建议,在乡村治理的法制建设中,首先应该解决村民自治组织和农民集体经济组织之间相区分的问题。

三 民法典规定农村集体作为
特别法人的民法意义

本次《民法典》编纂,第 96 条规定农民集体经济组织法人为特别法人,这一规定的理论价值和实践价值都非常显著。从法学理论上看,这种人合法人是我国法学界探讨很少的,其性质、特征都需要仔细研究。从实践的角度看,其意义更加显著,它的规定对下一步农村治理的制度推进可以说非常关键。

那么这种特别法人到底有何特别之处?在理解这种法人的时候,我们需要抓住哪些基本要点?这都是需要认真思考的问题。

要认识到农村集体经济组织作为特别法人的性质,首先可以拿它和我们最熟悉的几种法人做个对比。和承担政治职能的各种法人(公法法人、机关法人、党派法人等等)相比,农村集体经济组织是一种典型的民法法人,它不承担宪法、行政法等方面的职责。相对公司法人而言,农村集体经济组织法人的最大的特点表现在加入法人、取得法人成员资格方面的制度差别。公司法人这样的法人,以投资作为取得成员资格的条件，以投资的多少来确定其成员的权利份额。这样的法人，在法律上称之为"资合法人"。

而我国农村集体经济组织法人，从 20 世纪 50 年代建立合作社以来，都是一种"人合法人"，它强调的是成员的身份，而不是资金的投入。集体身份更加强调成员的自然人身份。过去，我国很多法学著作认为人合法人是一个落后的形态，因为成员的财产权利不清晰，义务不清晰。但是合作社的建立，经常是为了帮助某些特殊人的群体，国家不但在在政策上法律上甚至在财政上都要给他们一定的优惠或者扶持，因此人合法人就要强调成员的资格，不能向公司的投资人那样谁的钱多听谁的。这就是资合法人和人合法人的区别。确定农村集体组织加入方法和公司股东加入方法的区别是很大的。但是，这样的举例并不十分准确，因为合作社的成员，其自己的财产权利和义务还是清晰的，只是这些成员加入合作社的时候，并不一定将其财产入社，而是以其身份入社。这种情况，比较符合一些保护性的产业和人群的特殊利益，比如我国农村的现行居民及其产业的情况。

还有一个就是集体法人的问题，暨法人自己内部治理的问题。内部治理问题，在有些经济发达地区的集体经济组织中，已经按照公司的方式组建了经济联合社、经济联合分社、经济联合公司及其分公司。一些地方也已采用了公司法上的内部治理结构，建立有股东大会、成员大会、董事会、监事会等这样的机构。而在其他更多的地方，农村没有这个机构。如果建立法人制度的话，希望也能够建立这样的机构。当然，如何建立也需要深入研究。

四 集体组织中的成员和成员权的问题

《民法典》第 261 条特别强调集体中成员的权利。其实法人作为一种社会组织，其中主要的就是社团法人；而社团法人都是有成员的，有成员，就有成员权的法律问题。只是过去的政策和法律忽视了这个要点，所以才造成了过去农村集体经济组织成员权方面的缺陷。现在《民法典》规定了这个成员权，事实上具有拨乱反正的含义。而且，过去计划经济体制下，政策和法律没有特别在意成员本身的资格和成员权利，这一点造成的麻烦并不多，因为一切听政府的。而现在随着经济发展，乡村经济越来越壮大，这样成员权的问题就不能不解决了。所以《民法典》的这个规定，是很有现实意义的。

上文说到，现在经济发展起来了，集体经济组织的成员就要相对固定甚至固定化。很多年以来，我国有的地方先是提出增人不增地、减人不减地，后来又提出增人不增股，减人不减股。这些地方政策性的文件精神，就是集体成员相对固定甚至固定化的思想的反映。其实，提出这些政策的地方，都是经济发展非常好的地方，这些地方的农民集体成员不希望自己的利益被稀释，所以他们强烈呼吁成员资格固定化。而固定化以后，成员权的问题就彰显出来了。比如上海有些地方把农民的资格固定以后，即使有些人进城好多年，村里还给他们分红，因为他们作为集体组织成员的身份一直没有消失。我在上海教区调研看到一个案例，有一个人在城里工作很多年，老婆孩子都在上海市区，后来村里分红给了好几万元，他自己都感到惊讶。原来这个农村集体组织是从 20 世纪 80 年代开始算起，村里成员资格固化了，这个成员的资格就变成了具有经济价值的成员权，所以应该给他分红。

现在，集体成员权的制度设计还不完善，比如成员资格有如何取得如何丧失的问题，成员权里都包括哪些内容，怎样行使怎样保护，都还是大问题。据我们调查，这些问题在一些地方已经比较严重了。比如乡村治理过程中的财务问题，就是成员资格和成员财产权利的焦点。在推荐乡村振兴战略、推进乡村治理的时候，这些问题是有很必要研究解决的。

五　集体所有权的问题

我国法律过去虽然没有规定农村集体经济组织的主体制度，但是对农民集体经济组织的所有权却一直是有规定的。不过，过去的立法和政策，把农村集体所有权定义为社会主义公有制的方式，特别强调其政治上的意义。现在，自从《物权法》以来到《民法典》第 261 条规定的集体所有权，都强调农民集体经济组织的所有权是一种财产权。从一种政治性的权利演化到财产性的权利，其中的变化非常之大。现在看来我国社会对此研究和讨论还是不够的。尤其是在集体成员资格相对固定的情况下，集体所有权又如何实现其民法上的价值，比如成员如何在集体中行使权利的问题，现在政策和法律还是空白。

另外，过去的政策和法律所强调的，以土地作为主要对象的农民集体经济组织的所有权，对农民生存发展、社会保障的作用，现在其合理性、正当性到底如何？很多人认为这里面有一个政策底线。那么这个底线设置是否合适？如果是财产权利，那就应该按照财产权利的规律来制定法律。如果是保障性的社会权利，那就应该按照社会权利的规律来制定法律。显然，目前立法上的一些设想和现实是不符合的。现在农民的社会保障只能通过城市工商业反哺来实现，叫农民以土地和农业来保障其生存和发展，这显然是做不到的。现在集体所有权的政治性色彩已经在慢慢淡化了。

《民法典》第 261 条规定的"成员"两个字的含义非常重大，下一步的农村体制构建必须依靠集体所有权；而集体所有权必须建立在农民家庭或者个人的成员权的基础上。物权法制定时有人说，这样强化个人权利，是不是把集体所有权变成了私有权？这种想法是不对的。上面我们说到，早先建立初级社和高级社的时候，农民家庭或者个人的民事权利都保留着，当时的合作社当然是社会主义的组织体。这一次《民法典》第 96 条规定，农村集体经济组织是特别法人，这就彻底解决了过去在这个问题上的历史争议。这些制度要点，在农村下一步发展中尤其要予以重视。

关于集体所有权的问题，也有人提出，在三权分置制度推行以后，集体所有权淡化了，因为在立法上突出强调的是家庭土地承包经营权、宅基地所有权，而不是集体所有权。这种观点我也不赞成。我调查发现，在农村推行三权分置的时候，是离不开集体法人的，也离不开集体所有权。比如，在农村做耕地的三权分置，实际上要把土地合并起来做规模化的经营，甚至有可能要引进外来的农业公司，让城市人或者外地人组织公司在这里经营，做土地开发、规划。比如说种植水果或者种粮食等。在这种情况下，不论是本土的家庭农场，还是外来的农业公司基本上都不跟单一的农户签合同，而都是和集体签合同。虽然也有一些地方，三权分置的合同是和农民家庭或者个人订立的，但是实践效果好的都是同集体订立合同。同集体签订订立合同，把法律上的各种难题都避免了。在这种情况下，集体行使权利，这个权利本身包括集体组织法人制度的应用问题，也包括集体所有权的应用问题。所以，淡化集体法人和集体所有权的思虑，不符合我们中国的国情特点。

六　农村土地承包经营权的问题以及相关的三权分置问题

中央文件一再强调，农民家庭土地承包经营权是农民的基本权利。这一点我们要予以充分认识。这个法律知识的要点在于，虽然在经济体制改革以来，我们的法律还没有将农民的权利返还到 1958 年以前高级社时代的股份权利或者其他民事权利的程度，但是通过强化农民家庭或者个人的土地承包经营权，解决了农民本身的权利保障问题。这个要点体现了中国共产党对农民权利的认识，这一点很多人并没有认识到。

农民家庭或者个人的土地承包经营权是农村运作的政策和法律基础，集体的作用要充分承认，农民个人的土地权利也要加以重视。有观点认为，既然土地承包经营权给了农民，那农村为什么出现很多土地弃耕？农民为何还要离开土地？问题是，农民也要生存和发展，而土地承包经营权发挥不了这样的作用。但是农民不愿意放弃土地权利，即使在城市打工甚至创业，他们已经定居城市了，出去很多年也不愿失去农村的土地。这就说明，现在土地承包经营权也已经演化成为一种财产权，不再发挥社会保障的作用。所以决策者们对这个问题要实事求是认识到，推广土地承包经营权的流转是势在必行的。有报告证明，现在我国农村实行耕地三权分置的面积已经达到五亿亩左右，未来的发展空间应该说还是很大的。

三权分置是在尊重农民的土地承包经营权基础上，重新又把农民的土地实行规模化的经营，让土地能够产生更高效益。同时，建立现代化农业、绿色农业、环境友好型农业，必须要建立这样的农业体制。所以，下一步推行乡村振兴战略、实现新型乡村治理的情况下，必须把三权分置当作一项重要的制度来推广。

因此，现在还需要进一步研究三权分置中的法律问题。虽然相关的几个法律比如土地管理法、土地承包法、民法典都对这个问题做了规定，但是这些规定都显得简单的，在面临立法争议的时候，一些规则采取了模糊化处理的措施。但是，如果要大力气推行三权分置，那就必须把地权运作的法律基础问题搞清楚。现在一些重要的制度，事实上需要我们来解释。比如说三权分置以后经营权到底是物权还是债权的问题，争议很大。虽然说条文写得不细致，但大体上承认这样的一个情形，就是五年以上的土地经营权是可以纳入不动产登记的。在纳入不动产登记过程中，这个权利本身就转化成一种物权。如果没有纳入登记，没办法转让，没办法抵押。所以五年登记的问题是制度建设中的关键词。没有纳入登记的怎么办，基本上就是按照租赁方法来实行。为什么还要保留租赁，不把它变成物权权利？问题答案很简单，就是不能一刀切。

七　农村宅基地及宅基地使用权问题

乡村治理过程中，宅基地是其中的重要问题。从历史上来看，早些年宅基地是农民家私有的，在初级社高级社阶段，宅基地是农民私有的。到1982年，宪法规定农村的土地一律归集体所有，在这种情况下，原来农村宅基地所有权变成使用权。后来在这个基础上，很多农民家庭从集体土地上经过申请批准的程序获得了新的宅基地使用权，这也是事实。所以，在当前乡村振兴战略推定过程中，要推行宅基地的三权分置，确实遇到相当大的历史问题障碍。但是，放任农村宅基地使用权的浪费和混乱，那当然也是不行的。所以现在关键的问题就在于痛下决心，做出不得已的利益切割。

当然首先还是要解决农村宅基地使用权无序扩大的问题，要把紧宅基地审批关。中国人口多,而耕地有限,宅基地不断侵吞耕地,这个问题现在已经是非常严重。另一方面,还是要推行宅基地使用权的三权分置。无论是发达地区还是不发达地区,农村空地空房都很多,很多宅基地上盖起的楼房一年四季无人居住,只有春节的时候才有人住。现在城市居民有强烈的到农村居住的希望,所以基地推行三权分置是很有前途的。

八 农村建设用地权利的问题

农村建设用地使用权在立法上政策设计上遇到的难点,就是同地同权的问题。农民集体的土地,能不能建设,能不能用地入市,首先需要确定的是建设规划。如果规划是建设用地,那么,农村土地的建设就涉及到同地同权的问题。这也是现在三块地制度改革中要解决的问题。目前很多地方已进行了试点,试点也搞了好几年。全国人大立法,授权国务院在全国搞了三十多个"三块地改革"试点,其中有一个就是农村土地和城市建设用地的同地同权的问题。2020 年,在全国人大授权的两年时间届满后,试点地区还没有总结出能推行到全国的经验,所以又将试点期限延长了。由此可见这个问题的复杂性。农民期盼农村建设用地入市,但是能不能将出让金留在农民手里,多数地方政府是不同意的。目前解决这个问题很困难。

九 新型农村合作社问题

在土地承包经营权和成员权的得到立法强化之后,新型农村合作社在农村发展迅速,随之新的农村合作社法也出台了。农村合作社的发展将成为乡村振兴战略和农村治理的重要抓手。目前,我国合作社法制定历史并不长,但是也出现了不能满足实践需要的问题。所以,修订合作社法也是必要的。

十 农村集体、农民家庭和个人的 各种土地权利登记问题

众所周知，从物权法的角度看，不动产登记非常重要，我在从事民法学研究的早年，提出了"不动产登记的五个统一"，就是法律基础统一、法律效力统一、登记机关统一、登记程序统一以及登记证书统一。现在城市里的不动产登记，已经实现了这些理想。在农村，这五个统一还没有完全实现，但是，政府方面也下了很大力气，推行农地登记确权发证。农村土地登记确实困难大，因为承包地多数是小块地，登记确权工作量很大，花费比较大。有一些地方通过农村自己建立台账的方法来解决这个问题。无论如何，这是财产权利的基础性法律制度建设，将其做好，对于下一步乡村振兴和治理是很必要的。

以上，通过历史的梳理和重大现实问题的讨论，提出十个问题供大家参考。因为报告的时间限制，有些问题没有展开讨论，不过问题是提出来了。农村的振兴势在必行，但是乡村振兴战略，离不开法治，离不开民法典确定的基本规则。相信在党的坚强领导下，这些法律问题都能够得到很好的解决，乡村振兴战略一定能够在良法善治的基础上推行开来。

谢谢大家。